Bibliothèque des Histoires

PIERRE ROSANVALLON

LE SACRE DU CITOYEN

HISTOIRE DU SUFFRAGE UNIVERSEL EN FRANCE

GALLIMARD

REMERCIEMENTS

Je tiens à remercier ceux qui ont bien voulu lire et critiquer la première version de mon travail : François Furet, Marcel Gauchet, Patrice Gueniffey, Françoise Melonio, Pierre Nora, Jacques Revel. Mes remerciements vont aussi vers Marie-Madeleine Paccaud, qui a œuvré avec toute sa compétence en micro-informatique et son attention pour transcrire mon manuscrit.

INTRODUCTION
La révolution de l'égalité

UN HOMME, UNE VOIX
LE VIEUX ET LE NEUF

Un homme, une voix

Un homme, une voix. L'équation simple s'impose à nous avec la force de l'évidence. L'égalité devant l'urne électorale est pour nous la condition première de la démocratie, la forme la plus élémentaire de l'égalité, la base la plus indiscutable du droit. Personne ne songerait aujourd'hui à contester le bien-fondé du suffrage universel. On hésite certes encore parfois sur les frontières de son exercice, quand est par exemple débattue l'opportunité de l'attribution du droit de vote local aux immigrés. On s'interroge aussi sur les modalités de sa mise en œuvre, lorsque les modes de scrutin sont jugés sur leur capacité à produire une « bonne représentation ». Mais le principe même de l'égalité politique n'est pas en cause. Que tous les individus, quels qu'ils soient, pèsent d'un poids identique dans la décision et la légitimation politique est devenu pour nous un fait d'évidence, une donnée quasi naturelle de la vie en société. Et si les femmes ne votent pourtant que depuis un demi-siècle, c'est déjà une histoire très lointaine dans nos têtes, extraordinairement distante. Elle nous renvoie à ce qui nous apparaît comme une sorte d'âge préhistorique de la société moderne, presque incompréhensible. Le suffrage universel est dorénavant l'obligatoire pierre angulaire de tout système politique. À tel point que même les régimes totalitaires ou les dictatures militaires n'osent pas le rejeter ouvertement. Ils préfèrent presque toujours le manipuler plutôt que l'interdire, et s'ils en suspendent l'exercice ils s'empressent de souligner le caractère provisoire de la mesure, proclamant avec insistance leur vertueuse intention de préparer le retour à une expression plus libre et plus authentique du peuple.

Cette unanimité est toute récente. Pendant la première moitié du XIXᵉ siècle, pour ne parler que de cette période, le principe du suffrage universel était loin de passer pour aussi évident. Les élites libérales le dénonçaient comme une menace de subversion de la politique par les passions du nombre. Les conservateurs redoutaient qu'il ne conduise à un grand chambardement social. Les socialistes suspectaient la capacité à l'indépendance de masses jugées abruties par le travail et aliénées par la religion. Les républicains eux-mêmes n'y croyaient souvent qu'avec une foi de charbonnier. Les interrogations sur l'opportunité politique et la validité philosophique de l'extension à tous les individus du droit de suffrage ont ainsi été, pendant de longues décennies, au centre de la vie intellectuelle comme des débats politiques. La question du suffrage universel est au fond la grande affaire du XIXᵉ siècle. C'est autour d'elle que se sont polarisés les fantasmes sociaux, les perplexités intellectuelles et les rêves politiques. Elle a noué ensemble toutes les interrogations sur le sens et les formes de la démocratie moderne : rapport des droits civils et des droits politiques, de la légitimité et du pouvoir, de la liberté et de la participation, de l'égalité et de la capacité. Si la démocratie est à la fois un *régime* (le pouvoir du peuple) et une *religion* (la célébration d'une mythique société des égaux), elle trouve dans l'idée de suffrage universel sa double matrice, le lieu d'expression de son ambivalence, le point de tension de sa signification.

Faire l'histoire du suffrage universel consiste à explorer ce noyau extraordinairement dense, à plonger dans un problème qui superpose l'histoire d'une valeur — celle de l'égalité — à l'histoire d'une institution. Il faut pour cela revenir à la vigueur des débats enfouis, ressusciter la force des demandes, la violence des fantasmes, l'addition des perplexités, la sourde puissance des dénégations qui ont secoué le XIXᵉ siècle, reprendre de l'intérieur le fil des arguments et des revendications autour desquels se sont noués les affrontements. Il n'y a pas d'histoire possible du suffrage universel sans effort prioritaire de compréhension des interrogations lancinantes que sa mise en œuvre a pu susciter. Nous les mesurons spontanément mal, tant nous avons intériorisé, banalisé, aseptisé l'idée d'égalité politique. Sans avoir besoin pour cela d'être marxiste, nous la considérons implicitement comme une simple qualité formelle, qui ne touche ni au fond de l'équilibre de la société, ni à sa définition essentielle. On ne peut pas comprendre l'histoire du suffrage universel en partant de cette banalisation. Il faut au contraire bien

prendre la mesure de la formidable rupture intellectuelle que l'idée
d'égalité politique a introduite dans les représentations sociales des
xviiie et xixe siècles.

À l'envers de ce que rabâchent paresseusement nombre de bons
auteurs, le droit de vote n'est pas seulement une liberté formelle,
que l'on pourrait opposer, au même titre que l'égalité civile, à
une conception économique ou sociale de l'égalité, jugée plus réelle.
L'égalité politique instaure au contraire un type inédit de rapport
entre les hommes, à distance de toutes les représentations libérales ou chrétiennes qui avaient antérieurement sous-tendu la valeur
égalité dans les sociétés occidentales. Il n'y a pas d'un côté l'égalité civile et l'égalité politique, qui se seraient affirmées avec l'essor
des démocraties libérales, et de l'autre l'égalité sociale, dont la poursuite caractériserait le socialisme. C'est à l'inverse l'idée d'égalité
politique qui est fortement spécifique et qui tranche avec les représentations antérieures de l'égalité, y compris dans l'ordre distri-
butif. Disons-le très schématiquement : l'idée d'égalité politique
est étrangère à l'univers du christianisme comme à celui du libéralisme originel. Elle opère une révolution à l'intérieur même du
nouvel ordre libéral qui s'affirme à partir du xviie siècle. Le libéralisme est en effet encore pour une large part dérivé du monde
chrétien. Il est impossible de comprendre Hobbes, Locke, ou plus
encore, avant eux, les monarchomaques, sans partir du travail de
nature quasi théologique qu'ils opèrent pour penser et fonder la
liberté moderne. L'égalité civile, telle qu'elle est formulée à l'aube
de notre modernité, est directement dérivée de la reconnaissance
que chaque homme est égal en dignité devant Dieu, et que son
salut est une affaire unique aux yeux de ce dernier. L'égalité sociale
procède du même fondement. Elle ne fait que prolonger l'égalité
civile négative, en affirmant l'existence d'une dette sociale et les
créances de chacun sur la société. Droits-libertés et droits-créances
ne sont pas vraiment différents si on les comprend de cette manière.
Au point de départ, ils ne s'enracinent d'ailleurs pas obligatoirement dans une affirmation de l'individu. Ils prennent aussi sens
dans une représentation organique de la société. C'est parce que
tous les hommes, malgré la diversité de leurs situations, sont membres d'un même corps que le devoir de solidarité, précondition
de l'égalité économique, existe. La force et l'originalité du christianisme ont été de recomposer l'idée de corps social, de le comprendre comme une unité de proches — de *socii* — en lui donnant

un père unique ; de le penser comme une totalité englobant sans
exclusion toute une population ; d'en faire un être collectif nouveau, appelé à transfigurer, à élargir et à révolutionner les formes
sociales héritées. L'égalité civile et l'égalité économique procèdent
d'une même appréhension de l'équivalente dignité et de l'équivalent besoin de protection des membres d'un corps qui sont inter-
dépendants les uns des autres. Mais l'idée d'*isocratie* est absolument
extérieure à cette fondation des droits.

L'égalité politique marque l'entrée définitive dans le monde des
individus. Elle introduit un point de non-retour. Elle affirme un
type d'*équivalence de qualité* entre les hommes, en rupture complète
avec les visions traditionnelles du corps politique. Elle ne peut se
formuler que dans le cadre d'une vision atomistique et abstraite
de la formation du lien social. L'égalité politique, en d'autres termes, n'est pensable que dans la perspective d'un individualisme
radical, contrairement aux autres formes d'égalité, qui peuvent parfaitement s'accommoder d'une organisation hiérarchique ou différenciée du social. Elle met en œuvre un individualisme qui marque
une nette rupture par rapport à l'individualisme chrétien, qu'il
s'agisse, pour reprendre les catégories de Louis Dumont, de
l'« individualisme-hors-du-monde » des Pères de l'Église ou de
l'« individualisme-dans-le-monde » de Calvin [1]. L'égalité politique
rapproche et annule ce qu'il y a de plus naturellement différent
entre les hommes : le savoir et le pouvoir. C'est la forme d'égalité
qui est la plus artificielle et la plus exemplaire à la fois. Elle ne
s'appréhende ni dans les catégories de la justice distributive, ni dans
celles de la justice commutative. Le suffrage universel est une sorte
de sacrement de l'égalité entre les hommes. À la manière d'un signe
fragile et pressant à la fois, il opère une révolution dans la relation des hommes entre eux. Il est indissociablement signe et réalité, chemin montré du doigt et égalité déjà là. La mise en œuvre
du suffrage universel ne constitue donc pas seulement une étape
symbolique décisive dans un mouvement qui irait de l'obéissance
passive à de jalouses autorités vers l'auto-institution du social. Elle
représente plutôt un aboutissement, l'entrée dans un nouvel âge
du politique, qui change toutes les appréhensions antérieures du
social, qui entrouvre quelque chose d'inouï, et de presque scan-

---

1. Cf. L. Dumont, *Essais sur l'individualisme. Une perspective anthropologique sur l'idéologie moderne*, Paris, Éd. du Seuil, 1983.

daleux — au sens étymologique du terme —, dans l'histoire de l'humanité : la possibilité de l'avènement d'une société des égaux, dans laquelle le lien social ne résulterait ni de la division du travail, ni de l'assignation à chacun d'une place dans un tout organisé, ni de l'existence préalable d'une croyance collective ; une société, en son essence, au-delà de l'ordre marchand comme de l'univers hiérarchisé ; une société dans laquelle l'égalité serait la condition principielle de l'intégration. Affirmer que chacun compte pour un va beaucoup plus loin que de simplement proclamer les droits à la dignité, à la sécurité, à la subsistance de personnes en tant qu'elles sont membres d'un même corps. À la question posée en 1871 par un publiciste inquiet — « Est-il raisonnable de mettre en balance le vote d'un Rothschild ou d'un Thiers avec celui d'un balayeur de rues[1] ? » — Clemenceau répond : « Le principe du suffrage universel ne permet aucun compromis. Il donne le même droit au savant et à l'ignorant ; il le donne en vertu du droit naturel[2]. » Le suffrage universel inscrit ainsi l'imaginaire social dans un nouvel horizon : celui d'une équivalence à la fois immatérielle et radicale entre les hommes. C'est un droit « pur » en quelque sorte, qui est tout entier du côté de la définition de la norme et de la construction du rapport social, et non un droit protecteur ou attributif. En d'autres termes, ce n'est pas un droit qui constitue le sujet, en définissant, par exemple, le principe d'autonomie individuelle ou en organisant la séparation entre le privé et le public, ni un droit qui protège la personne, membre d'un corps. *Le droit de suffrage produit la société elle-même* : c'est l'équivalence entre les individus qui constitue le rapport social. C'est un droit *constructif*. Le suffrage universel achève, en ce sens le plus profond, le mouvement de laïcisation du monde occidental. Avec lui s'opère la séparation définitive et complète avec l'organicisme social, et s'ouvre véritablement l'âge de l'individu. Révolution de façade, purement « formelle » ? La critique, teintée de déception, souvent formulée doit être prise au pied de la lettre. La grande révolution de notre temps est bien celle de la « démocratie formelle », laissant entrevoir, derrière un halo d'inquiétude et de nostalgies, la mystérieuse figure d'une forme sociale inédite.

---

1. J. GUADET, *Du suffrage universel et de son application dans un monde nouveau*, Paris, 1871, p. 4.
2. Cité par la féministe Hubertine AUCLERT dans son article « Le féminisme et les croyances républicaines », *Le Radical*, 17 septembre 1906.

Si l'on considère l'histoire des institutions libérales et démocratiques, l'institution du suffrage universel peut sembler n'occuper qu'une place intermédiaire, voire secondaire. Dans un article rendu fameux par le genre de commodité typologique que les sciences sociales érigent trop facilement en instrument de connaissance, T. H. Marshall[1] a ainsi distingué trois étapes et trois formes de la réalisation de la citoyenneté : affirmation des droits civils au xviiie siècle (construction de l'État libéral), conquête des droits politiques au xixe siècle (reconnaissance du suffrage universel), organisation des droits sociaux au xxe siècle (mise en place de l'État-providence). Grossièrement valable pour les cas anglais et américain, ce schéma l'est beaucoup moins en ce qui concerne l'Allemagne (où l'État-providence a d'une certaine façon précédé le suffrage universel et l'avènement de l'État libéral) ou plus encore la France (les trois moments coïncidant de fait dans la période révolutionnaire). Mais il a surtout pour inconvénient de suivre une chronologie étroitement institutionnelle là où il est nécessaire de mobiliser une curiosité de nature philosophique. La différence est fondamentale. Prenons le cas de l'État-providence. Si l'on met à part les innovations bismarckiennes des années 1880, il ne s'édifie certes pratiquement en Europe qu'au xxe siècle. Mais le principe de l'État-providence — le droit aux secours publics — était accepté et reconnu depuis longtemps. Dès le xviiie siècle, on admettait l'idée de droits-créances en reconnaissant la nature quasi constitutionnelle du problème de la pauvreté. L'écart entre le principe et son institutionnalisation s'appréhende ici simplement en termes d'histoire sociale (le conflit de classe pour la répartition) ou de techniques d'organisation (l'adoption des procédures assurancielles a, par exemple, facilité la gestion des risques sociaux). L'institution du suffrage universel dans la France de 1848 est à l'inverse assez largement en avance sur les mœurs : la critique intellectuelle du droit de suffrage survivra plusieurs dizaines d'années à son introduction. La raison de cet écart ? Elle tient à la radicalité de la révolution qu'introduit l'extension du droit de vote. Tout s'est passé, pendant une longue période, comme si le suffrage universel n'avait dû son existence qu'à un accident de l'histoire.

1. Cf. T. H. Marshall, «Citizenship and social class» (1949), reproduit in *Class, Citizenship and Social Development*, New York, Anchor Books, 1965.

On l'acceptait comme un fait sans le trouver philosophiquement légitime.

Au risque de paraître paradoxal, on peut même soutenir que l'idée de suffrage universel introduit dans la modernité une rupture beaucoup plus profonde que l'idée socialiste. La résistance au socialisme — défini très grossièrement comme une société redistributive — a bien sûr été très vive, structurant pendant plus d'un siècle le cadre de la vie politique et sociale. Mais c'est essentiellement une opposition de classe qui était en jeu. Il ne s'agissait pas d'abord d'un rejet philosophique ou moral ouvert de la réduction des inégalités. Les adversaires du socialisme ont toujours fait porter leur critique sur l'inadéquation des moyens beaucoup plus que sur la nature des fins[1]. On peut d'un autre côté très simplement constater que l'utopie d'une société économiquement égalitaire a été formulée bien avant que n'apparaisse l'idée d'égalité politique. Sans remonter à Platon, on voit par exemple de nombreux utopistes du xviiie siècle, comme Morelly, qui imaginent avec beaucoup d'audace de socialiser la propriété et de niveler les écarts de fortune, alors qu'ils n'envisagent pas un seul instant que tous les hommes puissent peser également dans la décision politique. Le socialisme s'inscrit en revanche sans difficulté dans la vision chrétienne de l'égalité. Au début des années 1830, les pionniers que sont les Buchez, Chevé, Pierre Leroux pensent la cité de l'avenir à partir de l'univers chrétien. Comme le christianisme, le socialisme a voulu réaliser une *communauté de frères*, beaucoup plus qu'une *société d'égaux*. Le projet socialiste est resté secrètement arrimé à la vision nostalgique d'un ordre communautaire harmonieux. Sous des formes évidemment différentes chez Fourier, Proudhon ou Marx, il a rêvé de ressusciter en l'accomplissant un mythique «socialisme primitif», forme d'organisation naturelle d'une humanité non corrompue. La société nouvelle n'est pour lui que la résurrection et la transformation d'un monde d'avant une chute, que le capitalisme aurait précipitée. Le socialisme, tel qu'il a été formulé au xixe siècle, n'a jamais été fondé sur l'idée d'une rupture radicale avec la société de corps. Tout au contraire. L'Église a d'ailleurs pour cette raison longtemps été culturellement plus opposée à l'individualisme absolu qu'impliquait le suffrage

---

1. Voir, sur ce point, les développements d'Albert HIRSCHMAN, *Deux siècles de rhétorique réactionnaire*, Paris, Fayard, 1991.

universel qu'au partage exigeant que revendiquait le socialisme [1].
À l'autre extrémité des références historiques, le suffrage universel rompt également avec la vision antique de la démocratie. À
Rome ou à Athènes, le citoyen est le membre d'une communauté
juridiquement constituée, avant d'être un individu doté de droits
politiques propres [2]. Dans la démocratie moderne, la cité des
égaux ne s'édifie plus au sein d'une division sociale première,
reconnue et acceptée, dans laquelle les *homoïoï* étaient distingués
par le fait même de leur aristocratique parité. La moderne société
de l'égalité se fonde au contraire sur une équivalence sans limites
et sans discontinuité du tissu social : elle « sature » en quelque sorte
l'idée d'égalité dans un espace social totalement dense, absolument
compact, ne reconnaissant d'autre séparation que celle qui le constitue dans sa différence avec l'étranger.

L'histoire du suffrage universel tisse sa trame avec celle de l'avènement de l'individu et de la réalisation de l'égalité. Elle est pour
cette raison au cœur du processus d'invention des sociétés modernes. C'est avec elle et autour d'elle que se sont dessinées les premières épreuves et les premières ébauches d'une société des égaux.
Impossible donc de rabattre cette histoire sur une pieuse célébration des étapes d'une conquête dans lesquelles les forces du progrès et de la vérité l'emporteraient peu à peu sur les puissances
de la réaction et l'épaisseur des préjugés. Impossible aussi de
confondre dans un même ensemble le droit de suffrage et les procédures électorales. L'expression de « suffrage universel » est certes ambiguë, puisqu'elle peut indifféremment renvoyer à un droit
et à une procédure. S'il arrive que les deux éléments puissent se
croiser — c'est par exemple le cas à la fin du XIXᵉ siècle, lorsque
ceux qui ne peuvent plus s'opposer au principe du suffrage universel cherchent à en limiter la portée en essayant de jouer sur
la forme des élections —, ils ne sont pourtant pas de même nature.

1. Rappelons que lorsque Pierre Leroux invente le terme de « socialisme », en 1830,
c'est pour l'opposer à l'*individualisme* plus qu'au capitalisme. Cf. A. Le Bras-Chopard,
De l'égalité dans la différence, le Socialisme de Pierre Leroux, Paris, Presses de la F.N.S.P.,
1986. Voir aussi les termes classiques dans lesquels Marx déplore l'*abstraction* d'une
société civile gouvernée par le suffrage universel et lui oppose le communisme fondé
sur des rapports sociaux réels (cf. sa *Critique du droit politique hégélien*).
2. Voir particulièrement, au sein d'une très vaste littérature, les remarques de M. I.
Finley, *Démocratie antique et démocratie moderne*, Paris, Payot, 1976, et de Ch. Bruschi, « Le droit de cité dans l'Antiquité : un questionnement pour la citoyenneté
aujourd'hui », in *La Citoyenneté*, Paris, Fondation Diderot et Fayard, 1989.

On ne peut mettre sur le même pied des histoires du scrutin de liste, de la représentation proportionnelle ou de l'isoloir et celle du droit de vote. C'est sur cette dernière exclusivement que nous voulons nous concentrer. Parce qu'elle est philosophiquement plus centrale, mais aussi parce qu'elle continue de travailler silencieusement notre monde. Si la question de l'égalité politique inaugure l'histoire moderne du politique, elle continue en même temps de constituer une énigme et de désigner une tâche à réaliser. Si l'institution du droit de vote est acquise sans retour, érigée en fait d'évidence, les principes qui le fondent n'ont quant à eux pas fini d'interroger nos pratiques et d'ébranler nos certitudes.

Reprendre l'histoire du suffrage universel à partir de nos évidences héritées conduit à l'évider de ce qui fait son mystère, à lui enlever toute sa densité philosophique, pour la réduire à une pure histoire sociale. Il y a une façon d'écrire l'histoire des idées ou des institutions qui ne se différencie guère de la bonne vieille conception de l'«histoire bataille» appliquée au champ du politique. La nature des forces en présence n'est pas la même, mais c'est la même vision d'un affrontement entre des partis ou des représentations du monde clairement identifiées et constituées *a priori*, avant même d'entrer en conflit. C'est une histoire rétrospective, qui est toujours écrite en fonction du présent, à partir du point d'arrivée, et qui ne suit jamais le travail des événements comme une expérience. La méthode que nous voulons suivre, à l'inverse, n'a pas d'autre visée que de comprendre *de l'intérieur* les certitudes, les tâtonnements ou les aveuglements qui gouvernent l'action et l'imagination des hommes. L'histoire intellectuelle du politique trouve là sa spécificité par rapport à l'histoire politique traditionnelle, à l'histoire des idées ou à l'histoire des représentations. Est-ce à dire que nous repoussons la démarche de l'histoire sociale, préférant le commerce des grands auteurs ou des orateurs parlementaires à celui du peuple silencieux et souffrant? Certes pas. Mais les données de l'histoire sociale n'ont de sens que resituées, insérées dans une histoire plus conceptuelle, qui ne se réduit pas de son côté à l'analyse des grands auteurs, même si ceux-ci constituent souvent une voie d'accès privilégiée à la culture politique de leur temps. L'histoire sociale et l'histoire conceptuelle ont entre elles les rapports que les temps ordinaires entretiennent avec les périodes de révolution. Les conflits entre les forces de progrès et de réaction, le peuple et les élites, les gens d'en bas et les détenteurs du pouvoir, le choc des intérêts et des préjugés font en quelque sorte le quotidien de l'histoire, quotidien inlassablement répété et repris à travers la succession des figures de l'obéissance et de la domination, de la liberté et de l'oppression. Mais cet ordinaire ne prend un sens spécifique que resitué dans la transformation des institutions et des modes de pensée. Sinon, l'anachronisme menace en permanence de s'insinuer pour perturber le jugement. L'histoire intellectuelle du politique se propose de « tenir les deux bouts de la chaîne ». En cherchant en permanence à saisir le point d'intersection de la lutte des hommes avec leur représentation du monde, elle invite à comprendre la politique comme le lieu du travail de la société sur elle-même. L'objet et la méthode sont ici indissociables. Il ne s'agit donc pas de faire une simple « histoire des idées », mais plutôt de comprendre les conditions dans lesquelles s'élaborent et se transforment les catégories dans lesquelles l'action se réfléchit, d'analyser comment se forment des problèmes, comment ils traversent le social, dessinant un cadre des possibles, délimitant des systèmes d'opposition et des types de récusation. L'histoire politique, en effet, ne saurait être comprise comme un développement plus ou moins linéaire, dans lequel conquêtes et défaites se succéderaient pour mener vers une fin de l'histoire, démocratie célébrée ou liberté organisée. Il n'y a pas, en un sens, d'« histoire hégélienne » du politique. Ce type d'approche n'est pas seulement commandée par ce qui pourrait apparaître comme une exigence de méthode, il est aussi cohérent avec l'essence même du politique, qui consiste en un enchevêtrement du philosophique et de l'événementiel, en un travail du social dans le conceptuel et en une tentative permanente d'inventer l'avenir en dissociant le vieux du neuf. Faire l'histoire du suffrage universel, c'est essayer de dénouer en partie cet écheveau, sur une période constituante de la démocratie moderne [1].

---

1. Nous espérons aussi répondre de cette façon à la stimulante invitation de René RÉMOND dans son article « Pour une histoire idéologique du suffrage universel. D'une utopie contestée au consensus relativisé », in *Itinéraires. Études en l'honneur de Léo Hamon*, Paris, Economica, 1982.

Le vieux et le neuf

Si l'histoire du suffrage universel se déploie tout au long du xixᵉ siècle, quand convient-il de la faire débuter ? Au décret du 5 mars 1848 qui accorde le droit de vote à tous les hommes de plus de vingt et un ans ? À la grande mobilisation républicaine du printemps 1840, qui se cristallise pour la première fois autour du thème de la réforme électorale ? Aux débats et aux institutions de la période révolutionnaire ? Ou faut-il, beaucoup plus en amont encore, remonter aux pratiques électorales liées à la convocation des États généraux ou à l'organisation des anciennes libertés communales, à l'antique consécration populaire des souverains ou même aux élections dans l'Église ? Et quelle borne convient-il de fixer en retour pour clore cette même histoire ? Celle de 1852, au-delà de laquelle le droit de suffrage ne sera plus remis en cause, après que Napoléon III eut rétabli les droits politiques restreints par la loi scélérate du 31 mai 1850 ? Celle de 1913, quand l'instauration de l'isoloir garantit définitivement l'indépendance du vote ? Celle de 1944, lorsque le gouvernement provisoire étend aux femmes le droit de suffrage ? Ou même encore celle de 1974, lorsque l'âge de voter est abaissé à dix-huit ans ?

Il ne s'agit pas là d'un choix conventionnel à opérer, effectué à la discrétion de l'historien, définissant en toute souveraineté les limites de son sujet. Car le fond et la forme sont inséparables, dans cette question, du point de départ et du point d'arrivée. Choisir une origine *a priori* au début de la recherche, c'est ôter trop rapidement à la question du suffrage universel une partie de l'énigme qu'elle recèle. L'incertitude sur le placement des bornes : c'est plutôt de là qu'il convient de faire partir la réflexion. En admettant peut-être que la notion même de point de départ peut égarer, qu'il n'y a pas toujours événement fondateur en histoire, mais plutôt formation de conjonctures politiques et intellectuelles qui élargissent le champ des possibles, déclenchent des conflits nouveaux, font émerger des interrogations inédites. Il n'y a pas d'autre voie que le tâtonnement pour appréhender ces conjonctures et trouver une ligne de partage entre quelque chose qui serait du « vieux » et quelque chose qui serait du « neuf ». Faire l'histoire du suffrage universel, c'est d'abord se glisser dans un problème, pour en suivre de l'intérieur le travail, et non pas repérer une sorte de mystérieux germe démocratique initial dont on raconterait la croissance et l'arrivée à maturité (sauf à retracer une banale histoire institutionnelle du droit de vote). Il s'agit plus d'entrer dans une question que de fixer *a priori* un point de départ. La question première ? Elle est d'essayer de repérer les points de basculement et de différenciation à l'intérieur du champ « élections-souveraineté du peuple », pour le fragmenter, au sens où l'on casse un noyau pour mieux en analyser la matière. À l'inverse d'une plate histoire intellectuelle, le risque existe en effet aussi d'élargir la réflexion sur l'égalité politique jusqu'à la diluer dans une trop vaste fresque du mouvement de l'idée démocratique depuis Athènes.

Première remarque : l'existence d'élections et l'affirmation de la souveraineté du peuple ne conduisent pas automatiquement à la consécration de l'individu-électeur que nous connaissons. Le fait de l'élection, on le sent en effet bien intuitivement, n'a pas le même sens lorsque le peuple, rassemblé sur le parvis de la cathédrale de Reims, est invité à crier *Vivat rex* à l'avènement d'un nouveau souverain et lorsqu'il s'agit de choisir librement entre plusieurs candidats. Consentir et choisir ne sont pas des actes du même ordre, les modalités de chacun d'entre eux pouvant en outre considérablement varier. La souveraineté du peuple, d'un autre côté, n'a clairement pas le même contenu quand elle est affirmée par Rousseau ou quand elle est invoquée par les théologiens scolastiques. Ce sont ces équivoques premières qu'il faut d'abord tâcher de réduire pour entrer dans l'histoire de l'égalité politique. L'idée de souveraineté du peuple d'abord. Il n'y a pas d'individu-électeur pensable en dehors de son champ, et elle est une condition « philosophique » nécessaire à l'expression du droit de suffrage. On la voit s'affirmer à partir du xvie siècle, sur fond de guerres de Religion et de résistance à l'absolutisme, autour de trois pôles : les monarchomaques, écrivains protestants qui s'opposent au pouvoir royal pendant les guerres de Religion ; les frondeurs qui dénoncent Mazarin ; puis, à la fin du xviie siècle, les polémistes protestants qui font le procès de l'absolutisme. Quelques livres classiques résument commodément les étapes de ce mouvement d'affirmation des droits du peuple face au pouvoir royal : le *Vindiciae contra tyrannos* (1581), attribué à Duplessis-Mornay[1] ; le *Recueil de Maxi-*

---

1. Cet ouvrage — parfois attribué à Hubert Languet ou plus souvent à Duplessis-Mornay — a été traduit en français sous le titre *De la puissance légitime du prince sur*

mes véritables et importantes pour l'institution du Roy (1652), de Claude Joly[1]; et les *Lettres pastorales adressées aux fidèles de France qui gémissent sous la captivité de Babylone* (1686-1689), publiées par Jurieu[2]. Regardons brièvement où ils nous mènent.

Le *Vindiciae contra tyrannos* est sans conteste le plus retentissant des pamphlets politiques publiés après le massacre de la Saint-Barthélemy. On y trouve pour la première fois formulée une théorie du contrat[3] et exprimée la doctrine de la souveraineté du peuple, en même temps que celle de la subordination du pouvoir royal. L'auteur forge toute une série de formules qui seront ensuite reprises dans une multitude de pamphlets. «Il y a infinis peuples qui vivent sans Roy : mais on ne saurait imaginer un Roy sans peuple», y lit-on par exemple[4]. Ou encore : «Le peuple ne meurt jamais, encore que les Rois s'en aillent hors du monde les uns après les autres. Car comme le cours continuel de l'eau donne au fleuve une durée perpétuelle : aussi la révolution de naissance et de mort rend le peuple immortel[5].» Le roi, martèle Duplessis-Mornay à longueur de pages, «n'est pas seigneur des lois», et sa dignité n'est que le signe d'une charge et d'un service[6]. Les mêmes thèmes et

---

le peuple et du peuple sur le prince (1581). Nous le citons dans cette traduction française (reproduction Paris, Édhis, 1977).

1. Titre complet : *Recueil de Maximes véritables et importantes et importantes pour l'institution du Roy contre la fausse et pernicieuse politique du Cardinal Mazarin.* Nous le citons dans sa deuxième édition, de 1663. Sur Joly, voir l'étude de J.-B. BRISSAUD, *Études de droit public. Un libéral au XVIIe siècle, Claude Joly (1607-1700),* Paris, 1898.

2. On peut aussi lire de lui *La Politique du clergé en France* (1681).

3. Il faut cependant noter la publication, quelques années avant le *Vindiciae contra tyrannos,* du texte de Jean DE CORAS — le célèbre juge du procès de Martin Guerre — *Question politique : s'il est licite aux sujets de capituler avec leur prince,* rédigé vers 1569 (voir édition critique par M. Kingdon, Genève, Droz, 1989). C'est le seul grand texte du droit de résistance publié avant la Saint-Barthélemy. Sur ces premières ébauches de théorie du contrat, voir H. MOREL, «La théorie du contrat chez les monarchomaques», in *Mélanges Henri Morel,* Presses universitaires d'Aix-Marseille, 1989, qui insiste sur la différence entre le contrat des monarchomaques et celui de Rousseau. Se reporter également à R. A. JACKSON, «Kingship and *Consensus populi* in Sixteenth Century France», *Journal of Modern History,* vol. XLIV, n° 2, juin 1972; à Q. SKINNER, *The Foundations of Modern Political Thought,* Cambridge University Press, 1978, 2 vol.; et aux livres plus anciens mais toujours utiles de P. MESNARD, *L'Essor de la philosophie politique au XVIe siècle,* 3e éd., Paris, Vrin, 1977, et de G. WEIL, *Les Théories sur le pouvoir royal en France pendant les guerres de Religion* (1891), nouv. éd., Genève, Slatkine, 1971.

4. *Vindiciae contra tyrannos,* p. 106.

5. *Ibid.,* p. 125.

6. Une partie des ligueurs finiront eux aussi, paradoxalement, par se rallier, par dépit, à ces thèmes «prédémocratiques». Voir par exemple le célèbre pamphlet de François

les mêmes formules sont repris plus tard, au moment de la Fronde, dans la masse des petits libelles — les mazarinades — qui sont publiés entre 1648 et 1652[1]. Le livre de Claude Joly en systématisera l'argumentation. «Les Rois n'ont esté faits que pour les peuples, écrit-il. Car de tout temps, il y a eu des peuples sans Roys, mais jamais il n'y eut de Roys sans peuples[2].» À la fin du siècle, Jurieu prolonge enfin cette critique dans des termes qui annoncent directement Rousseau. Il ne se contente pas, comme ses prédécesseurs, d'affirmer la souveraineté du peuple et l'existence nécessaire d'un pacte mutuel entre le prince et le peuple[3]. Il va jusqu'à affirmer le caractère définitif de cette souveraineté. «Il faut, écrit-il ainsi, qu'il y ait dans les sociétés certaine autorité qui n'ait pas besoin d'avoir raison pour valider ses actes; or cette autorité n'est que dans les peuples[4].» Il était difficile d'aller plus loin dans la critique du pouvoir royal traditionnel. Est-on pour autant, avec ces différents auteurs, en marche vers l'univers du *Contrat social*? Une longue tradition de l'histoire des idées politiques l'a soutenu, comme si la filiation était évidente. Dès la première moitié du XIXe siècle, des historiens ont mis en avant l'ancienneté des institutions et des idées démocratiques pour tenter d'exorciser la menaçante nouveauté de l'avènement du suffrage universel. Charles Labbitte publie en 1841 *De la démocratie chez les prédicateurs de la Ligue*, Guizot édite

DE CROMÉ, *Dialogue d'entre le maheustre et le manant*, de 1593 (éd. critique par P. Ascoli, Genève, Droz, 1977). Sur ces «monarchomaques ligueurs» : F. J. BAUMGART-NER, *Radical Reactionnaries: The Political Thought of the French Catholic League*, Genève, Droz, 1976; S. RIALS, «Aux origines du constitutionnalisme écrit : réflexions en marge d'un projet constitutionnel de la Ligue (1588)», *Revue d'histoire des facultés de droit et de la science juridique*, n° 8, 1989.

1. Voir le recueil de mazarinades *La Fronde, Contestation démocratique et misère paysanne*, Paris, Édhis, 1983. Voir surtout le premier volume, consacré à l'opposition proprement politique et à l'expression des idées démocratiques. Pour une interprétation récente, voir Ch. JOUHAUD, *Mazarinades, la Fronde des mots*, Paris, Aubier, 1985.

2. *Recueil de Maximes véritables et importantes pour l'institution du Roy [...]*, p. 131.

3. Voir tout particulièrement ses 16e et 17e lettres, datées du 15 avril 1689 et du 1er mai 1689, «De la puissance des souverains, de son origine et de ses bornes». Sur Jurieu, consulter Fr. PUAUX, *Les Défenseurs de la souveraineté du peuple sous le règne de Louis XIV*, Paris, 1917, et *Les Précurseurs français de la tolérance au XVIIe siècle*, Paris, 1881; R. LUREAU, *Les Doctrines politiques de Jurieu (1637-1713)*, Bordeaux, 1904. Un bon livre, plus récent : G. H. DODGE, *The Political Theory of the Huguenots of the Dispersion with Special Reference to the Thought and Influence of Pierre Jurieu*, New York, Columbia University Press, 1947.

4. 18e lettre, du 15 mai 1689; citée par Fr. PUAUX, *Les Défenseurs de la souveraineté du peuple [...]*, p. 42.

en 1851 son cours, *Histoire des origines du gouvernement représentatif en Europe*, Augustin Thierry donne en 1853 son *Essai sur l'histoire de la formation et des progrès du tiers état*. La plupart des manuels d'histoire des idées politiques ont ensuite enfoncé le clou pour faire des auteurs que nous avons brièvement cités des précurseurs de Rousseau, comme si un même fil conduisait des *Vindiciae contra tyrannos* au *Contrat social*. En 1876, on voit même Dufaure, qui est alors président du Conseil, se référer à Jurieu, à la tribune de l'Assemblée, pour justifier le droit de dissolution comme forme d'appel à l'arbitrage ultime du peuple.

Chez les monarchomaques ou chez Jurieu, nous trouvons certes un langage politique qui peut sembler extrêmement moderne. Malgré leur radicalité, ils restent pourtant dans un univers intellectuel dans lequel il n'y a pas de place pour la figure du citoyen-électeur. La référence à la souveraineté du peuple est plus politique que philosophique, chez eux. C'est une *souveraineté-autorisation* dont le sens est de limiter la prérogative royale. Elle ne s'inscrit nullement dans une perspective d'*autogouvernement*, de gouvernement par le peuple. C'est un horizon qui n'est pas celui de l'auto-institution du social, auquel se rattache Rousseau. L'idée moderne de citoyenneté est totalement absente. Jurieu distingue d'ailleurs explicitement la source de la souveraineté et son exercice. « L'*exercice* de la souveraineté qui dépend d'un seul, écrit-il, n'empêche pas que la souveraineté soit dans le peuple, comme dans sa *source* et même son premier sujet [1]. » Chez Jurieu, la notion de souveraineté est *passive*, elle n'est pas active. Elle remplit une fonction principalement critique : dénoncer l'absolutisme, l'intolérance religieuse et les abus du pouvoir royal. Contrairement à Rousseau, il ne conçoit pas le contrat comme créateur de fait social. Le contrat entre le peuple et le roi ne prend sens que rapporté à un contrat originel entre Dieu, le roi et le peuple. La société reste comprise comme ayant une consistance propre et naturelle, une existence antérieure à celle du prince.

Jurieu, comme Joly ou les monarchomaques, continue en fait de se situer dans le cadre d'une vision scolastique traditionnelle de la politique. S'il lui arrive de se réclamer de Locke, son univers intellectuel global reste celui de Thomas d'Aquin [2]. *Salus populi,*

---

1. Cité par Fr. PUAUX, *Les Défenseurs de la souveraineté du peuple [...]*, p. 37.
2. Il est important de signaler que les monarchomaques sont aussi beaucoup plus proches des scolastiques que de Calvin dans leur façon de penser la politique. Il y a

suprema lex esto : « Le salut du peuple est la loi souveraine », dit Jurieu dans une formule qui appartient au langage thomiste et aristotélicien. C'est la référence au *bien commun* qui est déterminante pour lui, et en aucune façon l'idée que l'individu aurait des droits politiques. La notion de peuple souverain plonge ses racines dans toute une tradition de la théologie politique médiévale. C'est ce vieux fond qui est réactivé à partir de la fin du xvi⁰ siècle. Pour Thomas d'Aquin, l'institution politique demeure de droit humain, même si l'idée du pouvoir vient de Dieu. En l'absence d'un législateur désigné par la divinité, la puissance législative appartient à la multitude tout entière ou à celui qui représente la multitude. Un siècle plus tard, Marsile de Padoue thématise cette approche dans son *Defensor pacis*, offrant une première théorie globale de la politique séculière. Mais ce n'est pas tant Rousseau qu'il annonce qu'Aristote qu'il prolonge, quand il estime que « la cause efficiente, première et spécifique de la loi est le peuple, ou l'ensemble des citoyens »[1]. Il est ainsi indispensable de distinguer une conception moderne et une conception ancienne de la souveraineté du peuple. Dans le premier cas, elle est clairement articulée sur un principe d'autonomie, qui débouche logiquement sur la question du droit de vote. Dans le second, la notion de souveraineté du peuple est principalement associée à la thématique du *droit de résistance à la tyrannie*. Cette question devient centrale dans la pensée politique médiévale tardive[2]. Thomas d'Aquin, Gerson, Oresme, Guillaume d'Ockham, Marsile de Padoue érigent le tyran en figure radicalement négative du pouvoir souverain. S'ils se contentent d'en inférer qu'il est légitime de résister au tyran et de le déposer, d'autres auteurs, comme Jean de Salisbury, vont jusqu'à justifier

chez eux un indéniable divorce, qui s'explique « tactiquement », entre leur théologie et leur philosophie politique. Calvin souligne en effet en permanence le caractère divin du pouvoir, et il est à l'opposé de toutes les théories du contrat social (cf. M.-É. CHENEVIÈRE, *La Pensée politique de Calvin*, nouv. éd., Genève, Slatkine, 1970).

1. MARSILE DE PADOUE, *Le Défenseur de la paix* (1324), éd. critique par J. Quillet, Paris, Vrin, 1968, p. 110.

2. Voir, sur la question du tyrannicide, J.-Fr. JUILLIARD, *Recherches sur l'idée de tyrannicide dans l'Antiquité et l'Occident médiéval*, Paris, 1965, 2 vol. (dactylographiés ; thèse de droit déposée à la bibliothèque Cujas), et J. QUILLET, « Tyrannie et tyrannicide dans la pensée politique médiévale tardive (xiv⁰-xv⁰ siècle) », *Cahiers de philosophie politique et juridique*, n° 6, 1982, Centre de publications de l'université de Caen. Se reporter également aux développements très suggestifs de Roland MOUSNIER sur le tyrannicide dans son rapport avec l'affermissement de la monarchie absolue, dans son ouvrage *L'Assassinat d'Henri IV. 14 mai 1610*, Paris, Gallimard, 1964.

le tyrannicide[1]. Les monarchomaques s'inscrivent dans le cadre de cette réflexion. Ils continuent de définir le tyran de façon très médiévale, comme une «puissance débordée», et reprennent la distinction entre le tyran par usurpation et le tyran de fait. Le débat sur le droit de résistance occupe la moitié du *Vindiciae contra tyrannos* et il constitue toute la matière du célèbre ouvrage de Théodore de Bèze, le bras droit de Calvin, *Du droit des magistrats sur leurs sujets* (1575)[2]. La dénonciation du pouvoir absolu est en outre très ambivalente dans cette littérature. Elle a des accents souvent plus aristocratiques que démocratiques. Si Jurieu peut paraître à certains égards le plus proche de Rousseau, on voit à la même époque l'auteur anonyme des *Soupirs de la France esclave* — l'autre grand classique de la critique de l'absolutisme — reprocher à Louis XIV d'effacer les distinctions d'ordres. «Dans le gouvernement présent, écrit-il, tout est Peuple. On ne sait plus ce que c'est que qualité, distinction, mérite et naissance. L'Autorité royale est montée si haut, que toutes les distinctions disparaissent, toutes les Lumières sont absorbées. Car dans l'élévation où s'est porté le Monarque, tous les humains ne sont que la poussière de ses pieds[3].» En fustigeant l'absolutisme, c'est aussi le nivellement des rangs que déplorent ainsi beaucoup de ces auteurs. Ils se retournent vers l'image mythique d'une monarchie féodale bien ordonnée et ils n'esquissent pas la figure d'une société d'individus égaux. Dans le *Franco-Gallia* de Hotman, l'un des grands textes de la littérature monarchomaque, l'alternative au pouvoir tyrannique est de réduire «nostre Estat corrompu, comme une musique désac-

---

1. On lit ainsi dans le *Polycraticus* : «Le tyran est une image de Lucifer [...] il doit être tué la plupart du temps [...]. Non seulement tuer un tyran est permis, mais c'est une action convenable et juste [...]. Cependant lorsque les prêtres prennent le personnage de tyrans, il n'est pas permis de lever contre eux le glaive matériel, à cause du respect dû au sacrement.»
2. Voir la nouvelle édition critique par R. M. Kingdon, Genève, Droz, 1970. Kingdon montre bien dans sa préface que la thèse du droit de résistance peut s'inscrire dans des perspectives très différentes. Si les chefs anabaptistes de la guerre des Paysans justifiaient en son nom l'insurrection populaire, les monarchomaques envisageaient une résistance «constitutionnelle» dans laquelle la résistance au pouvoir légitime ne peut être que l'affaire d'officiers ou d'institutions participant de l'autorité gouvernementale. Voir aussi sur ce point Julian H. FRANKLIN (éd.), *Constitutionalism and Resistance in the Sixteenth Century : Three Treatises by Hotman, Beza, and Mornay*, New York, Pegasus, 1969.
3. *Les Soupirs de la France esclave qui aspire à la liberté* (1689), deuxième mémoire, «De l'oppression des peuples», daté du 15 septembre 1689.

cordée, à ce bel ancien accord qui fut au temps de nos Pères»[1]. Hotman sera par ailleurs un farouche adversaire du droit romain unificateur, défendant avec vigueur le pluralisme des anciennes coutumes. Sa perspective est au fond celle d'une sorte de «rationalisation de la Constitution médiévale»[2]. Un siècle plus tard, toute une partie des opposants au gouvernement de Louis XIV retrouve des accents similaires chez Boulainvilliers ou le duc de Saint-Simon[3]. Comme Hotman, ce dernier voit dans la disparition des ordres anciens la racine de l'absolutisme, parlant de «cette lèpre d'usurpation et d'égalité qui séduit et confond tous les estats et toutes les conditions»[4]. Symétriquement, le remède est tout indiqué à ses yeux : «C'est donc de la destruction de cette horrible confusion ou de la réparation chez différents degrez entre les François que dépend tout le reste du rétablissement de la monarchie[5].» La critique libérale du pouvoir se fait au nom d'un ordre passé à restaurer et non d'une révolution à venir[6]. «Ce n'est pas la démocratie, c'est l'aristocratie qui a inventé la pensée libérale», résume justement Denis Richet[7]. Le peuple auquel se réfèrent ces pourfendeurs de l'absolutisme reste par ailleurs compris de façon traditionnelle comme la récapitulation de la structure sociale. Ils pensent en termes de *peuple-corps social* et point en termes de *peuple-agrégation d'individus*[8]. À la question «Ce qui est entendu par la

---

1. Prologue, p. 9 de l'édition française de 1574 (reproduction Paris, Édhis, 1977). Sur Hotman, voir D. R. KELLEY, *François Hotman. A Revolutionary's Ordeal*, Princeton University Press, 1973.

2. L'expression est employée par J. H. FRANKLIN dans son livre *Jean Bodin and the Sixteenth Century Revolution in the Methodology of Law and History*, New York, Columbia University Press, 1963.

3. Voir sur ce point le bon livre de L. ROTHKRUG, *Opposition to Louis XIV. The Political and Social Origins of the French Enlightenment*, Princeton University Press, 1965.

4. SAINT-SIMON, *Projets de rétablissement du Royaume de France*, in *Écrits inédits*, Paris, 1881-1893, t. IV, p. 198.

5. ID., *ibid.*, p. 199.

6. De l'antiquomanie des monarchomaques vantant les anciens états généraux et voulant ressusciter une mythique monarchie élective à la célébration par Augustin Thierry des anciennes libertés municipales, un même courant se retrouve ainsi. Comme s'il fallait exorciser comme insoutenable l'idée d'une instauration radicale du neuf en politique.

7. Denis RICHET, «La monarchie au travail sur elle-même», in K. BAKER (éd.), *The French Revolution and the Creation of Modern Political Culture*, vol. I : *The Political Culture of the Old Regime*, Oxford, Pergamon Press, 1987.

8. Là encore, la marque aristotélicienne et médiévale est bien sûr déterminante. Un auteur comme Suarez explique ainsi qu'«il faut penser à une multitude d'hommes de

notion de peuple », l'auteur du *Vindiciae contra tyrannos* prévient :
« Je vois bien qu'on me fera ici une objection. Quoi, direz-vous ?
Faudra-t-il que toute une populace, cette bête qui porte un million
de têtes, se mutine et accoure en désordre pour donner ordre à ce
que dessus ? Quelle adresse y a-t-il en une multitude débridée ? Quel
conseil et quelle prudence pour pourvoir aux affaires ? Quand nous
parlons de tout le peuple, nous entendons par ce mot ceux qui ont
en main l'autorité de par le peuple, à savoir les magistrats qui sont
inférieurs au Roy et que le peuple a délégués, ou établis en quelque
sorte que ce soit, comme conforts de l'Empire et contrôleurs des
Rois, et qui représentent tout le corps du peuple[1]. »
   Cet univers intellectuel est doublement étranger à celui de l'individualisme démocratique : du point de vue de la conception du
sujet politique (le peuple-corps et non l'individu), comme de celui
du sens de la souveraineté populaire (le consentement et non pas
l'autogouvernement). Les usages de la représentation et de l'élection qui se greffent sur cet univers renvoient également à une approche ancienne du politique. Chez Hotman par exemple, la procédure
élective se rattache aux origines de la constitution de la monarchie, lorsque le roi était supposé obtenir l'assentiment des cheva-
liers ou des magistrats — ou des états — représentant le royaume.
La perspective de sa critique de l'absolutisme reste clairement celle
d'une *restauration*. Le caractère ancien de la pensée politique des
monarchomaques se retrouve aussi dans le fait qu'ils s'inscrivent
toujours dans la perspective médiévale du gouvernement mixte,
la bonne monarchie étant appréhendée comme celle qui incorpore
dans son fonctionnement des principes empruntés au gouvernement
populaire et des éléments aristocratiques. Le monde de l'indi-

deux façons différentes ». On peut les considérer, explique-t-il, soit comme « rassemblés volontairement ensemble en un seul corps politique », soit comme un « simple agrégat
de gens ». Pour lui, si les gens ne constituent qu'un agrégat, ils ne forment pas un corps
politique, et on ne peut donc pas envisager qu'ils aient le pouvoir de faire les lois. Ce
pouvoir n'appartient qu'au peuple formé en corps politique, et non aux simples ras-
semblements d'individus (cité par Q. SKINNER, *The Foundations of Modern Political
Thought*, t. II, p. 181). Dans l'optique peuple-corps social, notons-le, la question de la
représentation se pose en effet dans des termes particuliers, puisque la représentation
comme fonction politique est inscrite dans la structure même du corps social. En même
temps qu'il affirme que le vrai législateur est le peuple, Marsile de Padoue, après Aristote, estime par exemple que ce peuple est naturellement représenté par sa *pars valen-
tior* ou sa *sanior pars*.
   1. *Vindiciae contra tyrannos*, pp. 61-62.

vidualisme démocratique et celui de ce que l'on pourrait qualifier de libéralisme « archaïque » sont ainsi rigoureusement distincts.

Parce que les mêmes mots et les mêmes thèmes semblent dessiner des références communes aux monarchomaques et aux républicains du XIXe siècle, le grand risque que court l'historien est celui de l'anachronisme. L'idée actuelle de suffrage universel n'existe pas au XVIe ou au XVIIe siècle, alors même que l'on parle de souveraineté du peuple ou de monarchie élective. L'anachronisme résulte d'un véritable aplatissement conceptuel. Mais il ne prend pas seulement sa source dans le défaut d'attention ou dans la paresse de l'esprit, il s'appuie principalement sur la tentation permanente de réduire l'histoire du politique à l'histoire sociale. Vision simple d'une histoire millénaire de la liberté et de l'oppression dont le contexte seul, mais non les termes, varierait, un même combat unissant les quarante-huitards à Spartacus, le prolétaire moderne à l'esclave d'antan, le citoyen-électeur à l'habitant de la commune médiévale.

Une confusion analogue entre le vieux et le neuf se retrouve en matière d'élections. Les Français n'ont certes pas attendu 1789 ou 1848 pour commencer à nommer des chefs ou des responsables. La procédure électorale comme mode de désignation et de légitimation d'une autorité religieuse ou séculière est fort ancienne. Sans parler des assemblées nationales dans la Gaule romaine [1], on peut surtout penser aux élections des évêques et des abbés dans l'Église ainsi qu'à la vieille *electio* des rois. Mais faut-il pour autant estimer qu'il s'agit là d'une première ébauche de la procédure électorale moderne ? Toute une tradition politique issue du XIXe siècle l'a soutenu, cherchant dans l'histoire des institutions primitives — politiques ou religieuses — une justification des revendications modernes. Il suffit de penser, par exemple, à l'ouvrage très représentatif de Pierre Leroux, *De l'origine démocratique du christianisme* [2]. Un examen, même très bref, des anciennes élections ecclésiastiques et politiques suffit pourtant à comprendre qu'elles sont tout à fait étrangères à l'univers individualiste-démocratique contemporain.

---

1. Cf. P. VIOLLET, *Histoire des institutions politiques et administratives de la France*, Paris, 1890, t. I.
2. Paris, 1848. Reproduit l'article « Conciles » publié dans le tome III de l'*Encyclopédie progressive*.

Prenons d'abord le cas des élections ecclésiastiques. Dès les premiers siècles de l'ère chrétienne, les Pères de l'Église et les conciles avaient affirmé que la voie d'élection était celle qui convenait le mieux pour désigner les évêques et les abbés, les apôtres s'en étant même servis pour pourvoir des offices subalternes.

Selon des formes très variables, ce principe de l'*electio* était resté en vigueur jusqu'à ce que la constitution des bénéfices ecclésiastiques conduise pratiquement à le faire tomber en désuétude, le concordat de 1516 entre François Ier et Léon X entérinant la nomination des évêques par le roi et leur institution par le pape[1]. Mais cette *electio* diffère profondément de ce que nous entendons aujourd'hui par «élection». Le terme n'implique d'abord rien de précis quant au nombre et à la qualité des participants à la procédure de désignation. *Electio* signifie «choix», plus qu'«élection» à proprement parler. Même lorsque c'est le peuple qui est convoqué, il l'est en tant que corps, comme totalité et pas comme juxtaposition d'individus. L'idée de compter des voix est d'ailleurs inconnue[2]. Les élections des évêques se font à l'unanimité et par acclamation, *plebe praesente*, «en présence du peuple». L'intervention globale de ce dernier a pour fonction de donner un assentiment et d'attester de la dignité d'un candidat, et non de désigner un représentant, au sens moderne du terme. Le rôle de la foule est principalement de clamer *Fiat, fiat, dignum et justum est*. Fait significatif, le peuple n'a aucune façon de marquer son désaccord ou de s'abstenir dans une *electio* de ce type. Il n'existe de mot que pour l'approbation *(fiat)*[3]. Les élections des abbés dans les ordres religieux seront bien sûr beaucoup plus formalisées, du fait même de l'étroitesse du «corps électoral» :

1. Voir sur ce point les articles «Élection des évêques» in A. Vacant et E. Mangenot, *Dictionnaire de théologie catholique*, Paris, 1924; J.-J. Bourassé, *Dictionnaire de discipline ecclésiastique ou Traité du gouvernement de l'Église*, Paris, 1856; et J.-H. Prompsault, *Dictionnaire raisonné de droit et de jurisprudence en matière civile ou ecclésiastique*, Paris, 1849. Une bonne synthèse récente : J. Gaudemet, *Les Élections dans l'Église latine des origines au XVIe siècle*, Paris, F. Lanore, 1979.
2. On trouvera de précieuses indications techniques sur ces élections dans L. Moulin, «Les origines religieuses des techniques électorales et délibératives modernes», *Revue internationale d'histoire politique et constitutionnelle*, nouv. série, t. III, avril-juin 1953, et «La science politique et le gouvernement des communautés religieuses», *Revue internationale des sciences administratives*, 1951, n° 1.
3. Notons d'ailleurs que cette caractéristique se retrouve dans les débuts de la démocratie communale italienne. Voir les travaux de E. Ruffini, *I sistemi di deliberazione collettiva nel medioevo italiano*, Turin, 1927, et de D. Waley, *The Italian City Republics*, 3e éd., Londres, Longman, 1988.

les votes sont comptabilisés, les procédures de présentation sont rigoureusement organisées, etc. Mais elles conservent elles aussi un caractère archaïque. Le principe d'unanimité reste d'abord la règle : *unanimiter et concorditer*, « dans l'unanimité et la concorde ». Il est d'usage que la minorité se rallie et donne son consentement, pour que la communauté présente un visage uni. La notion même de majorité n'est en outre pas clairement dégagée. On sépare par exemple mal l'idée de *sanior pars* de celle de *maior pars*[1], ce qui suggère que le nombre n'est jamais considéré comme l'élément décisif d'un choix, la qualité des différentes catégories de personnes concernées étant jugée essentielle (dans l'histoire des ordres religieux, il faut attendre le concile de Trente [1545-1563] pour que le principe majoritaire pur et simple soit définitivement reconnu, en étant associé au vote secret). Quelles que soient ses modalités techniques, l'*electio* ecclésiastique médiévale ne s'analyse jamais comme une procédure destinée à exprimer la volonté d'une collectivité. Elle participe seulement de la volonté divine. Car c'est Dieu seul qui choisit vraiment, estime-t-on[2]. La personne désignée, en retour, n'a en aucune façon le statut de représentant de la collectivité concernée. L'élection canonique ne crée pas d'autorité, ne confère en elle-même aucun pouvoir à l'élu. Elle est une pure désignation, que l'on souhaite « inspirée » par l'Esprit saint, c'est-à-dire justement détachée de la volonté et de l'opinion des hommes.

L'antique élection des souverains se rapproche-t-elle davantage des procédures électorales modernes, anticipant un exercice rousseauiste de la volonté générale ? Là aussi, on doit se garder du danger de l'anachronisme. On a bien sûr vu, au XVIe siècle, les huguenots se référer à une théorie de la monarchie élective pour critiquer

1. Cf. L. MOULIN, « *Sanior* et *maior pars*. Note sur l'évolution des techniques électorales dans les ordres religieux du VIe au XIIIe siècle », *Revue historique de droit français et étranger*, 1958, nos 3 et 4 (article en deux parties). En 1215, le concile de Latran avait officialisé cette équivalence de la *sanior* et de la *maior pars* en décrétant : « Après collationnement, celui-là sera élu qui aura obtenu le consentement *soit de tous, soit de la majorité du chapitre, soit de ses éléments les plus qualifiés (sanior pars).* »

2. D'où l'hostilité de principe de l'Église au système du tirage au sort comme mode de choix. Voir sur ce point les remarques de L. MOULIN (« *Sanior* et *maior pars* [...] »), ainsi que les développements de R. CAILLOIS, *Les Jeux et les Hommes*, Paris, 1958, et de B. MANIN, « Les élections, les élites et la démocratie : sur le caractère aristocratique des élections », in *Les Limites de la démocratie*, Paris, Calmann-Lévy (à paraître en 1992). Pour une appréhension moderne de cette question, voir A. R. AMAR, « Choosing representatives by lottery voting », *The Yale Law Journal*, vol. XCIII, n° 7, juin 1984.

les abus du pouvoir royal. Le *Franco-Gallia* de Hotman a cherché à en proposer une exposition complète, avant que le thème ne devienne un véritable poncif de la littérature monarchomaque. Mais cette théorie a-t-elle un fondement solide? Aucun historien moderne ne saurait parler du caractère électif de la monarchie française[1], du moins à partir des Capétiens (la consultation des grands lors des assemblées convoquées pour la *designatio*, qui ne saurait cependant s'appréhender formellement comme une élection, ayant joué en revanche un rôle non négligeable sous les premières races et notamment sous les Carolingiens). Le moment de l'*electio*, tel qu'il subsiste très tardivement dans la cérémonie du sacre royal, n'est qu'une simple formalité qui précède immédiatement le sacre proprement dit. Ses acteurs se limitent aux personnes assistant à la cérémonie et à la proche foule, et on imagine mal que n'ait pas été prononcé le rituel *Vivat rex* lorsque le moment de le dire était arrivé[2]!

Un examen rapide des procédures électorales régissant les anciennes libertés communales fait aussi clairement apparaître qu'elles ressemblent bien peu au vote moderne. L'idée d'élection y renvoie beaucoup plus à l'affirmation d'une autonomie locale, au souci de rompre avec le pouvoir seigneurial traditionnel qu'à une philosophie de l'autogouvernement populaire. Même dans le sud de la France, là où la désignation par l'élection des magistrats municipaux était la plus répandue et la plus entrée dans les mœurs, il ne s'agit presque jamais d'un suffrage vraiment populaire. L'organisation communale reste le plus souvent liée à l'univers corporatif et marquée à des degrés divers par la prépondérance des notables[3]. Le fonctionnement des assemblées générales de

---

1. Cf. J. DHONDT, «Élection et hérédité sous les Carolingiens et les premiers Capétiens», *Revue belge de philologie et d'histoire*, 1939, t. III, et Y. SASSIER, «Au temps de Hugues Capet et des premiers Capétiens», in *L'Élection du chef de l'État en France de Hugues Capet à nos jours*, entretiens d'Auxerre 1987, Paris, Beauchesne, 1988.
2. Cf. R. A. JACKSON, *Vive le Roi! A History of the French Coronation from Charles V to Charles X*, Chapel Hill, Univ. of North Carolina Press, 1984.
3. Sur cette question très complexe, voir les ouvrages anciens mais toujours utiles de A. BAVELIER, *Essai historique sur le droit d'élection et sur les assemblées représentatives de la France*, Paris, 1874 (Genève, Megariotis Reprint, 1979), qui présente une bonne synthèse sur les communes; A. CHRISTOPHLE, *Une élection municipale en 1738. Étude sur le droit municipal au XVIIIᵉ siècle*, Paris, 1874; A. LUCHAIRE, *Les Communes françaises à l'époque des Capétiens directs*, Paris, 1911 (réimpression Bruxelles, Culture et Civilisation, 1964); Ch. PETIT-DUTAILLIS, *Les Communes françaises. Caractères et évolution des origines au XVIIIᵉ siècle*, nouv. éd., Paris, Albin Michel, 1970.

communautés d'habitants dans les campagnes, qui peut sembler plus «démocratique» au premier abord, s'inscrit lui aussi dans un univers ancien, aussi bien sociologiquement que techniquement [1].

Il y a loin de l'*electio* à l'élection, du peuple-corps au peuple-individu, de la souveraineté-autorisation à l'autogouvernement, du consentement collectif donné à un homme désigné au choix individuel et raisonné d'un candidat. L'idée du droit de suffrage n'est certes pensable que s'il y a reconnaissance de la souveraineté du peuple et usage de la procédure électorale pour désigner des représentants. Mais derrière les mêmes mots se donnent des réalités qui ne renvoient pas aux mêmes univers politiques et sociaux. C'est donc plus en aval qu'il faut tenter de commencer à écrire l'histoire du suffrage universel, là où la figure de l'individu-électeur commence vraiment à émerger.

Comment passe-t-on de la souveraineté passive du peuple à l'individu-électeur moderne? L'histoire du suffrage universel se déploie dans la réponse à cette question. Histoire d'un double passage : du simple consentement à l'autogouvernement d'un côté, du peuple-corps à l'individu autonome de l'autre. Histoire exemplaire en ce sens qu'elle est au cœur du double mouvement de sécularisation (auto-institution du politique et du social) et de subjectivisation (avènement de l'individu comme catégorie organisatrice du social) qui accompagne l'avènement de la modernité. Dans l'histoire du suffrage universel, on voit directement s'exprimer les tensions de cette modernité : rationalité et subjectivité, égalité et capacité, appartenance et souveraineté, libéralisme et démocratie.

Le basculement n'est pas simple à analyser. On peut constater qu'il n'est pas encore accompli chez les théoriciens du droit naturel du xviie et du début du xviiie siècle. Grotius et Pufendorf marquent bien une rupture en dissociant le droit naturel et la théologie. Mais, s'ils théorisent la laïcisation du politique, ils se contentent de poser que l'autorité civile est un établissement humain, et la notion moderne d'individu-électeur sujet de la souveraineté leur est encore tout à fait étrangère. Grotius continue de penser *négativement* la souveraineté et reconnaît surtout au peuple un *droit*

1. Cf. H. BABEAU, *Les Assemblées générales des communautés d'habitants en France, du XIIIe siècle à la Révolution*, Paris, 1893, et Fr. OLIVIER-MARTIN, *Les Ordres, les pays, les villes et communautés d'habitants*, Paris, 1948 (réimpression Paris, Loysel, 1988).

de résistance. Il s'inscrit par ailleurs toujours dans le cadre de la théorie du double contrat élaborée par les monarchomaques. Il reste sur ce point beaucoup plus proche de ces derniers que de Rousseau. La rupture n'est pas accomplie non plus chez la plupart des républicains anglais de la fin du xviie siècle. Algernon Sidney, par exemple, exclut toujours le gouvernement populaire. La notion clef reste pour lui celle de *consentement.* Sidney est même beaucoup plus traditionnel que Locke, bien que d'une certaine façon plus à gauche [1]. Le branle décisif n'est en fait amorcé que lorsque l'individu devient véritablement reconnu comme la figure sociale centrale. Si Pufendorf notait déjà qu'«il y a dans chaque particulier des semences, pour ainsi dire, du pouvoir souverain» [2], c'est seulement chez Locke que le tournant est pris. Chez lui, en effet, la limitation du pouvoir devient très clairement fondée sur la défense des droits subjectifs de l'individu, alors que chez les monarchomaques, comme dans la tradition aristotélicienne et scolastique, le droit restait compris de façon objective comme l'adéquation des personnes ou des choses à un ordre extérieur, ayant sa consistance propre, indépendante de la volonté des hommes.

Pour Locke, les gouvernements ne sont institués que pour protéger les droits des individus et garantir l'exercice de leurs libertés. Le pouvoir politique reste subordonné au bien-être des individus. C'est pourquoi la notion de *consentement* ou de *confiance* — celle de *trust* en anglais — l'emporte sur celle de contrat chez Locke. Mais, du fait même de la vision subjective du politique qu'il adopte, les formes du consentement et de la représentation changent insensiblement de nature chez lui. La distinction entre la souveraineté active et la souveraineté passive tend à s'estomper, ou en tout cas à devenir moins évidente. Si Locke ne raisonne toujours pas en termes de citoyen-électeur souverain, il rend du moins possible son avènement. À partir de Locke, les rapports entre le libéralisme et la démocratie deviennent ouverts. Le dualisme de la notion de droits des individus se découvre peu à peu pour poser

---

1. Il est d'ailleurs intéressant de constater qu'il est beaucoup plus souvent cité que Locke pendant la Révolution. Voir la synthèse récente de P. CARRIVE, *La Pensée politique d'Algernon Sidney*, Paris, Méridiens Klincksieck, 1989, et le dernier volet de la grande biographie de Jonathan SCOTT, *Algernon Sidney and the Restoration Crisis, 1677-1683*, Cambridge University Press, 1991.

2. Cité par R. DERATHÉ, *Jean-Jacques Rousseau et la science politique de son temps*, Paris, Vrin, 1974, p. 43.

en termes nouveaux le statut du politique. Les droits tendent en effet à acquérir une double dimension dans la politique moderne. D'un côté, ils définissent classiquement les limites de l'action du pouvoir sur les individus, traçant une claire frontière entre le privé et le public, garantissant à chacun la maîtrise de son for intérieur, la sûreté de sa propriété, la disposition de ses mouvements : ils constituent l'autonomie et la liberté de l'individu. Mais de l'autre, ils tendent également à qualifier le contrôle que les individus sont fondés à exercer sur ce même pouvoir : ils définissent alors un mode d'institution et de régulation de la souveraineté. Le basculement entre les deux n'est pas encore accompli chez Locke. Ce dernier reste hostile à l'idée de souveraineté du peuple et il adopte une définition essentiellement négative de l'État de droit, comme État protecteur des droits. Mais la subjectivisation de la politique à laquelle il procède rend possible et pensable cet élargissement de l'appréhension des droits de l'individu. Avec Locke, ce n'est donc pas tant une transition qui s'opère, au sens où l'on passerait d'un système de référence à un autre, qu'un *champ qui s'ouvre*, un problème qui commence à travailler. Pendant une longue période, ce sera à travers toute une série d'équivoques et de glissements entre le vieux et le neuf que la figure du citoyen-électeur se superposera à celle de l'individu sujet de droit, les deux sens du terme de citoyen tendant progressivement à se mêler.

L'histoire du suffrage universel commence avec l'analyse de ce travail. En constatant de prime abord qu'il s'est opéré de façon très différente en France et en Angleterre. Ces deux pays ont incarné deux idéaux types presque purs des modes de passage à la modernité politique. En Angleterre, l'avènement de l'individu-électeur s'effectue au travers de la transformation progressive du système traditionnel de représentation politique. La figure du citoyen propriétaire offre une transition commode entre le vieux monde de la représentation des états et des territoires, et la société des individus. Dès le début du xve siècle, la participation à la nomination des députés à la Chambre des communes était liée à un critère de propriété. Pour des motifs d'ordre public et aussi pour des raisons tenant à la nature même du processus représentatif, l'acte de 1430 ne reconnaissait le droit de suffrage qu'aux francs-tenanciers d'une propriété d'au moins quarante shillings (somme alors considérable, limitant le nombre d'électeurs à quelques dizaines de milliers de personnes). Mais ce sont les propriétés ou les états, et non les personnes, qui sont représentés. Le sens et les modalités de ce type de représentation sont fortement ébranlés au xviiᵉ siècle. Le conflit entre le roi et le Parlement qui se noue en 1642 ne peut trouver de résolution dans le cadre existant. Il apparaît nécessaire d'élargir le système représentatif, d'aller, si l'on veut, vers une représentation plus individualiste. C'est ce qu'expriment le célèbre *Accord du peuple* du 1ᵉʳ mai 1649, le *Mayday Agreement* et les *Débats de Putney* d'octobre 1647, dans lesquels s'exprime le point de vue niveleur. C'est à travers une extension de la notion de citoyen propriétaire que se formule alors l'exigence de réforme du système représentatif. L'*Accord du peuple* souhaite promouvoir un suffrage des contribuables *(rate payer franchise)* tandis que les niveleurs sont proches de l'idée de *manhood suffrage*, faisant de la catégorie d'autonomie individuelle le critère du droit de vote (l'individu autonome étant l'individu « propriétaire de lui-même »). La frontière entre le citoyen propriétaire et l'individu-citoyen est alors indiscernable. Cela restera très net dans les *Commentaires* de Blackstone, publiés au milieu du xviiiᵉ siècle. C'est de cette façon que le droit de suffrage sera élargi au xixᵉ siècle à travers les trois Reform Acts de 1832, de 1867 et de 1884. L'utilitarisme contribuera certes à une vision plus individualiste de la construction politique, la contribution de chaque individu étant requise pour que l'intérêt collectif soit adéquatement défini. Mais c'est surtout à travers la poursuite d'une meilleure représentation des intérêts, objectif approuvé par les conservateurs eux-mêmes comme conforme à une vision traditionnelle de la politique, que l'Angleterre chemine à petits pas vers le suffrage universel. À travers les variations du citoyen propriétaire, on passe ainsi en quelques siècles d'une représentation sélective du territoire à une représentation universelle des individus.

En France, c'est à travers une grande cassure qu'advient au contraire le citoyen moderne. Même si le citoyen propriétaire sert un moment de référence, au xviiiᵉ siècle, il n'est pas un véritable modèle pour penser la citoyenneté pendant la Révolution française. C'est bien plutôt un mode global et égalitaire d'entrée dans la citoyenneté qui s'opère alors, l'appropriation collective de la souveraineté royale apparaissant comme le seul moyen d'en annuler la pesante domination. En se conjuguant avec la formidable demande d'intégration et de reconnaissance sociales qui s'exprime en 1789, elle conduit de fait à universaliser très rapidement le droit de suffrage. L'égalité politique des individus est à la fois une condition logique du renversement de l'absolutisme et un impératif sociologique de consécration de la destruction de l'univers des privilèges et des corps. La France entre d'emblée dans le suffrage universel, la démocratie s'imposant dès le début de la Révolution comme une condition essentielle de la réalisation d'une société de liberté. Mais cela ne va pas sans contradictions ni pesanteurs. En même temps que l'individu souverain fait irruption pour occuper la sphère politique subsiste en effet le fond rationaliste de la culture politique des Lumières, qui voit dans l'instauration d'un gouvernement des capacités la condition du progrès et de la vraie liberté. La Révolution n'a pas su dénouer cette contradiction inaugurale et fondatrice de la démocratie française. D'où le tâtonnement du xixᵉ siècle, cherchant avec Bonaparte la voie d'une citoyenneté sans démocratie, avec les libéraux de la monarchie constitutionnelle la formule d'un libéralisme capacitaire, puis avec les hommes de 1848 la réalisation d'une République utopique. Du fait même de cette histoire pressante et cahoteuse, mêlant la précocité de la reconnaissance des droits politiques à la prégnance de l'idéal d'un gouvernement de la raison, l'histoire du suffrage universel en France présente un intérêt philosophique particulier. Les contradictions qui la structurent et les forces qui l'entraînent invitent à réfléchir au plus profond le sens de l'égalité politique et donc de la citoyenneté moderne.

PREMIÈRE PARTIE

Le moment révolutionnaire

LES TROIS HISTOIRES DU CITOYEN

I. L'IMPÉRATIF D'INCLUSION

II. L'INDIVIDU AUTONOME

III. LE NOMBRE ET LA RAISON

LES TROIS HISTOIRES DU CITOYEN

En 1789, la figure du citoyen est au cœur de la révolution des événements et des représentations. Pour les réformateurs du xviiie siècle, elle appartenait plus au passé qu'à l'avenir —on se souvient de la déception qui ouvrait l'*Émile* : « Ces deux mots, patrie et citoyen, doivent être effacés des langues modernes. » Le mot et la chose retrouvent soudain une extraordinaire densité. Cette nouvelle naissance du citoyen n'est pas simple à appréhender. Tout se mêle en 1789 : le choc du vieux dans le neuf, la haine du passé et l'impatience de l'avenir, le torrent des événements et la difficulté d'en maîtriser le cours, les pesanteurs de la tradition et les audaces de la création d'un monde nouveau. Trois registres se superposent alors pour construire la question de la citoyenneté.

Celui de l'histoire sociale d'abord. La révolution de l'égalité, qui prend sa source dans la haine du privilège, se conjugue avec la réappropriation collective de la souveraineté royale pour couronner le peuple. En rupture avec toutes les théories antérieures du citoyen propriétaire, le droit de suffrage est en conséquence presque mécaniquement et d'un seul coup appréhendé comme un droit naturel. Le premier chapitre de cette partie, « L'impératif d'inclusion », présente les conditions et les débats qui ont poussé à cette universalisation du droit de suffrage, la notion de citoyenneté tendant à recouvrir celle de nationalité. Les exclus du suffrage, en effet, ne sont virtuellement que les étrangers ou ceux que l'on perçoit comme étant à la limite du rapport social, flottant aux marges de la nation. C'est sur cette scène sociale que se joue l'essentiel.

Mais cette révolution de la citoyenneté, qui tend à réaliser une société des égaux, est en quelque sorte bornée anthropologiquement : l'universalité épouse les frontières de l'espace domestique ou familial pour écarter de la communauté civique les êtres considérés comme dépendants. Le deuxième chapitre, «L'individu autonome», analyse les enjeux qui se sont déroulés autour de cette délimitation de la frontière entre la nature et la société, la maison et la cité, l'autonomie et la dépendance. L'histoire du citoyen est là indissociable de celle de l'individu moderne comme sujet autonome et responsable, l'universalisation du premier étant indexée sur l'avènement du second.

Le troisième chapitre, «Le nombre et la raison», explore enfin les conditions dans lesquelles a été exprimée et gérée la contradiction entre la vision très large de la participation politique qui s'impose en 1789 et les implications élitistes de l'héritage rationaliste des Lumières, pour lesquelles la politique n'avait de sens que fondée sur la raison, le règne de l'opinion et de la volonté était rejeté dans les ténèbres de l'archaïsme. Ces trois histoires — sociale, anthropologique et épistémologique — se mêlent et se croisent pendant la Révolution pour dessiner la figure du citoyen.

I

L'IMPÉRATIF D'INCLUSION

Le modèle du citoyen propriétaire
L'égalité politique et les formes du social
L'institution de la cité
Le garde national et le citoyen soldat

Le modèle du citoyen propriétaire

La Constitution de 1791 accorde le droit de suffrage à près de 4 millions et demi de personnes, alors que la France compte, selon les estimations de l'époque, 26 millions d'habitants. Le droit de vote est donc limité. Mais cette limitation apparaît somme toute modérée si l'on compare ce nombre d'électeurs à la population masculine en âge de voter : 6 millions d'hommes ont plus de vingt-cinq ans. Les conditions imposées pour l'exercice du droit de vote reviennent donc à soustraire environ le tiers de la population adulte masculine. Cette soustraction est la résultante des sept conditions que la Constitution fixe à l'exercice des droits de citoyen actif [1]. Les restrictions ne sont pas du même ordre que celles qui seront instaurées vingt-cinq ans plus tard par la monarchie censitaire. Le nombre d'électeurs n'est plus, en effet, que de 72 000 en 1814 et de 241 000 en 1845. Le même qualificatif de suffrage censitaire peut donc difficilement être appliqué dans les deux cas, tant l'écart est grand entre les conditions de l'exercice du droit de vote prévues par la Constitution de 1791 et celles instituées par les Chartes de

---

1. À savoir : être né ou devenu français ; être âgé de vingt-cinq ans accomplis ; être domicilié dans la ville ou dans le canton depuis un an ; payer, dans un lieu quelconque du royaume, une contribution directe au moins égale à la valeur de trois journées de travail ; ne pas être dans un état de domesticité, c'est-à-dire de serviteur à gages ; être inscrit dans la municipalité de son domicile au rôle des gardes nationales ; avoir prêté le serment civique. La Constitution prévoit en outre que les personnes en état d'accusation ainsi que les faillis et les insolvables sont automatiquement privés des droits civiques.

1814 et de 1830. Sur le plan pratique, cependant, une condition qui peut s'apparenter au cens existe bien en 1791, même si ses effets sont beaucoup moins restrictifs que sous la Restauration ou la monarchie de Juillet. À regarder le nombre d'électeurs, le régime électoral de 1791 semble en revanche d'une autre nature. Considérant cet écart dans les années 1840, certains républicains n'hésiteront d'ailleurs pas à parler de « suffrage quasi universel » pour décrire le régime électoral mis en place par la Constituante. Expression surprenante et révélatrice à la fois, qui traduit la difficulté de qualifier un système ambigu, « quantitativement » proche du suffrage universel et juridiquement à la limite du suffrage censitaire.

Sur le plan des principes, l'égalité politique s'impose cependant avec la force de l'évidence en 1789. L'article 6 de la Déclaration des droits de l'homme et du citoyen la consacre implicitement (« La loi est l'expression de la volonté générale. Tous les citoyens ont droit de concourir personnellement, ou par leurs représentants à sa formation »). À bien des égards, elle semble inséparable de l'égalité civile, comme si elle n'en était que le prolongement ou même le complément naturel. L'irruption de cette idée d'égalité politique n'est pas facile à comprendre. Contrairement à l'égalité civile, ce n'est pas une revendication qui plonge ses racines dans le XVIIIᵉ siècle. Aucun homme des Lumières ne réclamait le droit de vote pour tous. L'idée moderne de suffrage universel ne se trouve pas chez Rousseau, même s'il envisage la puissance publique comme devant exprimer la volonté générale du corps social. Elle est pratiquement absente des cahiers de doléances. Dans les années 1780, lors du mouvement pour la réforme des assemblées provinciales, le modèle de référence est celui du *citoyen propriétaire*, et nullement celui de l'individu-citoyen.

Le citoyen propriétaire constitue en effet au XVIIIᵉ siècle le modèle positif et la référence presque naturelle en matière de droit politique. Dans l'*Encyclopédie*, d'Holbach écrit que « c'est la propriété qui fait le citoyen ; tout homme qui possède dans l'État, est intéressé au bien de l'État, et quel que soit le rang que des conventions particulières lui assignent, c'est toujours comme propriétaire, c'est en raison de ses possessions qu'il doit parler, ou qu'il acquiert le droit de se faire représenter »[1]. D'Holbach ne fait que rappeler une évidence historique pour ses contemporains : celle de l'ori-

---

1. Article « Représentants ».

gine fiscale des systèmes de représentation politique. Si les assemblées représentatives ont pour but de discuter l'impôt et de faire connaître au souverain les ressources et les forces du pays, elles ne concernent que ceux qui sont directement impliqués. Mais pourquoi, demandera-t-on légitimement, le citoyen propriétaire et pas seulement le citoyen « contributaire » (celui qui paie un impôt)? La réponse à cette question se trouve dans la doctrine des physiocrates. La terre étant pour eux le seul fondement de la richesse, la base normale de l'impôt ne peut être que le territoire. Les physiocrates conjuguent ainsi la critique des impôts sur la consommation, commune à tous les économistes depuis la fin du xviie siècle, avec leur vision propre de la formation des richesses, pour instaurer le propriétaire foncier en figure indissociablement économique et politique centrale. Conséquents avec leur théorie économique, ils estiment que les seuls à devoir payer l'impôt sont les propriétaires fonciers. Le caractère archaïque de leur approche économique ne doit pas cacher ce qu'elle avait alors de sociologiquement novateur. Faire payer l'impôt par tous les propriétaires fonciers marquait une rupture avec la vision d'une société dans laquelle les exemptions fiscales étaient liées à la reconnaissance d'ordres et de privilèges. La théorie physiocratique de l'économie impliquait une véritable révolution : elle remplaçait la vieille séparation des ordres par une division des classes définies par leur place dans le processus de formation des richesses.

La théorie économique des physiocrates leur sert également de point d'appui pour penser la nation. Au critère traditionnel d'appartenance fondé sur l'*incorporation* (être membre du corps), ils opposent l'idée d'une *implication* sociale déterminée par les facteurs économiques. Le membre de la nation est pour eux celui qui participe par sa production à l'enrichissement de la société. L'agriculture étant la seule activité créatrice de valeur, les propriétaires fonciers constituent donc pour les physiocrates la classe autour de laquelle se construit l'intérêt social. Pour les économistes français du xviiie siècle, les professions non agricoles sont d'une certaine façon *extérieures* à la nation. La façon dont Le Trosne envisage cette question dans *De l'intérêt social* est particulièrement éloquente à cet égard. Définissant un idéal économique à tendance autarcique, il procède, à partir de son analyse territoriale de la richesse, à une redéfinition complète des rapports entre l'intérieur et l'extérieur de la nation. Les commerçants ? « Les agents du commerce

extérieur, quels qu'ils soient, écrit-il, forment une classe particulière répandue au milieu des nations, qui par la nature même de
sa profession et l'emploi de ses richesses, est cosmopolite; qui porte
ses combinaisons partout où elle espère des bénéfices sans s'atta-
cher à aucune nation en particulier[1].» Les ouvriers? Ils sont pour
la plupart «des pensionnaires que l'étranger entretient chez nous,
et qu'il peut laisser manquer au premier moment, auquel cas ils
forment une population onéreuse»[2]. Les artisans? «Ils constituent
une classe qui, par la nature de son travail et l'emploi de ses capitaux, ne tient pas au territoire qu'elle habite, et n'a pour patrimoine
que les salaires qui, pour la très grande partie, lui sont payés par
la nation même[3].» Les manufacturiers? «Ils sont dans la nation,
mais pas *de* la nation. Ils peuvent transporter ailleurs leur industrie
et leurs capitaux; et ils ne sont pas véritablement contribuables [...].
Ils savent en toutes circonstances soustraire leurs richesses à l'impôt
et ne font jamais que prêter leur argent[4].» Pour les physiocrates,
l'implication sociale est réglée par le rapport au territoire. Le lien
physique à la terre, la permanence obligée du domicile sont les gages
d'une véritable intégration à la nation. D'où la critique de ce qu'ils
appellent l'«esprit de ville». Les villes sont accusées de détruire la
société de l'intérieur, ruinant son économie, multipliant les ferments
de corruption, favorisant l'oisiveté. Une vaste littérature développe
ces thèmes à partir des années 1760.

Le mouvement pour la réforme des assemblées provinciales, qui
s'accentue à la fin des années 1770, s'inscrit dans ce contexte intellectuel dominé par les conceptions physiocratiques dans lesquelles réforme fiscale et élaboration d'une nouvelle reconnaissance
de la citoyenneté vont de pair. Le Trosne publie en 1779 *De l'administration provinciale et de la réforme de l'impôt*[5], quatre ans après

1. *De l'intérêt social* (1777), in E. Daire, *Physiocrates*, Paris, 1846, t. II, p. 953. Dans
son *Dialogue sur le commerce*, Quesnay parle des «négociants soi-disant nationaux».
«Le négociant, écrit-il, est étranger dans sa patrie; il exerce son commerce avec ses concitoyens comme avec des étrangers.» Ou encore : «Les marchands revendeurs savent
conserver leurs gains et les préserver d'impôts; leur richesse, ainsi qu'eux-mêmes, n'ont
point de patrie» (in E. Daire, *Physiocrates*, t. I, pp. 155 et 177).
2. *De l'intérêt social*, in E. Daire, *Physiocrates*, t. II, p. 953.
3. *Ibid.*, p. 952.
4. *De l'ordre social*, discours X, Paris, 1777, p. 405. *De l'intérêt social* constitue la suite
de cet ouvrage.
5. Bâle, 1779. Sur la littérature physiocratique consacrée à la réforme des assemblées
provinciales, voir A. Esmein, *L'Assemblée nationale proposée par les physiocrates*, séances et travaux de l'Académie des sciences morales et politiques, sept.-oct. 1904; E. Fox-

la première demande de convocation d'états généraux formulée par la Cour des aides. Quelques mois auparavant, Necker avait déjà cédé à la pression diffuse en autorisant, à titre expérimental, la création d'une assemblée provinciale en Berry [1]. La qualité de propriétaire était exigée d'au moins la moitié des membres : la vieille logique des ordres était pour la première fois remise en cause. Le plan des réformes de Le Trosne vise d'abord à établir l'impôt foncier unique dont rêvaient les physiocrates. Mais le plus intéressant de sa démarche réside dans le système de représentation qu'il propose pour mettre en œuvre cette réforme fiscale, et plus largement contribuer à la définition d'un grand programme de travaux publics. Il envisage un système électoral pyramidal comprenant des assemblées de commune, de district et de province couronnées par un Grand Conseil national. Ne peuvent être électeurs que les propriétaires fonciers, quelle que soit la taille de leur propriété. «Les autres classes de citoyens, note-t-il, n'ont à prétendre que l'immunité parfaite de leurs richesses et de leurs travaux [2].» C'est une préfiguration de la distinction entre citoyens actifs et citoyens passifs que Sieyès élaborera dix ans plus tard.

La démarche réformatrice de Turgot procède de la même analyse. Seuls les propriétaires fonciers sont à ses yeux des électeurs légitimes. «Il n'y a de gens qui soient réellement d'une paroisse ou d'un village, écrit-il, que ceux qui possèdent des biens-fonds. Les autres sont des journaliers, qui n'ont qu'un domicile de passage [3].» La propriété foncière, poursuit-il, liant indélébilement le possesseur à l'État, constitue «le véritable droit de cité» [4]. Les idées de Tur-

GENOVESE, *The Origins of Physiocracy: Economic Revolution and Social Order in Eighteenth Century France*, Ithaca, Cornell University Press, 1976; D. FIOROT, «Le assemblee rappresentative nel pensiero politico dei fisiocrati», *Assemblee di Stati e Istituzione rappresentative* (actes du colloque de Pérouse 1982), Rome, 1983; M.-C. LAVAL-REVIGLIO, «Les conceptions politiques des physiocrates», *Revue française de science politique*, n° 2, 1987; L. CHEINISSE, *Les Idées politiques des physiocrates*, Paris, 1914. Voir aussi le livre de référence de P. RENOUVIN, *Les Assemblées provinciales de 1787*, Paris, 1921, ainsi que L. DE LAVERGNE, *Les Assemblées provinciales sous Louis XVI*, Paris, 1879.
1. Édit du 12 juillet 1778. Le mode de nomination mêlait nomination royale et cooptation. L'expérience fut élargie le 11 juillet 1779 à la généralité de Guyenne.
2. LE TROSNE, *De l'administration provinciale et de la réforme de l'impôt*, p. 329.
3. TURGOT, *Mémoire sur les municipalités* (écrit en 1775, publié en 1788), reproduit in G. SCHELLE, *Œuvres de Turgot et documents le concernant*, Paris, 1922, t. IV, p. 583.
4. ID., *ibid.*, p. 585. L'insistance physiocratique sur la propriété foncière marque une différence entre le citoyen propriétaire à l'anglaise et le citoyen propriétaire à la française. Dans son *Mémoire*, Turgot estime que, les immeubles ne comptant que pour le

got permettent de comprendre que cette notion de citoyen propriétaire n'avait alors rien de conservateur, bien au contraire. Dans son *Mémoire sur les municipalités*, rédigé avec la collaboration de Dupont de Nemours, Turgot montre bien le caractère novateur d'une conception de la représentation fondée sur la propriété, et critique les anciennes modalités d'organisation des états généraux. Des assemblées municipales organisées sur une telle base, explique-t-il, « ne donnant ni lieu, ni prise à ce qu'il y a de fâcheux dans les divisions d'ordres [...] et classant les citoyens en raison de l'utilité réelle dont ils peuvent être à l'État, et de la place qu'ils occupent indélébilement sur le sol par leurs propriétés, conduiraient à ne faire de la nation qu'un seul corps » [1].

Le citoyen propriétaire de Le Trosne ou de Turgot rompt avec l'ancienne conception de la représentation : rupture sociologique, avec l'abandon de la référence aux ordres et aux corps ; rupture politique, avec l'adoption de critères objectifs pour fonder la représentation (« Les droits de l'homme en société ne sont pas fondés sur leur histoire, mais sur leur "nature" », note Turgot dans son *Mémoire sur les municipalités*). On est pourtant encore loin de l'avènement de l'individu-citoyen. Les trois principes d'égalité, d'individualité et d'universalité des droits politiques qui caractérisent ce dernier ne sont pas clairement formulés. Le principe d'individualité est affirmé dans des termes qui restent équivoques. Si les physiocrates et Turgot, à la suite de Locke, voient en effet dans la propriété le fondement des droits individuels, ils ne conçoivent cependant pas la propriété comme un simple attribut de l'individu, qui le prolonge et lui donne chair en même temps. Celle-ci a aussi une consistance propre à leurs yeux, elle est en elle-même un support de la représentation. On s'en aperçoit chez Turgot, lorsqu'il distingue dans son *Mémoire* le « citoyen entier » et le « citoyen fractionnaire » sur la base de la dimension comparative de leurs propriétés (le premier, le franc citoyen, est celui qui possède une propriété foncière de six cents livres de revenu net par an ; les propriétaires qui n'atteignent pas ce seuil peuvent se réu-

---

terrain sur lequel ils sont bâtis, ce ne sont pas de vraies propriétés : « Une maison est une sorte de propriété à fonds perdu. Les réparations emportent chaque année et tous les ans, de plus en plus, une partie de la valeur ; et à peu près au bout d'un siècle, il faut rebâtir la maison en entier » (p. 601). De leur côté, « les richesses mobilières sont fugitives comme le talent » (p. 584).

1. ID., *ibid.*, p. 619.

nir à plusieurs pour disposer d'un bulletin de vote). La propriété, en d'autres termes, ne s'abîme pas dans le propriétaire, contribuant seulement à doter l'individu de qualités particulières (intérêt à la chose publique, lumières, etc.) supposées importantes pour l'exercice des droits politiques : elle reste intrinsèquement un objet représentable. Pour Turgot, c'est encore autant le territoire que l'individu qui est représenté. Ce n'est pas la représentation parlementaire des propriétés, à l'anglaise, mais ce n'est pas non plus la représentation des individus propriétaires. De son côté, le principe d'égalité est surtout compris négativement. Lorsque Condorcet commente le projet de Turgot en notant que «par ce moyen, la représentation aurait été beaucoup plus égale qu'elle n'a jamais été dans aucun pays»[1], il entend surtout marquer la différence par rapport à un univers dans lequel les droits à se faire représenter étaient complètement particularisés, déterminés de façon variable par les coutumes, les privilèges ou les décisions administratives. Les attitudes ambiguës face au vote plural (la possibilité pour quelqu'un de disposer de plusieurs voix s'il possède en divers lieux des biens dont chacun donne un droit de représentation) confirment ce caractère encore très approximatif de la référence à l'égalité en matière de représentation, chez les réformateurs du xviiie siècle.

Le citoyen propriétaire ne s'inscrit surtout nullement dans une perspective universaliste. Pour Turgot et ses contemporains, il appartient à une classe sociale particulière. Turgot reproche aux Américains, pour cette raison, ce qu'il estime être le caractère flou de leur conception de la citoyenneté. Il écrit dans sa célèbre lettre au docteur Price : « Je ne vois pas qu'on ait fait attention à la grande distinction, la seule fondée sur la nature entre deux classes d'hommes, celle des propriétaires des terres, et celle des non-propriétaires ; à leurs intérêts et par conséquent à leurs droits différents[2].» Il faut éviter ici de faire un contresens en projetant sur le concept de citoyen propriétaire le sens lockéen de la propriété[3]. Le

1. CONDORCET, *Vie de Turgot*, in *Œuvres de Condorcet*, publiées par Arago et O'Connor, Paris, 1847, t. V, p. 114.
2. In G. SCHELLE, *Œuvres de Turgot*, t. V, p. 536.
3. Soulignons d'ailleurs le caractère très ambivalent de la notion de propriété chez Locke. Locke donne deux sens très différents au terme «propriété». Elle est tantôt entendue au sens très large — et tous les hommes à l'exception des esclaves sont alors propriétaires de quelque chose —, tantôt, en un sens plus restreint, elle s'applique aux seuls *possédants* (propriétaires fonciers ou immobiliers). Sur cette équivoque, voir les analyses classiques de C. B. MACPHERSON, *La Théorie politique de l'individualisme possessif*

citoyen propriétaire du xviiie siècle n'est pas l'individu propriétaire de sa personne, il représente trivialement le possédant (propriétaire foncier ou propriétaire d'un capital, selon la théorie économique de la richesse sur laquelle on se fonde). Même limitée au sacre politique des propriétaires fonciers, la perspective ouverte par les économistes gardait cependant un côté déjà très novateur. On doit se garder de tout anachronisme pour comprendre la figure du citoyen propriétaire qu'appellent de leurs vœux d'Holbach, Le Trosne, Quesnay ou Turgot. Nous ne pouvons la saisir qu'en évitant de projeter sur elle les images qu'évoquent le rentier de Balzac ou le capitaliste de Marx. S'ils forment bien une classe, les propriétaires ne se distinguent pas seulement du peuple : ils s'opposent d'abord au monde des privilégiés et des titulaires d'offices. On le voit bien au début de 1787, lorsque Calonne présente à l'Assemblée des notables un projet d'assemblées provinciales calqué sur le modèle proposé par Turgot. Les notables applaudissent au projet de mise en place des assemblées, mais repoussent énergiquement le principe d'une pure représentation des propriétés et demandent que les privilégiés puissent disposer dans chaque assemblée de la moitié des sièges. Après le renvoi de Calonne, l'édit de juin 1787 adopte significativement, dans ses grandes lignes, ces dernières contre-propositions pour l'élection des assemblées provinciales [1].

Il suffit de se reporter aux textes qui datent de la période de formation intellectuelle d'hommes comme Condorcet ou Sieyès pour mesurer à quel point le citoyen propriétaire constituait l'horizon naturel de la réflexion sur les droits politiques pour ceux qui devien-

de Hobbes à Locke, Paris, Gallimard, 1971. On notera que John Cartwright a été le premier en Angleterre à dénoncer l'ambiguïté de Locke et à se prononcer explicitement pour un droit de suffrage fondé sur la personne (cf. son pamphlet *Take your Choice*, de 1776).

1. Cet édit généralisait, quant à la fonction des assemblées, l'expérience menée en Berry et en Guyenne, et prévoyait une assemblée provinciale dans chaque généralité. Des assemblées dites de départements et municipales leur étaient subordonnées. Le procureur-syndic remplaçait *de facto* l'intendant dans la plupart de ses attributions essentielles (travaux publics, ateliers de charité et de mendicité, répartition de l'impôt). Sur le sens et la portée de ces réformes, voir J. EGRET, *La Pré-Révolution française (1787-1788)*, Paris, P.U.F., 1962, et C. BLOCH, *Les Assemblées municipales de 1787 ; leur caractère économique, leur fonctionnement*, in *Études sur l'histoire économique de la France (1760-1789)*, Paris, 1900. Se reporter également aux ouvrages de G. SCHELLE, *Œuvres de Turgot [...]*, et de G. WEULERSSE, *La Physiocratie sous les ministères de Turgot et de Necker (1774-1781)*, Paris, 1950.

dront les acteurs de la Révolution. Les propriétaires fonciers, explique ainsi Condorcet dans ses *Réflexions sur le commerce des blés* (1776), sont plus intéressés que les autres à ce que le pays, qu'ils ne peuvent quitter, soit gouverné par des bonnes lois. Il faut donc les favoriser dans les lois politiques « en les regardant comme plus véritablement citoyens que les autres »[1]. L'intérêt des différentes classes au bonheur général de la société est en effet en raison inverse de la facilité qu'elles ont de changer de patrie. En 1788, dans son *Essai sur la constitution et les fonctions des assemblées provinciales*, il partage toujours cette approche physiocratique. « Puisqu'un pays est un territoire circonscrit par des limites, écrit-il ainsi, on doit regarder les propriétaires [fonciers] comme étant seuls les véritables citoyens[2]. » Dans les années qui précèdent la Révolution, on le voit seulement s'affranchir de la référence à la seule propriété foncière. Sa seconde *Lettre d'un bourgeois de New-Haven* admet par exemple que « le possesseur d'une maison, en attachant ici le capital au territoire, paraît s'être assimilé au propriétaire d'un territoire plus grand, quant à l'intérêt comme quant à l'état social »[3]. Sieyès, de son côté, reprend aussi, pour la moderniser, la notion de citoyen propriétaire. En 1775, il rédige des *Lettres aux économistes sur leur système de politique et de morale*[4], dans lesquelles il critique la théorie de la richesse élaborée par les physiocrates, et se range derrière Adam Smith pour estimer que c'est le travail, dans ses différentes manifestations, qui forme la richesse. Cette perspective économique lui permet d'élargir la notion de citoyen propriétaire à celle de *citoyen actionnaire*. Le citoyen actif, celui qui dispose du droit de vote, est pour lui « le vrai actionnaire de la grande entreprise sociale »[5] Il est actionnaire par son travail, mais surtout en contribuant par le paiement de son impôt au fonctionnement de ce que Sieyès appelle l'« établissement public ». La philosophie de l'implication sociale sur laquelle se fonde le citoyen

---

1. In *Œuvres de Condorcet*, t. XI, p. 170.
2. *Ibid.*, t. VIII, pp. 128-129. Le même point de vue est aussi clairement défendu dans sa *Vie de Turgot*, t. V, pp. 178-179.
3. In *Œuvres de Condorcet*, t. IX, p. 14.
4. Archives nationales : 284 *AP* 2, dossier 10.
5. *Préliminaire de la Constitution. Reconnaissance et exposition raisonnée des droits de l'homme et du citoyen*, Versailles, juillet 1789, p. 37. Il écrit par ailleurs dans les *Vues sur les moyens d'exécution* (1789) : « Il faut considérer les citoyens contribuables comme les actionnaires de la grande entreprise sociale, ils en ont les fonds, ils en sont les maîtres, et c'est pour eux qu'elle existe » (p. 113).

actionnaire de Sieyès reste ainsi proche de celle qui caractérisait le citoyen propriétaire des physiocrates. Mais un pas vers une approche individualiste de la représentation est pourtant franchi.

Au début de 1789, dans sa *Déclaration des droits*, Condorcet considère toujours le fait d'être propriétaire comme l'une des conditions naturelles pour exercer les droits de cité[1], et Sieyès estime dans un premier temps que seuls les propriétaires peuvent représenter les habitants d'une paroisse. Dans le grand débat d'octobre 1789 sur les conditions d'exercice du droit de vote, cette référence semble pourtant s'être brutalement dissipée. On peut certes entendre Dupont de Nemours reprendre les thèses de Turgot et de Quesnay. « Les affaires d'administration, dit-il, concernent les propriétés, les secours dus aux pauvres, etc. Nul n'y a intérêt que celui qui est propriétaire, et si nul n'a droit que de se mêler de ses affaires, si nul n'a d'affaires à lui que quand il est propriétaire, les propriétaires seuls peuvent être électeurs. Ceux qui n'ont pas de propriété ne sont pas encore de la société[2]. » Mais ce point de vue est globalement devenu minoritaire. Ceux-là même qui considéraient, en 1780, le citoyen propriétaire comme l'horizon indépassable de la philosophie politique se mettent en 1789 à célébrer l'individu-citoyen[3].

1. « Les conditions naturelles pour exercer les droits de cité ou jouir de cette capacité, seront les cinq suivantes : être propriétaire ; n'être ni accusé ni convaincu d'aucun crime ; n'être point juridiquement déclaré atteint ou de démence ou de stupidité ; avoir l'âge où la loi civile accorde le droit de gouverner soi-même ses propriétés ; n'être dans la dépendance d'aucun individu ni d'aucun corps » (in *Œuvres de Condorcet*, t. IX, p. 207).
2. Discours à l'Assemblée du 22 octobre 1789. Un autre ardent défenseur de la théorie du citoyen propriétaire est alors l'économiste Germain GARNIER, qui sera le traducteur d'Adam Smith. Voir son ouvrage *De la propriété dans ses rapports avec le droit politique*, Paris, 1792, qui présente la synthèse la plus élaborée des arguments de l'époque en faveur de la limitation du droit de vote aux propriétaires.
3. Le meilleur travail récent sur l'évolution du concept de citoyen propriétaire chez les constituants est celui de Roberto MARTUCCI, « Proprietari o Contribuenti ? Diritti politici, elettorato attivo ed eleggibilità nel dibattito istituzionale francese da Necker a Mounier, ottobre 1788-settembre 1789 », in *Storia del diritto e teoria politica*, 1989, vol. II, Milan, Giuffrè, 1991. Voir également F. LACROIX, *Les Économistes dans les assemblées politiques au temps de la Révolution*, Paris, 1907.

L'égalité politique et les formes du social

Le basculement politique et intellectuel qui mène de la vision du citoyen propriétaire à la reconnaissance de l'égalité politique des individus-électeurs n'est pas facile à analyser. Il s'agit en effet d'un processus extrêmement complexe dans lequel la dynamique des événements, la puissance des idées nouvelles et le poids des traditions tissent un écheveau serré. On peut cependant clairement isoler deux facteurs qui ont joué un rôle essentiel pour déclencher une telle évolution : les conditions dans lesquelles s'opère la translation de la souveraineté du monarque vers le peuple, d'abord ; les nouvelles représentations de la division sociale qui s'imposent en 1789, d'autre part.

Le règlement de convocation des États généraux, promulgué le 24 janvier 1789, amorce déjà ce basculement et l'anticipe d'une certaine façon : il se situe à la charnière de la représentation corporatiste traditionnelle et de la représentation individualiste moderne. S'il se rattache complètement à la tradition des États généraux par les formes d'organisation qu'il prévoit (des assemblées par corps) et par l'objet même du processus qu'il met en branle (la simple présentation de doléances), il adopte une conception très ouverte de l'électorat. L'article 25 du règlement prévoit en effet quatre conditions fort peu restrictives pour participer aux assemblées de paroisse ou de communauté : être français ou naturalisé, être âgé de vingt-cinq ans au moins, être domicilié et être inscrit au rôle des impositions. Très peu d'individus se trouvaient exclus par cette dernière condition. La plupart des personnes qui ne payaient pas la taille ou la capitation étaient en effet portées sur les listes d'imposition, y compris les domestiques, les indigents et les invalides[1]. Il n'y avait donc aucune arrière-pensée censitaire dans le critère d'inscription au rôle des impôts[2]. L'esprit de la

---

1. Dans *Le Régime électoral des États généraux de 1789 et ses origines (1302-1614)*, Paris, 1952, Jacques CADART estime que « seuls peut-être quelques ouvriers voyageurs et quelques assistés n'étaient pas inscrits au rôle : encore cette exception est-elle douteuse » (p. 106). Pour une vision technique de ce problème important des conditions d'inscription sur les rôles d'imposition, se reporter à M. MARION, *Les Impôts directs sous l'Ancien Régime, principalement au xviii*, Paris, 1910.
2. Le règlement spécial du 13 avril 1789 promulgué pour la ville de Paris fait cependant exception. Il stipulait, dans son article 13, qu'il fallait justifier d'un titre d'office, de grades dans une faculté, d'une commission ou emploi, de lettres de maîtrise ou enfin

mesure — combinée avec celle de domicile — était tout simplement d'éviter les votes multiples. L'élection, bien sûr, était à deux, voire à trois degrés. Les assemblées de paroisse déléguaient des représentants aux assemblées de bailliages, qui étaient elles-mêmes chargées d'élire les députés aux États généraux. Mais le principe était bien celui du suffrage individuel, presque sans restrictions. Michelet a célébré pour cette raison les élections d'avril 1789. « On avait vu de petites sociétés républicaines admettre tous leurs membres à la participation des droits politiques, jamais un grand royaume, un empire, comme la France, écrit-il. La chose était nouvelle, non seulement dans nos annales, mais dans celles même du monde [...]. Grande scène, étrange, étonnante! de voir tout un peuple qui d'une fois passait du néant à l'être, qui, jusque-là silencieux prenait tout d'un coup une voix [1]. » Près de cinq millions de Français votèrent en effet à cette occasion, d'après l'estimation de Michelet. Le chiffre est énorme, même s'il est sujet à caution (l'histoire du règlement du 24 janvier et des élections d'avril reste encore à écrire [2]). « Ce n'était pas le suffrage universel direct, mais enfin c'était le suffrage universel », dira de son côté Louis Blanc dans son *Histoire de la Révolution française* [3].

Faut-il vraiment voir dans cette élection la première consécration de l'individualisme démocratique? La réponse à cette question n'est pas simple. Si le règlement du 24 janvier ne met pas de restriction de fait à la participation aux assemblées de paroisse, il ne s'inscrit en effet aucunement dans la perspective du droit de suffrage comme modalité d'expression d'une souveraineté. L'expression « droit de vote » n'est pas employée, par exemple. Les assemblées paroissiales ou corporatives délibéraient par ailleurs sans que

---

d'une quittance de capitation d'un principal au moins égal à six livres pour être admis à l'assemblée primaire de son quartier.

1. MICHELET, *Histoire de la Révolution française*, Paris, Gallimard, « Bibl. de la Pléiade », 1961, t. I, pp. 77-78.

2. On peut cependant consulter l'ouvrage de base de J. CADART, *Le Régime électoral des États généraux de 1789 et ses origines (1302-1614)*, ainsi que l'article d'Augustin COCHIN « Comment furent élus les députés aux États généraux », repris in *Les Sociétés de pensée et la démocratie moderne*, Paris, Copernic, 1978. Voir les mises en perspective plus récentes de Fr. FURET, « La monarchie et le règlement électoral de 1789 », et de R. HALEVI, « La monarchie et les élections : position des problèmes », in K. BAKER (éd.), *The French Revolution and the Creation of Modern Political Culture*, vol. I : *The Political Culture of the Old Regime*, Oxford, Pergamon Press, 1987.

3. Paris, s.d. (édition illustrée), t. I, p. 90.

l'on procède jamais à des scrutins clairement individualisés. On est encore loin de la reconnaissance de l'individu-électeur souverain. Les assemblées qui sont réunies n'effectuent en effet aucun acte de souveraineté, elles ne font que transmettre des doléances et nommer un député obligé par un mandat impératif. C'est une forme d'égalité prépolitique et prédémocratique, pourrait-on dire, qui s'affirme[1]. Elle voisine encore avec l'acceptation d'une représentation par ordres. La perspective des États généraux n'est pas du tout appréhendée, de l'été 1788 au printemps 1789, comme la première étape d'une démarche plus radicale. En elle se nouent de façon indissociable la critique de l'absolutisme et la perspective d'une réalisation de la monarchie par l'organisation du face à face du roi et de ses peuples. C'est aussi ce que traduit la reconnaissance d'un droit égal à la participation aux assemblées. Ce n'est pas tant l'affirmation d'un droit politique individuel qu'une manière de réaffirmer symboliquement l'essence rêvée de la monarchie : une puissance souveraine directement nourrie du consentement de la nation.

Quelque chose d'essentiel se joue pourtant dans cette ambiguïté : l'expérience d'une nouvelle modalité du lien social. Dans la réunion des assemblées du printemps 1789, c'est la nation qui prend forme visible. La question, dès lors, n'est plus celle des qualités requises pour participer, à travers un processus électoral, à l'exercice d'un pouvoir de gestion (or c'est bien à cela que pensaient Turgot et les physiocrates quand ils parlaient de citoyen propriétaire). L'enjeu devient celui de la manifestation d'une identité collective. La forme d'égalité politique qui se manifeste dans ce contexte exprime simplement un fait d'appartenance sociale. Dans son fameux discours du 30 janvier 1789 devant les états de Provence, Mirabeau lie très clairement cette approche de l'égalité avec la référence à la construction de la nation. « La collection des représentants, dit-il, est la nation [...]. Le premier principe en cette matière est donc que la représentation soit individuelle : elle le sera s'il n'existe aucun individu dans la nation qui ne soit électeur ou élu,

---

1. Pour bien saisir ce point, il suffit de se reporter aux comptes rendus de la deuxième Assemblée des notables, en novembre 1788 (reproduits dans la *Réimpression de l'ancien Moniteur*, Paris, 1854, 32 vol. — abrégée par la suite en *Moniteur* —, t. I, « Introduction historique »). La discussion est essentiellement consacrée aux formes de la représentation : composition des États généraux, forme des convocations, ordre des élections. Les conditions de l'électorat sont très peu débattues.

puisque tous devront être représentés. Je sais que plusieurs nations ont limité ce principe, en n'accordant le droit d'élection qu'aux propriétaires ; mais c'est déjà un grand pas vers l'inégalité politique [1]. » Il ne s'agit pas tant là d'une négation de la théorie du citoyen propriétaire que d'un déplacement de la question. La participation aux assemblées électorales traduit un statut social — celui de membre de la nation —, et elle n'est pas considérée comme l'expression d'un pouvoir politique. L'idée de citoyenneté à laquelle renvoie le mouvement révolutionnaire ne relève pas d'abord d'une théorie de la démocratie. Elle s'appuie principalement sur une vision sociologique et traduit l'aspiration à l'avènement d'une forme de société en complète rupture avec l'univers façonné par l'absolutisme. Le rapport de citoyenneté, fondé sur le contrat et l'égalité, s'oppose à l'ancien monde de la dépendance. Les hommes de 1789 ne rejettent pas seulement la société de corps, ils veulent aussi rompre avec le singulier amalgame d'individualisme naissant et de privilèges désordonnés qui caractérisait la France prérévolutionnaire [2]. Pour bien comprendre le sens du grand basculement révolutionnaire, il faut prendre la juste mesure de ce que ses acteurs ont le plus détesté. Les hommes de 1789 ont à la fois voulu délivrer l'individu des rigidités que lui imposait la société de corps et substituer un être collectif nouveau, la nation, à la mosaïque des rapports personnels de dépendance et de faveur entre les individus et le souverain, que la monarchie avait favorisée pour des motifs fiscaux. L'idée de citoyenneté noue ensemble ce mélange d'aspirations et de dénégations que la Révolution exprime.

La nouvelle « culture de la citoyenneté » qui émerge en 1789 transforme du même coup complètement le sens que l'on accordait aux procédures représentatives dans les discussions sur la réforme des assemblées provinciales. Le but est de rassembler la nation, de lui donner une voix et une forme de représentation, et non plus de désigner des gestionnaires, comme c'était, de fait, le cas dans les élections aux assemblées provinciales. Le premier vecteur de la révo-

---

1. *Œuvres de Mirabeau*, éditées par M. Mérilhou, Paris, 1825, t. VII, pp. 6-7.

2. Voir, sur ce point essentiel, les analyses classiques de TOCQUEVILLE dans *L'Ancien Régime et la Révolution* (principalement le chapitre IX du livre II, dans lequel il parle de la « sorte d'individualisme collectif, qui préparait les âmes au véritable individualisme que nous connaissons »). François FURET a aussi développé ce point de façon très suggestive dans son ouvrage *La Révolution de Turgot à Jules Ferry, 1770-1880*, Paris, Hachette, 1988.

lution de la citoyenneté réside dans cette translation qui s'opère entre une *égalité de statut* (l'individu-peuple), qui caractérise l'organisation des États généraux, et une *égalité de puissance politique*, qui est attribuée à l'individu-électeur de la nouvelle France constitutionnelle. L'image du printemps 1789 d'un peuple rassemblé continue en effet de s'imposer, alors même que la participation politique a de fait changé de sens, les citoyens incarnant dorénavant la souveraineté[1]. La dimension symbolique de la citoyenneté ne pourra plus désormais être séparée de sa dimension technique, le droit et la fonction devenant pratiquement indissociables dans l'exercice du suffrage. L'égalité politique qui est affirmée en 1789 est d'une certaine façon purement dérivée de la nouvelle reconnaissance de l'égalité civile. Les assemblées du printemps 1789 ne sont en effet que des réunions de la société civile, qui s'adressent au pouvoir politique. Cette société civile va brutalement se muer en société politique en 1789. C'est le peuple comme sujet collectif, et non pas l'addition des individus, qui exprime la souveraineté. Il y a une *entrée collective dans la souveraineté* qui s'opère, complètement à distance de la visée individualiste du citoyen propriétaire. C'est à partir de l'expérience absolutiste que l'égalité politique advient en France, et non pas comme développement du modèle du citoyen propriétaire.

La récupération collective de la puissance publique, qui se traduit par l'affirmation de l'égalité de la citoyenneté, procède ainsi d'abord d'une inversion du vieux dans le neuf, qui met entre parenthèses la perspective libérale classique ouverte au xviiie siècle par la notion de citoyen propriétaire. L'égalité politique à la française est à la fois en deçà et au-delà de la figure du citoyen propriétaire. En deçà, car elle trouve sa source dans l'idée d'un partage collectif de la souveraineté monarchique : elle réside autant dans une opération de translation du pouvoir entre deux sujets — le roi et le

---

1. Cette différence explique pourquoi le suffrage a pu être plus large en avril 1789 qu'en 1791, après le vote de la Constitution. Il n'était pas plus « démocratique » pour cela. Sa finalité, seulement, était autre. Cet écart a laissé perplexes les historiens républicains. Faute d'avoir bien perçu la différence entre un suffrage « ancien » et un suffrage « moderne », ils ont été acculés à analyser le problème en termes de manipulation. Voir par exemple A. AULARD, qui notait : « Il ne semble pas invraisemblable que la royauté ait eu confusement l'idée de faire appel au suffrage universel contre l'opposition bourgeoise, à l'ignorance contre les Lumières » (*Histoire politique de la Révolution française*, Paris, 1901, p. 30).

peuple[1]— que dans une redéfinition de la nature du pouvoir politique à partir des besoins des individus, à la différence de l'expérience anglaise. Au-delà, car elle s'applique à l'individu-citoyen, c'est-à-dire au membre abstrait de la nation, considéré en lui-même, indépendamment de toute détermination économique ou sociale.

L'avènement de l'individu-citoyen procède également d'une rupture dans les représentations du social. La reconnaissance de l'égalité politique n'est rendue possible que par l'existence d'une profonde mutation de la perception des divisions sociales. Disons-le très sommairement : pour qu'il y ait récupération de la puissance souveraine au profit du peuple, il faut que ce dernier soit appréhendé comme la figure de la totalité sociale, bref qu'il soit identifié à la nation. Cela n'avait rien d'évident au xviiie siècle. L'expression même de « peuple » était alors très ambivalente, oscillant entre un sens politique objectif (le peuple-nation, corps social) et un sens sociologique péjoratif (le peuple-populace, foule ignorante et aveugle)[2]. Le peuple constitue dans le meilleur des cas une énigme anthropologique, alliant la brutalité primitive à la manifestation épisodique d'une richesse morale cachée, inquiétant et troublant au même titre que les sauvages des autres mondes[3]. Jaucourt avoue par exemple son embarras en notant dans l'*Encyclopédie* : « *Peuple, le*, s.m. (Gouvern. politiq.) ; nom collectif difficile à définir, parce qu'on s'en forme des idées différentes dans les divers lieux, dans les divers temps et selon la nature des événements.» C'est surtout en référence à l'Antiquité que la notion de peuple

1. Tocqueville, on le sait, insistera à de nombreuses reprises sur cette continuité, critiquant sur cette base la souveraineté du peuple à la française comme simple prolongation de la domination illégitime du monarque absolu. C'est dans cette translation que résidait à ses yeux la difficulté d'accorder en France le libéralisme et la démocratie.
2. Voir sur cette question les articles de R. MORTIER, «Diderot et la notion de peuple», *Europe*, janvier 1963, et «Voltaire et le peuple», in *The Age of Enlightenment, Studies presented to Theodore Besterman*, Oxford et Édimbourg, 1967, ainsi que l'ouvrage *Images du peuple au xviiie siècle*, actes du colloque d'Aix-en-Provence des 25 et 26 octobre 1969, Paris, 1973, et le mémoire de D.E.A. d'Élisabeth FLEURY, *Le Peuple des dictionnaires (fin xviie-xviiie siècle)*, E.H.E.S.S., septembre 1986 (sous la direction de R. Chartier), qui rassemble commodément des matériaux extraits des différentes éditions des dictionnaires de l'Académie, de Furetière, de Richelet et de Trévoux.
3. L'anthropologie moderne prend sa source dans la tentative de réduire cette perplexité et ce trouble. Cf. M. DUCHET, *Anthropologie et histoire au siècle des Lumières*, Paris, Flammarion, 1971.

est employée positivement. L'abbé Coyer [1], Meslier et Rousseau sont relativement isolés pour concevoir au présent le peuple comme l'ensemble de la population. La plupart des philosophes du xviiie siècle ont une approche plus anthropologique ou culturelle que politique ou même sociale (le peuple, note Coyer, est « l'état général de la nation, simplement opposé à celui des grands et des nobles »). Même s'ils envisagent parfois la possibilité d'une future transfiguration, ils identifient presque tous le peuple présent à la plèbe menaçante ou à la multitude gouvernée par les passions les plus immédiates. Diderot écrit dans l'article « Multitude » de l'*Encyclopédie* : « Méfiez-vous du jugement de la multitude dans les matières de raisonnement et de philosophie, sa voix est alors celle de la méchanceté, de la sottise, de l'inhumanité, de la déraison et du préjugé [...]. La multitude est ignorante et hébétée.» Rétif de La Bretonne décrit de son côté la populace comme «une espèce de gros animal, privé d'yeux, d'oreilles, de goût et de sentiment, qui n'existe que par le tact, et qu'on ne conduit que par ce cinquième sens : c'est une masse d'individus à qui on persuade ce qu'on veut ; qui n'a de volonté que celle d'autrui ; qui pense ce qu'on lui fait penser pour son bien, contre son bien, n'importe » [2]. Le peuple finit par incarner une altérité radicale dans le social, se rapportant presque davantage à l'ordre de la nature qu'à celui de la société. La Bruyère n'hésite pas à le comparer à des «animaux farouches», Voltaire en parle dans ses *Lettres philosophiques* comme étant composé d'«animaux au-dessous de l'homme, espèce de bétail qu'on vend et achète avec la terre», tandis que Marivaux l'assimile à «une mer agitée» et le considère comme «une vraie machine». Le peuple-populace occupe ainsi une place équivoque, à la lisière de l'humanité. Les philosophes qui instruisent le procès de l'absolutisme et aspirent à la réalisation d'un État de droit n'en imaginent pas moins le peuple sous les espèces d'une sorte de préhumanité, d'une population qui serait restée dans l'état de nature, gouvernée par les instincts et les besoins. La distance entre le peuple et les élites n'est donc pas seulement culturelle, ou même économique, pour ces dernières : elle est d'ordre anthropologique. L'idée d'égalité politique n'est même pas pensable dans ce contexte. L'avènement de la

---

1. Cf. ses *Dissertations pour être lues : la première sur le vieux mot de patrie ; la seconde, sur la nature du peuple*, La Haye, 1755.
2. Rétif de La Bretonne, *L'Andrographe*, La Haye, 1782, p. 12.

citoyenneté suppose d'abord que cette perception de la division sociale soit modifiée. Comment cette mutation s'opère-t-elle ? Sieyès peut servir de fil conducteur pour le comprendre. Toute sa réflexion, du début des années 1770 à 1789, témoigne en effet des préjugés et de la perplexité de son temps sur cette question. Par tout un côté, Sieyès partage le regard que les élites portent sur le peuple. « Parmi les malheureux voués aux travaux pénibles, producteurs des jouissances d'autrui et recevant à peine de quoi sustenter leur corps souffrant et plein de besoins, dans cette foule immense d'instruments bipèdes, sans liberté, sans moralité [...], ne possédant que des mains peu gagnantes et une âme absorbée [...], est-ce là ce que vous appelez des hommes ? On les dit policés ! Y en a-t-il un seul qui fût capable d'entrer en société », écrit-il par exemple dans une note manuscrite des années 1780[1]. Moins de dix ans plus tard, il célèbre à l'inverse avec éloquence le peuple-nation, glorieuse figure de la totalité sociale. La haine du privilège explique cette évolution. Elle a fait son travail de sape, conduisant à une véritable révolution de la perception du social. En 1789, la désignation du privilégié comme ennemi social emblématique bouleverse les représentations sociales antérieures. Le rejet radical du privilège, dont la théorisation donne aux écrits de Sieyès leur formidable impact, résume alors l'essence du mouvement révolutionnaire : il conduit de façon presque mécanique à réintégrer le peuple dans la société, le tiers état formant tout à coup un bloc soudé — aspirant à être *tout* — face aux ordres honnis.

Tout concourt, à l'automne 1789, pour faire de l'unité sociale la valeur cardinale. Les hommes veulent se rapprocher et détruire les anciennes séparations. Le député Target exprime bien le sentiment général lorsqu'il explique que « c'est dans l'union qu'elles [les distinctions] doivent s'éteindre [...]. Ce n'est pas en séparant les gens, c'est en les forçant à s'aimer qu'on tue l'aristocrate et qu'on fait des citoyens [...]. Si nous n'avons pas ce but, poursuit-il, nous travaillons en vain à la régénération publique. Que tous, militaires, gens d'église, gens de lois, commerçants, cultivateurs, déposant leurs préjugés, ne soient plus que des citoyens »[2]. La perception du lieu

---

1. Note manuscrite « Grèce, citoyen, Rome », reproduite in E. Sieyès, *Textes choisis*, présentation de R. Zapperi, Paris, Éd. des Archives contemporaines, 1985, p. 81.
2. Discours du 11 novembre 1789, dans la discussion sur la formation des départements (*A.P.*, t. IX, pp. 747-748). L'abréviation *A.P.* désigne les *Archives parlementaires de 1787 à 1860. Recueil complet des débats législatifs et politiques des Chambres françaises,*

social bascule en 1789. Le rejet brutal de l'univers des privilégiés redessine complètement les frontières du système social. Ce sont eux qui deviennent les exclus et figurent l'extérieur du social. «Les privilégiés en viennent réellement à se regarder comme une autre espèce d'hommes», disait Sieyès dans son *Essai sur les privilèges*[1]. Quelques mois plus tard, dans *Qu'est-ce que le tiers état?*, il prolonge ce point de vue en l'inversant. «Le privilégié ne serait représentable que par sa qualité de citoyen, écrit-il; mais en lui cette qualité est détruite, il est *hors du civisme*, il est ennemi des droits communs[2].» Le nouveau lien social se définit ainsi par l'exclusion de l'aristocratie[3]. Certains vont même jusqu'à assimiler les privilégiés à des étrangers. Citons par exemple Salaville : «C'est l'ordre le plus considérable, c'est le tiers état qui compose la nation, note-t-il. Il n'a donc rien de commun avec les autres : le pacte social est rompu par eux, ils ne sont plus citoyens. C'est le vœu du tiers état qui forme la loi; c'est en lui que réside la souveraineté. Les autres n'ont pas même le droit de voter. Ils doivent se conformer aux lois du tiers état, comme des étrangers pendant leur séjour, se conforment aux lois des pays dans lesquels ils se trouvent[4].» «Puisqu'ils veulent nous séparer d'eux, séparons-les de nous», résume lapidairement *La Sentinelle du peuple*[5]. Le tiers état et la nation se redéfinissent dans le mouvement de cette exclusion. En 1789, l'extériorité sociale change de camp, pourrait-on dire. On considère, en 1789, le privilégié comme on appréhendait auparavant la populace : comme un être absolument autre, rejeté dans les ténèbres de la nature, privé des droits civils, expulsé hors des frontières. Le privilégié absorbe et résume alors toute l'extério-

publiées par M. MAVIDAL et E. LAURENT. En l'absence de précision, il s'agit de la 1re série.

1. Reproduit en tête de SIEYÈS, *Qu'est-ce que le tiers état?*, Paris, P.U.F., 1982, p. 9.
2. SIEYÈS, *Qu'est-ce que le tiers état?*, p. 89.
3. Voir sur ce point l'ouvrage classique de P. HIGONNET, *Class, Ideology and the Rights of Nobles during the French Revolution*, Oxford, Clarendon Press, 1981, ainsi que A. DE BAECQUE, «Le discours anti-noble (1787-1792). Aux origines du slogan : Le peuple contre les gros», *Revue d'histoire moderne et contemporaine*, janvier-mars 1989.
4. J.-B. SALAVILLE, *L'Organisation d'un État monarchique ou Considérations sur les vices de la Monarchie française*, s.l., 1789. Cité par J.-J. TATIN-GOURIER, *Le Contrat social en question. Échos et interprétations du contrat social de 1762 à la Révolution*, Presses Universitaires de Lille, 1989, p. 117.
5. *La Sentinelle du peuple*, n° 1, cité par J.-J. TATIN-GOURIER, *Le Contrat social en question*, p. 119.

rité sociale, faisant coïncider les figures de l'ennemi intérieur et de l'étranger.

Si la pleine réintégration du peuple est facilitée par l'exclusion concomitante des aristocrates, cela ne signifie nullement que les vieilles préventions contre la populace ont toutes été levées. Mais du moins sont-elles refoulées, relativisées, contrebalancées par une nouvelle perception globale du lien social. Dès les années 1770-1780, Sieyès avait d'autre part cherché la formule de différenciations sociales non excluantes, pour essayer d'accorder la perspective de l'égalité au fait de la diversité des conditions. C'est la raison pour laquelle il s'est interrogé, avec tout son siècle, sur la société antique. Cette réflexion n'a pas chez lui pour objet d'opposer un contre-modèle à la *commercial society*, vertu et frugalité contre valeurs économiques, comme le fait Rousseau. Elle vise plutôt à essayer de qualifier la spécificité de la *division sociale* moderne. Sieyès suit dans cette réflexion Hume et Smith pour critiquer l'idéal du citoyen antique. S'il estime d'abord irréaliste la condition implicite de dimension qui le sous-tend — d'où sa défense du gouvernement représentatif contre le modèle de la démocratie directe prôné par Rousseau —, la pointe de son analyse n'est pas là. Son argument principal consiste à remarquer que, dans les Républiques anciennes, seule la séparation radicale entre les esclaves et les hommes libres rendait possible une intense participation politique. Reprenant la démonstration classique de Hume[1], il souligne que la disponibilité des uns était payée par la servilité des autres. « Dans les républiques anciennes, explique-t-il dans une note manuscrite, le gouvernement pouvait n'être pas représentatif d'abord 1°) parce qu'elles étaient d'une petite étendue ; 2°) (et c'est la meilleure raison) parce qu'il n'y avait de *citoyens* que les habitants *disponibles*, en totalité ou en grande partie, le reste étant esclaves ou étrangers à l'action sociale[2]. » La société antique repose sur une division des fonctions sociales qui suit la frontière de la notion d'humanité. Les

---

1. Voir l'essai de Hume *Of the Populousness of Ancient Nations*, in *Essays, Moral, Political and Literary*, Indianapolis, Liberty classics, 1985 (pp. 377-464). Hume dénonce la coupure hommes libres-esclaves, qui fonde l'égalité entre citoyens sur l'exclusion de la majorité de la population.

2. Archives nationales : 284 *AP* 3, dossier 2, chemise 1, note intitulée « Gouvernement par procuration ».

esclaves ne sont pas dans l'humanité : ils restent extérieurs au rapport social[1].

L'égalité moderne ne peut pourtant pas être comprise par Sieyès comme la négation absolue de toute séparation, même si elle s'oppose, en son essence, aux formes de clivages qui régissaient les sociétés anciennes. Si l'égalité et la liberté trouvent un point d'ancrage commun dans la reconnaissance des droits de l'homme, il est en effet illusoire à ses yeux de croire que l'on puisse pour autant rendre universelle l'ancienne figure du citoyen. « On a beau rêver au bien général de l'espèce humaine, elle sera toujours divisée en deux parties essentiellement distinguées par la différence d'éducation et de travail », note-t-il dans les années 1780[2]. Mais ce clivage n'a plus le sens d'exclusion que revêtait la coupure esclave-homme libre. Parce qu'il est mobile, d'abord. Mais surtout parce qu'il s'insère dans une nouvelle perspective : celle de la division du travail. « Je ne veux pas diviser mes hommes en spartiates et en ilotes, mais en citoyens et en compagnons de travail[3] » : cette formule résume le sens de la translation qu'il opère. La différence entre les hommes devient ainsi pour lui purement fonctionnelle, et elle présente l'avantage d'être profitable à l'ensemble de la collectivité. Au cœur de cette appréhension économique de la société, Sieyès accorde une importance particulière au rôle de la division du travail comme vecteur du progrès. Son originalité est de rapprocher la division du travail dans l'ordre économique de la représentation dans l'ordre politique : « La division des tâches, écrit-il, n'est qu'une partie de *l'ordre représentatif* dans les volontés parti-

1. C'est ce qui rend impossible de suivre Cornélius CASTORIADIS quand il estime que le problème de l'esclavage n'est somme toute que contingent dans la vision grecque de la démocratie. Cf. son article « La *polis* grecque et la création de la démocratie », *Le Débat*, janvier-mars 1986. Montesquieu écrivait des esclaves : « Il est impossible que nous supposions que ces gens-là soient des hommes, parce que si nous les supposions des hommes, on commencerait à croire que nous ne sommes pas nous-mêmes des chrétiens » (*De l'esprit des lois*, livre XV, chap. v, Paris, Gallimard, « Bibl. de la Pléiade », 1951, t. II, p. 494).
2. Manuscrit, Archives nationales : 284 *AP* 3, dossier 2, chemise 3.
3. Note manuscrite « La nation », Archives nationales : 284 *AP* 3, dossier 2, chemise 3. Cette critique de la démocratie antique sera amplement reprise par de nombreux orateurs, au printemps 1793, lors de la discussion de la nouvelle Constitution. Dès la révision d'août 1791, ces thèmes sont présents. Barnave fait l'apologie du système représentatif et note, le 11 août 1791, en critiquant Sparte, que « la démocratie pure [c'est-à-dire directe] d'une partie du peuple ne peut exister que par l'esclavage civil, politique, effectif, absolu de l'autre partie du peuple » (*A.P.*, t. XXIX, p. 366).

culières. Se laisser représenter est la seule source de prospérité dans la société civile [1].»

De façon très originale, Sieyès inscrit ainsi l'action du gouvernement moderne dans le système de la division du travail. Progressivement élaborée dans le cours de ses abondantes lectures économiques, cette idée restera toujours fortement affirmée chez lui. «La raison, ou du moins l'expérience, explique-t-il dans ses *Observations* de 1789, dit à l'homme : tu réussiras d'autant mieux dans tes occupations, que tu sauras les borner. En portant toutes les facultés de ton esprit sur une partie seulement de l'ensemble des travaux utiles, tu obtiendras un plus grand produit avec de moindres peines et de moindres frais. De là vient la séparation des travaux, effet et cause de l'accroissement des richesses et du perfectionnement de l'industrie humaine. Cette séparation est à l'avantage commun de tous les membres de la société, elle appartient aux travaux politiques comme à tous les genres du travail productif. L'intérêt commun, l'amélioration de l'état social lui-même nous crient de faire du gouvernement une profession particulière [2].» De là sa définition du gouvernement comme pouvoir commis, non différencié en sa pratique des travaux effectués par les autres professions. Ses *Lettres aux économistes* de 1775 expliquent, par exemple, que les «travaux politiques et publics» — l'expression est déjà en elle-même significative — sont *coproductifs* au même titre que ceux des commerçants, des voituriers, des citoyens occupés de sciences utiles ou des éducateurs. Les notions de représentation et de spécialisation finissent par se confondre dans cette approche économique de Sieyès. Si la représentation signifie l'action pour un autre, un monde dans lequel chacun effectue une tâche particulière devient en effet une société de représentation généralisée. C'est ce que Sieyès explique en l'an III dans une formule saisissante : «Tout est représentation dans l'état social. Elle se trouve partout dans l'ordre privé comme dans l'ordre public; elle est la mère de l'industrie productive et commerciale, comme des progrès libéraux et politiques. Je dis plus, elle se confond avec

1. Note manuscrite «Travail : ne favorise la liberté qu'en devenant représentatif», Archives nationales : 284 *AP* 2, dossier 13, chemise *Travaux*.
2. *Observations sur le rapport du comité de Constitution, concernant la nouvelle organisation de la France*, Versailles, 2 octobre 1789, pp. 34-35.

l'essence même de la vie sociale[1].» Il était difficile d'aller plus loin dans une compréhension économique du politique.

L'opposition entre le citoyen et le compagnon de travail, que Sieyès construit dans les années 1770, et qui se développe en distinction des droits civils et des droits politiques, éloignait le spectre de la séparation hommes libres-esclaves. Elle réintégrait pleinement le peuple dans la société tout en le maintenant écarté de la sphère politique. À ce moment-là, son opposition recoupait assez largement le clivage entre les citoyens propriétaires et le peuple ordinaire. Lorsqu'il emploie pour la première fois, en 1789, les mots de *citoyen actif* et de *citoyen passif*, sa pensée a beaucoup évolué sur ce point. S'il continue à penser la sphère politique à partir du concept de division du travail, la dynamique des événements le conduit à porter un autre regard sur la division sociale. À partir de 1789, il est en quelque sorte écartelé entre une approche politique de la nation et une appréhension économique du politique. «Les peuples européens», dit-il, par exemple, dans son discours du 7 septembre 1789 sur le veto royal, «ressemblent bien peu aux peuples anciens. Il ne s'agit parmi nous que de commerce, d'agriculture, de fabriques, etc. Le désir des richesses semble ne faire de tous les États de l'Europe que de vastes ateliers : on y songe bien plus à la production et à la consommation qu'au bonheur. [...] Nous sommes donc forcés de ne voir, dans la plus grande partie des hommes, que des machines de travail. Cependant vous ne pouvez pas refuser la qualité de citoyen, et les droits du civisme, à cette multitude sans instruction qu'un travail forcé absorbe en entier. Puisqu'ils doivent obéir à la loi tout comme vous, ils doivent aussi, tout comme vous, concourir à la faire. Ce concours doit être égal[2].» Ce développement exprime de façon particuliè-

---

1. *Opinion de Sieyès sur plusieurs articles des titres IV et V du projet de Constitution*, Paris, 2 thermidor an III, p. 5. «Il est constant, écrit-il encore, que se faire représenter dans le plus de choses possibles, c'est accroître sa liberté, comme c'est la diminuer que d'accumuler des représentations diverses sur les mêmes personnes» (p. 6).
2. *A.P.*, t. VIII, p. 594. La réflexion de Sieyès marque ainsi une certaine évolution par rapport aux années 1780, sur ce point. Il notait alors : «Pour être citoyen, il faut connaître les rapports des associations humaines, et en particulier ceux de la société dont on est membre. Les hommes qui ne peuvent se former, ou que l'on ne peut élever à cette connaissance, ne sont que des *compagnons de travail*. Il faudrait se méprendre furieusement sur le but social pour les appeler à en délibérer. Mais refuserons-nous la qualité de citoyens aux neuf dixièmes de la nation? Ne mettons *point les expressions* du sentiment à la place de la raison... *Invitons seulement les gouvernements à métamorphoser les bêtes humaines en citoyens, pour les faire participer activement* aux bienfaits

rement brutale une tension qui est sous-jacente à toute la discussion sur le droit de vote de 1789 à 1791. Deux registres se superposent en effet dans ce texte : celui de l'implication politique et celui de l'intégration sociale. Le citoyen d'un côté, le compagnon de travail de l'autre. Les deux figures sont simplement juxtaposées, sans qu'aucun lien soit établi entre elles. Sieyès commence par faire l'éloge de la société économique en paraphrasant Hume et Smith avant d'affirmer le principe d'égalité politique dans des termes empruntés à Rousseau. Singulière cohabitation. Le fait que Sieyès se réfère simultanément à l'auteur de *La Richesse des nations* et au philosophe de Genève, que tout oppose, permet de comprendre un aspect probablement essentiel de ce qu'on peut appeler *l'ambiguïté de 1789*.

Ce qui change considérablement entre les années 1770 et 1789, au sein même de cette ambiguïté, c'est la perception de la démarcation entre la sphère du social et la sphère du politique. Dans les années 1770, elle reposait sur la reconnaissance d'une différence des qualités sociales entre les individus (quant à leurs connaissances, à leurs capacités, à leurs intérêts). Le mouvement de l'égalité qui est en marche sous la Révolution conduit à ne plus faire accepter que des distinctions reconnues comme purement *naturelles*[1]. Le qualitatif de citoyen tend pour cette raison à être attribué à tous les individus adultes masculins. Cette tendance à l'universalisation de la citoyenneté marque une rupture par rapport à la théorie du citoyen propriétaire. Mais l'impératif d'intégration de tous dans le corps social qu'elle exprime se heurte pourtant encore à de fortes barrières mentales, toute une portion du peuple paraissant encore socialement et culturellement très lointaine, difficilement intégrable, malgré tout, dans la nouvelle communauté des égaux. Sieyès montre bien son embarras sur ce point, à l'automne 1789. «Est-il possible de regarder comme citoyens les mendiants, les vagabonds volontaires, ou les non domiciliés?», demande-t-il[2]. C'est

---

de la société; car si l'on ne peut établir des volontés que lorsqu'on sait ce que l'on veut, *il est évident qu'il y a une grande différence entre les citoyens essentiels et ceux qui ne le sont devenus que par l'utilité physique*» (notes sous le titre «Citoyens électeurs, éligibles», Archives nationales : 284 *AP* 3, dossier 2, chemise 3).

1. Les femmes et les enfants, explique Sieyès, se trouvent exclus pour ce motif de la participation politique, même s'il ne s'agit à ses yeux que d'un préjugé en ce qui concerne les premières. Voir sur ce point le chapitre suivant.

2. *Observations sur le rapport du comité de Constitution [...]*, p. 20.

pour résoudre cette contradiction qu'il procède à la distinction entre les citoyens actifs et les citoyens passifs. Si le fait premier est que tous les individus sont également citoyens, il est parallèlement nécessaire à ses yeux d'opérer un partage à l'intérieur même de cette équivalence première. Le clivage actifs-passifs n'en est cependant pas moins, pour Sieyès, d'une nature complètement différente de la séparation qui isolait les citoyens des autres hommes dans les sociétés anciennes. « Chez les anciens, explique-t-il, l'état de servitude épurait en quelque sorte les classes libres. Les citoyens étaient tous capables d'exercer leurs droits politiques. Tout homme libre était citoyen actif. Chez nous, il faut s'en glorifier, la base de l'association est plus large ; les principes sont plus humains ; nous sommes tous égaux par la protection de la loi et c'est la bonne politique. Mais aussi par cela même que le *civiciat* ou l'ordre des Citoyens embrasse tous les étages de l'édifice social, il s'ensuit que les classes infimes, que les hommes les plus dénués, sont bien plus étrangers, par leur intelligence et par leurs sentiments, aux intérêts de l'association, que ne pouvoient l'être les Citoyens les moins estimés des anciens États libres. Il reste donc chez nous une classe d'hommes, Citoyens par le droit, et qui ne le sont jamais par le fait. Sans doute c'est à la Constitution, c'est à de bonnes Loix à réduire de plus en plus, cette dernière classe, au moindre nombre possible. Il n'est pas moins vrai qu'il est des hommes d'ailleurs valides en force physique, qui, étrangers à toute idée sociale, sont hors d'état de prendre une part active à la chose publique[1]. » Cette longue citation montre bien le sens non excluant que revêt pour Sieyès le partage actifs-passifs. À l'ostracisme brutal des anciens, la société moderne substitue, pour lui, une différenciation plus douce : celle de la distinction entre droits civils et droits politiques[2]. Bien que non blessante aux yeux de Sieyès, elle devait pourtant vite apparaître problématique. Les deux principes que l'auteur de l'*Essai sur les privilèges* voulait dissocier et affirmer en même temps — l'universalisation de la citoyenneté et la limitation des droits politiques — ont en effet eu continuellement tendance à se télescoper, laissant toujours ouverte la question de la participation politique.

---

1. *Observations sur le rapport du comité de Constitution [...]*, pp. 20-21.
2. « On voit que le *nouvel ostracisme* les respecte tous au lieu que celui des anciens les attaquait tous », note-t-il (*ibid.*, p. 31).

L'institution de la cité

En 1789, l'égalité civile et l'«égalité du civisme»[1] se superposent. La critique des ordres et des corps, et le rejet de la représentation des intérêts qui en découlent conduisent à exalter l'individu abstrait, libre de toute détermination, simple membre du tout social. La sphère politique, dans ces conditions, n'est pas dérivée ou séparée de la sphère du social, organisant une modalité spécifique de l'être-ensemble : elle résume l'ordre social et l'absorbe tout entier. Pour une raison presque mécanique, d'abord : la suppression des corps intermédiaires conduit à une extension de l'espace public, qui devient le lieu central de l'interaction sociale. La dynamique des événements se conjugue ici avec la logique institutionnelle. Plus profondément, le politique et le social coïncident dès lors que les spécificités, les différences, les singularités qui structurent la société sont niées. Le lien civique finit en ce sens par figurer, en son abstraction, l'archétype du lien social. Il est la pure figure du social et incarne son essence. Dans des pages célèbres de *Qu'est-ce que le tiers état ?*, Sieyès en a démontré l'implacable impératif. «Il est de principe, écrit-il, que tout ce qui sort de la qualité commune de citoyen, ne saurait participer aux droits politiques[2].» Si Sieyès a d'abord en vue le rejet radical de la notion de privilège, son propos le conduit logiquement à faire reposer les droits politiques sur la «qualité commune», c'est-à-dire la simple appartenance au corps social. L'individu sujet de droit et le citoyen tendent pour cela à se confondre. Si aucune variable proprement sociale, dérivée de l'hétérogénéité, ne peut être prise en compte dans la définition du droit de suffrage, les droits politiques sont alors de même nature que les droits civils. Ils ne sont pas d'une essence différente (Burke a très bien saisi ce point dans son analyse de la Révolution française). C'est ce qui rend si difficilement pensable, nous y reviendrons, la distinction entre la notion de citoyen actif et celle de citoyen passif. Ce n'est pas sur la base de la spécificité de la nature juridique de chaque catégorie de droits que la distinction de jouissance peut s'établir. Seule la différence entre sujets juridiques autonomes et sujets juridiques dépendants peut valider le clivage entre

---

1. La formule est de Sieyès dans *Qu'est-ce que le tiers état ?*, p. 88.
2. *Ibid.*, p. 90.

droits politiques et droits civils. La seule distinction qu'autorise l'abstraction de l'égalité est celle de la *nature* des sujets juridiques réels (âge, sexe, etc.), l'absence de droits politiques signifiant toujours, d'une façon ou d'une autre, qu'un individu est détenteur de droits civils *partiels* (c'est, alors, le cas de la femme, de l'enfant, de l'incapable).

La diffusion de la citoyenneté est à l'intersection de cette mise en équivalence des droits civils et politiques avec l'avènement du principe de souveraineté collective. Il y a un double travail de l'abstraction qui fait de chaque individu une parcelle de la puissance souveraine, en même temps qu'elle superpose la sphère politique avec celle de la société civile. Les droits politiques ne procèdent donc pas d'une doctrine de la représentation — en tant que cette dernière implique la reconnaissance et la valorisation de ce qui est hétérogénéité et diversité dans la société —, mais de l'idée de participation à la souveraineté. Là est la grande mutation. Au début de 1789, la question était celle de l'égalité-appartenance. Pour une raison presque mécanique, elle se confond rapidement avec celle de l'égalité-souveraineté, car le lieu de la souveraineté s'identifie désormais à l'être même de la nation. Le droit de suffrage cesse dans cette mesure d'être inséré dans une logique représentative. Il définit dorénavant un statut social, celui de l'individu membre d'un peuple qui prend collectivement la place du roi. La seule distinction en matière de droits politiques qui peut s'opérer sur cette base est celle de l'appartenance sociale. Les exclus du suffrage ne sont que les exclus de la nation : aristocrates, étrangers, marginaux déterritorialisés, criminels mis au ban de la société. Évident à nos yeux, c'est pourtant le sens même de cette notion d'appartenance sociale qui reste problématique pendant la Révolution. C'est à partir de là qu'il faut comprendre le flottement que l'on constate dans l'organisation des droits politiques. Il ne résulte pas tant d'une incertitude sur les principes (l'égalité, l'universalité) que d'une hésitation d'ordre sociologique sur l'appréhension de la société civile. La révolution des droits politiques est indissociable d'une interrogation sur les formes et le contenu de la cité.

Lorsque Thouret présente, le 29 septembre 1789, son rapport sur le projet de Constitution devant l'Assemblée constituante, il propose de subordonner le droit de suffrage à cinq conditions. Trois des qualités requises concernent la définition de l'appartenance sociale : la nationalité, le domicile, le paiement de l'impôt[1]. Dans le cours des débats, s'ajoutera ensuite un critère supplémentaire, mais de même nature : celui de la conformation aux lois (exclusion des faillis et des condamnés à des peines infamantes). Dans le droit de suffrage se recoupent ainsi les différents sens du terme de «citoyen» : le citoyen comme détenteur de la nationalité, le citoyen comme membre d'une collectivité concrète (le domicile), le citoyen comme «bon membre» de la cité (contribution aux charges collectives par l'impôt, respect du droit). La notion de citoyenneté n'est donc pas seulement juridique, pour les constituants. Elle découle principalement de l'idée d'*implication sociale*, en superposant trois modalités : l'appartenance *juridique* (la nationalité), l'inscription *matérielle* (le domicile) et l'implication *morale*. Simples à énoncer, ces différents critères devaient théoriquement permettre de tracer une claire ligne de partage pour l'octroi du droit de suffrage. Mais leur mise en œuvre pratique apparut rapidement beaucoup plus délicate à effectuer. La définition de la nationalité ne fut définitivement arrêtée que dans le texte de la Constitution de 1791. Ceux qui étaient nés en France d'un père français étaient automatiquement citoyens, mais ceux qui étaient nés à l'étranger d'un père français devaient résider en France et avoir prêté le serment civique pour être considérés comme citoyens[2]. Pour ceux qui étaient nés en France de père étranger, ils étaient citoyens à la seule condition de résider en France. Quant à ceux qui étaient nés à l'étranger de parents étrangers, ils devenaient citoyens après cinq ans de résidence continue en France s'ils avaient prêté serment et, en outre, s'ils avaient acquis des immeubles, épousé une Française ou formé un établissement d'agriculture et de commerce.

Le droit du sol l'emporte sur le droit du sang pour définir la nationalité : le droit de la Révolution poursuit sur ce point la tradition de l'Ancien Régime[3]. L'acquisition de la nationalité super-

---

1. Les deux autres conditions renvoient à l'autonomie de la volonté : être majeur ; ne pas être de condition servile (il faudrait y ajouter une troisième condition, implicite, de même nature, celle du sexe). Sur ces différents points, se reporter au chapitre suivant.
2. Le cas des descendants de protestants exilés rentrait dans cette catégorie. C'est de cette façon que Benjamin Constant, par exemple, pourra recouvrer la nationalité française.
3. Se reporter sur ce point à l'ouvrage fondamental de M. VANEL, *Histoire de la nationalité française d'origine. Évolution historique de la notion de Français d'origine du XVIᵉ siècle au Code civil*, Paris, 1945. Consulter également : *L'Étranger*, t. IX et X des *Recueils*

CONDITIONS D'ACQUISITION DE LA CITOYENNETÉ FRANÇAISE
D'APRÈS LA CONSTITUTION DE 1791 (TITRE II, ARTICLES 2 ET 3)

Ascendance paternelle	Lieu de naissance	Conditions d'acquisition de la citoyenneté
française	France	automatique
étrangère	France	résider en France
française	étranger	1) résider en France 2) prêter le serment civique
étrangère	étranger	1) résider en France depuis cinq ans 2) prêter le serment civique 3) être marié à une Française *ou* avoir acquis un immeuble *ou* avoir fondé un établissement agricole ou commercial

pose de façon variable trois degrés d'implication : *passive* (la résidence)[1], *politique* (le serment)[2] et *active* (activité économique ou lien familial)[3]. On voit ainsi que la notion de nationalité finit par se confondre avec celle de citoyenneté : elle n'est d'abord qu'une condition d'exercice du droit de suffrage, mais elle finit par en redoubler tous les critères. Et, à l'inverse, les conditions d'acquisition de la *nationalité* pour les étrangers tendent à s'imposer pour

de la Société Jean-Bodin, Bruxelles, 1958 ; C. DANJOU, *La Condition civile de l'étranger dans les trois derniers siècles de la monarchie*, Paris, 1939 ; A. MATHIEZ, *La Révolution et les étrangers. Cosmopolitisme et défense nationale*, Paris, s.d. (vers 1920).

1. Sieyès allait très loin dans ce sens puisqu'il envisageait que tout étranger fixé sur le sol national puisse devenir citoyen français dès lors qu'il aurait été «adopté» par une commune (cf. *A.P.*, t. VIII, p. 205).
2. La Constitution de 1791 prévoyait que la prestation du serment pouvait suffire pour les étrangers. Cf. article 4 du titre II : «Le pouvoir législatif pourra, pour des considérations importantes, donner à un étranger un acte de naturalisation, sans autres conditions que de fixer son domicile en France et d'y prêter le serment civique.»
3. Cette dimension de l'implication est introduite le 30 avril 1790 par Target, à partir d'une réflexion sur la situation des populations frontalières (cf. *A.P.*, t. XV, p. 340). La logique est la même que pour l'attribution des lettres de naturalité ou lettres de bourgeoisie sous l'Ancien Régime ; leur origine est également liée à des considérations économiques. Voir la thèse de J. BOIZET, *Les Lettres de naturalité sous l'Ancien Régime*, Paris, 1943. La Constitution de 1793 (article 4) prévoyait de son côté que l'adoption d'un enfant ou la prise en charge d'un vieillard donnait accès à l'exercice des droits de citoyen français.

tous comme des conditions d'exercice de la *citoyenneté* politique. Si la prestation du serment civique peut être une condition d'accès à la nationalité pour les personnes nées d'un père étranger, elle s'impose à tous pour exercer le droit de vote[1]. De la même façon, les critères d'implication sociale retenus pour la naturalisation tendent à être également considérés pour l'exercice du droit de suffrage. La Constitution de l'an III prévoyait par exemple qu'il faudrait exercer une profession mécanique ou agricole pour pouvoir voter, dans l'avenir. Ces critères d'accession au droit de suffrage ne seront guère appliqués : le serment civique est abandonné dès 1795, et les dispositions prévues par la Constitution de l'an III ne seront jamais mises en œuvre. Mais l'esprit de ces mesures subsiste dans la conception révolutionnaire de la nationalité, identifiée de fait avec celle de citoyenneté active. C'est l'implication civique et sociale des individus, et non leur patrimoine génétique ou historique[2], qui est déterminante. C'est une autre façon de décliner l'universalisme à la française, dont la naturalisation de grandes figures étrangères amies de la liberté — comme Paine ou Cloots — illustrera, en 1792, le sens. Le député Lamourette pourra significativement parler, à cette occasion, du « sentiment de *consanguinité philosophique* » qui unit les philosophes étrangers et les révolutionnaires français dans leur lutte contre le despotisme[3]. Tout est dit, dans cette audacieuse formule, sur la confusion de la nationalité et de l'implication politique.

Cet entrelacement des notions de citoyenneté et de nationalité conduit les constituants à donner un contenu presque plus sociologique que juridique à la nationalité. On le voit très clairement au moment où la question de l'émancipation des Juifs est posée[4].

---

1. Voir l'article 14 de l'instruction du 12 août 1790 : « La qualité de citoyen actif subsiste, mais l'exercice est suspendu, tant que le citoyen n'a pas prêté de serment civique. »
2. Les approches historiques de la nationalité sont alors minoritaires. Un libéral comme Clermont-Tonnerre fait relativement exception en écrivant que « l'on s'attache à sa patrie par deux moyens, la propriété et l'habitude. [...] Si l'on est citoyen par sa possession qui ne serait pas défendue, on est encore plus citoyen par une longue habitation, par de nombreux rapports de parenté, par l'héritage de considération que l'on a reçu de ses pères » (CLERMONT-TONNERRE, *Analyse raisonnée de la Constitution française, Œuvres complètes*, Paris, an III, t. IV, p. 267).
3. Séance du 24 août 1792 (*A.P.*, t. XLVIII, p. 689).
4. Se reporter à la collection de documents, *La Révolution française et l'émancipation des Juifs*, Paris, Édhis, 1969, 8 vol. (reproduit tous les textes importants publiés

Même si la situation civile des Juifs était variable selon les provinces à la fin de l'Ancien Régime, ils n'étaient considérés ni comme des Français ou des régnicoles, ni comme de vrais aubains. Le juriste Denisart en donnait la définition suivante en 1771 : « Un Juif n'a proprement point de domicile, il n'a point d'état dans le royaume. Il y est, ainsi que tous les membres de sa nation, errant : il n'est citoyen nulle part, et quoique né français, il est étranger dans chaque ville [1]. » Selon les critères de nationalité définis par la Révolution, les Juifs établis sur le territoire devaient, sans contestation possible, être désormais considérés comme français. Cette reconnaissance fut pourtant loin d'être acquise facilement. Si le problème est posé dès l'automne 1789, il faut en effet attendre le 27 septembre 1791 pour que la Constituante décrète l'émancipation civile et politique des Juifs, à la veille de sa séparation. Les préjugés ont certes leur part dans cette longue hésitation. Mais ils ne sont pas les seuls en cause.

La nature de l'identité juive constitue le fond du problème pour les constituants. Le rapport entre les différentes faces du fait juif représente une énigme à leurs yeux. Ils ressentent le besoin de le constituer en problème global et unique pour le saisir, mais ils n'y parviennent que sur un mode qui conduit à en méconnaître l'essence. Les partisans les plus actifs de l'émancipation, comme Grégoire ou Robespierre, réduisent ainsi cette identité à sa dimension religieuse, et la font donc refluer dans la sphère privée de l'existence sociale [2]. En même temps qu'il se fait le défenseur des Juifs, l'abbé Grégoire entend ainsi combattre tout ce qui les distingue, s'en prenant par exemple violemment à l'usage du yiddish. À droite comme à gauche, on s'accorde pour refuser aux Juifs une existence en corps. La seule perspective ouverte est celle de l'assimilation.

en France de 1787 à 1806 sur l'émancipation des Juifs), et aux synthèses de R. BADIN-TER, *Libres et égaux... l'Émancipation des Juifs, 1789-1791*, Paris, Fayard, 1989, et de P. GIRARD, *La Révolution française et les Juifs*, Paris, Laffont, 1989.
    1. Cité par M. VANEL, *Histoire de la nationalité française d'origine*, p. 6.
    2. On notera cependant que, lorsque Brunet de Latuque demande, le 21 décembre 1789, à l'Assemblée le vote d'une motion s'élevant contre l'exclusion des non-catholiques de certaines fonctions (« Vous n'avez pas voulu, messieurs, dit-il, que les opinions religieuses fussent un titre d'exclusion pour quelques citoyens et un titre d'admission pour d'autres », *A.P.*, t. X, p. 694), il a en vue le cas des protestants, et ne songe nullement aux Juifs. Cela montre à quel point la « privatisation » et la « réduction religieuse » de la question juive représentait déjà un pas en avant pour appréhender leur situation civile et politique.

Clermont-Tonnerre formulera en des termes célèbres cette conception : «*Il faut refuser tout aux Juifs comme nation, et accorder tout aux Juifs comme individus* [...]. Il faut qu'ils ne fassent dans l'État ni un corps politique, ni un ordre ; il faut qu'ils soient individuellement citoyens* [1].» C'est d'ailleurs pourquoi, dans un premier temps, la situation des Juifs portugais est dissociée de celle des Juifs de l'Est [2]. Leur situation était, il est vrai, différente. Les Juifs bordelais étaient assez bien assimilés. Ils avaient, pour beaucoup, reçu à titre personnel des lettres de naturalité et, en 1789, ils avaient tout à fait naturellement pris part aux élections pour les États généraux, l'un d'entre eux, Gradis, ayant même manqué de peu d'être désigné député. Les Juifs d'Alsace vivaient au contraire beaucoup plus repliés sur leur communauté, et ils étaient d'ailleurs légalement exclus de la vie civile (ils ne pouvaient par exemple ni acheter des immeubles, ni cultiver la terre et employer des ouvriers agricoles). C'est donc seulement en faisant référence aux «droits acquis» des premiers que l'Assemblée constituante accepte d'abord d'accorder aux seuls Juifs portugais et avignonnais le droit de suffrage [3]. Le débat philosophique n'est ainsi jamais vraiment traité. La logique globalement émancipatrice finit par triompher des préjugés rémanents, mais ce n'est pas une conception de la citoyenneté et de la nationalité qui se trouve illustrée et prolongée. L'ajournement du débat, qui est d'abord décrété en décembre 1789, après un premier échange de vues, traduit en fait une perplexité intellectuelle autant qu'une prudence politique. La résistance à accorder le droit de suffrage aux Juifs ne tient pas tant à une incertitude juridique sur leur nationalité, ce qui faisait le fond du problème antérieurement, qu'à une interrogation sur les conditions de leur intégration civile et la nature de leur implication sociale. On pourrait dire en ce sens que c'est la *civilité*, autant que la nationalité, qui conditionne en profondeur la citoyenneté politique en France.

La condition d'un an de domicile, dans la ville ou dans le can-

1. *A.P.*, t. X, p. 756.
2. Voir le décret du 28 janvier 1790 qui stipule que «tous les Juifs connus sous le nom de Juifs portugais, espagnols, avignonnais, continueront de jouir des droits dont ils ont joui jusqu'à présent — et en conséquence jouiront des droits de citoyens actifs» (mesure reprise dans l'instruction du 12 août 1790).
3. Voir le texte même du décret cité ci-dessus. Le 28 janvier 1790, Le Chapelier argumente en faveur des Juifs bordelais : «Il ne s'agit que de conserver des droits acquis» (*A.P.*, t. XI, p. 364).

ton, mise à l'exercice du droit de vote définit une autre modalité de l'impératif d'implication sociale. L'exigence de sédentarité qu'elle matérialise a pour objectif d'écarter de la citoyenneté active les vagabonds, ceux qui n'ont aucune attache fixe. Les vagabonds sont « gens sans aveu », ceux qui, au sens du droit féodal, n'avouent pas, ne reconnaissent aucun suzerain, ne se fixent nulle part et ne réclament aucune protection. Sous l'Ancien Régime, brigands, vagabonds, mendiants finissaient par constituer dans l'imaginaire collectif une vaste population dangereuse qu'il s'agissait de maintenir à distance[1]. Il est difficile de donner un chiffre précis pour délimiter les contours de cette masse d'individus marginalisés, aux frontières du rapport salarial et du rapport social, vivant au jour le jour d'expédients ou de menus travaux. Mais elle représente, surtout dans les grandes villes, une partie non négligeable des classes laborieuses[2]. La condition de domicile conduit ainsi probablement à soustraire du corps électoral près de 15 % des hommes en âge de voter. Aucune voix ne s'élève à la Constituante pour s'en émouvoir. L'exclusion des individus sans domicile fixe, vivant dans les hôtels garnis des centres villes ou circulant dans les campagnes, apparaît naturelle, et les assemblées primaires n'hésitent pas à exclure de leur sein les personnes qui ne remplissent pas strictement le critère de domicile. Le rejet des non-domiciliés n'est pas remis en cause en 1792 ou en 1793, même aux moments les plus exaltés de la Commune de Paris. Les ouvriers logeant en hôtel garni restent ainsi privés de citoyenneté politique, alors même qu'ils peuvent jouer un rôle fort remuant dans les clubs ou les sections. Cet attachement de la citoyenneté au domicile reste fondamental au xixe siècle, la peur séculaire des vagabonds et des individus déterritorialisés continuant de hanter le corps social[3]. Le citoyen n'a jamais été défini en ce sens comme le pur individu-électeur, sujet

---

1. Voir sur ce point A. FARGE, *Vivre dans la rue à Paris au XVIIIe siècle*, Paris, 1979, « Nomades et vagabonds », *Cause commune*, n° 2, 1975, et surtout C. PAULTRE, *La Répression de la mendicité et du vagabondage en France sous l'Ancien Régime*, Paris, 1906.
2. On trouvera sur ce point des éléments intéressants dans l'ouvrage d'O. HUFTON, *The Poor of Eighteenth Century France, 1750-1789*, Oxford, 1974, et dans son article « Begging, vagrancy, vagabondage and the law : an aspect of the problem of poverty in eighteenth century France », *European Studies Review*, n° 2, 1972. Voir également M. VOVELLE, « Le prolétariat flottant à Marseille sous la Révolution française », *Annales de démographie historique*, 1968. La Rochefoucauld-Liancourt estime de son côté, en 1789, que les indigents forment 13 % de la population.
3. Voir la thèse de J. BARDOUX, *Vagabonds et mendiants devant la loi*, Paris, 1906.

juridique abstrait détenteur de la nationalité : il est toujours un homme impliqué, enraciné, inscrit dans le grand mouvement de l'interaction sociale.

Ceux qui ont contrevenu aux règles de la vie sociale se voient pour cette raison exclus du droit de vote. Non-respect de la loi, d'abord : les personnes condamnées à certaines peines sont déchues de leurs droits civiques. La Constitution de 1791 est très restrictive sur ce point, puisqu'elle prévoit que la simple mise en état d'accusation suffit à exclure un individu de l'exercice des droits de citoyen actif[1]. Non-respect des engagements contractuels en matière commerciale, ensuite : les faillis et insolvables qui n'ont pas rapporté un acquit général de leurs créanciers sont également privés de leurs droits politiques. La citoyenneté a ici une dimension morale : le droit de vote exprime la possibilité d'un contrat de confiance entre l'individu et la société[2].

La condition la plus importante mise à l'exercice du droit de suffrage est celle du paiement de l'impôt. Le comité de Constitution propose de fixer la barre à une imposition équivalente au prix de trois journées de travail. C'est sur ce point que les discussions sont les plus vives. L'abbé Grégoire ouvre le feu en agitant le spectre de l'avènement d'une nouvelle aristocratie des riches, notant que « pour être électeur ou éligible dans une assemblée primaire, il suffit d'être un bon citoyen, d'avoir un jugement sain, et un cœur français »[3]. Robespierre critique de son côté le caractère arbitraire du seuil des trois journées pour conclure à l'impossibilité de formuler un critère fondé sur la fortune. Le comité avait-il donc fait une proposition qui s'apparentait à la mise en place d'un suffrage censitaire, même modéré ? Il faut se garder d'une telle interprétation. La condition d'imposition est de même nature que celle du domicile, dans l'esprit du comité. Introduisant la discussion, Legrand note ainsi : « Le paiement d'une imposition ne doit être exigé dans les assemblées primaires que comme preuve de cité ; la pauvreté

---

1. Le Code pénal d'octobre 1791 énumère les peines qui conduisent à la dégradation civique.
2. Cette connotation morale de la citoyenneté permet de comprendre une proposition apparemment bizarre : l'abbé Maury avait proposé, en décembre 1789, de déclarer inéligibles les comédiens et les bourreaux (voir sur ce point les débats des 23 et 24 décembre 1789), professions alors considérées par toute une partie de l'opinion comme intrinsèquement immorales.
3. Le 22 octobre 1789 (*A.P.*, t. IX, p. 479).

est un titre, et quelle que soit l'imposition, elle doit être suffisante pour exercer les droits du citoyen[1].» L'esprit n'est donc pas celui du suffrage censitaire. C'est pourquoi la discussion fut relativement brève, et les oppositions modérées sur ce point. Aucun grand discours n'est d'ailleurs prononcé à cette occasion. Ce relatif consensus n'est pas étonnant. Seul un petit nombre de personnes exerçant un travail régulier se voient en fait exclues du droit de vote par cet article. Dans sa monographie sur la Sarthe, Paul Bois a par exemple calculé que les très petits contribuables, situés en dessous du seuil des trois journées, ne représentaient que 2 à 3 % des foyers ou des hommes de plus de ving-cinq ans à la campagne[2]. Ce n'est donc pas tant le niveau du cens que la condition même d'imposition qui est discriminante dans le système. Le principal contingent des passifs est ainsi constitué des mendiants, des vagabonds, exerçant ici ou là, au gré des saisons et des opportunités, des tâches de manœuvre agricole. Ce sont les classes instables et marginalisées, et non pas les paysans, ouvriers ou artisans, même modestes, qui sont écartées. Et personne n'a jamais vraiment songé à donner le droit de suffrage à ces populations flottantes, même en août 1792.

C'est ce qui permet d'expliquer que les constituants ne se préoccupent guère du nombre des citoyens passifs. Même s'il est plus élevé, semble-t-il, que les contemporains ne l'imaginaient, l'évaluation exacte de ce nombre n'emporte pas de conséquences fon-

---

1. Le 20 octobre 1789 (*A.P.*, t. IX, p. 469). Il faut noter que les impôts pris en compte pour le calcul des trois journées touchaient aussi bien les usufruitiers ou les locataires que les propriétaires terriens ou immobiliers. Ceux qui n'avaient pas de propriété devaient payer l'impôt de trois jours dès lors que leur salaire était supérieur au niveau fixé par les autorités locales comme représentant le salaire moyen. Les vingtièmes, la taille, la capitation et l'imposition en rachat de corvée étaient pris en compte : toutes les catégories étaient donc également visées. Voir sur ce point les précisions apportées par l'instruction du 8 janvier 1790.

2. Voir le chapitre «Les citoyens passifs dans les campagnes» de son ouvrage *Paysans de l'Ouest. Des structures économiques et sociales aux options politiques depuis l'époque révolutionnaire dans la Sarthe*, Le Mans, 1960. D'autres indications partielles confirment ce constat. Il est ainsi difficile de suivre l'analyse de J.-R. SURATTEAU, quand il estime à 2,7 millions le nombre total d'hommes exclus du droit de vote par la condition censitaire (cf. son article «Sociologie électorale de la Révolution française», *Annales E.S.C.*, mai-juin 1968). Ce chiffre est exagéré ; surtout, il représente une estimation *globale* du nombre des citoyens passifs. Or, c'est la condition de domicile, plus que celle d'imposition (à laquelle revient de fait le montant des trois jours), qui a un fort effet de retranchement.

damentales pour comprendre les discussions sur la citoyenneté [1]. L'essentiel est d'apprécier correctement la conception des critères d'exclusion que se font les hommes de 1789, car ils ne disposent d'aucun moyen statistique fiable pour mesurer l'impact précis des mesures qu'ils édictent. Il est clair que la distinction des actifs et des passifs n'opère aucune ségrégation à leurs yeux. La grande majorité des constituants imagine que l'égalité politique est réalisée. Ceux qui écartent des assemblées primaires le tiers des citoyens parlent comme s'ils avaient institué le suffrage universel. L'irruption massive du tiers état au centre de la cité fait passer au second plan les inégalités subsistantes. L'élargissement massif des droits politiques est tel que Michelet paraît croire, un demi-siècle plus tard, que l'octroi du droit de vote à une multitude souvent misérable ne pouvait relever que d'un calcul de la droite, qui aurait espéré contrôler et manipuler ces masses sans éducation ! Ni Pétion ni Robespierre n'émettent d'ailleurs de protestation immédiate, tant les populations écartées du droit de suffrage semblent lointaines. «On dirait», note Jaurès, dont l'analyse est très forte sur cette question, « que même pour les plus démocrates, cette sorte de nation inférieure qui végète sous la classe bourgeoise et sous la classe des artisans aisés, n'est pas une réalité vivante [2].» Cela n'aurait aucun sens de comprendre le rapport des actifs et des passifs comme le face à face de deux classes, la bourgeoisie s'arrogeant des droits politiques qu'elle refuserait au prolétariat. Il y a une masse suffisante de gens de toute petite condition parmi les électeurs de premier degré pour que nul ne songe que les critères d'accès aux assemblées primaires introduisent une barrière entre les riches et les pauvres. «Il y avait assez de pauvres dans les quatre millions d'électeurs pour que la pauvreté ne se sentît point brutalement exclue», résume justement Jean Jaurès [3]. C'est d'ailleurs ce qui permet de comprendre que l'expression précise de «suffrage universel» n'est jamais employée pendant cette période. Prise dans

---

1. Pour une synthèse récente sur le problème du nombre des citoyens passifs, voir la thèse de Patrice GUENIFFEY, *La Révolution française et les élections. Suffrage, participation et élections pendant la période constitutionnelle (1790-1792)*, Paris, E.H.E.S.S., 1989, 2 vol. (à paraître aux Éditions de l'E.H.E.S.S.). Gueniffey estime que les passifs représentent près de 40 % de la population en âge de voter (alors que le taux communément admis était d'un tiers).

2. J. JAURÈS, *Histoire socialiste de la Révolution française*, Paris, s.d., t. I, p. 387.

3. ID., *ibid.*, p. 399.

son sens littéral le plus restreint (suffrage de tous les adultes masculins), elle n'est même pas pensable en 1789. La Révolution a certes réintégré le peuple au centre de la nation, mais ses marges restent indécises, laissant toute une partie de la population dans une sorte de statut intermédiaire entre le citoyen moderne et l'ancienne populace. Les conditions de formulation des droits politiques et les représentations du social sont ainsi complètement entrelacées pendant la Révolution. Les citoyens passifs ne sont écartés des droits politiques que parce qu'ils sont en quelque sorte considérés comme extérieurs à la société civile, situés dans le flou de sa périphérie. La ligne de séparation entre un intérieur et un extérieur est loin d'être toujours perçue de façon claire, tant des facteurs anthropologiques et culturels viennent brouiller et compliquer le critère simple de la nationalité. La langue du droit, de par sa nature précise et classificatoire, fait ressortir de façon très aiguë le flottement des catégories sociologiques des hommes de 1789. Mais c'est, en retour, ce qui permet de comprendre qu'ils n'aient guère cherché à approfondir juridiquement le concept politique de citoyenneté. L'imprécision juridique dont ils s'accommodent (les différents sens du terme de «citoyen» — le national, l'électeur, l'homme impliqué — n'étant jamais clairement hiérarchisés, par exemple) trouve sa source dans l'indétermination de leurs représentations sociales beaucoup plus que dans une absence de volonté politique.

Les protestations d'en bas contre la situation faite aux passifs sont logiquement peu nombreuses. De 1789 à 1792, il n'y a pas de mouvement social ou de revendication collective qui s'organise autour de cette question. L'Ange est relativement isolé quand il publie au début de 1790 sa brochure, *Plaintes et représentation d'un citoyen décrété passif, aux citoyens décrétés actifs*[1]. Il y lance une longue récrimination contre la division sociale qu'entérine à ses yeux le concept de citoyen passif. « Transformer [les hommes] en esclaves ou en citoyens passifs, c'est la même chose», écrit-il[2]. «Le décret qui nous exclut des assemblées, qui nous sépare de vous et nous frappe d'une mort civile, est un véritable fratricide, poursuit-il [...]. Vous nous avez à tort expulsés de la société ; *vous nous avez rayés du contrat social*[3].» Sa violente protestation ne prendra sens

---

1. Publiée à Lyon, 1790 (reproduction Paris, Édhis, 1967), p. 5.
2. *Ibid.*, p. 5.
3. *Ibid.*, p. 14.

que plus tard, lorsque la mobilisation contre l'ennemi radicalisera l'implication patriotique des individus, modifiant la perception du terme de «citoyen passif». D'une façon plus large, ce sont les événements qui entraînent une modification du sens de la citoyenneté. Loin d'être symbolisée par la participation aux assemblées primaires, elle apparaît progressivement surtout caractérisée par la participation à l'action révolutionnaire ou à la défense de la patrie. «Les vrais citoyens actifs, ce sont ceux qui ont pris la Bastille», dit-on souvent dans cet esprit, en reprenant une célèbre formule de Camille Desmoulins. C'est dans un tel contexte que les termes «citoyens actifs» et «citoyens passifs» sont bannis par le décret du 11 août 1792. Mais il ne faut pas surestimer le sens de cette mesure d'ordre sémantique. Elle a une portée essentiellement symbolique, dérivée de contraintes pratiques. La frontière du social n'en est pas pour autant comprise autrement. Si le décret du 11 août abolit la condition de cens, en même temps qu'il abaisse à vingt et un ans l'âge du vote, il stipule en effet toujours que seuls les individus disposant de revenus suffisants pour être censés «vivre du produit de leur travail» pourront voter. Cela revient de fait à maintenir l'exclusion des non-contribuables, même si l'expression de «citoyens passifs» n'est plus employée pour les désigner.

Ce n'est pas le principe, mais son application qui fait véritablement problème. Dès le mois de janvier 1790, des réclamations parviennent à l'Assemblée et des troubles éclatent dans certaines villes à propos de la fixation du prix de la journée de travail. Des écarts assez importants se manifestent en effet. Certaines municipalités l'ont fixé à dix sous et d'autres à cinquante. Le système fiscal est d'autre part loin d'être uniforme. Dans des provinces comme l'Artois, on paie peu de contributions directes, la taille et la capitation y sont converties en impositions indirectes. Dans d'autres, au contraire, la fiscalité fait plus de place aux impôts directs. Les deux éléments se conjuguent pour engendrer une inégalité de fait. On peut être électeur à Rouen et ne pas l'être à Paris. Il est significatif de constater que, tout en s'opposant au principe même du cens — «ce n'est point l'impôt qui nous fait citoyen» —, Robespierre critique surtout l'inégalité qui résulte de la décentralisation de la procédure de fixation du prix de la journée de travail. Sur le fond, il se contente sur ce point de demander une suspension temporaire de la condition. «L'exécution des dispositions concernant la nature et la quotité de la contribution requise comme condition de la qualité de citoyen, propose-t-il, sera différée jusqu'à l'époque où l'Assemblée aura réformé le système actuel des impositions, et combiné les rapports de celui qu'elle doit établir avec l'exercice des droits politiques[1].» L'Assemblée, de son côté, fixera à vingt sous le prix maximal de la journée de travail (décret du 15 janvier 1790), afin de réduire les disparités. Comment expliquer que ce problème d'application ait paru plus créateur d'injustices que le principe de contribution lui-même[2]? Nous touchons là au cœur de la conception que les constituants se font de l'égalité. Ils excluent sans sourciller huit cent mille domestiques du droit de vote, mais s'inquiètent que des disparités locales puissent empêcher dix fois moins d'individus de devenir citoyens actifs. La raison de cette position est simple à comprendre. L'exclusion de groupes sociaux, de classes d'âge ou d'un sexe produit une inégalité équivalente, objective, que l'on suppose fondée dans la nature des choses : tous les individus concernés sont égaux dans l'exclusion. L'inégalité, même beaucoup plus réduite, est par contre insupportable si elle touche un rapport social ou un rapport symbolique.

Le moment central de la discussion sur les qualités requises pour l'exercice des droits de citoyen actif reste celui de la discussion sur le marc d'argent. On peut en rappeler très brièvement les termes. Le projet du comité de Constitution prévoit une élection à deux degrés[3]. À la base, dans les assemblées primaires, les

---

1. Discours du 25 janvier 1790 (*A.P.*, t. XI, p. 319). Robespierre prononce à cette occasion son premier grand discours à la Constituante.

2. On notera que le comité de Constitution, devant les problèmes soulevés par la condition de cens, avait proposé, le 3 décembre 1789, que le versement d'un *tribut civique* égal à la valeur de la contribution directe demandée puisse permettre l'inscription sur les listes de citoyen actif (cf. BUCHEZ et ROUX, *Histoire parlementaire de la Révolution française*, Paris, 1834-1838, 40 vol. — abrégé par la suite en BUCHEZ et ROUX —, t. III, pp. 438-439). Il souhaitait ainsi manifester que l'intérêt à la chose publique, ordinairement lié à l'état social des personnes, pouvait aussi provenir d'une démarche volontariste de l'individu. La proposition fut rejetée par crainte des risques de manipulation qu'elle pouvait engendrer (une personne payant pour d'autres). Mais on notera que le fait de proposer comme équivalent le versement d'un tribut civique modifiait la signification de la condition de cens : l'offrande volontaire à l'État d'un tribut obéit à la même logique que le don de sa vie que le citoyen soldat est prêt à faire. Dans ses *Observations sur le rapport du comité de Constitution [...]* du 2 octobre 1789, Sieyès s'était montré favorable au principe du tribut volontaire.

3. Dans un tout premier temps, un système à trois degrés avait même été envisagé : au premier degré, les assemblées de canton, qui envoyaient à l'assemblée de district un électeur pour deux cents actifs; au deuxième degré, les assemblées de district nommaient les électeurs pour l'assemblée de département, les députés du corps législatif

citoyens actifs élisaient des électeurs de deuxième degré, chargés de choisir les députés. Outre les conditions exigées pour être citoyen actif, le comité impose aux électeurs qu'ils paient une contribution équivalente à dix jours de travail. Les éligibles, c'est-à-dire ceux qui peuvent être élus députés, doivent quant à eux payer une contribution d'un marc d'argent[1]. L'Assemblée accepte, en octobre 1789, ces propositions, tout en durcissant les conditions d'éligibilité, l'obligation de posséder une propriété foncière s'ajoutant à la condition du marc d'argent. Conception progressive des conditions mises à l'exercice des différents étages des droits politiques, qui reviennent en fait à distribuer les deux principales figures du citoyen sur une même échelle : à la base, l'individu-citoyen dont est proche le citoyen actif, malgré son ambiguïté ; au sommet, le citoyen propriétaire, pratiquement identifié à l'éligible. Ce n'est pas la condition de propriété, mais celle du marc d'argent qui soulève le plus de contestation. Deux thèmes canalisent les critiques à l'Assemblée. On critique d'abord le fait que l'on éloigne de l'Assemblée nationale les deux tiers des citoyens, créant ainsi une nouvelle aristocratie. Loustalot se déchaîne dans *Les Révolutions de Paris* : « L'aristocratie pure des riches est établie sans pudeur[2]. » Thème à la fois vague et fortement mobilisateur. Combat politique contre l'aristocratie, beaucoup plus que contre la monarchie, la Révolution voit sa mission symbolisée par l'éradication de tout ce qui rappelle ce terme honni. Mais on dénonce aussi la substitution du marc d'argent au principe de la confiance. « Dès que vous avez épuré vos assemblées primaires, dit ainsi Pétion de Villeneuve, dès que vous avez déterminé ceux qui peuvent être électeurs, dès que vous les avez jugés capables de faire un bon choix, je vous demande si vous devez mettre des entraves à ce choix [...] je dis qu'on doit laisser à la confiance le choix de la vertu[3]. » Dupont de Nemours explique de son côté : « La seule qualité nécessaire pour être éligible doit être de paraître aux électeurs propre à faire

étant élus par ces assemblées départementales (limitées à 81 membres). Au premier degré : 4,4 millions de citoyens actifs ; au deuxième, environ 22 000 membres des assemblées de district ; et enfin les 6 561 membres des 83 assemblées départementales. Ce schéma sera en fait repris dans la Constitution de l'an VIII.

1. Le marc d'argent équivalait à environ 50 livres d'argent, soit 50 journées de travail à 20 sous.

2. Cité in BUCHEZ et ROUX, t. III, p. 430.

3. Discours du 29 octobre 1789 (*A.P.*, t. IX, p. 598).

leurs affaires [...]. Je pense, et j'ai toujours pensé, que la capacité devait suffire, et que, pour être élu, il ne fallait qu'être choisi [1].» De nombreux orateurs s'insurgent contre le fait que Rousseau ou Mably n'auraient pu être nommés représentants avec la condition du marc d'argent. Malgré ces critiques, le décret du 22 décembre 1789 sur la constitution des assemblées primaires maintient le marc d'argent. Les arguments contraires avaient pourtant porté. La preuve en est donnée le 11 août 1791, lors de la révision définitive de la Constitution. Thouret, qui fait office de rapporteur, propose en effet d'emblée de supprimer le marc d'argent en reportant des conditions plus strictes sur les électeurs du second degré. «Il semble indubitable, note-t-il dans son rapport introductif, qu'on remplit bien mieux son objet si l'on porte la garantie sur les électeurs mêmes, parce qu'en assurant la bonne composition des corps électoraux, on a la combinaison la plus favorable aux bons choix [...]. C'est dans les électeurs que repose la base la plus essentielle de la sûreté de la chose publique [2].» La Constitution prévoit finalement que tous les citoyens actifs, sans aucune distinction d'état, de profession ou de contribution, pourront être élus représentants de la nation. Mais elle impose en retour une condition de propriété assez sévère pour être nommé électeur au second degré [3]. L'accès à la position d'électeur est en outre numériquement limité, puisqu'il est prévu de nommer un électeur à raison de cent citoyens actifs. L'accord presque général de l'Assemblée se fait pourtant sur ce système.

Pourquoi l'opposition finalement victorieuse au marc d'argent ne s'est-elle pas reproduite lorsque les conditions restrictives furent déplacées sur l'électeur? Il y a deux réponses à cette question. La première réside dans le fait qu'il n'y a presque aucun constituant pour repousser le caractère épurateur d'une élection à deux degrés. Il semble normal qu'un critère d'épuration qualitative du corps

1. Discours du 29 octobre 1789, p. 597.
2. Discours du 11 août 1791 (*A.P.*, t. XXIX, p. 357).
3. La Constitution stipule qu'il faut, pour être électeur dans les villes de plus de 6 000 habitants, être propriétaire ou usufruitier d'un bien évalué sur les rôles de contribution à un revenu égal à la valeur locale de 200 journées de travail ou être locataire d'une habitation évaluée, sur les mêmes rôles, à un revenu égal à la valeur de 150 journées de travail. (Ces chiffres se ramènent à 150 journées et à 100 journées de travail pour les villes de moins de 6 000 habitants.) Pour être électeur dans les campagnes, il faut être propriétaire ou usufruitier d'un bien de même valeur que dans les petites villes, ou bien être fermier ou métayer de biens évalués à la valeur de 400 journées de travail.

électoral accompagne le travail de traitement quantitatif du nombre. La seconde tient à la position intermédiaire de l'électeur. Il apparaît comme un simple opérateur dans le processus électoral, et il n'est dans cette mesure porteur d'aucune charge symbolique [1]. Ce qui n'est pas le cas du citoyen actif ou de l'éligible. Barnave l'explique très clairement : « C'est moins dans la jouissance effective du droit que dans la possession du droit qu'existe la satisfaction [...]. Je demande si la carrière que vous ouvrez aux citoyens en supprimant le marc d'argent, en rendant par là possible pour tous l'accès à la législature, ne leur imprime pas un caractère plus grand, ne les mettra pas même au niveau de leurs concitoyens, ne tend pas plus que tout autre à effacer en France cette distinction de classe qu'on nous reproche, n'est pas bien réellement dans le principe de l'égalité, puisque dans sa condition chacun devient capable de représenter la nation entière [2]. » L'égalité symbolique, ou l'égalité formelle si l'on veut, joue un rôle essentiel, comme Barnave le souligne. Le but de l'égalité est aussi d'ouvrir des possibles, ou plutôt de ne mettre aucune borne à l'imagination de chacun. « Puisqu'on convient que ce n'est pas dans la réalité, mais dans l'opinion que sont les inconvénients, poursuit-il, je demande si la disposition que nous établissons ne fait pas beaucoup plus pour l'opinion que la disposition que nous changeons ne peut lui enlever [3]. »

Rabaut Saint-Étienne parle d'« égalité des affections » [4] pour caractériser le travail de l'imaginaire social dans son rapport aux inégalités de fait. « L'homme ordinaire, dit de son côté Pétion de Villeneuve, aime à se trouver placé au milieu de ses concitoyens de toute profession ; s'il y trouve un de ces êtres qui, par leurs richesses, dans les autres circonstances de la vie, regardent à peine le citoyen il aime à se rapprocher de lui, parce qu'il sait que cet homme n'aura pas pour lui le même dédain qu'il affecte dans le cours

---

1. Peu importe, notent par exemple plusieurs orateurs, que Rousseau n'ait pas eu une propriété suffisante pour être électeur, du moment qu'il aurait pu être nommé représentant.

2. Discours du 11 août 1791 (*A.P.*, t. XXIX, p. 368).

3. *Ibid.* Barnave fait ici référence aux craintes de certains membres de l'Assemblée qui redoutaient que la suppression du marc d'argent fasse disparaître un élément de stimulation sociale.

4. Cité par M. GAUCHET, *La Révolution des droits de l'homme*, Paris, Gallimard, 1989, p. 212.

ordinaire de la vie. C'est là où tous les hommes se rapprochent davantage, où l'égalité respire, où les hommes de toutes les professions, surtout ceux qui ne sont pas riches, aiment à se trouver dans ces assemblées[1].» Prononcées le 11 août 1791, dans le débat sur les conditions d'exercice des droits de citoyen actif précédant la mise au point définitive du texte de la Constitution, ces paroles renvoient à une *dimension symbolique* de la citoyenneté, constamment présente pendant la Révolution, qui situe la question du droit de vote sur un plan très particulier. Si le citoyen propriétaire et le garde national, nous le verrons, représentent deux modes distincts d'implication politique, ils décrivent en effet un même type de rapport entre le privé et le public, fondé sur la présupposition d'une adéquation de but entre les *intérêts* des individus et la raison d'être d'un gouvernement. La sphère du politique ne fait que prolonger, dans une perspective purement instrumentale, les données immédiates de la société civile : elle a pour but de protéger et de consolider ce qui existe déjà, de façon indépendante ; elle ne crée rien à proprement parler. Tout au plus peut-elle avoir pour fonction de corriger certaines tendances spontanées de la société. Mais cette intervention est alors toujours rapportée à une *structure* préexistante de la société qu'il s'agit de préserver ou de retrouver. Les notions de citoyen propriétaire et de garde national présupposent que le lien social est antérieur à toutes les manifestations politiques du fait du vivre ensemble. Le politique ne fait que constituer formellement la société, c'est-à-dire l'établir dans une situation légale ; il ne l'institue d'aucune manière. La notion politique de citoyenneté est dans ce cas purement *dérivée* d'une économie (le système du marché), d'une sociologie (le propriétaire) ou d'une histoire et d'une géographie (le fait national). L'exercice du droit de suffrage n'est que la conséquence ou la traduction de situations historiques et sociales déterminées.

Tout autre est l'approche symbolique de la citoyenneté que suggèrent les remarques de Pétion de Villeneuve. La citoyenneté n'est pas là une qualité transposée, elle ne reproduit rien : elle *anticipe* au contraire l'avenir de la société moderne en la rapportant à son essence. Le citoyen est l'individu abstrait, à la fois au-delà et en deçà de toutes les déterminations économiques, sociales ou culturelles qui le font riche ou pauvre, intelligent ou demeuré : il figure

[1]. Discours du 11 août 1791 (*A.P.*, t. XXIX, p. 358).

l'*homme égal*[1]. L'assemblée primaire est le lieu où se manifeste cette abstraction, lui donnant pour un court moment une forme sensible. L'exercice du droit de vote, dans ce cadre exceptionnel qui annule tout ce qui fait la consistance des rapports de la société civile, est d'ordre quasi sacramentel. Il célèbre ce qui est en même temps invisible et fondateur : le mystère de l'égalité. Le droit de vote, compris de cette façon, ne peut donc être appréhendé en termes de droit réel ou de droit formel. Il est, au-delà de cette distinction, le signe actif du travail de l'abstrait dans le concret qu'opère l'idée d'égalité dans la société moderne. Signe actif qui est, à sa manière épiphanique, producteur de lien social. L'attrait même qu'exerce le terme de «citoyen» pendant la Révolution traduit, de façon certes souvent confuse, cette dimension symbolique. La conquête des droits civiques n'a donc pas seulement une portée constitutionnelle. Elle a également une dimension morale qui est notamment très fortement présente dans le parler des pétitionnaires. «Que nous sommes changés», notent par exemple les nouveaux électeurs de l'Hérault en s'adressant à l'Assemblée nationale[2]. Dans l'adresse écrite en avril 1790 pour les enfants de Charonville, en Beauce, à l'occasion de leur première communion, on lit, après le serment à la Constitution et l'hommage à l'Assemblée, ces formules : «Ce sont les prémisses de la *glorieuse qualité de citoyen* que nous devons à vos travaux et à vos vertus [...], *nous sommes devenus semblables à vous*, membres du corps auguste des citoyens chrétiens[3].» L'idée de citoyenneté accompagne là une reconnaissance de dignité. «Rien n'honore plus la justice du législateur, disent à la même époque des pétitionnaires, que cette volonté qu'il a particulièrement imprimée dans la loi de relever le moindre citoyen du mépris où le retenait dégradé l'insolence de nos vieilles institutions et de l'admettre au noble titre d'activité qui

1. Il est d'ailleurs très significatif de constater que nous ne disposons d'aucune image montrant une assemblée primaire ou une assemblée électorale en train de délibérer, alors que des milliers de gravures ont célébré l'égalité entre les citoyens. Ce déséquilibre iconographique témoigne très fortement de la prééminence de la dimension symbolique de la citoyenneté (égalité et inclusion) sur sa dimension institutionnelle (la participation électorale). L'exercice du droit de vote n'est pas perçu, d'un autre côté, comme un moyen important de l'action politique, comparativement à la pression de la rue ou à celle des clubs.
2. Cité par J. Belin, *La Logique d'une idée force, l'Idée d'utilité sociale pendant la Révolution française*, Paris, 1934, p. 459.
3. Id., *ibid.*, p. 460.

l'a fait concourir au choix des représentants de la citoyenneté[1].» Le cérémonial que Mirabeau imagine pour procéder à l'inscription solennelle des hommes de vingt et un ans sur le tableau des citoyens illustre aussi ce caractère symbolique. « Dans ces cérémonies patriotiques, et par conséquent religieuses, dit-il, [...] tout parlera d'égalité ; toutes les distinctions s'effaceront devant le caractère de citoyen[2].» Le citoyen, comme l'a bien vu Claude Lefort[3], est ici référé à une sorte de point zéro de la socialité, qui sert de ressort au développement de l'idée égalitaire.

Même lorsqu'ils prévoient et justifient des conditions restrictives pour l'exercice du droit de suffrage, les constituants s'inscrivent dans la perspective d'un véritable universalisme de la citoyenneté. Ils attendent de l'histoire nouvelle qu'ils inaugurent qu'elle réalise de façon stable et régulière ce que la tourmente des circonstances permet de manifester symboliquement. L'indétermination de leur pensée de la citoyenneté finit par n'être plus pour eux que le simple reflet d'une contradiction du temps, entre le temps trompeur et simplificateur du tourbillon révolutionnaire et le temps lisse et transparent du monde nouveau. C'est le progrès de la civilisation qui permettra, estime-t-on, d'abaisser l'âge de la majorité, de supprimer les pauvres et les non-domiciliés, et donc d'universaliser la figure du citoyen actif. Desmeunier note ainsi, en octobre 1789, que « l'exclusion des pauvres, dont on a tant parlé, n'est qu'accidentelle ; elle deviendra un objet d'émulation pour les artisans, et ce sera encore le moindre avantage que l'administration puisse en retirer»[4]. De nombreux orateurs parlent dans ce sens, que ce soit en octobre 1789 ou en août 1791, lors de la révision constitutionnelle.

Malgré le flottement sociologique dans lequel elle s'insère, la philosophie du suffrage qui s'exprime pendant la Révolution n'est pas d'essence censitaire. C'est pourquoi les références à la propriété ne doivent pas être mal comprises. Lorsque les hommes de 1789

---

1. Cité par J. BELIN, *La Logique d'une idée force*, p. 137.
2. Discours du 28 octobre 1789 (*A.P.*, t. IX, p. 596). La réflexion sur l'inscription civique comme cérémonie de l'insertion sociale s'inscrit dans la perspective individualiste de l'inclusion de l'individu dans la société. Les grandes fêtes révolutionnaires célébreront au contraire essentiellement le peuple, en tant que sujet collectif de la souveraineté.
3. Cf. Cl. LEFORT, *L'Invention démocratique*, Paris, Fayard, 1981.
4. *A.P.*, t. IX, p. 479.

célèbrent la propriété comme fondement de l'ordre social, ils ne se rattachent aucunement au modèle politique du citoyen propriétaire théorisé par les réformateurs du xviiie siècle. Soit ils se réfèrent simplement à la notion d'individu propriétaire élaborée par Locke, soit ils en appellent beaucoup plus banalement au propriétaire-homme d'ordre, comme c'est très clairement le cas dans le discours des feuillants[1]. Pour ces derniers, la qualité de propriétaire ne définit plus seulement une position économique : elle intègre tout un système de garanties sociales et morales. Le point de vue de Barnave traduit bien cette approche « totalisante » de la propriété, indissociablement économique, morale, sociale et politique. Il l'exprime très clairement en 1791. Trois avantages, dit-il, doivent se trouver dans les assemblées électorales : « Premièrement *lumières*; et il est impossible de nier que, non quant à un individu mais quant à une collection d'hommes, une certaine fortune, une contribution déterminée, est, jusqu'à un certain point, le gage d'une éducation plus soignée et de lumières plus étendues; la seconde garantie est dans *l'intérêt de la chose publique* de la part de celui que la société a chargé de faire ses choix, et il est évident qu'il sera plus grand de la part de celui qui aura un intérêt particulier plus considérable à défendre; enfin, la dernière garantie est dans *l'indépendance de fortune*, qui, mettant l'individu au-dessus du besoin, le soustrait plus ou moins aux moyens de corruption qui peuvent être employés pour le séduire[2]. » Où trouver ces trois gages? Pas dans l'ancienne classe supérieure, qui manifeste trop souvent « un intérêt particulier d'ambition séparé de l'intérêt public », ni dans la classe de ceux qui, « obligés immédiatement et sans cesse, par la nullité de leur fortune, de travailler pour leurs besoins, ne peuvent acquérir aucune des lumières nécessaires pour faire les choix, n'ont pas un intérêt assez puissant à la conservation de l'ordre social existant ». D'où l'appel de Barnave aux classes moyennes, qui doivent constituer le centre de gravité politique du gouvernement représentatif en France. Si la possession d'une propriété reste bien une garantie d'attachement personnel à l'intérêt général, elle prend un sens beaucoup plus large chez lui, potentiellement dissociable de son fondement juridique et économique.

---

1. Cf. G. Michon, *Essai sur l'histoire du parti feuillant, Adrien Duport*, Paris, 1924.
2. *A.P.*, t. XXIX, p. 366 (discours du 11 août 1791 sur les conditions d'exercice des droits de citoyen actif).

Le propriétaire devient le *bourgeois*, l'homme épris d'ordre et de conservation. «Dès que, par une constitution établie, les droits de chacun sont réglés et garantis, dit Barnave, alors il n'y a plus qu'un même intérêt pour les hommes qui vivent de leurs propriétés et pour ceux qui vivent d'un travail honnête; alors il n'y a plus dans la société que deux intérêts opposés, l'intérêt de ceux qui veulent conserver l'état de choses existant, parce qu'ils voient le bien-être avec la propriété, l'existence avec le travail, et l'intérêt de ceux qui veulent changer l'état des choses existant parce qu'il n'y a de ressources pour eux que dans une alternative de révolution, parce qu'ils sont des êtres qui grossissent et grandissent pour ainsi dire dans les troubles, comme les insectes dans la corruption[1].» C'est un point de vue de classe, platement bourgeois, qu'exprime Barnave, et non une prise de position de principe sur l'essence de la citoyenneté. L'histoire sociale, on le voit très clairement dans ce cas, reste toujours au premier plan, et il serait aussi ridicule que stérile de la passer sous silence. Mais elle n'explique pas tout et n'absorbe pas l'histoire des représentations du politique. Au-delà de l'ordre bourgeois que certains appellent de leurs vœux subsiste, incontournable, l'idée d'une société réglée par l'égalité politique; qu'elle soit acceptée avec résignation ou célébrée avec enthousiasme importe peu.

Le garde national et le citoyen soldat

Le garde national incarne un mode d'implication sociale distinct de celui du citoyen propriétaire. Distinction qui ne tient pas tant au critère d'intérêt à la chose publique, commun aux deux figures, qu'à la forme et aux conditions dans lesquelles cet intérêt se manifeste. Implication active, proche de la mobilisation, nécessitant un engagement pour le garde national; passive, uniquement déterminée par les données sociales objectives pour le citoyen propriétaire. Le citoyen propriétaire et le garde national, historiquement d'abord pratiquement confondus, se dissocient dans le processus révolutionnaire, finissant par symboliser deux types antagonistes de citoyenneté.

La notion de garde nationale trouve son origine dans l'ancienne

---

1. *A.P.*, t. XXIX, p. 367.

tradition des milices bourgeoises qui prenaient sur elles d'assurer des missions de maintien de l'ordre public à une époque où les forces permanentes de police n'étaient que faiblement développées. En 1775, Le Mercier de La Rivière est le premier à utiliser l'expression. Il appelle de ses vœux une garde nationale «composée principalement de tous ceux qui, possédant les biens-fonds de la nation, ont reconnu que leurs vrais intérêts personnels sont inséparablement attachés à l'intérêt commun de la nation»[1]. Le garde national n'est ainsi que le citoyen propriétaire ayant pris conscience de lui-même, il n'en est que le double. Lorsque la garde nationale est formée, le 13 juillet 1789, sur la demande de l'Assemblée nationale, inquiète de voir les troubles se multiplier à Paris et redoutant les troupes stationnées près du lieu de ses séances, les choses ne sont pas aussi claires. Cette création, autorisée par le roi, correspond à un objectif immédiat de maintien de l'ordre. Le recrutement s'opère de façon anarchique, sans principes nettement définis. C'est l'enrôlement des bonnes volontés et des disponibilités. La garde nationale est la souveraineté de la nation en actes, la manifestation visible et armée de la nouvelle puissance qui s'oppose à l'absolutisme royal. La prise de la Bastille, dès le lendemain de sa création, donnait à cette nouvelle institution une importance symbolique. L'image de la garde nationale contribuant à l'assaut de la citadelle de l'Ancien Régime allait marquer la mémoire collective. De là peut-être l'attachement constant à son existence, alors même que sa raison d'être pratique avait disparu[2]. Le décret sur l'organisation de la force publique, présenté en décembre 1790 par Rabaut Saint-Étienne à l'Assemblée, fixe les règles de fonctionnement et de recrutement de ce «corps armé pour le service du dedans» que constitue la garde nationale. Le décret stipule que seuls les citoyens actifs, c'est-à-dire ceux qui jouissent du droit de vote, peuvent en être membres. Décision cohérente avec la philosophie de l'intérêt social que les constituants développent parallèlement. D'où, en retour, le caractère obligatoire de l'inscription sur les listes de la garde nationale pour les citoyens actifs. Droit de vote

---

1. Cité par G. WEULERSSE, *La Physiocratie sous les ministères de Turgot et de Necker (1774-1781)*, p. 112.
2. Les références bibliographiques sur la garde nationale sont peu nombreuses. Parmi les travaux récents, on retiendra surtout L. GIRARD, *La Garde nationale, 1814-1871*, Paris, Plon, 1964, et G. CARROT, *La Garde nationale : une institution de la nation (1789-1871)*, Nice, 1979 (thèse d'histoire du droit, très bien documentée).

et devoir de défense sont les deux faces d'un même type d'implication sociale. Il est précisé en ce sens que «ceux-là seuls jouiront des droits de citoyen actif, qui, réunissant par ailleurs les conditions prescrites, auront pris l'engagement de rétablir l'ordre au-dedans quand ils en seront légalement requis, et de s'armer pour la défense de la liberté et de la patrie»[1].

Ce décret du 6 décembre 1790, logique avec la conception de la citoyenneté que les constituants sont en train d'élaborer, pose un problème pratique considérable : celui de la régularisation du passé. Depuis le 14 juillet, en effet, la garde nationale s'est constituée dans le feu de l'action, sans règles précises de recrutement. De nombreux gardes nationaux ne sont pas citoyens actifs au regard des critères que l'Assemblée avait définis en octobre 1789. Faut-il donc les exclure ? C'est impossible. Ceux qui ont contribué de leur temps et de leur action à la défense de la Révolution ne peuvent pas être subitement déclarés indifférents à l'intérêt public. Leur engagement prouve à l'évidence leur motivation. Rabaut Saint-Étienne a bien perçu la difficulté. «Il est juste, dit-il à l'Assemblée, que les citoyens non actifs qui ont consacré leur temps, leurs veilles, leur fortune et leur courage à servir la chose publique durant le cours de cette révolution ne se croient pas oubliés de la patrie ; une grande récompense leur est due. Les citoyens non actifs qui ont pris leur rang parmi les gardes nationales et en ont fait le service méritent de conserver cet honneur durant le reste de leur vie[2].» Rabaut Saint-Étienne, on le remarque, parle pudiquement de «citoyens non actifs», n'osant pas utiliser le terme de passifs. Mais l'ambiguïté du terme de «citoyen actif» n'en éclate pas moins dans cette discussion. «Que voulez-vous dire avec le mot de citoyen actif tant répété ?», écrit Camille Desmoulins dans *Les Révolutions de France et de Brabant*. «Les citoyens actifs, ce sont ceux qui ont pris la Bastille[3].» Qu'est-ce qu'être actif, ou qu'est-ce qu'être impliqué dans la vie de la nation ? Les deux formules sont équivalentes. La difficulté à préciser la première témoigne de l'indétermination relative de la seconde.

Le problème s'est posé dans des termes exactement symétriques

---

1. Décret du 6 décembre 1790 (J.-B. DUVERGIER, *Collection complète des lois, décrets, ordonnances, règlements, avis du Conseil d'État* — abrégé par la suite en DUVERGIER —, t. II, p. 94).
2. Séance du 6 décembre 1790 (*A.P.*, t. XXI, p. 252).
3. Cité in BUCHEZ et ROUX, t. III, p. 434.

à propos des militaires. Peut-on soutenir qu'un individu prêt à donner sa vie pour la sauvegarde de la patrie n'était pas fortement intéressé à la chose publique ? Certes non. Les constituants ont ainsi dû résoudre cette difficulté. Dubois-Crancé, rapporteur du comité militaire, propose à cet effet que tout militaire, après vingt ans de service révolus, puisse être éligible à l'Assemblée nationale. «La partie la plus précieuse de la vie d'un citoyen employée au service de la patrie est un titre qui équivaut bien au marc d'argent», avait-il dit [1]. Le décret du 28 février 1790 tranche dans ce sens [2]. C'est reconnaître des *équivalences* aux conditions requises pour être citoyen actif. Mais où s'arrêter alors ? Comment fonder l'arithmétique que cette démarche supposait d'établir ? Comment, aussi, gérer les contradictions qui allaient immanquablement en résulter ? Alexandre de Lameth pose par exemple la question des militaires qui deviendraient domestiques en se retirant. Faut-il appliquer le décret du 28 février 1790 ? Ou suivre la règle posée par le décret du 22 décembre 1789, qui exclut formellement les domestiques des droits de citoyens actifs [3] ? Virieu objecte de son côté : «Vous accordez ce droit aux soldats pour les services qu'ils ont rendus ; d'autres classes de citoyens sont utiles à la société ; elles se plaindront, et vous serez alors dans le cas d'une multitude de dérogations [4].» L'exception, tout en étant reconnue légitime, interroge la règle et les principes sur lesquels elle se fonde. Elle institue un écart menaçant entre les données de l'expérience et du sens commun et celles de la théorie.

Le débat définitif d'avril 1791 sur l'organisation de la garde nationale témoigne de la difficulté des constituants à traiter cette contradiction. En réaffirmant que l'inscription sur les registres de

---

1. *Moniteur*, 28 février 1790, t. III, p. 492. (Les *A.P.* donnent une formulation un peu différente sur ce point.) Le marc d'argent était la condition de contribution initialement fixée pour être éligible à l'Assemblée nationale.

2. L'article 7 du décret du 28 février 1790 sur l'organisation de l'armée stipule : «Tout militaire qui aura servi pendant seize ans, sans interruption et sans reproche, jouira de la plénitude des droits de citoyen actif, et sera dispensé des conditions relatives à la propriété et à la contribution» (DUVERGIER, t. I, p. 111).

3. «Je pense, disait-il, qu'on pourrait borner l'exception aux conditions relatives à la contribution et à la propriété. Si l'exception était générale, il pourrait arriver qu'un soldat, en quittant son service, entrât dans les conditions de domesticité ; et les raisons qui nous ont déterminés à priver des droits de citoyen actif les hommes dans cet État, existeraient encore pour lui» (séance du 28 février 1790, *A.P.*, t. XI, p. 740).

4. *Ibid.*

la garde nationale est un devoir pour les citoyens actifs et que l'absence de cette démarche les prive de leurs droits politiques[1], la Constituante regarde le citoyen actif et le garde national comme formant une unité indissociable. Seuls sont écartés de la garde nationale ceux que l'on considère comme aux marges du rapport social.

Répondant à Robespierre, qui propose que tous les citoyens sans exception puissent être à la fois électeurs et gardes nationaux, Dubois-Crancé explique : « On propose d'écarter de la garde nationale les citoyens inactifs ; il n'est pas d'autres citoyens inactifs que les mendiants et les vagabonds ; car tout citoyen ayant un genre quelconque d'industrie, ou un endroit pour se mettre à couvert, acquitte toujours 30 à 40 sous d'imposition. Il ne faut donc entendre par citoyens inactifs que la classe qu'il faut surveiller sans cesse ; et personne sans doute ne veut procurer à cette classe les moyens de détrousser les passants, ou même de fouiller dans les poches des gardes nationales[2]. » La figure du garde national contribue ainsi à repousser celle du citoyen propriétaire, pour hâter l'avènement de l'individu-citoyen. Cela ne va naturellement pas sans réticences. On voit par exemple le député Menou qui se contente, plus prudemment, dans son *Rapport sur l'organisation de la garde nationale soldée parisienne*[3], de raisonner en termes de *récompenses matérielles* pour ceux qui ont été engagés dans le service de la garde, afin d'échapper à l'arithmétique des *équivalences juridiques*[4]. Mais ces prudences et ces réserves sont vite balayées.

Lorsque la patrie est déclarée en danger, le 11 juillet 1792, les débats de 1791 sur la citoyenneté sont dépassés par les événements. Des citoyens passifs commencent en effet dans certains endroits à entrer dans le rang des gardes nationaux. « Une classe particulière de citoyens, note la section du Théâtre-Français, que préside

---

1. Rabaut Saint-Étienne explique ainsi, le 20 avril 1791, en présentant le rapport sur l'organisation des gardes nationales : « Comme il est de principe que le membre d'une société prend l'engagement, en y entrant, de veiller à la sûreté des individus, et par conséquent de la société, chacun de ses membres veille à la sûreté de ce citoyen lui-même, son refus le prive du titre de citoyen ; et puisque tous les membres de cette société sont des citoyens actifs, il est censé renoncer à ce titre en renonçant à ses devoirs ; il n'est plus citoyen actif » (*A.P.*, t. XXV, p. 221).
2. Séance du 28 avril 1791 (*A.P.*, t. XXV, p. 389).
3. Fait à l'Assemblée le 3 août 1791, au nom des comités militaire et de Constitution.
4. Il propose de former des régiments réguliers à partir des gardes nationaux soldés de Paris, leur assurant ainsi une sécurité matérielle et un métier. On passe alors du citoyen-garde national au militaire professionnel.

Danton, n'a pas le droit de s'arroger le droit exclusif de sauver la patrie [1].» L'Assemblée législative va dans ce sens et décrète, le 30 juillet 1792, l'admission des citoyens passifs dans la garde nationale. Le 3 août, un autre décret stipule que tout Français qui défendra la patrie, dans un bataillon de volontaires ou dans une troupe de ligne, «jouira des droits de citoyen actif comme s'il avait servi seize ans» [2]. L'insurrection parisienne du 10 août conduit à l'élargissement de cette première ouverture. Le décret du 11 août précise en effet que «la distinction des Français en citoyens actifs et non actifs sera supprimée ; il suffira, pour être admis aux assemblées primaires, d'être français, âgé de vingt-et-un ans, domicilié depuis un an, vivant de son revenu ou du produit de son travail, et n'étant pas en état de domesticité» [3]. Les circonstances conduisent ainsi à élargir le droit de suffrage : l'avènement de la figure du citoyen soldat résorbe pratiquement l'écart entre le citoyen actif et l'individu-citoyen.

La guerre radicalise les formes d'implication des individus dans la nation. Elle éprouve le fondement même de la collectivité dans sa différence indissociablement physique et philosophique par rapport à un extérieur menaçant. En 1792, en effet, la guerre n'implique pas seulement les combattants en leur faisant courir le risque de mourir pour la patrie, elle met en péril l'essence de la nation. La guerre requiert presque de reformuler symboliquement le pacte social et de reconsidérer les habitants du territoire comme s'ils étaient encore dans l'état de nature, dans le rapport d'une égalité primitive, antérieure à toutes les différenciations sociales. Si l'ordre du dedans, que le garde national a pour tâche de maintenir, est défini par des critères qui peuvent être variables, il n'en va pas de même pour l'ordre du dehors. Le droit de défendre l'ordre social intérieur est donné par la Constitution à ceux dont la situation et les qualités en reflètent l'image, alors que la défense extérieure

---

1. Réunion du 30 juillet 1792. Cité par A. SOBOUL, «La Révolution française, problème national et réalités sociales», in *Actes du colloque Patriotisme et nationalisme en Europe à l'époque de la Révolution française*, Paris, Société des études robespierristes, 1973, p. 42. Dès le 11 juillet 1792, la municipalité parisienne incorpore dans la garde nationale tous les citoyens armés qui en font la demande.

2. DUVERGIER, t. IV, p. 334. La référence au service de seize ans renvoie à l'article 7 du décret du 28 février 1790 (cf. *supra*).

3. DUVERGIER, t. IV, p. 349. L'âge de vingt-cinq ans est maintenu pour être éligible comme électeur (de second degré) ou député.

implique tous les individus vivant sur le territoire. L'ordre social est institué, alors que la nation qu'il s'agit de défendre est un donné. Sieyès lui-même insiste sur ce point : la nation ne sort jamais de l'état de nature. Le droit de la défendre est donc un droit naturel. L'image traditionnelle du citoyen soldat, développée par Servan et Guibert à la fin du xviiiᵉ siècle[1], trouve ainsi une force nouvelle. Tout citoyen doit être soldat en raison de son implication dans la nation, la défense de la patrie ne faisant que prolonger sous la forme d'un devoir son appartenance à la communauté exprimée par le droit de vote. Tout soldat, en retour, du fait même de la preuve de l'attachement à la patrie qu'indique son état, doit également jouir des droits politiques du citoyen.

Peut-on pour autant dire que le décret du 11 août 1792 instaure le suffrage vraiment « universel », comme la plupart des historiens le prétendent ? Certainement pas. Si la condition de cens est certes supprimée, des restrictions fondamentales au droit de vote subsistent en effet, indépendamment même du maintien de l'exclusion des femmes. Les mendiants, les vagabonds et les domestiques, soit au moins un million d'individus, restent encore en marge de l'exercice des droits politiques. Le décret du 1ᵉʳ août 1792 sur la fabrication des piques prévoyait déjà la même restriction, spécifiant que ces armes devaient être distribuées à tous les citoyens, « excepté aux vagabonds, gens sans aveu, et personnes notoirement reconnues par leur incivisme »[2]. L'« universalité » restait dans les deux cas limitée par ce qui était perçu comme une frontière quasi naturelle du rapport social.

Si l'élan patriotique contribue à radicaliser le processus d'extension de la citoyenneté à partir de 1792, il n'en constitue cependant pas le vecteur principal. C'est déjà dans l'esprit de 1789 que l'idée de suffrage universel prend sa source. Les soldats de l'an II et les sans-culottes ne revendiquent pas des droits qui auraient d'abord été combattus par une Assemblée constituante dominée par une bourgeoisie timide. On s'en rend bien compte, *a fortiori*, en thermidor. La soif de revanche sociale et le désir d'ordre qui

1. Cf. J. SERVAN, *Le Soldat-Citoyen*, Paris, 1780, et *Projet de Constitution pour l'armée des Français*, s.l.n.d. (texte présenté au comité militaire de l'Assemblée nationale). De GUIBERT, voir principalement sur ce point *L'Essai général de tactique*, Paris, 1770 (les principaux ouvrages du comte de Guibert ont été rassemblés sous le titre *Stratégiques* par J.-P. Charnay, Paris, L'Herne, 1977).
2. Article 2 (DUVERGIER, t. IV, p. 330).

s'expriment alors n'en continuent pas moins à s'inscrire dans une visée universaliste de la citoyenneté, qui reste très distante du modèle politique du citoyen propriétaire. La haine contre le sansculottisme éclate dans la discussion de la Constitution de l'an III [1], mais on est encore loin des conceptions théoriques qui régiront le droit de vote sous la monarchie censitaire. Boissy d'Anglas prend soin de noter que « la condition de propriété n'est point la base de l'association » [2]. Le suffrage « universel », tel qu'il était du moins appréhendé par la Constitution de 1793, est certes remis en cause, mais la marche arrière est relativement faible. Personne ne semble d'ailleurs s'en émouvoir dans le pays, comme le signale Aulard. « Serait-il politique, avertit d'ailleurs Boissy d'Anglas, serait-il utile à la tranquillité de séparer un peuple en deux portions, dont l'une serait évidemment sujette et l'autre souveraine [3] ? » Un droit de suffrage largement ouvert est à ses yeux la condition d'une certaine paix sociale. « Cette usurpation, poursuit-il, ferait-elle autre chose qu'armer la portion opprimée contre celle qui l'opprimerait ; et ne serait-ce pas établir dans l'État un germe éternel de division, qui finirait par renverser votre gouvernement et vos lois [4] ? »

Les restrictions à l'exercice du droit de vote qu'impose la Constitution de 1795 sont finalement plus limitées que celles qui étaient prévues en 1791. L'article 8 de la Constitution stipule : « Tout homme né et résidant en France qui, âgé de vingt et un ans accomplis, s'est fait inscrire sur le registre civique de son canton, qui a demeuré depuis pendant une année sur le territoire de la République, et qui paie une contribution directe, foncière ou

---

1. Voir par exemple Lanjuinais dans son discours du 21 messidor : « Qui de nous pourrait encore soutenir le spectacle hideux d'assemblées politiques en proie à l'ignorance crasse, à la basse avidité, à la crapuleuse ivresse ? Il faut que l'aveugle soit conduit par celui qui a des yeux ; il faut que celui à qui l'intelligence n'a pas été donnée consente à prendre celle des autres pour guide [...]. Le temps des flagorneries populaires est passé [...]. Le beau gouvernement, que celui où des légions de mendiants, des colonies d'hôpitaux, vont dans les assemblées politiques émettre leurs vœux sur les propriétés de ceux qui les nourrissent » (*Moniteur*, t. XXV, p. 196).
2. Boissy d'Anglas, discours du 5 messidor (*Moniteur*, t. XXV, p. 93).
3. *Ibid.* Dans son discours du 23 messidor, Daunou adopte le même point de vue. « Représentants du peuple, dit-il, vous ne partagerez point le peuple en plusieurs classes ; vous ne fermerez à aucune les portes de vos assemblées primaires ; au contraire vous maintiendrez les droits politiques de tous les hommes laborieux domiciliés » (*Moniteur*, t. XXV, p. 214).
4. Boissy d'Anglas, discours du 5 messidor (*Moniteur*, t. XXV, p. 93).

personnelle, est citoyen français [1].» La condition d'âge est abaissée, comme celle de contribution, puisqu'il suffit de payer l'impôt, aussi modeste soit-il. Il en résulte un chiffre d'environ six millions de votants dans les assemblées primaires (contre quatre millions et demi en 1791). Les vagabonds, les mendiants et toutes les personnes non domiciliées restent évidemment exclus de fait, mais il n'y a alors pratiquement personne pour s'en offusquer. Les Français qui ont fait une ou plusieurs campagnes pour l'établissement de la République sont de toute façon citoyens sans aucune condition de contribution. Cette mesure suffit à prévenir toute agitation dans les sections. L'état de domesticité suspend encore l'exercice des droits de citoyen, mais il ne semble pas que ce point ait soulevé grande contestation, tant à la Convention que dans le pays. Le droit de vote se trouve donc dans les faits aussi largement accordé qu'en août 1792.

Il y a indéniablement une «tentation censitaire» et des éléments de «dérive censitaire» sous thermidor. Tout en prônant un accès très large aux assemblées primaires, Boissy d'Anglas suggère ainsi que seuls les propriétaires puissent être éligibles. «Un pays gouverné par les propriétaires est dans l'ordre social, estime-t-il; celui où les non-propriétaires gouvernent est dans l'état de nature [2].» Mais la Convention ne suit pas son avis et reprend en fait la logique de 1791, qui consiste à faire porter les conditions de garantie sur l'électeur et non sur l'éligible. Le pouvoir des notables qu'instaure la Constitution de l'an III reste en ce sens limité. Les thermidoriens ne renouent nullement avec la perspective de Turgot ou de Quesnay sur le citoyen propriétaire. Ils manifestent surtout des préoccupations pratiques. Ils cherchent à assurer «le maintien de l'ordre et de la tranquillité». Ils veulent conjurer le spectre du retour du pouvoir sans-culotte, opposer une «digue puissante» aux classes menaçantes et éviter l'expression politique de la «collection tumultuaire des citoyens» [3]. Ils souhaitent instaurer un ordre

---

1. On laisse ici de côté la question technique, difficile à démêler, de l'effet de cliquet lié à l'existence d'un seuil minimal de perception fiscale. L'écart entre la réalité et la lettre de la législation fiscale est en outre souvent très grand pendant la Révolution. Je renvoie sur ce point à la thèse de Patrice GUENIFFEY, *La Révolution française et les élections*.

2. *Moniteur*, t. XXV, p. 92.

3. Expressions tirées d'une brochure anonyme citée dans l'article bien documenté de F. BRUNEL, «Aux origines d'un parti de l'ordre : les propositions de Constitution de l'an III», in *Mouvements populaires et conscience sociale*, colloque de l'université de Paris-VII du 24 au 26 mai 1984, Paris, Éd. Maloine, 1985.

bourgeois, mais ils ne rêvent nullement de retourner à un univers prédémocratique. Ils prennent parti « sociologiquement » si l'on veut, tout en restant philosophiquement rigoureusement fidèles aux idéaux de la Révolution, qu'ils souhaitent achever et terminer, mais non annuler. L'éloge de la modération politique se substitue chez eux au travail antérieur de réflexion philosophique sur les conditions d'une régulation de la tension entre le libéralisme et la démocratie. C'est à l'histoire sociale, et non à l'histoire des idées, qu'il faut faire appel pour comprendre le langage thermidorien.

Certains théoriciens français n'en essaieront pas moins ultérieurement de faire revivre le modèle initial du citoyen propriétaire, comme si son échec n'avait été dû qu'à l'étroitesse de la conception foncière des économistes du xvIIIe siècle. Dans une brochure parue en 1819, *De la propriété considérée dans ses rapports avec les droits politiques*[1], Roederer tente par exemple d'universaliser la figure du citoyen propriétaire. Il développe l'idée selon laquelle ce n'est pas seulement la richesse ou le revenu qui conduisent à s'intéresser à l'ordre public, mais la possession d'un capital. À partir de ce constat, il esquisse une vision du politique comme *capitalisme généralisé*, toutes les sortes de capitaux — du savoir à la propriété foncière, des biens immobiliers aux moyens de production — étant reconnues comme équivalentes. Publié à un moment où il s'agissait de limiter les prétentions de la propriété foncière accompagnant le retour en force de l'aristocratie d'Ancien Régime, cet essai tourne pourtant court intellectuellement. De la même façon, l'ouvrage plus original de Dageville, *De la propriété civile et politique* (1815), qui essaie d'appliquer le concept de propriété à la puissance politique, jetant les bases d'une sorte d'économie du politique, ne débouche sur rien[2]. Car c'est le concept même de citoyen propriétaire, et non pas le champ du concept de propriété, qui fait problème dans la culture politique révolutionnaire. Entre la perspective doctrinaire du citoyen capacitaire et la figure

---

1. La brochure, qui développe un thème esquissé en 1797 dans le *Journal d'économie publique, de morale et politique*, « Notions exactes sur la propriété » (t. V, pp. 333-350), est reproduite dans les *Œuvres du comte P. L. Roederer*, Paris, 1858, t. VII, pp. 335-349. À côté des biens-fonds agricoles ou industriels, Roederer distingue aussi des « fonds de savoir et de talent ».

2. L'ouvrage d'Alexandre DE LABORDE, *De la représentation véritable de la communauté, ou Du système de nomination aux deux chambres, basé sur la propriété* (Paris, 1815), qui est consacré à la même question, est moins original. Il ne fait que résumer le système anglais.

de l'individu-citoyen, le citoyen propriétaire, même redéfini, trouve mal sa place théorique en France. Il y a là une différence fondamentale entre la France et l'Angleterre. En Angleterre, la démocratie résulte d'un élargissement progressif du citoyen propriétaire, les conditions de cens devenant peu à peu plus modérées. Le citoyen propriétaire y incarne une figure de transition et de compromis entre la représentation individualiste moderne et la représentation ancienne fondée sur le territoire. De cette façon, le passage du vieux au neuf s'opère insensiblement, sans heurts et sans rupture, du xive au xxe siècle. En France, le développement de la citoyenneté ne fait que suivre les variations de l'appartenance sociale et la transformation des sujets juridiques : l'histoire du suffrage universel est à la fois une histoire de l'avènement du sujet autonome dans la société moderne et une histoire de l'inclusion sociale. Mais, au départ, il y a déjà — dans le cas français — un type de suffrage que l'on peut qualifier d'universel. C'est la raison pour laquelle il n'y a pas de *conquête graduelle* du suffrage en France. Si des accommodements pratiques avec la théorie peuvent toujours être trouvés, le suffrage universel doit être ou complètement réalisé ou totalement nié. Il n'y a pas de réformisme possible, comme Sieyès l'a très fortement senti. C'est pourquoi le xixe siècle français connaît un mouvement brutal d'oscillation entre un suffrage censitaire très restreint et un suffrage (masculin) vraiment universel, aux antipodes du mécanisme progressif de réalisation de l'égalité politique qui se met en place en Angleterre avec les grandes Reform Bills (1832, 1867, 1884) qui scandent la marche du siècle.

II

L'INDIVIDU AUTONOME

Le sujet du politique

Les figures de la dépendance

Le domestique entre deux mondes

La femme, entre nature et société

Le sujet du politique

Dans son *Essai sur la constitution et les fonctions des assemblées provinciales*, publié en 1788, Condorcet note : «Parmi les exclusions au droit de cité, il y en a qu'on peut regarder comme naturelles; par exemple, l'exclusion des mineurs, des moines, des domestiques, des hommes condamnés pour crime, de tous ceux qui peuvent être supposés n'avoir pas une volonté éclairée, ou une volonté propre; de ceux qu'on peut légitimement soupçonner d'une volonté corrompue [1].» Parce qu'elles se fondent dans la nature, ces restrictions ne constituent aucunement pour lui une atteinte au principe d'égalité. Il ne s'agit plus dans ces cas de déterminer quels sont les hommes ou les groupes qui sont membres de la société, et de tracer une ligne de partage entre un intérieur et un extérieur. Condorcet propose plutôt de distinguer là l'homme naturel de l'individu social, pour penser la catégorie du citoyen. Débat sur les formes de l'inclusion et les normes de l'appartenance, d'un côté — c'est-à-dire examen des conditions de nationalité et des modes de civilité —, recherche des critères de définition de l'individu libre et autonome, de l'autre. Le premier aspect a largement dominé les interrogations sur la citoyenneté, pendant la Révolution. Mais on aurait tort de considérer comme secondaire l'autre dimension. Elle est même d'une certaine façon beaucoup plus

1. In *Œuvres de Condorcet*, t. VIII, p. 130.

centrale philosophiquement, car elle conduit à analyser la notion d'*universalité* du suffrage. Or celle-ci n'a rien d'évident, comme en témoigne très simplement le fait que l'expression même de « suffrage universel » n'est jamais employée en 1789. Aujourd'hui encore, elle conserve un aspect conventionnel : il n'y a que 60 % de la population qui peut exercer ses droits électoraux, les mineurs ne votant pas. L'universalité à laquelle nous nous référons est en fait purement négative. Elle signifie seulement qu'il n'y a pas d'*exclusions sociales légales* du droit de vote, que ni la richesse, ni l'instruction, ni la profession n'entrent en ligne de compte. Elle ne dit rien d'autre. Mais, jusqu'à 1848, cette définition conventionnelle du suffrage universel reste très marginale. Dans les années 1830, la notion de suffrage universel est encore souvent comprise de façon littérale, comme le suffrage de tous les êtres humains. Et c'est pour cette raison qu'elle est aussi fréquemment qualifiée d'absurde par les publicistes libéraux [1]. Mais les choses ne se présentent pas de cette manière en 1789. À cette époque, le problème n'est pas tant de légitimer ou de critiquer une universalité absolue, que de déterminer les critères qui distinguent le sujet politique de l'être humain, comme Condorcet s'essaie à le faire dans le texte que nous venons de citer.

Cette question, soulignons-le, se pose avec d'autant plus d'acuité dans la France révolutionnaire que les ordres et les corps ont été abolis, et que triomphe la figure de l'individu. Dans une société de corps, en effet, la distinction de l'être humain et du sujet politique ne se pose pas. La participation indirecte de tous est en effet assurée et médiatisée par les corps dont chacun est membre. Nul n'est exclu en ce sens, car la représentation exprime la structure même du social. Il y a d'énormes dénivelés politiques et sociaux, mais en même temps continuité et liaison de tous les êtres dans une société de corps. Ceux-ci organisent et recouvrent toute la société, reliant le prince et ses sujets, les riches et les pauvres, les hommes et les femmes, les maîtres et les employés, les adultes et

1. Voir la célèbre apostrophe de Guizot, répondant à Garnier-Pagès, qui parlait du triomphe inéluctable du suffrage universel : « Le principe du suffrage universel est en soi-même si absurde qu'aucun de ses partisans même n'ose l'accepter et le soutenir tout entier. Il n'y a pas de jour pour le suffrage universel. Il n'y a pas de jour où toutes les créatures humaines, quelles qu'elles soient, puissent être appelées à exercer des droits politiques » (discours du 26 mars 1847 à la Chambre des députés, in Fr. GUIZOT, *Histoire parlementaire de France*, Paris, 1864, t. V, p. 380).

les enfants. Il y a une place pour chacun, même si chacun n'est pas à la même place. Et les capacités juridiques sont fort variables dans ce type de système : elles sont attachées aux biens et aux structures sociales davantage qu'aux individus considérés en eux-mêmes. Dans la société moderne, c'est au contraire l'individu qui est premier. L'architecture sociale se met en place à partir de lui. Le droit des contrats, civils et politiques, y tient donc une place prépondérante. La société individualiste, en d'autres termes, ne peut se penser et s'organiser que si les conditions permettant d'édifier un système d'obligations contractuelles sont clairement définies. La notion d'*autonomie de la volonté* prend une importance centrale. Elle permet de définir et de construire les *sujets juridiques* efficaces. L'histoire de l'avènement de l'individu peut ainsi être appréhendée à partir d'une histoire du droit civil. C'est l'élaboration d'un système d'obligations et de contrats qui a amené les juristes des xviie et xviiie siècles à élaborer les notions de capacité juridique et d'autonomie de la volonté. La théorie des contrats qu'ils élaborent se trouve pour cette raison en rupture avec l'esprit du droit romain. Si ce dernier a développé un droit et une technique des conventions, celles-ci ne procèdent presque jamais du pur accord contractuel, elles restent largement subordonnées au droit général de la cité, qui reste comprise comme une juxtaposition de familles [1]. Ce n'est qu'avec les civilistes modernes comme Domat ou Pothier que le principe de l'autonomie de la volonté commence à s'affirmer [2]. L'idée moderne de contrat et d'engagement contractuel est indissociable d'une recherche des conditions de l'efficacité juridique. Le principe d'autonomie de la volonté en est l'expression. Il ne fait qu'accompagner et traduire le basculement de l'idée de droit et de justice qui s'opère avec l'avènement de l'individu : passage du droit-ordre au droit-contrat, et passage de la justice distributive à la justice commutative, pour reprendre les catégories d'Aristote. « Le droit, commente un grand juriste du xixe siècle, c'est l'autonomie de l'être humain, la faculté inhérente à sa nature de ne dépendre que de lui-même dans la direction de sa pensée et

---

1. Sur la coupure entre le droit romain classique et le droit subjectif moderne, voir les travaux de Michel Villey, et notamment *La Formation de la pensée juridique moderne*, nouv. éd. corrigée, Paris, Montchrétien, 1975.
2. Voir la bonne mise au point historique de R.-H. Tison, *Le Principe de l'autonomie de la volonté dans l'ancien droit français*, Paris, 1931.

de ses actes [1].» À partir du XVIIIe siècle, le droit devient «la science des rapports de volonté», selon une expression fameuse de Léon Duguit [2].

On voit dans cette mesure que les fondements du droit civil et ceux du droit politique se recoupent. Dans les deux cas, on trouve le même principe de l'autonomie de la volonté comme alpha et oméga de la philosophie juridique. Le principe central du Code civil — «Les conventions légalement formées tiennent lieu de loi à ceux qui les ont faites» (article 1134) — ne dit pas autre chose que l'article VI de la Déclaration des droits de l'homme et du citoyen de 1789 : «La loi est l'expression de la volonté générale.» D'une façon plus précise, on peut considérer que le droit politique moderne est purement dérivé des catégories contractuelles du droit civil. Le vote est de fait assimilé à un acte juridique, producteur, comme tout contrat, d'obligations. Le contrat social doit impliquer pour cette raison les mêmes sujets juridiques que ceux qui sont reconnus pour les contrats privés. La notion d'*individu autonome* est donc centrale dans la réflexion sur le droit de suffrage. Lorsque Sieyès dit qu'«il n'y a point d'engagement, s'il n'est fondé sur la volonté libre des contractants» [3], il présuppose clairement que seuls les individus libres et autonomes peuvent participer à la vie politique. Si la volonté est tout dans l'acte juridique, qu'il soit civil ou politique, seules les volontés indépendantes peuvent produire des effets juridiquement efficaces. C'est pourquoi le droit de vote ne saurait, pour les constituants, être accordé qu'aux personnes présentant ce caractère. Le droit de vote est purement dérivé de la capacité civile, il ne fait que la prolonger sur le terrain politique. La construction du droit civil moderne a ainsi fourni le cadre de la réflexion sur le droit de suffrage, pour les hommes de 1789.

Plus tard, au XIXe siècle, les philosophes républicains comme Caro ou Renouvier prolongeront cette approche en essayant de fonder une anthropologie politique de l'autonomie. «L'homme est une personne, c'est-à-dire une volonté libre», écrira Caro, pour-

---

1. Ch. BEUDANT, *Le Droit individuel et l'État*, Paris, 1891, p. 146. Pour une approche critique de la théorie de l'autonomie de la volonté, voir l'ouvrage classique de E. GOUNOT, *Le Principe de l'autonomie de la volonté en droit privé*, Paris, 1912.
2. L. DUGUIT, *L'État, le droit objectif et la loi positive*, Paris, 1901, p. 462.
3. E. SIEYÈS, *Préliminaire de la Constitution française*, p. 23.

suivant : « La racine du droit est là dans cette simple constatation de l'attribut qui constitue l'homme en tant qu'homme et le sépare du reste de la nature [...]. Avant d'être un citoyen libre dans l'État, il faut que l'on se sente libre au sein de la nature [1].» Pour les constituants, l'essentiel est déjà là, dans la distinction du rapport social et du rapport naturel, distinction proprement moderne, soulignons-le [2]. En termes philosophiques, c'est bien sûr Kant qui donne alors son expression la plus aboutie à cette subjectivisation du droit. Comme l'ont bien compris les philosophes républicains du XIXe, c'est lui qui a proposé la théorie la plus achevée de l'individualisme politique et juridique à la française et qui en a montré le plus lucidement les conditions de réalisation. La constitution d'une association civile, d'un État, n'est possible pour Kant que si les hommes qui la composent sont de vrais individus, capables de s'engager les uns vis-à-vis des autres parce que autonomes. Il l'a parfaitement expliqué dans sa *Doctrine du droit* [3], en définissant les trois attributs juridiques indissociables de l'essence de la citoyenneté : la *liberté* légale de n'obéir à aucune autre loi qu'à celle à laquelle les citoyens ont donné leur consentement ; l'*égalité* civile ; l'*autonomie*. Cette dernière, note Kant, « consiste à ne devoir son existence et sa conservation qu'à ses propres droits et à ses propres forces comme membre de la république et non à l'arbitre d'un autre dans le peuple, par conséquent la personnalité civile qui consiste à ne devoir être représenté par aucun autre dans les choses de droit ». Et de préciser : « Seule l'aptitude à voter qualifie quelqu'un comme citoyen ; toutefois cette qualification présuppose l'autonomie au sein du peuple de quelqu'un qui n'est pas seulement une partie de la collectivité, mais également un membre de celle-ci agissant à partir de sa propre *Willkür*, de son propre libre choix volontaire en

1. E. CARO, *Problèmes de morale sociale*, Paris, 1887 (2e éd.), p. 190 ; voir également Ch. RENOUVIER, *La Science de la morale*, Paris, 1869, qui exprime parfaitement, avec Jules Barni, le kantisme des philosophes républicains de la fin du XIXe siècle.
2. Rapports sociaux et rapports naturels sont souvent confondus dans une société d'ordre. C'est ce qui permet de comprendre la possibilité d'un certain nombre de « reculs » du droit civil moderne par rapport au droit ancien.
3. En 1853, Jules Barni, l'un des grands introducteurs de Kant en France, présentera la *Doctrine du droit* (première partie de la *Métaphysique des mœurs*) comme la philosophie des principes de 1789. Paul JANET dit la même chose dans son *Histoire de la science politique dans ses rapports avec la morale* (3e éd., Paris, 1887, t. II, p. 582).

communauté avec d'autres[1]. » Le vrai critère du droit de vote est dans cette mesure celui de la *pleine individualité*. Il faut reconnaître, comme dans le droit civil, que tous les êtres humains ne sont pas capables de s'engager juridiquement, qu'ils ne sont pas tous de « vrais individus » en quelque sorte. Appréhendé dans ces termes, le problème du droit de suffrage est philosophiquement central, car il se fond dans celui de l'avènement de l'individu. Diffusion de la citoyenneté et mouvement d'individualisation du social vont ici de pair.

Si le principe est clair, il est plus difficile de préciser les critères qui permettent de reconnaître ces vrais individus libres et autonomes. Il ne s'agit plus dans ce cas de désigner des *catégories sociales* (les pauvres, les propriétaires, les contribuables, etc.), mais de déterminer une ligne de partage transversale : celle de la capacité des individus à l'autonomie. Contrairement à celle d'appartenance, la notion de dépendance ne définit pas une frontière *à l'intérieur du social* : elle trace plutôt une ligne de partage entre la nature et la société, l'espace domestique et l'espace politique, l'*oïkos* et l'*ecclesia*. Il y a ainsi deux types de bornes à l'universalisation de la citoyenneté. La première est sociale. Elle délimite la séparation entre un intérieur et un extérieur, elle superpose la notion d'étranger et celle de marginal[2] ou d'exclu : elle indique une *position*, sociale ou de nationalité. La seconde est anthropologique. Elle distingue des personnes en fonction de leur capacité à être de vrais individus : elle définit des qualités. Si le mot n'avait pas été employé de façon négative avec des relents censitaires, l'opposition citoyenneté active-citoyenneté passive aurait pu servir à qualifier la distinction entre citoyens autonomes, donc dotés du droit de vote, et citoyens dépendants, sans capacité de voter. En 1793, on voit d'ailleurs Lanjuinais regretter ouvertement que ces termes aient été discrédités, en renvoyant de fait à une forme de ségrégation financière. Car il restait nécessaire, *à l'intérieur même du concept d'égalité politique et civile*, de trouver une façon de manifester à

---

1. E. KANT, *Doctrine du droit*, alinéa 46, éd. Philonenko, Paris, Vrin, 1971, p. 196 (j'ai repris la traduction en empruntant quelques éléments de celle que donne J.-P. Lefèvre dans les textes choisis rassemblés par A. TOSEL, *Kant révolutionnaire, droit et politique*, Paris, P.U.F., 1988).
2. L'approche sociale a également dans ce cas une dimension anthropologique, comme on l'a montré, puisqu'elle suit presque le clivage monde sauvage-monde civilisé pour appréhender la marginalité.

la fois la commune appartenance au corps social et l'accès différencié au suffrage. Seule l'ambiguïté du terme de « citoyen » en rendait alors compte, désignant tantôt l'individu exerçant des droits politiques, tantôt le simple membre de la cité. La distinction du citoyen autonome actif et du citoyen dépendant passif aurait permis de clarifier les choses, estimait Lanjuinais[1]. Le problème était en effet de désigner une *différence non excluante et non discriminatoire*, pour exprimer le droit de suffrage.

Tout en étant philosophiquement centrale, cette question de l'autonomie de la volonté n'a pas soulevé de grandes discussions en 1789. Elle apparaissait certes d'abord juridiquement acquise dans le droit civil. Mais elle était également mêlée de préjugés ou d'archaïsmes. À l'automne 1789, les femmes, les mineurs et les domestiques furent ainsi écartés du droit de suffrage sans que cela suscite de réels débats et sans que le concept d'autonomie de la volonté soit vraiment construit, tant il paraissait simplement résulter de données supposées évidentes. Dans la tête des constituants, trois critères se superposaient pourtant implicitement pour qualifier l'indépendance : l'indépendance intellectuelle (être un homme mûr, doué de raison), l'indépendance sociologique (être un individu, et pas le membre d'un corps), l'indépendance économique (gagner sa vie et avoir une profession indépendante). Deux oppositions se superposaient dans ces critères : le naturel et le social d'un côté, le domestique et le civil de l'autre. Ces critères implicites permettaient sans trop d'hésitations de considérer comme dépendants les mineurs, les aliénés, et plus largement les interdits, les religieux cloîtrés, les domestiques et les femmes, ces dernières étant

---

1. Voir ses réflexions, « Qu'est-ce qu'un citoyen français ? », présentées à la Convention le 29 avril 1793, à partir de l'analyse des projets de Constitution. Il déplore que le même mot serve à la fois à désigner « les membres du souverain » et « tous ceux qui sont du corps social, c'est-à-dire qui ne sont ni étrangers, ni morts civilement ». « J'en conclus, dit-il, que la dénomination de citoyen actif, inventée par Sieyès, serait encore utile même aujourd'hui ; elle répandrait de la clarté dans notre langage constitutionnel. Il faut bien se rappeler que ce mot *actif* ne s'appliquait pas à la seule distinction de fortune ; il exprime très bien la réunion de certaines conditions que la raison éternelle prescrit, et que la volonté générale ne peut pas s'empêcher de fixer » (*A.P.*, t. LXIII, p. 562). Kant appréhende l'opposition actif-passif dans des termes identiques. Plus tard, lors de la discussion de la Constitution de l'an III, Thomas Paine demande significativement « quel nom aura le reste du peuple » si seuls ceux qui sont inscrits sur le registre civique et remplissent les conditions de domicile et de contribution pour voter dans les assemblées primaires sont qualifiés de « citoyens français » (séance du 19 messidor an III, *Moniteur*, t. XXV, p. 171).

en quelque sorte au carrefour de ces différents critères. Si les débats furent peu nombreux, ils sont cependant essentiels, car l'histoire de la reconnaissance de ces diverses formes de dépendance de la volonté dessine en quelque sorte une histoire négative de l'individu moderne, l'avènement de ce dernier étant à la fois le résultat d'un processus d'individualisation (instauration du sujet) et d'un déplacement progressif de cette frontière de la dépendance. Histoire particulièrement significative encore, car elle mêle l'histoire philosophique du sujet, à l'histoire des mentalités (quant aux femmes) et à celle du capitalisme (quant aux domestiques à gages et au développement du travail libre salarié).

Les figures de la dépendance

La plus évidente des formes de dépendance qui doivent éloigner du droit de suffrage est celle de l'âge. Immédiatement après la condition de nationalité, les constituants décrètent ainsi, le 22 octobre 1789, que la deuxième qualité requise pour être citoyen actif réside dans le fait d'être âgé de plus de vingt-cinq ans. Certains, comme Sieyès ou Le Chapelier, avaient trouvé que c'était fixer la barre trop haut [1]. Mais il avait fallu trouver une règle unique, alors que l'âge de la majorité civile complète différait selon les provinces et que la notion même de majorité restait fluctuante, seul le mariage étant uniformément une condition d'émancipation de la puissance paternelle (un jeune homme célibataire voyait ainsi sa capacité civile d'administrer ses biens ou de les aliéner osciller entre vingt et vingt-cinq ans) [2]. Les constituants avaient été obligés de tenir compte de l'hétérogénéité juridique de l'Ancien Régime et de choisir le dénominateur commun le plus large. Il apparaissait en effet impossible de donner le droit de suffrage à des personnes qui n'auraient pas la pleine capacité civile, c'est-à-dire à des individus qui ne seraient pas autonomes, pleinement responsables de leur personne et de leurs biens. Les jeunes gens pouvaient cependant prêter le serment

1. Cf. Le Chapelier : « Les circonstances présentes, les réformes qui seront faites dans l'éducation publique, peuvent faire espérer que bien avant l'âge de vingt-cinq ans les hommes seront capables de remplir des fonctions publiques ; et je pense que la majorité devrait être fixée à vingt et un ans » (*A.P.*, t. IX, p. 478).

2. Voir sur ce point Ph. SAGNAC, *La Législation civile de la Révolution française (1789-1804)*, Paris, 1898, et M. GARAUD, *La Révolution et l'égalité civile*, Paris, 1953.

civique à vingt et un ans, ce qui revenait à admettre implicitement qu'ils accédaient dès cet âge à une forme d'existence politique propre. L'âge de la majorité et les conditions d'ajustement de l'émancipation civile et de la capacité politique constituaient ainsi un problème qui restait ouvert pour les constituants. Il ne fut vraiment abordé de manière approfondie qu'en 1790, à l'occasion de la discussion sur les tribunaux de famille et le pouvoir de correction paternelle. Le Chapelier emporte alors de justesse l'assentiment de l'Assemblée en suggérant de fixer à vingt et un ans l'âge limite du pouvoir de correction paternelle. « Il paraîtrait extraordinaire, argumente-t-il, que celui que vous admettez à la prestation du serment civique, à ce premier pas vers la dignité de citoyen, ne fût pas affranchi des liens qui retiennent l'enfance [1]. » La préoccupation est surtout logique, il s'agit d'éviter l'institution d'un décalage paradoxal entre l'indépendance personnelle et un premier élément de capacité politique. Barnave va même plus loin dans cette approche en approuvant que la majorité civile précède de cinq ans la majorité politique. Il s'oppose à la fois à ceux qui souhaitaient reculer à vingt-cinq ans l'âge limite de soumission au pouvoir du chef de famille, pour opérer une synchronisation par le haut des deux ordres de majorité, et à ceux qui proposaient d'abaisser à vingt et un ans la majorité politique. « Se trouvant soumis à la responsabilité personnelle pour ses propres actions, explique-t-il, l'homme de vingt ans se préparera à la responsabilité de la chose publique [...]. Si vous étendez à vingt-cinq ans [le terme de la correction paternelle] le jeune citoyen passera immédiatement de l'état d'enfance à la gestion des affaires publiques [2]. » Coïncidence par le haut ou par le bas, majorité civile précédant la majorité politique ? Ces interrogations trouvèrent dans les faits une première réponse le 11 août 1792, dans le grand élan démocratique qui suit l'insurrection parisienne et la suspension de Louis XVI. La majorité politique est alors abaissée à vingt et un ans, en même temps qu'est supprimée la distinction entre citoyens actifs et passifs (mais l'éligibilité aux fonctions publiques reste fixée à vingt-cinq ans). À partir de cette date, les jeunes gens pouvaient donc

---

1. Discussion du 5 août 1790, dans le cadre de la mise en place du nouvel ordre judiciaire (*A.P.*, t. XVII, p. 621).
2. *Ibid.*

voter sans être pleinement majeurs civilement. La loi du 20 septembre 1792 sur l'état civil mettait fin à cette anomalie en fixant également à vingt et un ans la majorité civile complète. Le dossier n'allait plus être ouvert pendant près de deux siècles, jusqu'à ce qu'une loi de 1974 abaisse à dix-huit ans l'âge de la majorité.

L'histoire de la fixation de l'âge de la majorité permet de comprendre le sens du lien entre droit de vote et capacité à l'autonomie. Le droit de vote radicalise et simplifie à la fois le problème de la capacité civile. Il conduit à tracer une ligne claire et unique de partage entre mineurs et majeurs, tandis que le droit ancien définissait au contraire toute une gamme de statuts particuliers en fonction des différentes catégories d'action juridique (le règlement de convocation des États généraux prévoyait par exemple que les mineurs possédant fief pouvaient voter).

La notion même de minorité s'en trouve du même coup bouleversée : elle n'est plus seulement appréhendée comme une position dans le système familial ; elle devient principalement comprise comme une période de préparation à l'autonomie. On voit ainsi très bien dans ce cas comment la reconnaissance du sujet politique est indissociable de l'avènement de la figure de l'individu comme volonté autonome. Pas de citoyen, en d'autres termes, sans nouvelle approche de la famille et de l'autorité parentale. À la famille comprise comme une société organisée et hiérarchisée, impliquant durablement ses membres sous l'autorité paternelle, s'oppose désormais l'idée de famille comme espace d'éducation et d'apprentissage. La famille n'est plus appréhendée comme la cellule de base de l'organisation sociale dont le corps politique ne serait que la projection, elle tend à l'inverse à devenir elle-même une « société », régie par un contrat d'ordre affectif entre les individus qui la composent, ordonnée par la mission pédagogique qui lui est assignée. La préparation de l'émancipation devient sa principale raison d'être. Ce basculement est sensible dès le printemps 1791, dans la première grande discussion sur les inégalités de succession. La critique de la liberté de tester y est vivement dénoncée par la majorité des intervenants, qui y voient une atteinte au principe d'égalité, mais plus encore une manifestation archaïque du pouvoir paternel comme souveraineté absolue dans la *domus*. La puissance paternelle est admise comme une tutelle passagère, un principe éducatif, et non comme un mode de gouvernement. Le père-souverain cède la place au père-instituteur. Robespierre l'explique dans des termes particulièrement clairs. « Il n'y a de sacré dans la puissance paternelle que l'autorité qui lui est confiée, dit-il ; cette autorité est bornée par la nature aux besoins de ceux pour qui elle est instituée, et non pas pour l'utilité personnelle des premiers protecteurs de l'enfance. Je dirai que le législateur viole la nature lorsqu'il franchit ses bornes sacrées ; lorsque, par le plus absurde de tous les systèmes, il prolonge inutilement l'enfance de l'homme[1]. » Les principes de protection et d'éducation se substituent ainsi à ceux de commandement et de correction. Cette nouvelle appréhension du rôle de la famille est consacrée par le décret du 28 août 1792 qui abolit la *patria potestas* pour les jeunes gens majeurs non mariés, cette puissance paternelle si contraignante dans les pays de droit écrit[2]. En n'étant plus appliquée qu'aux mineurs, l'autorité paternelle change la nature de l'institution familiale. Celle-ci a dorénavant pour fonction essentielle ce qu'on pourrait appeler la «production des individus»[3]. C'est parce qu'il est plus nettement séparé et circonscrit que le statut de mineur est compatible avec la construction d'une société égalitaire. Il ne définit plus une position sociologique : il caractérise un *moment* dans la constitution de l'individu. À l'inverse, dans la société traditionnelle, la plus faible distance culturelle ou économique entre l'enfant et l'adulte s'accompagne de l'encadrement du mineur dans une structure sociale qui a, seule, une consistance propre. L'enfant, en d'autres termes,

---

1. Discours du 5 avril 1791, *Moniteur*, t. VIII, p. 56 (nous citons la version du *Moniteur* plutôt que celle des *Archives parlementaires*, car cette dernière est moins précise pour ce discours).
2. Voir sur ce point P. MURAT, «La puissance paternelle et la Révolution française : essai de régénération de l'autorité des pères», in *La Famille, la loi, l'État, de la Révolution au Code civil*, textes réunis et présentés par I. THÉRY et C. BIET, Paris, Imprimerie nationale, 1989 ; M. GARAUD, *La Révolution française et la famille*, Paris, P.U.F., 1978 ; É. MASSON, *La Puissance paternelle et la famille sous la Révolution française*, Paris, 1911 (bonne thèse, principalement sur la discussion du décret du 28 août 1792).
3. Voir sur ce point l'intéressante brochure de BERLIER, *Discours et projet de loi sur les rapports qui doivent subsister entre les enfants et les auteurs de leurs jours, en remplacement des droits connus sous le titre usurpé de puissance paternelle*, Paris, février 1793 ; voir également la présentation, par Cambacérès, du premier projet de Code civil à la Convention (in P.-A. FENET, *Recueil complet des travaux préparatoires du Code civil*, Paris, 1827, t. I). Ces auteurs ne font que suivre Rousseau : «Par la loi de nature, le père n'est le maître de l'enfant qu'aussi longtemps que son secours lui est nécessaire [...]. Au-delà de ce terme ils deviennent égaux [...]. Alors le fils parfaitement indépendant du père, ne lui doit que du respect, et non de l'obéissance» (*Discours sur l'origine des fondements de l'inégalité parmi les hommes*, Paris, Garnier-Flammarion, 1971, p. 224).

n'y a une existence reconnue que par le biais de la participation à un système plus large. Dans la famille moderne, que les hommes de 1789 appellent de leurs vœux, la séparation anthropologique de l'enfance est la condition de la reconnaissance de l'égalité juridique des individus autonomes. L'enfant n'est plus un de ces adultes en miniature décrits par Ariès, mais au contraire un *nonadulte*, un *individu inachevé*.

La centralité de l'éducation trouve là son origine. Elle a pour fonction première la formation d'individus autonomes. Les révolutionnaires n'ont fait sur ce point que reprendre les intuitions de Locke, qui avait, le premier, compris que seule l'idée d'éducation permettait de lier la vision moderne de l'individu avec l'institution traditionnelle de la famille. C'est une idée qu'il exprime aussi bien dans *Quelques Pensées sur l'éducation* (1693) que dans le *Deuxième Traité du gouvernement civil* (1690). Le rôle des parents, explique-t-il, est seulement de «suppléer aux insuffisances de la condition imparfaite», qui est celle de l'enfance [1]. Quand l'éducation est achevée, la puissance paternelle prend donc naturellement fin : l'enfant est devenu un individu qui peut exister de façon indépendante [2]. Locke pensait ainsi la double modernisation du pouvoir politique, reposant sur le contrat, et du pouvoir familial, fondé sur l'éducation : l'individu est dans les deux cas le fondement et la finalité de l'organisation sociale. Le fait de priver le mineur de droit de vote ne contredit donc aucunement le principe de l'égalité politique. Le mineur n'est qu'un individu en devenir. Du point de vue civil, il n'est d'ailleurs à proprement parler privé d'aucun droit. Les mineurs, juridiquement, jouissent de tous leurs droits civils, ils sont seulement momentanément suspendus dans l'exercice de ces droits, leur personne étant civilement représentée par leur père, qui a aussi pour tâche d'administrer provisoirement leurs biens. Le mineur, en d'autres termes, est un *majeur virtuel*, il ne peut être défini que par son devenir. La dépendance du mineur est à la fois purement naturelle et purement historique. Elle n'est aucunement sociale.

---

1. Voir tout le chapitre VI, «De la puissance paternelle», du *Deuxième Traité du gouvernement civil*. On se souviendra à l'inverse que Locke et Rousseau ont vivement critiqué l'idée que le pouvoir politique est de même nature que le pouvoir paternel.
2. On laisse ici, à l'inverse, de côté le problème de l'exclusion du droit de suffrage des vieillards devenus simples d'esprit, car il se ramène à celui de l'interdiction des aliénés et des faibles d'esprit.

L'interdiction du droit de vote aux aliénés mentaux renvoie aux mêmes catégories. Leur dépendance se caractérise par le fait qu'ils sont étrangers à eux-mêmes, dépossédés de ce qui constitue l'autonomie : la raison et la volonté libre. La question pouvait paraître secondaire sous la Révolution, tant d'autres dimensions du droit de vote polarisaient l'attention. Il est pourtant significatif de constater que Condorcet y a attaché beaucoup d'importance. Dans son projet de *Déclaration des droits*, publié en 1789, il voit dans le fait de « n'être point juridiquement atteint ou de démence ou de stupidité » l'une des conditions naturelles pour exercer les droits de cité [1]. Dans le *Projet de Constitution* qu'il dépose en 1793, « l'imbécillité et la démence constatée par jugement » reste l'une des deux causes d'incapacité pour le droit de suffrage [2] (la seconde étant la condamnation légale aux peines qui emportent la dégradation civique). Pour Condorcet, l'exercice du suffrage politique suppose des individus autonomes et rationnels. C'est pourquoi, même en 1788, alors qu'il s'inscrit encore dans la perspective du citoyen propriétaire, il considère comme premières les conditions liées à la garantie d'indépendance personnelle. Si elle est philosophiquement relativement simple à traiter, l'interdiction de vote liée à l'aliénation mentale pose cependant un problème pratique considérable : celui du passage des catégories cliniques (imbécillité, fureur, démence, etc.) à un critère juridique. La folie, en effet, n'est pas une situation aussi objectivement constatable que celle de la minorité. Tout en étant dans la nature, la maladie mentale peut faire l'objet de contestations et de discussions. La naissance de la psychiatrie, à cette époque même, en témoigne. C'est pourquoi la notion médicale d'aliéné s'est effacée derrière la catégorie juridique de l'*interdit*. La Constitution de l'an III est la première à préciser que l'exercice des droits de citoyen est suspendu par l'*interdiction judiciaire* pour cause de fureur, de démence ou d'imbécillité (article 13). Il faut ainsi l'intervention d'un tribunal pour que l'aliéné soit privé de droit de vote. C'est donc l'interdiction et non l'aliénation mentale qui est directement productrice d'effets juridiques [3]. Dès le début du XIXᵉ siècle,

---

1. In *Œuvres de Condorcet*, t. IX, p. 207.
2. Article 5, in *Œuvres de Condorcet*, t. XII, pp. 425-426.
3. Cf. Dr LEGRAND DU SAULLE, *Étude médico-légale sur l'interdiction des aliénés*, Paris, 1881, et P. PETOT, *Histoire du droit privé. Les Incapables,* cours de droit, Paris, 1951-1952.

la pratique conduisit en outre à dissocier l'internement de l'interdiction (la loi du 30 juin 1838 sur les aliénés consacrera cette jurisprudence). Juridiquement, l'individu frappé d'un jugement d'interdiction est assimilé à un mineur : l'interdiction civile ou judiciaire définit l'état d'une personne majeure qui, par jugement, a été déclarée inapte à l'exercice de ses droits civils [1]. L'aliéné mental qui a été déclaré incapable civil et donc interdit est, comme le mineur, un individu momentanément inaccompli : la guérison peut le rétablir dans son autonomie et lui redonner sa capacité civile et ses droits politiques, restaurer son individualité. La privation de droits électoraux pour cause d'interdiction a été précisément formulée pour la première fois en 1852 [2]. L'article L. 5 du Code électoral actuellement en vigueur maintient toujours cette mesure [3].

Marginale, mais révélatrice également, est la situation des moines. Dans son *Essai sur la constitution et les fonctions des assemblées provinciales*, publié en 1788, Condorcet les exclut explicitement du droit de cité. Un simple constat sociologique justifie à ses yeux une telle mesure : «Un ecclésiastique est un être isolé, explique-t-il ; un moine est toujours un corps [4].» Au-delà des passions anti-religieuses et des violents affrontements sur les biens ecclésiastiques, le moine constitue une énigme juridique et anthropologique pour les hommes de 1789. En prononçant des vœux solennels qui l'attachent irrémédiablement à son état religieux et à sa communauté, il abdique en effet sa liberté, il renonce à ce qui constitue l'essence de l'individu moderne. La Révolution abolira pour cette raison les vœux solennels, qui constituaient, selon le mot de Garat, un véritable «suicide civil». On met du même coup fin à la mort civile des religieux, qui ne pouvaient ni hériter ni administrer de biens et étaient complètement absorbés juridiquement par leur

1. Outre les aliénés mentaux, les prodigues pouvaient aussi être interdits, au XIXᵉ siècle (ce qui n'est plus le cas aujourd'hui, ils peuvent seulement être pourvus d'un conseil judiciaire).

2. Décret du 2 février 1852 sur l'élection des députés au corps législatif : «Ne doivent pas être inscrits sur les listes électorales [...] *les interdits*» (article 15). Entre l'an III et 1852, la question est restée juridiquement imprécise.

3. Les interdits (majeurs en tutelle) ne peuvent pas être inscrits sur les listes électorales (article L. 5 du Code électoral), et les personnes pourvues d'un conseil judiciaire (majeurs en curatelle) sont inéligibles et ne peuvent être membres d'un conseil municipal (articles L. O 130 et L. 230 du Code électoral).

4. In *Œuvres de Condorcet*, t. VIII, p. 142.

communauté, qui avait seule une vie civile [1]. Mais on avait accepté que les religieux qui le souhaitaient puissent continuer à vivre dans leur cloître, tout en devenant libres devant la loi de le quitter quand ils le désiraient, les corporations religieuses et les congrégations étant légalement supprimées [2]. S'ils étaient rétablis dans l'intégralité de leurs droits civils, les religieux cloîtrés n'en restaient pas moins, pratiquement, considérés comme de simples membres d'un corps. Ils n'existaient pas en tant qu'individus. L'instruction du 12 août 1790 qui précise les conditions de formation des assemblées primaires les écarte pour cette raison du droit de suffrage. Elle stipule que « les religieux qui n'ont pas usé du droit de sortir du cloître ne sont point citoyens actifs, tant qu'ils vivent sous le régime monastique » [3]. La Constitution de 1791 maintient cette restriction, de même que celle de l'an III, qui prévoit que l'exercice des droits du citoyen se perd « par l'affiliation à toute corporation étrangère qui supposerait des distinctions de naissance, ou qui exigerait des vœux de religion » [4]. C'est seulement en l'an VIII que les religieux cloîtrés sont formellement admis à participer aux assemblées primaires. Admission certes formelle, puisqu'ils ne quittaient pas leur cloître, mais qui cessait en tout cas de les considérer comme des non-sujets politiques. Contrairement aux mineurs ou aux aliénés interdits, les religieux ne pouvaient pas être définis comme des individus en devenir, comme si leur exclusion des droits politiques n'était que circonstancielle. Ils étaient au contraire appréhendés comme des *non-individus absolus*, symbolisant au plus haut degré l'anéantissement des personnes dans les corps dont elles n'étaient que des parties dépendantes. C'est ce qui motivait leur assimilation aux citoyens passifs, mais c'est ce qui la rendait en même temps juridiquement fragile. C'était en effet une exclusion purement sociale, nullement naturelle.

---

1. D'après une jurisprudence ancienne, consacrée par l'ordonnance de Blois en 1579, le religieux mourait à la société civile le jour où il prononçait ses vœux solennels.
2. Voir sur ce point A. AULARD, « La Révolution française et les congrégations », *Revue politique et parlementaire*, mai 1903, et P. NOURRISSON, *Histoire légale des congrégations religieuses en France depuis 1789*, Paris, 1928.
3. Cf. DUVERGIER, t. I, p. 286.
4. La Constitution de 1791 prévoyait que « la qualité de citoyen français se perd [...] par l'affiliation à tout ordre de chevalerie étranger ou à toute corporation étrangère qui supposerait, soit des preuves de noblesse, soit des distinctions de naissance, ou qui exigerait des vœux religieux ». (Un ordre comme celui de Malte était ainsi visé.)

Le domestique entre deux mondes

Plus centrale philosophiquement et plus déterminante quantitativement était l'exclusion des domestiques. Ils représentaient une masse considérable. À la veille de la Révolution, Moheau estimait, dans ses *Recherches et considérations sur la population de la France* (1778), que le rapport du nombre de domestiques à la population était en moyenne de 1 à 12[1]. À Paris, il y avait de 40 000 à 50 000 domestiques pour une population d'environ un demi-million d'habitants, et ils constituaient près de 17 % de la population active de la capitale[2]. Aucune voix ne s'élève en 1789 pour leur permettre de participer aux assemblées primaires. Condorcet et Sieyès considèrent que l'exclusion des femmes résulte d'un pur préjugé, mais ils reconnaissent comme tout à fait naturelle la mise à l'écart des domestiques. La raison en est simple : ils symbolisaient la dépendance vis-à-vis d'un tiers. Sieyès en parle comme de « ceux qu'une dépendance servile tient attachés, non à un travail quelconque, mais aux volontés arbitraires d'un maître »[3]. Condorcet est favorable à l'admission des femmes au droit de cité car il estime que ce n'est pas la nature mais l'éducation qui justifie la différence de capacité qu'ont l'homme et la femme de maîtriser leurs sentiments[4]. Mais il repousse le vote des domestiques, estimant que le rapport maître-domestique est un rapport de type naturel, qui ne consiste pas en une relation contractuelle ou en un face à face de deux individus également autonomes. Dès le 27 octobre 1789, l'Assemblée consti-

---

1. Vauban estimait de son côté, au début du XVIIIe siècle, à 1 million et demi le nombre des domestiques des deux sexes. Dans son *Tableau de la population de la France*, daté du 8 janvier 1780 (réédité par Édhis), J.-J. EXPILLY estime de son côté à 1 026 000 les domestiques hommes et garçons. Dans sa brochure *Députation aux États généraux* (1788), ROEDERER comptait quant à lui 1 000 domestiques masculins pour 30 000 habitants. En suivant les indications données par P. LÉON dans l'*Histoire économique et sociale de la France* (Paris, P.U.F., 1970, t. II), on peut aboutir à l'estimation de 800 000 domestiques masculins majeurs en 1789.
2. Voir sur ce point les données fournies par A. DAUMARD et Fr. FURET, *Structures et relations sociales à Paris au XVIIIe siècle*, Paris, Armand Colin, 1961 ; J.-P. GUTTON, *Domestiques et serviteurs dans la France de l'Ancien Régime*, Paris, Aubier, 1981 ; et S. C. MAZA, *Servants and Masters in Eighteenth Century France : the Uses of Loyalty*, Princeton University Press, 1983.
3. E. SIEYÈS, *Observations sur le rapport du comité de Constitution [...]*, p. 22.
4. Voir plus loin les développements sur l'exclusion politique des femmes.

tuante décrète ainsi comme cinquième condition d'éligibilité : « N'être pas dans un état de domesticité, c'est-à-dire de serviteur à gages. » Personne ne proteste, à gauche. Beaucoup pensent que les domestiques sont incapables d'une opinion personnelle et que leur vote ne ferait que doubler celui de leur maître[1]. La perception de cette incapacité, soulignons-le, ne tenait aucunement à une quelconque infériorité intellectuelle des personnes concernées. Même si les situations étaient très contrastées, les domestiques constituaient globalement au contraire une population plus « cultivée » que la moyenne, tout particulièrement dans les villes. Au milieu du XVIIIe siècle, on estime ainsi que 42 % des domestiques savaient lire et écrire[2]. Une statistique établie à partir des archives notariales révèle que 64 % des domestiques hommes et 35 % des femmes savaient signer de leur nom, à Lyon, en 1788[3]. Les données tirées des inventaires après décès montrent par ailleurs que le patrimoine et le niveau de vie des domestiques dans les villes étaient plus élevés que celui de beaucoup d'artisans ou de paysans. La situation économique des domestiques est généralement plus enviable que celle qu'ils auraient eue s'ils étaient restés dans leur milieu d'origine. Ni une approche capacitaire ni une approche censitaire ne permettaient donc *a priori* d'exclure spécifiquement les domestiques de la vie politique. Leur mise à l'écart tient plus simplement au fait qu'ils sont assimilés à l'espace de la *domus* : on ne les considère pas comme de véritables membres de la société civile.

L'étymologie du mot « domestique » est ici directement parlante : le domestique est une partie de la maison, de la famille élargie. Il n'est ni un individu autonome ni un travailleur indépendant. Sa liberté est sérieusement limitée. Jusqu'en 1778, des ordonnances interdisaient ainsi aux serviteurs de quitter leurs maîtres pour

---

1. À deux siècles de distance, Paul BOIS écrit : « Au fond, l'exclusion des domestiques était une mesure démocratique ; elle empêchait le maître de doubler, ou davantage, sa propre voix » (*Paysans de l'Ouest*, p. 227). Lors de la deuxième Assemblée des notables, en novembre 1788, la majorité des bureaux s'étaient déjà prononcés pour exclure les domestiques du processus électoral.

2. Estimation donnée pour l'année 1757 par J.-P. GUTTON, *Domestiques et serviteurs dans la France de l'Ancien Régime*, p. 180. Ce taux devait ensuite chuter sensiblement à cause de l'afflux de ruraux illettrés dans les villes.

3. ID., *ibid.* (comparer avec les données rassemblées par Fr. FURET et J. OZOUF dans *Lire et écrire. L'Alphabétisation des Français de Calvin à Jules Ferry*, Paris, Éd. de Minuit, 1977, 2 vol.).

entrer chez d'autres, sans le consentement des premiers. Sous
l'Ancien Régime, les domestiques étaient exemptés de l'impôt personnel et, en 1695, ils ne figuraient pas dans le fameux édit de Capitation, qui recensait et classait méticuleusement la population
française dans une perspective fiscale [1]. La nature juridique du
gage comme catégorie de rémunération exprime bien la particularité de l'état de domesticité. Alors que le salaire constitue le prix
d'un travail clairement identifié, le gage est la compensation d'une
mise à disposition de la personne. Le salarié est payé à la tâche
ou à la journée, alors que les gages sont fixés sur une base annuelle.
Le salaire est toujours plus ou moins lié à une notion de durée
de travail, alors que le versement de gages ne fixe pas de limites
autres que celles des rythmes admis de la vie privée, à l'activité
domestique. Le salaire s'inscrit dans une logique économique de
l'échange — juridiquement, il résulte d'un contrat de louage —,
alors que le gage définit une relation personnelle, un système de
droits et de devoirs d'ordre quasi familial. Moins soumis économiquement qu'un esclave et plus autonome juridiquement qu'un
mineur, le domestique incarne au xviiie siècle une figure spécifique
de la dépendance sociale, à la charnière de la tradition familiale
et de l'archaïsme économique. Le domestique est un être entre deux
mondes. Il est entre la servitude ancienne et le salariat moderne,
à l'intersection du rapport familial et du rapport social. C'est pourquoi son assimilation aux citoyens passifs ne soulève aucune opposition directe en 1789. L'exclusion politique des domestiques était
d'ailleurs déjà un lieu commun de la pensée politique libérale et
démocratique anglaise du xviiie siècle. Dans ses *Discours sur le gouvernement*, publiés pour la première fois en 1698, qui sont réédi-
tés à Paris en l'an II et qui furent admirés par Rousseau comme
par les révolutionnaires américains, Algernon Sidney considérait
qu'il y avait une différence insurmontable entre le *civis* et le *ser-
vus*, aucun serviteur ne pouvant à ses yeux être membre d'un État.
Celui qui n'était pas maître de lui-même ne pouvait avoir part au
gouvernement des autres. En 1647, dans les fameux débats de Putney, même les niveleurs, qui s'opposent pourtant à tout système
censitaire, admettent que les apprentis, les indigents et les domestiques puissent être privés du droit de vote, dans la mesure où ils

---

1. Cf. Fr. BLUCHE et J.-Fr. SOLNON, *La Véritable Hiérarchie sociale de l'ancienne
France. Le Tarif de la première capitation (1695)*, Genève, Droz, 1983.

sont trop fortement dépendants de la volonté d'autres hommes[1].
Seul Locke est peut-être plus ouvert, mais ce n'est que parce qu'il
distingue très strictement le serviteur et l'esclave[2].
Il n'y a rien de vexatoire dans la situation politique qui est faite
aux domestiques, pour les hommes de 1789. L'inégalité ou l'exclusion ne sont insupportables que si elles concernent un rapport social
ou un rapport symbolique. L'homme imposé à cinquante sous de
contribution peut être blessé de ne pas avoir les mêmes droits politiques que celui qui paie soixante sous, alors que le domestique
ne doit pas ressentir sa privation de droit de suffrage comme un
affront ou une injustice. Si l'Assemblée constituante reçoit, au début
de 1790, un grand nombre de délégations qui protestent contre
les disparités en matière d'évaluation du prix de la journée de travail, elle n'est sollicitée qu'une seule fois par une députation de
domestiques, en juin 1790. L'orateur de cette députation est extraordinairement déférent. Nulle protestation dans sa bouche. La députation qu'il conduit ne revendique d'ailleurs rien. Elle se contente
de porter sur l'autel de la Patrie un don de trois mille livres d'argent
et de solliciter humblement en retour un geste de reconnaissance,
un signe exprimant que les domestiques, s'ils ne peuvent voter,
sont cependant dignes d'être considérés comme des patriotes aussi
sincères que tous les autres Français. L'homme qui conduit la délégation intériorise complètement sa condition. « Si des motifs que
nous respectons, déclare-t-il, vous ont déterminés à séparer les gens
de maison de la chose publique, nos cœurs sauront toujours franchir la barrière que votre sagesse a cru devoir poser entre nous
et les citoyens. Nous le sentons et notre patriotisme en est moins
humilié : il est difficile de concilier l'exercice de la liberté avec le
régime de la domesticité. La nécessité a établi une dépendance

---

1. L'essentiel de ces débats est reproduit dans D. Wootton (éd.), *Divine Right and
Democracy. An Anthology of Political Writing in Stuart England*, Londres, Penguin Classics, 1986. Se reporter également à O. Lutaud, *Cromwell, les niveleurs et la République*, Paris, Aubier, 1978. S'ils excluaient les domestiques du droit de vote, on notera
que les niveleurs proposaient parallèlement d'abolir le statut de serviteur. C'est donc
une réforme économique qui devait conduire pour eux à élargir les droits politiques.
2. La position de Locke sur le droit de vote des domestiques est incertaine. Dans
son *Deuxième Traité du gouvernement civil*, il distingue soigneusement le domestique
de l'esclave, ce dernier étant explicitement exclu de la société civile. Mais la notion
d'esclave est très large chez lui, elle désigne en fait une catégorie de domesticité qui
ne se définit pas seulement par son origine (le captif pris dans une guerre), mais aussi
par la forme de sa dépendance vis-à-vis du maître.

qu'une certaine classe d'hommes ne peut éviter[1].» Il ne s'offusque pas de la privation des droits politiques. Il appelle seulement de ses vœux un retour de la prospérité dans les campagnes, seul moyen, pense-t-il, de limiter l'afflux de pauvres ruraux vers les villes, et donc de réduire le nombre de domestiques. Son souhait est en quelque sorte de réformer la nature, appréhendée ici sous les espèces de l'économie, mais nullement de déplacer ou de transgresser la barrière qui sépare le rapport social du rapport naturel. Sieyès, qui préside alors l'Assemblée, l'écoute avec attention et lui répond sur le même ton détaché, comme si aucune injustice ni aucune inégalité n'était en jeu. «L'Assemblée nationale, dit-il, reçoit avec intérêt, avec attendrissement, votre offrande patriotique et vos civiques regrets sur la suspension momentanée de vos droits politiques. Si l'Assemblée a cru devoir prononcer cette suspension, ce n'est pas que ce corps, essentiellement composé d'amis de l'égalité, ait pu avoir l'intention de la méconnaître, cette égalité à votre égard. Mais elle a dû penser que votre sensibilité même, ou cette affection si estimable qui vous attache aux personnes à qui vous engagez vos services, pouvait exercer une influence souvent trop puissante sur vos opinions : ne voyez donc dans les décrets de l'Assemblée qu'une sage précaution qui doit vous être avantageuse puisqu'elle tourne à l'utilité publique[2].» Point de cynisme dans cette déclaration qui exprime parfaitement, dans son ingénuité, les bornes que la nature, la culture ou la raison peuvent fixer, en ces débuts de la conscience politique moderne, au travail de l'égalité. Huit cent mille domestiques masculins peuvent ainsi être privés du droit de vote sans que le sentiment égalitaire paraisse le moins du monde bafoué, alors que l'exclusion de quelques dizaines de milliers d'individus pour cause de disparités en matière de calcul du cens soulève des tempêtes d'indignation et de protestation.

Le seul vrai débat de l'époque touche à la définition du domestique. Compris au sens le plus large, il englobe en effet toutes les personnes employées au service direct du maître. L'aumônier, le secrétaire, le précepteur ou le bibliothécaire d'une grande maison sont en ce sens des domestiques, au même titre qu'un laquais ou qu'une servante. Jean-Jacques Rousseau lui-même fut domestique, dans cette définition extensive, comme d'autres hommes de let-

---

1. Séance du 12 juin 1790 (*A.P.*, t. XVI, p. 201).
2. *Ibid.*

lettres[1]. Le même terme servait ainsi à qualifier des travaux et des fonctions fort éloignés. Il n'y avait pas grand-chose de commun entre le médecin personnel d'un prince, le valet de ferme d'un petit paysan et la servante d'un tisserand qui passait autant de temps à manier le métier qu'à tenir la maison. Dans le langage courant, on ne qualifiait pour cette raison de domestiques que les serviteurs ordinaires[2]. Dans la discussion d'octobre 1789 à l'Assemblée constituante, Barère avait soulevé cette difficulté. «Le nom de domestique, avait-il souligné, est un mot vague dont l'acception est trop étendue. *Domesticité* et *domestique* comprennent, en effet, dans l'idiome des lois, une foule de citoyens responsables que votre intention n'est pas de priver de l'exercice des droits politiques. Les *domestiques* sont ceux qui vivent dans la même maison et mangent à la même table sans être serviteurs[3].» Il avait demandé pour cette raison que la loi vise expressément les *serviteurs à gages*. Ce sont en effet essentiellement ces derniers qui «n'ont pas une volonté propre, libre et indépendante, telle qu'elle est nécessaire pour l'exercice du droit de cité»[4]. L'Assemblée le suit et précise dans son décret du 27 octobre 1789 qu'il faut entendre par «domestique», le «serviteur à gages». Mais une marge d'imprécision n'en subsistait pas moins réellement, la distinction entre un valet de ferme et un métayer étant par exemple difficile à opérer clairement dans certains cas.

De nombreuses contestations survenant à propos de cas d'espèce pour l'admission des citoyens aux assemblées primaires, l'Assemblée constituante est amenée à préciser les choses dans l'instruc-

---

1. Rousseau avait été secrétaire d'ambassade à Venise en 1743. Il dira à ce propos : «Il est vrai que j'ai été domestique de M. de Montaigu, ambassadeur de France à Venise, et que j'ai mangé son pain, comme ses gentilshommes étaient ses domestiques et mangeaient son pain [...]. Mais bien qu'eux et moi fussions domestiques, il ne s'ensuit point que nous fussions ses valets» (lettre du 5 janvier 1767, citée par J.-P. GUTTON, *Domestiques et serviteurs dans la France de l'Ancien Régime*, p. 12).
2. La distinction du domestique et du serviteur est clairement faite dans l'article «Domestique» de l'*Encyclopédie* (rédigé par d'Alembert). Mais le Dictionnaire de Trévoux témoigne de son côté *a contrario* du caractère alors récent de cette clarification. Au début du siècle, la distinction est en effet encore floue dans ses colonnes. Le terme de «domestique», note-t-il, «comprend tous ceux qui agissent sous un homme, qui composent sa maison, qui demeurent chez lui, ou qui sont censés y demeurer, comme intendants, secrétaires, commis, gens d'affaires».
3. Séance du 27 octobre 1789 (*A.P.*, t. IX, p. 590).
4. *Ibid.*

tion du 12 août 1790. Elle exclut ainsi formellement un certain nombre de professions de l'état de domesticité, en notant : «Les intendants ou régisseurs, les ci-devant feudistes, les secrétaires, les charretiers ou maîtres-valets de labour, employés par les propriétaires, fermiers ou métayers, ne sont point réputés domestiques ou serviteurs à gages, et sont actifs et éligibles, s'ils réunissent d'ailleurs les conditions prescrites. Il en est de même des bibliothécaires, des instituteurs, des compagnons ouvriers, des garçons marchands et des commis aux écritures[1].» Sans supprimer tout problème d'interprétation, cette instruction avait suffi à éclaircir les contestations principales. La question était cependant revenue à l'ordre du jour au printemps 1791, lorsque l'Assemblée avait débattu des incompatibilités à prononcer entre les fonctions législatives et d'autres fonctions publiques[2]. L'objectif premier de Thouret, qui rapporte sur cette question, est d'écarter de la fonction de représentant, à moins qu'ils n'aient démissionné, certaines catégories de fonctionnaires, ainsi que les officiers et les domestiques servant dans la maison du roi (ce qui incluait des postes élevés comme ceux de conseiller, d'intendant, de grand écuyer, etc.). Mais les constituants vont plus loin que le rapporteur. Ils suivent Regnaud de Saint-Jean d'Angély et Roederer pour rendre inéligible, selon une formule de ce dernier, «tout homme attaché au service personnel et individuel d'un autre»[3]. Si seuls les serviteurs à gages sont exclus du droit de suffrage, tous les domestiques, au sens le plus large du terme, sont ainsi considérés comme inéligibles[4].

Le décret du 11 août 1792 abolit la distinction entre citoyens actifs et passifs, mais il maintient les domestiques en dehors des assemblées primaires. La mise à l'écart des domestiques résiste donc au grand mouvement d'août 1792, ce qui souligne à quel point elle n'était pas comprise par les contemporains comme antidémocratique. Seule l'interprétation des textes continue à faire parfois l'objet de contestations. Le 27 août 1792, des citoyens de Port-au-

1. Duvergier, t. I, p. 286.
2. Séance du 9 juin 1791 (*A.P.*, t. XXVII, pp. 78-79).
3. *Ibid.*, p. 79.
4. L'article 7 du décret du 13 juin 1791 note ainsi : «Ceux qui, à quelque titre que ce soit, sont attachés au service domestique de la maison du Roi, et ceux qui, pour des services de même nature, reçoivent des gages et traitements des particuliers, s'ils sont élus membres du corps législatif, seront tenus d'opter» (Duvergier, t. III, p. 19).

Pecq viennent par exemple se plaindre aux députés du fait que l'assemblée primaire de leur commune a considéré comme domestiques des employés attachés à des maisons de commerce [1]. L'Assemblée est ainsi amenée à préciser une seconde fois la notion de domesticité. «Aucun citoyen, décrète-t-elle, ne doit être exclu des assemblées politiques pour cause de domesticité ; s'il n'est attaché au service habituel des personnes. L'Assemblée invite, en conséquence, les assemblées primaires à ne contester l'admission et le droit de suffrage d'aucun de ceux dont les travaux ordinaires s'appliquent à l'industrie, au commerce et à l'agriculture [2].»

À cette période charnière dans l'histoire de la Révolution, on note peu de protestations provenant des domestiques eux-mêmes. La *Pétition des domestiques*, rédigée par Anacharsis Cloots et revêtue d'une vingtaine de signatures, qui est présentée à l'Assemblée le 28 août 1792, fait figure d'exception [3]. Même si l'initiative est marginale, l'argumentation de l'«orateur du genre humain» est pourtant intéressante. C'est au nom de la vertu révolutionnaire que Cloots défend le droit de vote des domestiques. Elle suffit à ses yeux à annuler les effets négatifs de la dépendance vis-à-vis du maître et à restaurer l'autonomie de la volonté du serviteur. La vertu est là une sorte d'immense pouvoir compensateur qui permet de surmonter, dans ce domaine comme dans d'autres, toutes les pesanteurs et les déterminations, de racheter toutes les apparences et de transfigurer les rapports sociaux [4]. Mais Cloots va aussi plus loin, son raisonnement est également économique : le domestique est à ses yeux un travailleur comme un autre, son activité ne se différencie pas en son essence de celle du travailleur salarié. «Un domestique, écrit-il, est un artisan domicilié avec l'ordonna-

<hr>

1. Cf. séance du 27 août 1792 de l'Assemblée législative (*A.P.*, t. XXXXIX, p. 25).
2. Décret du 27 août 1792 (*ibid.*, p. 35).
3. Elle est reproduite dans *A.P.*, t. L, pp. 671-672. Voir également l'adresse d'un «sieur Picho», le 8 septembre 1792, qui demande «que l'égalité des hommes soit entière et que la classe nombreuse des gens de service puisse, comme tous les autres membres du corps social, jouir de tous les droits inaliénables et imprescriptibles de l'homme» (*A.P.*, t. XXXXIX, p. 463).
4. «Des maîtres aristocrates, écrit-il, ne seront jamais assez opulents pour corrompre l'immense majorité des domestiques patriotes. Et qu'est-ce que la voix mendiée d'un lâche bas valet au milieu d'une immense nation homogène, pour qu'on flétrisse toute une domesticité civique [...] les mêmes sophismes qu'on accumule contre nous seraient également péremptoires contre les nombreux ouvriers qui exploitent la manufacture d'un millénaire» (*Pétition des domestiques*, *A.P.*, t. L, p. 671).

teur de ses travaux; c'est un locataire qui paye son loyer avec sa main-d'œuvre et qui paye ses impôts par la main d'autrui[1].» L'avènement du citoyen accompagne ainsi le développement du salariat. Ce n'est pas au domestique mais au travailleur salarié chez un particulier que Cloots accorde le droit de suffrage. C'est ainsi une transformation du mode de production et des rapports sociaux qui doit étendre la citoyenneté, et non une nouvelle conception du droit de suffrage. La *Lettre à la Convention nationale* de Joël Barlow développe un thème très proche. Il reconnaît la force de l'argument de ceux qui écartent du suffrage le domestique qui dépend des caprices du maître et ne saurait avoir de volonté propre. Mais cette situation est à ses yeux un pur héritage du passé, l'argument ne tiendra plus « lorsque tout homme sera absolument libre d'adopter une profession quelconque, toute espèce d'industrie étant également encouragée et récompensée »[2].

Cette approche produit son plein effet en 1793. Le normatif et le descriptif se confondent alors, en même temps que la révolution politique devient un moment liée à l'idée d'une révolution économique. C'est une évolution qui est sensible y compris chez les modérés de la Convention. L'aspiration à l'extension des libertés, à la perfection de l'égalité et à la réalisation de la démocratie se coule alors pour la majorité dans l'utopie de l'avènement d'un capitalisme qui subvertirait tous les anciens rapports de dépendance pour instaurer le face à face d'acteurs égaux, et pour quelques-uns dans l'utopie d'une égalité des propriétés, productrice d'effets identiques. Même chez Condorcet, c'est la révolution sociale qui est invoquée pour justifier l'extension du droit de suffrage. «La dépendance, qui ne permet pas de croire qu'un individu obéisse à sa volonté propre, pourrait sans doute être un motif légitime d'exclusion, note-t-il au printemps 1793. Mais nous n'avons pas cru qu'il fût possible de supposer l'existence d'une telle dépendance sous une constitution vraiment libre [...]. Les relations sociales qui supposeraient une telle humiliation, ne peuvent subsister parmi nous, et doivent prendre bientôt une autre forme[3]. » Dans son *Analyse des projets de Constitution*, Lanjuinais se montre favorable au vote

1. *Pétition des domestiques*, p. 671.
2. J. BARLOW, *Lettre à la Convention nationale sur les vices de la Constitution de 1791* (annexée au compte rendu de la séance du 7 novembre 1792; *A.P.*, t. LIII, p. 286).
3. CONDORCET, *Exposition des principes et des motifs du plan de Constitution* (février 1793), in *Œuvres de Condorcet*, t. XII, p. 387.

des domestiques pour le même motif[1]. La Constitution de 1793 supprime dans cette perspective la restriction affectant les domestiques. Mais elle ne le fait qu'en présupposant économiquement et socialement résolue la question de la dépendance : «La loi ne reconnaît point de domesticité», affirme ainsi l'article 18 de la Déclaration des droits de l'homme et du citoyen du 24 juin 1793. La loi pouvait-elle changer par décret les rapports économiques et sociaux? Certes pas. Mais le législateur espérait probablement ainsi exorciser au moins le problème.

Les Constitutions de l'an III et de l'an VIII rompent avec ces présuppositions de 1793, et retranchent de nouveau les domestiques des assemblées primaires. Si le Code civil a d'une certaine façon confirmé l'abolition juridique des rapports de dépendance personnelle — ne connaissant que des travailleurs libres; «On ne peut engager ses services qu'à temps, ou pour une entreprise déterminée», note l'article 1780 —, la réalité économique et sociale de la domesticité n'en subsiste pas moins. Pour lever cette dualité entre l'indépendance juridique et la dépendance sociale, certains publicistes, constatant l'impossibilité de supprimer la domesticité, suggèrent de l'encastrer complètement dans la famille. «Comme nous, vous êtes de la famille», leur lance ainsi Toussaint Guiraudet, un publiciste modéré[2]. Point de vue parfaitement logique : si les domestiques ne sont pas dans la société politique, ils doivent alors être clairement assimilés dans la famille[3]. Guiraudet propose dans cette perspective la rédaction d'un Code domestique, instituant une classe particulière de lois, à côté du Code civil et du Code politique. Il aurait eu à régler «les rapports réciproques de père à fils, de mari à femme, de frères entre eux, de maître à serviteur, apprentis, ouvriers, des droits de succession, testament, héritage»[4]. Si cette

---

1. «La domesticité, dit-il, ne doit pas exclure des droits politiques. Il existe, il est vrai, entre le maître et le domestique un certain rapport de dépendance; mais il est volontaire et instantané [...]. Partout où le domestique est moins libre que le maître, il y a abus dans le gouvernement» (rapport du 29 avril 1793, *A.P.*, t. LXIII, p. 565).

2. T. GUIRAUDET, *De la famille considérée comme l'élément des sociétés*, Paris, 1797, an V, p. 192. Voir le résumé de l'intéressante recension critique que ROEDERER fait de l'ouvrage dans son *Journal d'économie publique, de morale et de politique* (n° 35, t. IV, pp. 341-354).

3. Le conventionnel Jean-Charles BAILLEUL note dans cet esprit : «Pour le domestique, le monde entier est dans la maison où il sert» (*Moyens de former un bon domestique*, 2e éd., Paris, 1814, p. 252).

4. T. GUIRAUDET, *De la famille comme l'élément des sociétés*, p. 162.

idée devait rester lettre morte, elle témoignait cependant *a contrario* de l'étroitesse des liens qui unissaient le concept de citoyenneté à celui d'autonomie et de la difficulté qu'avaient les hommes de la Révolution à penser la résorption des immenses « espaces intermédiaires » qui subsistaient entre l'individu et l'État, le familial et le social, l'économique et le domestique[1].

Le mineur, l'interdit, le domestique : ces trois figures de la dépendance ont historiquement été les plus discutées. Mais il en est d'autres, plus marginales peut-être, mais très significatives. Comme celle du fils de famille, notamment (le fils majeur qui vit sous le toit familial et n'a pas de ressources propres). Les constituants hésitent à lui donner le droit de suffrage puisqu'il n'a pas d'indépendance personnelle et qu'il ne paie point d'impôts par lui-même. Ils ne s'y résignent que du bout des lèvres, en calculant fictivement, pour la prise en compte du cens, la part du fils dans le décompte fiscal du père. L'indigent a aussi été au centre de nombreuses interrogations. Ce n'est pas seulement le pauvre, exclu du droit de suffrage, qui pose problème, c'est aussi l'indigent, c'est-à-dire l'individu complètement dépendant, dont l'existence est suspendue à la générosité de particuliers ou aux subsides d'un bureau de bienfaisance. Si la barrière du cens électoral, même limitée, règle la question, en privant dans les faits des droits politiques les personnes vivant des secours publics, la question restait latente.

La femme, entre nature et société

À l'automne 1789, lors des débats sur les conditions de formation des assemblées primaires, la question du droit de vote des femmes n'est même pas soulevée à l'Assemblée constituante. Elles sont spontanément évincées des droits civiques, comme s'il s'agissait d'un fait d'évidence, ne méritant pas d'être discuté, prêtant aussi peu à contestation que la mise à l'écart des mineurs. Cette exclusion des femmes de la sphère politique ne nous surprend guère

---

1. D'où la difficulté également de penser juridiquement l'espace du capitalisme. Il est lui aussi entre deux mondes. Le patron édicte lui-même son règlement intérieur, considérant l'usine comme un lieu purement privé, en même temps que le Code de commerce et le Code civil font de l'entreprise un lieu social. (Logique avec sa position traditionaliste, Guiraudet souhaite que « les lois de famille s'étendent au domaine manufacturier ».)

aujourd'hui, tant elle semble cohérente avec ce que nous pouvons grossièrement appeler «la vision traditionnelle du rapport entre les sexes». Elle est pourtant plus complexe à analyser qu'il n'y paraît. Elle résulte en effet à la fois du poids des préjugés de l'époque sur la nature de la femme et de la perception de la frontière entre l'espace privé et l'espace public, l'ordre des rapports naturels et l'ordre des rapports sociaux. Les manifestes en faveur des droits politiques des femmes, qui apparaissent sporadiquement à partir de 1790, témoignent dans leur argumentation de l'entrecroisement permanent de ces deux plans d'appréhension du problème.

Les hommes de 1789 ont presque tous la tête remplie des lieux communs du XVIII⁻ siècle sur la nature féminine. Pendant tout le siècle, la philosophie, la littérature et la médecine ont croisé leurs approches pour «naturaliser» à l'extrême la féminité. Le sensualisme, s'il a opéré une révolution «progressiste» dans la philosophie et dans la conscience religieuse, a aussi contribué à exacerber l'appréhension du rapport entre les sexes en termes de différence physique. Il serait aussi facile que fastidieux de dresser une impressionnante liste de toutes les expressions négatives qui sont employées pour décrire la nature féminine. Le roman, la philosophie et les sciences ne parlent que de constitution délicate, de tendresse excessive, de raison limitée, d'émotivité exacerbée, de tissus relâchés, de dispositions maladives, de nerfs fragiles : l'infériorité intellectuelle et physiologique de la femme est déclinée dans une série infinie et répétitive de métaphores. Diderot en a bien résumé la lettre et l'esprit dans son essai de 1772 *Sur les femmes*. Texte d'autant plus intéressant et représentatif qu'il montre remarquablement que l'exaltation de la beauté féminine et la célébration du sentiment amoureux ne sont que l'envers de l'enfermement de la femme dans son infériorité physique. Si la femme est faite, selon l'expression de Rousseau dans *Émile*, «pour plaire et pour être subjuguée», c'est parce qu'elle est au fond un homme manqué, un être dans lequel l'homme célèbre ce dont il manque. La femme est pour l'homme du XVIII⁻ siècle une sorte de miroir dans lequel ce dernier peut s'aimer à travers son double blessé et fragile. Il n'y a pas de contradiction pour cette raison entre l'univers du libertinage et la vision négative de la féminité. Les jeux de l'amour et l'art de plaire ne sont qu'une façon élégante et spirituelle d'instituer socialement ce qui reste perçu comme une infranchissable distance naturelle. Même lorsqu'elles sont célébrées et consultées, les femmes restent radicalement extérieures à l'univers masculin [1]. Les Goncourt ont très bien expliqué ce paradoxe, montrant comme les femmes pouvaient paraître gouverner la Cour et la ville, nouant les intrigues et inspirant les décisions, sans pour autant cesser d'être perçues comme l'incarnation de la faiblesse ou de la fragilité [2]. Les traits imprimés par la nature représentent dans tous les cas une barrière infranchissable, maintenant à distance la femme, y compris lorsqu'elle témoigne d'un goût raffiné et d'une grande culture. C'est ce qui rend impossible une certaine pensée de l'égalité. « Les deux sexes ne sont pas égaùx ; *les égaler, c'est les dénaturer* », résume Rétif de La Bretonne dans *Les Gynographes* [3], tandis que Rousseau pense au fond qu'émanciper les femmes reviendrait à les corrompre. Au soir de la Révolution, Sylvain Maréchal, l'auteur du *Manifeste des égaux*, montrera dans cette direction que l'audace politique peut faire bon ménage avec le conservatisme social. Dans son fameux *Projet d'une loi portant défense d'apprendre à lire aux femmes* (1801), il dresse le catalogue des cent treize raisons de différencier les sphères de l'homme et de la femme. Le texte de loi qu'il joint à son pamphlet précise : « La Raison veut que chaque sexe soit à sa place, et s'y tienne. Les choses vont mal quand les deux sexes empiètent l'un sur l'autre [...]. La Raison veut que les femmes tiennent le sceptre de la politesse sans aspirer à celui de la politique [4]. » Ces mots et ces arguments seront mille fois répétés pour justifier la mise à l'écart des femmes de la vie politique. Exclusion perçue comme purement naturelle, simple conséquence logique de la physiologie et de la psychologie du beau sexe.

Même ceux qui appellent de leurs vœux une amélioration de la condition des femmes ne la conçoivent pas sur le mode d'une révolution des droits. Dans son essai de 1783, *De l'éducation des*

---

1. Dans sa lettre à Talleyrand qui sert d'introduction à la *Défense des droits de la femme* (1792, trad. française Paris, Payot, 1976), Mary WOLLSTONECRAFT a été la première à souligner que l'idolâtrie française de la femme au XVIIIᵉ était tout à fait cohérente avec sa mise à l'écart. La femme était adulée dans son infériorité, comme un « beau défaut » de la nature. Voir sur ce point M. DUPONT-CHATELAIN, *Les Encyclopédistes et les femmes*, Paris, 1911 (Genève, Slatkine Reprints, 1971).

2. Cf. E. et J. DE GONCOURT, *La Femme au XVIIIᵉ siècle*, Paris, 1862.

3. RÉTIF DE LA BRETONNE, *Les Gynographes ou Idées de deux honnêtes femmes sur un projet de règlement proposé à toute l'Europe, pour mettre les femmes à leur place, et opérer le bonheur des deux sexes*, La Haye, 1777, p. 41.

4. Articles 3 et 56. Voir sur ce point les remarques de F. AUBERT, *Sylvain Maréchal, passions et faillite d'un égalitaire*, Paris et Pise, Nizet et Goliardica, 1975.

femmes, Choderlos de Laclos l'exprime dans des termes très éclairants. Il est vain, estime-t-il, de vouloir éduquer la femme, c'est-à-dire de chercher à la faire agir, raisonner et sentir de telle sorte qu'elle cesse d'être esclave et puisse devenir l'égale de l'homme : «Il n'est aucun moyen de perfectionner l'éducation des femmes[1]», pose-t-il comme point de départ. La vraie libération de la femme ne consiste pas à ses yeux en un chimérique arrachement à ses déterminations sociales et naturelles, mais au contraire dans un retour de la femme à l'état de nature et dans une sorte de perfectionnement de celui-ci. La femme ne peut trouver le bonheur que dans l'accomplissement de sa différence naturelle. Il lui faut aller jusqu'au bout de sa nature, jusqu'à se refaire un corps entièrement neuf, dit Laclos, pour qu'elle retrouve une vraie liberté, liée au plaisir des sens. Il n'est donc pas question pour lui d'un bonheur d'ordre civique, dans lequel la femme oublierait ses spécificités pour être un citoyen comme les autres.

Les partisans de l'égalité politique appliquée aux femmes batailleront en première ligne contre la naturalisation de l'infériorité féminine. Ces féministes, cependant, ne sont pas nombreux pendant la Révolution : ils ne sont qu'une poignée, et leurs brochures forment un bien maigre ensemble[2]. La pointe de leur propos est de passer de la nature à la société pour comprendre la femme, et de dénoncer comme de simples préjugés les descriptions traditionnelles de l'être féminin. Ils suivent en cela la démonstration pionnière de François Poulain de La Barre, qui écrivait, dès le XVIIe siècle, dans *De l'égalité des deux sexes* : «Nous sommes remplis de préjugez [...]. De tous les préjugez, on n'en a point remarqué de plus propre que celuy qu'on a communément sur l'inégalité des deux sexes[3].» La racine

1. P. Choderlos DE LACLOS, *De l'éducation des femmes*, texte présenté par Chantal Thomas, Grenoble, Jérôme Millon, 1991.
2. On pourra consulter trois utiles recueils de ces textes de la période révolutionnaire : *Les Femmes dans la Révolution française, 1789-1794*, Paris, Édhis, 1982, 2 vol. (ensemble très riche d'une centaine de brochures, articles, affiches, etc.) ; *Paroles d'hommes (1790-1793)*, présenté par É. BADINTER, Paris, P.O.L., 1989 ; D. GODINEAU, *Les droits de l'homme sont aussi les nôtres. Recueil sur les droits des femmes pendant la Révolution française*, Aix-en-Provence, Alinéa, 1989. Voir également P.-M. DUHET, *Les Femmes et la Révolution, 1789-1794*, Paris, Julliard, «Archives», 1971, ainsi que la bibliographie de S. BLANC, *Les Femmes et la Révolution française*, Paris, Bibliothèque Marguerite-Durand, mars 1989.
3. Fr. POULAIN DE LA BARRE, *De l'égalité des deux sexes* (1673), Paris, Fayard, 1984, pp. 9-10.

de ces préjugés ? Elle tient à un simple constat : « On rapporte souvent à la nature ce qui ne vient que de l'usage[1]. » C'est ce même mot de « préjugés » que Sieyès reprend en 1789 pour déplorer l'exclusion politique des femmes. « Dans l'état présent des mœurs, des opinions et des institutions humaines, écrit-il alors, on voit des femmes appelées à porter la couronne ; et, par une contradiction bizarre, on ne permettrait nulle part de les compter parmi les citoyens actifs[2]. » Quelques mois plus tard, Condorcet s'appuie aussi sur la dénonciation de la naturalisation artificielle des incapacités de la femme, pour plaider en leur faveur dans son fameux article du *Journal de la société de 1789*[3]. « Ce n'est pas la nature, c'est l'éducation, c'est l'existence sociale qui cause cette différence », plaide-t-il[4]. « Il serait difficile de prouver que les femmes sont incapables d'exercer les droits de cité. Pourquoi des êtres exposés à des grossesses, et à des indispositions passagères, ne pourraient-ils exercer des droits dont on n'a jamais imaginé de priver des gens qui ont la goutte tous les hivers, et qui s'enrhument aisément[5] ? » Condorcet souhaite restaurer dans ses droits la moitié du genre humain sur cette base. « Les droits des hommes, explique-t-il, résultent uniquement de ce qu'ils sont des êtres sensibles, susceptibles d'acquérir des idées morales et de raisonner sur ces idées ; ainsi les femmes ayant ces mêmes qualités, ont nécessairement des droits égaux. Ou aucun individu de l'espèce humaine n'a de véritables droits, ou tous ont les mêmes[6]. » Les femmes, en d'autres termes, doivent voter car aucune caractéristique naturelle ne peut constituer une contre-indication. Tous les féministes de la période révolutionnaire développent le même argument. « Le puissant empire de la nature environné de préjugés, de fanatisme, de superstition et de mensonges », lance en 1791 Olympe de Gouges, appelant les femmes à se réveiller et à reconnaître leurs

1. Fr. POULAIN DE LA BARRE, *De l'égalité des deux sexes*, p. 96.
2. E. SIEYÈS, *Observations sur le rapport du comité de Constitution [...]*, pp. 19-20.
3. « Sur l'admission des femmes au droit de cité », publié dans le n° V, du 3 juillet 1790 (*Le Journal de la société de 1789* a été intégralement reproduit en 1982 par les éditions Édhis).
4. *Ibid.*, p. 7. Là encore, Condorcet fait donc du développement de l'éducation la clef de l'élargissement de la citoyenneté et de l'approfondissement de la démocratie.
5. *Ibid.*, p. 3.
6. *Ibid.*, p. 2.

droits[1]. Lequinio tient le même langage dans *Les Préjugés détruits*[2]. Les femmes tiendraient-elles leurs droits de leur seule absence de spécificité naturelle? Même leurs plus ardents avocats ne vont pas toujours jusque-là. C'est aussi le constat de l'immense inégalité de talents et de capacités qui traverse le monde masculin qui justifie à leurs yeux l'abolition d'une absurde ségrégation. Condorcet le dit sans ambages. «Si l'on admettait contre les femmes des raisons semblables [celles tenant à des incapacités désirées de leur nature], écrit-il, il faudrait aussi priver du droit de cité la partie du peuple qui, vouée à travaux sans relâche, ne peut ni acquérir des lumières, ni exercer sa raison, et bientôt de proche en proche on ne permettrait d'être citoyens qu'aux hommes qui ont fait un cours de droit public[3].» Le seul choix véritable, pour Condorcet, est donc entre le suffrage capacitaire et le suffrage vraiment universel. Exclure les femmes parce qu'elles présentent telle ou telle caractéristique physique ou intellectuelle ne serait acceptable que si des hommes étaient privés de droit de vote pour des raisons équivalentes. «On n'arracherait pas les femmes à leur ménage plus que l'on arrache les laboureurs à leurs charrues, les artisans à leurs ateliers», résume-t-il[4]. C'est suggérer de façon voilée que les femmes cultivées peuvent acquérir le droit de cité, puisque même les hommes bornés en disposent. Les limites du suffrage universel justifient ainsi paradoxalement son extension. Tout au long du XIXe siècle, des suffragettes s'appuieront sur un raisonnement analogue pour revendiquer les droits politiques. Puisque même les Noirs votent, que les femmes puissent aussi voter, diront cyniquement de nombreuses féministes américaines après les années 1860. Dès 1792, Hippel, l'ami et le disciple de Kant, s'étonnait aussi dans cet esprit que la Révolution fasse tant pour les Juifs et si peu pour les femmes[5]! C'est à un affranchissement des femmes par le bas qu'invitent ces arguments, qui mêlent de façon troublante la revendication de l'égalité au constat désabusé de la médiocrité du nombre. La puissance des préjugés sur la nature féminine ne suffit pas

1. Olympe DE GOUGES, *Les Droits de la femme. À la Reine*, s.l.n.d. (automne 1791), p. 12.
2. Cf. J.-M. LEQUINIO, *Les Préjugés détruits*, Paris, 1792 (chap. XIV, «Des femmes»).
3. «Sur l'admission des femmes au droit de cité», *Le Journal de la société de 1789*, p. 7.
4. *Ibid.*, p. 10.
5. Cf. HIPPEL, *Über die bürgerliche Verbesserung der Frauen*, Berlin, 1792.

à expliquer le caractère presque saugrenu que pouvait avoir la proposition d'élargissement aux femmes du droit de suffrage pendant la Révolution. Si Condorcet, Olympe de Gouges et la poignée de pionniers qui les suivent sont si peu écoutés, c'est aussi pour un autre motif : malgré leur ardeur individualiste, les hommes de 1789 ne considèrent pas les femmes comme de «vrais individus». Celles-ci restent pour eux enfermées dans la sphère de l'activité domestique, extérieures à la société civile. Le problème n'est pas là seulement que les femmes soient d'abord perçues comme des mères ou des ménagères, cantonnées donc dans un rôle spécifique, mais que ces fonctions ne soient pas considérées comme des activités *sociales*. La femme reste incluse dans le système familial, qui l'absorbe tout entière. Dans l'*Émile*, Rousseau écrit de façon frappante que la véritable mère de famille, «loin d'être une femme du monde, n'est guère moins recluse dans sa maison que la religieuse dans son cloître»[1]. Si l'homme est un individu, *la femme, en d'autres termes, est un corps*, comme le moine. C'est en profondeur pour ce motif que la mise à l'écart de la femme apparaît légitime à bien des esprits exempts des préjugés habituels sur les «tissus relâchés» du sexe féminin ou son «émotivité» peu propice à la participation politique. On oppose ainsi le droit de cité des hommes au droit de famille des femmes. Répliquant à des pétitions de femmes, *Les Révolutions de Paris* publient au début de 1791 une longue mise au point sur les motifs qui conduisent à éloigner les femmes du droit de suffrage[2]. Le «règne des courtisanes», accusé d'avoir précipité la ruine de la nation, est certes voué aux gémonies — c'est un des leitmotive de la suspicion vis-à-vis des femmes, mais l'essentiel de l'argumentation repose sur l'assimilation de la femme à la seule sphère privée. La femme n'a pas un rapport d'individu à individu avec l'homme, elle est avec lui dans un rapport naturel, non social. L'opposition des sphères domestique et civile, privée et publique ne recouvre pas seulement des «qualités» qui seraient propres à chaque sexe, elle traduit aussi une *limite* du procès d'individualisation. Le statut de la femme exprime d'une certaine manière les résistances à l'avènement de la société individualiste,

---

1. J.-J. ROUSSEAU, *Émile* (livre V), in *Œuvres complètes*, Paris, Gallimard, «Bibl. de la Pléiade», 1969, t. IV, p. 737.
2. Article attribué à L.-M. Prudhomme, publié dans le n° 83, du 12 février 1791, des *Révolutions de Paris* (reproduit dans le recueil *Paroles d'hommes (1790-1793)* édité par É. BADINTER).

à l'intérieur même de son propre mouvement. C'est l'homme qui polarise la nouvelle figure de l'individu, alors que la femme devient la gardienne de l'ancienne forme du social, dorénavant cantonnée à la famille. En étant identifiée à la communauté familiale, la femme est dépouillée de l'individualité. Elle est l'âme du foyer, son principe spirituel, alors que l'homme en incarne le principe juridique. À partir de la Révolution, la femme est d'autant plus reléguée dans la sphère privée, attachée à l'homme par un lien d'ordre strictement naturel, que ce dernier est dorénavant pleinement reconnu comme un sujet autonome, participant directement à la souveraineté politique[1]. Charles Nodier l'a fort justement aperçu. « Le pouvoir des femmes, écrit-il, semble diminuer en raison de l'ascendant donné à la démocratie. La liberté politique ne s'accroît qu'aux dépens de leur empire, et leur esclavage n'a jamais été plus grand que dans les lieux mêmes où l'homme a joui de plus d'indépendance. Le contraste s'explique aisément ; plus l'homme acquiert de droits dans la cité, plus il est jaloux d'en faire usage, et de s'élancer dans la sphère immense des intérêts publics. Il ne tarde pas à s'exagérer à lui-même son importance individuelle[2]. » Nodier ne se contente pas d'évoquer banalement la duplication de la division des sexes dans l'organisation sociale. Il souligne avec force que la situation de la femme moderne, dans la société individualiste-démocratique, est plus défavorable que celle de la femme dans la société traditionnelle. La raison de ce recul ? Deux éléments d'explication peuvent être invoqués. En s'inscrivant dans la perspective d'une auto-institution du social, le monde moderne tend d'abord

---

1. Cf. J. B. LANDES, *Women and the Public Sphere in the Age of the French Revolution*, Ithaca, Cornell University Press, 1989 ; É. GUIBERT-SLEDZIEWSKI, *Révolutions du sujet*, Paris, Méridiens-Klincksieck, 1989 (voir notamment le chapitre « La femme, sujet civil et impossible sujet civique ») ; D. GODINEAU, « Qu'y a-t-il de commun entre vous et nous ? Enjeux et discours opposés de la différence des sexes pendant la Révolution française (1789-1793) », in *La Famille, la loi, l'État, de la Révolution au Code civil* ; L. HUNT, « Révolution française et vie privée », in M. PERROT, *Histoire de la vie privée*, t. IV, Paris, Éd. du Seuil, 1987, et « L'axe masculin/féminin dans le discours révolutionnaire », in *La Révolution française et les processus de socialisation de l'homme moderne*, actes du colloque de Rouen du 13 au 15 octobre 1988, Paris, Messidor, 1989. Je n'ai pas pu prendre connaissance de l'ouvrage d'Olwen H. HUFTON, *Women and the Limits of Citizenship in the French Revolution*, Toronto University Press, 1992.
2. Ch. NODIER, « De l'influence des femmes dans un gouvernement représentatif », texte imprimé dans la seconde édition du livre de J.-A. DE SÉGUR, *Les Femmes, leur condition et leur influence dans l'ordre social, chez les différents peuples anciens et modernes*, Paris, 1825, t. IV, p. 228.

à dissocier et à distinguer les deux ordres de la nature et de la société, jadis encastrés l'un dans l'autre. Le rapport entre les sexes s'en trouve profondément affecté, leur ancienne division fonctionnelle se doublant d'une nouvelle séparation : l'identification du masculin à l'ordre de la société civile et du féminin à l'ordre naturel. La femme n'est du même coup plus seulement appréhendée dans ses différences physiques ou fonctionnelles par rapport à l'homme, à partir de son rôle propre : elle habite dorénavant un autre monde que le sien. L'adoucissement des mœurs peut ainsi aller de pair avec l'instauration d'une coupure presque ontologique entre les sexes, les constituant véritablement en *genres* différents (idée que le terme anglais de *gender* traduit peut-être mieux). C'est une transformation dont l'œuvre de Rousseau témoigne de façon éclatante : il est à la fois le théoricien révolutionnaire du contrat social et le chantre d'une féminité reléguée dans la nature. C'est dans cette seconde direction que Nodier s'engage aussi pour suggérer qu'il y a une sorte d'économie générale du processus d'individualisation moderne. C'est à partir d'elle que l'on peut comprendre la corrélation entre le sacre politique de l'homme et le déni de citoyenneté dont est victime la femme. La rigidification du statut traditionnel de la femme accompagne et «compense» d'une certaine manière la révolution de la citoyenneté. «La liberté politique, résume Nodier, semble être incompatible avec le pouvoir des femmes[1].» Il n'est pas étonnant dans cette mesure que l'«ancien» puisse avoir été perçu comme plus démocratique que le «moderne» au regard de la situation des femmes. Les avocats des femmes ont souvent utilisé comme argument en faveur de leur thèse le fait qu'en 1789, lors de l'élection aux États généraux, certaines femmes avaient été autorisées à voter. Le règlement de convocation du 24 janvier 1789 prévoyait en effet que les femmes mariées et les veuves propriétaires de fiefs puissent être admises dans les assemblées paroissiales de premier degré (cette autorisation s'étendait aussi aux mineurs propriétaires de fiefs). À cette aune, la législation électorale élaborée par les constituants marque indéniablement un «recul». Mais celui-ci ne doit pas être appréhendé séparément des «progrès» qui s'opèrent par ailleurs et, surtout, du changement de perspective.

---

1. «De l'influence des femmes [...]», in J.-A. DE SÉGUR, *Les Femmes, leur condition et leur influence [...],* p. 243.

Au printemps 1789, ce sont d'abord des propriétaires, dont la qualité de femmes n'est que secondaire, qui sont appelées à voter par le règlement royal. Il ne s'agit pas d'une première amorce de reconnaissance de la femme-individu. D'une façon encore plus large, il est frappant de constater à quel point les mœurs et le droit ont pu évoluer de façon contrastée. Au Moyen Âge, la femme était par exemple souvent considérée comme juridiquement capable, alors que la puissance du mari sur sa personne était très pesante. À la fin de l'Ancien Régime, la situation était inversée : la femme était devenue une incapable, alors que la puissance du mari connaissait un réel déclin[1]. De façon tout à fait parallèle, la femme a été consacrée dans sa dépendance sociologique vis-à-vis de la famille au moment où les mœurs s'adoucissaient. La femme a été d'autant moins reconnue comme individu qu'elle était de plus en plus considérée comme une personne.

De 1789 à 1791, les revendications féministes en faveur des droits politiques restent limitées. Elles n'impliquent que des groupes restreints ou quelques philosophes. Les choses changent un peu à partir de l'automne 1792, lorsque le mouvement social se radicalise et que des groupes de femmes se manifestent comme force de pression dans la rue ou dans les clubs. La question est abordée pour la première fois à la tribune à l'occasion des échanges sur le projet de nouvelle Constitution. Faisant rapport des différents projets reçus par la Convention, Lanjuinais mentionne plusieurs propositions en faveur du suffrage des femmes. C'est un ami de Condorcet, député des Côtes-du-Nord, Pierre Guyomar, qui publie à cette occasion la brochure la plus suggestive, *Le Partisan de l'égalité politique entre les individus*[2]. Son plaidoyer mêle de façon très aiguë une vigoureuse argumentation pour l'octroi aux femmes du droit de cité à une conception très traditionnelle de leur rôle social. Guyomar exprime remarquablement le point de vue féministe à partir de l'universalisme révolutionnaire abstrait. Les droits de l'homme, rappelle-t-il, visent l'*homo*, et non pas l'être masculin. C'est à cette condition seulement qu'ils peuvent exprimer un universalisme véritable. Il serait donc plus approprié, défend-il, de parler de droits

1. Cf. P. Petot, *Histoire du droit privé. Les Incapables.*
2. P. Guyomar, *Le Partisan de l'égalité politique entre les individus, ou Problème très important de l'égalité en droits et de l'inégalité en fait*, Paris, 1793 (troisième annexe à la séance du 29 avril 1793 ; *A.P.*, t. LXIII, pp. 591-599).

de l'individu. « Si j'ai employé le mot *individu*, écrit-il, c'est qu'il
m'a paru le plus propre à indiquer les hommes de tout sexe, de
tout âge, tous membres, à mon avis, de la grande famille qui habite
le monde [1]. » La femme doit voter pour cette raison, en tant
qu'elle est un individu. C'est sur ce point essentiel que Guyomar
se sépare de la grande majorité de ses contemporains. Il n'est pas
à proprement parler plus féministe qu'eux : la pointe de son originalité est de considérer la femme comme un être autonome *dans
l'état de nature*. « L'homme et la femme, explique-t-il, sont indé-
pendants l'un de l'autre, dans l'état de nature où les rencontres
sont fortuites [...]. Dans une démocratie, un gouvernement qui
approche le plus de l'état de nature, l'homme et la femme sont
chacun un tout, c'est-à-dire membre du souverain [2]. » Seul l'accès
des femmes au droit de suffrage marque pour cette raison à ses
yeux une rupture définitive avec la société de corps. « De deux choses l'une, montre-t-il de façon lumineuse, ou la nation est composée d'hommes et de femmes, ou elle ne l'est que d'hommes. Dans
le premier cas, les hommes forment un corps ; dans le second cas,
les femmes sont les ilotes de la République [3]. » On trouve exprimé
là pour la première fois, avec une exceptionnelle clarté, le féminisme radical : celui de l'absorption de la femme dans l'individu
abstrait. Ce n'est pas aux femmes, dans leur spécificité (en tant
que groupe social, corps, moitié du monde, etc.), que Guyomar
souhaite voir accordé le droit de vote : c'est à *l'individu absolu*,
dont la détermination sexuelle est parfaitement secondaire. Dans
cette démarche, nous le verrons, il est très en avance sur le féminisme du XIXe siècle et même du XXe siècle. La justification du
droit des femmes plonge chez lui ses racines dans un « a-féminisme »
radical. Mais cette audace philosophique se double aussi d'un grand
conformisme sociologique. La femme reste d'abord pour lui une
mère et une ménagère. Il n'envisage par exemple que de façon très
limitée l'éligibilité de la femme à des fonctions publiques. Il admet
sur ce point que la « rigueur du droit » doit se plier aux « conve-
nances tirées des mœurs ».

À ne considérer que le seul critère de l'autonomie et de l'indépendance individuelle, il n'est pas possible de parler en général des

---

1. P. Guyomar, *Le Partisan de l'égalité politique [...]*, p. 591.
2. *Ibid.*, p. 592.
3. *Ibid.*

femmes. Leur position matrimoniale joue un rôle prépondérant dans la détermination de leur situation dans le social. Le droit opère ainsi une distinction fondamentale entre la capacité civile très large des veuves et des filles célibataires majeures, et l'incapacité de la femme mariée. Aussi est-ce très logiquement que le droit de vote aurait au moins pu être accordé aux premières tout en étant refusé aux secondes, de ce seul point de vue. Condorcet a mis en avant ce fait pour dénoncer le manque de logique de ceux qui refusaient le droit de vote à *toutes* les femmes [1]. En 1793, un ami de Thomas Paine, David Williams, reprend l'argument. Il accepte que l'homme et la femme mariés puissent être considérés comme « un être moral dont l'opinion est une », mais note en même temps : « Il n'en est pas moins vrai que, là où ce cas n'existe pas, lorsque les femmes restent filles ou qu'elles deviennent veuves, elles ont incontestablement le droit de voter [2]. » Condorcet et Williams ne sont pas suivis dans leur démarche et dans leur argumentation. Lanjuinais, qui les cite en même temps que Guyomar, adopte une position réservée. Sa réserve traduit parfaitement la complexité du rapport que les hommes et la Révolution entretiennent avec l'avènement de l'individu. Ils cherchent à en hâter le mouvement, en même temps qu'ils redoutent secrètement l'épreuve radicale que constituerait pour eux son achèvement sous la forme de l'égalité politique entre les sexes. D'où la brutalité avec laquelle certains interviennent, à l'automne 1793, pour interdire les clubs politiques de femmes. On a souvent cité les formules d'Amar, qui rapportait sur ce dossier à la Convention [3]. Priver les femmes du droit de suffrage ne suffirait pas à ses yeux, elles devraient également être écartées de toute délibération et de toute réunion politique. Il allait ainsi au bout de la logique qui considérait les femmes

1. Voir la seconde de ses *Lettres d'un bourgeois de New-Haven à un citoyen de Virginie* (1787), in *Œuvres de Condorcet*, t. IX, p. 16.

2. David WILLIAMS, *Observations sur la dernière Constitution de la France, avec des vues sur la formation de la nouvelle Constitution* (deuxième annexe à la séance du 29 avril 1793 ; *A.P.*, t. LXIII, p. 586).

3. « Les fonctions privées auxquelles sont destinées les femmes par la nature même, tiennent à l'ordre général de la société », notait-il (discours de 9 brumaire an II-30 octobre 1793 ; *A.P.*, t. LXXVIII, p. 50). Les femmes se voient significativement interdire de porter les armes, y compris les piques à ce moment, certaines d'entre elles arguant de ce fait pour réclamer le droit de vote en tant que soldats-citoyennes. La loi du 4 prairial an III (23 mai 1795) confirmera que les femmes ne peuvent assister à aucune assemblée politique.

comme enfermées dans la sphère des activités privées[1]. À cette approche sociologique, il ajoutait une considération tactique. Êtres fragiles et émotifs, les femmes étaient aisément manipulables, insistait-il, parlant des « prétendues sociétés populaires de femmes que l'aristocratie voudrait établir pour les mettre aux prises avec les hommes, diviser ceux-ci [...] et exciter des troubles »[2]. L'argument allait connaître un bel avenir : les républicains de la fin du XIXe siècle continueront de refuser le droit de vote aux femmes, arguant qu'elles sont manœuvrées par le clergé et la réaction. Un mois plus tard, en novembre 1793, le procureur général Chaumette s'emportait contre un groupe de femmes forçant l'entrée du conseil général de la Commune de Paris en leur lançant : « Depuis quand est-il permis aux femmes d'abjurer leur sexe, de se faire hommes ? [...] Femmes imprudentes qui voulez devenir des hommes, n'êtes-vous pas assez bien partagées[3] ? » Bien des extrémistes applaudissent la sévérité de ce jugement. Le Club des citoyennes républicaines révolutionnaires de Claire Lacombe et Pauline Léon les inquiète. Ils redoutent confusément qu'il symbolise par son existence le développement d'une révolution dans la révolution, qui leur échapperait[4]. D'où leur empressement à les enfermer dans l'espace domestique, et leur adhésion spontanée aux préjugés que Condorcet voulait abattre. « Chaque sexe, dit Amar, est appelé à un genre d'occupation qui lui est propre ; son action est circonscrite dans ce cercle qu'il ne peut franchir, car la nature, qui a posé ces limites à l'homme, commande impérieusement[5]. »

La loi du 20 septembre 1792 sur le divorce et la laïcisation du mariage semble procéder d'une autre vision des rapports entre les sexes ; elle renvoie indéniablement à une approche contractuelle du couple, explicitement compris comme une société librement formée entre deux individus égaux. Mais elle n'est guère représentative de l'esprit des institutions révolutionnaires. Votée dans le

---

1. Position parfaitement logique. Si les femmes sont cantonnées dans l'espace familial, elles doivent être privées de tout ce qui compose la participation à l'espace public : le droit de vote, mais aussi les droits de pétition et de réunion (la citoyenneté active est composée de ces différents droits).

2. *A.P.*, t. LXXVIII, p. 51.

3. Discours du 17 novembre 1793, reproduit in *Paroles d'hommes (1790-1793)*, p. 181.

4. Cf. M. CERATI, *Le Club des citoyennes républicaines révolutionnaires*, Paris, Éd. sociales, 1966.

5. *A.P.*, t. LXXVIII, p. 51.

grand élan égalitaire de l'été 1792, elle est restée relativement isolée. Le Code civil exprimera une philosophie beaucoup plus classique de la famille comme *société naturelle*. Le glissement est perceptible dès la discussion des premières versions du Code civil, en 1793 [1]. Trois textes théoriques s'emploient à le justifier de 1797 à 1801. Dans le premier, *De la famille considérée comme l'élément des sociétés*, publié en l'an V, Toussaint Guiraudet s'aventure jusqu'à remettre en cause les fondements de la révolution individualiste. Il n'hésite pas à dire que «la famille est le point social, élémentaire, qui compose à lui seul, en se multipliant, toutes les associations politiques» [2]. Il distingue individualisme moral et individualisme politique pour avancer que la société n'est pas constituée d'individus autonomes. «La grande société, conclut-il, n'est ni une collection d'individus isolés, ni une grande famille réunie sous un ou plusieurs chefs, mais bien un composé de familles [3].» Allant plus loin encore, Guiraudet invite ses contemporains à ne pas confondre «l'homme de la nature» et «l'homme de la société», et à distinguer leurs droits, l'ordre domestique constituant à ses yeux un ordre juridique propre. Le deuxième, *De la condition des femmes dans les Républiques*, est publié en l'an VII par Charles Théremin, l'homme de confiance de Sieyès, chef du bureau du Comité de salut public. Il est moins radical que Guiraudet, mais il prend également ses distances avec le pur individualisme. La famille, explique-t-il, constitue une entité qui a un intérêt propre, et donc une volonté unique. C'est pourquoi le suffrage des femmes n'a pas de sens; il serait à la fois dépendant et inutile. «Le vote d'un compte pour deux, écrit-il; celui de la femme est virtuellement compris dans celui du mari [...]. Le mari et la femme ne sont qu'une seule personne politique [4].» Portalis défendra la même approche

---

1. Cf. A.-M. DE BERGH, *Le Comité de législation et le droit de la famille dans les deux premiers projets de Code civil*, Paris, 1956 (thèse de droit).
2. T. GUIRAUDET, *De la famille considérée comme l'élément des sociétés*, p. 8. Ancien collaborateur de Mirabeau, Guiraudet était secrétaire général du ministère des Relations extérieures sous le Directoire.
3. Id., *ibid.*, p. 201.
4. Ch. THÉREMIN, *De la condition des femmes dans les Républiques*, Paris, an VII, p. 58. Mais Théremin admet, à l'inverse, que la spécificité féminine puisse fonder un type particulier d'insertion dans la vie publique. «Puisque les femmes ne peuvent être représentantes, il faut les intéresser d'une autre manière au système représentatif», écrit-il (p. 60). Il propose en ce sens qu'elles puissent être chargées de certaines commissions publiques, valorisant leurs «compétences propres» de femmes. Chez lui, l'exclusion politique de la femme-individu s'accompagne donc d'un projet d'inclusion de la femme-

de l'institution familiale dans son célèbre *Discours préliminaire* de 1801 [1].

L'exclusion politique de la femme apparaît ainsi comme la résultante d'un double inachèvement de l'individualisme révolutionnaire : anthropologique, quant au statut même de la femme ; sociologique, quant à la perception de la famille. À l'aube du XIXᵉ siècle, Mme de Staël exprime parfaitement le premier aspect. «L'existence des femmes en société est encore incertaine sous beaucoup de rapports, résume-t-elle. [...] Dans l'état actuel, elles ne sont pour la plupart, ni dans l'ordre de la nature, ni dans l'ordre de la société [2].» Le Code civil a bien traduit, de son côté, la seconde dimension. S'il peut être appréhendé comme «une transaction entre les mœurs traditionnelles et les dispositions du droit de la Révolution» [3], c'est qu'il témoigne de l'incapacité historique de la Révolution à accomplir son propre programme. On peut repartir ici des remarques de Nodier pour faire l'hypothèse que l'hyperindividualisme de la culture politique révolutionnaire n'a été culturellement acceptable par la société de la fin du XVIIIᵉ siècle que parce qu'il a été compensé par l'érection d'une séparation très rigide entre l'espace contractualiste de la société civile et l'univers organique de la famille. Le maintien très strict d'une «famille-communauté» a été la condition historique et culturelle, ainsi que la contrepartie, de l'avènement d'une société masculine d'individus égaux. C'est pour cette raison, et non à cause d'une quelconque réaction globale, que l'idée de «famille contractuelle», parfois présente dans les débuts de la Révolution, s'efface

groupe social. Certaines revendications féminines vont dans le même sens pendant la Révolution (cf. les militantes de la Section des droits de l'homme, qui réclament au nom de «l'utilité commune» que les femmes puissent jouer un rôle : «Elles veulent tenir leur place dans l'ordre social» — rapporté par D. GODINEAU, «Qu'y a-t-il de commun entre vous et nous?», in *La Famille, la loi, l'État, de la Révolution au Code civil*). Voir, sur ce basculement, le chapitre «Le travail de l'universalisation», *infra*.

1. Sur le Code civil, la femme et la famille, voir : *La Famille, la loi, l'État, de la Révolution au Code civil* (plusieurs contributions sur ce thème); M. GARAUD et R. SZRAM-KIEWICZ, *La Révolution française et la famille*, Paris, P.U.F., 1978; J. BONNECASE, *La Philosophie du Code Napoléon appliquée au droit de famille*, Paris, 1928.

2. Mme DE STAËL, *De la littérature considérée dans ses rapports avec les institutions sociales* (1800), chap. IV, 2ᵉ partie, «Des femmes qui cultivent les lettres», in *Œuvres complètes de Madame la baronne de Staël-Holstein*, Paris, 1838, t. I, p. 301.

3. P. LEREBOURS-PIGEONNIÈRE, «La famille et le Code civil», in *Le Code civil, 1804-1904. Livre du centenaire*, Paris, 1904, t. I, p. 267.

peu à peu [1]. On ne peut cependant pas seulement comprendre la question des droits de la femme dans le cadre d'une telle économie générale de la révolution individualiste. Pas plus qu'on ne saurait l'appréhender en termes uniquement historiques, à partir de la tension entre de puissants archaïsmes hérités et de généreux principes encore fragiles. L'indéniable régression de la cause des femmes entre 1792 et l'adoption du Code civil tient aussi, positivement, à l'émergence de l'individualisme libéral. L'exclusion politique de la femme participe en effet de la distinction plus tranchée entre le privé et le public qui s'opère à cette époque. La protection rigoureuse de la sphère privée, qui est au cœur des droits de l'homme, a conduit presque mécaniquement à confirmer, et parfois même à accentuer, la relégation de la femme dans la *domus*. La mise à l'écart des femmes a paradoxalement une certaine dimension libérale : elle inscrit dans le partage des sexes le principe de limitation de la sphère politique. Inscription ressentie comme d'autant plus utile que tout concourt par ailleurs, pendant la Révolution, pour étendre en permanence le champ du politique. Le cantonnement de la femme dans l'espace domestique est perçu comme une des formes et une des conditions de la claire séparation du privé et du public. C'est aussi pour cette raison que la femme est privée des droits politiques pendant la Révolution : la vision sociologique traditionnelle de la famille et l'idéologie libérale de la limitation du politique se rejoignent là pour fournir un motif supplémentaire d'exclusion des femmes de la cité.

---

1. Je ne souscris pas pour cette raison à l'interprétation d'Yvonne Knibiehler, qui voit dans les effets funestes du discours médical de la fin du XVIIIe siècle, venu rajeunir une longue tradition de sujétion féminine, la cause de la régression du féminisme entre les débuts de la Révolution et le Code civil (cf. son article « Les médecins et la "nature féminine" au temps du Code civil », *Annales E.S.C.*, n° 4, juillet-août 1976).

III

LE NOMBRE ET LA RAISON

Le rationalisme politique à la française

La révolution ambiguë de la volonté générale

Raison, vertu et capacité

Le rationalisme politique à la française

Dans la plupart des pays, l'élargissement du droit de suffrage a été indexé sur les progrès du gouvernement représentatif. L'histoire du suffrage universel, en d'autres termes, s'est inscrite dans une histoire des libertés. Dans l'Angleterre du xviie siècle, la lutte contre l'absolutisme se traduit ainsi par une demande d'amélioration des procédures de représentation politique. Rien de tel dans la France du xviiie siècle. C'est d'abord au nom d'un impératif de rationalisation que s'instruit le procès de la monarchie absolue. Le mot d'ordre de tous les réformateurs fiscaux est par exemple d'instaurer un «tarif général», pour abolir l'arbitraire dans l'évaluation et la répartition de l'impôt. Substituer une règle stable et unique au maquis des droits particuliers, tel est l'objectif inlassablement réaffirmé en matière fiscale. Le même but est aussi affiché dans d'autres domaines. En matière juridique, c'est la bataille pour supprimer la diversité des coutumes, organiser la sédimentation réglementaire et favoriser l'émergence de codes unificateurs. Dans l'ordre administratif, c'est la critique de la vénalité des offices et le plaidoyer pour la mise en place d'une bureaucratie moderne.

Dans la première moitié du xviiie siècle, l'œuvre de l'abbé Castel de Saint-Pierre illustre bien les différentes facettes de cette critique de l'irrationalité de l'absolutisme. Avec son *Projet de taille tarifée* (1723), il s'inscrit dans la continuité de Boisguilbert et de Vauban, et il plaide pour un État moderne dans ses *Annales politiques* (1757), qui reflètent bien la sensibilité réformatrice des

Lumières. Mais c'est dans un autre ouvrage, publié en 1725, le *Mémoire pour diminuer le nombre des procès*, qu'apparaît le plus clairement, et formulée pour la première fois, la théorie spécifiquement française de la loi comme généralité, identifiée à la notion d'État rationnel. Les procès, explique l'abbé de Saint-Pierre, proviennent le plus souvent de différends qui sont liés à l'imprécision de la loi ou à la superposition de textes coutumiers divergents ou même contradictoires. Rationalisation de l'État et perfectionnement du droit vont donc de pair à ses yeux. La bonne loi, explique-t-il, est celle qui ne laisse prise à aucune indétermination dans l'application : «Les lois doivent être si claires, que chacun en les lisant y voit non seulement la décision du cas qu'il cherche, mais qu'il la voit encore, s'il est possible, d'une manière à n'avoir pas besoin d'interpréter, ainsi un bon législateur doit viser à diminuer le besoin que l'on peut avoir de jurisconsultes [1].» La loi, en d'autres termes, doit être l'expression de la raison générale, incarnant indissociablement les deux principes de rationalité et de généralité. «Il est à propos, développe-t-il, que le nombre des lois particulières soit autant qu'il est possible égal au nombre des espèces particulières de cas, qui sont à régler, ou plutôt, il est à propos de faire en sorte que chaque loi par la généralité de son expression comprenne et embrasse toutes les espèces des cas particuliers sans exception, ce qui est la seule bonne manière de diminuer le nombre des lois en les généralisant [2].» Et de suggérer, pour mener à bien cette entreprise, la création d'une Académie du droit français et d'une Compagnie perpétuelle pour l'examen des lois. Un demi-siècle plus tard, Beccaria systématisera ces vues dans son traité *Des délits et des peines* [3]. Il faut appréhender à partir de là l'essence du *légicentrisme* à la française. Le thème du règne de la loi n'y renvoie pas seulement à la notion d'État de droit : il exprime également un idéal de rationalisation politique et sociale.

L'œuvre des physiocrates exprime remarquablement, au milieu du XVIIIᵉ siècle, la nature et les fondements de ce rationalisme politique, que Turgot et Condorcet incarneront après eux. Il faut, pour la saisir, aller au-delà de leurs théories proprement économiques.

---

1. *Mémoire pour diminuer le nombre des procès*, Paris, 1725, p. 36.
2. *Ibid.*, pp. 30-31.
3. Voir surtout la section IV, «Interprétation des lois», et la section V, «Obscurité des lois». La première édition française de l'ouvrage est de 1766.

Pour Quesnay et ses disciples, les hommes, pour être libres, n'ont rien à inventer : ils n'ont qu'à observer les lois de la nature et à s'y conformer. «La législation, dit ainsi Le Trosne dans *De l'ordre social*, est écrite en caractères sensibles dans le grand livre de la nature[1].» La politique est donc un art d'observation et une science de déduction, elle ne crée rien de neuf et n'institue rien d'inédit. Dans ses *Maximes*, Quesnay écrit en ce sens : «Les hommes ni leurs gouvernements ne font point les lois et ne peuvent point les faire. Ils les reconnaissent comme conformes à la raison suprême qui gouverne l'univers, ils les déclarent; ils les *portent* au milieu de la société [...]. C'est pour cela qu'on dit porteur de loi, *législateur*, et recueil des lois portées, *législation*, et qu'on n'a jamais osé dire faiseur de loi, *législacteur*[2].» Le livre qui traduit avec le plus d'éclat cette vision physiocratique du politique est celui de Le Mercier de La Rivière, *L'Ordre naturel et essentiel des sociétés politiques*, publié en 1767. Le Mercier de La Rivière n'a pas eu la fécondité intellectuelle d'un Quesnay, mais c'est lui qui a le mieux su exprimer l'essence du rationalisme politique à la française. Avocat au Parlement de Paris, puis intendant des Antilles, il est tout à fait représentatif de la génération d'administrateurs éclairés qui œuvrent à la modernisation de l'État après 1750[3].

Le pouvoir législatif, explique Le Mercier, ne peut s'identifier au pouvoir d'inventer des lois. «Faire de mauvaises lois, écrit-il, est un malheur, un accident de l'humanité, et nullement un *droit*, une prérogative de l'autorité [...]. Le pouvoir législatif n'est point le pouvoir de faire arbitrairement des lois évidemment mauvaises[4].» La liberté, en d'autres termes, est dans la conformité à la nature, alors que l'oppression ne vient que de la volonté humaine qui s'égare. Cette vision de la liberté dans son rapport à la loi repose sur une épistémologie de la connaissance centrée sur la notion d'*évidence*. Le point est fondamental. C'est en effet là que se noue l'originalité du libéralisme à la française comme rationalisme politique, radicalement différent du libéralisme à l'anglaise.

L'évidence constitue pour les physiocrates la garantie de la liberté.

---

1. LE TROSNE, *De l'ordre social*, p. 23.
2. *Maximes du docteur Quesnay*, in E. DAIRE, *Physiocrates*, t. I, p. 390.
3. Cf. L.-Ph. MAY, *Le Mercier de La Rivière (1719-1801). Aux origines de la science économique*, Paris, Éd. du C.N.R.S., 1975, et J.-M. COTTERET, *Essai critique sur les idées politiques de Le Mercier de La Rivière*, Paris, 1960 (thèse de droit).
4. *L'Ordre naturel et essentiel des sociétés politiques*, nouv. éd., Paris, 1910, pp. 82-85.

L'évidence exprime en effet la généralité, au-delà donc de toutes les discordes, les équivoques, les indéterminations, les particularités. « Quand les hommes sont malheureusement privés de l'évidence, écrit Le Mercier, l'opinion proprement dite est le principe de toutes forces morales : nous ne pouvons plus alors ni connaître aucune force, ni compter sur elle. Dans cet état de désordre nécessaire, l'idée d'établir des contre-forces pour prévenir les abus arbitraires de l'autorité souveraine, est évidemment une chimère : l'opposé de l'arbitraire, c'est l'évidence ; et ce n'est que la force irrésistible de l'évidence qui puisse servir de contre-force à celle de l'arbitraire et de l'opinion [1]. » Les physiocrates sont sur ce point des disciples de Malebranche [2]. Ils ont lu et médité *De la recherche de la vérité*, et s'appuient sur son auteur pour disqualifier la volonté et l'opinion. C'est un moyen commode de déplacer ou d'éviter le problème de l'auto-institution du social. Devant l'évidence, nécessité et volonté fusionnent en effet. « L'évidence doit être le principe même de l'autorité parce qu'elle est celui de la réunion des volontés », dit Le Mercier [3]. Elle est l'équivalent du principe d'unanimité, forme de la raison universelle. C'est un mode d'accès à la vérité et à l'intérêt général qui n'implique aucunement la délibération ou l'expérimentation. C'est une voie immédiate, voisine de celle de la foi [4]. Diderot manifestera une adhésion enthousiaste à cette philosophie de la liberté. « Le premier, Montesquieu a reconnu les maladies ; celui-ci en indique les remèdes », écrira-t-il [5].

Le libéralisme à la française articule ainsi de façon très particulière le culte de la loi et l'éloge de l'État rationalisateur, la notion d'État

---

1. *L'Ordre naturel et essentiel des sociétés politiques*, p. 345.
2. Voir sur ce point A. KUBOTA, « Quesnay disciple de Malebranche », in *François Quesnay et la physiocratie*, Paris, Ined, 1958, t. I, pp. 169-196. Consulter aussi L.-Ph. MAY, « Descartes et les physiocrates », *Revue de synthèse*, juillet-décembre 1950.
3. LE MERCIER DE LA RIVIÈRE, *L'Ordre naturel et essentiel des sociétés politiques*, p. 346. Rappelons également que Quesnay est le rédacteur de l'article « Évidence » de l'*Encyclopédie*. Il en donne la définition suivante : « Le terme évidence signifie une certitude si claire et si manifeste par elle-même que l'esprit ne peut s'y refuser. »
4. « Il y a deux sortes de certitudes : la foi et l'évidence. La foi nous apprend des vérités qui ne peuvent être connues par les lumières de la raison. L'évidence est bornée aux connaissances naturelles » (article « Évidence » de l'*Encyclopédie*).
5. Lettre à Damilaville du 5 juin 1767, in D. DIDEROT, *Correspondance*, Paris, Éd. de Minuit, 1962, t. VII, p. 75. « Je ne crois pas, poursuit Diderot, qu'il soit jamais venu en pensée à d'autres que lui, que l'évidence était la seule contre-force de la tyrannie » (p. 76). Diderot n'hésitera pas à traiter Le Mercier de « nouveau Solon ».

de droit avec celle de puissance administrative. Faisant écho à la théorie politique des physiocrates, Beccaria prolongera plus tard sur le terrain de la théorie du droit cette approche, reprenant ainsi les réflexions pionnières de l'abbé de Saint-Pierre. Pour lui aussi, la loi est indissociablement un moyen de garantir la liberté (en édictant une règle générale, elle réduit les possibilités d'arbitraire) et un instrument de construction de l'État[1]. L'avènement d'un État rationnel constitue dans cette perspective une condition de la liberté : loi, État et règle générale finissent par se superposer. Dans la seconde moitié du xviiie siècle, ce rationalisme politique ne constitue pas seulement une doctrine, il trouve un point d'appui et une forme de mise en œuvre dans les transformations concrètes de l'appareil administratif. Après 1750, le vieux monde des officiers commence en effet à reculer devant l'ascension des commissaires, marquant une inflexion décisive dans l'évolution de l'administration vers une organisation moderne. Le despotisme éclairé et le libéralisme à la française trouvent un terrain de rencontre ambigu dans un tel processus de rationalisation de l'appareil d'État, laissant vide l'espace intellectuel occupé par le libéralisme anglais.

Si le rationalisme politique l'emporte en France sur le libéralisme traditionnel à l'anglaise (celui de la représentation et des corps intermédiaires, du gouvernement mixte et du pluralisme), on ne peut pourtant pas conclure que cette seconde forme d'opposition au despotisme avait complètement disparu en France. Il subsiste en effet un fort libéralisme aristocratique dans la seconde moitié du xviiie siècle. Voyer d'Argenson l'incarne bien. Dans ses *Considérations sur le gouvernement ancien et présent de la France* (1764), il écrit par exemple encore que « la vénalité des offices est le grand obstacle au dessein du despotisme [...] le progrès de l'aristocratie doit toujours être pris pour un signe certain de la faiblesse du despotisme, et celui de la démocratie comme un grand effet de sa vigueur »[2]. Certains historiens contemporains, Denis Richet[3] tout

---

1. Voir sur ce point les bonnes remarques de Ph. RAYNAUD dans son article sur « La Déclaration des droits de l'homme », in *The French Revolution and the Creation of Modern Political Culture*, t. II : *The Political Culture of the French Revolution* (Collin LUCAS éd.), Oxford, Pergamon Press, 1988.
2. VOYER D'ARGENSON, *Considérations sur le gouvernement ancien et présent de la France*, Amsterdam, 1764, p. 142.
3. Cf. son article « Autour des origines idéologiques lointaines de la Révolution française : élites et despotisme », *Annales E.S.C.*, janvier-février 1969.

particulièrement, ont insisté sur l'importance de ce libéralisme aristocratique. Si Voltaire et bien d'autres vilipendent le conservatisme des parlements et leur prétention à parler au nom de la nation, il est certes vrai que leur suppression par Maupéou, en 1771, souleva une réelle campagne d'indignation au sein des élites. Même d'Holbach, qui est l'un des plus virulents adversaires des corps privilégiés, considère qu'ils constituent, en l'absence d'autres formes de représentation, « le rempart toujours nécessaire entre l'Autorité suprême et la liberté des sujets »[1]. Mais de tels rappels ne doivent pas masquer l'essentiel : l'émergence et la progression d'un rationalisme politique très marqué. C'est à partir de là qu'il faut comprendre l'hostilité latente à Montesquieu, à qui beaucoup reprochent de s'appuyer sur des principes « gothiques » pour combattre l'absolutisme[2]. C'est aussi à partir de là qu'on peut analyser le rapport des Lumières françaises à l'Angleterre ou à l'Amérique.

Si les fruits du régime anglais — la tolérance et la liberté — sont unanimement appréciés, les principes sur lesquels il repose sont loin de recueillir le même assentiment. Il ne faut pas se tromper sur l'anglophilie des Lumières : elle est politique, et non philosophique[3], comme en témoignent bien les *Lettres anglaises* de Voltaire. De la même façon, les Lumières ont soutenu l'émancipation américaine tout en prenant rapidement leurs distances vis-à-vis de l'œuvre constitutionnelle des Américains, trouvant qu'elle restait trop marquée par l'esprit de la Common law anglaise et de la balance des pouvoirs. Dans sa fameuse lettre au docteur Price (22 mars 1778), Turgot reproche ainsi à ce dernier de rester prisonnier des « bases fausses de la très ancienne et très vulgaire politique »[4]. L'opposition entre le rationalisme à la française et le

---

1. D'HOLBACH, *Politique naturelle ou Discours sur les vrais principes du gouvernement*, Londres, 1773, cité par D. RICHET, « Autour des origines idéologiques [...] », *Annales E.S.C.*, p. 20. Voir aussi sur ce point les analyses d'Edgar Faure, qui décrit bien le « contrat précaire » entre une « masse sans mandataires » (les Français) et une « représentation sans mandat » (les parlements), in E. FAURE, *La Disgrâce de Turgot*, Paris, Gallimard, 1961.

2. Cf. B. MANIN, « Montesquieu », in Fr. FURET et M. OZOUF, *Dictionnaire critique de la Révolution française*, Paris, Flammarion, 1988. Voir aussi l'excellent recueil *Montesquieu dans la Révolution française*, Paris, Édhis, 1990, 4 vol. (recueil de textes sur Montesquieu publiés de 1785 à 1814).

3. Cf. G. BONNO, *La Constitution britannique devant l'opinion française, de Montesquieu à Bonaparte*, Paris, 1931.

4. In G. SCHELLE, *Œuvres de Turgot [...]*, t. V, p. 536.

libéralisme anglais trouve plus tard sa formulation classique dans
les notes que Condorcet et Dupont de Nemours ajoutent en 1789
à la traduction française de l'ouvrage de Livingston, *Examen du
gouvernement d'Angleterre, comparé aux Constitutions des États-
Unis*[1]. Les deux philosophes français y exposent de façon très
claire les fondements de leur hostilité au parlementarisme à
l'anglaise. L'existence du Parlement, argumentent-ils, ne garantit
aucunement la protection des individus. «Le mal d'un gouvernement arbitraire, insistent-ils, n'est pas dans celui qui l'exerce; il
est dans l'arbitraire[2].» Le Parlement, en effet, peut tout autant
qu'un monarque absolu prendre des résolutions dommageables.
Il y a certes d'excellentes lois en Angleterre, «mais ces lois sont
accidentelles. Elles ne tiennent pas à la Constitution britannique»[3]. L'autorité législative doit être strictement limitée, à leurs
yeux. «Les nations et les philosophes ont encore des idées très
confuses sur l'*autorité législative*, notent-ils. L'autorité de faire toute
espèce de lois, même celles qui seraient absurdes et injustes, ne
peut être déléguée à personne; car elle n'appartient même pas au
corps entier de la société[4].» Ils retrouvent là l'essentiel des arguments de Quesnay et de Le Mercier de La Rivière. La production
du droit se résume à leurs yeux à deux choses : la mise au point
d'une bonne *déclaration des droits* d'un côté et la promulgation
de *règlements* de l'autre. L'espace parlementaire ne trouve pas sa
place dans ce schéma. La déclaration des droits relève de l'institution de la société et elle est rédigée une fois pour toutes. De leur
côté, les règlements sont édictés par le gouvernement, leur conformité avec la déclaration des droits étant assurée par le libre jeu

---

1. (LIVINGSTON) *Examen du gouvernement d'Angleterre, comparé aux Constitutions des
États-Unis. Où l'on réfute quelques assertions d'un ouvrage de M. Adams, intitulé : Apologie des Constitutions des États-Unis d'Amérique, et dans celui de M. De Lolme intitulé :
De la Constitution d'Angleterre, par un cultivateur de New-Jersey*, Londres, 1789. Cet
ouvrage de Livingston répliquait au livre d'Adams, qui avait lui-même voulu répondre
à la lettre de Turgot interpellant Price. Cet ensemble de textes regroupe commodément l'essentiel du débat intellectuel entre le rationalisme politique à la française et
la vision anglo-américaine. On peut, pour être complet, y ajouter l'ouvrage de MABLY,
Observations sur le gouvernement et les lois des États-Unis d'Amérique, Amsterdam, 1784
(correspondance avec Adams, dans laquelle Mably dénonce la pente mercantiliste de
la République américaine). La critique de l'Amérique trouve là ses premières expressions classiques.
2. *Examen du gouvernement d'Angleterre [...]*, p. 76.
3. *Ibid.*
4. *Ibid.*, p. 177.

de la discussion qu'autorise la liberté de la presse. Entre les actes de gouvernement et la Constitution, il n'y a rien, en d'autres termes. Le corps législatif a pour seule prérogative d'exercer certaines fonctions de gouvernement, comme la fixation de la somme des impôts ou le fait de déclarer la guerre et la paix ; mais il ne saurait être producteur de règles générales.

Le principe libéral de protection des personnes et des biens ne s'appuie aucunement sur le développement des procédures représentatives, dans cette conception : il trouve un enracinement suffisant dans l'édification d'un pouvoir Un et Raisonnable. Il y a une seconde raison qui explique pourquoi la représentation comme technologie politique est extérieure à tout ce rationalisme politique français du xvIII^e siècle : c'est que le processus représentatif, en tant que technologie politique, a besoin d'hétérogénéité pour exister. S'il n'y a pas d'hétérogénéité acceptée comme telle dans le social, la représentation est un processus impossible et impensable. La représentation ne peut s'opérer que si l'on reconnaît des états, des partis, des classes, des territoires, clairement distingués et identifiés. Il faut que la société puisse se figurer dans des divisions, dans des différences, s'appréhender dans ses dénivelés. Là où il n'y a ni dénivelés, ni divisions, ni différences, ni pensée de ces distinctions, il n'y a pas de représentation possible. La vision pluraliste du social est rejetée car on la perçoit comme l'expression d'une cacophonie.

On a dit trop souvent que la défaite de la vision anglaise de la représentation s'était opérée avec la chute des monarchiens à l'automne 1789. C'est en fait dès le moment où s'élabore ce type de rationalisme politique qu'il y a en France une disqualification de la référence à l'Angleterre. Dans la première de ses *Maximes générales d'un gouvernement économique de royaume agricole*, Quesnay écrit : « Il faut que l'autorité souveraine soit unique et supérieure à tous les individus de la société et à toutes les entreprises injustes des intérêts particuliers. Le système des contre-forces dans un gouvernement est une opinion funeste qui ne laisse apercevoir que la discorde entre les grands et l'accablement des petits. La division des sociétés en différents ordres de citoyens dont les uns exercent l'autorité souveraine sur les autres, détruit l'intérêt général de la nation, et introduit la dissension des intérêts particuliers entre les différentes classes de citoyens[1]. » Dans ce cadre, il n'y a que

---

1. In *François Quesnay et la physiocratie*, t. II, p. 949.

deux voies politiques possibles. Celle de l'égalité économique, qui produit l'unité réelle en supprimant les différences : c'est la perspective du socialisme, dont Mably indique la voie dès le milieu du xviiie siècle. Et celle du rationalisme politique, qui met en place un pouvoir Un. La culture politique française oscillera constamment entre ces deux pôles.

La vision du pouvoir unifié chez les physiocrates est complètement cohérente avec l'épistémologie de l'évidence. L'évidence est en effet un remède à l'anarchie des sentiments, à la cacophonie des opinions, à la divergence des intérêts. « L'évidence, qui est *une* ne peut représenter qu'un seul point de réunion pour les volontés et les forces », écrit Le Mercier de La Rivière [1]. La théorie physiocratique de l'évidence (principe d'unité) sert ici de substitut à la théorie anglaise de la représentation (principe de diversité).

Mais comment reconnaître l'évidence ? Si l'évidence « doit être le principe même de l'autorité » (Le Mercier de La Rivière), puisqu'elle est celui de la réunion des volontés, comment la produire ? Les physiocrates développent pour cela une théorie de l'*opinion publique* comme mode de production de l'unanimité. L'opinion publique ne saurait être assimilée à une simple addition des opinions individuelles, celles-ci étant le plus souvent le fruit du préjugé, de l'ignorance ou du caprice. Le terme n'a donc pas chez eux le sens que nous lui donnons aujourd'hui (l'opinion publique comme sens commun, opinion moyenne, sentiment général). L'opinion publique n'est à leurs yeux que l'expression de la raison et de l'évidence. Elle ne peut donc venir d'en bas, surgir du sens commun ou résulter d'une arithmétique discordante des points de vue individuels. Quel sera son vecteur ? La réponse des physiocrates ne se sépare pas de celle de la presque totalité des Lumières : ils font de l'homme de lettres et du savant le producteur de cette évidence. « Qu'est-ce donc, Messieurs, qu'un homme de lettres ? demandait La Harpe. C'est celui dont la profession est de cultiver sa raison pour ajouter à celle des autres [2]. » L'homme de lettres occupe pour ce motif une place centrale dans la vision politique des Lumières. Il est la figure autour de laquelle s'organise l'idée de politique rationnelle. Pierre Bénichou a parlé à ce pro-

---

1. *L'Ordre naturel et essentiel des sociétés politiques*, p. 99.
2. La Harpe, *Discours de réception à l'Académie française*, cité par G. Gusdorf, *Les Principes de la pensée au siècle des Lumières*, Paris, Payot, 1971, p. 490.

pos du « sacre de l'écrivain » [1]. Le philosophe est en effet appréhendé comme le porte-parole de la raison, il devient une sorte de
prêtre séculier [2]. Des libertins érudits du début du xviie siècle aux
derniers philosophes du xviiie, un même fil court ainsi dans la
culture politique française pour ériger ceux que l'on n'appelle pas
encore les intellectuels en figure sociale centrale. On loue pour
cette raison les mandarins en tant qu'élite fondée sur la raison et
non plus la naissance, la puissance ou l'argent, et on rêve d'une
Chine mythique supposée incarner l'État rationnel [3]. « Les écrivains philosophes, écrit Lezay-Marnezia, forment l'opinion publique, et par l'opinion règnent sur le monde [4]. » L'opinion publique
ne se confond donc nullement avec l'opinion du peuple, elle résulte
seulement du mouvement de confrontation des idées entre les philosophes d'où résulte la découverte de l'évidence. C'est une discussion philosophique, une confrontation d'experts, et non pas
un débat démocratique, en d'autres termes, qui produit l'opinion
publique [5]. Le modèle du rationalisme politique à la française articule ainsi une théorie de la connaissance (dérivée de Malebranche),
une sociologie (le sacre de l'écrivain) et une philosophie de la liberté
(le gouvernement de la règle générale).

L'instruction publique occupe logiquement une place déterminante dans ce dispositif de production de l'opinion publique éclairée. Dès le milieu du xviiie siècle, l'école se voit ainsi chargée en
France de missions qui dépassent largement la préoccupation de
diffuser des connaissances utiles et voit se greffer sur elle tout un
cortège d'utopies. Pour les Lumières, l'école est, avec la liberté

1. P. Bénichou, *Le Sacre de l'écrivain, 1750-1830. Essai sur l'avènement d'un pouvoir
spirituel laïque dans la France moderne*, Paris, José Corti, 1973.
2. Cf. les articles « Gens de lettres », « Mandarins » et « Lettrés » de l'*Encyclopédie*.
3. Sur le mythe du mandarin au xviiie siècle, voir G. Benrekassa, « Le rêve d'une
élite : quelques avatars du mythe mandarinal aux xviie et xviiie siècles », in *Le Concen-
trique et l'Excentrique : marges des Lumières*, Paris, Payot, 1980. L'ouvrage clef est, bien
sûr, celui de Quesnay, *Despotisme de la Chine*.
4. Lezay-Marnezia, *Le Bonheur dans les campagnes*, Neufchâtel, nouv. éd., 1788, p. ii.
Voir aussi le discours de L. S. Mercier, *Le Bonheur des gens de lettres*, Paris, 1766, et
le discours de réception de Rulhière à l'Académie française (1787).
5. La liberté de la presse est donc plus qu'un droit individuel. Elle fonde une *méthode
sociale* de production de l'évidence et d'accès à la raison. Voir le chapitre « Monsieur
le Public » de L. S. Mercier, dans son *Tableau de Paris* : « Le public [...] n'est pas celui
qui a la fureur de juger avant de comprendre. *Du choc de toutes les opinions*, il résulte
un prononcé qui est la voix de la vérité et qui ne s'efface point. Mais ce public est peu
nombreux » (nouv. éd., Amsterdam, 1783, t. VI, p. 305).

de la presse, le principal vecteur de diffusion de la raison, qui se répand par imitation. Les physiocrates, on l'oublie trop souvent, ont beaucoup écrit sur la centralité de la tâche d'instruction publique pour l'État. Dans son *Despotisme de la Chine*, Quesnay explique ainsi que « l'objet capital de l'administration d'un gouvernement prospère et durable doit être [...] l'étude profonde et l'enseignement continuel et général des lois naturelles »[1], tandis que l'abbé Baudeau fait de l'enseignement économique la condition première du progrès[2]. Le Mercier de La Rivière a aussi consacré un important ouvrage à la question : *De l'instruction publique ou Considérations morales et politiques sur la nécessité, la nature et la source de cette instruction* (1775). « Un gouvernement doit être le principal instituteur de ses sujets », note-t-il en introduction[3]. La dimension proprement civique de l'instruction publique est longuement soulignée par Le Mercier de La Rivière. Pour former un véritable corps politique, explique-t-il, il faut « produire et maintenir une unité de volonté, de direction et de force »[4]. D'où une exigence d'uniformité dans les méthodes et les programmes d'enseignement qui préfigure de façon remarquable les grands projets de réforme élaborés pendant la Révolution.

Il n'y a guère de place pour la représentation dans un tel dispositif. L'idée de droit de suffrage est absolument étrangère à cet univers. La discussion entre gens éclairés d'où germe la raison suffit à produire les conditions de la liberté. « Que signifie ce nom de *représentation*? demande par exemple Suard. Qu'est-ce que des représentants peuvent représenter sinon l'opinion publique? Que les débats naissent donc et qu'ils durent tant que cette opinion est incertaine [...]. On ne se divise en partis ni à la vue d'une partie d'échecs, ni à la lecture de deux solutions du même problème de géométrie[5]. » Louis Sébastien Mercier reprend aussi ce thème

1. Fr. Quesnay, *Œuvres économiques et philosophiques*, éd. Oncken, Francfort, 1888, p. 646.
2. Voir son intéressant chapitre « De l'instruction économique et de son efficacité », in *Première Introduction à la philosophie économique* (1771), Paris, 1910, pp. 136-163.
3. Le Mercier de La Rivière, *De l'instruction publique*, Paris et Stockholm, 1775, p. 13.
4. *Ibid.*, p. 34.
5. Garat, *Mémoires historiques sur le XVIIIe siècle et sur M. Suard*, Paris, 1829, 2e éd., t. II, p. 94. On peut noter que la critique de la théorie du gouvernement représentatif par les physiocrates valut à ceux-ci d'être « réhabilités » au début du XXe siècle par des milieux proches de l'Action française. Voir l'ouvrage très significatif de P. Teyssendier de La Serve, *Mably et les physiocrates*, Paris, 1911.

dans *L'An 2440*. «Les États généraux que nous avons perdus, écrit-il, sont remplacés par cette foule de citoyens qui parlent, qui écrivent et qui défendent au despotisme d'altérer trop considérablement la constitution libre et ancienne des Français[1].» Au modèle anglais de la protection des libertés par l'existence de contre-pouvoirs issus de la représentation politique des principales forces sociales du pays s'oppose ainsi, au xviiie siècle, le modèle du rationalisme politique à la française. Dans ces conditions, on ne doit pas se tromper pour interpréter le mouvement pour la réforme des assemblées provinciales dans les années 1780. Les assemblées, telles que les conçoivent Turgot ou les physiocrates, n'ont qu'une fonction consultative, elles servent à faire circuler des informations et ne constituent pas un pouvoir représentatif. Elles s'insèrent plus dans un projet d'amélioration de la gouvernabilité que dans une perspective de développement de la démocratie et des libertés. Elles ne renvoient pas à la logique parlementaire anglaise. Prenant une position relativement isolée, mais qui a l'avantage de la clarté, l'abbé Baudeau va jusqu'à s'opposer vivement au projet de mise en place de telles assemblées. «Les élections des soi-disant représentants du peuple ne pourraient engendrer que des brigues, des factions, des rivalités», écrit-il en 1787[2]. S'il reconnaît que le souverain doit «avoir partout un œil, une oreille, une bouche», il ne pense pas que cette fonction puisse être remplie par un «système compliqué d'assemblées bavardes et difficultueuses à grand frais»[3].

Comment est-on passé alors de ce rationalisme politique à l'éloge de la volonté générale pendant la Révolution française? Comment l'idée de droit de suffrage a-t-elle pu s'imposer comme essentielle dans ce cadre? S'il y a rupture avec la tradition des Lumières, quand s'opère-t-elle et comment? La compréhension de ce basculement commande toute l'analyse que l'on peut faire de l'histoire de la démocratie française et de la citoyenneté.

1. L. S. MERCIER, *L'An 2440*, Paris, 1787, t. II, p. 61.
2. BAUDEAU, *Idées d'un citoyen presque sexagénaire*, Paris, 1787, p. 21.
3. ID., *ibid.*, p. 22.

La révolution ambiguë de la volonté générale

En 1789, le sacre de la volonté générale semble marquer une rupture brutale avec le rationalisme politique des Lumières. Deux conceptions de la loi s'opposent en effet. Pour les Lumières françaises, la loi est d'abord un acte de raison. L'article «Loi» de l'*Encyclopédie*, rédigé par Jaucourt, le rappelle clairement. «La loi en général, écrit-il, est la raison humaine, en tant qu'elle gouverne tous les peuples de la terre; et les lois politiques et civiles de chaque nation ne doivent être que les divers cas particuliers où s'applique cette raison humaine.» En 1789, nous sommes plongés dans un autre univers. Lors de la discussion de la Déclaration des droits de l'homme et du citoyen, toutes les opinions s'accordent pour estimer que «la loi est l'expression de la volonté générale». La formule adoptée est d'ailleurs déjà présente dans la plupart des projets préparatoires[1]. La loi n'est donc plus référée à aucun ordre extérieur, ni à aucune règle morale ou sociale préexistante; elle devient purement positive et participe d'un mouvement d'auto-institution de la société. Le basculement est donc fondamental. Mais comment l'interpréter? Il faut se garder de raisonner trop globalement. Si basculement il y a, il est en effet singulièrement complexe. La révolution politique et la révolution intellectuelle de 1789 tissent sur ce point un écheveau particulièrement touffu, dans lequel les continuités et les ruptures s'entrecroisent.

Deux registres se superposent sans se confondre dans le sacre de la volonté générale : celui de la définition du sujet politique d'un côté, et celui des fondements de l'ordre social de l'autre. Le mouvement qui s'opère dans le premier cas est le plus facile à appréhender. L'affirmation de la souveraineté de la volonté générale résulte au premier chef du formidable transfert de souveraineté qui se réalise en 1789, la nation s'appropriant les attributs du pouvoir royal en même temps que le principe de l'égalité politique des individus conduit à faire du droit de suffrage le symbole de

---

1. Voir sur ce point les développements de M. GAUCHET, *La Révolution des droits de l'homme*, pp. 161-162, et de S. RIALS, *La Déclaration des droits de l'homme et du citoyen*, Paris, Pluriel, 1989, pp. 228-233. Pour le débat sur cet article à l'Assemblée constituante, se reporter à l'édition qu'en donne A. de Baecque dans A. DE BAECQUE, W. SCHMALE et M. VOVELLE, *L'An 1 des droits de l'homme*, Paris, Presses du C.N.R.S., 1988, pp. 157-160.

l'inclusion sociale. On peut parler à ce propos d'un véritable « couronnement » de la volonté générale. Celui-ci apparaît presque comme une *condition technique* de la reconstruction de l'ordre politique, l'effacement de la figure du monarque absolu ne pouvant être réalisé qu'au prix d'une translation directe de son pouvoir à la nation, la simple perspective, à l'anglaise, d'une limitation de la souveraineté royale semblant dépassée et insuffisante. La force de l'absolutisme était en effet telle, pour les hommes de 1789, qu'ils ne croyaient pas possible une simple redéfinition des bornes du pouvoir royal. Seule une opération de confiscation et de réappropriation globales permettait à leurs yeux d'en envisager la réduction. Les concepts de souveraineté de la nation et de volonté générale, qui sont liés, peuvent donc être compris de façon libérale : ils ont pour fonction de rendre pensable un antiabsolutisme radical. L'article 6 de la Déclaration des droits de l'homme et du citoyen s'inscrit très directement dans cette perspective libérale. En affirmant que la loi est l'expression de la volonté générale, les constituants signifient d'abord qu'elle ne doit plus procéder de la volonté particulière du monarque. Érigent-ils pour autant le peuple en nouveau sujet souverain ?

Toute l'ambiguïté est là : en 1789, personne ne songe encore à l'instauration d'un pouvoir confié au peuple. C'est la *nation* qui est le sujet de la souveraineté, comme le dit l'article 3 de la Déclaration (« Le principe de toute souveraineté réside essentiellement dans la nation. Nul corps, nul individu ne peut exercer d'autorité qui n'en émane expressément »). Figure de la totalité sociale, la nation n'est réductible à aucune de ses composantes, en même temps qu'elle désigne un lieu vide de pouvoir. Irréductiblement unifiée et indécomposable, la nation n'est ainsi souveraine pour les constituants qu'en tant qu'elle est une totalité abstraite, donc hors d'atteinte de tout pouvoir humain, inappropriable par quelque personne ou quelque groupe singulier que ce soit. La nouvelle philosophie de la loi qui s'exprime en 1789 est dérivée de ces conditions de transmission de la souveraineté royale à la nation : la volonté générale est d'abord la volonté de la nation. L'avènement d'un nouveau sujet politique central marque ainsi une rupture évidente par rapport à l'absolutisme, mais c'est une rupture politique plus qu'une rupture sociologique. Le sacre de la volonté générale n'entraîne pas le pouvoir populaire, en d'autres termes.

L'article 6 de la Déclaration marque-t-il d'un autre côté une rupture de type *épistémologique* dans la conception française de la loi, traduisant le passage d'une conception rationaliste à une approche purement positive ? Il n'est pas facile de répondre simplement à cette question. Par bien des aspects, l'œuvre de la Révolution continue en effet de porter l'empreinte du rationalisme politique du xviiie siècle. Les constituants comme les conventionnels restent immergés dans l'univers d'un Turgot ou d'un Malesherbes. Ils cherchent eux aussi à édifier un État rationnel en rupture avec le système des corps et l'esprit de localité. La façon dont ils mènent la réforme métrologique, la lutte contre les patois, la réorganisation administrative et financière, et surtout la reconstruction d'un nouvel ordre juridique, en témoigne avec éclat, même si ce n'est qu'à partir du Consulat que cet effort global s'incarne dans des institutions et des codes. Le projet d'installation d'un culte de la Raison, à l'automne 1793, s'inscrit aussi dans cette perspective. Il y a bien en ce sens continuité entre les Lumières et la Révolution, Tocqueville a raison de le souligner. Comment interpréter alors ce qui apparaît bien comme un dualisme : continuité en même temps que rupture avec le rationalisme politique du xviiie siècle ? La question est fondamentale du point de vue du droit de suffrage. S'il y avait rupture totale avec le rationalisme politique, le suffrage universel ne correspondrait pas seulement à un impératif sociologique et politique (symboliser l'intégration sociale), il pourrait également s'inscrire dans une épistémologie cohérente de la démocratie. L'expression du vote des individus serait dans ce cas une condition nécessaire pour arriver à la formulation de l'intérêt général. On déboucherait alors sur une théorie utilitariste de la démocratie, telle qu'elle a été formulée par Bentham dans son *Fragment on Government* (1776) ou par Cartwright dans son pamphlet *Take your Choice* (1776). S'il y a, au contraire, continuité, même partielle, le suffrage universel peut renvoyer à une logique d'inclusion sociale sans pour autant devoir jouer aucun rôle positif dans l'expression de l'intérêt général et correspondre à un mode d'exercice de la souveraineté. Suffrage-appartenance et suffrage-souveraineté se trouvent alors dissociés, entraînant du même coup toute une série de déséquilibres et de tensions.

S'il est aussi difficile de démêler l'entrelacs de rationalisme et de volontarisme qui sous-tend la culture politique révolutionnaire, ce n'est pas seulement parce que le sacre de la volonté générale s'opère dans des conditions équivoques, marquées par le poids des dénégations plus que des affirmations. C'est aussi la notion même de volonté générale qui est en cause. Elle est en effet faussement simple. Loin de trancher clairement avec les principes du rationalisme politique, elle entretient un rapport équivoque avec eux. Deux dimensions voisinent en effet en elle. D'un côté, la référence à la généralité, qui renvoie à l'idée d'une politique qui ne soit plus fondée sur la tradition et l'arbitraire, et peut par là se rapprocher du rationalisme politique; de l'autre, l'éloge de la subjectivité et l'appel au peuple. Pour bien prendre la mesure des équivoques que recouvre la référence à la volonté générale, il faut rappeler que l'expression elle-même, lorsqu'elle commence à être utilisée, n'a pas de connotation subjectiviste marquée. Malebranche l'emploie au xviie siècle pour définir la modalité d'intervention de Dieu dans l'histoire et expliquer pourquoi son action obéissait à des principes généraux qui conduisaient à ce que certains hommes puissent ne pas être sauvés. Pascal se réfère de son côté à la volonté générale comme impératif moral pour les hommes, le particularisme et l'amour-propre étant à ses yeux la source de tous les maux[1]. Avant Rousseau, Montesquieu et Diderot parlent aussi de volonté générale, dans un sens toujours objectif. « La volonté générale, écrit par exemple Diderot dans l'*Encyclopédie*, est dans chaque individu un acte pur de l'entendement qui raisonne dans le silence des passions sur ce que l'homme peut exiger de son semblable, et sur ce que son semblable est en droit d'exiger de lui[2]. » La volonté générale n'est pas du tout synonyme de volonté du peuple dans ce cas, elle rappelle plutôt la notion d'évidence. Avant Rousseau, l'idée de volonté générale ne renvoie donc pas, dans la culture philosophique française, à une modalité de la légitimation politique. Dérivée d'une perspective théologique, chez Malebranche, elle prend ensuite chez Pascal une dimension morale et chez Diderot un caractère méthodologique. La conception plus « moderne » de la volonté générale, comme volonté du corps politique pris comme un tout,

1. Sur l'histoire de la notion de volonté générale, on se reportera essentiellement à : A. Postigliola, « De Malebranche à Rousseau : les apories de la volonté générale et la revanche du "raisonneur violent" », *Annales de la société Jean-Jacques Rousseau*, Genève, 1980, vol. XXXIX ; P. Riley, *The General Will before Rousseau. The Transformation of the Divine into the Civic*, Princeton University Press, 1986, et *Will and Political Theory*, Cambridge (Mass.), Harvard University Press, 1982 ; J. Shklar, « General Will », in Ph. Wiener (éd.), *Dictionary of the History of Ideas*, 1973, vol. II.
2. Article « Droit naturel ».

n'est présente que chez les théoriciens du droit naturel et du contrat qui cherchent à fonder le lien social sur des principes purement endogènes. La notion de loi change de sens dans cette perspective. Elle cesse d'être, comme chez Thomas d'Aquin, une ordination rationnelle au Bien Commun, promulguée par l'autorité qui a la charge de la communauté ; elle devient purement conventionnelle, règle de droit objective qui tire sa force de sa méthode d'institution (le décret par la volonté générale), et non pas de son contenu (l'adéquation aux principes de justice et de bien commun)[1].

Rousseau s'inscrit bien sûr dans l'héritage de Hobbes et de Pufendorf pour penser l'établissement humain du social. Par bien des aspects, il reste cependant en même temps immergé dans la tradition du rationalisme politique à la française. La volonté générale garde ainsi chez lui une forte dimension libérale, comme chez Montesquieu : elle exprime le caractère impersonnel et uniforme de la loi, qui procure une garantie d'équité. «La pire des Loix, écrit-il dans les *Lettres écrites de la montagne*, vaut encore mieux que le meilleur maître ; car tout maître a des préférences, et la Loi n'en a jamais[2].» Judith Shklar a parlé à cet égard de façon très éclairante d'une «politique de la prévention» chez Rousseau[3]. La façon dont l'auteur du *Contrat social* critique la représentation consonne également avec la vision rationaliste. La représentation est pour lui, comme pour les physiocrates, synonyme d'intérêts particuliers. Il y a certes indéniablement une dimension d'appel au peuple chez Rousseau. Mais elle est surtout morale et sociologique. Il rejette le libéralisme aristocratique et fait confiance au bon sens populaire, mais il ne conçoit nullement la souveraineté de la volonté générale sous les espèces d'une sorte de gouvernement populaire direct. Rousseau ne vise pas à définir une politique de la volonté. C'est pourquoi l'idée de suffrage universel, telle qu'elle se formule pendant la Révolution, lui est tout à fait étrangère. Dans ses *Considérations sur le gouvernement de Pologne*, il

---

1. Voir sur ce point l'article très éclairant de I. ANDRÉ-VINCENT, «La notion moderne de droit naturel et le volontarisme (de Vitoria et Suarez à Rousseau)», *Archives de philosophie du droit*, n° 8, 1963.
2. J.-J. ROUSSEAU, *Du contrat social. Écrits politiques*, in *Œuvres complètes*, Paris, Gallimard, «Bibl. de la Pléiade», 1975, t. III, pp. 842-843.
3. Voir son excellent livre *Men and Citizens. A Study of Rousseau's Social Thought*, Cambridge University Press, 1969.

se prononce par exemple pour une limitation du principe électif
sur une base capacitaire [1]. Dans les *Lettres écrites de la montagne*,
il raille ceux qui « s'imaginent qu'une Démocratie est un gouvernement où tout le Peuple est magistrat et juge » [2]. Dans son *Jugement sur la polysynodie*, il note, à propos des projets de l'abbé de
Saint-Pierre concernant la mise en place de conseils élus, que « la
seule introduction du scrutin devait faire un renversement épou-
vantable et donner plutôt un mouvement convulsif et continuel
à chaque partie qu'une nouvelle vigueur au corps. Qu'on juge du
danger d'émouvoir une fois les masses énormes qui composent la
monarchie française! » [3]. Si la définition de la volonté générale
chez Rousseau suscite de vastes interrogations, ce à quoi elle
s'oppose est en revanche parfaitement clair.

La volonté générale, Rousseau y a insisté à maintes reprises, ne
saurait d'abord se confondre avec le simple vœu de la majorité.
« Ce qui généralise la volonté publique, écrit-il dans le *Contrat social*,
n'est pas la quantité des votants mais l'intérêt commun qui les
unit [4]. » C'est dire en d'autres termes qu'elle ne procède pas d'une
arithmétique de type électoral. Seul le principe d'unanimité peut
en garantir la réalisation : « Plus les avis approchent de l'unanimité, plus aussi la volonté générale est dominante », note-t-il [5]. La
volonté générale ne saurait ensuite procéder d'un scrutin, entendu
comme une procédure qui recense et qui additionne des avis et
des opinions individuels. Elle ne peut pas résulter non plus d'une

---

1. Cf. *Œuvres complètes*, p. 1019.
2. In *Œuvres complètes*, p. 838. Dans le *Contrat social* (livre IX, chap. I), il note en
traduisant un certain embarras : « J'aurais bien des réflexions à faire sur le simple droit
de voter dans tout acte de souveraineté, droit que rien ne peut ôter aux citoyens ; mais
cette importante matière demanderait un traité à part et je ne puis tout dire dans celui-ci. »
3. In *Œuvres complètes*, p. 638.
4. Première version du *Contrat social*, in *Œuvres complètes*, p. 307.
5. *Du contrat social*, in *Œuvres complètes*, p. 439. « Quand le nœud social commence
à se relâcher et l'État à s'affaiblir ; quand les intérêts particuliers commencent à se faire
sentir et les petites sociétés à influer sur la grande, écrit-il encore, l'intérêt commun
s'altère et trouve des opposants, l'unanimité ne règne plus dans les voix, la volonté
générale n'est plus la volonté de tous » (p. 438). Sur la structure de la volonté générale
chez Rousseau comme système de conciliation des préférences et d'intégration des différences entre les individus, se reporter à A. Philonenko, *Jean-Jacques Rousseau et la
pensée du malheur*, Paris, Vrin, 1984 (voir surtout le chapitre « De la bonne intégration », dans le tome III), et à B. Grofman et S. L. Feld, « La volonté générale de Rousseau, une perspective condorcétienne », in *Colloque international Condorcet,
mathématicien, économiste, philosophe, homme politique*, Paris, Minerve, 1989.

vaste délibération collective. Rousseau note là que « les longs débats, les dissensions, le tumulte, annoncent l'ascendant des intérêts particuliers et le déclin de l'État »[1]. Lorsque les membres de l'État sont consultés sur un projet de loi, explique-t-il, « ce qu'on leur demande n'est pas précisément s'ils approuvent la proposition ou s'ils la rejettent, mais si elle est conforme ou non à la volonté générale »[2]. À la différence de la procédure électorale qui identifie mécaniquement opinion individuelle et volonté, Rousseau cherche plutôt à indiquer la voie d'un processus de *dépersonnification* des volontés individuelles. Il est sur ce point proche de Diderot lorsqu'il dit que la volonté générale est dans chaque individu un acte pur de l'entendement qui raisonne dans le silence des passions[3]. Troisième dénégation : la volonté générale n'a pas pour vocation d'être une force gouvernante. Son seul objet est la législation. Or un petit nombre de lois suffisent à ses yeux. La volonté générale n'est donc pas une force active de façon régulière. Elle fait relativement peu de chose. C'est une puissance d'institution et de légitimation, et non un pouvoir permanent de type exécutif[4]. Elle intervient à l'origine de la société et lors des choix solennels, plus qu'elle ne participe de son fonctionnement ordinaire.

Si Rousseau pose que « la puissance législative appartient au peuple et ne peut appartenir qu'à lui »[5], il n'envisage donc pas du tout un système politique fondé sur le vote, au sens où nous l'entendons. La volonté générale n'est pas chez lui l'équivalent kantien d'une pure raison pratique, pas plus qu'elle n'est l'expression d'une addition d'opinions. Elle est un projet, plus qu'une chose : le projet d'une réconciliation du rationalisme et du volontarisme. C'est pourquoi la psychologie est la clef de la politique rousseauiste. L'affirmation de la volonté générale ne procède pas tant de procédures politiques techniques que d'une capacité intérieure des individus à surmonter la tension de leur amour-propre avec le bien

---

1. *Du contrat social*, in *Œuvres complètes*, p. 439.
2. *Ibid.*, p. 441.
3. Cf. la première version du *Contrat social*, in *Œuvres complètes*, p. 286.
4. C'est pourquoi elle ne peut pas être représentée : « La loi n'étant que la déclaration de la volonté générale, il est clair que dans la puissance législative, le peuple ne peut être représenté » (*Du contrat social*, in *Œuvres complètes*, p. 430). Mais on notera que Rousseau poursuit : « Mais il peut et il doit l'être dans la puissance exécutive, qui n'est que la force appliquée à la Loi » *(ibid.)*.
5. *Ibid.*, p. 395.

commun. La volonté générale est dans cette mesure l'équivalent, dans la sphère politique, de ce qu'est le pur amour de soi dans la sphère individuelle[1]. C'est le sens profond de sa fameuse expression : «Je ne vois point de milieu supportable entre la plus austère démocratie et le hobbisme le plus parfait[2].» Rousseau veut dire que le chemin de la création politique est bien étroit, écartelé qu'il est entre l'organisation du social par la contrainte extérieure et sa régulation par la conversion psychologique des individus.

Si elle marque une rupture avec le rationalisme à la française, la politique de Rousseau n'est pas une pure politique de la volonté. Elle continue par bien des points de s'inscrire dans les préoccupations des Lumières et elle partage beaucoup de leurs dénégations[3]. Rousseau est par exemple à cent lieues d'une politique à l'anglaise de la représentation des intérêts. L'Angleterre représente même tout ce qu'il déteste : la persistance des ordres et des classes dans la société, la corruption, les passions et les compromissions dans la vie politique, la domination des valeurs économiques et mercantiles. S'il se pose les mêmes questions que ses contemporains, Rousseau tente cependant d'y apporter des réponses différentes. C'est sur le terrain de la psychologie et de l'éducation qu'il cherche la voie de la bonne politique, et non pas sur celui de l'organisation rationnelle. Jean-Jacques opère surtout par là une révolution de la sensibilité. Il est le plus grand écrivain psychologique du XVIIIe siècle, et c'est pour cela qu'il est d'abord l'auteur de *La Nouvelle Héloïse* ou de l'*Émile*, aux yeux de ses contemporains.

Les hommes de 1789, comme ceux de 1792 ou de 1795, reconnaîtront en Rousseau ce maître d'une sensibilité nouvelle, ami des hommes, proche des humbles, prophète d'un bonheur simple. Ils voient certes aussi dans l'auteur du *Contrat social* le penseur de la création sociale, le visionnaire d'une société qui s'auto-institue. Mais chez eux, plus encore que chez Rousseau, la référence à la volonté générale reste arrimée à l'univers du rationalisme politique des Lumières. L'unanimité qui s'établit autour de la formule «La loi est l'expression de la volonté générale» ne signifie pas que l'on accepte de fonder la politique sur l'opinion des citoyens. L'idée de généralité garde là une forte dimension critique : elle s'oppose

---

1. Voir sur ce point les remarques de J. SHKLAR, *Men and Citizens*, pp. 184-185.
2. Lettre à Mirabeau (le père), du 27 juillet 1767.
3. Cf. R. DERATHÉ, *Le Rationalisme de J.-J. Rousseau*, Paris, 1948.

d'abord à celle de privilège, en tant que version la plus exacerbée de la particularité. L'éloge de la généralité a ensuite une dimension classiquement libérale : il s'agit d'organiser un pouvoir impartial et impersonnel, qui ne distingue pas entre les individus, traitant chacun d'entre eux de manière rigoureusement équivalente. Les constituants prolongent pour cette raison le légicentrisme des physiocrates. Ils aspirent comme eux à la mise en place de lois qui couvrent tout le champ de l'action humaine (Robespierre ira jusqu'à dire en 1789, dans cette perspective, que « le mot de jurisprudence doit disparaître de la langue ») et conduisent à limiter le pouvoir exécutif à une action purement mécanique. On valorise ainsi le pouvoir législatif en tant qu'il procède de l'édiction de règles universelles et abstraites, alors que l'on rejette l'exécutif qui repose, par essence, sur une volonté singulière chargée de gérer l'imprévu, d'apprécier librement les situations et de résoudre des problèmes particuliers.

Le sacre de la volonté générale englobe toute une série de refus par les constituants. Mais comment définir le gouvernement représentatif si la volonté générale ne peut être constituée ni à partir des intérêts, ni à partir des opinions, ni à partir des volontés individuelles brutes ? La réponse des hommes de 1789 passe par une nouvelle approche de la représentation. Elle n'a pas chez eux pour objet principal de transmettre une volonté, de reproduire une qualité ou d'exprimer une autorisation. Sa fonction, comme l'a fortement souligné Carré de Malberg, est d'*organiser* la volonté et la personne nationales[1]. La représentation est le processus constructif par lequel la nation, comme totalité irréductible, constituée par le seul droit naturel, peut agir et parler. La représentation ne procède donc pas d'une opération déductible. Elle est au contraire l'outil d'une véritable institution du politique. La figure du député-organe qui s'élabore dans ce cadre est opposée à celle du mandataire traditionnel. Il y a en effet toujours une ou des personnes physiques derrière le mandataire, alors qu'il n'y a qu'une personne virtuelle derrière l'organe. Sieyès distinguait sur cette base les « simples porteurs de vote » (les mandataires) des vrais représentants[2].

1. Cf. R. CARRÉ DE MALBERG, *Contribution à la théorie générale de l'État*, Paris, Sirey, 1922, 2 vol. (rééd. C.N.R.S., 1975).
2. SIEYÈS, *Vues sur les moyens d'exécution dont les représentants de la France pourront disposer en 1789*, s.l., 1789, p. 21. Les deux termes sont également opposés dans ses *Délibérations à prendre dans les assemblées de bailliage*, Versailles, 1789, pp. 61-62.

Les premiers sont des intermédiaires mécaniques, alors que les seconds produisent quelque chose qui ne pouvait se manifester avant leur intervention : la volonté commune. Le droit de vote ne trouve pas facilement sa place dans cette approche. À la limite, Carré de Malberg y a justement insisté, le fait de l'élection pourrait rester sinon extérieur du moins tout à fait périphérique au principe de la représentation élaboré par les constituants, l'élection n'étant qu'un moyen parmi d'autres de désigner des représentants dont la qualité (vouloir pour la nation) procède de leur nature propre d'organe, et non de leur mode de nomination. Les hommes de 1789 réincorporent ainsi d'une double façon la tradition française du rationalisme politique du XVIIIᵉ siècle. Par leur conception de la loi d'abord, puis par leur rejet de la représentation déductive. Mais la question du droit de suffrage se trouve du même coup écartelée entre deux logiques : celle de l'inclusion sociale et celle de l'expression de la volonté générale. Dans le premier cas, tout pousse à l'avènement de l'individu-citoyen, alors que rien ne conduit automatiquement dans le second à l'élargissement du droit de vote, qui devient une pure fonction. Il n'y a en outre aucun lien automatique entre l'idée de volonté générale et celle d'égalité des volontés.

La tension du nombre et de la raison est certes en partie dissimulée par l'organisation d'un suffrage à deux degrés, comme nous le montrerons[1]. Mais elle n'en subsiste pas moins très vive, même si elle apparaît plus souvent sous la forme d'une tension politique que d'un problème théorique. La notion de volonté générale connaît aussi une forte dérive au cours de la Révolution. Il y a loin de la célébration libérale de la volonté générale d'août 1789 à la proclamation du pouvoir populaire en 1793. Cette évolution ne marque cependant pas seulement une accélération politique des événements. Elle traduit aussi l'impossibilité presque mécanique d'en rester à une conception rationaliste de la volonté générale. Cette dernière tend presque naturellement à s'identifier à la volonté de tous et à prendre concrètement le sens de volonté du peuple pour les contemporains. Dans les faits, la volonté générale ne peut plus seulement renvoyer à l'institution du social, de même que le champ de la loi s'élargit naturellement à la totalité de l'organisation sociale. On passe, *par la force des choses*, d'une vision insti-

1. Voir chapitre suivant.

tuante, libérale et rationaliste de la volonté générale à une acceptation du pouvoir populaire. Le poids du rationalisme politique des Lumières joue ainsi un rôle essentiellement négatif. La démocratie représentative « classique », à l'anglaise, étant repoussée, la culture politique française tend à osciller entre le pouvoir de la rue et le libéralisme rationaliste et aristocratique. Il n'y a pas d'entre-deux possible. La démocratie devient d'une certaine façon trop réelle, prenant presque le visage de l'« ochlocratie », le pouvoir brutal et illimité du nombre, parce que l'abstraction rationaliste de la volonté générale était trop forte. La tension entre la démocratie formelle et la démocratie réelle n'est pas seulement un problème classiquement *politique* en France (la seconde ayant tendance à être en retard sur la première), elle constitue surtout un problème *théorique* : celui de la difficulté à penser leur articulation. La Révolution française, en d'autres termes, n'a été capable de formuler l'idée démocratique et libérale que dans des termes qui rendaient difficile ou impossible sa mise en œuvre. C'est là, dans cette tendance permanente des faits à combler sauvagement les blancs de la théorie ou à s'avérer incapable de satisfaire ses exigences, que réside le vrai nœud du rapport entre les Lumières et la Révolution [1].

Raison, vertu et capacité

La réalisation de l'égalité politique et la construction d'un État rationnel restent deux « programmes » dissociés pendant la Révolution. La question de la citoyenneté n'est guère rapportée à l'idéal de rationalisation, même si Sieyès introduit un moment, à l'été 1789, le mot de « capacité » dans sa réflexion sur les conditions du droit de suffrage. Seul Condorcet fait exception. Le confident d'Helvétius et l'ami de Turgot effectue une trajectoire exemplaire qui

1. Roederer a été particulièrement sensible à cette question. Il a bien vu à quel point le rapport très particulier entre l'abstrait et le concret qui se manifestait pendant la Révolution pouvait être dangereux. Au moment du débat sur la révision, en août 1791, il note ainsi à l'Assemblée : « S'il avait été possible que vous séparassiez l'idée de représentation de celle d'élection, vous feriez disparaître, vous obscurciriez au moins la notion la plus frappante que vous puissiez proposer à la garde de la Constitution. [...]. Prenez-y garde, messieurs, les vérités sensibles sont les meilleures gardiennes des vérités politiques qui, toutes, ne peuvent pas être sensibles » (discours du 10 août 1791 ; *A.P.*, t. XXIX, p. 323).

le mène en quelques années du libéralisme capacitaire du xviii⁰ siècle à l'acceptation de la souveraineté du nombre. Dans les années
1780, nous l'avons déjà souligné, il trouvait normal de restreindre
le droit de vote aux seuls propriétaires pour la nomination des
assemblées provinciales. En 1789, il rompt avec cette approche pour
se rallier à l'individu-citoyen, et en 1793 il rejette toutes les restrictions rémanentes au droit de suffrage, considérant ce dernier
comme un droit naturel. Comment apprécier cette évolution qui
le fait passer en quelques années du vote-fonction au vote-droit ?
Condorcet est pratiquement la seule grande figure de la Révolution à avoir ouvertement réfléchi cette tension. Il est ainsi un témoignage vivant de ce qui constitue le nœud du rapport entre les
Lumières et la Révolution.

La position de Condorcet sur le suffrage, il faut d'abord y insis-
ter, est inséparable de son appréhension du pouvoir législatif. Il
partage la vision physiocratique d'un ordre naturel et note dans
cet esprit que le droit de suffrage « n'a plus la même importance,
si l'on regarde les lois, non comme l'expression de la volonté
arbitraire du plus grand nombre, mais comme des vérités dédui-
tes par la raison des principes du droit naturel, et adoptées comme
telles par la pluralité » [1]. Le vote n'est alors qu'un processus
d'acquiescement, de reconnaissance d'un ordre déjà existant, il
participe d'une démarche cognitive et n'institue rien en lui-même.
La question du droit de suffrage peut donc être considérée comme
tout à fait secondaire. Condorcet félicite par exemple les physiocrates d'avoir été les premiers à dire que « le droit de propriété,
pris dans toute son étendue [...] était bien plus important pour
les quatre-vingt-dix-neuf centièmes des hommes, que celui de faire
partie pour un dix millionième de la puissance publique » [2]. Il ne
variera pas sur ce point et continuera de s'inscrire dans la perspective d'un pouvoir législatif réduit, ce qui relativise d'autant
le droit de choisir les représentants. En même temps qu'il propose d'élargir radicalement le droit de vote, il suggère par ailleurs significativement de rationaliser l'action gouvernementale.
Dans une brochure publiée en 1793, le *Tableau général de la science
qui a pour objet l'application du calcul aux sciences morales et*

1. *Vie de Turgot*, in *Œuvres de Condorcet*, t. V, p. 211.
2. Avertissement pour *L'Homme aux quarante écus*, dans l'édition des *Œuvres complètes
de Voltaire* (éd. Kehl), in *Œuvres de Condorcet*, t. IV, p. 299.

politiques[1], il fixe le programme d'une *scienza nuova* qu'il appelle la «mathématique sociale». La mathématique sociale n'est pas, pour lui, comme la vieille arithmétique politique, à côté de l'action gouvernementale, banale production d'informations statistiques utiles : elle est, en elle-même, une méthode de gouvernement. Entre un pouvoir législatif restreint par l'ordre naturel et un pouvoir exécutif assimilé à une gestion scientifique, la volonté générale ne joue donc qu'un rôle très restreint chez Condorcet : elle n'est pas une puissance gouvernante.

Le républicanisme que Condorcet professe à partir de 1791 trouve son origine dans cette approche du politique. Son opposition à la monarchie conjugue les données de l'événement (la fuite du roi) avec les impératifs du gouvernement rationnel. La garantie «libérale» qu'incarne la figure du roi, en se situant au-delà des passions et des intérêts, n'a en effet plus d'objet dans une société dirigée par la raison : c'est cette dernière qui devient la véritable garantie suprême. L'essence ambiguë du républicanisme français trouve là son origine. Dans l'opposition à la monarchie se mêlent deux choses : la volonté d'opérer un *transfert* de pouvoir, du roi vers le peuple, mais aussi le *rejet* de toute instance supérieure à la volonté générale. Le roi représente en effet à la fois un pouvoir supérieur d'arbitrage, dont le caractère héréditaire serait censé garantir l'impartialité, et un pouvoir ordinaire de commandement. L'idée de souveraineté de la raison réduit ce dualisme et superpose dans un égal refus les deux figures du roi, ouvrant ainsi la porte à un républicanisme antilibéral, fondé sur la dénégation de toute autorité supérieure de régulation, fût-elle du genre d'un Conseil constitutionnel. Si Condorcet ne fait que transposer la notion de garantie, d'autres républicains refusent l'idée même d'un ordre juridique supérieur à celui de la souveraineté du nombre. C'est ce qui permet d'expliquer pourquoi la tension entre le libéralisme et la démocratie trouve si difficilement une expression claire dans la culture politique française, parasitée qu'elle est par l'idéal rationaliste.

Même si la volonté générale est bornée, elle n'en subsiste pas moins comme principe de légitimation chez Condorcet, et les hommes, qu'ils soient administrateurs ou simples citoyens, sont tous sujets à l'erreur. C'est pourquoi, dès les années 1770, il avait consacré

---

1. Publié en deux livraisons (22 juin et 16 juillet 1793) dans *Le Journal d'instruction sociale*.

une grande partie de son temps à réfléchir dans un langage mathématique les rapports de la raison et de la volonté. Lorsqu'il publie, en 1788, son *Essai sur la Constitution et les fonctions des assemblées provinciales*, il tente à sa façon de reprendre le problème de Rousseau en cherchant à lui apporter des solutions strictement formelles. «Suivant que les assemblées seront constituées, écrit-il dans les premières pages de cet *Essai*, elles peuvent être animées de l'esprit public ou d'un esprit aristocratique, devenir des corps isolés dans l'État, ou rester les représentants des citoyens [...]. La vérité des décisions d'une assemblée dépend de la forme suivant laquelle elles sont rendues, autant peut-être, que des lumières de ceux qui la composent[1].» La vérité, précise-t-il, «est le premier objet de mon étude». Dans cette recherche des conditions formelles de l'adéquation du nombre et de la vérité, Condorcet déplace les termes classiques de la discussion sur le droit de suffrage. L'adéquation entre la volonté de l'électeur et l'utilité sociale générale, la coïncidence de l'opinion et de la raison ne reposent pas uniquement pour lui sur les qualités de l'électeur et les garanties personnelles qu'il présente. La *forme électorale* est à ses yeux au moins aussi importante. Condorcet examine la dimension des assemblées : trop petites, elles sont dépendantes des passions et des intérêts de leurs membres ; trop larges, elles sont livrées au hasard. Il distingue avec attention les procédures qui ont pour objet de choisir des personnes et celles qui doivent prendre des décisions. Les premières, qu'il appelle les «assemblées d'élection», doivent avoir pour seul objet de sélectionner les hommes, alors que les secondes, les «assemblées d'administration», ont pour tâche de faire des lois ou de décider une politique. La séparation de ces deux types d'assemblées permet de dissocier citoyenneté et souveraineté, et donc de réduire la tension entre le nombre et la raison. Condorcet publie en 1789 une brochure, *Sur la forme des élections*[2], qui reprend ces thèmes et souligne bien l'objectif de limitation des erreurs et des passions du nombre. Plus tard, en février 1793, le projet de Constitution qu'il présente à la Convention est toujours irrigué par les mêmes préoccupations méthodologiques.

---

1. In *Œuvres de Condorcet*, t. VIII, p. 118.
2. Reproduite in *Œuvres de Condorcet*, t. IX. Il reprend une dernière fois ces thèmes dans l'article «Sur les élections», publié le 1er juin 1793, dans la première livraison du *Journal d'instruction sociale*.

Dans sa recherche d'un formalisme réducteur de la tension entre le libéralisme et la démocratie, Condorcet s'est particulièrement attaché à la question des procédures du vote, la maîtrise des formes étant pour lui une façon d'organiser la vérité. Au cœur de cette réflexion, le concept de raison probabiliste qu'il formule dans son *Essai sur l'application de l'analyse à la probabilité des décisions rendues à la pluralité des voix*[1]. Après Pascal, Bernouilli et de Moine s'étaient déjà intéressés au problème des probabilités pour essayer de saisir les lois du hasard et comprendre comment l'aléa local pouvait s'insérer dans une régularité globale. Cette interrogation de mathématiciens avait retenu l'attention des philosophes préoccupés par le problème des erreurs judiciaires. Leur question était de savoir s'il était possible de déterminer des conditions dans lesquelles des hommes faillibles, les juges, pouvaient prendre une décision éliminant au maximum le risque d'une erreur de jugement. Voltaire avait ainsi publié un petit ouvrage significativement intitulé *Essai sur les probabilités en fait de justice*[2], mais sans disposer de l'outillage mathématique lui permettant de vraiment traiter le sujet. Dans son *Essai*, Condorcet réexamine le dossier en cherchant à fixer des règles de constitution d'un tribunal qui fassent que la probabilité qu'il puisse condamner un innocent soit presque nulle. Les problèmes posés par la réforme judiciaire dès le milieu du xviiie siècle recoupent très exactement ceux que soulève le droit de suffrage pendant la Révolution. Il s'agit dans les deux cas de trouver le moyen d'accorder le nombre ou l'aléa avec la vérité ou la raison. D'où l'importance pratique et philosophique de la question du jury, qui recoupe en permanence celle de l'exercice des droits politiques.

Le juré est dans l'ordre judiciaire l'équivalent de l'électeur dans l'ordre politique. C'est d'ailleurs pourquoi la composition des listes du jury et la nature des qualités requises pour y figurer interférera constamment avec la discussion du droit de suffrage, comme si l'analogie de but et de méthode entre le jury et le suffrage politique impliquait une coïncidence des personnes autorisées à prendre

---

1. Paris, 1785. L'ouvrage n'est pas reproduit dans l'édition des *Œuvres de Condorcet* par Arago et O'Connor.

2. Voir le commentaire qu'en donne Condorcet dans son édition des *Œuvres* de Voltaire. Il félicite Voltaire d'avoir compris la route qu'il fallait emprunter sans avoir eu les moyens scientifiques de la parcourir (in *Œuvres de Condorcet*, t. IV, p. 267).

part aux deux[1]. Ces deux institutions occupent, formellement et pratiquement, une place équivalente dans la revendication démocratique. Les décisions du jury, comme celles du suffrage politique, doivent en retour être de même nature : droites et conformes à la raison. On ne s'étonne pas dans ces conditions d'entendre Thouret, rapporteur du comité sur l'organisation judiciaire, dire à la Constituante que « l'institution du jury est le moyen le plus voisin de l'infaillibilité qui soit parmi les hommes »[2]. Il avait quasiment employé les mêmes termes en présentant le rapport du comité de Constitution à propos de la souveraineté de la volonté générale. Condorcet s'inscrit dans cette tradition pour tenter de lui donner un fondement conceptuel solide. La notion de raison probabiliste lui permet d'endiguer les menaces potentielles que la souveraineté du nombre pourrait faire peser. Condorcet cherche ainsi à éliminer ce qu'on pourrait appeler « l'aléa démocratique », d'une nature équivalente à celle de l'erreur judiciaire.

Les propositions de Condorcet sur l'instruction publique couronnent sa tentative de penser globalement les conditions de régulation de la tension démocratique par l'identification du citoyen à un acteur rationnel. Il reprend là le sillon tracé par les physiocrates pour tenter d'accorder les opinions des hommes aux réquisits de la raison. Les conventionnels ne le suivent pas dans sa démarche. Au printemps 1793, ils trouvent « trop compliqués » ses projets d'organisation électorale et repoussent son projet de Constitution. D'un autre côté, les plans d'éducation publique qui retiennent l'attention cherchent plus à susciter l'enthousiasme patriotique des individus qu'à développer leur raison. Les circonstances mettent en effet au premier plan le rapport de l'ami à l'ennemi, masquant la tension entre le nombre et la raison. C'est pourquoi les montagnards font de la vertu du peuple la clef de voûte de leur représentation du politique. « Jamais les maux de la société ne viennent du peuple, mais du gouvernement, explique ainsi Robespierre. Comment n'en serait-il pas ainsi ? L'intérêt du peuple, c'est le bien public ; l'intérêt de l'homme en place est un intérêt privé. *Pour être bon, le peuple n'a besoin que de se préférer lui-même à ce qui n'est pas lui*[3]. » Ce que

---

1. Sur cette question, fondamentale au XIXᵉ siècle, se reporter à la Conclusion.
2. Cité par E. LEBÈGUE, *Thouret (1746-1794)*, Paris, 1910, p. 232.
3. ROBESPIERRE, *Sur le gouvernement représentatif* (10 mai 1793), in *Textes choisis*, Paris, Éd. sociales, 1974, t. II, p. 142.

Robespierre appelle d'une assez jolie formule « le problème de l'économie politique populaire » se trouve du même coup facilement résolu. Il n'y a rien de plus simple que d'organiser le gouvernement. Point n'est besoin de dispositifs compliqués : il suffit de laisser régner la vertu. La coïncidence du nombre et de la raison que Condorcet cherchait à organiser par de savantes procédures résulte spontanément de l'expression libre du peuple vertueux, pour les montagnards.

La Terreur n'est que la condition de mise en œuvre pratique de cette conception qui substitue la vertu à la raison, identifiant la volonté générale à la première. Elle est le processus par lequel se déploie l'abstraction agissante, constamment contrainte de désigner et de poursuivre un ennemi pour dessiner en creux la figure d'un peuple qui ne s'affirme que dans la lutte contre ce qui n'est pas lui. La critique des factions en constitue le moteur permanent. C'est par elle que le système des affrontements politiques immédiats reconstruit philosophiquement tous les jours l'idée de peuple. L'unité ne peut être montrée que dans le combat permanent contre ce qui est supposé la menacer. Que le mouvement s'arrête et tout peut s'effondrer. La Terreur est par essence une spirale dévorante : elle ne peut exister comme système stable et régulier sur le mode d'une quelconque répression méthodiquement organisée. Le droit de suffrage ne joue aucun rôle dans cette conception de la « démocratie populaire ». En 1793, c'est le *droit d'accusation* qui sert à exprimer la volonté générale, en désignant ce qui s'y oppose, résolvant par là même l'antinomie réfléchie par Condorcet. Le débat sur le mode de nomination des officiers de l'armée de ligne, en février 1793, témoigne de façon exemplaire de ce glissement. Alors que la désignation des officiers par leurs supérieurs s'imposait auparavant comme gage de leur capacité, un nombre croissant de voix réclament leur élection par les soldats. L'élection paraissait-elle un moyen plus adéquat de bien choisir les chefs? Ce n'était pas le but. Le mouvement de destitution massive des généraux, en septembre 1793, allait montrer que l'enjeu n'était pas prioritairement, pour les montagnards, de renforcer l'encadrement technique de l'armée. L'argumentation de Duhem devant le Comité de salut public du 24 septembre 1793 en témoigne. « Sans doute, dit-il, il peut se trouver des sans-culottes parmi la classe des ci-devants nobles ; mais il n'est pas question ici de tel ou tel individu, il s'agit d'une purgation générale de nos armées. Je ne me dissimule pas que par cette mesure, on privera la République du service de braves gens; mais si nous voulons éviter la trahison, il faut se passer des services de l'ancienne caste privilégiée [...]. *Nous sommes entre deux écueils, la trahison et l'ignorance. Mais de deux maux inévitables, il faut choisir le moins grand*[1].» On ne pouvait dire plus clairement les choses. Il faudra ensuite attendre les pères fondateurs de la troisième République pour que les voies explorées par Condorcet soient de nouveau empruntées.

Pendant la Révolution, c'est aussi sous la forme d'une utopie sociale que la recherche d'une fusion entre l'idéal d'égalité politique et l'impératif de gouvernement rationnel est menée. Fait remarquable, elle est due à la plume de Le Mercier de La Rivière. Le théoricien politique de la physiocratie publie en 1792 *L'Heureuse Nation, ou Relations du gouvernement des Féliciens*[2]. Cette utopie, bien dans le ton des œuvres similaires du xviiie siècle, articule l'idéal légicentrique et rationaliste des Lumières avec les principes révolutionnaires de l'égalité civique. Les «Féliciens» de l'auteur vivent sous le «gouvernement des lois». La raison est la puissance qui préside à leurs conventions, règle leurs droits, détermine leurs devoirs, dicte toutes leurs lois. La volonté générale est souveraine. Mais elle ne s'exprime qu'à l'origine de la société, permettant la formation d'un pacte social autour d'une Constitution politique qui trouve ses principes dans la nature des choses. Le pouvoir législatif ne crée rien chez les Féliciens. Sa seule fonction est de décliner les principes naturels et constitutionnels. Le Mercier reprend là les grands thèmes de *L'Ordre naturel et essentiel des sociétés politiques*, tout en adoptant le concept de volonté générale pour traduire l'accord du pacte social primitif avec les impératifs de la raison.

Mais comment déterminer ce pouvoir législatif, même limité? Comment fonder un gouvernement légitime qui soit en même temps un humble serviteur de la raison? Pour répondre à ces questions, Le Mercier de La Rivière est le premier à formuler le programme d'un élitisme démocratique. «Il est indispensable, écrit-il, d'extraire [de la société] une classe d'hommes d'élite, pour leur confier exclusivement les fonctions supérieures dans la législation et l'administration; indispensable de mettre la formation de cette

---

1. *Moniteur*, t. XVII, p. 742.
2. Titre complet : *L'Heureuse Nation, ou Relations du gouvernement des Féliciens; peuple souverainement libre sous l'empire absolu de ses lois*, Paris, 1792, 2 vol.

classe à l'abri de la cabale et de l'intrigue, en donnant à la volonté générale, à la loi, la plus grande influence sur un tel choix[1].» Cette élite forme ce qu'il appelle les «hommes nationaux», ce qui le conduit à distribuer la nation en «état gouverné» d'un côté et «état gouvernant» de l'autre. Mais comment admettre cette distinction, sans blesser l'égalité sociale? Et comment la mettre en œuvre selon des critères indiscutables? Le Mercier rejette là violemment l'idée de citoyen propriétaire, donnant même à la critique de cette figure une de ses expressions les plus fortes et les plus précises[2]. Il rompt ainsi en 1792 avec ce qu'il acceptait en 1767. Si la propriété foncière établit bien un lien social, explique-t-il, celui-ci n'est ni unique, ni indissociable, ni même primordial. «Quoique propriétaires fonciers, note-t-il, nous ne restons membres de notre corps politique que par notre volonté[3].» C'est sur ce point que la Révolution a marqué une césure chez lui : le lien social apparaît comme un construit, et pas seulement comme un donné. Il est donc impossible à ses yeux de se fonder sur un critère de propriété pour déterminer qui sont les hommes les plus capables et les plus attachés à l'ordre social. D'autant que cela conduirait à introduire une différence insupportable («La classe propriétaire formerait une sorte d'aristocratie oppressive de l'autre classe», écrit-il). Si Le Mercier distingue entre plébéiens et citoyens — autre façon de qualifier les citoyens actifs et passifs —, il le fait selon un critère estimé objectif, impartial et conforme au principe d'égalité. C'est en effet par *examen* que l'on doit entrer, selon lui, dans la classe des citoyens. Chaque membre de la société, lorsqu'il atteint vingt ans, et s'il n'a pas commis de lourdes fautes de jeunesse, passe ainsi une épreuve devant des magistrats et des citoyens expérimentés. Après cette distinction première, l'État gouvernant se divise lui-même entre simples citoyens et notables, ces derniers étant à la fois composés d'élus et d'individus nommés en raison de leurs talents exceptionnels dans les sciences et les arts. Au sommet de l'édifice des compétences, et donc du pouvoir, des «virtucols» et des «virsaps» siègent en raison de leurs seules capacités ou vertus.

---

1. *L'Heureuse Nation [...]*, t. I, p. 108.
2. «Avant qu'un nouveau soleil eût éclairé la Félicie, écrit-il, le système le plus généralement adopté par les écrivains politiques, était que dans chaque Nation, le titre d'homme national ne pouvait convenir qu'à des propriétaires fonciers» (*L'Heureuse Nation [...]*, t. I, pp. 108-109).
3. *L'Heureuse Nation [...]*, t. I, p. 110.

« Ainsi, conclut Le Mercier, ce n'est ni la naissance, ni la fortune qui donne la qualité de citoyen; ce titre qui vous constitue membre de l'état gouvernant, ne se confère qu'à ceux qui se montrent publiquement avoir les connaissances nécessaires pour gouverner[1]. » La nation se divise donc en citoyens et plébéiens sans que cela porte aucune atteinte à l'égalité sociale. Avec cette utopie, Le Mercier de La Rivière ouvre ainsi la voie au citoyen capacitaire du XIXe siècle. L'idée commencera à germer dans la politique en l'an III, lorsque certains conventionnels proposeront de subordonner le droit de vote au fait de savoir lire et écrire; elle continuera à cheminer en l'an VIII, quand Roederer et Sieyès voudront mettre en place des listes de notabilité. Mais elle ne trouvera sa vraie expression que sous la Restauration, lorsque Guizot et les doctrinaires forgeront la théorie du citoyen capacitaire, cohérente avec les réquisits fondamentaux du rationalisme politique à la française.

1. *L'Heureuse Nation [...]*, p. 126.

Marc d'Argent.
Je suis Éligible.

Le premier des Décrêts calqué sur la raison,
Se trouve avec ce Marc en contradiction.
Adieu talens, savoir, adieu vertus, sagesse,
l'Âne fera des lois s'il a de la richesse,

1. Marc d'argent.
Je suis éligible (1790).

*Photo © Bibliothèque nationale,
Paris.*

2. Balance éligible
du marc d'argent (1791).

*Bibliothèque nationale, Paris.
Photo © Roger-Viollet.*

Ces deux gravures font référence au projet de soumettre l'éligibilité à l'Assemblée nationale à une condition de cens (paiement d'un impôt de 1 marc d'argent, soit 51 livres). La richesse, ici assimilée à la bêtise animale, l'emporte sur les talents et la vertu. D'abord votée le 29 octobre 1789, cette mesure fut supprimée le 27 août 1791, au cours de la procédure de révision constitutionnelle.

1

2

3

4

REPRÉSENTATION NATIONALE

PARTICIPATION LÉGALE POUR TOUS

CH. Devrits.

3. La Réforme démasquant la corruption.
Gravure de Devrits (1848).
Pendant la monarchie de Juillet, le suffrage censitaire était accusé d'être le
principal vecteur de la corruption. L'avènement d'un régime vraiment
représentatif met donc fin à la corruption.
photo © Bibliothèque nationale, Paris.

2. Le triage populaire.
Gravure publiée en 1833 dans *La Caricature*.
On attend du suffrage populaire, substitué à l'influence des journaux, qu'il
conduise à désigner des députés vertueux et représentatifs.
photo © Bibliothèque nationale, Paris.

6

6. L'urne et le fusil.
Gravure de M.-L. Bosredon
(avril 1848).
La compétition électorale, permet
tant à tous de s'exprimer, a un effe
de pacification sociale. L'ouvrie
lâche son fusil : il peut dorénavan
faire entendre sa voix sans être obli
gé de recourir à l'insurrection.
*Photo © Bibliothèque nationale
Paris.*

7. Le suffrage universel.

Esquisse du tableau de Charles Nègre, exécutée en 1851 dans le cadre du concours lancé en 1848 sur la représentation de la République.

Collection particulière.
Photo © Jacques Mayer.

8. V'là ma cartouche.

Lithographie de Daumier, publiée dans *Le Charivari* du 20 novembre 1869.
Le bulletin de vote est l'équivalent d'une arme dans la main du peuple.
Le caractère pacificateur du suffrage universel reste un thème très fréquent dans le discours républicain jusque dans les années 1870.

Photo © Bibliothèque nationale, Paris.

9

10

9. Le suffrage universel.
Gravure de 1850 dédiée à Ledru-Rollin.
Photo © Bibliothèque nationale, Paris.

10. La Fraternité.
Gravure de 1850.
Photo © Bibliothèque nationale, Paris.

11. Détail d'un calendrier démocratique de 1852.

Sous la deuxième République, le thème du suffrage universel est lié à des allégories de fraternité et d'unité sociales. Il est également associé à l'idée de prospérité économique (les cornes d'abondance) et à celle de progrès (les chemins de fer et les bateaux à vapeur). Les anciens gardiens de l'ordre établi (les ecclésiastiques, députés et soldats rangés derrière Thiers, Montalembert et Falloux) regardent, inquiets et perplexes, la manifestation du peuple souverain.

Photo © Bibliothèque nationale. Paris.

11

Se vend chez Renault, Litho. rue du Temple, 61.

Imp. Pinta.

13

14

12. Les élections présidentielles de décembre 1848.
Cavaignac, Louis-Napoléon, Ledru-Rollin, Lamartine, Raspail et le général Changarnier recueillent les suffrages des électeurs dans une compétition équitable symbolisée par le manège.
Musée Carnavalet, Paris. Photo © Jean-Loup Charmet.

13. L'élection du 23 avril 1848 à Paris.
Un tronc des pauvres fait face à l'urne électorale, suggérant que le devoir de solidarité est la contrepartie logique de l'inclusion de tous les individus dans une même communauté politique par le biais du suffrage.
Photo © Jean-Loup Charmet.

14. Le vote au village, le 23 avril 1848.
Photo © J. Mainbourg-Rapho.

15. Nouveau projet d'urne électorale à l'usage du peuple français.
Lithographie de Ch. Vernier parue dans *Le Charivari* du 25 mai 1850.
Thiers, Montalembert et Falloux complotent pour restreindre le nombre d'électeurs.
Photo © Bibliothèque nationale, Paris.

16. Lilliputiens essayant de profiter du sommeil d'un nouveau Gulliver.
Lithographie de Daumier parue dans *Le Charivari* des 20-21 mai 1850.
Aidé des députés conservateurs, Thiers essaie de maîtriser le suffrage universel. La loi du 31 mai 1850, en instituant une clause de domicile très restrictive, réduira de plus de 3 millions le nombre d'électeurs.
Photo © Bibliothèque nationale, Paris.

17. Une panique des Lilliputiens qui ont essayé de garrotter le suffrage universel pendant son sommeil.
Lithographie de Daumier parue dans *Le Charivari* du 28 juin 1851.
Gravure publiée à l'occasion d'une campagne de pétitionnement pour l'abrogation de la loi du 31 mai 1850.
Photo © Bibliothèque nationale, Paris.

Imp. Aubert & Cie

Chez Aubert Pl. de la Bourse.

18

18. « La hache qui le coupera
n'est pas encore trempée. »
Lithographie de Daumier parue dans
Le Charivari du 1er décembre 1871.
Le suffrage universel, vingt-trois ans
après 1848, est solidement établi.
*Photo © Bibliothèque nationale,
Paris.*

19. Les élections du
8 février 1871.
Composition de Faustin.
Victor Hugo, Jules Favre, Adolphe
Crémieux et Gambetta entourent
l'urne électorale. La République
veille avant de confier son épée.
Photo © Collection Viollet.

19

20. Le suffrage universel.
Illustration parue en 1893 dans *Le Petit Journal*.
Le suffrage universel est devenu une puissance qui fait fuir les capitalistes.
L'allégorie d'unité sociale renoue avec un thème quarante-huitard, mais
l'association du suffrage universel à la force imposante du lion est nouvelle.

Photo © Jean-Loup Charmet.

21. Bien rugi, Lyon.
Dessin d'André Gill publié dans
L'Éclipse du 18 mai 1873 à l'occasion de l'élection du républicain de
gauche Arthur Ranc à Lyon.
C'est une des premières images qui
identifient le lion au suffrage universel, le dessinateur jouant sur les
mots.
Musée Carnavalet, Paris. Photo ©
Jean-Loup Charmet.

**22. Boulanger sortant
de l'urne électorale.**
Composition tardive d'avril 1890, en
faveur du général, alors en fuite.
Elle met en scène la puissance et
la vigueur de la souveraineté du
peuple.
Photo © Bibliothèque nationale,
Paris.

23. Le dieu du moment.
Dessin d'Olano publié dans *Le Tri-
boulet* du 13 avril 1902.
Dès le tournant du siècle, l'éloge du
suffrage universel commence à céder le pas devant la dénonciation de
l'illusion électorale. L'électeur n'est
souverain que le court moment
d'une campagne.
Photo © Bibliothèque nationale,
Paris.

24. La Terre promise.
Composition de 1891. Le suffrage
universel et le référendum, associés à la législation sociale, vont
conduire l'humanité vers le socialisme. Marx cautionne cette démarche électoraliste.
Photo © Bibliothèque nationale,
Paris.

21

22

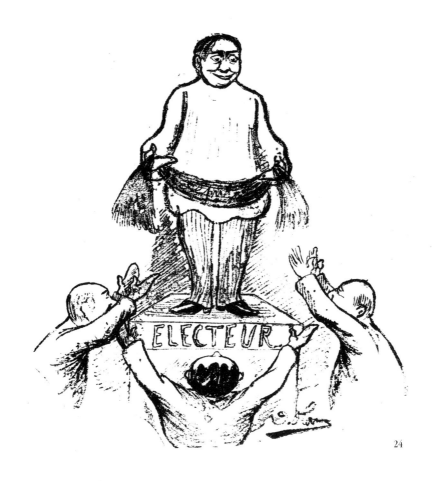

24

25

25. Le vote.
Tableau de Mathieu. Mairie de Clichy.
Photo © *Musées de la Ville de Paris by Spadem, 1992.*

26. Dessin de Félix Vallotton, dénonçant le caractère individualiste du vote, figurant sur la couverture d'une brochure anarchiste de Léonard, *Le Tréteau électoral, farce politique et sociale* (1902).

26

27

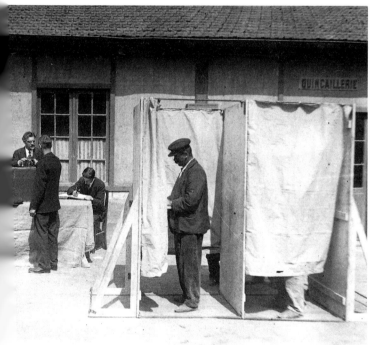

28

27. Un bureau de vote en 1891.
Tableau d'Alfred Bramtot. Mairie des Lilas. *Photo © H. Josse.*

28. Élections législatives du 26 avril 1914.
L'isoloir est utilisé pour la première fois, son introduction ayant été décidée par la loi du 29 juillet 1913.
Photo © Harlingue-Viollet.

29

30

29. Appareil enregistreur de bulletins de vote inventé par Boggiano en 1910 pour faciliter les opérations électorales.

Photo © Harlingue-Viollet.

30. Système d'isoloir permettant de faire l'économie des bulletins de vote : l'électeur s'exprime en appuyant sur le bouton correspondant au candidat de son choix. Mis au point en 1922 par l'ingénieur Russo. Système précurseur du vote électronique. Des cabines de vote fondées sur ce principe sont actuellement en service dans de nombreux États américains où le grand nombre des postes à pourvoir rendrait malaisé un dépouillement manuel des bulletins de vote.

Photo © Roger-Viollet.

31-32. Spécimen d'isoloir en bois mis à l'essai fin 1913 à Ivry-sur-Seine à l'occasion d'une élection législative partielle.
Le modèle finalement retenu est plus rustique, un simple rideau assurant le secret de la mise du bulletin dans l'enveloppe.

Photos © Harlingue-Viollet.

31

32

33. Hubertine Auclert. Rédactrice en chef de *La Citoyenne*, l'une des principales suffragettes françaises.
Bibliothèque Marguerite-Durand, Paris. Photo © Jean-Loup Charmet.

34. Proclamation de Jeanne Deroin, directrice du journal *L'Opinion des femmes*, à l'occasion des élections de mai 1849.
Elle fut la première femme à se porter candidate à une élection législative. Le suffrage des femmes est abordé par elle dans une perspective utilitariste de représentation des intérêts.

35. Gravure illustrant la première page de *La Citoyenne*, le journal d'Hubertine Auclert. L'apport spécifique des femmes à la vie politique est symbolisé par leur contribution à la paix.
Photo © Bibliothèque nationale, Paris.

AUX ELECTEURS

DU DEPARTEMENT DE LA SEINE.

 Citoyens,

Je viens me présenter à vos suffrages par dévouement pour la consécration d'un grand principe, l'égalité civile et politique des deux sexes.

C'est au nom de la justice que je viens faire appel au peuple souverain contre la négation des principes qui sont la base de notre avenir social.

Si, usant de votre droit, vous appelez la femme à prendre part aux travaux de l'Assemblée législative, vous consacrerez dans toute leur intégrité nos dogmes républicains : *liberté, égalité, fraternité*, pour toutes comme pour tous.

Une assemblée législative entièrement composée d'hommes est aussi incompétente pour faire les lois qui régissent une société composée d'hommes et de femmes, que le serait une assemblée composée de privilégiés pour discuter les intérêts des travailleurs, ou une assemblée de capitalistes pour soutenir l'honneur du pays.

JEANNE **DEROIN**,
Directrice du journal *l'Opinion des Femmes*.

Paris. — Imprimerie LAUDOR, rue Saint-Hyacinthe St-Michel, 33, et rue Suellec, 11

35   34

36. Pourquoi la femme doit voter.
Carte postale éditée en 1914 par la Société pour l'amélioration du sort de la femme et la revendication de ses droits. Les suffragettes portent des pancartes qui renvoient toutes à la spécificité du rôle social que les femmes pourraient jouer en entrant dans la sphère politique.
Photo © Bibliothèque Marguerite-Durand.

37. Affiche publiée vers 1920 par l'Union française pour le suffrage des femmes.
Le droit de vote est ici encore associé à la contribution propre que les femmes pourraient apporter à l'amélioration de la vie sociale.
Bibliothèque Forney, Paris. Photo © Jean-Loup Charmet.

" *Pourquoi* l

UNION FRANÇAISE POUR LE SUFFRAGE DES FEMMES
53, Rue Scheffer — PARIS —

CH. ANNAS

CONTRE L'ALCOOL LE TAUDIS LA GUERRE

LES FRANÇAISES VEULENT VOTER

38. La justice électorale.
Carte postale éditée vers 1910 par ▮ Bibliothèque féministe.
La femme laborieuse et prenant soi▮ de son enfant est opposée à l'homm▮ intempérant, absent du foyer. C'e▮ un argument de type social et capa▮ citaire qui est mis en avant pou▮ justifier le droit de vote des femme▮
Photo © Bibliothèque Marguerite Durand.

LA JUSTICE ÉLECTORALE
VOTING JUSTICE

| Ceux qui votent | Celles qui ne votent pas. |
| *Voters* | *Non voters* |

En vente à la **BIBLIOTHÈQUE FÉMINISTE**, 13, rue du Moulin-de-la-Pointe, PARIS (13e)

MOINS DE 21 ANS
voici votre bulletin de
VOTE

39. Affiche de mai 1968.
L'étudiant de 1968 choisit de s'exprimer en lançant des pavés puisqu'il ne peut voter. L'âge du droit de
vote sera abaissé à dix-huit ans en
1975.

Photo © *Bibliothèque nationale,
Paris.*

I

LA CITOYENNETÉ
SANS LA DÉMOCRATIE

Le vote à deux degrés

Le modèle bonapartiste

Le vote à deux degrés

Comment faire intervenir de grandes masses dans la politique et comment, en retour, conjurer la menace de leur possible débordement ? Les deux questions vont toujours de pair pendant la Révolution. La gestion du nombre apparaît pour cette raison comme un enjeu absolument central dans les discussions sur le droit de vote qui se déroulent par intermittence d'octobre 1789 à août 1791. L'élaboration des principes constitutionnels et la dynamique des événements se croisent en effet en permanence autour de ce thème. L'oscillation entre les figures du citoyen propriétaire, du garde national et de l'individu-citoyen ne résulte pas seulement d'oppositions philosophiques, elle est également provoquée par le rythme propre des événements révolutionnaires. De la façon la plus triviale, en premier lieu : en induisant des facteurs de modération ou de radicalisation des positions. La peur des «élections tumultuaires», la crainte de la démagogie renvoient directement aux inquiétudes qu'inspirent les actions des sections et les mouvements de foule spontanés. On ne peut, par exemple, comprendre la discussion du 20 au 29 octobre 1789 sur les qualités requises pour l'exercice des droits de citoyen actif, si l'on fait abstraction des émeutes qui s'étaient succédé à Paris et à Versailles depuis le début du mois, conduisant le 21 octobre au décret de la loi martiale. De la même façon, le débat d'août 1791 sur la révision a lieu dans un contexte marqué par les conséquences de la fuite du roi et la fusillade du Champ-de-Mars du 17 juillet, qui a vu la garde nationale commandée par La Fayette tirer sur les pétitionnaires. Le nombre, c'est aussi pour les constituants la foule menaçante, incontrôlable et imprévisible, puissance mystérieuse surgie du fond de la société. Ce n'est pas seulement la nation sagement assemblée, manifestant sa puissance par une force tranquille et cohérente comme au moment de la fête de la Fédération. Le nombre, Janus révolutionnaire, à la fois force positive de la nation et puissance dissolvante de la populace. Là encore, l'histoire intellectuelle est indissociable de l'histoire sociale. L'intervention politique des masses dans les assemblées primaires et la dynamique insurrectionnelle du peuple se télescopent en permanence. Paris est pour cette raison l'épicentre indissociablement politique et symbolique du débat sur le droit de suffrage. Le décalage entre la sphère de l'action directe et celle de la participation politique y apparaît manifeste : sur 900 000 habitants, moins de 80 000 jouissent des droits de citoyen actif[1]. Le pourcentage de citoyens actifs y est près de deux fois plus faible que dans les campagnes, alors même que l'ardeur politique y est plus vive. C'est d'ailleurs pourquoi, à certains moments, l'importance attachée au droit de suffrage peut s'estomper, l'influence politique exercée à travers les clubs et les sections apparaissant prépondérante. C'est souvent là que s'exerce le plus visiblement le contrôle populaire sur les actes de l'Assemblée comme sur les représentants. En retour, la discussion sur la régulation du droit de suffrage sert parfois de succédané à une impossible maîtrise de la dynamique populaire, la restriction de l'accès aux urnes compensant symboliquement l'absence de contrôle de la rue.

Dès le début de l'automne 1789, le comité de Constitution s'était montré soucieux d'éviter la tenue d'« élections tumultuaires », selon une formule alors courante. On se préoccupe pour cette raison de limiter le nombre des votants dans les assemblées primaires, en souhaitant qu'elles ne comptent pas plus de 600 personnes[2]. D'où, logiquement, l'adoption spontanée d'un scrutin à deux

1. Chiffres donnés dans *Le Moniteur universel* du 17 juin 1791 (t. VIII, p. 78). Les raisons de cette situation tiennent à plusieurs facteurs : la faiblesse relative des impôts directs à Paris, le grand nombre d'étrangers présents dans la capitale, la concentration des pauvres dans les grandes agglomérations.
2. Sieyès est le premier à traiter cette question dans ses *Quelques Idées de Constitution applicables à la ville de Paris* (Versailles, fin juillet 1789). « Il faut, écrit-il, notamment, que les assemblées élémentaires, qui sont les vrais fondements de la société politique, ne soient pas livrées à la confusion et au désordre qui résulterait d'un trop grand nombre de citoyens réunis » (article 2). Il est le premier à suggérer le seuil de 600 personnes.

degrés. L'organisation d'un scrutin direct apparaissait alors impossible, matériellement mais aussi politiquement. Matériellement, car la méthode du vote d'assemblée alors en usage induisait des procédures de décision très lourdes et très lentes[1]. Personne ne pensait qu'une élection directe des députés fût possible. Politiquement, car la mise en place de deux degrés dans l'élection était perçue comme un moyen de canaliser et d'épurer la volonté populaire.

Toute une équivoque sur l'exercice du droit de suffrage s'est nouée pendant la Révolution dans la confusion de l'argument technique et de l'argument politique pour justifier le suffrage à deux degrés. Derrière la volonté affichée de conjurer des élections tumultuaires, c'est le sens même du droit de vote qui se trouvait mis en question. Adrien Duport, qui sera l'un des animateurs du parti feuillant, le laisse très clairement apercevoir dans la motion qu'il présente le 22 octobre 1789 sur la quatrième condition électorale (paiement de la contribution équivalant à trois journées de travail). Comparant l'Angleterre et la France, il note que l'élection directe des représentants s'accompagne outre-Manche de la restriction du droit de vote aux seuls propriétaires. En France, souligne-t-il, l'élection à deux degrés des députés est la contrepartie nécessaire d'un suffrage beaucoup plus large[2]. Précisant sa pensée dans une brochure publiée le jour même, il écrit : «Je pense que si la représentation était immédiate, il faudrait pour être électeur, non seulement payer un impôt direct, mais jouir d'une propriété. Cela n'est pas nécessaire lorsqu'il y a deux degrés dans l'élection[3].» La justification matérielle du vote à deux degrés, comme technique d'organisation de l'expression du nombre, cède très clairement le pas chez lui à une approche sociologique et politique. D'où l'équivoque, qui

---

1. Sur les techniques du vote d'assemblée, voir la thèse de Patrice GUENIFFEY, *La Révolution française et les élections. Suffrage, participation et élections pendant la période constitutionnelle (1790-1792)*, Paris, E.H.E.S.S., 1989, 2 vol. (à paraître aux Éditions de l'E.H.E.S.S.). Les électeurs étaient par exemple appelés nominativement, ce qui les obligeait à rester en permanence au sein de l'assemblée électorale ; ceux qui s'absentaient un instant prenaient le risque de voir passer leur tour. Le temps de réunion était très long à cause de la nécessité d'élire le bureau de séance, d'organiser l'ordre du jour, etc.

2. Le discours de Duport se trouve dans *A.P.* (*Archives parlementaires de 1787 à 1860. Recueil complet des débats législatifs et politiques des Chambres françaises*, publiées par M. MAVIDAL et E. LAURENT ; en l'absence de précision, il s'agit de la 1re série), t. IX, pp. 480-482.

3. A. DUPORT, *Première Suite de la motion sur les assemblées provinciales et municipalités*, Paris, 22 octobre 1789, p. 13.

n'est jamais véritablement levée dans les débats sur le droit de suffrage. L'adoption spontanée du suffrage à deux degrés permet de ne pas aborder au fond la nature véritable du vote dans les assemblées primaires. Le langage est en outre lui-même très ambigu. Le terme d'« électeur » est ainsi réservé aux seuls électeurs du second degré. Il n'y a pas de mot pour qualifier les votants dans les assemblées primaires. Ces derniers n'existent que désignés par leur statut (citoyens actifs, membres des assemblées primaires), comme s'il n'y avait pas lieu de les appréhender à partir de l'opération à laquelle ils procèdent en désignant des électeurs de second degré. L'expression « droit de suffrage » est d'ailleurs elle-même très peu employée pendant la Révolution. Le concept clef est celui de citoyenneté, qui indique une appartenance sociale et traduit une relation d'égalité, beaucoup plus que celui de droit de vote, qui définit un pouvoir personnel.

Le vote à deux degrés permet en fait de dissocier deux moments dans le processus électoral : celui de la *délibération* et celui de l'*autorisation*. Les assemblées primaires ne font que désigner des électeurs : elles procèdent seulement à une sorte de légitimation originelle de la procédure représentative. Mais les vrais choix ont lieu ailleurs, dans les assemblées électorales, celles du second degré, qui ne rassemblent que le centième des citoyens actifs. De la même façon, le vote à deux degrés permet de rendre compatible les deux théories du *vote-droit* et du *vote-fonction*. Le vote-droit s'exerce dans les assemblées primaires, alors que le vote-fonction gouverne les assemblées électorales. Barnave concilie de cette façon son acceptation d'un droit de suffrage très ouvert à la base avec sa préoccupation de contrôle social et politique. « S'il existe un droit individuel parmi les droits politiques dans votre Constitution », explique-t-il ainsi aux députés, le 11 août 1791, dans son grand discours sur le droit de suffrage, « ce droit est celui de citoyen actif. Vos comités ne vous ont pas proposé d'y toucher. Mais la fonction d'électeur, c'est pour tous que chacun l'exerce » [1]. Au début de l'automne 1789, cette disjonction du droit et de la fonction était déjà sous-jacente dans les réflexions de Sieyès. Dans ses *Observations sur le rapport du comité de Constitution* (2 octobre 1789), il opposait le *civiciat*, le droit de vote du citoyen actif, et le *majorat* (l'éligibilité), qui est une fonction. « La jouissance des droits politiques,

---

1. *A.P.*, t. XXIX, p. 366.

écrivait-il, est une véritable propriété acquise», alors que le majorat ne présente pas ce caractère[1]. Il avait cependant abandonné ces
deux expressions, le comité de Constitution ayant, selon ses propres dires, «jugé prématurées ces deux suites de considérations»[2].
Mais le principe des deux degrés d'élection sera admis sans véritable discussion dans les premières années de la Révolution. En 1792,
Robespierre lui-même continue d'accepter le système, même si ce
n'est que pour des motifs considérés comme circonstanciels[3].

Le système du suffrage à deux degrés ne conduit pas seulement
à laisser indécise la distinction entre le droit et la fonction, permettant la cohabitation de deux philosophies opposées. Il laisse
dans le flou la notion même de gouvernement représentatif. Il permet d'éviter de préciser clairement si le processus représentatif correspond à un impératif technique (la démocratie directe étant
impossible dans un grand pays) ou s'il introduit une différence
politique *qualitative* par rapport à la démocratie directe. Si une
majorité de constituants raisonnent en termes de différence technique, une autre interprétation est en effet possible. Barnave s'élève
par exemple contre ceux qui «ont confondu le gouvernement démocratique et le gouvernement représentatif». «C'est pour cela,
poursuit-il, qu'ils ont pu confondre avec les droits du peuple la
qualité d'électeurs, qui n'est qu'une fonction publique, à laquelle
personne n'a droit[4].» Le gouvernement représentatif, dans ce cas,
signifie que le peuple existe comme puissance de légitimation, qu'il
doit donner son consentement aux gouvernants, mais nullement
que le peuple gouverne à travers ses représentants : le processus
représentatif permet de dissocier l'exercice du pouvoir de son
contrôle ou de sa légitimation. La différence matérielle entre les

1. SIEYÈS, *Observations sur le rapport du comité de Constitution, concernant la nouvelle organisation de la France*, Versailles, 2 octobre 1789, p. 32.
2. ID., *ibid.*, p. 33.
3. Cf. É. CHARAVAY, *Assemblée électorale de Paris*, t. III : *2 septembre 1792-17 frimaire
an II*, Paris, 1905, qui cite un arrêté de la section de la place Vendôme que Robespierre
avait fait proposer et adopter en août 1792 : «1° En principe, tous les mandataires du
peuple doivent être nommés immédiatement par le peuple, c'est-à-dire par les assemblées primaires : ce n'est qu'à cause de la nécessité des circonstances que la méthode
de nommer les députés à la Convention nationale par l'intermédiaire des assemblées
électorales est adoptée; 2° Pour prévenir autant que possible les inconvénients attachés à ce système, les électeurs nommeront à haute voix et en présence du public»
(p. IV).
4. Discours du 11 août 1791 (*A.P.*, t. XXIX, p. 366).

assemblées d'électeurs et les assemblées primaires illustre d'une certaine façon cette distinction : les premières se réunissent des jours entiers, voire des semaines, alors que les secondes se déroulent beaucoup plus rapidement. Patrice Gueniffey a calculé que les électeurs parisiens (de second degré, donc) avaient siégé 122 jours entre le 18 novembre 1790 et le 15 juin 1791! Ce rythme ne se ralentira pas en 1792 et 1793 [1]. Le temps long de la délibération s'oppose au temps court de l'autorisation. Le fonctionnement même des assemblées de second degré consacre d'ailleurs leur différence qualitative. Loin de ne constituer qu'une étape technique de réduction du nombre et de simplification du processus de désignation des députés, les assemblées électorales ont une fonction politique propre. Elles reçoivent des députations, discutent l'action du pouvoir exécutif, se changent parfois en clubs, tentent même dans certains cas de se substituer aux corps administratifs et judiciaires [2].

À partir de l'été 1792, on voit certes tout un courant se manifester en faveur du scrutin direct [3]. Mais cette revendication s'inscrit alors principalement dans une perspective tactique. On souhaite radicaliser le mouvement politique en court-circuitant des corps électoraux suspectés de modérantisme. La façon dont Robespierre et Saint-Just argumentent en faveur de l'élection directe le montre bien. Comme Condorcet dans ses projets du printemps 1793, Robespierre et Saint-Just veulent limiter la médiation politique. Mais le sens implicite qu'ils donnent à la notion d'*immédiateté* n'est pas le même. Le *Discours sur la Constitution de la France* [4] que Saint-Just prononce le 24 avril 1793 ainsi que celui de Robespierre *Sur le gouvernement représentatif* [5] du 10 mai permettent bien

---

1. Du 26 août 1791 au 12 août 1792 (période de la Législative), il y aura 84 séances ; les élus d'août 1792, quant à eux, siégeront 191 fois du 2 septembre 1792 au 8 août 1793 (calculs de P. Gueniffey). Cette charge explique le mouvement de revendication de certains électeurs de second degré qui réclamaient une indemnité pour compenser le temps passé dans les assemblées électorales.
2. Voir sur ce point toutes les indications sur la pratique des assemblées électorales que l'on trouve dans les trois volumes d'É. CHARAVAY, *Assemblée électorale de Paris*, Paris, 1890-1905, qui retracent l'histoire de la période du 18 novembre 1790 au 17 frimaire an II.
3. La Constitution de 1793, qui ne sera jamais appliquée, décidera l'élection directe des députés. Mais des assemblées électorales de second degré restaient paradoxalement prévues pour l'élection des autorités locales (administrateurs et officiers municipaux n'avaient pas le statut de représentants).
4. Cf. SAINT-JUST, *Œuvres complètes*, Paris, Gérard Lebovici, 1984, pp. 415-441.
5. In ROBESPIERRE, *Textes choisis*, Paris, Éd. sociales, 1974, t. II, pp. 141-156.

d'identifier ce qui les sépare de Condorcet. «Celui qui n'est pas élu immédiatement par le peuple ne le représente pas», note Saint-Just[1], exprimant une conception mécanique de la représentation. L'élection immédiate a pour but de réduire les frottements et les déformations liés aux systèmes à deux degrés : elle améliore la «qualité» de la représentation comme opération de transmission des volontés. Robespierre parle le même langage. Telle n'est pourtant pas la pointe de leur propos. Réduire la médiation politique ne signifie pas tant pour eux rapprocher le représentant du représenté que réduire le rôle de tous les organes intermédiaires entre le peuple et le pouvoir. Ce sont les fonctionnaires publics, les agents du gouvernement que visent aussi Robespierre et Saint-Just. Ce que Robespierre et Saint-Just dénoncent fondamentalement dans les figures de l'électeur de second degré ou du fonctionnaire, c'est l'écran perturbateur qu'elles instituent entre les citoyens et le pouvoir. Le gouvernement direct implique pour eux l'identification du peuple et de la Convention, formant ensemble un bloc uni pour surveiller les actes de l'Administration. La notion d'immédiateté ne se traduit donc pas par l'élaboration de dispositifs «techniques» permettant d'accroître la participation directe et personnelle des citoyens, en élargissant le champ des procédures d'élection : elle est d'abord affirmation d'un idéal de fusion entre le peuple et ses représentants.

Le peuple? Il est souverain. Un et indivisible donc, comme l'est la souveraineté. Il n'existe pour les montagnards que comme totalité active, parfaite adéquation du concept de volonté générale et de la pratique sociale. Il n'est ni une addition d'individus, ni un conglomérat de corps ou de sections. Saint-Just va jusqu'à souhaiter que la représentation nationale puisse être élue par le peuple tout entier en corps, accusant le projet de Condorcet, fondé sur l'électeur, de n'exprimer qu'une «volonté générale spéculative»[2]. Le principe électif, obligatoirement fondé sur l'expression d'un choix ou d'une préférence par des *individus*, n'est donc pas central pour les montagnards. Le vote comme manifestation de l'opinion individuelle, exprimant un jugement propre et nécessairement «secret» en un sens (le secret étant la marque du droit irréductible à l'individualité), apparaît même comme une procédure émi-

1. SAINT-JUST, *Discours sur la Constitution de la France*, in *Œuvres complètes*, p. 424.
2. ID., *ibid.*, p. 423.

nemment suspecte à leurs yeux. Ils tendent à en transformer la nature par toute une série de dispositions — le vote à haute voix, l'organisation de grandes assemblées — qui ont pour fonction d'en socialiser l'organisation matérielle, de telle sorte que les opinions des individus s'effacent au maximum pour se fondre dans une seule et même voix du peuple. Ce qui résulte chez Condorcet d'un processus délibératif méticuleusement organisé est pour Robespierre et Saint-Just l'expression d'un état fusionnel. La volonté générale est une donnée, et non pas un construit. D'où évidemment l'impossibilité pour les conventionnels de réduire le terme de « peuple » à une quelconque détermination sociologique. Il ne désigne ni un groupe ni une classe, mais un principe social et moral qui ne se révèle que dans l'action. Robespierre et Saint-Just suppriment la contradiction énoncée par Rousseau entre démocratie et gouvernement représentatif en organisant la fusion combattante du peuple et de ses représentants. La lutte contre les factions est le catalyseur de cette fusion. Travail proprement métallurgique qui requiert l'entretien permanent du feu de l'action, celui de la guerre extérieure ou intérieure. Le vote direct ne consacre donc pas chez eux le rôle de l'individu-électeur souverain, supprimant l'écart entre la délibération et l'autorisation. Il vise d'abord à exprimer la toute-puissance du pouvoir de la Convention. On en appelle au peuple pur et vertueux contre les trahisons et les hésitations des corps électoraux. À l'inverse, en thermidor de l'an III, lors de la discussion du texte de la nouvelle Constitution, la crainte de la manipulation des assemblées primaires fait revenir à l'élection à deux degrés. On veut ainsi « diminuer les risques de l'intrigue », prévenir les « tentatives de séduction » et « décourager les intrigants »[1]. Mais ces arguments circonstanciels et tactiques masquent mal la distinction philosophique sous-jacente entre le droit de légitimer et le droit de décider.

En 1795, pourtant, l'assemblée qui décide le retour à l'élection indirecte des représentants n'en prévoit pas moins simultanément le maintien du vote direct pour entériner la Constitution ou valider une éventuelle révision. Une seule voix s'élève alors pour critiquer ce maintien. En 1795, comme en 1793, les assemblées

---

1. Voir les débats du 1er au 9 thermidor de l'an III (*Moniteur*, t. XXV, pp. 246-307). Nous utilisons l'abréviation *Moniteur* pour la *Réimpression de l'ancien Moniteur*, Paris, 1854, 32 vol.

primaires votèrent pour ratifier la Constitution. Comment expliquer cette «exception»? Loin de contredire des principes qui fondent le suffrage indirect, elle les corrobore au contraire. Le vote sur la Constitution, en effet, n'implique aucune délibération, aucun choix construit, il exprime seulement un consentement. Comme le dit Defermont à la Convention, «le plus beau droit du citoyen est de donner son assentiment au pacte social»[1]. C'est un vote qui est d'essence plébiscitaire, et non d'essence délibérative. Il n'est pas de même nature que celui auquel procèdent les assemblées électorales lorsqu'elles désignent des députés. Aucun discernement ni aucune capacité particulière ne sont requis : le vote sur la Constitution exprime simplement un accord ou un rejet. Il procède d'une action de légitimation en même temps qu'il conduit à reformuler symboliquement les termes du pacte social. Le vote direct s'inscrit donc bien en ce cas dans la logique du vote-sanction ou du vote-légitimation. Il ne procède à aucune élection, au sens étymologique du terme, c'est-à-dire qu'il ne procède pas à un *choix délibéré*. De la même façon, l'élection des juges de paix[2] — qui se fait au suffrage direct dans les assemblées primaires — ne constitue pas une entorse aux principes qui sous-tendent le vote à deux degrés. Dans ce cas, en effet, le vote est d'une autre nature. Il ne consiste pas en un acte de souveraineté : le but est seulement de désigner un arbitre des petits conflits quotidiens. C'est une opération qui reste à l'intérieur de la sphère immédiate des habitudes et de la société civile.

La procédure élective renvoie ainsi à des fonctions sociales et politiques très diversifiées, pendant la Révolution. L'élection est à la fois une procédure de légitimation, une preuve de confiance, un système de nomination, un moyen de contrôle, un signe de communion, une technique d'épuration, un opérateur de représentation, un symbole de participation. Une telle multiplicité des usages conduit à déséquilibrer complètement l'articulation entre le vote et la représentation. Face à une conception de la représentation dans laquelle la procédure électorale est finalement secondaire, s'accumule en effet une somme d'attentes et d'exigences dont l'élection figure la solution. Ce déséquilibre se manifeste très concrètement par le fait que l'on peut être un élu sans être un représen-

---

1. *Moniteur*, t. XXV, p. 246.
2. Loi du 16-24 août 1790.

tant — c'est le cas de certains fonctionnaires — et qu'il est à l'inverse possible d'avoir un caractère représentatif sans avoir été élu — c'est le cas du roi.

Le débat sur le droit de suffrage se trouve écartelé entre plusieurs logiques dans les premières années de la Révolution : une logique symbolique d'expression de l'inclusion sociale, une logique technique d'organisation de la représentation nationale et une logique politique de la délibération démocratique. L'adoption d'un système à deux degrés permet de les faire voisiner sans qu'elles empiètent l'une sur l'autre. La faible attention que l'on porte pendant ces années au phénomène de l'abstention trouve là son explication. Le fait que seulement 23,5 % des électeurs de premier degré aient voté en 1791, ce chiffre chutant à 10 % en 1792, n'a guère soulevé d'inquiétudes [1], comme si l'important résidait plus dans la détention du droit que dans son exercice [2]. Des centaines de pages du *Moniteur* ont retracé les débats sur le droit de suffrage, alors qu'en dix ans on n'y trouve qu'un seul article consacré à analyser la « pénurie des votants » qui se manifeste dès 1791 [3].

Le suffrage à deux degrés dissocie dans l'idée de choix ce qui relève d'une participation-légitimation et ce qui constitue la décision véritable et finale. Il permet ainsi de concilier l'universalité de l'implication politique avec la détention du pouvoir final de décision par

---

1. Voir sur ce point les indications données dans deux articles de M. EDELSTEIN, « Vers une sociologie électorale de la Révolution française : la participation des citadins et des campagnards (1789-1793) », *Revue d'histoire moderne et contemporaine*, octobre-décembre 1975, et « La nationalisation de la participation électorale des Français (1789-1870) », à paraître dans la *Revue d'histoire moderne et contemporaine*. Se reporter aussi aux travaux cités de P. Gueniffey et de J.-R. Suratteau sur la Révolution et de J.-Y. Coppolani sur l'Empire.
2. On notera que Judith Shklar explique aussi les taux très élevés d'abstention aux États-Unis par le fait que la citoyenneté a surtout une dimension d'intégration symbolique. D'où l'écart entre l'énorme mobilisation de différentes catégories pour conquérir le droit de vote et le faible usage qui en a ensuite été fait (cf. J. SHKLAR, *La Citoyenneté américaine. La Quête de l'intégration*, Paris, Calmann-Lévy, 1991).
3. PEUCHET, « Élections », *Le Moniteur universel*, 17 juin 1791 (*Moniteur*, t. VIII, pp. 675-676). L'auteur oppose cette pénurie à la forte participation aux assemblées d'avril 1789 et avoue sa perplexité. « On conçoit avec peine, écrit-il, que les assemblées d'élections aient pu devenir moins nombreuses à mesure que les droits politiques ont acquis du développement et de la solidité ; il est difficile d'assigner une cause à l'indifférence qu'ont successivement marquée pour le droit de suffrage la plupart de ceux qui semblaient devoir plus particulièrement y tenir ; on s'étonne [...] qu'on ait fait de l'activité citoyenne une prérogative abstraite, sans concours effectif à l'organisation des pouvoirs » (p. 675).

une minorité supposée éclairée : face aux 4 millions et demi de citoyens actifs de 1791, les électeurs forment un groupe restreint de 44 000 personnes, constituant presque l'amorce d'une sorte de classe politique. En 1795, la différence est encore plus grande, puisque 6 millions de personnes peuvent participer aux assemblées primaires alors que le nombre d'électeurs est réduit à moins de 30 000 individus. En 1800, avec la Constitution de l'an VIII et son système de listes de notabilité, l'écart atteindra son paroxysme. La forme électorale, pendant toute cette période, a permis de masquer les ambiguïtés de fond en matière de droit de suffrage. Jusqu'à rendre possible l'idée d'un suffrage universel sans démocratie sous l'Empire.

Le modèle bonapartiste

La Constitution de l'an III avait sérieusement limité les moyens d'action du pouvoir exécutif, qui ne disposait guère de marge d'initiative face au pouvoir législatif. D'où la cascade des coups d'État et des coups de force qui rythment le Directoire à partir du 18 fructidor an V. Aussi la perspective de réviser la Constitution s'impose-t-elle à beaucoup d'esprits à partir de cette date. La nécessité de doter de nouvelles Constitutions les « Républiques sœurs », créées en 1797 après la paix de Campo-Formio, offre alors un banc d'essai commode pour tester les idées dans l'air[1]. Les hommes clefs du Directoire comme Daunou, La Révellière-Lépeaux, Merlin de Douai, Monge inspirent plus ou moins directement la rédaction des textes appliqués aux Républiques batave, helvétique ou romaine. Toutes ces Constitutions présentent une double caractéristique : le pouvoir exécutif y est considérablement renforcé, en même temps que le droit de suffrage y est élargi à la base. Si un cens électoral, très bas, est maintenu à Rome, le suffrage est pratiquement universel dans les assemblées primaires en Hollande et en Suisse[2]. Ces

---

1. De 1795 à 1799, neuf Républiques sous contrôle français reçoivent une Constitution.
2. Voir les indications données par J. GODECHOT, que je suis sur ce point, dans *Les Institutions de la France sous la Révolution et l'Empire*, Paris, P.U.F., 1968, p. 552. Pour de plus amples détails sur ces bancs d'essai constitutionnels, voir l'article de R. GUYOT, «Du Directoire au Consulat. Les transitions», *La Revue historique*, sept.-oct. 1912, et celui de H. B. HILL, «L'influence française dans les Constitutions de l'Europe (1795-1799)», *La Révolution française*, 1936-1937 (article en 2 parties).

Constitutions sont donc en un sens «plus démocratiques» que celle de l'an III. Mais en même temps l'écart entre l'étendue du droit de vote dans les assemblées primaires et le véritable pouvoir électoral de décision s'accroît (des schémas d'élection à trois degrés se font par exemple jour). Après le 18 Brumaire, la Constitution de l'an VIII allait rationaliser ces premières expériences.

Largement inspiré par Sieyès, le nouveau texte supprime le dernier relent censitaire qui subsistait formellement dans les dispositions de l'an III (l'obligation de payer une contribution quelconque pour être citoyen actif). Seuls les domestiques à gages, les faillis, les interdits judiciaires, les accusés et les contumaces se voient dorénavant exclus de l'exercice du droit de cité. Les ex-nobles et les parents d'émigrés sont en même temps symboliquement réintégrés dans la nation, en retrouvant la faculté de participer aux élections[1]. À l'exception des principes de 1793, qui n'avaient pas été appliqués, jamais un droit de suffrage aussi large n'avait été accordé depuis le début de la Révolution. Élargi à la base, il l'était surtout à l'échelon intermédiaire : aucune condition de cens n'était requise pour les électeurs de second degré. C'est la différence la plus notable par rapport à la Constitution de l'an III. D'où le sentiment de rupture que ressentent les contemporains, comme si un saut qualitatif était effectué en matière de droit de vote. Fait significatif : le terme de «suffrage universel» fait son apparition à cette occasion. On le trouve employé pour la première fois dans un article que Mallet du Pan donne dans *Le Mercure britannique* pour commenter les nouvelles dispositions constitutionnelles[2]. En même temps que le droit de suffrage est ouvert à la base, son exercice est singulièrement limité par le système des listes d'éligibilité qui est mis en place. Le principe en est simple. Les citoyens de chaque arrondissement communal désignent par leurs suffrages ceux d'entre eux qu'ils croient les plus propres à gérer les affaires publiques. Il en résulte une liste de confiance, contenant un nombre de noms égal au dixième du nombre des citoyens ayant droit d'y coopérer. Les citoyens compris dans les listes communales d'un

---

1. La loi du 3 brumaire an IV (15 octobre 1795) avait exclu du droit de suffrage les prêtres réfractaires, les émigrés radiés provisoirement, les parents d'émigrés.
2. Le 10 janvier 1800 (n° XXXII, t. IV). Cette indication était déjà donnée par A. AULARD dans son *Histoire politique de la Révolution française*, Paris, 1901, p. 706. Je n'en ai pas trouvé d'occurrences antérieures.

département choisissent également un dixième d'entre eux, qui forment une deuxième liste dite départementale, dans laquelle doivent être pris les fonctionnaires publics du département. Les citoyens portés dans la liste départementale procèdent à la même opération pour établir une troisième liste, qui comprend les personnes de ce département éligibles aux fonctions publiques nationales. À la base, 6 millions de personnes désignent 600 000 membres des listes communales, qui élisent eux-mêmes 60 000 membres des listes départementales, une liste nationale de 6 000 noms couronnant cet édifice pyramidal.

Les citoyens étaient à la fois appelés à nommer tous les trois ans sur ces diverses listes ceux qui leur semblaient mériter leur confiance pour remplacer les inscrits décédés et à en retirer les personnes en qui ils ne souhaitaient plus la placer. Mais, au sommet, les membres du Corps législatif et les titulaires des grandes fonctions publiques étaient nommés par le Sénat ou par le Premier consul, qui les choisissaient sur la liste nationale. Celle-ci comprenant environ 6 000 noms, la marge de choix était très large et le principe électif se trouvait de fait abandonné.

L'élargissement du droit de suffrage est ainsi singulièrement contrebalancé par des pratiques de type autoritaire. Mallet du Pan est l'un des plus virulents pour dénoncer ce décalage. Il s'emporte contre les «extravagances démocratiques» qui forment un «contraste monstrueux» avec l'absence de pouvoir réel des électeurs[1]. «La souveraineté du peuple, dénonce-t-il, est gravée au frontispice et escamotée dans le cours de l'ouvrage[2].» S'agissait-il d'un simple escamotage? La question ne peut pas seulement être appréhendée en termes de manipulation. En l'an VIII, en effet, aucun mouvement social ne contraignait les rédacteurs de la Constitution. Aucune voix ne s'élevait pour réclamer l'extension du droit de suffrage. Il y avait au contraire à cette époque un fort mouvement d'opinion en faveur du suffrage censitaire. Beaucoup de ceux qui voulaient mettre en place un gouvernement fort et stable, et écarter le spectre du pouvoir sans-culotte, appelaient de leurs vœux la mise en place de sévères restrictions au vote populaire. *Qu'avons-nous besoin d'assemblées primaires?*, demandait par exemple le titre

---

1. Voir son premier article critiquant la Constitution de l'an VIII, *Le Mercure britannique*, n° xxx, 10 décembre 1799, t. IV, pp. 429-430.
2. Article du 10 janvier 1800, *Le Mercure britannique*, p. 475.

d'une brochure de Jarry de Mancy. Le 4 frimaire an VIII, *Le Moniteur universel* publie un «Dialogue entre un patriote et un député» qui conclut que les propriétaires sont les seuls citoyens d'un État[1]. Plusieurs des journaux qui prétendent dévoiler le texte de la nouvelle Constitution, encore en discussion, notent, comme si la chose était acquise, que le cens électoral serait fixé à un niveau assez élevé. Lorsque le *Moniteur* livre, le 10 frimaire an VIII, la version qu'il qualifie de «la plus accréditée» du projet, il écrit : «Le nombre des citoyens actifs est beaucoup réduit. Pour en exercer les fonctions, il faudra payer une contribution directe de la valeur de douze journées de travail. Il n'est pas même encore décidé si une propriété plus considérable ne sera pas exigée[2].» Mais ni Sieyès ni les commissions et sections des Cinq-Cents et des Anciens chargés de préparer la Constitution n'avaient songé à une telle chose. Dans ces dernières, il ne s'élève qu'une voix isolée pour réclamer que les listes de notabilité soient réglées sur un tarif des fortunes. Boulay de La Meurthe rapporte que Sieyès s'y opposa fortement, en disant que cette idée était «aristocratique» alors que sa perspective personnelle était authentiquement républicaine, et qu'il fut facilement suivi sur ce point par la grande majorité[3]. Les sections du Corps législatif s'étaient même montrées plus audacieuses que Sieyès. Tout en admettant comme lui un élargissement du suffrage, elles avaient critiqué le système des listes de confiance et suggéré de conserver les élections à deux degrés. Les positions des brumairiens n'était certes pas vierges de toute préoccupation politicienne. Ils craignaient plus le retour en force des partisans de l'Ancien Régime qu'ils ne redoutaient l'avènement d'un nouveau pouvoir sans-culotte. Ils ne croyaient pas possible d'exorciser le mauvais souvenir des élections de l'an IV ou de l'an VI par la mise en place d'un suffrage censitaire. Surtout, ils ne voyaient pas d'alternative au principe électoral dans une République. Sceptiques sur les effets du suffrage censitaire, ils optaient pour un système électoral très large, estimant qu'ils pourraient maîtriser les choses en ajournant les élections ou en les manipulant lorsqu'elles s'avé-

---

1. *La Gazette nationale ou le Moniteur universel*, 4 frimaire an VIII, p. 252.
2. *La Gazette nationale ou le Moniteur universel*, 10 frimaire an VIII, p. 276.
3. Cf. BOULAY DE LA MEURTHE, *Théorie constitutionnelle de Sieyès. Constitution de l'an VIII*, Paris, août 1836.

reraient menaçantes[1]. Leur foi démocratique trouvait là ses limites.

Le projet de Sieyès, qui finit par l'emporter devant les commissions des Anciens et des Cinq-Cents, était plus radical, et plus cohérent surtout. Loin d'être une curiosité constitutionnelle, le texte de l'an VIII est d'une certaine façon celui qui incarne le mieux les idées fondamentales de l'auteur de *Qu'est-ce que le tiers état ?*. Pendant les premières années de la Révolution, Sieyès avait déploré la confusion entre les procédures de légitimation, les modes de désignation et les formes d'exercice du pouvoir politique, ces trois éléments se trouvant de fait imbriqués dans l'activité électorale. En l'an VIII, Sieyès semble enfin pouvoir mettre en place un système qui correspond à sa conception du gouvernement représentatif. Il dissocie la symbolique de l'égalité et le mécanisme de la légitimation populaire des autres moments de l'activité politique, en combinant le suffrage universel avec les listes de notabilité. On le voit bien dans les réflexions qu'il formule à ce moment dans ses notes personnelles[2]. À la base, note-t-il, « l'association politique se compose de l'universalité des citoyens primaires »[3]. Dans les observations constitutionnelles dictées à Boulay de La Meurthe, il pose comme premier principe que « nul ne doit être revêtu d'une fonction s'il n'a pas la confiance de ceux sur qui elle doit s'exercer »[4]. Mais il énonce immédiatement ensuite le second : « Dans un gouvernement représentatif, nul fonctionnaire ne doit être nommé par ceux sur qui doit peser son autorité. La nomination doit venir des supérieurs qui représentent le Corps de la nation. Le peuple, dans son activité politique, n'est que dans la Représentation nationale, il ne fait corps que là. Le Gouvernement est essentiellement national et non local : il tombe de la représentation nationale qui est le peuple représenté, il ne vient pas du simple

---

1. La meilleure analyse de la position des brumairiens se trouve dans l'ouvrage de J. Bourdon *La Constitution de l'an VIII*, Rodez, 1942. Pour les débats de la période antérieure, se reporter aux articles de J.-R. Suratteau sur les élections des ans IV et V publiés dans les *Annales historiques de la Révolution française* (1951, 1952, 1955, 1958) et à son ouvrage *Les Élections de l'an VI et le coup d'État du 22 floréal (11 mai 1798)*, Paris, Les Belles-Lettres, 1971.
2. Voir l'ensemble des manuscrits conservés aux Archives nationales dans le fonds Sieyès sous la cote 284 *AP* 5, dossier 2, *Notes concernant la Constitution de l'an VIII*.
3. *Ibid.*, f° 44.
4. *Ibid.*, in cahier *Observations constitutionnelles dictées au citoyen Boulay de La Meurthe*.

citoyen, puisque celui-ci n'a pas le droit de représenter le peuple, ni de conférer un pouvoir en son nom [1]. » D'où la formule résumée, presque canonique : « L'autorité doit venir d'en haut et la confiance d'en bas. » La disproportion entre le nombre d'inscrits sur la liste nationale et le nombre de personnes à désigner pour le Corps législatif traduit parfaitement cet encastrement de l'autorité dans la confiance.

Dans un discours du 18 pluviôse an IX devant le Corps législatif, Roederer explique, dans la même perspective, qu'avant la Constitution de l'an VIII il n'y avait pas en France de système politique qu'on pût considérer comme vraiment représentatif [2]. Il est significatif de considérer que ce sont deux des plus importants théoriciens de la Constitution de 1791 qui tiennent en l'an VIII ce langage. Cabanis, qui traduit alors parfaitement la sensibilité des idéologues, procède à une analyse très voisine [3]. Lui aussi instruit le procès des déficiences de la Constitution de l'an III et célèbre le nouveau texte. Brumaire opère à ses yeux une révolution théorique. Parlant du gouvernement représentatif, il écrit : « Le grand avantage de cette forme de gouvernement, est que le peuple, sans exercer aucune fonction publique, puisse désigner cependant pour toutes, les hommes qui jouissent de sa confiance, qu'il ne fasse point de lois, qu'il n'administre point, qu'il ne juge point, comme il le faisait dans les démocraties anarchiques de l'Antiquité ; mais que ses législateurs, ses gouvernants et ses juges soient toujours pris parmi ceux qu'il a désignés [4]. » Est-ce contraire à l'idéal démocratique ? Pas du tout, argumente-t-il, la « bonne démocratie » est au contraire assurée, car « l'égalité la plus parfaite règne entre tous les citoyens ; chacun peut se trouver inscrit sur des listes de confiance et y rester en passant à travers toutes les réductions ; il suffit qu'il obtienne les suffrages » [5]. Dans le système de l'an VIII, il n'y a plus, de fait, aucune borne, symbolique ou maté-

---

1. In *Observations constitutionnelles [...]*.
2. *La Gazette nationale ou le Moniteur universel*, 22 pluviôse an IX, p. 592. Sur la théorie du gouvernement représentatif chez Roederer, voir L. JAUME, *Échec au libéralisme. Les Jacobins et l'État*, Paris, Éd. Kimé, 1990.
3. Cf. ses *Quelques Considérations sur l'organisation sociale en général et particulièrement sur la nouvelle Constitution*, Paris, an VIII, reproduit in *Œuvres philosophiques de Cabanis*, Paris, P.U.F., 1956, t. II. Voir aussi M. REGALDO, « Lumières, élite, démocratie : la difficile position des idéologues », *xviiie Siècle*, n° 6, 1974.
4. *Ibid.*, pp. 473-474.
5. *Ibid.*, p. 474.

rielle, fixée au principe d'égalité. Le sentiment démocratique est
en quelque sorte complètement absorbé dans la passion antiaris-
tocratique : il se trouve du même coup détaché de toute idée de
gouvernement direct. C'est en ce sens que la Constitution de
l'an VIII marque un tournant intellectuel. Elle lève toutes les équivoques antérieures sur la notion de gouvernement représentatif
et dissocie ce qui restait confondu. «Dans le vrai système représentatif, conclut Cabanis, tout se fait donc au nom du peuple et
pour le peuple ; rien ne se fait directement par lui : il est la source
sacrée de tous les pouvoirs, mais il n'en exerce aucun : nul fonctionnaire n'est choisi que parmi les noms portés sur les listes populaires, mais ces listes n'appellent point les élus à telle ou telle
fonction en particulier[1].» Le rationalisme politique à la française
pouvait se réconcilier sur cette base avec les exigences de la légitimation populaire.

Mis en place par la loi du 13 ventôse an IX (4 mars 1801) rédigée par Roederer[2], le système des listes de confiance fut assez
compliqué à mettre en œuvre. Les élections de l'an IX soulevè-
rent peu d'enthousiasme. Constatant le faible nombre de votants,
l'abbé Bonifaci note par exemple dans son Journal, à la date du
18 juillet 1801 : «Le peuple, c'est-à-dire ceux qui ont le droit de
voter, n'a pas montré beaucoup d'enthousiasme, toutes ces nouvelles inventions (le suffrage universel et les listes de notabilité)
sont vraiment des bêtises[3].» La liste de confiance nationale était
finalement arrêtée par le Sénat le 4 ventôse an X, mais elle n'eut
guère le temps de servir. Bonaparte profita en effet des change-
ments constitutionnels rendus nécessaires par l'adoption du consulat à vie pour faire modifier le système électoral : le Sénat fixa une
nouvelle loi électorale par le sénatus-consulte du 16 thermidor an
X. Le Premier consul n'avait jamais apprécié l'invention de Sieyès.
Il trouvait son système trop compliqué et estimait que le peuple
se trouvait de fait trop visiblement mis à distance. Bonaparte voulait certes une machine électorale facile à contrôler, mais il sou-

1. *Quelques Considérations sur l'organisation sociale [...]*, p. 481.
2. Cette loi restreint les dispositions de la Constitution de deux manières. La faculté
de radier des citoyens sur une liste est supprimée (il est vrai que cela posait des problèmes de procédure), et on ajoute comme électeurs de droit sur les différentes listes des
personnes qui faisaient partie des premiers corps constitués en l'an VIII.
3. Cité in J.-Y. Coppolani, *Les Élections en France à l'époque napoléonienne*, Paris,
Albatros, 1980, p. 214.

haitait également qu'elle puisse servir d'interface entre gouvernés et gouvernants. Critiquant le système de l'an VIII, il disait : « Tous les pouvoirs sont en l'air, ils ne reposent sur rien. Il faut établir leurs rapports avec le peuple. C'est ce que la Constitution avait omis [...]. Dans le système des listes de notabilité, le peuple qui présente en définitive cinq mille candidats ne peut pas se flatter de concourir assez aux élections, pour voir nommer ceux qui ont le plus sa confiance. Pour la stabilité du gouvernement, il faut donc que le peuple ait plus de part aux élections et qu'il soit réellement représenté. Alors il se ralliera aux institutions ; sans cela il y restera toujours étranger ou indifférent [1]. » Le sénatus-consulte du 16 thermidor an X revint au principe de l'élection par degrés. Il y en avait trois. À la base, les assemblées cantonales, ouvertes à tous les citoyens domiciliés dans le canton. Elles élisaient les collèges électoraux d'arrondissement, ceux-ci procédant à l'élection des collèges électoraux de département. Les membres des collèges départementaux devaient être choisis parmi les 600 citoyens les plus imposés du département : un cens intermédiaire faisait ainsi sa réapparition. Le Premier consul pouvait en outre ajouter de son propre chef des membres aux collèges [2]. Les membres des collèges étaient élus ou nommés à vie. Le «pouvoir de nomination» du peuple pouvait apparaître plus direct qu'en l'an VIII, mais le système était en fait plus verrouillé encore. Le nouveau règlement électoral était définitivement mis en place par le décret du 17 janvier 1806. Toutes les restrictions à l'exercice du droit de suffrage dans les assemblées cantonales étaient levées. Les domestiques pouvaient dorénavant voter. Formellement, chaque homme pouvait se sen-

---

1. Cité par A. Thibaudeau, *Mémoires sur le Consulat*, Paris, 1827, t. II, p. 289. Sur la philosophie électorale de Bonaparte voir J.-Y. Coppolani, *Les Élections en France [...]*, et G. D. Wright, «Les élections au corps législatif sous le Consulat et le Premier Empire», *Revue d'administration*, 1983.

2. Les collèges d'arrondissement comprenaient, en plus des membres élus, des membres nommés à vie par le Premier consul (10 au maximum) ; ceux de département pouvaient en compter 20 choisis parmi les 30 citoyens les plus imposés du département. Les collèges d'arrondissement devaient comprendre 1 membre pour 500 habitants (avec un minimum de 120 et un maximum de 200) et les collèges de département 1 membre pour 1 000 habitants (avec un minimum de 200 et un maximum de 300). En additionnant les membres des collèges d'arrondissement et ceux des collèges de département, on arrive à un total d'environ 70 000 personnes. Pour une analyse sociologique de cette population, voir L. Bergeron et G. Chaussinand-Nogaret, *Les «masses de granit». Cent Mille Notables du Premier Empire*, Paris, Éd. de l'E.H.E.S.S, 1979.

tir pleinement citoyen. Mais l'activité électorale se trouva très réduite puisque les membres des collèges électoraux étaient élus à vie. Des élections furent cependant régulièrement organisées pour remplacer les personnes décédées dans les départements[1]. Les enjeux étaient cependant faibles et les taux d'abstention étaient en conséquence très élevés[2].

La Constitution de l'an VIII avait cherché à lever les ambiguïtés du droit de suffrage. Le système électoral mis en place sous l'Empire retourne aux équivoques anciennes. Il prolonge d'un côté le mouvement d'élargissement de la citoyenneté commencé en l'an VIII, tout en approfondissant la distinction entre le processus de légitimation politique et les sources de la décision. Mais il réincorpore d'un autre côté bien des équivoques révolutionnaires quant à la notion même d'élection. Le rapport entre participation électorale et désignation redevient très flou, même si en fin de compte le pouvoir de nomination appartient à l'empereur comme il appartenait au Premier consul. Citoyenneté et démocratie se trouvent du même coup dissociées comme jamais auparavant. Aucune doctrine cohérente n'est affichée pour donner sens à cette coupure. Le système, il est vrai, est complètement absorbé par le caractère exceptionnel de l'empereur. Sa figure transcende les héritages et polarise toute l'énergie représentative du pays, conduisant à une sorte de superposition inédite de la légitimité populaire et de l'idée monarchique. Grâce au triple sacre plébiscitaire, l'Empire renoue avec le mythe primitif de la royauté élective en même temps qu'il réinvente le despotisme éclairé. Mais le bonapartisme n'en est pas pour autant en rupture avec la tradition française. Ses traits ne tiennent pas uniquement à l'exceptionnalisme d'un homme, pas plus qu'ils ne dérivent des seules circonstances. Le bonapartisme ne peut pas non plus être appréhendé comme une vulgaire pathologie de la souveraineté populaire, comme le diront les libéraux, avec Guizot et Benjamin Constant. L'alliage de rationalisme administratif et de légitimation populaire qu'il entend incarner est parfaitement

1. Voir sur ce point J.-Y. COPPOLANI, *Les Élections en France [...]*, qui renouvelle le sujet des élections sous l'Empire.
2. Pour les assemblées de canton (premier niveau), J.-Y. Coppolani cite des taux d'abstention de près de 85 % en 1810. L'élection des juges de paix par les assemblées cantonales, au scrutin direct uninominal majoritaire à deux tours, semble avoir mobilisé davantage les populations, l'élu pouvant avoir une grande importance pour leur vie quotidienne.

cohérent avec les idéaux des Lumières et de la Révolution. Il offre à sa manière une réponse à la tension entre le nombre et la raison. Réponse précaire et menaçante à la fois, puisqu'elle ne peut se donner qu'à travers la domination d'un grand homme, seul capable d'opérer, en sa propre personne, la réunion de deux principes contraires (d'où la nécessaire sacralisation de l'empereur et l'impossible institutionnalisation, sous la forme d'un régime stable, de son pouvoir). Mais réponse tout de même.

Même s'il repose aussi sur la lassitude ou l'inexpérience démocratique, le bonapartisme correspond à une étape de l'histoire de la démocratie française. Il tire sa force d'une formidable sensibilité à la demande d'égalité et à la haine des privilèges qui tissent la trame de la sensibilité révolutionnaire. Il tourne le dos aux principes aristocratiques pour célébrer en permanence les vertus du mérite et les impératifs symboliques de l'égalité. Il met en ce sens au centre de la politique la question de l'inclusion, beaucoup plus que celle de la participation active. Il cherche à réinventer pour la nouvelle société individualiste l'équivalent des anciens liens de fidélité et de protection. Napoléon établit d'ailleurs dans ce but un rapport étroit entre la mise en place de la noblesse impériale et les collèges électoraux de département (après 1808, près de quatre-vingts présidents et membres des collèges électoraux de département furent faits comtes ou barons) : noblesse, méritocratie et élus forment une élite unifiée. La gestion de l'imaginaire social est dissociée de celle de l'administration des hommes et des choses. Tout en respectant les idées et le personnel de la Révolution, Napoléon sublime de cette façon les impasses du légicentrisme à la française. La Révolution n'avait pas su nouer dans le pouvoir législatif le poids de la volonté générale avec les impératifs de la raison. Napoléon apporte sa réponse en cherchant à faire coexister un décisionnisme résolu, qui exalte le pouvoir exécutif, avec le culte d'un peuple-ressource[1], puissance quasi sacramentelle d'onction du politique. Pour résoudre la contradiction française, il redouble en quelque sorte sa tension originaire, organisant, dans un mélange unique d'imaginaire et de réalité, le face à face des deux puissances renforcées : le suffrage universel et le pouvoir exécutif comme

---

1. C'est dans cet adossement au peuple-ressource que Bonaparte entretient le type de lien à la culture politique montagnarde qui lui a toujours assuré une certaine sympathie chez les héritiers des jacobins.

administration rationnelle. Aucun lien ne raccordant ces deux sphères, hormis celui de la personne de l'empereur, le concept de citoyenneté se trouve dès lors complètement désarticulé, dissocié de l'idée démocratique d'intervention du peuple dans les affaires publiques. Ironie de l'histoire : ce sont les collèges électoraux de l'Empire qui éliront en 1815 la Chambre introuvable dans laquelle la France de l'Ancien Régime fit un retour aussi fracassant qu'inattendu sur le devant de la scène politique.

II

L'ORDRE CAPACITAIRE

La clarification libérale
Le paradoxe légitimiste
L'impossible citoyen capacitaire

La clarification libérale

Le 5 février 1817, une nouvelle loi électorale est promulguée. Elle marque un tournant décisif en rompant avec la politique du suffrage à plusieurs degrés et en théorisant le principe de l'élection directe des députés. En contrepartie de cette «démocratisation», un cens électoral de 300 francs est instauré. La philosophie et la pratique du droit de vote se trouvaient d'un seul coup fondées sur des nouvelles bases. La préparation de cette loi donna lieu à l'un des plus importants débats politiques de la Restauration[1].

La Charte de 1814 avait fixé des conditions draconiennes à l'éligibilité : pour être député, il fallait être âgé de quarante ans et payer une contribution directe de 1 000 francs. L'exercice du droit de vote était également soumis à des conditions très restrictives. L'article 40 de la Charte stipulait : «Les électeurs, qui concourent à la nomination des députés, ne peuvent avoir droit de suffrage s'ils ne paient une contribution directe de trois cents francs, et s'ils ont moins de trente ans.» Mais l'organisation des collèges électoraux n'était pas arrêtée, et l'expression «électeurs qui concourent» laissait planer un certain flou. Aussi était-il prévu par la Charte qu'une loi électorale précise les modalités de la nomination des députés. En attendant, les collèges électoraux dont l'organisation

---

1. «La discussion de la loi des élections fut belle, animée, et commença cette série de débats intéressants et éclairants, qui captivèrent l'attention publique et furent pour la nation comme un cours vivant de politique constitutionnelle» (Ch. DE RÉMUSAT, *Mémoires de ma vie*, Paris, Plon, 1958, t. I, p. 316).

remontait au sénatus-consulte du 16 thermidor an X avaient été maintenus. Après l'intermède des Cent-Jours, Vaublanc, ministre de l'Intérieur, présente un premier projet. En même temps qu'il maintient deux degrés dans l'élection, il se montre plus restrictif que la Charte, limitant les collèges électoraux à un petit nombre d'imposables auxquels s'adjoignent des électeurs de droit. La commission de la Chambre critique le système des électeurs de droit et élabore alors un contre-projet, sous la houlette de Villèle. Ce dernier estime que la Charte avait pris le mot « électeurs » dans le sens où le comprenaient les Constitutions antérieures et suggère la mise en place d'assemblées primaires accessibles à tous ceux qui paient un impôt de 25 francs seulement. Suffrage ouvert au premier degré et suffrage restreint au second degré continuaient ainsi de coexister. Mais la discussion fut bloquée en avril à la Chambre des pairs, Louis XVIII ayant laissé comprendre qu'il était hostile à un projet jugé trop « populaire », malgré les deux degrés et la possibilité d'adjonction d'électeurs de droit. La Chambre introuvable ayant été dissoute sur le coup, tout était à reprendre.

C'est dans ce contexte que Lainé, le nouveau ministre de l'Intérieur, présente le 28 novembre 1816 un projet d'où allait sortir la loi du 5 février 1817[1]. La date allait longtemps rester gravée dans les mémoires, marquant l'adoption de l'une des grandes lois libérales de la Restauration. Elle traduit aussi la montée en puissance d'une nouvelle génération politique. Le projet de loi fut élaboré au sein d'une commission informelle dans laquelle siégeaient entre autres Royer-Collard et Guizot. C'est à ce dernier que Lainé confie la rédaction de l'exposé des motifs présenté à la Chambre[2]. Guizot y développe les deux principes fondamentaux du projet. « Le premier, écrit-il, c'est que l'élection doit être directe, c'est-à-dire que tous les citoyens qui, dans un département, remplissent les conditions exigées par la Charte pour être électeur, doivent concourir directement, et par eux-mêmes, à la nomination des

---

1. Sur le débat et son contexte, se reporter à P. DUVERGIER DE HAURANNE, *Histoire du gouvernement parlementaire en France (1814-1848)*, Paris, 1860, t. IV, pp. 21-60, et à A. DE VAULABELLE, *Histoire des deux Restaurations*, Paris, 1860, t. IV, pp. 175-189 et pp. 392-399.
2. Guizot fut aussi chargé par le ministère de défendre le projet dans la presse. Voir ses deux articles publiés dans *Le Moniteur universel* du 31 décembre 1816 et des 22 et 23 janvier 1817. Sur le rôle de Guizot dans la préparation et le vote de cette loi, voir ses *Mémoires pour servir à l'histoire de mon temps*, Paris, 1858, t. I, pp. 166-171.

députés du département. Le second, c'est que la nomination de chaque député doit être le résultat du concours de tous les électeurs du département, et non l'ouvrage de telle ou telle portion déterminée de ces mêmes électeurs[1].» Pour la première fois, le sens du droit de vote était interrogé au fond.

Pour les libéraux de 1817, la question du vote à deux degrés n'est pas appréhendée dans une perspective technique de réduction du nombre. Elle a clairement une dimension théorique, qui implique l'essence même du gouvernement représentatif. Avant eux, Mallet du Pan et Necker avaient déjà commencé à défricher théoriquement le terrain. Le premier avait instruit le procès de la Constitution de l'an VIII dans plusieurs articles du *Mercure britannique*, dénonçant son hypocrisie sociologique. «Plusieurs motifs, écrivait-il, ont probablement fait maintenir le suffrage universel et l'exemption de toute condition pécuniaire ou politique. D'abord, en détrônant la liberté, on a feint de rendre hommage à l'égalité, et en réduisant au nombre de cinq mille les sujets exclusivement capables des emplois pour un temps donné, on s'est flatté que les vingt-cinq millions de républicains qui composent l'empire se consoleraient de cette restriction en observant qu'on ne fermait à aucun d'eux l'accès aux listes générales[2].» Dans ses *Dernières Vues de politique et de finance*, publiées en 1802, Necker allait plus loin. Il procédait à une analyse de la Constitution de l'an VIII dans laquelle se trouvait formulée pour la première fois une *critique libérale* du suffrage à plusieurs degrés. Cette Constitution, comme nous l'avons souligné, avait poussé le système fort loin puisqu'elle prévoyait trois niveaux de filtrage des éligibles. Dans ces conditions, expliquait Necker, le fait d'élire des représentants devient une «fiction» — le mot revient à de nombreuses reprises sous sa plume. «Il faut se sentir quelque chose dans l'État social, pour voir de la beauté dans le titre de citoyen», écrivait-il[3]. Le suffrage indirect empêche que se forme «un lien plus ou moins étroit entre les chefs de l'État et la masse entière des citoyens»[4]. Avec le

1. *A.P.*, 2e série, t. XVII, p. 561.
2. MALLET DU PAN, «France. Observations générales sur le nouveau système législatif de cette république», *Le Mercure britannique*, n° XXXII, 10 janvier 1800, t. IV, pp. 492-493.
3. NECKER, *Dernières Vues de politique et de finance*, in *Œuvres complètes de M. Necker*, publiées par M. le baron de Staël, Paris, 1821, t. XI, p. 14.
4. ID., *ibid.*, p. 21.

système de l'an VIII, protestait-il, « on attribue au peuple un droit qui lui sera d'une indifférence parfaite », les citoyens actifs se voyant accorder un « droit insignifiant »[1]. Mais Necker ne contestait pas le principe de l'épuration du corps électoral prévue par la Constitution. Sa protestation n'avait rien de démocratique. Il reprochait essentiellement au système des listes d'éligibilité de créer une situation fausse, de procéder à une vaste exclusion de fait tout en affirmant le principe de l'égalité politique, bref de ruser à la fois avec le peuple et avec les principes du gouvernement représentatif.

Après les Cent-Jours, la dénonciation du système impérial et la critique du suffrage indirect s'additionnent. « Les élections faites sous le règne impérial n'étaient qu'une *jonglerie* inaugurée pour abuser le gros du public », lit-on par exemple dans *Le Censeur européen*, de Charles Comte et de Dunoyer, l'une des publications libérales les plus influentes de la Restauration[2]. Le rejet du suffrage universel est théorisé positivement et ouvertement dans ce contexte. Il ne renvoie pas seulement à une peur sociale, exprimée à demi-mots : il s'inscrit dans une revendication de *franchise* politique, en renvoyant dos à dos les illusions du jacobinisme et les mensonges du bonapartisme. Le libéralisme français du début du XIXe siècle est marqué en profondeur par cette exigence. D'où le caractère parfois extrêmement abrupt des essais et des pamphlets de l'époque, l'impératif du « parler vrai » allant jusqu'à friser le cynisme. Guizot rappelle parfaitement cet état d'esprit dans ses *Mémoires*. « À cette époque, écrit-il, le suffrage universel n'avait été en France qu'un instrument de *destruction* ou de *déception* : de destruction, quand il avait réellement placé le pouvoir politique aux mains de la multitude ; de déception, quand il avait servi à annuler les droits politiques au profit du pouvoir absolu en maintenant, par une intervention vaine de la multitude, une fausse apparence de droit électoral. Sortir enfin de cette routine, tantôt de violence, tantôt de mensonge [...] c'était là ce que cherchaient les auteurs du système électoral de 1817[3]. » Rémusat explique dans des termes très proches les raisons pour lesquelles la critique du suffrage indirect polarisait la réflexion libérale sur la citoyenneté, dans les premières années de la Restauration. « L'élection à deux degrés, inventée pour

1. NECKER, *Dernières Vues de politique et de finance*, pp. 16 et 18.
2. « De la loi sur les élections », *Le Censeur européen*, 1817, t. I, p. 294.
3. Fr. GUIZOT, *Mémoires pour servir à l'histoire de mon temps*, t. I, p. 166.

donner aux masses une participation aux élections politiques, note-t-il, était un artifice destiné à rendre praticable et illusoire quelque chose qui se rapprochât du suffrage universel, une forme à la fois démocratique et mensongère qui pouvait servir à masquer la prédominance des minorités et à tromper la multitude par une apparence populaire. Ces motifs rendaient ce système peu compatible avec une liberté vraie, avec une monarchie franchement constitutionnelle [1].» Les partisans du projet présenté par Lainé reprennent en permanence ces arguments dans le débat à la Chambre.

La dénonciation de la fiction démocratique et de la tromperie induites par le système du suffrage à deux degrés ne conduit pas les libéraux de la Restauration à réclamer le suffrage universel direct. Ils ont en tête une autre arithmétique du droit de vote que l'on peut résumer par le slogan : «Mieux vaut moins, mais mieux.» Quelques chiffres permettent de prendre la mesure sensible de leur raisonnement. La condition de cens fixée à 300 francs et la limite d'âge de vingt-cinq ans délimitent une population d'environ 100 000 personnes. C'est un chiffre fort modeste. Mais comment convient-il de l'apprécier? Faut-il le comparer aux millions d'électeurs du premier degré des législations révolutionnaire et impériale? Ou le rapporter au nombre d'électeurs de deuxième voire de troisième degré — soit environ 16 000 hommes — des législations postérieures à l'an VIII? Benjamin Constant s'est exprimé avec beaucoup de clarté sur cette question dans un article du *Mercure de France*. «Il vaut mieux, écrit-il, accorder à cent mille hommes une participation directe, active, réelle à la nomination des mandataires d'un peuple, que de faire de cette participation un monopole pour seize ou vingt mille, sous prétexte de conserver à un ou à deux, ou même, si l'on veut adopter le calcul d'un des opposants au projet de loi, à quatre millions, une participation indirecte, inactive, chimérique, et qui se borne toujours à une vaine cérémonie [2].» L'argument est sans cesse répété pendant le débat

---

1. Ch. DE RÉMUSAT, manuscrit des *Mémoires de ma vie*. L'essentiel des pages passionnantes sur 1817 n'ont malheureusement pas été reprises par Pouthas dans son édition en cinq volumes des *Mémoires* de Rémusat (Paris, Plon, 1958-1967). Une copie du manuscrit complet se trouve à la Bibliothèque nationale. Le passage cité ici se trouve in *Nouvelles Acquisitions françaises*, 14418, f° 96.

2. B. CONSTANT, «Loi sur les élections», *Le Mercure de France*, 18 janvier 1817, t. I, p. 116.

du projet de loi. « Cent vingt mille Français représentés valent mieux pour moi que deux millions d'hommes aliénant leurs droits à l'aventure, sans réfléchir à ce qu'ils font », dira Victor de Broglie à la Chambre des pairs [1]. Si le droit de suffrage est théoriquement restreint, le nombre des électeurs « véritables » se trouve de fait considérablement accru par le projet de 1817 : il est multiplié par six. « Nous aurons un plus grand nombre d'électeurs, et dans une proportion telle qu'en définitive le pouvoir, le droit, se trouveront répartis en plus de mains », conclura le rapporteur à la Chambre des députés [2]. C'est donc explicitement en termes de compensation de la quantité par la « qualité » que les libéraux défendent le texte de 1817. Ils opposent les droits formels et les droits réels, en ayant pour souci de créer les conditions d'exercice des derniers. Le cens de 300 francs correspond-il à un choix bien réfléchi à cet égard ? La question n'est pas discutée en 1817. Le chiffre se trouve inscrit dans la Charte, et il n'était donc pas susceptible d'être amendé [3], même si certains libéraux comme Benjamin Constant le jugeaient ouvertement trop élevé.

L'argumentation libérale serait pourtant restée fragile si elle s'était contentée de développer une telle arithmétique de la participation politique. Satisfaisante du point de vue des classes moyennes, qui accédaient en plus grand nombre à la véritable influence politique, la « compensation » que les libéraux décrivaient l'était évidemment beaucoup moins pour ceux qui se voyaient ôter un droit, fût-il purement formel. Mais le fond de leur raisonnement est ailleurs : il réside dans leur théorie de l'élection directe. Suivons, là encore, Benjamin Constant. « L'élection directe, écrit-il, constitue seule le vrai gouvernement représentatif [4]. » Son affirmation doit

---

1. Discours du 27 janvier 1817 à la Chambre des pairs (*A.P.*, 2ᵉ série, t. XVIII, p. 320).
2. Bourdeau (député de la Haute-Vienne), discours du 19 décembre 1816 à la Chambre des députés (*A.P.*, 2ᵉ série, t. XVII, p. 652). Lally-Tollendal argumente dans le même sens à la Chambre des pairs : « Dans l'état actuel, et à partir des collèges électoraux de département, il n'y a aujourd'hui en France que seize mille électeurs *directs* et la loi nouvelle va en appeler cent mille ! » (discours du 23 janvier 1817 ; *A.P.*, 2ᵉ série, t. XVIII, p. 221).
3. Sur l'histoire de ce seuil, se reporter à P. SIMON, *L'Élaboration de la Charte constitutionnelle de 1814*, Paris, 1906, et à CLAUSEL DE COUSSERGUES, *Considérations sur l'origine, la rédaction, la promulgation et l'exécution de la Charte*, Paris, 15 juin 1830.
4. « Loi sur les élections », *Le Mercure de France*, t. I, p. 117. Benjamin Constant a beaucoup écrit sur l'élection directe. Outre les textes cités ici, on peut se reporter à ses développements dans *De l'esprit de conquête et de l'usurpation* (1814), *Principes de politique applicables à tous les gouvernements représentatifs* (mai 1815) et *Réflexions sur les Constitutions et les garanties, avec une esquisse de Constitution* (1814-1818).

être bien comprise. Constant ne veut pas suggérer que l'existence d'un niveau intermédiaire dresserait une sorte d'écran qui perturberait la qualité du processus représentatif, les élus n'étant pas sous le regard des électeurs de base. Son analyse ne s'apparente pas à celle de Saint-Just ou de Robespierre lorsque ceux-ci appellent de leurs vœux la fusion entre le peuple et ses représentants. C'est la nature même de l'opération représentative qui est visée dans son propos. L'élection directe est préférable car elle offre de plus sérieuses garanties que ce seront *les meilleurs* qui seront effectivement choisis. Et c'est bien là que réside le propre du gouvernement représentatif à ses yeux, comme à ceux de Guizot ou de Victor de Broglie[1]. « Quand des citoyens sont appelés à nommer leurs députés, écrit-il, ils savent quelles fonctions ces députés auront à remplir. Ils ont un terme de comparaison précis et clair entre le but qu'ils désirent atteindre, et les qualités requises pour que ce but soit atteint. Ils jugent en conséquence de l'aptitude des candidats, de leurs lumières, de leur intérêt au bien public, de leur zèle, et de leur indépendance. Ils mettent eux-mêmes un grand intérêt aux nominations, parce qu'à leur résultat se lie l'espoir de se voir appuyés, défendus, préservés d'impôts excessifs, protégés contre l'arbitraire[2]. » Comme ces enjeux n'apparaissent pas s'il ne s'agit que de désigner des électeurs, la nomination de ceux-ci n'a pas d'importance décisive, elle n'est qu'« un détour, une filière, qui cache le but aux regards et qui refroidit l'esprit public ». Avec le système des deux degrés, en outre, les collèges électoraux sont de petite dimension. Du même coup, expliquent les libéraux, ces collèges sombrent souvent dans la médiocrité, leur horizon reste borné, ils ne sont traversés par aucune « électricité morale ». Il n'en va pas de même avec l'élection directe, les assemblées électorales devenant plus animées et plus larges. Ils soulignent que l'élection directe, adoptée en Amérique et en Angleterre, va toujours chercher dans ces deux pays « les grands propriétaires et les hommes distingués ». Le vice des assemblées de petite dimension — liées au système du suffrage

---

1. « Le propre du gouvernement représentatif, c'est d'extraire du milieu de la nation *l'élite de ses hommes les plus éclairés, de les réunir au sommet de l'édifice social, dans une enceinte sacrée, inaccessible aux passions de la multitude, et là, de les faire délibérer à haute voix sur les intérêts de l'État »* (Victor DE BROGLIE, *Écrits et discours*, Paris, 1863, t. II, p. 78).
2. « Loi sur les élections », *Le Mercure de France*, t. I, p. 117. Sur ce point voir aussi ses *Réflexions sur les Constitutions et les garanties [...]*, Paris, 1814-1818.

indirect —, surtout lorsqu'elles sont composées d'hommes peu instruits, est de tendre à faire désigner des pairs, des élus qui ressemblent trop aux électeurs[1], allant ainsi à contresens des principes
du gouvernement représentatif tel que l'entendent aussi bien
Constant que Guizot[2]. Là est la pointe de l'argumentation pour
le suffrage direct en 1817. La réduction du nombre des électeurs
et l'instauration d'un suffrage direct sont perçues comme les conditions de la mise en place d'un authentique gouvernement représentatif. «Pour faire pardonner à la masse de la nation cette
dépossession presque complète qu'elle va subir, il faut lui donner
le spectacle d'une élection véritable», résume Victor de Broglie[3].
Une élection véritable? Tout n'est pas théorique dans ce débat :
les libéraux veulent contrecarrer les ultras, qui rêvent d'asseoir le
pouvoir des grands propriétaires fonciers en les faisant désigner
par la masse des paysans. Mais il est pourtant l'occasion d'une
grande explication philosophique sur le sens du droit de vote et
les principes du gouvernement représentatif. La question de la
dimension des circonscriptions électorales et du lieu de vote est
à cet égard âprement débattue. Les libéraux défendent le scrutin
départemental de liste avec vote au chef-lieu. «Il est évident, dit
Lainé dans l'exposé des motifs de son projet de loi, que la réunion
de tous les électeurs d'un département pour la nomination de tous
les députés, tend à élever les élections, à les soustraire à l'esprit
de petites localités et à diriger les choix vers les hommes les plus
connus, les plus considérés dans toute l'étendue du département,
par leur fortune, leurs vertus et leurs lumières : l'intrigue et la
médiocrité peuvent réussir dans un cercle étroit, mais à mesure
que le cercle s'étend, il faut que l'homme s'élève pour attirer les
regards et les suffrages[4].» En faisant voter au chef-lieu, on souhaite rétablir un véritable choix collectif. Le rapporteur à la Cham-

1. Dans son discours du 25 janvier 1817 à la Chambre des pairs, Boissy d'Anglas
dit que, avec le système des deux degrés, «vous auriez des assemblées primaires composées de prolétaires, ou du moins de faibles contribuables, qui ne manqueraient pas d'élire
ceux qui se rapprocheraient le plus d'eux» (*A.P.*, 2ᵉ série, t. XVIII, p. 290).
2. «Le but de l'élection, écrit Guizot, est évidemment d'envoyer au centre de l'État
les hommes les plus capables et les plus accrédités du pays», article «Élections» de l'*Encyclopédie progressive* (1826), repris in *Discours académiques, suivis des discours prononcés
pour la distribution des prix au concours général de l'Université et devant diverses sociétés
religieuses et de trois essais de philosophie littéraire et politique*, Paris, 1861, p. 395.
3. Discours du 27 janvier 1817 (*A.P.*, 2ᵉ série, t. XVIII, p. 320).
4. Discours du 28 novembre 1816 (*A.P.*, 2ᵉ série, t. XVII, p. 562).

bre des députés stigmatise ainsi les abus des assemblées cantonales de l'Empire, «réduites à voter isolément, aux domiciles de leurs présidents, vice-présidents et autres dépositaires de boîtes»[1]. Par ce retour à une forme de vote d'assemblée, on veut ôter à l'élection son caractère brutal et individualiste. «L'élection, dit Guizot, est, de sa nature, un acte brusque et peu susceptible de délibération; si cet acte ne se lie pas à toutes les habitudes, à tous les antécédents des électeurs, s'il n'est pas, en quelque sorte, le résultat d'une longue délibération antérieure [...] il sera très aisé de suspendre leur volonté, ou de les pousser à n'écouter que la passion du moment; alors l'élection manquera ou de sincérité ou de raison[2].» L'élection doit être organisée au chef-lieu, puisque c'est là le centre où «les électeurs gravitent habituellement pour tous les autres intérêts». La sphère politique, en d'autres termes, doit recouvrir et prolonger la sphère des activités civiles, et ne pas s'en dissocier.

Mais comment faire adopter cette «simplification» par ceux qu'elle excluait? Le spectacle d'élections «véritables» pouvait-il réellement consoler le peuple de sa mise à l'écart, comme le prétendait de Broglie? La réponse à ces questions est parasitée en 1817 par le contexte du débat. L'opposition n'est pas entre les libéraux et des partisans du suffrage universel. Si certains trouvent la barre des 300 francs trop haute, ils n'en considèrent pas moins que la discussion pour l'abaisser n'est pas à l'ordre du jour, puisque le chiffre avait — peut-être imprudemment — été inscrit dans la Charte. Le grand clivage est entre les libéraux partisans du suffrage direct et les ultras qui défendent le vote à deux degrés. Le vote de la loi est reçu pour cette raison comme une défaite par les ultras, et elle suscita des réactions à front renversé. «La loi sur les élections, note ainsi le *Journal général*, offre une singularité remarquable; elle obtient l'assentiment presque général de ceux qu'elle exclut des fonctions d'électeur, et la plus forte opposition qu'elle rencontre vient de quelques grands propriétaires à qui elle garantit non seulement le droit d'élire, mais le droit d'être élus[3].» «Jamais loi ne fut plus populaire, constate de son côté Benjamin Constant, et c'est une nouvelle preuve de l'instinct admirable de

---

1. Rapport de Bourdeau du 19 décembre 1816 (*A.P.*, 2ᵉ série, t. XVII, p. 650).
2. Article «Élections» de l'*Encyclopédie progressive*, in *Discours académiques [...]*, p. 396.
3. Cité par Duvergier de Hauranne, *Histoire du gouvernement parlementaire en France*, Paris, 1860, t. IV, p. 26.

ce peuple, que son assentiment à une proposition qui semble priver une partie de lui-même d'un droit qui, tout illusoire, pouvait néanmoins flatter sa vanité[1].» On ne dispose guère d'éléments pour vérifier ce constat. Le peuple est alors sans voix, le mouvement ouvrier ne s'exprime pas encore et les sociétés républicaines et populaires, qui fleuriront sous la monarchie de Juillet, ne sont pas nées. Les abstentions au premier degré ont en outre toujours été très nombreuses lors des scrutins antérieurs, pendant la Révolution comme sous l'Empire. La grande masse du peuple ne s'est pas encore habituée à prendre part aux élections. En 1817, elle ne s'est donc probablement pas sentie dépossédée de quelque chose. La violence des attaques des ultras contre le projet Lainé a surtout joué un rôle déterminant pour organiser les sentiments de l'opinion. «L'opposition forcenée de la droite recommanda la loi à la nation», note en ce sens Rémusat dans ses *Mémoires*[2]. «Dans les premiers moments», explique-t-il de façon significative, à propos de ses propres sentiments, «je ne vis que l'excessive restriction du suffrage universel [...]. Je la désapprouvais au début, je m'y attachais par la contradiction, et, quand elle passa, j'en regardai l'adoption comme une victoire»[3]. Sur le fond, c'est l'idée de *capacité politique* qui servira de point d'appui pour définir des droits politiques adéquats au principe de l'élection directe.

En instaurant le vote direct, les libéraux ont cherché à donner un contenu plus tangible aux droits politiques, accordant à l'électeur un rôle vraiment actif. Ont-ils réussi dans cet objectif, transformant du même coup les conditions d'exercice de la citoyenneté? Un bon indicateur peut servir de guide pour répondre à cette question : la variation du taux de participation électorale. La discussion qui s'engage sur ce point au printemps 1819 donne de précieux renseignements. Soutenu par les milieux ultras, le marquis de Barthélemy introduit alors à la Chambre des pairs une proposition pour modifier l'organisation des collèges électoraux[4]. La pré-

---

1. «Loi sur les élections», *Le Mercure de France*, t. I, p. 124.
2. RÉMUSAT, *Mémoires de ma vie*, t. I, p. 315.
3. ID., *ibid.*, pp. 315-316.
4. Proposition déposée le 20 février 1819 (cf. *A.P.*, 2e série, t. XXIII, p. 85). Sur les débats suscités par cette proposition, voir A. DE VAULABELLE, *Histoire des deux Restaurations*, t. V, pp. 13-22, et la brochure critique que lui consacre Benjamin CONSTANT, *De la proposition de changer la loi des élections*, Paris, 1819. L'initiative de Barthélemy constitue la première étape de la réaction qui conduira à la loi de 1820 sur le double vote, après la chute du ministère Decazes.

occupation politique de fond est de trouver un système qui mette un frein aux succès électoraux des libéraux, symbolisés par l'élection de La Fayette dans la Sarthe en 1818. Mais l'argumentation des ultras repose principalement sur la mise en avant du fort taux d'abstention, qui fausse à leurs yeux le sens des opérations électorales[1]. Aux élections de 1817 comme à celles de 1818, un tiers des électeurs environ a en effet négligé de se rendre aux urnes, et dans plusieurs départements le nombre des électeurs absents s'est élevé à près de la moitié[2]. Le taux d'abstention a même battu des records dans quelques cas : dans le Nord, sur 2 303 inscrits, 439 seulement se rendent au collège en 1817 et 994 en 1818. Ces chiffres peuvent susciter des interrogations. Mais on est loin des abstentions massives qui ont caractérisé la période révolutionnaire. Les libéraux insistent sur ce point, soulignant que l'abstention ne résulte pas tant d'un désintéressement politique que des conditions matérielles de l'élection, les électeurs devant se déplacer au chef-lieu de département pour voter[3]. À Paris, où le fait de voter n'implique qu'un court trajet, les taux de participation se sont ainsi élevés à 73 % pour les élections de 1817 et à 76 % pour celles de 1818. Au-delà de cette querelle d'interprétation, le fait important à noter est que le problème de l'abstention a subitement acquis une centralité qu'il n'avait pas auparavant, témoignant de la nouvelle perception du droit de suffrage que la loi de 1817 a introduite. Dans les dernières années de la Restauration, on voit d'ailleurs des associations libérales comme Aide-toi, le ciel t'aidera s'organiser dans le seul but d'inciter les citoyens à s'inscrire sur les listes électorales et à se rendre massivement aux urnes[4]. Leur campagne est couronnée de succès : 84,3 % des électeurs inscrits se rendent aux urnes dans les collèges d'arrondissement et 81,9 % dans les collèges de département[5] (le système

---

1. Voir par exemple l'article de CHATEAUBRIAND, « Sur les élections », *Le Conservateur*, 1819, t. IV, pp. 612-633.

2. Outre la riche documentation statistique que l'on trouve dans l'article de Chateaubriand « Sur les élections », Lainé donne également beaucoup d'informations dans son discours du 23 mars 1819 à la Chambre des députés (cf. *A.P.*, 2ᵉ série, t. XXIII, p. 347 notamment).

3. Les ultras donnaient une interprétation politique de cette difficulté, disant que cela dissuadait bon nombre d'électeurs royalistes des campagnes d'aller aux urnes.

4. Cf. Sh. KENT, *The Election of 1827 in France*, Cambridge (Mass.), Harvard University Press, 1975.

5. Chiffres donnés par L. MIGINIAC, *Le Régime censitaire en France, spécialement sous la monarchie de Juillet*, Paris, 1900.

du double vote est toujours en vigueur). La loi de 1817 a ainsi indéniablement marqué l'entrée dans un nouvel âge de la vie politique. Cette évolution est clairement confirmée sous la monarchie
de Juillet. Le taux de participation électorale est très élevé pendant cette période, et il progresse même avec l'extension progressive de l'électorat (165 583 électeurs inscrits en 1831, 240 983 en
1846), comme le montre le tableau ci-dessous[1].

TAUX DE PARTICIPATION ÉLECTORALE*
AUX ÉLECTIONS GÉNÉRALES
PENDANT LA MONARCHIE DE JUILLET

Juillet 1831	75,7 %
Juin 1834	75,4 %
Novembre 1837	76,3 %
Mars 1839	81,6 %
Juillet 1842	79,1 %
Août 1846	82,9 %

* Rapport des votants aux inscrits.

Le paradoxe légitimiste

« La loi sur les élections qui vous est soumise divise cette immense
majorité de la nation en deux classes ; d'un côté, les propriétaires
imposés à trois cents francs, auxquels est réservé le droit de concourir à l'élection des députés des départements ; de l'autre, ceux qui
sont privés de ce droit par la modicité de leur imposition [...]. Ce
sont tous les citoyens que vous dégradez. C'est la population tout
entière que vous courbez devant *le veau d'or*, devant l'aristocratie
des richesses, la plus dure, la plus violente des aristocraties [...].
Fallait-il verser tant de sang, étaler, depuis vingt-cinq ans tant de
maximes philosophiques, tant d'idées libérales, pour arriver à ce

---

1. Chiffres donnés et commentés dans une lettre de Guizot à lord Aberdeen du 26 avril
1852, reproduite in D. JOHNSON, « Guizot et Lord Aberdeen en 1852. Échange de vues
sur la réforme électorale et la corruption », *Revue d'histoire moderne et contemporaine*,
janvier-mars 1958. Statistiques également reproduites dans le *Tableau comparatif des
élections*, Paris, 1848.

résultat, d'annuler à peu près tous les droits que vous avez proclamés, et de réduire en esclavage politique la nation que vous avez soulevée aux accents de la liberté[1].» Celui qui s'exprime avec une telle violence en décembre 1816 n'est ni un émule de Robespierre ni un précurseur du communisme. Il s'agit de François-Régis de La Bourdonnaye, député ultra-royaliste de Maine-et-Loire, un ancien émigré qui s'était illustré dans les combats de l'insurrection vendéenne et qui appartenait à la fraction la plus traditionaliste de la vieille aristocratie terrienne. Si ses pairs lui reprochent la virulence de son ton (Decazes le traitait de «tigre à froid» et les libéraux l'avaient surnommé «le jacobin blanc»), il n'en formule pas moins assez fidèlement un aspect de la critique des ultras sur le projet de loi électorale déposé par Lainé. Le débat de 1817 permet aux ultras de préciser leur doctrine politique : leur opposition à la «clarification» que les libéraux se proposaient d'apporter en matière de droit de suffrage cristallise leurs nostalgies sociales, comme elle révèle leurs rêves politiques. C'est à cette occasion que se mettent intellectuellement en place les grands axes de la pensée légitimiste qui traversera, presque inchangée, le XIXᵉ siècle. Des prises de positions exprimées à l'occasion du débat de 1817 sur la loi électorale au *Manifeste* du comte de Chambord en 1871, un même fil intellectuel donne son unité au traditionalisme.

En 1817, les ultras font d'abord le procès de l'exclusion sociale. La Bourdonnaye n'est pas le seul à l'instruire. Toutes les voix ultras sont à l'unisson pour dénoncer «la disproportion entre la portion de la nation admise à participer aux élections, et la portion exclue de toute participation»[2]. Détail sémantique significatif : c'est à cette occasion que le mot de «prolétaire» fait son entrée dans la langue politique française. Les ultras l'emploient alors pour désigner la masse des exclus de la participation politique. Le mot n'a pas encore la connotation principalement économique qu'il acquerra par la suite. Mais déjà il sonne comme une menace et une condamnation. Les ultras sont-ils ces jacobins blancs que cer-

---

1. La Bourdonnaye, discours à la Chambre des députés le 28 décembre 1816 (*A.P.*, 2ᵉ série, t. XVII, p. 737). Pour une première approche de l'attitude des ultras face au suffrage universel, on peut se reporter à S. RIALS, «Les royalistes français et le suffrage universel au XIXᵉ siècle», *Pouvoirs*, n° 26, 1983, et à J.-J. ŒCHSLIN, *Le Mouvement ultraroyaliste sous la Restauration. Son idéologie et son action politique (1814-1830)*, Paris, 1960.
2. Richard, discours à la Chambre des députés le 2 janvier 1817 (*A.P.*, 2ᵉ série, t. XVIII, p. 12).

tains libéraux évoquaient avec un mépris mêlé d'incompréhension ?
Certes pas. Le point central dont il faut partir pour analyser l'attitude des ultras est leur jugement paradoxal sur le projet de 1817.
Ils le trouvent *à la fois* trop aristocratique et trop démocratique.
« Le nouveau système d'élection, explique Richard, nous a paru
trop aristocratique dans son essence, parce qu'il exclut l'immense
majorité des Français de la participation indirecte au choix de leurs
députés, et qu'il constitue en fait et en droit la plus inusitée des
aristocraties, celle des petits contribuables. Il est en même temps
trop démocratique dans ses formes et peut-être dans ses résultats[1]. » Trop aristocratique ? L'argument n'a pas besoin d'être
davantage explicité. Mais trop démocratique ? La critique est plus
complexe. Les ultras dénoncent d'abord le principe du vote au chef-
lieu du département. S'ils mettent en avant des arguments pratiques sur la difficulté d'héberger et de restaurer une grande masse
d'électeurs, ils redoutent surtout la dynamique des larges assemblées. Ils tiennent sur cette question un discours rigoureusement
inverse à celui des libéraux. Là où de Broglie et Guizot voyaient
la condition de circulation d'une « électricité morale », ils ne per-
çoivent que réunions tumultueuses, intrigues, coteries et corruption. Ce sont en fait deux modèles sociologiques de formation de
l'opinion et de la décision qui s'opposent. D'un côté, le modèle
libéral est fondé sur l'idée que le libre choc des opinions, opéré
à large échelle, produit de la raison et du bon sens. De l'autre, un
modèle que l'on pourrait qualifier de paternaliste, qui accorde une
importance décisive à l'influence directe et immédiate des grands
notables ruraux, et qui imagine que l'opinion se diffuse naturellement du haut en bas de l'échelle sociale. Derrière l'argument de
méthode se profile ainsi l'affrontement entre les nouvelles classes
moyennes bourgeoises célébrées par Guizot et l'aristocratie traditionnelle, entre l'aspiration à l'autonomie politique des classes mon-
tantes et la nostalgie du contrôle social des masses par les grands
propriétaires fonciers.
    Les ultras défendent pour cette raison le suffrage à deux degrés.
Il n'est pas seulement à leurs yeux une technique d'organisation :
il permet surtout de concilier aristocratie et démocratie. « Il n'était
donc pas si mauvais ce mode de deux degrés, mode à la fois plus
populaire et plus aristocratique que ce qui est proposé, explique

---

1. Discours du 2 janvier 1817, p. 16.

dans cette direction le comte de Castelbajac; plus populaire, en
ce sens que le peuple choisissait ses électeurs; plus aristocratique,
en ce qu'il était obligé de les prendre parmi les six cents les plus
imposés du département : là, se trouvait l'exercice d'un droit pour
le peuple, et la garantie des abus de ce même droit [1].» Ouverture
en bas, fermeture en haut, tel est l'idéal des ultras. Ils reprennent
ainsi paradoxalement à leur compte un aspect essentiel du modèle
bonapartiste. Ils peuvent certes se targuer des résultats favorables
produits par ce système en 1815 et 1816, mais, en profondeur, ce
modèle est complètement cohérent avec leur vision de la société.
Ils rêvent de masses paysannes déférentes, unies autour des notables locaux et dévouées à eux. Bonald va jusqu'à parler des « prolétaires dont les grands propriétaires sont les chefs naturels» [2].
Villèle a parfaitement exprimé cette sensibilité sociologique du
milieu ultra. Ce grand notable du Midi blanc, qui incarnera pendant de nombreuses années la politique de réaction, a été l'un des
premiers à théoriser l'alliance de l'aristocratie avec le petit peuple, contre la montée en puissance de la bourgeoisie, lors des premiers débats de l'année 1816. «Depuis que le monde existe, écrit-il
alors à son père, la dernière classe est sous l'influence de la première qui la fait vivre, et la classe moyenne, enviée de la dernière
et ennemie de la première, compose la partie révolutionnaire de
la société dans tous les États. Si vous voulez que la première classe
arrive dans vos assemblées, faites-la nommer par les auxiliaires
qu'elle a dans la dernière classe, descendez aussi bas que vous pouvez, et annulez ainsi la classe moyenne qui est la seule que vous
ayez à redouter [3].» C'est dans le sentiment de cette proximité que
s'enracine, au début de la monarchie de Juillet, l'anticapitalisme
de droite qui joue un rôle fondamental dans la culture politique
française. Les théoriciens de l'économie politique chrétienne comme

---

1. Discours du 26 décembre 1816 (*A.P.*, 2ᵉ série, t. XVII, p. 705).
2. Discours du 30 décembre 1816 (*A.P.*, 2ᵉ série, t. XVII, p. 769).
3. Lettre à son père du 6 mars 1816 (Villèle est alors le défenseur à la Chambre du
projet alternatif à la proposition de Vaublanc), in *Mémoires et correspondance du comte
de Villèle*, Paris, 1888, t. I, p. 489. Dans une autre lettre, du 20 mars 1816, il écrit : «L'intérêt public est que les députés soient pris dans la classe la plus riche et la plus éclairée.
Quel est le moyen d'arriver à ce résultat ? C'est d'appeler aux élections la dernière classe
sur laquelle la classe supérieure a exercé dans tous les temps et dans tous les pays plus
d'influence que sur la classe moyenne, qui jalouse au contraire ce qui est au-dessus d'elle
et est jalousée par ce qui est au-dessous; c'est surtout cette classe moyenne qu'il faut
annuler, parce qu'elle est partout révolutionnaire et à demi savante» (t. II, p. 8).

Villeneuve-Bargemont ou Bigot de Morogues unissent leurs voix à celles des premières sociétés républicaines et ouvrières pour vouer aux gémonies la nouvelle féodalité financière qui s'édifie sous leurs yeux. Il y a certes beaucoup de naïveté et d'illusions dans la vision de la société française des ultras, et les libéraux ne manquent pas de s'en gausser[1]. Elle a pourtant correspondu à une nostalgie dont les effets n'ont cessé de se prolonger tout au long du XIXe siècle. Les ultras sentent bien, en 1817, que le débat du projet de loi électorale revêt une dimension symbolique. Et ils n'ont pas de mots assez méprisants pour dénigrer un texte qui met sur un pied d'égalité ceux qui paient tout juste 300 francs d'impôts et les grands propriétaires. Bonald accuse le texte de mettre en place une « aristocratie »[2], tandis que La Bourdonnaye voit dans les nouveaux électeurs « des hommes que leur éducation, l'habitude de réfléchir ne portent que trop à se croire dignes d'arriver à tout, et que la modicité de leur fortune a forcés de se réduire à peu »[3]. Les contribuables à 300 ou 400 francs ? Ils n'ont ni talents distingués ni lumières étendues, estime de son côté Richard, qui lâche avec dédain : « Le plus souvent, vous n'y remarquerez que ces demi-lumières, plus funestes que l'ignorance, ou cette érudition politique, puisée dans les journaux[4]. » Ces jugements invitent à relativiser leur profession de foi démocratique. Les légitimistes redoutent surtout la perte de leur influence sociale. On le voit très clairement en 1820, après la mise en place du cabinet Richelieu, qui suit l'assassinat du duc de Berry. Les ultras ne voient rien de plus urgent que de faire une nouvelle loi électorale. Mais ils sentent difficile le retour au suffrage indirect. Aussi se contentent-ils d'instituer un système de double vote qui donne une place prépondérante aux grands propriétaires[5]. Le pouvoir de l'aristocratie foncière est

---

1. Il y a pourtant indéniablement un petit peuple légitimiste dans l'Ouest et le Midi. Voir par exemple les éléments intéressants donnés dans B. FITZPATRICK, *Catholic Royalism in the Department of the Gard, 1814-1852*, Cambridge University Press, 1983, et dans D. HIGGS, *Ultra-royalism in Toulouse : from its Origin to the Revolution of 1830*, Baltimore, John Hopkins University Press, 1912.
2. Discours du 30 décembre 1816 (*A.P.*, 2e série, t. XVII, p. 769).
3. Discours du 28 décembre 1816 (*A.P.*, 2e série, t. XVII, p. 738).
4. Discours du 2 janvier 1817 (*A.P.*, 2e série, t. XVIII, p. 15).
5. La loi du 29 juin 1820 recréait deux sortes de collèges électoraux : ceux d'arrondissement étaient composés des contribuables payant 300 francs d'impôts directs, ceux de département étaient composés du quart des premiers, les plus imposés. Les collèges

alors établi dans toute sa brutalité, sans qu'il soit besoin d'aucune argumentation populiste pour se justifier. C'est le retour des influences de l'Ancien Régime. Le débat autour de la loi permet d'ailleurs de mesurer *a contrario* la popularité de la loi de 1817. Pendant l'hiver 1819-1820, des pétitions sont en effet signées en masse pour défendre la loi électorale libérale [1].

Après la révolution de Juillet, les légitimistes tireront les leçons de cette hostilité et renoueront avec leur vieille rhétorique de 1817 pour se présenter comme les alliés et les défenseurs du petit peuple. L'occasion leur en est rapidement donnée, en 1831, au moment de la discussion sur le nouveau projet de loi électorale dont la disposition essentielle consistait à réduire le montant du cens (à 200 francs pour les électeurs et à 500 francs pour les éligibles). Berryer est alors le principal orateur légitimiste à la Chambre des députés. Il reprend des arguments de Villèle en 1816 et de La Bourdonnaye en 1817 pour se faire l'avocat du vote universel à deux degrés et stigmatiser la barrière du cens [2]. Il propose que tout Français âgé de vingt-cinq ans, inscrit depuis un an pour un chiffre quelconque au rôle de la contribution foncière, devienne membre de l'assemblée primaire de sa commune. À la Chambre des pairs, le marquis de Dreux-Brézé défend les mêmes principes, tandis que Montalembert propose à titre de transition un cens de 50 francs (ce qui aurait donné environ 2 millions d'électeurs [3]). C'est aussi l'occasion pour les légitimistes de faire leur autocritique sur la loi de 1820. « On a cru remédier au mal par le double vote ; mais c'était prendre tout au rebours, dit Dreux-Brézé. Ce n'était pas parce que la grande propriété manquait aux collèges électoraux que l'équili-

---

de département nommaient 172 députés et ceux d'arrondissement 258 (les 18 000 plus gros contribuables votaient ainsi deux fois et élisaient seuls les deux cinquièmes de la chambre). Sur les débats très vifs autour de ce projet, se reporter à J. FIÉVÉE, *Examen des discussions relatives à la loi des élections pendant la session de 1819*, Paris, 1820, et à l'abbé DE PRADT, *De l'affaire de la loi des élections*, Paris, 1820.

1. Voir les indications données par A. SPITZER, « Restoration political theory and the debate over the Law of the double vote », *Journal of Modern History*, mars 1983, et par E. NEWMAN, « The blouse and the frock coat : the alliance of the common people of Paris with the liberal leadership and the middle class during the last years of the Bourbon Restoration », *Journal of Modern History*, mars 1975.

2. Cf. son discours du 25 février 1831, in *Œuvres de Berryer, Discours parlementaires*, Paris, 1872, t. I, pp. 91-99.

3. Estimation donnée par L. MIGINIAC, *Le Régime censitaire en France, spécialement sous la monarchie de Juillet*.

bre était rompu, c'est parce que les classes inférieures étaient écartées[1].» À partir de cette date, les légitimistes allaient régulièrement mêler leurs voix à celles de la gauche pour réclamer une réforme électorale, conduisant les libéraux à agiter le spectre de l'alliance carlo-républicaine.

Tout en se faisant les avocats d'assemblées primaires largement ouvertes, les légitimistes n'en défendent pas pour autant le suffrage universel au sens de droit individuel que nous pouvons lui donner. Le suffrage s'inscrit pour eux dans une logique de représentation des intérêts, et non pas dans une perspective de sélection des capacités : il exprime le fait que la société reconnaît et prend en compte les intérêts de tous. Il est un instrument de socialisation. Corbière développe très explicitement ce point en 1817. Si le suffrage était restreint, dit-il, «les intérêts non représentés souffriraient et chercheraient un remède; ils le chercheraient hors du gouvernement représentatif, car ils en seraient exclus; ils le chercheraient contre lui, puisqu'ils s'en croiraient traités hostilement»[2]. Le droit de suffrage, en d'autres termes, est un gage de paix sociale. La considération tactique et le symbole philosophique se rejoignent dans cet argument qui restera invoqué tout au long du XIXe siècle pour vanter les effets naturellement pacificateurs du suffrage universel. Cette marque d'inclusion est d'autant plus cruciale que les individus ne sont désormais plus insérés dans aucun corps intermédiaire. Le droit de suffrage pourrait ainsi être amené à remplir dans une société individualiste l'équivalent des effets jadis assurés par l'appartenance à un corps. «Si vous conservez à la classe inférieure quelque participation aux élections, dit en ce sens Corbière, vous lui assurez un droit à des égards dont elle n'est pas indigne, à une protection dont elle a besoin. Le projet de loi, dans sa démarcation tranchante, laisse sans appui dans l'ordre social une classe bien nombreuse de votre population; jamais on n'avait eu l'imprudence de la laisser dans un tel isolement; ses corporations jadis lui conféraient des droits analogues à ceux que les autres avaient alors[3].» Loin d'être le moyen d'affirmation de l'autonomie et de la souveraineté de l'individu, le droit de vote reste un symbole d'appartenance à une collectivité, pour les légitimistes. Il est au

---

1. Discours à la Chambre des pairs du 30 mars 1831 (*A.P.*, 2e série, t. LXVIII, p. 194).
2. Discours à la Chambre des députés du 3 janvier 1817 (*A.P.*, 2e série, t. XVIII, p. 23).
3. *Ibid.*, p. 25.

sens fort et profond du terme un droit formel à leurs yeux. Villèle s'en cache d'ailleurs à peine. «Les élections ne sont au fond
qu'un simulacre, écrit-il en 1816. De quelque manière qu'on les
combine, le ministère y aura toujours une assez grande influence
s'il est habile¹.» «Toute la force du gouvernement représentatif
est dans *la magie de l'élection*», insiste-t-il plus tard². Ces formules lapidaires peuvent suggérer une duplicité de la part des ultras.
Elles manifestent plutôt que la question de l'intégration sociale
se joue justement à la charnière du droit réel et du droit formel,
qu'elle résulte toujours du choc de l'un dans l'autre. À leur manière
réactionnaire et archaïque, les ultras mettent le doigt sur cette
dimension essentielle.

Le droit de suffrage est plus un droit social qu'un droit individuel, dans cette mesure. Il s'inscrit dans une vision hiérarchique
et corporative du social³. Bonald est celui qui a le plus clairement
exprimé cette philosophie. La société, explique-t-il, ne doit considérer les individus que situés dans les corps auxquels ils appartiennent. Le système politique doit donc être organisé et appréhendé
à partir des communes qui le structurent. «La commune, dit-il,
est dans le système politique ce que le franc est dans le système
monétaire, l'unité première et régénératrice, l'unité indivisible⁴.»
Ce sont donc les communes et les systèmes d'intérêts qui les constituent, et non les individus, qui sont les véritables sujets de la représentation. «L'élection, insiste Bonald, est de droit commun, et non
de droit individuel; elle appartient donc à la commune et non à
l'individu⁵.» Pour lui, les assemblées primaires se confondent par
nature avec les communes, elles n'en sont que la forme politique
(Bonald donne ainsi un sens théorique à la coïncidence entre le
nombre des communes en France — 40 000 — et celui des élec-

---

1. *Mémoires et correspondance du comte de Villèle*, t. I, p. 474.
2. Discours du 26 décembre 1816 à la Chambre des députés (*A.P.*, 2ᵉ série, t. XVII,
p. 700).
3. Ce que les libéraux ne comprenaient pas du tout. Villemain écrit par exemple,
en s'étonnant : «Ainsi on a vu des personnes demander des élections tellement démocratiques, qu'elles descendaient jusqu'aux hommes de travail et de journée, et regretter
en même temps que la France ne fût pas divisée en classes et en rangs inégaux» (VIL-
LEMAIN, *Le Roi, la Charte et la Monarchie*, Paris, s.d., p. 5). Il y a au contraire un lien
logique entre les deux pour les ultras.
4. Discours du 30 décembre 1816 (*A.P.*, 2ᵉ série, t. XVII, p. 770).
5. *Ibid.*, p. 771.

teurs de second degré dans les anciens collèges électoraux de département). La participation à une assemblée primaire ne correspond donc pas à l'expression d'un droit individuel, elle manifeste seulement l'appartenance à une collectivité, définie par ses intérêts. Le vote à deux degrés est donc fortement lié chez lui à la théorie de la représentation des intérêts : « Nous représentons des intérêts et non des volontés, car les intérêts se représentent et non les volontés [1]. » Cela implique *à la fois* que tout le monde soit inclus dans le processus de la représentation — afin que tous les intérêts soient pris en compte — et que les grands propriétaires soient dotés d'un poids particulier [2]. Bonald renoue ainsi avec la vision du citoyen propriétaire mais en la démocratisant et en l'inscrivant dans une perspective corporative et communaliste. En 1834, Villèle présente dans le même esprit un *Projet d'organisation municipale, départementale et régionale*, qui suggère que tous les Français puissent participer à des assemblées communales dans lesquelles les électeurs pourraient se regrouper sur une base professionnelle. Chez lui, comme chez Bonald, la représentation est pensée dans les anciens cadres.

Pour les légitimistes, le suffrage n'est donc pas un mécanisme d'institution ou de légitimation du politique. Il participe seulement d'un processus de communication entre le peuple et le pouvoir. Le suffrage universel s'applique chez eux à la notion traditionnelle d'États généraux, et non pas à la conception moderne des assemblées parlementaires. Ils renouent en cela d'une certaine façon avec toutes les théories antérieures — des monarchomaques à Mably — sur l'essence démocratique de la monarchie. En 1817, Richard assimile par exemple le droit de vote aux « anciennes franchises de la nation et aux droits dont ses fidèles communes ont toujours joui » [3], et plusieurs de ses pairs rappellent l'absence d'exclusion dans le règlement de convocation des États généraux de janvier 1789. Au début de la monarchie de Juillet, *La Gazette de France*,

1. Discours du 30 décembre 1816, p. 772.
2. Bonald note ainsi : « C'est moins en vertu du droit métaphysique de délégation directe ou indirecte, qu'en vertu du droit réel de leur propriété, que les plus forts contribuables de la commune ou du département doivent seuls coopérer à l'élection ; et la société à cet égard est comme ces compagnies d'actionnaires dans lesquelles un nombre déterminé d'actions donne droit exclusif à voter dans le Conseil de l'entreprise » (discours du 30 décembre 1816 ; *A.P.*, 2ᵉ série, t. XVII, p. 773).
3. Discours du 2 janvier 1817 (*A.P.*, 2ᵉ série, t. XVIII, p. 12).

dirigée par l'abbé de Genoude et le baron de Lourdoueix, systématise ces vues en appelant de ses vœux, dans un « Appel au parti national », la constitution d'une « droite nouvelle »[1]. L'article 3 de cette « Déclaration des bases fondamentales de la Constitution française » note : « Nous proclamons le vote libre de l'impôt et des lois par les représentants de la nation convoqués en assemblées de communes et de provinces. Nous appelons aux assemblées de communes tous Français ou naturalisés français, âgés de vingt-cinq ans, domiciliés et compris au rôle des impositions directes, conformément à la déclaration du 24 janvier 1789. » La périodicité des États généraux et l'association des citoyens en corporations libres sont en même temps considérées comme les compléments naturels de ce vote universel tel que le conçoivent ces légitimistes. Lors d'un retentissant procès intenté à la *Gazette* par le parti ministériel, l'abbé de Genoude développa tous ces thèmes en essayant de montrer que « la loi d'hérédité et le vote universel sont les deux principes constitutifs de la société française »[2]. En 1832, ces positions étaient à vrai dire encore minoritaires dans les milieux légitimistes. Béchard, Berryer, Lourdoueix, l'abbé de Genoude, Villèle n'exprimaient probablement pas le sentiment majoritaire des ultras, et les partisans nostalgiques d'un absolutisme tempéré restaient nombreux[3]. Pourtant, ce légitimisme démocratique devait rapidement se révéler comme la seule possibilité réelle de penser positivement la monarchie traditionnelle à partir des années 1830. En 1846, lorsque tous les grands journaux légitimistes publient une déclaration commune sur la réforme électorale, l'accord se fait ainsi sur les bases définies dès 1832 dans *La Gazette de France*, mêlant l'idée moderne de suffrage avec les anciennes institutions représentatives.

---

1. « Appel au parti national », reproduit dans *La Gazette de France* du 28 mars 1832. Cet « Appel », aussi appelé « Déclaration des bases fondamentales de la Constitution française », reprend des théories déjà élaborées par Lourdoueix dans son *Appel à la France contre la division des opinions*, Paris, 1831.
2. *Déclaration et logique de la Gazette de France*, procès devant la cour d'assises de Paris, Paris, 1833, p. XXIV.
3. Sur l'analyse du milieu légitimiste pendant la monarchie de Juillet, voir la thèse de H. CARPENTIER DE CHANGY, *Le Parti légitimiste sous la monarchie de Juillet*, Université de Paris-XII - Créteil, 1980, 4 vol. (édition sur microfiches faite en 1985 par la B.N.). L'ouvrage du comte D'ADHÉMAR, *Du parti légitimiste en France et de sa crise actuelle*, Paris, 1843, offre par ailleurs une synthèse très éclairante sur les différents courants du légitimisme.

En mars 1832, le *Journal des débats* publie deux grands articles pour discuter les positions de *La Gazette de France*[1]. Ils constituent une remarquable synthèse des positions libérales, qui permet de prendre toute la mesure de ce qui les oppose aux principes du légitimisme démocratique. « Le parti de la dynastie déchue, y lit-on, sentant bien sa propre faiblesse et son peu d'influence personnelle, a cherché dans quelques mots sonores empruntés au jacobinisme, de quoi colorer ses maximes discréditées [...]. Nous autres, constitutionnels, nous sommes de trop bonne foi pour flatter les passions par un vain leurre de suffrage universel[2]. » C'est la reprise de l'analyse déjà faite en 1817 : les libéraux suspectent les ultras de duplicité (« La doctrine du suffrage universel, ironisent-ils, est prêchée aujourd'hui, avec une ardeur merveilleuse, par les apôtres de l'obéissance passive »). Et ils s'alarment en même temps de leur naïveté (« Le suffrage universel ! Songez-y, conclut le second article, vous en seriez les premières victimes ! L'anarchie que vous suscitez retomberait sur vous par une juste punition [...]. Le suffrage universel aujourd'hui, c'est la démocratie, ne jouez pas avec elle »). Mais la critique libérale ne s'arrête pas là. Elle saisit bien que le point de vue ultra correspond plus radicalement à une sorte de dérèglement des rapports entre le vieux et le neuf, à une perversion de l'articulation de la démocratie avec le libéralisme. « Cherchons le fond de leur pensée, dans la résurrection d'un vieux mot accolé à un mot tout nouveau, les États généraux et le suffrage universel », note de façon très juste le *Journal des débats*[3]. Les ambiguïtés de la position légitimiste mettent en effet le doigt à leur manière sur une faiblesse constitutive de la culture politique française pour penser *en même temps* l'inclusion sociale et la liberté politique.

L'impossible citoyen capacitaire

L'œuvre des doctrinaires, et tout particulièrement celle de Guizot, s'enracine dans la double préoccupation de clore la Révolu-

---

1. Cf. *Le Journal des débats politiques et littéraires*, mardi 27 mars et mercredi 28 mars 1832. (Les deux articles sont en première page.)

2. Article du *Journal des débats* du 27 mars 1832. « En flattant les passions démocratiques par un misérable subterfuge, on ne tend rien moins qu'à détruire tout le gouvernement représentatif », insiste-t-on le 28 mars.

3. Article du 28 mars 1832.

tion et de fonder une politique rationnelle. L'échec des constituants, comme celui des thermidoriens, repose pour lui sur une triple ambiguïté touchant à leur conception de la représentation, de la souveraineté et de l'égalité[1]. Les constituants et les thermidoriens, estime Guizot, n'ont pas été jusqu'au bout de leur réflexion sur la souveraineté, le moment libéral de leur approche (la notion de souveraineté de la nation revient pour une part à postuler un lieu vide et inappropriable du pouvoir) se distinguant mal de son moment démocratique (la différence entre la souveraineté du peuple et la souveraineté de la nation n'étant pas vraiment élaborée). Ils ont, ensuite, mal articulé leur critique de l'aristocratie et des privilèges avec une philosophie positive de l'égalité civile. D'où, sur ce dernier point, leur difficulté à penser le rapport entre égalité et citoyenneté, et les équivoques du système électoral à deux degrés.

Pour régler les rapports du libéralisme et de la démocratie, Guizot met en avant l'idée de *souveraineté de la raison*, seule susceptible d'accorder la conception française subjective de la souveraineté avec la préoccupation libérale d'installer au-dessus du pouvoir un lieu vide, rempart des libertés. Il espère de cette manière résoudre la contradiction entre les principes protecteurs du droit naturel et les ambitions démocratiques qui faisaient de la loi une expression de la volonté générale. Cette théorie de la souveraineté de la raison constitue le cœur de l'entreprise doctrinaire. *Le Globe* écrit à son propos en 1826 que c'est « la théorie du siècle ». C'est en effet à partir d'elle que les publicistes libéraux de la Restauration entendent renvoyer dos à dos Rousseau et Bonald, les partisans de la souveraineté du peuple et les défenseurs du droit divin. Pour Guizot, le critérium du vrai n'est ni dans l'opinion ni dans le témoignage des hommes : c'est la raison seule, dans son essence et sa pureté primitive. Cette raison doctrinaire est ainsi aux antipodes de la raison kantienne, qui fonde son droit dans l'autonomie de la volonté. La limitation du pouvoir, qui ne saurait s'identifier à la raison, a donc pour corollaire la réduction des droits de la volonté. « Au lieu donc d'élever toutes les volontés au rang des souverains, conclut Guizot, il fallait proscrire partout le pouvoir absolu au lieu de lui ouvrir un refuge dans chaque volonté individuelle, et reconnaître à chaque homme le droit, qui lui appar-

---

1. Cette triple critique est particulièrement bien exprimée dans Fr. GUIZOT, *Des moyens de gouvernement et d'opposition dans l'état actuel de la France*, Paris, 1821.

tient en effet, de n'obéir qu'à la raison, au lieu de lui attribuer le droit, qu'il n'a point, de n'obéir qu'à sa volonté[1].» Telle est l'essence de la théorie doctrinaire de la souveraineté de la raison. Elle est libérale en tant qu'elle dénonce toutes les formes de despotisme et dénie à un quelconque pouvoir le droit de se dire vraiment souverain, mais elle ne concède rien aux droits politiques intrinsèques de l'individu.

Si la raison est souveraine, les hommes ne sauraient inventer les lois. Il s'agit seulement de les découvrir. Le système politique n'est donc pas le lieu où des volontés autonomes se rencontrent et tentent de s'accorder, selon des modalités que les publicistes auraient définies eux-mêmes. Il participe avant tout d'une entreprise de discernement. Avec elle, les doctrinaires renouent en fait avec la conception physiocratique de l'évidence. Leur rationalisme politique est cependant distinct de celui des Lumières, parce qu'il admet une certaine autonomie de la sphère politique en même temps qu'il vise à intégrer les acquis de la révolution de l'égalité. Les doctrinaires doivent, en d'autres termes, élaborer un *rationalisme démocratique* et trouver la voie d'une théorie de la citoyenneté cohérente avec les droits de la raison. Mais, à l'inverse de Condorcet, qui se proposait pour cela de rationaliser la démocratie populaire, les doctrinaires cherchent plutôt à démocratiser un élitisme de type capacitaire. Dans cette entreprise, ils suivent la voie ouverte par l'utopie de Le Mercier de La Rivière en mettant au centre de leur système la notion de *capacité*. Définie comme la «faculté d'agir selon la raison», elle offre un point de rencontre entre l'ordre de l'action humaine et l'ordre naturel. Elle abolit la distance entre droit naturel et droit positif et résout leur antagonisme dans un *processus cognitif*. «C'est la capacité qui confère le droit, écrit ainsi Guizot, et la capacité elle-même est un fait indépendant de la loi, que la loi ne peut ni créer ni détruire à volonté, mais qu'elle doit s'appliquer à reconnaître avec exactitude, pour reconnaître en même temps le droit qui en découle[2].» Si la capacité confère le droit, c'est que celui-ci s'abîme dans la raison et qu'il en constitue le déchiffrement. Cette notion de capacité est logiquement le noyau dur

1. Fr. GUIZOT, *Philosophie politique : de la souveraineté*, in *Histoire de la civilisation en Europe*, éd. critique par P. Rosanvallon, Paris, Pluriel, 1985, p. 370.

2. Fr. GUIZOT, article «Élections», *Encyclopédie progressive* (1826), reproduit in *Discours académiques [...]*, p. 385.

auquel aboutissent la théorie de la souveraineté de la raison et la philosophie de l'histoire doctrinaire. Elle apparaît comme le complément indispensable de la mise en œuvre du suffrage direct. Philosophie politique et sociologie deviennent ainsi indissociables. Avec les doctrinaires, il n'y a plus d'indifférenciation sociologique de la théorie politique. Lorsque Hobbes, Locke ou Rousseau tentaient de penser les fondements de l'ordre social, c'est à des institutions ou à des mécanismes politiques qu'ils confiaient le soin de régler les passions et de composer une arithmétique politique de la justice. Ils partaient de l'homme au singulier, comme être générique, et pensaient en architectes les conditions du vivre ensemble. La théorie de l'État ou celle du marché ne reposaient pas sur une sociologie. Rien de tel chez les doctrinaires. C'est dans la structure sociale elle-même qu'ils cherchent, avec le principe de capacité, les mécanismes régulateurs du politique. « Il y a dans la société, note Guizot, des électeurs naturels, légitimes, des électeurs tout faits, dont l'existence précède la pensée du législateur et qu'il doit seulement s'appliquer à découvrir[1]. » Le principe des capacités renouvelle ainsi la distinction entre citoyens actifs et citoyens passifs. L'électeur exerçant une fonction, la capacité politique est une sorte de compétence particulière. Le droit de suffrage ne dérive donc plus de l'implication ou de l'autonomie de l'individu, c'est-à-dire de caractéristiques qui situent le sujet politique dans une collectivité. Il procède de *qualités objectives*, tenant à l'individu pris en lui-même. La notion de capacité permet ainsi d'offrir un point de rencontre entre les exigences du libéralisme, du rationalisme et de la démocratie. Elle est pour cette raison au centre de l'espace intellectuel de la culture politique française.

L'objet du système représentatif, tel qu'il peut être appréhendé dans une perspective capacitaire, n'est plus de régler une arithmétique complexe des intérêts et des volontés, mais « de recueillir, de concentrer toute la raison qui existe éparse dans la société »[2], « d'extraire de la société tout ce qu'elle possède de raison, de justice, de vérité, pour les appliquer à son gouvernement »[3]. La théo-

1. Article « Élections » de l'*Encyclopédie progressive*, in *Discours académiques [...]*, p. 384.
2. *Ibid.*, p. 406.
3. Fr. GUIZOT, *Histoire des origines du gouvernement représentatif*, Paris, 1855, t. I, p. 98.

rie de la souveraineté de la raison ne conduit donc pas seulement à critiquer l'idée de la souveraineté du peuple et à nier la possibilité de toute souveraineté de droit. Elle mène à une doctrine nouvelle de la représentation. « Il existe, dans toute société, explique ainsi Guizot, une certaine somme d'idées justes. Cette somme d'idées justes est dispersée dans les individus qui composent la société et inégalement répartie entre eux [...]. Le problème est de recueillir partout les fragments épars et incomplets de ce pouvoir, de les concentrer et de les constituer en gouvernement. En d'autres termes, il s'agit de découvrir tous les éléments du pouvoir légitime disséminés dans la société, et de les organiser en pouvoir de fait, c'est-à-dire de les concentrer, de réaliser la raison publique, la morale publique, et de les appeler au pouvoir. Ce qu'on appelle la *représentation* n'est autre chose que le moyen d'arriver à ce résultat. Ce n'est point une machine arithmétique destinée à recueillir et à dénombrer les volontés individuelles. C'est un procédé naturel pour extraire du sein de la société la raison publique, qui seule a droit de la gouverner[1]. » Les doctrinaires rejettent ainsi les conceptions classiquement déductives de la représentation. « C'est le mot de *représentation* qui, mal compris, a brouillé toutes choses », note Guizot dans son cours de 1821 sur le gouvernement représentatif[2]. Dans son célèbre discours du 24 février 1816, Royer-Collard était même allé plus loin en disant que la notion de représentation n'était qu'une « métaphore ».

L'objectif des doctrinaires est de redéfinir l'essence du gouvernement représentatif à partir d'une réflexion sur la *publicité*. Celle-ci s'est développée dans les premières années de la Restauration en trouvant sa pleine expression au printemps de 1819, au moment de la discussion des lois sur la presse. Dans un article des *Archives philosophiques, politiques et littéraires* publié dans ce contexte, Guizot identifie très clairement le gouvernement représentatif au système de la publicité. « À le bien prendre, écrit-il, ce qui caractérise les institutions que la France possède et où l'Europe aspire, ce n'est pas la représentation, ce n'est pas l'élection, ce n'est pas la délibération, c'est la publicité. Le besoin de publicité, dans l'administration des affaires publiques, est le trait essentiel de l'état social et de l'esprit du temps. C'est une condition impérieusement atta-

---

1. Fr. GUIZOT, *Histoire des origines du gouvernement représentatif*, t. II, pp. 149-150.
2. ID., *ibid.*, t. II, p. 133.

chée à toutes les institutions, et sans laquelle elles sont impuissantes à satisfaire les sociétés modernes. Où la publicité manque, il peut y avoir des élections, des assemblées, des délibérations ; mais les peuples n'y croient pas, et ils ont raison [1]. » Revenant sur cette question dans son cours sur le gouvernement représentatif, il reconnaît que la division des pouvoirs et l'élection constituent aussi des formes du système représentatif, mais, écrit-il, « à considérer la théorie, la publicité est peut-être le caractère le plus essentiel » [2]. C'est en reprenant ces textes qu'Habermas estime que Guizot a donné la première formulation classique du règne de l'opinion publique [3].

Dans cette optique de communication politique, les mécanismes électifs ne jouent qu'un rôle finalement secondaire. Ce n'est pas en tant que moyen d'expression arbitraire des volontés qu'ils comptent, ils n'ont de sens qu'encastrés dans un ensemble plus vaste de circulation des informations et des opinions. D'où la minutie avec laquelle Guizot s'est penché sur l'organisation des scrutins électoraux, visant à réduire au maximum la coupure entre l'acte électif et les habitudes de la vie sociale, insistant sur la nécessité de réunir les électeurs là où gravitent ordinairement leurs autres intérêts. La perspective est presque d'aboutir à une suppression de la distinction entre l'élection et l'enquête d'opinion, le scrutin et la conversation sociale. Présentant en 1830 devant la Chambre des députés le projet de loi sur la réélection des députés nommés fonctionnaires, il montre que ces élections partielles jouent le rôle d'une « sorte d'enquête perpétuelle ». Guizot aborde dans les mêmes termes le problème de la régulation de la société familiale. La famille, explique-t-il, est « la plus douce des sociétés » alors même que ni la femme ni les enfants n'ont à voter sur les volontés du mari ou du père. Guizot reprend ici la métaphore classique du pouvoir paternel dans une optique nouvelle. Il ne s'agit pas de calquer l'organisation de la société politique sur la structure du pouvoir paternel comme pour les philosophes du xviie siècle, mais de montrer dans quelle mesure ce dernier est finalement plus moderne dans son fonctionnement qu'on ne le suppose. Il repose en effet,

---

1. Fr. GUIZOT, « Des garanties légales de la liberté de la presse », *Archives philosophiques, politiques et littéraires*, 1818, t. V, p. 186.
2. *Histoire des origines du gouvernement représentatif*, t. I, p. 124.
3. Cf. J. HABERMAS, *L'Espace public*, Paris, 1978 (notamment p. 111).

estime Guizot, sur un système interactif de négociations informelles et de transactions formelles. «Qu'importe après cela, note-t-il, que le droit de suffrage ne se manifeste point sous une forme matérielle, par la présence d'une urne et le dépôt d'un bulletin? Qu'importe qu'il ne soit point écrit dans les lois de la société ni garanti par les nécessités de leurs relations[1]?» Contrairement aux apparences, «nulle part le droit de suffrage n'est plus réel ni si étendu. *C'est dans la famille qu'il touche de plus près à l'universalité*»[2]. À l'inverse, le vote formel peut n'être qu'une sorte de «lettre anonyme de la vie sociale»[3], manifestant un déficit de l'interaction sociale normale. Les principes de publicité et de communication réalisent en ce sens beaucoup mieux l'essence de la représentation que le système de l'élection. Le principe de publicité est supérieur à l'élection pour cette raison de méthode : en lui se résout la contradiction du nombre et de la raison, et s'opère le parfait accord de la procédure et du fond.

La défense des principes capacitaires ne conduit cependant pas Guizot à une condamnation irréversible du suffrage universel. Revenant sur cette question dans ses *Mémoires*, il note : «Le suffrage universel peut s'adapter à des sociétés républicaines, petites ou fédératives, naissantes ou très avancées en expérience politique[4].» Lors d'un débat parlementaire sur une proposition de réforme électorale, il affirmait déjà : «Je n'ai contre le suffrage universel point de prévention systématique et absolue [...]. Il peut être utile dans des états limites, dans des circonstances extraordinaires et passagères pour sortir de l'anarchie ou enfanter un gouvernement[5].» Ces appréciations plus modérées contrastent avec la virulence d'autres propos. Comment comprendre les variations du ton des

1. «Du droit de suffrage dans la famille», chap. XXIII du manuscrit *Philosophie politique : de la souveraineté.*
2. *Ibid.*
3. L'expression est attribuée à Guizot par Émile FAGUET dans ses *Politiques et moralistes du XIXᵉ siècle* (Paris, s.d., t. I, p. 322), mais je n'en ai retrouvé l'origine ni dans ses discours ni dans ses écrits.
4. Fr. GUIZOT, *Mémoires pour servir à l'histoire de mon temps*, t. I, p. 215.
5. Les libéraux de son temps expliquent avec cet argument le suffrage universel américain, mais ils en dénoncent le danger pour le futur. «Le gouvernement des États-Unis est un beau et bon gouvernement pour les États-Unis, dans les circonstances où cette société s'est trouvée placée à sa naissance, car c'est une société naissante, c'est une société enfant», dit Guizot en 1834 (Fr. GUIZOT, *Histoire parlementaire de France*, Paris, 1864, t. II, p. 223).

jugements que Guizot porte sur le suffrage universel ? Elles renvoient certes d'abord aux circonstances. Il est d'autant plus violent qu'il sent souffler sur sa nuque la menace du mouvement réformateur, comme en 1834 ou en 1847. Mais elles s'expliquent aussi théoriquement : le suffrage universel ne constitue jamais chez lui une idée d'avenir. Loin d'être considéré comme un idéal utopique, même très lointain, vers lequel une société très développée pourrait tendre, il est toujours perçu par Guizot comme une technologie politique rudimentaire, liée à un degré peu élevé de civilisation. Dans son *Histoire des origines du gouvernement représentatif*, Guizot insiste sur ce point en étudiant les institutions anglaises des XIIIe et XIVe siècles. Les élections des représentants des comtés au Parlement, explique-t-il, n'étaient faites par un grand nombre d'habitants que parce qu'elles étaient relativement informelles : elles se faisaient par acclamation ou par tacite acceptation, sans qu'aucune initiative véritable ne vienne de la base. La participation politique de masse était ainsi liée à un indéniable archaïsme du fonctionnement de l'espace public. Épuration de l'électorat et organisation plus précisément codifiée du vote sont ensuite allées de pair, ce qui explique par exemple pour Guizot que le nombre d'électeurs ait pu baisser en Angleterre après la réforme électorale du début du XVIIIe siècle.

D'un point de vue théorique, le principe capacitaire ne manque pas de cohérence. Mais il n'a jamais réussi à s'incarner dans des institutions reconnues comme légitimes ou à se traduire en termes de droits personnels. Il est apparu malcommode d'en inférer des critères pratiques, objectifs et indiscutables pour l'attribution du droit de vote. La notion de capacité s'avère en effet singulièrement floue et peu opératoire dès qu'on cherche à en cerner strictement le contenu. Désignant une compétence politique gobale, elle ne se laisse pas facilement décomposer en facultés particulières. « La capacité, reconnaît ainsi Guizot, n'est pas simplement le développement intellectuel ou la possession de telle ou telle faculté particulière ; c'est un fait complexe et profond qui comprend l'autorité spontanée, la situation habituelle, l'intelligence naturelle des intérêts divers à régler, un certain ensemble enfin de facultés, de connaissances et de moyens d'action qui embrassent tout l'homme[1]. » Les signes

---

1. « De la démocratie dans les sociétés modernes », *La Revue française*, novembre 1837, p. 270. Pour de plus amples développements sur le citoyen capacitaire, je renvoie à P. ROSANVALLON, *Le Moment Guizot*, Paris, Gallimard, 1985.

de la capacité seront donc nécessairement multiples. « Plus la société se développe et se complique, plus le nombre de ces signes doit s'accroître », estime même Guizot[1]. Les conditions de présomptions peuvent être matérielles ou morales, intellectuelles ou professionnelles, et il n'y a pas de critère unique et immuable qui permette de déterminer cette capacité[2]. « C'est un mot sur lequel il est fort difficile de s'entendre », résume au début des années 1840 un conservateur perplexe[3]. D'où l'énorme décalage entre la force philosophique de l'idée capacitaire, parfaitement cohérente avec les réquisits d'une interprétation démocratique du rationalisme politique à la française, et la difficulté de lui donner un contenu précis.

En 1830, la notion de capacité renvoie d'abord concrètement aux personnes désignées par la loi du 2 mai 1827 dans la seconde liste du Jury. Le législateur s'était alors préoccupé, pour des motifs matériels, d'ajoindre aux électeurs censitaires, jurés de droit, des catégories de personnes considérées comme dotées d'un discernement intellectuel et moral suffisant pour faire partie d'un jury, même si leur situation matérielle ne les faisait pas considérer comme assez intéressées au fonctionnement de la société pour voter[4]. Une liste hétéroclite de diplômes et de professions avait été dressée, réunissant les licenciés ès lettres et les notaires, les médecins et les académiciens (voir tableau). Pour bien des libéraux, cette liste était le symbole d'un dépassement du citoyen propriétaire et de l'électeur censitaire, même si ce n'était que de façon très modeste : 17 000 personnes, environ, étaient concernées (chiffre à rapprocher des 94 000 électeurs censitaires de l'époque). La loi municipale du 21 mars 1831 avait pour la première fois transposé cette logique de l'adjonction de capacités dans le domaine électoral, élargissant au passage notablement la liste (voir tableau). Lors de la

1. Article « Élections » de l'*Encyclopédie progressive*, in *Discours académiques [...]*, p. 391.
2. Guizot note dans l'article de *La Revue française* : « Elle compte parmi ses éléments l'intelligence, la science, la richesse, la considération, les traditions, les croyances publiques... »
3. J.-Ch. BAILLEUL, *Dictionnaire critique du langage politique*, Paris, 1842, article « Capacités ».
4. En 1827, la problématique des capacités était en effet inversée. Elle était appliquée à l'organisation de l'ordre civil (dans lequel l'institution du Jury était inscrite) et non à l'ordre politique, dans lequel la figure du *notable propriétaire* (et non à proprement parler du citoyen propriétaire) dominait. Voir sur ce point les très intéressants débats, lors du vote de la loi : discussion du 22 au 30 janvier 1827 à la Chambre de Paris et du 11 au 17 avril à la Chambre des pairs ; *A.P.*, 2ᵉ série, t. IL et L.

discussion de la loi électorale générale, le gouvernement avait continué à s'inscrire dans cette logique, proposant une liste d'adjonctions très proche de la seconde liste du Jury. Mais la Chambre des députés avait fait machine arrière. La loi électorale du 19 avril 1831 n'avait finalement retenu comme citoyens capacitaires que les membres de l'Institut (et encore devaient-ils déjà payer un demi-cens de contribution) et les officiers supérieurs en retraite ! Autant dire que l'idée capacitaire avait pratiquement été effacée. L'écart était désormais trop grand entre la réalité et les principes affichés pour que ces derniers puissent apparaître crédibles. Même limitée à de modestes adjonctions, comme dans la loi municipale, l'incarnation des principes capacitaires aurait pu s'inscrire dans une dynamique d'extension progressive. Mais cette perspective était fermée dès l'adoption de la loi électorale politique.

Relatant cet épisode parlementaire dans ses *Mémoires*, Odilon Barrot, le chef de la gauche dynastique, a souligné que le principe capacitaire, tel qu'il avait été originellement compris, aurait pu être compatible avec le suffrage universel. Il note en ce sens : « Si j'insistais tant sur le principe des capacités, c'est que j'y voyais le plus sûr moyen de donner au droit électoral une élasticité nécessaire pour qu'il pût s'étendre à mesure que l'intelligence et l'éducation politique des masses se répandaient, et en même temps pour rattacher à nos institutions toutes les influences réelles qui se produiraient dans la société. Ainsi, le principe une fois accepté, il eût été facile de faire arriver successivement au droit électoral les syndics des caisses d'épargne, les prud'hommes et autres chefs des travailleurs et de faire entrer ainsi par voie de représentation dans l'exercice actif des droits politiques toute la classe ouvrière, de manière à la faire participer au gouvernement du pays sans aucun danger, seul moyen raisonnable de réaliser le suffrage universel [1]. » Les modestes propositions de Ducos en 1842 et de Duvergier de Hauranne en 1847 s'inscrivent aussi dans cette perspective. C'est à la corruption du principe capacitaire que s'en prend ce dernier, et c'est en son nom qu'il critique l'immobilisme de Juillet [2]. Il y avait là l'idée d'une « voie française » au

1. O. BARROT, *Mémoires posthumes*, Paris, 1875, t. I, p. 256.
2. C'est pour ce motif que les conservateurs « progressistes » se séparent de Guizot à la fin de la monarchie de Juillet. Cf. R. L. KOEPKE, « The short, unhappy history of progressive conservatism in France, 1846-1848 », *Canadian Journal of History*, août 1983.

ADJONCTION DE CAPACITÉS

Loi de 1827 sur le Jury (2ᵉ partie)	Loi municipale du 21 mars 1831 (2ᵉ liste)
La seconde partie comprendra,	— Les membres des cours et tribunaux, les juges de paix et leurs suppléants ;
— Les électeurs qui, ayant leur domicile réel dans le département, exerceraient leurs droits électoraux dans un autre département ;	— Les membres des chambres de commerce, des conseils de manufactures, des conseils de prud'hommes ;
— Les fonctionnaires publics nommés par le Roi et exerçant des fonctions gratuites* ;	— Les membres des commissions administratives des collèges, des hospices et des bureaux de bienfaisance ;
— Les officiers des armées de terre et de mer en retraite ;	— Les officiers de la garde nationale ;
— Les docteurs et licenciés de l'une ou de plusieurs des facultés de droit, des sciences et des lettres ; les docteurs en médecine ; les membres et correspondants de l'Institut ; les membres des autres sociétés savantes reconnues par le Roi ;	— Les membres et correspondants de l'Institut, membres des sociétés savantes instituées ou autorisées par une loi ;
— Les notaires, après trois ans d'exercice de leurs fonctions.	— Les docteurs de l'une ou de plusieurs des facultés de droit, de médecine, des sciences, des lettres, après trois ans de domicile réel dans la commune ;
Les officiers des armées de terre et de mer en retraite ne seront portés dans la liste générale qu'après qu'il aura été justifié qu'ils jouissent d'une pension de retraite de douze cents francs au moins, et qu'ils ont depuis cinq ans un domicile réel dans le département.	— Les avocats inscrits au tableau, les avoués près les cours et tribunaux, les notaires, les licenciés de l'une des facultés de droit, des sciences, des lettres, chargés de l'enseignement de quelqu'une des matières appartenant à la faculté où ils auront pris leur licence, les uns et les autres après cinq ans d'exercice et de domicile réel dans la commune ;
Les licenciés de l'une des facultés de droit, des sciences et des lettres, qui ne seraient pas inscrits sur le tableau des avocats et des avoués près les cours et tribunaux, ou qui ne seraient pas chargés de l'enseignement de quelqu'une des matières appartenant à la faculté où ils auront pris leur licence, ne seront portés sur la liste générale qu'après qu'il aura été justifié qu'ils ont depuis dix ans un domicile réel dans le département.	— Les anciens fonctionnaires de l'ordre administratif et judiciaire jouissant d'une pension de retraite ;
Dans les départements où les deux parties de la liste ne comprendraient pas huit cents individus, ce nombre sera complété par une liste supplémentaire, formée des individus les plus imposés parmi ceux qui n'auront pas été inscrits sur la première.	— Les employés des administrations civiles et militaires jouissant d'une pension de retraite de six cents francs et au-dessus ;
	— Les élèves de l'École polytechnique qui ont été, à leur sortie, déclarés admis ou admissibles dans les services publics, après deux ans de domicile réel dans la commune : toutefois, les officiers appelés à jouir du droit électoral en qualité d'anciens élèves de l'École polytechnique ne pourront l'exercer dans les communes où ils se trouveront en garnison qu'autant qu'ils y auraient acquis leur domicile civil ou politique avant de faire partie de la garnison ;
	— Les officiers de terre et de mer jouissant d'une pension de retraite ;
* Il s'agit principalement des maires. (N.d.A.)	— Les citoyens appelés à voter aux élections des membres de la Chambre des députés ou des conseils généraux des départements, quel que soit le taux de leurs contributions dans la commune.

ADJONCTION DE CAPACITÉS

Projet de loi électorale nationale présenté par le gouvernement (1831)	Texte final de la loi électorale nationale du 19 avril 1831	Projet du comité Barrot (1839)
— Les membres de conseils généraux de départements, les maires, adjoints des villes d'une population agglomérée de 3 000 habitants, ou chefs-lieux de département et d'arrondissement; — Les membres et correspondants de l'Institut, les membres des sociétés savantes instituées ou autorisées par une loi; — Les officiers des armées de terre et de mer, jouissant d'une pension de retraite de 1 200 francs au moins, et justifiant d'un domicile réel de trois ans dans l'arrondissement électoral; — Les docteurs de l'une ou de plusieurs des facultés de droit, de médecine, des sciences et des lettres, après trois ans de domicile réel dans l'arrondissement électoral; — Les licenciés de l'une des facultés de droit, des sciences et des lettres inscrits sur un tableau des avocats ou des avoués, près les cours ou tribunaux, ou chargés de l'enseignement de quelqu'une des matières appartenant à la faculté où ils auront pris leur licence, après cinq ans de domicile réel dans l'arrondissement électoral; — Les licenciés de l'une des facultés de droit, des sciences et des lettres, qui, n'étant pas inscrits sur le tableau des avocats et des avoués près les cours et les tribunaux, ou qui, n'étant pas chargés de l'enseignement de quelqu'une des matières appartenant à la faculté où ils auraient pris leur licence, justifient qu'ils ont, depuis dix ans, un domicile réel dans l'arrondissement électoral.	— Les membres et correspondants de l'Institut (payant un demi-cens de contribution directe). — Les officiers des armées de terre et de mer jouissant d'une pension de retraite de 1 200 francs au moins, et justifiant d'un domicile réel de trois ans dans l'arrondissement électoral (payant un demi-cens de contributions directes).	— la 2e liste du Jury; — les magistrats; — les juges de paix; — les officiers de la garde nationale; — les conseillers municipaux; — les membres des Conseils de commerce, des Conseils de manufactures et de prud'hommes; — les élèves de l'École polytechnique; — les censitaires adjoints.

suffrage universel, progressive et cohérente avec l'idéal capacitaire. Guizot lui-même reconnaissait d'ailleurs que les capacités étaient, par définition, évolutives. Dans son grand discours du 5 mai 1837, il insistera sur ce point, célébrant « l'admirable vertu de notre gouvernement qui provoque sans cesse l'extension de cette capacité, qui va semant de tous les côtés les lumières politiques, l'intelligence des questions politiques, en sorte qu'au moment même où il assigne une limite aux droits politiques, il travaille à déplacer cette limite, à l'étendre, à la reculer et à élever ainsi la nation entière »[1]. S'il repoussait avec violence l'idée de suffrage universel fondé sur le droit, il ne pouvait pourtant pas éliminer la perspective de sa réalisation dans le cadre d'une extension maximale des capacités liée aux progrès de la civilisation. Mais il y avait loin de cette concession théorique à la réalité.

L'adjonction des capacités électorales étant réduite à la portion la plus congrue, le principe censitaire avait dominé de fait. Et ce d'autant plus que le principe capacitaire lui-même, faute de critères viables, ne s'exprimait facilement que dans la référence censitaire, qui avait l'avantage d'offrir un indicateur synthétique et objectif. Entre le cens comme indice synthétique de capacité et le cens comme mesure du citoyen propriétaire, la différence pratique était difficile à faire[2]. Ce basculement vers le modèle du citoyen propriétaire traditionnel — il serait plus exact d'ailleurs de parler de notable propriétaire — était en outre accentué par les caractéristiques techniques du cens, qui favorisaient la propriété foncière par rapport aux activités intellectuelles ou commerciales, privilégiant les propriétaires ruraux par rapport aux proprié-

---

1. Fr. GUIZOT, *Histoire parlementaire de France*, t. III, p. 105.
2. On remarque en effet pendant cette période un très net glissement de la référence à la propriété. Elle désigne de moins en moins une donnée d'enracinement et tend à se transformer en indice de capacité. Cette évolution est très nette chez les grands auteurs libéraux comme Benjamin Constant ou Guizot. « Quelles sont les marques auxquelles on peut reconnaître qu'un individu a assez de capacité pour être électeur de département ? », demandait en 1817 *Le Censeur européen*, avant de répondre : « La fortune est la marque la moins équivoque, parce qu'elle suppose l'éducation qui donne les connaissances, et l'intérêt qui attache à la chose publique » (« De la loi sur les élections », t. I, p. 290). Barnave, il est vrai, avait aussi appréhendé la référence à la propriété dans des termes proches pendant la Révolution (cf. son discours du 11 août 1791). On peut ainsi distinguer trois sortes de cens : le cens qui renvoie au citoyen propriétaire, le cens qui fonde le sacre du notable, le cens qui cherche à cerner le citoyen capacitaire.

taires urbains de biens immobiliers[1]. Près de 90 % des 200 000 électeurs, au début de la monarchie de Juillet, devaient ainsi leur droit de vote à leur propriété foncière, tandis que les notaires, les médecins et les professeurs représentaient moins de 5 % de l'électorat[2]. Malgré leurs prétentions théoriques, les doctrinaires n'avaient pas modifié la sociologie du corps électoral de la Restauration[3].

Les principes capacitaires n'ont cependant pas seulement été victimes de la rigidité de Guizot ou d'impératifs « techniques ». Derrière la difficulté de préciser des critères d'évaluation de la capacité, c'est l'impossibilité de donner un fondement légitime à cette notion qui fait problème. Ce sont les questions classiques — qui éduque les éducateurs ? qui éclaire l'homme éclairé ? — qui restent sans réponses. Le citoyen capacitaire finit par être suspendu dans le vide, sorte de puissance autoproclamée. La distinction des hommes entre capables et non-capables vise à l'objectivité ; mais elle se dégrade rapidement en un rapport essentialiste, marquant presque une différence de nature entre les capacitaires et les autres. Benjamin Constant s'en inquiétera, soulignant que l'idée de citoyen capacitaire finit par aboutir à la célébration du législateur de génie, dont les préceptes descendent du ciel sur la terre, infaillibles et parfaits. Les publicistes, remarque-t-il, disent facilement « il faut diriger les opinions des hommes ; on ne doit pas abandonner les hommes aux divagations de leur esprit. Il faut influer sur la pensée [...]. Mais

---

1. Voir l'article 4 de la loi du 19 avril 1831, qui avait fait l'objet de larges discussions. Ce n'est pas la même chose, en effet, de dire que c'est le revenu ou l'impôt qui confère la capacité électorale. Or, dans les faits, les différentes catégories de revenus ou de patrimoine n'étaient pas également taxées, la terre continuant de supporter une imposition plus lourde. Sur ces questions, voir deux bons ouvrages : Sh. KENT, *Electoral Procedure under Louis-Philippe*, New Haven, 1937, et L. MIGINIAC, *Le Régime censitaire en France, spécialement sous la monarchie de Juillet.*

2. Sur la sociologie de l'électorat censitaire, consulter : Sh. KENT, *Electoral Procedure [..]*, ainsi que « Electoral lists of France's July Monarchy, 1830-1848 », *French Historical Studies*, vol. VII, n° 1, printemps 1971 ; P. MEURIOT, *La Population et les lois électorales en France de 1789 à nos jours*, Paris, 1916 (voir notamment son étude sur les listes électorales de Paris en 1845) ; A.-J. TUDESQ, « Les listes électorales de la monarchie censitaire », *Annales E.S.C.*, avril-juin 1958, et « Les structures sociales du régime censitaire », in *Mélanges Labrousse, Conjoncture économique et structures sociales*, Paris, 1974.

3. Pour comparer l'électorat de Juillet à celui de la Restauration, voir pour ce dernier le *Manuel de l'électeur ou Analyse raisonnée de la loi du 19 avril 1831*, Paris, 1831, qui présente un tableau très précis, par professions et niveaux de cens, des électeurs en 1830.

ces mots, *il faut, on doit, on ne doit pas,* ne se rapportent-ils pas
à des hommes ? On croirait qu'il s'agit d'une espèce différente »[1].
Benjamin Constant renvoie ainsi logiquement dos à dos la perspective capacitaire et le despotisme éclairé, montrant bien les liens
secrets qui unissent les deux démarches, la première n'étant que
la version modernisée et démocratisée de la seconde. Si elle ne
conduit pas au démiurge législateur tel que le rêvait Filangieri, la
perspective capacitaire dérive presque naturellement vers la mise
en place d'un pouvoir spirituel. Dans les années 1840, le philosophe Pierre Leroux, l'inventeur du mot « socialisme », est un de ceux
qui ont le mieux démontré ce paradoxe logique. « Si le seul fait
d'une capacité supérieure donne le droit de gouverner les hommes, écrit-il, parmi ceux que vous appelez à exercer ce droit par
élection, il en est de plus capables que les autres ; il en est un plus
capable que tous. À celui-ci donc, suivant votre principe, appartient de droit naturel le commandement, et votre système électoral n'est plus dès lors qu'une institution démagogique. Ce principe
de la capacité est, en effet, la base rationnelle où se sont appuyés
tous les despotismes, toutes les théocraties, toutes les papautés[2]. »
Pierre Leroux voit juste. La logique du système capacitaire ne
s'arrête pas à Guizot, elle mène tout droit à Saint-Simon ou à
Auguste Comte. Elle doit déboucher sur l'équivalent d'une religion pour trouver un fondement stable. C'est le *père* de la relation saint-simonienne qui consacre les « hommes généraux », définis
comme les hommes supérieurs « dégagés des entraves de la spécia-
lité »[3]. Le principe de capacité finit alors par se replier sur celui
du droit divin. L'échec de la tentative d'articuler autour de la figure
du citoyen capacitaire le rationalisme politique à la française avec
l'idée de citoyenneté trouve là son origine[4].

---

1. B. CONSTANT, *Commentaire sur l'ouvrage de Filangieri,* in *Œuvres de Filangieri,*
Paris, 1840, t. III, p. 210. (Dans ses *Principes de politique,* de 1815, le même argument
était déjà développé.)
2. P. LEROUX, article « Élection », in *Encyclopédie nouvelle,* Paris, 1843, t. IV, p. 727.
3. Voir notamment les développements dans la *Doctrine de Saint-Simon. Exposition.
Première année. 1828-1829,* éd. critique par C. BOUGLÉ et E. HALÉVY, Paris, 1924.
4. Parallèlement, l'égalité politique peut n'être fondée que sur la base d'un certain
scepticisme. L'égalité devant les urnes apparaît comme le critère le plus acceptable de
distribution des droits politiques, en l'absence de principes clairs de différenciation,
qui seraient universellement acceptés. Le suffrage universel, dans cette perspective, n'est
pas revendiqué positivement comme le meilleur système d'allocation des droits politiques, mais seulement comme celui qui minimise les contestations.

Le principe de capacité n'a offert qu'une seule commodité théorique dans les années 1830 : il a permis de légitimer la différence entre le vote municipal et le vote national. Si la capacité requise pour voter dépend de la nature et de la complexité des problèmes en jeu, il est en effet logique que le nombre d'électeurs soit beaucoup plus élevé pour élire des conseillers municipaux que pour élire des députés. C'est ce qui a été consacré par les deux lois de 1831 : près de 3 millions d'électeurs prenaient part aux élections municipales contre 200 000 aux élections de députés. Mais le principe capacitaire a pris en même temps à contrepied la philosophie française de la citoyenneté, qui ne peut se concevoir qu'une et indivisible, l'inclusion sociale ne pouvant pas se décliner ou se fragmenter. D'où sa difficulté à s'imposer à l'intérieur même de ses frontières de validité.

Au-delà même de ses contradictions et de ses limites, le principe capacitaire s'est aussi trouvé en porte à faux avec un des traits les plus profonds de la culture politique française : la centralité du lien proprement politique. Le principe capacitaire implique une dissociation très forte entre l'idée de participation politique et celle d'égalité civile, radicalisant la distinction entre droit et fonction dans la sphère politique. Les doctrinaires de la monarchie de Juillet continuaient sur ce point de partager les illusions des libéraux de la Restauration. Ces derniers avaient célébré la loi électorale de 1817 parce qu'ils voyaient en elle la pierre blanche qui marquait l'entrée de la France dans une nouvelle ère politique : celle de la *liberté des modernes*. Il est en effet frappant de constater que les deux thèmes du suffrage direct restreint et de la liberté des modernes se sont développés simultanément. «C'est principalement à la liberté civile que les Français s'intéressent», plaidait Lainé pour désamorcer les éventuelles critiques sur l'exclusion des masses de la vie politique active [1]. Antoine Boin, un modeste notable, député du Cher, s'attaquait sur cette base à la démagogie ultra vis-à-vis des «classes obscures», et invitait ses collègues à relativiser les enjeux du débat sur le droit de suffrage. «Voudrait-on flatter la classe inférieure en l'introduisant dans le premier degré d'élection? On se tromperait, avertissait-il. Elle n'est sensible qu'à ce qui peut alléger le poids de ses besoins; elle préfère et avec raison, donner son temps à des travaux lucratifs, plutôt qu'à des fonctions

---

1. Discours du 2 janvier 1817 (*A.P.*, 2ᵉ série, t. XVIII, p. 3).

gratuites dont elle n'entrevoit pas l'importance. En réalité, les fonctions électives n'en ont pas par rapport au peuple. Il est comme dérisoire de l'enlever à ses travaux pour le charger de nommer, à l'exclusion des hommes qui lui appartiennent, des électeurs qu'il connaît à peine, chargés d'élire ensuite des députés qu'il ne connaîtra pas du tout, dont peut-être il ne saura jamais les noms[1]. » Les choses étaient clairement dites. Cette approche expliquait d'ailleurs l'importance que les libéraux accordaient au principe de la gratuité des fonctions politiques. Le critère financier permettait de donner une justification de type économique à la distinction entre la liberté civile et la liberté politique[2].

Dans sa célèbre conférence de 1819[3], Benjamin Constant devait donner son expression canonique à ce thème qu'il avait déjà esquissé dans ses premiers écrits, sous le Directoire. Mais il importe de remarquer que la notion de liberté des modernes avait partiellement changé de sens entre 1798 et 1819. Dans ses premiers écrits[4], l'apologie de la liberté civile et la relativisation de la participation politique s'inscrivaient dans une préoccupation de réduction des passions politiques. Constant voyait alors dans la lassitude publique et la désertion civique un facteur de stabilisation de la vie politique et d'enracinement de la démocratie. Il partageait sur ce point les analyses de Mme de Staël. « La liberté politique est à la liberté civile comme la garantie à l'objet qu'elle cautionne, écrivait cette dernière en 1795. C'est le moyen et non l'objet ; et ce qui a contribué surtout à rendre la Révolution française si désordonnée, c'est le déplacement d'idées qui s'est fait à cet égard[5]. »

---

1. Discours du 3 janvier 1817 (*A.P.*, 2ᵉ série, t. XVIII, p. 19). Il faut souligner qu'être électeur avait alors un coût non négligeable : il fallait se déplacer au chef-lieu et y séjourner plusieurs jours.

2. On peut rappeler à ce propos la revendication de voir rémunérés les électeurs (de second degré), qui s'était élevée à certains moments pendant la Révolution.

3. *De la liberté des anciens comparée à celle des modernes.* « Nous ne pouvons plus jouir de la liberté des anciens, qui se composait de la participation active et constante au pouvoir collectif. Notre liberté, à nous, doit se composer de la jouissance paisible de l'indépendance privée » (in B. CONSTANT, *Cours de politique constitutionnelle*, Paris, 1872, t. II, p. 547). On peut noter que DAUNOU avait déjà développé le même thème un an auparavant, dans un gros article paru dans *Le Censeur européen* (t. IX et X, 1818) : « Des garanties individuelles dues à tous les membres de la société ».

4. Voir sur ce point l'ouvrage de S. HOLMES, *Benjamin Constant and the Making of Modern Liberalism*, New Haven, Yale University Press, 1984.

5. *Réflexions sur la paix intérieure* (1795), in *Œuvres complètes de Madame la baronne de Staël-Holstein*, Paris, 1838, t. I, p. 58.

À la même époque, un proche de Sieyès, Charles Théremin, montrait également, dans un texte au titre suggestif, *De l'incompatibilité du système démagogique avec le système d'économie politique des peuples modernes* (an VIII), que le maintien de la liberté impliquait la limitation et la spécialisation de la sphère politique. Applaudie par les idéologues de *La Décade philosophique*, la brochure présentait la première réflexion d'ensemble sur la spécificité de la liberté des modernes. Aussi vaut-il la peine de la citer assez largement. «Pendant le règne de la Terreur, note Théremin, on avait, en quelque sorte, assimilé le peuple de Paris à celui d'Athènes, on avait fait, au lieu d'ouvriers industrieux, des maîtres oisifs [...]. Cette partie du peuple aimait mieux passer sa journée dans les Sociétés populaires ou dans les tribunes de la Convention, en ne gagnant que quarante sous par jour et en vivant mal; mais en s'occupant d'affaires publiques, en se sentant la maîtresse [...]. Elle aimait mieux ce genre de vie véritablement athénien, que de s'occuper dans les champs, dans les ateliers et dans les boutiques, des divers soins de l'industrie. Ce fut un tour de force en ce temps-là, et dont le but était de donner du goût au peuple pour la République, et de le dégoûter de la monarchie. Mais qu'est-il arrivé? On lui a donné du goût pour une république qui ne peut subsister, c'est-à-dire pour le régime aristocratique des Grecs et des Romains; et il faut maintenant le ramener vers le régime industriel d'une République moderne, fondée, non sur l'oisiveté, mais sur le travail de tous[1].» Théremin faisait ainsi le lien entre l'analyse des événements révolutionnaires et la réflexion plus générale sur la nature des sociétés modernes, en montrant les effets destructeurs de la confusion du vieux et du neuf en matière d'organisation politique.

En 1819, Benjamin Constant n'avait fait que reprendre et prolonger ces thèmes. Il retrouvait les accents du Sieyès des années 1770, lorsque ce dernier analysait la politique comme un domaine parmi d'autres de l'activité sociale, inscrit au même titre que les travaux agricoles ou l'industrie dans le système général de la division des tâches. Les libéraux de la Restauration voulaient eux aussi désacraliser la politique, lui ôter toute dimension symbolique et instituante du social. Mais ils cherchaient une solution différente de celle des constituants modérés. Ceux-ci avaient espéré que le

---

1. Ch. THÉREMIN, *De l'incompatibilité du système démagogique avec le système d'économie politique des peuples modernes*, Paris, an VIII, pp. 7-8.

suffrage à deux degrés conduise à une limitation de fait de la sphère politique, le *vote-décision* et le *vote-statut* étant dissociés dans le droit de suffrage. Avec l'instauration du scrutin direct et la limitation du nombre des électeurs, les libéraux avaient posé le problème en d'autres termes. Ne croyant plus à la possibilité de hiérarchiser les niveaux et les formes de la participation politique, ils mettent l'accent sur la séparation du civil et du politique, pour justifier en la banalisant la limitation du droit de suffrage.

Dans les années 1830, les doctrinaires disent toujours la même chose. «La démocratie moderne, explique alors Guizot, n'est pas vouée à la vie politique [...]. Elle n'aspire pas au pouvoir, elle n'aspire pas à gouverner elle-même, elle veut intervenir dans le gouvernement autant qu'il est nécessaire pour qu'elle soit bien gouvernée, et qu'elle puisse, en toute sécurité, vaquer à la vie domestique, aux affaires privées[1].» La démocratie régit la société civile et le principe des capacités gouverne la société politique. Cette distinction entre ordre social et ordre politique est fondamentale chez Guizot et Royer-Collard. Parlant d'elle, Rémusat écrira : «Ce sont les doctrinaires qui mirent le plus en lumière cette distinction, bien aperçue par Sieyès au commencement de la Révolution, et qui s'attachèrent avec le plus d'insistance à en faire ressortir toutes les conséquences[2].» Démocratie sociale et capacité politique ne sont pas antinomiques, cherchera inlassablement à expliquer la rhétorique doctrinaire, le véritable danger est dans l'application des principes démocratiques à la vie politique[3].

Cete approche est complètement à l'opposé de la conception française du politique comme sphère d'organisation de la société civile

---

1. Discours à la Chambre du 5 octobre 1831, *Histoire parlementaire de France*, t. I, p. 316. Guizot note encore : «En matière de liberté, il y a des droits universels, des droits égaux; en matière de gouvernement, il n'y a que des droits spéciaux, limités, inégaux» (p. 309).
2. RÉMUSAT, «De l'esprit de réaction, Royer-Collard et Tocqueville», *La Revue des Deux Mondes*, 15 octobre 1861, p. 795.
3. D'où l'ambivalence fondamentale de l'idée de démocratie chez les doctrinaires. En tant que démocratie sociale (système de l'égalité civile dans la société), elle constitue «le seul fondement du gouvernement constitutionnel» et il faut se réjouir de la voir «couler à plein bord» (voir le fameux discours de Royer-Collard du 2 janvier 1822). La France est même, dans cette perspective, «la plus grande société démocratique moderne» (Guizot, discours du 18 août 1842, *Histoire parlementaire de France*, t. III, p. 685). En tant que démocratie politique, pouvoir du nombre, elle n'est par contre qu'un principe d'anarchie, de destruction.

et d'intégration sociale. L'échec du citoyen capacitaire trouve là une autre source. La mise en pratique de la distinction entre la liberté des anciens et celle des modernes n'est possible que là où la société civile a une consistance propre, offrant de véritables mécanismes d'inclusion aux individus, comme en Grande-Bretagne ou en Allemagne. Dans ces pays, l'intégration sociale de la classe ouvrière et des populations laborieuses a pu s'opérer de façon multiforme, dans les associations, les syndicats, les communes, l'apparition de nouveaux modes d'organisation voisinant avec la simple modernisation et démocratisation des formes anciennes de dépendance (le type d'inclusion que représentait le patronage évoluant par exemple vers des systèmes plus autonomes). Il n'y a rien de tel en France. La destruction des corps intermédiaires et la célébration de l'individu abstrait ont presque mécaniquement institué le politique en lieu central de l'intégration sociale. En France, plus qu'ailleurs, la thématique libérale de la réduction du politique tourne à vide. Dans l'ensemble des sociétés occidentales, une même utopie a traversé les xviii⁰ et xix⁰ siècles : penser que la politique pouvait se limiter à une pure gestion de l'espace public ; croire que la société pouvait exorciser et expulser le travail de l'imagination et de l'égalité, les hommes n'ayant plus entre eux que de simples liens fonctionnels. Mais cette utopie a été particulièrement décalée par rapport aux réalités et aux attentes en France. L'échec des doctrinaires trouve là son ultime explication. Loin de ne résider que dans l'aveuglement tactique et le conservatisme social, le rejet des principes capacitaires tient aussi à leur inscription dans l'idée de liberté moderne et dans l'utopie d'une réduction de la politique à de la simple gestion. En matière de suffrage, les libéraux n'ont cessé de mêler la lucidité de leurs analyses à la pauvreté de leur sensibilité.

III

LA RÉPUBLIQUE UTOPIQUE

Barbares, ilotes et prolétaires
Le mouvement pour la réforme électorale
Le sacrement de l'unité sociale

Barbares, ilotes et prolétaires

C'est seulement au début de la monarchie de Juillet que le suffrage universel commence à faire l'objet d'une revendication argumentée. La question du suffrage universel apparaît alors au croisement d'une frustration politique et d'un malaise social. La frustration politique se manifeste dès l'automne 1830, lorsque les classes populaires ont le sentiment de voir le mouvement de Juillet confisqué. Déception de voir, en décembre 1830, que le procès des ministres de Charles X se termine par un verdict jugé trop clément, aucune condamnation à mort n'étant prononcée; agitation liée à la peur d'un retour du cléricalisme; suspicion à l'égard des libéraux, qui se comportent trop vite comme les nouveaux propriétaires exclusifs du pouvoir. *Le Globe*, qui est l'organe des saint-simoniens, donne bien le ton de cette déception mêlée de rancœur. «C'est un fait maintenant incontestable, peut-on y lire en février 1831, que la Révolution de Juillet a été bien loin de réaliser les espérances qu'à son aurore elle avait fait naître. Chez la plupart de ses partisans, l'abattement ou l'aigreur ont remplacé l'exaltation soudaine et les transports d'allégresse qu'elle avait d'abord excités de toutes parts [1].» Très vite, une extraordinaire floraison de sociétés populaires, de brochures et de journaux va décliner ces thèmes. Les années 1831-1834 marquent l'irruption de nouveaux

---

1. *Le Globe. Journal de la doctrine de Saint-Simon*, n° 45, 14 février 1831. L'article commente une brochure de ROSSET, *L'Opinion des départements ou l'Écho de la France*, qui exprime bien aussi la déception ouvrière.

acteurs sur la scène politique, comme la Société des amis du peuple, puis la Société des droits de l'homme. Ces sociétés républicaines et populaires, qui seront la matrice du mouvement ouvrier et du socialisme français, n'expriment pas seulement une protestation politique. Elles traduisent également les revendications sociales d'un petit peuple durement touché par la crise économique qui secoue alors l'économie française. Entre 1828 et 1832, les salaires baissent en effet de près de 40% dans le textile et la métallurgie, tandis que le prix des céréales s'accroît fortement. Il y a alors, résume Ernest Labrousse, une «superposition de catastrophes»[1].

1830 marque également une inflexion démographique décisive : la population urbaine se met à croître plus vite que la population rurale, entraînant un rapide surpeuplement des quartiers les plus déshérités. Ces différents phénomènes se superposent avec l'accélération de la révolution industrielle pour mettre à l'ordre du jour la question sociale. C'est dans la conjonction de ces évolutions économiques, industrielles et démographiques qu'émerge le prolétariat comme produit d'une nouvelle division sociale en train de s'instaurer. Évoquant ces années difficiles, Daniel Stern notera qu'une fraction importante des classes populaires «en était venue à former une classe à part, comme une nation dans la nation et que l'on commençait à désigner sous un nom nouveau : le prolétariat industriel»[2]. Protestations sociales et revendications politiques commencent alors à se mêler. Au début de 1831, au moment où vient en discussion le nouveau projet de loi électorale, un ouvrier horloger, qui signe fièrement «Charles Béranger, prolétaire», publie une *Pétition d'un prolétaire à la Chambre des députés*[3]. On y trouve formulée pour la première fois la proposition d'une représentation ouvrière : «J'aurais désiré, écrit-il, que quelques prolétaires fussent admis à la Chambre pour parler un peu de leurs semblables; mais il me paraît que cela n'aura pas lieu[4].»

La fermentation sociale et intellectuelle qui caractérise les pre-

---

1. E. LABROUSSE, *Le Mouvement ouvrier et les théories sociales en France au XIXᵉ siècle (1815-1851)*, Paris, C.D.U., 1952.
2. Cité par L. CHEVALIER, *Classes laborieuses, classes dangereuses*, Paris, Hachette, «Pluriel», 1978, p. 598.
3. Elle est publiée au bureau de *L'Organisateur* et fut reproduite dans *Le Globe* du 3 février 1831. Charles Béranger fut l'un des animateurs du milieu saint-simonien à Reims, après avoir été au nombre des Apôtres de Ménilmontant.
4. *Pétition d'un prolétaire à la Chambre des députés*, p. 15.

mières années de la monarchie de Juillet se cristallise en novembre 1831, avec l'insurrection des ouvriers lyonnais. Louis Blanc en soulignera le caractère prophétique et annonciateur, et Michel Chevalier y verra « un éclatant symbole de la situation industrielle de toute la France »[1]. L'insurrection lyonnaise ne retient cependant pas seulement l'attention par sa place dans l'histoire du mouvement ouvrier. Elle marque surtout un tournant essentiel dans la façon dont la société française appréhende ses divisions et son identité. C'est l'interprétation de l'événement, autant que l'événement lui-même, qui opère ce basculement. Tout se noue autour d'un article publié le 8 décembre 1831 par Saint-Marc Girardin dans le *Journal des débats*. Cherchant à définir le caractère de cette insurrection dont il percevait la nouveauté, le publiciste conservateur avait comparé les ouvriers qui cherchaient à se faire une place dans la société aux Barbares qui avaient autrefois envahi l'Empire romain[2]. Le rapprochement soulève une explosion d'indignation et les formules de Saint-Marc Girardin resteront longtemps gravées dans les mémoires. C'est pourquoi il vaut la peine de les citer longuement. « La sédition de Lyon, écrivait-il, a révélé un grave secret, celui de la lutte intestine qui a lieu dans la société entre la classe qui possède et celle qui ne possède pas. Notre société commerciale et industrielle a sa plaie comme toutes les autres sociétés : cette plaie, ce sont ses ouvriers. Point de fabriques sans ouvriers, et, avec une population d'ouvriers toujours croissante et toujours nécessiteuse, point de repos pour la société [...]. Chaque fabricant vit dans sa fabrique comme les planteurs de colonies au milieu de leurs esclaves, un contre cent ; et la sédition de Lyon est une espèce d'insurrection de Saint-Domingue [...]. Les Barbares qui menacent la société, poursuivait-il, ne sont point au Caucase ni dans les steppes de la Tartarie : ils sont dans les faubourgs de nos villes manufacturières[3]. » Jamais les choses n'avaient été dites aussi crûment et

---

1. *Le Globe*, 31 octobre 1830. Michel Chevalier commente là les événements précurseurs du 25 octobre 1831.
2. Article reproduit dans SAINT-MARC GIRARDIN, *Souvenirs et réflexions politiques d'un journaliste*, 2ᵉ éd., Paris, 1873. Sur ce thème du Barbare, se reporter à P. MICHEL, *Un mythe romantique, les barbares (1789-1848)*, Lyon, P.U.L., 1981, et à R. A. LOCHORE, *History of the Idea of Civilization in France (1830-1870)*, Bonn, 1935. Après l'insurrection d'avril 1834 à Lyon, le *Journal des débats* parlera de nouveau de « scènes de la vie d'un peuple barbare » (cf. P. GANZ, *L'Insurrection d'avril 1834 vue par le « Journal des Débats » et « le Constitutionnel »*, mémoire du Centre de formation des journalistes, Paris, 1970).
3. SAINT-MARC GIRARDIN, *Souvenirs et réflexions politiques [...]*, pp. 144-147.

aussi brutalement : la société était décrite comme traversée par une division radicale entre deux classes considérées comme des peuples étrangers et ennemis. Et Saint-Marc Girardin en tirait des conclusions non moins tranchées. « La classe moyenne, expliquait-il, serait dupe si elle donnait follement des armes et des droits à ses ennemis, si elle laissait entrer le flot des prolétaires dans la garde nationale, dans les institutions municipales, dans les lois électorales, dans tout ce qui est l'État [...]. C'est aller contre le maintien de la société que de donner des droits politiques et des armes nationales à qui n'a rien à défendre et tout à perdre [1]. » La question du droit de suffrage était explicitement liée à celle de la séparation sociale. Le terme de Barbare avait sonné comme une déclaration de guerre, signifiant avec mépris l'exclusion sociale d'une immense population. Les premiers balbutiements d'une pensée politique ouvrière s'expriment à cette occasion, dans les réponses indignées à l'article publié dans les *Débats*. Jean-François Barraud, un ouvrier imprimeur, rédige les *Étrennes d'un prolétaire* [2], dans lesquelles il dénonce la mise à l'écart de sa classe. *L'Écho de la fabrique*, qui paraît à Lyon à partir de cette période, s'emporte aussi contre l'impudence de Saint-Marc Girardin [3]. Les légitimistes sociaux répliquent également. Le marquis de Gervaisis répond dans *Les Vrais Barbares* (1831) que ce n'est pas dans les faubourgs, mais « dans les quartiers de l'oligarchie, de l'agiocratie » qu'il faut chercher ceux qui menacent l'ordre social, tandis que Montalembert s'emporte contre « l'infâme *Journal des Débats*, avec ses ennemis et ses barbares ». Quelques années plus tard, certains accepteront le mot comme un défi. « Passons aux Barbares », dira ainsi Ozanam dans une formule célèbre [4], tandis que Michelet lancera : « Barbares. Le mot me plaît, je l'accepte. Barbares ! Oui, c'est-à-dire pleins d'une sève

---

1. Saint-Marc Girardin, *Souvenirs et réflexions politiques [...]*, p. 148.
2. Cette lettre est adressée à Bertin, le directeur du *Journal des débats*. Elle est reproduite dans le recueil de textes rassemblés par J. Rancière, *La Parole ouvrière, 1830-1851*, Paris, U.G.E. 10/18, 1976, pp. 56-73.
3. Ce journal, qui est une source capitale pour l'histoire du mouvement ouvrier, a récemment été réédité en deux volumes aux éditions Édhis. Cf. l'article du 25 décembre 1831.
4. *Le Correspondant* du 10 février 1848, cité par P. Pierrard, *1848... Les Pauvres, l'Évangile et la Révolution*, Paris, Desclée, 1977, p. 28. Pour Ozanam l'Église devait se tourner vers les masses populaires comme elle s'était attachée autrefois à convertir les Barbares. Voir sur ce point les remarques de P. Michel, « Civilisation chrétienne et barbarie dans l'œuvre d'Ozanam », in *Civilisation chrétienne. Approche historique d'une idéologie, XVIIIᵉ-XXᵉ siècle*, Paris, Beauchesne, 1975.

nouvelle, vivante et rajeunissante[1].» Mais en 1831 les Barbares sont comme les prolétaires et les ilotes : les laissés-pour-compte de l'économie et les exclus de la vie politique.

L'histoire sociale a surtout mis l'accent sur l'exploitation économique. Au début des années 1830, la question de l'exclusion politique apparaît pourtant tout aussi essentielle. Les mots d'«ilote» et de «prolétaire» renvoient alors presque plus à la privation des droits politiques qu'à l'exploitation économique[2]. La sémantique est ici riche d'enseignements historiques. Le premier dictionnaire dans lequel figure le terme de «prolétaire» est celui de Louis Sébastien Mercier, *Néologie ou Vocabulaire des mots nouveaux*, publié en 1801 (et encore n'est-il mentionné que dans le supplément). Mercier définit le prolétaire comme «celui qui ne possède aucune propriété». «Pour que toute république fleurisse, poursuit-il, il faudrait que chaque citoyen fût propriétaire, et se montrât jaloux des devoirs et des droits que ce titre suppose ; car il n'y a point de patrie pour quiconque n'a aucun lien qui l'attache au sol qu'il habite [...]. Malheur à une nation divisée en deux classes nécessairement ennemies, celle des propriétaires et celle des prolétaires[3]!» Le critère économique, l'absence de propriété, est ici très clairement rapporté à une qualification politique. Le prolétaire, pour Mercier, est le non-citoyen. Aussi le mot sonne-t-il à ses oreilles comme une sorte de malédiction : «Prolétaire, conclut-il, c'est le mot le plus repoussant de la langue ; aussi tous les dictionnaires l'ont-il rejeté!» La première édition du *Dictionnaire universel de la langue française* de Boiste, qui paraît en 1800, ne mentionne pas l'expression. Elle apparaît seulement dans la deuxième édition, de 1803, avec une définition très courte : «Prolétaires, dernière classe des citoyens à Rome.» Là aussi, l'origine étymologique — le *proles* — conserve toute sa puissance pour qualifier le prolétaire comme un exclu. Le Dictionnaire de l'Académie française mentionne pour la première fois le mot en 1835, en renvoyant également à son origine

---

1. Cité par P. MICHEL, «Civilisation chrétienne et barbarie [...]», in *Civilisation chrétienne*.

2. Pour une première approche de la question, se reporter à R. B. ROSE. «*Prolétaires* and *Prolétariat* : Evolution of a Concept, 1789-1848», *Australian Journal of French Studies*, vol. XVIII, n° 3, 1981, et à G. MATORÉ, *Le Vocabulaire et la société sous Louis-Philippe*, Genève, 1951.

3. L. S. MERCIER, *Néologie ou Vocabulaire des mots nouveaux, à renouveler, ou pris dans des acceptions nouvelles*, Paris, an IX (1801), t. II, p. 380.

(«Terme d'antiquité romaine, il se dit de ceux qui formaient la sixième et dernière classe du peuple et qui, étant fort pauvres et exempts d'impôts, n'étaient utiles à la République que par les enfants qu'ils engendraient»). Quelques années plus tard, Ott, le disciple de Buchez, précise dans son *Dictionnaire des sciences politiques et sociales* : «Dans l'usage moderne, ce nom s'applique généralement aux classes privées de droits politiques à cause de leur pauvreté[1].»

En 1817, lors du débat sur la loi électorale qui devait instaurer le vote direct, les légitimistes avaient déjà parlé de «prolétaires», pour désigner ceux qui allaient se trouver privés de toute forme de participation politique dans les assemblées primaires, l'absence de fortune les laissant aux marges de la vie publique. Mais c'est seulement dans les années 1830 que le mot de «prolétaire» devient d'un usage courant. Il est alors revendiqué par les républicains qui dénoncent la division sociale et politique perpétuée par les institutions de Juillet. La réponse de Blanqui, lorsqu'il est interrogé lors du procès de la Société des amis du peuple, en 1832, en montre bien l'extraordinaire densité.

«*Le président*, au troisième prévenu. Votre nom?

— Louis-Auguste Blanqui.

— Votre âge?

— 26 ans.

— Votre état?

— Prolétaire.

— *Le président*. Ce n'est pas un état.

— *Blanqui*. Comment, ce n'est pas un état! C'est l'état de 30 millions de Français qui vivent de leur travail et qui sont privés de droits politiques.

— *Le président*. Eh bien! soit. Greffier, écrivez que le prévenu est prolétaire[2].»

Le terme de «prolétaire» finit par être le qualificatif générique de toutes les formes d'exclusion et de séparation. Desjardins, qui était membre de la Société des amis du peuple, parlait de «prolétariat des intérêts» aussi bien que de «prolétariat des

1. A. OTT, *Dictionnaire des sciences politiques et sociales*, Paris, 1855, t. III, col. 544.

2. SOCIÉTÉ DES AMIS DU PEUPLE, *Procès des quinze*, Paris, 1832, p. 3 (audience du 10 janvier 1832).

capacités» [1]. Dans les brochures républicaines de cette période, on rencontre fréquemment l'expression «prolétariat politique», et on parle même de «prolétaires intellectuels» ou de «prolétaires de la science, de la politique et des arts» [2]. Lors du procès de la Société des droits de l'homme et du citoyen, en 1834, l'éditeur républicain Pagnerre explique ainsi : «Deux plaies ont toujours rongé et rongent encore la société, le *prolétariat social* et le *prolétariat politique.*» Le prolétariat social, explique-t-il, a diminué après la Révolution de 1789, une partie du tiers état ayant bénéficié d'un accès plus large à la propriété et ayant été appelée au partage de bienfaits sociaux grâce à la reconnaissance de l'égalité civile. Mais la situation du prolétariat politique n'a guère progressé à ses yeux. «Après une émancipation de trop courte durée, dit-il, il est retombé bien vite dans son état primitif : il offre aujourd'hui la même proportion numérique qu'avant 89, moins de deux cent mille privilégiés contre la nation tout entière. Le fond du prolétariat politique est le même; la forme seule a changé [3].» Les plaidoyers prononcés lors des procès politiques des années 1832 à 1835, qui constituent une source irremplaçable d'informations sur les mouvements républicains et populaires de la période, vont tous dans ce sens pour dénoncer la division sociale et l'exclusion politique.

Le terme d'«ilote», lui aussi emprunté à l'Antiquité, et déjà largement employé dans les débats révolutionnaires, devient d'un usage courant au tournant des années 1840, lors des grandes manifestations en faveur de la réforme électorale. Après le Barbare et le prolétaire, l'ilote est la troisième figure qui sert à stigmatiser

---

1. Cf. *Discours du citoyen G. Desjardins sur l'association républicaine*, prononcé à l'audience de la cour d'assises du 8 avril dans l'affaire de la Société des amis du peuple, Paris, 1833. Voir aussi, du même auteur, la série d'articles sur «Le prolétariat» dans *La Tribune*, en avril 1835.

2. Sur la pensée républicaine ou socialiste de cette période, la base de données la plus commode est la collection *Les Révolutions du XIXe siècle, 1830-1834*, première série, Paris, Édhis, 1975, 12 vol., qui reproduit près de cinq cents pamphlets publiés de juillet 1830 aux insurrections d'avril 1834 (une deuxième série de 12 volumes, couvrant la période 1834-1848, a également été publiée, ainsi qu'une troisième série de 10 volumes, sur 1848). À cette collection de pamphlets, il convient d'ajouter la mine exceptionnelle d'informations que constituent les rapports et comptes rendus du *Procès des accusés d'avril 1834* devant la cour de Paris (la meilleure édition de tous les rapports, interrogatoires, réquisitoires et procès-verbaux est celle de 1834-1836, 15 vol.).

3. *Procès des citoyens Vignerte et Pagnerre, membres de la Société des droits de l'homme et du citoyen*, Paris, s.d., p. 12 (audience du 22 février 1834).

le rejet politique des masses sous la monarchie de Juillet. Évoquant les événements de Lyon, un pamphlétaire saint-simonien parlera de «l'angoisse de l'ilote» dans un remarquable *Aperçu sur la question du prolétariat*[1]. Dans sa profession de foi de juillet 1841, Ledru-Rollin attire l'attention sur les classes pauvres, «condamnées à l'ilotisme sans fin»[2], et Lamennais fulmine dans *Le Pays et le Gouvernement* (1840) en montrant «la masse de la nation réduite à l'ilotisme politique»[3]. «*Votre société n'est pas une société*, lance ce dernier, mais un assemblage d'êtres qu'on ne sait comment nommer, administrés, manipulés, exploités au gré de vos caprices; un parc, un troupeau, un amas de bétail humain[4].» Dans son virulent pamphlet *De l'esclavage moderne*, Lamennais, dont l'immense succès s'explique en grande partie par son hypersensibilité à tout ce qui est séparation, division, exclusion, poursuit cette dénonciation radicale en de retentissantes formules[5].

Entre 1833 et 1841, le débat sur les fortifications de Paris ravive périodiquement le sentiment de la mise à distance du peuple, le nourrissant de fortes images. Au départ, la question était purement technique. Il s'agissait de déterminer le système de défense de la capitale le plus adéquat. Mais, très significativement, la question avait rapidement pris une énorme importante symbolique. Dès 1833, les premières discussions sur la construction de forts détachés pour protéger Paris enflamment l'imagination populaire, qui redoute l'érection de nouvelles bastilles susceptibles de bombarder la capitale. On parle alors de «fortifications liberti-

1. L. S., *Aperçu sur la question du prolétariat*, in *La Révolte de Lyon en 1834 ou la Fille du prolétaire*, Paris, 1835. On lit dans ce texte une phrase remarquable, anticipatrice d'un célèbre texte d'Engels : «Le prolétariat forme le fond de notre société. Il est partout; il cohabite avec nous; il ne nous quitte pas; *c'est une ombre.*»

2. LEDRU-ROLLIN, «Profession de foi devant les électeurs de la Sarthe» (juillet 1841), in *Discours politiques et écrits divers*, Paris, 1879, t. I, p. 1.

3. F. LAMENNAIS, *Le Pays et le Gouvernement*, Paris, 1840, p. 49.

4. ID., *ibid.*, pp. 92-93.

5. Cf. F. LAMENNAIS, *De l'esclavage moderne*, Paris, décembre 1839. Dans ce pamphlet publié dans le contexte de l'agitation pour la réforme électorale, Lamennais compare l'individu privé du droit de vote à l'esclave antique. Le parallèle entre la séparation «moderne» (le prolétariat) et la séparation «ancienne» (l'esclavage) est également au cœur de toute une partie de la réflexion politique et économique de l'époque. Sur cette question, voir deux ouvrages pionniers : Charles COMTE, *Traité de législation*, Paris, 1826, 4 vol. (le dernier volume est tout entier consacré à une réflexion sur l'esclavage), et A. VILLENEUVE-BARGEMONT, *Économie politique chrétienne*, Paris, 1834, 3 vol.

cides» [1]. Dans leur ton même, ces réactions témoignent de la perception d'une société coupée en deux, presque composée de deux
peuples étrangers. Dans *Le Pays et le Gouvernement*, Lamennais
s'emporte contre les ministres. «Pour eux, écrit-il, l'ennemi n'est
pas à la frontière, il est à Paris; ils y concentrent cent mille hommes, et l'environnent de citadelles pour l'écraser s'il tentait de
remuer [2].» Arago, Lamartine, Ledru-Rollin tiennent le même langage, tandis que *Le Journal du peuple* résume : «Plus que jamais,
il y a deux camps dans ce pays, celui qui s'entoure de bastilles et
celui qui reste sur le terrain de la révolution; celui où est la cour,
celui où est le peuple [3].»

Le problème central de cette période est bien celui de la séparation sociale. «Le prolétaire est resté en dehors», dit Blanqui [4].
D'où la formidable demande d'intégration qui s'exprime alors.
«Cessez donc, ô nobles bourgeois, de nous repousser de votre sein,
car nous sommes des hommes, et non point des machines»,
demande dès 1830 *L'Artisan*, l'un des premiers véritables journaux
ouvriers [5], tandis que Lamartine voudrait que le nom de «prolétaire», «ce mot immonde, injurieux, païen, disparaisse de la langue comme le prolétaire lui-même doit disparaître peu à peu de
la société» [6]. La revendication de suffrage universel, qui émerge
au début de la monarchie de Juillet, correspond à cette demande
d'inclusion sociale. En 1789, la revendication d'égalité politique
était simplement dérivée du principe d'égalité civile, qui était premier. C'est en effet sur le terrain des droits civils que se jouait
l'essentiel : la destruction des privilèges et la suppression des distinctions légales entre les individus. Le droit de suffrage ne faisait
alors que prolonger, sur le terrain politique, l'avènement d'une
société d'individus reconnus comme égaux. Après 1830, ce n'est
plus dans le domaine civil que se manifestent les distinctions sociales
et les différences de statut. C'est pourquoi l'idée de suffrage uni-

1. Voir par exemple la brochure de la Société des droits de l'homme et du citoyen,
Des fortifications de Paris, Paris, 1833.
2. LAMENNAIS, *Le Pays et le Gouvernement*, p. 62.
3. *Le Journal du peuple*, 1er avril 1841, p. 1.
4. SOCIÉTÉ DES AMIS DU PEUPLE, *Procès des quinze*, p. 9.
5. Cité par W. H. SEWELL, *Gens de métiers et révolutions. Le Langage du travail de
l'Ancien Régime à 1848*, Paris, Aubier, 1983, p. 270.
6. Cité par I. TCHERNOFF, *Le Parti républicain sous la monarchie de Juillet*, Paris, 1901,
p. 203.

versel prend alors une dimension directement sociétale. Elle correspond à un déplacement du problème de l'intégration : c'est dorénavant sur la scène politique et sociale que se joue la question de l'égalité entre les hommes. D'où la centralité de la figure du prolétaire après 1830, alors que c'est autour de l'individu que tout s'organisait en 1789. La question du suffrage universel ne fait cependant pas que se déplacer politiquement, entre ces deux périodes. Elle s'accompagne aussi d'une nouvelle appréhension du social. En 1789, elle s'inscrivait dans un universalisme abstrait, qui était dominant. Au début de la monarchie de Juillet, elle revêt au contraire une dimension de classe. En moins d'un demi-siècle, l'irruption de la question ouvrière a profondément changé les termes dans lesquels le lien social était perçu. Les exclus des droits politiques s'identifient dorénavant à un groupe social. «Les puissants et les riches valent-ils mieux que nous ?» demande ainsi Achille Roche dans son *Manuel du prolétaire*, pour fonder sa revendication politique [1]. C'est une réflexion d'en bas sur le suffrage qui s'exprime dans ces années 1830-1834, et non plus une interrogation philosophique générale sur l'individu-citoyen moderne, ou *a fortiori* une interrogation d'en haut sur les rapports du nombre et de la raison.

Pendant la monarchie de Juillet, le thème du suffrage universel joue un rôle exactement équivalent à la revendication d'égalité civile en 1789. C'est la même lutte contre l'Ancien Régime et la féodalité que l'on perçoit dans les deux cas. La critique de la féodalité et la dénonciation du système censitaire s'opèrent aux deux époques de façon identique. Les mêmes mots et les mêmes expressions reviennent pour maudire les castes et les privilèges. Les deux cent mille électeurs censitaires sont assimilés aux anciens aristocrates, tandis que les exclus du suffrage figurent un nouveau tiers état. Le monopole politique a seulement pris la place des anciens privilèges sociaux. «C'est du monopole, écrit ainsi en 1840 *Le Journal du peuple*, qu'émanent tout à la fois les mauvaises chambres, les mauvaises lois et la détresse du prolétaire. Qu'est-ce donc qu'un peuple libre, où 200 000 citoyens seulement sur trente-trois millions sont appelés à nommer leurs représentants ? Il y a là une anomalie qui doit cesser [2].» Ces mots sont alors sous toutes les

---

1. A. ROCHE, *Manuel du prolétaire*, Moulins, 1833, p. 3.
2. Compte rendu d'un banquet démocratique, *Le Journal du peuple*, 5 juillet 1840.

plumes, répétant à l'infini cette condamnation du suffrage censitaire comme rémanence de la vieille figure du privilège dans la
France nouvelle. Le combat pour le suffrage universel est donc
dans le droit fil du mouvement révolutionnaire. Il est d'ailleurs
frappant de constater que c'est pendant cette période que s'opère
la réappropriation populaire de la Révolution française. Tous les
républicains et les réformateurs sociaux de la période se retrouvent dans cette attitude. En 1839, Pagnerre, l'éditeur de toutes les
causes républicaines, republie significativement en édition à bon
marché *Qu'est-ce que le tiers état ?*, de Sieyès[1]. L'*Histoire populaire
de la Révolution française* (1839) de Cabet connaît un grand succès
et l'*Histoire de la Révolution française* de Laponneraye est rééditée
plusieurs fois entre 1838 et 1840. Dès les lendemains de la révolution de Juillet, la Société des amis du peuple puis la Société des
droits de l'homme et du citoyen entretiennent le souvenir des grandes heures de la Révolution. Elles diffusent les œuvres de Robespierre, de Saint-Just et de Marat, vendent de petits bustes de plâtre
des conventionnels illustres. Dans les milieux les plus radicaux,
on célèbre certes surtout 1793 et la Déclaration des droits de Robespierre, mais le sens du parallèle entre la conquête de l'égalité civile
en 1789 et celle du suffrage politique dans les années 1830 est omniprésent, y compris dans les cercles les plus modérés. Le terme de
« parallèle » est d'ailleurs presque inapproprié, s'il suggère une simple
ressemblance. Il y a, beaucoup plus profondément, une véritable
identité entre les deux mouvements. L'enjeu central est dans les
deux cas celui de l'inclusion sociale. C'est ce qui donne sa forte
spécificité à l'histoire du suffrage universel en France.
  Le divorce entre la société française et le régime monarchique
trouve aussi son origine dans cette convergence. L'idée monarchique
a été surinvestie en France par une accumulation d'images négatives, finissant par être associée à toutes les formes possibles de distinction et de division sociales : exemptions fiscales, privilèges
sociaux, inégalités de statut, barrière du cens électoral, différences
économiques même. Dans les années 1830, le divorce est définitivement accompli : la monarchie cesse d'être appréhendée comme
un simple régime politique, dont l'essence pourrait survivre à ses
mises en œuvre historiques plus ou moins heureuses. En étant identifiée au privilège, l'idée monarchique incarne désormais un prin-

---

1. Avec une importante étude de Chapuys-Montlaville consacrée à Sieyès.

cipe totalement négatif, et devient un pur repoussoir, aussi bien économique que social. Elle se superpose à la notion d'Ancien Régime comme à celle de capitalisme. Cela apparaît très fortement dans les pamphlets et les brochures des années 1831-1835, dans des termes qui ne varient guère entre des républicains très modérés comme Cormenin et des réformateurs aussi radicaux que Laponneraye. La *Lettre aux prolétaires* que ce dernier publie en 1833 est tout à fait représentative de cet état d'esprit manichéen qui conduit symétriquement à parer la république de toutes les vertus. «Avec la monarchie, écrit-il, vous avez des privilégiés et des prolétaires; avec la république, vous n'avez que des citoyens dont les droits sont égaux et qui tous participent à la formation des lois et à l'élection des fonctionnaires publics[1].» L'idée socialiste, en retour, reste complètement enracinée dans la perspective républicaine, dont elle apparaît comme une simple mise en œuvre, sur le terrain spécifique de l'économie et du social. On s'en rend très clairement compte en parcourant *La Revue républicaine* (1834-1835), qui est la première publication de gauche d'une qualité théorique équivalente à celle des grandes revues libérales. Martin Bernard, un ouvrier imprimeur, y écrit tout particulièrement deux articles au titre suggestif : «Sur les moyens de faire descendre la République dans l'atelier»[2]. «Il est impossible, écrit-il, de nier l'analogie des rapports qui existent entre l'homme de l'*atelier* d'aujourd'hui, et l'homme du *château*, le *serf* d'autrefois [...]. Les préjugés ont tellement défiguré l'esprit des masses, que l'on voit tel prolétaire qui comprend bien comment un roi est un rouage dont on peut se passer dans l'ordre *politique*, et qui se refuse à croire que le même fait puisse s'accomplir dans l'ordre *industriel* [...]. Au xviiie siècle, le politique présentait le même phénomène que présente aujourd'hui l'industrie [...]. L'atelier, n'est-ce pas la monarchie au petit pied[3]?» Tout est dit dans ces brèves formules qui annoncent Ledru-Rollin et Louis Blanc, Marc Sangnier et Jules Guesde. En

---

1. LAPONNERAYE, *Lettre aux prolétaires*, prison de Sainte-Pélagie, 1er février 1833, p. 2. Cormenin tient le même langage : «L'élection universelle, écrit-il, c'est là toute la République. Il n'y aurait plus ni cumuls, ni sinécures, ni listes civiles, ni gros traitements, ni pensions [...] le budget des dépenses serait réduit au strict nécessaire» (*Les Trois Dialogues de maître Pierre*, publiés sous l'égide de Aide-toi, le ciel t'aidera, Paris, décembre 1833, p. 15).

2. *La Revue républicaine*, t. III, 1834 (1er article), et t. V, 1835 (2e article).

3. *La Revue républicaine*, 1er article, t. III, p. 296, et 2e article, t. V, pp. 62 et 65.

étant rapportée à la critique générique de la monarchie, la revendication de suffrage universel appartient ainsi au socle constitutif,
originaire, de la culture politique française moderne. Au début des
années 1830, la notion de suffrage universel évoque pour cette raison
davantage une forme de société qu'elle ne définit une technique
précise de participation politique. Elle est nourrie d'images extrêmement fortes, sous-tendue par de violents rejets, en même temps
qu'elle demeure juridiquement dans le vague.

La centralité accordée à la revendication du suffrage universel
ne fait pourtant pas l'unanimité. Il y a de fortes résistances, à l'intérieur même de la classe ouvrière, pour mettre au premier rang la
question des réformes politiques. Le succès que rencontre le mot
d'ordre de l'association en témoigne. Toute une partie du monde
des artisans voit dans l'association libre des producteurs la clef de
l'émancipation. L'aspiration à l'autonomie sociale consonne ainsi,
dans les premières années de la monarchie de Juillet, avec tout le
vieux fond de la culture professionnelle des anciens corps et
métiers [1]. La conception de l'association que Buchez commence
à élaborer dès 1831 s'enracine dans cette mémoire. C'est pour cette
raison que certains secteurs du mouvement ouvrier ne se sentent
pas d'affinités avec la culture politique individualiste de 1789. De
Buchez à Proudhon, on voit ainsi s'affirmer, à partir d'une référence assez floue à 1793, un socialisme associationniste en complète
rupture avec les principes de 1789, cherchant plutôt à inventer une
société de corps modernisée, plus ouverte que celle des anciennes
corporations, fondée sur les principes de la mutualité et de la coopération [2]. Dans ces milieux d'artisans qualifiés, si la séparation
sociale est dénoncée comme un vice structurant la société, justi-
fiant l'avènement d'une seconde révolution, elle est aussi revendiquée culturellement comme constituante d'une identité. À
condition de ne pas être subie passivement, mais réfléchie comme
un moment d'accès à une forme d'autonomie sociale. Les termes
dans lesquels l'ébéniste Boissy s'adresse à ses compagnons de travail en montrent bien l'esprit. «Levez-vous au milieu des malheureux ouvriers, vos amis, vos camarades, écrit-il, et dites-leur :

---

1. Voir sur ce point W. H. SEWELL, *Gens de métiers et révolutions.*
2. Voir par exemple les intéressants développements d'Auguste OTT, un disciple de
Buchez, *Des associations d'ouvriers*, Paris, 1838, et *Appel aux hommes de bonne volonté*,
Paris, 1840.

Quittez, quittez cette société pour qui vous faites tout et qui ne fait rien pour vous [...]. Ah! mes frères, je vous le demande. N'est-il pas temps de faire cesser un semblable désordre ou de n'y plus participer. Séparons-nous d'un monde où l'honneur n'est plus qu'un mot, l'amour une folie, l'amitié une chimère[1].» Deux décennies plus tard, l'œuvre de Proudhon sera tout entière consacrée à explorer les voies de cette autonomie et à en indiquer la grandeur morale, fustigeant avec dureté le suffrage universel. Son testament politique, *De la capacité politique des classes ouvrières*, publié en 1865, est une longue exhortation à la séparation sociale comme mission historique du prolétariat. C'est en faisant sécession d'une société qui les a asservis et marginalisés que les ouvriers pourront édifier un universalisme authentique. «Faites vos affaires, bourgeois; rentrons dans nos tentes, Israël!» lance-t-il avec superbe[2]. Cette culture de l'autonomie sociale jouera un rôle central pour donner sa cohérence au syndicalisme révolutionnaire de la fin du XIXe siècle. Mais elle reste embryonnaire dans les années 1830. Même si les thèmes qui la nourrissent trouvent leurs premiers théoriciens et leurs premiers porte-parole, la masse des ouvriers n'aspire pas à une autonomie-séparation. C'est pourquoi elle se retrouve tout à fait dans l'idée de suffrage universel.

Sous la monarchie de Juillet, la critique de gauche du suffrage universel s'exprime surtout dans les milieux proches du saint-simonisme. La brochure que publie en 1839 Gustave Biard, *De la réforme électorale selon les libéraux et selon les travailleurs*[3], résume bien ses thèmes. «Le suffrage universel n'est qu'un mot, écrit-il; c'est l'association universelle qui est une idée, ou elle embrasse tout [...]. Le vote universel est un leurre jeté à la vanité des peuples au profit plus réel de l'orgueil des grands[4].» Le «vote universo-libéral» est une tromperie car il s'inscrit dans un système de concurrence et d'antagonisme des intérêts. Bien loin de produire de l'intégration ou de l'harmonie sociale, il ne peut que conduire à la consolidation d'une société organisée en classes séparées.

---

1. Cité in J. RANCIÈRE, *La Nuit des prolétaires*, Paris, Fayard, 1983, pp. 195-196.

2. P. J. PROUDHON, *De la capacité politique des classes ouvrières*, nouv. éd., Paris, 1873, p. 191.

3. Voir aussi, comme représentative des positions saint-simoniennes, la brochure de Jean TERSON, *De la réforme électorale*, Paris, 1839.

4. G. BIARD, *De la réforme électorale selon les libéraux et selon les travailleurs*, Paris, 1839, pp. 11 et 15.

L'intégration véritable doit donc être celle des *intérêts*, que seule peut réaliser l'association. La critique saint-simonienne de la métaphysique politique et le thème de l'association convergent dans cette dénonciation des illusions du suffrage universel. Elle restera présente dans la culture politique du socialisme français. Pourtant, là encore, ces réactions restent minoritaires. Le fait déterminant sous la monarchie de Juillet reste que la symbolique du suffrage universel canalise l'essentiel des aspirations au changement, en donnant une figure à la demande d'intégration sociale et d'unité.

Le mouvement pour la réforme électorale

Dans les années 1830, il n'y a qu'une très petite minorité de républicains pour croire que le suffrage universel puisse être applicable à court terme. Pour beaucoup, il dessine une perspective plus qu'un programme immédiat. Dans son *Manifeste* publié à l'automne 1830, la Société des amis du peuple se contente par exemple de réclamer une application « progressive » de la souveraineté populaire, appelant prudemment de ses vœux « une nouvelle loi électorale sur le principe le plus large au droit d'élection, avec l'exclusion complète de toute espèce de condition pour l'éligibilité »[1]. Auguste Mie, l'un des principaux éditeurs républicains de la période, témoigne d'une modération analogue : « Donnez plus aux classes qui offrent plus de garanties, mais appelez tout le monde », demande-t-il[2]. Cormenin, qui s'affirme dans ces années comme le pamphlétaire dont l'audience est la plus large, oppose plus crûment la foi et les œuvres, le principe du suffrage universel et ses possibilités pratiques de réalisation. D'un côté, il proclame que « le vote universel est le plus élémentaire, le plus simple, le plus parfait », qu'il est « la plus haute expression de l'égalité de l'homme » et qu'il se confond avec le principe de la souveraineté du peuple[3]. Mais, de l'autre, il marque nettement que l'heure de son achèvement n'est pas encore arrivée. « Pour établir le vote universel et

1. *Manifeste de la Société des amis du peuple*, Paris, 1830, p. 16.
2. A. Mie, *De la souveraineté du peuple dans les élections*, Paris, 1830.
3. *Lettres de M.M. de Saint-Roman et Cormenin, sur la souveraineté du peuple*, Paris, 1832, p. 13. Sur Cormenin, qui est l'un des écrivains républicains les plus populaires sous la monarchie de Juillet, voir P. Bastid, *Un juriste pamphlétaire, Cormenin, précurseur et constituant de 1848*, Paris, 1948. Un « Sieyès manqué », dit Bastid.

direct dans un pays, poursuit-il en effet, il faut que le pays y soit préparé, autrement ce serait jeter un grain de froment pur sur la pierre d'un rocher[1].» Ainsi, explique-t-il, le vote universel, s'il était brutalement introduit en Espagne ou au Portugal, n'y engendrerait que le despotisme et l'anarchie : «Les peuples, conclut-il, ne mûrissent que lentement au soleil de la liberté[2].» Tous les républicains n'acceptent certes pas ces prudences. Il n'en manque pas pour réclamer *hic et nunc* le vote universel, surtout vers 1833-1834, lorsque le mouvement ouvrier se radicalise. Les colonnes de la *Revue républicaine*, puis celles de la *Revue du progrès* en témoignent. Mais cette approche reste globalement très minoritaire. C'est le thème de la *réforme électorale* qui va rapidement canaliser les insatisfactions politiques et les demandes de participation sociale. À la fin des années 1830, l'idée de suffrage universel — et le mot —, avec tout ce qu'elle traduit, s'efface pour se fondre dans la revendication, plus large et plus floue aussi, de réforme électorale. Ce glissement obéit certes d'abord à des motifs conjoncturels. Le mouvement ouvrier et républicain décline après 1834, lorsque tout espoir de changement révolutionnaire s'évanouit avec la répression qui suit les procès d'avril et les «lois scélérates» de 1835. Du même coup, plus personne ne pense que le suffrage universel soit réalisable à court terme. Il faudrait en effet pour cela une révolution — qui radicaliserait 1830 en renouant avec 1793 — qui n'est justement plus à l'ordre du jour. La perspective, plus modeste et plus élastique, d'élargissement du droit de suffrage s'impose dans ces conditions, rendant possible, surtout après 1840, un front commun entre des libéraux de progrès et des républicains intransigeants.

Le mouvement pour la réforme électorale, qui va grossir à la fin des années 1830, n'est cependant pas seulement l'héritier assagi des grandes protestations contre l'exclusion sociale et de la revendication de suffrage universel. Il plonge également ses racines dans l'apprentissage de la démocratie et dans les expériences électorales qui sont liés à la mise en œuvre des lois de 1831 sur l'organisation municipale et sur la garde nationale. Si on ne compte sous la monarchie de Juillet qu'environ 200 000 électeurs départementaux qui nomment les députés, près de 3 millions d'individus par-

1. *Lettres de M.M. de Saint-Roman et Cormenin [...]*, p. 16.
2. *Ibid.*

ticipent à l'élection des corps municipaux et 4 millions à l'élection des officiers de la garde nationale. C'est dans ce cadre que va s'opérer un véritable apprentissage de masse de la vie politique, beaucoup plus effectif que celui qui avait pu se faire dans les assemblées primaires de la Révolution. Il y a là un moment absolument décisif dans l'histoire de la démocratie française, qui n'a malheureusement fait l'objet que d'un très petit nombre de travaux. Aussi est-il important d'en souligner la portée et au moins d'en évoquer les grands traits.

Dans le fameux *Programme de l'Hôtel de Ville*, publié dans le *Moniteur* du 2 août 1830, La Fayette demandait avec insistance le rétablissement d'administrations électives communales et départementales ainsi que la formation des gardes nationales de la France sur les bases de la loi de 1791. Cette partie du programme sera reprise dans les « dispositions particulières » de la Charte rénovée que les députés imposeront à Louis-Philippe le 9 août 1830, avant de le proclamer roi des Français[1]. Dès le 7 septembre 1830, une proposition de loi d'organisation municipale était présentée à la Chambre, et Guizot déposait le 9 octobre le projet concernant la garde nationale. Les lois furent promulguées le 21 mars 1831 pour l'organisation municipale et le 22 mars pour la garde nationale. La monarchie de Juillet tenait ainsi les promesses de l'ancienne opposition libérale en rénovant deux institutions dans lesquelles les Français pouvaient faire entendre leur voix. C'était indéniablement un premier pas dans la voie de la participation politique du grand nombre.

La loi concernant les élections municipales prévoyait deux catégories d'électeurs. Les citoyens les plus imposés de la commune d'abord, mais dans une proportion très large : dans les communes de moins de 1 000 habitants, ils devaient représenter le dixième de la population de la commune, ce pourcentage étant décroissant par paliers dans les grandes communes[2]. À ces électeurs censitaires étaient adjoints les membres de certaines professions ou les titulaires de certains diplômes (sur la base de la seconde liste du Jury

1. Voir les paragraphes 5 et 7 de l'article 69 de la Charte.
2. Au-delà de 1 000 habitants, le nombre d'électeurs s'accroissait seulement de 5 % pour la partie de la population entre 1 000 et 5 000 habitants, de 4 % de 5 000 à 15 000 et de 3 % au-delà de 15 000 habitants. Il y avait ainsi 100 électeurs censitaires dans une commune de 1 000 habitants, mais 500 seulement dans une commune de 10 000 habitants et 3 250 dans une commune de 100 000 habitants.

instituée par la loi de 1827). On ne dispose que de peu d'informations sur les premières élections de 1831, seuls quelques bilans départementaux ayant été conservés. Mais les élections de 1834 et de 1837 firent l'objet de comptes rendus statistiques très détaillés qui nous donnent une foule d'informations utiles sur ce que Maurice Agulhon a appelé la «descente de la politique vers les masses»[1]. En 1834, le nombre d'électeurs inscrits s'élève à 2 872 089, dont 2 791 191 électeurs censitaires et 80 898 électeurs adjoints. Ces chiffres ne varient guère ensuite. La répartition et la structure de l'électorat présentent une double caractéristique. Le nombre des électeurs adjoints varie d'abord considérablement selon le type de localité et de département. Dans le Var, la Vendée, la Mayenne, les Côtes-du-Nord, la Haute-Loire, ils représentent moins de 1 % du nombre total d'électeurs, alors que ce pourcentage est de 25 % à Grenoble et à Metz, de 22 % à Rennes, de 21 % à Toulouse. La règle du dixième de population conduit par ailleurs à une très grande dispersion du niveau de cens requis pour être électeur et, par définition, les moyennes n'ont donc aucun sens dans ce domaine. En 1834, il faut payer 175,28 F de contributions directes pour voter à Rouen et 110,91 F à Amiens, alors qu'il suffit de 15 centimes dans certaines communes du Var ou de 1,04 F dans l'Ardèche (en 1837, il suffira de payer 6 centimes pour être électeur dans une petite commune des Hautes-Pyrénées!). Globalement, et malgré le correctif des électeurs adjoints, le nombre total d'inscrits sur les listes électorales est plus important dans les petites communes rurales que dans les villes. En 1834, il y a 1 électeur pour 8 habitants dans les communes de moins de 500 habitants, et seulement 1 pour 27 dans les villes de 50 000 à 150 000 habitants. Si l'on rapporte ces chiffres à la population masculine adulte, cela signifie que près

---

1. Parmi le très petit nombre de travaux consacrés à ces élections, on retiendra surtout l'article de A.-J. TUDESQ, «Institutions locales et histoire sociale : la loi municipale de 1831 et ses premières applications », *Annales de la faculté des lettres et des sciences humaines de Nice*, n° 9-10, 1969, pp. 327-363. On peut aussi se reporter, du même auteur, à «La vie municipale dans le Sud-Ouest au début de la monarchie de Juillet», ainsi qu'à l'article de Ph. VIGIER, «Élections municipales et prise de conscience politique sous la monarchie de Juillet», textes regroupés dans *La France au XIXᵉ siècle. Mélanges offerts à Charles-Henri Pouthas*, Paris, 1973. Les documents primaires les plus riches d'informations sont deux rapports officiels : A. THIERS, *Compte rendu au Roi sur les élections municipales de 1834*, Paris, Imprimerie royale, 1836, et MONTALIVET, *Compte rendu au Roi sur les élections municipales de 1837*, Paris, Imprimerie royale, 1839 (A.-J. Tudesq fonde son article sur le premier document, mais ignore le second).

de la moitié des hommes étaient électeurs dans les campagnes et 15 % environ dans les grandes villes. Ce n'était pas le suffrage universel, mais cela n'avait plus rien à voir avec le suffrage censitaire en vigueur pour l'élection des députés. C'est en grand nombre que des paysans, des artisans, des petits commerçants, des ouvriers se socialisent ainsi politiquement [1]. On voit d'ailleurs la bourgeoisie s'inquiéter des conséquences de cette intrusion des basses classes dans la vie politique. En 1831, le préfet de l'Aude écrit au ministre de l'Intérieur : « Les élections se firent remarquer par l'empressement que les électeurs des classes inférieures mirent à écarter des Conseils les citoyens appartenant aux classes les plus élevées ; dans les campagnes, principalement, les paysans ne voulurent que des paysans [2]. » Et Thiers évoque dans son *Compte rendu au Roi* de 1834 « les *dispositions jalouses* qui, en 1831, avaient éloigné des Conseils municipaux les citoyens jouissant de la fortune et de l'éducation ». C'est aussi dans ce cadre que se fait à large échelle l'apprentissage du pluralisme, de la lutte politique et que l'opposition peut commencer à prendre une forme institutionnelle [3].

Le fait le plus remarquable réside dans l'importance du taux de participation à ces élections. On ne dispose pas de moyennes pour 1831, mais des indications éparses montrent une forte mobilisation : on compte par exemple 71 % de votants au premier tour dans l'Oise, 71 % à Strasbourg, 41 % à Bordeaux (avec de forts écarts à l'intérieur de l'arrondissement). Lors des élections municipales de 1834, les préfets sont nombreux à noter que l'indifférence est beaucoup plus forte qu'en 1831. Le taux de participation moyen est cependant de 56 %, ce qui reste élevé (il varie de 31 % dans la Loire-Inférieure à 68 % dans l'Aube et l'Aveyron). En 1837, il reste du même ordre (55 %), une légère baisse de la participation étant enregistrée dans les petites communes alors qu'elle croît dans

1. On notera que les taux de participation ne semblent pas avoir été plus importants dans le Midi, là où les libertés municipales étaient restées vivantes avant 1789. On peut donc estimer qu'il n'y a pas de continuité entre les anciennes traditions communales et le vote moderne.
2. Cité dans Ph. VIGIER, « Élections municipales et prise de conscience politique sous la monarchie de Juillet », in *La France au XIXᵉ siècle. Mélanges offerts à Charles-Henri Pouthas*, p. 279. Les préfets des Basses-Alpes et des Bouches-du-Rhône font des observations analogues.
3. Un *Relevé comparatif de la composition politique des conseils municipaux des principales communes*, publié après les élections municipales de 1837, indique qu'il y a 68,7 % d'élus constitutionnels, 13,1 % de légitimistes et 18,2 % d'opposition démocratique.

les grandes. Cette mise en mouvement marque une rupture nette avec les très faibles taux de participation enregistrés dans les assemblées primaires de la Révolution ou les assemblées de canton de l'Empire. Le vote direct entraîne une mobilisation sociale beaucoup plus forte que le vote à deux degrés. Ces élections municipales sont les premières élections directes de masse en France. C'est pourquoi, entre le suffrage de la Révolution et le suffrage de 1848, elles constituent une étape décisive dans la socialisation politique des Français. Les républicains de l'époque sont restés aveugles sur ce point, et ils n'ont pas compris ce qui se jouait dans cette innovation. Louis Blanc parle par exemple avec mépris du conseil municipal des années 1830 comme d'une «assemblée de notables élus par une assemblée de notables et dirigée par des agents ministériels»[1]. Certes, seuls les conseils sont élus, les maires restant nommés par le roi. Mais pour la première fois un grand nombre de citoyens n'en fait pas moins l'expérience du pouvoir que représente le bulletin de vote, et André-Jean Tudesq a tout à fait raison de dire que «l'élargissement du scrutin par le suffrage universel en 1848 a moins modifié la vie municipale, que le passage en 1831 de la nomination à l'élection des conseillers municipaux»[2].

La loi sur l'organisation de la garde nationale, votée le 22 mars 1831, a probablement contribué à éclipser la réforme municipale. Elle a un contenu qui semblait plus directement politique aux contemporains, alors que la vie municipale restait implicitement perçue comme attachée à la sphère de la société civile. Depuis 1790, la garde nationale constituait en effet un symbole de la citoyenneté active, et tout ce qui la concernait était fortement ressenti dans le pays, comme on avait pu le voir en 1827, lorsque Charles X avait licencié la garde parisienne. Les conseils municipaux restaient quant à eux considérés comme des corps administratifs, même s'ils étaient dorénavant élus. Les droits politiques attachés à leur nomination avaient pour cette raison une importance secondaire : ils permettaient un apprentissage de la vie démocratique plus qu'ils n'élargissaient véritablement la sphère de la citoyenneté politique proprement dite. La garde nationale apparaît au contraire comme une institution éminemment politique. «La Garde

---

1. L. BLANC, *Histoire de dix ans*, 6ᵉ éd., Paris, 1846, t. II, p. 265.
2. A.-J. TUDESQ, «Institutions locales et histoire sociale [...]», *Annales de la faculté des lettres [...]*, p. 328.

Nationale», écrit Armand Carrel dans *Le National*, en résumant le sentiment général, «est aujourd'hui la véritable souveraineté nationale»[1]. La tradition de la revue par le roi de la garde parisienne à chaque anniversaire des journées de Juillet exprimait avec force cette dimension : l'acclamation du souverain était une mesure de popularité, une sorte de plébiscite informel, de mise aux voix annuelle de la politique gouvernementale[2]. Aussi l'opinion avait-elle suivi avec attention les débats parlementaires concernant sa réorganisation, et tout particulièrement ceux consacrés au problème de l'élection des officiers. La Charte avait prudemment parlé de «concours» à leur nomination. Mais très vite il apparut nécessaire au gouvernement de traduire cette expression par élection directe. L'article 51 de la loi du 22 mars 1831 adopta ce système pour la nomination des caporaux, pour les sous-officiers et les officiers jusqu'au grade de capitaine inclus. Les chefs de légion et les lieutenants-colonels étaient choisis par le roi sur une liste de dix candidats désignés par leurs corps, tandis que les majors et adjudants-majors étaient nommés directement par le roi. Le principe ne fut pas facilement acquis. Le comte de Sainte-Aulaire, rapporteur à la Chambre des pairs, avoua sa perplexité. «Cette nomination des officiers par la Garde Nationale, confia-t-il, est une grande innovation, une épreuve, il faut l'avouer, que beaucoup de bons esprits trouveront hasardée[3].» Mais le régime de Juillet passa outre ces hésitations, sentant sa légitimité en cause dans cette affaire.

La garde nationale a été pendant toute la monarchie de Juillet l'une des grandes références pour penser et agir la citoyenneté. On retourne de fait à l'esprit de 1790 pour définir l'appartenance à la garde. Tous les Français de vingt à soixante ans en sont membres. Hormis les exemptions professionnelles qui concernent les militaires, les magistrats et quelques catégories de fonctionnaires, seuls les vagabonds et les personnes condamnées à des peines afflic-

1. *Le National*, 24 juillet 1833. Reproduit in *Œuvres politiques et littéraires d'Armand Carrel*, Paris, 1857, t. III, p. 521.
2. Armand Carrel parle à propos de ces revues de «souveraineté non organisée, puissance demi-sauvage qui procède par des acclamations bien ou mal inspirées.». «L'acclamation, écrit-il, est la forme grossière et déplorablement arriérée suivant laquelle la Garde Nationale est appelée à se prononcer annuellement sur le système de gouvernement [...]. Ceux qu'on a bannis des collèges électoraux, on n'a pas pu les chasser de la Garde Nationale et il faut une fois par an, au moins, compter avec eux» (in *Œuvres politiques et littéraires d'Armand Carrel*, t. III, pp. 521-522).
3. Rapport du 21 février 1831 (*A.P.*, 2ᵉ série, t. LXVII, p. 49).

tives ou infamantes et à certaines peines criminelles sont exclus du service. Il y avait ainsi 5 700 000 gardes nationaux potentiels, c'est-à-dire l'essentiel de la population adulte masculine. Mais la distinction qui est introduite par la loi entre le service ordinaire et la réserve conduit à réduire ce chiffre d'un tiers environ [1]. Le conseil de recensement qui est institué dans chaque commune est en effet chargé de faire la différence entre les citoyens qui sont imposés à la contribution personnelle et les autres, « pour lesquels le service ordinaire serait une charge trop onéreuse et qui ne devraient être requis que dans les circonstances extraordinaires » (article 19). C'est s'appuyer sur un argument matériel dans le but principal d'écarter du droit d'élire les officiers les classes les plus modestes de la société. On retrouve par ce biais l'équivalent de la vieille distinction entre citoyens actifs et citoyens passifs. Le parallèle est d'autant plus clair que la loi de 1831 prend par exemple soin de noter que les domestiques attachés au service de la personne doivent également être écartés de la garde ordinaire. Malgré ces restrictions qui renouent avec les cadres intellectuels et juridiques révolutionnaires, on peut parler de suffrage quasi universel pour ces élections. Les contemporains en avaient une claire conscience. Comprise comme une sorte de compensation de la restriction des droits politiques par les gouvernants, l'élection des officiers pouvait aussi être appréhendée comme l'anticipation d'une vie politique démocratique par le peuple. La présentation du *Manuel général des élections de la Garde Nationale* en témoigne de façon exemplaire. « Cette nouvelle organisation des Gardes Nationales, y lit-on, va donner pour la seconde fois à la France, et peut-être au monde entier, l'exemple du plus vaste essai du système d'élections [...]. N'en doutons pas, c'est, quelque jour, de cette élection élémentaire que partiront toutes les autres élections [...]. C'est à cette *grande école électorale de la garde nationale* que les citoyens viendront apprendre à bien user de cette noble et nationale faculté de rechercher les plus habiles et les plus aptes à commander, à administrer, à juger leurs concitoyens et à leur

---

1. Le *Compte rendu au Roi* du 25 novembre 1832 recense 5 729 052 gardes nationaux, dont 3 781 206 pour le service ordinaire et 1 947 846 pour la réserve. Selon les communes, le pourcentage des hommes portés sur les contrôles du service ordinaire peut varier de 30 à 80 %. Sur les gardes en service ordinaire, il n'y a que 519 459 gardes habillés, 623 291 armés et 318 734 complètement équipés (chiffres rapportés par L. GIRARD, *La Garde nationale, 1814-1871*, Paris, 1964, pp. 211-212).

donner des lois [1]. » En 1837, à l'occasion de l'élection des officiers de la garde parisienne, le *Journal des débats*, pourtant fort modéré, se réjouit du succès des candidats conservateurs et commente : « Les élections de la Garde Nationale sont celles dans lesquelles le pays intervient de la manière la plus profonde et la plus directe : on ne comprend pas le droit de suffrage porté plus loin [...]. C'est bien là dans toute sa réalité le suffrage universel [2] ! »

En dehors même des périodes électorales, la garde nationale constitue un lieu essentiel de socialisation politique [3], surtout pour la petite bourgeoisie, les professions libérales, certains commerçants et petits fabricants. Des banquets et des réunions fraternelles sont souvent organisés, animant une vie collective qui se limite cependant aux individus les plus actifs et à ceux qui disposent de l'aisance suffisante pour acheter l'uniforme et s'armer [4]. Malgré les sanctions prévues, l'absentéisme est élevé dans les rangs des gardes du service ordinaire, et les taux d'abstention pour les élections d'officiers sont importants. Dans les Bouches-du-Rhône, ils vont jusqu'à 90 %, et la loi de 1837 qui réorganise la garde parisienne prend des dispositions pour que les officiers ne puissent être élus par des minorités actives (lorsqu'un quorum du quart des inscrits n'est pas atteint, les officiers et sous-officiers sont élus par leurs pairs). Malgré tout, la dimension symbolique subsiste. À tel point que le mouvement pour la réforme électorale qui grossit à partir de 1837, pour atteindre sa pleine puissance en 1840, peut vraiment être considéré comme une émanation directe de la garde nationale : il traduit la demande de prolongement dans la sphère politique des droits reconnus aux gardes nationaux dans la nomination de leurs cadres.

Dès le printemps 1837, au lendemain des élections dans la garde parisienne, *Le National* lance le mot d'ordre de réforme électo-

---

1. *Manuel général des élections de la Garde nationale pour 1834*, Paris, 1834, p. II.
2. *Journal des débats* du 14 avril 1837, cité in L. GIRARD, *La Garde nationale, 1814-1871*, p. 263.
3. On ne dispose malheureusement que d'une seule bonne monographie spécialisée, celle de Georges COTTEREAU, *La Garde nationale dans le département des Bouches-du-Rhône sous la monarchie de Juillet* (thèse de droit), Aix-en-Provence, 1951. Mais on trouvera des renseignements utiles dans des monographies plus générales, et notamment dans J. VIDALENC, *Le Département de l'Eure sous la Monarchie constitutionnelle, 1814-1848*, Paris, 1952, et A. DAUMARD, *La Bourgeoisie parisienne de 1815 à 1848*, Paris, 1964.
4. Les gardes équipés ne représentent dans bien des cas que 10 ou 20 % du total.

rale. « Toutes les oppositions réelles, écrit-il, doivent combattre pour la souveraineté du peuple sous le drapeau de la *Réforme électorale. Hoc signo vinces*[1]. » Mais l'agitation autour de ce thème ne commence à prendre une certaine ampleur qu'en 1838, lorsque *Le National* publie une pétition qui émane de la garde nationale de Paris. « Comment ose-t-on prétendre que 180 000 sont seuls dignes ou capables d'exercer le droit électoral, et réduire le reste du pays à un véritable ilotisme politique ? », interroge-t-elle[2] en réclamant que « tout garde national soit électeur ». « Avec la réforme, note un peu plus tard *Le National*, nous serons ce que nous ne sommes pas véritablement aujourd'hui, une nation[3] » : la réforme électorale est clairement rapportée à l'objectif de production de l'unité sociale. Le mouvement s'étend et s'amplifie avec la formation, le 3 octobre 1839, d'un comité central de la réforme, présidé par Laffite, qui est assisté de Dupont (de l'Eure) et d'Arago. Les partisans de la réforme peuvent alors se coordonner et s'organiser. Les banquets et les réunions se multiplient tandis que les pétitions circulent dans les départements. *Le National* et, à partir d'octobre 1839, *Le Journal de la réforme électorale* rendent compte de toutes ces initiatives et jouent le rôle de bulletins officieux du comité Laffite[4]. Au printemps 1840, plusieurs pétitions recouvertes de deux cent quarante mille signatures sont déposées sur le bureau de la Chambre. La plus importante, diffusée par le comité central, ne compte que deux phrases : « Tout citoyen ayant le droit de faire partie de la garde nationale doit être électeur ! Tout électeur doit être éligible. » Celle qui émane directement de la garde nationale parisienne et qui circule dans les bataillons provinciaux formule la même demande[5]. En 1840, le citoyen est complètement identifié à la figure du garde national. Le mouvement est alors à son apogée, et la France est recouverte d'un réseau assez dense de comités. Les éléments ouvriers et révolutionnaires qui

---

1. *Le National*, 28 avril 1837.
2. *Le National*, 1er septembre 1838.
3. *Le National*, 19 mars 1839.
4. Sur l'organisation et les manifestations du mouvement, se reporter à la série d'articles de A. GOURVITCH, « Le mouvement pour la réforme électorale (1838-1841) », *La Révolution de 1848*, t. XI, XII et XIII, 1914-1918.
5. Les pétitions qui reprennent le modèle élaboré par le comité central sont, d'après mes évaluations, deux fois plus nombreuses que celles qui copient le texte de la garde nationale parisienne (cf. Archives nationales, C 2169 à C 2175).

s'étaient d'abord tenus à l'écart du mouvement s'y impliquent doré-navant. Le débat du 16 mai 1840 sur les pétitions à la Chambre des députés concentre toutes les passions et résume toutes les positions. Après cet échec, et devant la répression gouvernementale (de nombreux officiers de la garde nationale sont suspendus), l'ardeur des pétitionnaires s'émousse rapidement. Le mouvement pour la réforme électorale s'étiole progressivement au cours de l'année 1841[1], et aucune entreprise dans le pays ne fera écho, en 1842, à l'initiative du député Ducos, qui suggérait modestement d'étendre le droit de vote à tous les citoyens inscrits sur la liste du Jury. Il faudra attendre 1847 pour que l'opposition se réveille et que la campagne des banquets reparte à l'assaut du régime, l'impé-ratif de réforme parlementaire s'imposant dorénavant comme aussi central que celui de réforme électorale.

En 1840, le mouvement pour la réforme électorale réincorpore les thèmes du début des années 1830 sur la hantise de l'exclusion sociale. Claude Tillier, l'auteur de *Mon oncle Benjamin*, retrouve ainsi dans ses célèbres *Lettres au système sur la réforme électorale* (1841) les accents d'un Laponneraye ou d'un Lamennais pour dénoncer l'ilotisme. « 200 000 électeurs et 32 millions de prolétai-res, voilà ce que, dans cet âge constitutionnel, on appelle une nation libre! », s'insurge-t-il[2]. Il marque aussi son désaccord avec tous ceux « qui disent sans cesse que le peuple a plus besoin de pain que de droits politiques » et « qui ne voient dans un citoyen que des mains qui travaillent et un estomac qui digère »[3]. Mais cette approche du droit de suffrage passe pourtant au second plan à ce moment, elle n'occupe plus le devant de la scène, même chez Til-lier, Ledru-Rollin, Pecqueur ou l'extrême gauche de *La Voix du peuple*. C'est moins l'éloge du suffrage universel que la dénoncia-tion des effets pervers du cens qui mobilise les énergies et cimente les oppositions. Au-delà de l'exigence d'inclusion sociale, le thème

---

1. En 1841, des pétitions recouvertes de 113 127 signatures sont encore reçues par la Chambre des députés (cf. la « Note statistique récapitulative », Archives nationales : C 2186).
2. Cl. TILLIER, *Lettres au système sur la réforme électorale*, in *Pamphlets (1840-1844)*, éd. critique par Marius Gerin, Paris et Nevers, 1906, p. 61. Sur Tillier, qui est très repré-sentatif du sentiment républicain de gauche de province, voir M. GERIN, *Claude Til-lier (1801-1844), pamphlétaire et romancier clameycinois*, Nevers, 1905, et H. L. MAPLE, *Claude Tillier, Literature and Politics in a French Province*, Genève, Droz, 1957.
3. Cl. TILLIER, *Lettres au système [...]*, in *Pamphlets (1840-1844)*, p. 60.

de la réforme électorale catalyse tout un ensemble de revendications économiques et politiques. La réforme électorale joue le rôle d'un opérateur politique global. On attend d'elle la réponse aux grands problèmes de l'heure : suppression de la corruption, mise en place d'un gouvernement à bon marché, respect de l'intérêt général, garantie de la paix sociale. La critique du cens électoral englobe tout et explique tout : le monopole politique est appréhendé comme la source de tous les maux et de tous les dérèglements. «C'est du monopole, écrit *Le Journal du peuple*, qu'émanent à la fois les mauvaises chambres, les mauvaises lois et la détresse du prolétaire[1].»

L'association du suffrage restreint à la corruption est l'un des thèmes majeurs de la littérature républicaine sous la monarchie de Juillet. Cormenin en résume bien l'argument dans son pamphlet *Ordre du jour sur la corruption électorale et parlementaire*, qui connaît un immense succès[2]. Cette plaie qui ronge «le cœur et les intestins de la France» trouve pour lui son origine dans le système électoral. Les dérèglements individuels et l'absence de moralité publique dérivent logiquement de l'étroitesse de la base du système électoral, à ses yeux : ils ne font que prolonger la corruption première de la représentation. «Vouloir balayer la corruption sans le suffrage universel, c'est tenter un effort inutile, conclut de son côté Ledru-Rollin : on cantonnera le mal, mais on ne l'extirpera pas[3].» Le suffrage universel, écrit *Le Journal du peuple*, «rendrait la corruption impossible ou impuissante ; il substituerait des masses compactes à ces espèces de grosses coteries bourgeoises, à ces minorités du privilège»[4]. Le peuple, au contraire, en tant qu'il est totalité sociale, est en effet incorruptible. Pas au sens de la vertu morale, comme Saint-Just et Robespierre l'entendaient, mais au sens économique, de façon beaucoup plus triviale : l'élargissement du suffrage ne permet plus de fausser la distribution des biens publics, il mène presque automatiquement à l'équipartition. «On corrompt pour une élection avec des croix et des

1. Compte rendu d'un banquet démocratique, *Le Journal du peuple*, 5 juillet 1840. Dans le même esprit, voir la brochure très représentative de C. PECQUEUR, *Réforme électorale. Appel au peuple à propos du rejet de la pétition des 240 mille*, Paris, 1840.
2. 8ᵉ éd., 1846. Voir aussi son *Avis au contribuable* de 1842.
3. Discours du 31 novembre 1847, in LEDRU-ROLLIN, *Discours politiques et écrits divers*, t. I, p. 342.
4. *Le Journal du peuple*, 11 juillet 1841.

places, mais on ne peut acheter les masses», dit Stendhal[1]. On met alors souvent en parallèle le chiffre des 200 000 électeurs avec celui des 200 000 fonctionnaires, comme si on accusait implicitement le ministère d'avoir acheté chaque voix par la distribution d'une place.

Le thème du gouvernement à bon marché prolonge presque naturellement celui de la corruption. Là encore, Cormenin lui donne sa formulation classique dans ses *Lettres sur la liste civile*, qui sont éditées pour la première fois en 1832. Pendant toute la monarchie de Juillet, les républicains sont persuadés qu'un gouvernement représentatif ne peut être qu'un gouvernement à bon marché. Modérés et radicaux se retrouvent pour estimer que la bureaucratie n'est pas un phénomène naturel et qu'elle n'est qu'un effet pervers engendré par l'existence d'un pouvoir insuffisamment démocratique. «Soyez républicains parce que sous la république, vous n'auriez plus d'impôts à payer et que les riches seuls les paieraient ; parce que vous éliriez vos députés et vos fonctionnaires ; parce que vous auriez un gouvernement à bon marché» : Laponneraye emploie dans sa *Lettre aux prolétaires*[2] des expressions proches de celles de Cormenin. Les légitimistes tiennent le même langage, comme en témoignent les *Lettres d'un contribuable* de Villèle, publiées en 1839[3]. Pour lui aussi, le régime censitaire engendre organiquement la corruption et l'inflation des dépenses publiques. D'une façon générale, les légitimistes font d'ailleurs chorus avec les républicains pour réclamer une réforme électorale, même si ce sont des projets différents qui se cachent sous le même mot. À partir de 1840, Berryer, Genoude, La Rochejaquelein

1. STENDHAL, *Mémoires d'un touriste*, Bordeaux, 1837. Lamartine dira de son côté que l'on peut empoisonner un verre d'eau, mais pas un fleuve.
2. LAPONNERAYE, *Lettre aux prolétaires*, p. 4. «Sous la monarchie, écrit-il, il y a d'énormes traitements, de plus énormes dépenses ; il y a dilapidation des deniers de l'État. Sous la république les traitements sont proportionnés aux besoins indispensables des fonctionnaires, les dépenses sont bornées, les deniers publics sont sagement répartis, car la nation elle-même en surveille la répartition» (p. 3).
3. VILLÈLE, *Lettres d'un contribuable adressées à la «Gazette du Languedoc»*, Toulouse, s.d. (octobre 1839). Il y écrit : «Le monopole représentatif auquel nous sommes livrés depuis 1830, a augmenté nos contributions directes de 104 millions et nos contributions indirectes de 54 millions» (deuxième lettre, p. 9). Voir également son *Manifeste contre le monopole électoral*, publié en 1841. Dans la même veine légitimiste, voir les brochures de Ferdinand BÉCHARD, l'une des principales têtes pensantes du légitimisme dans ces années : *Réforme électorale*, Paris, 1843, et *De la réforme administrative et électorale*, Paris, 1848.

s'allient même ouvertement avec la gauche. Au début de 1841, Villèle et Berryer créent un Comité royaliste pour la réforme électorale[1], et trente-trois journaux royalistes publient en 1846 une « Déclaration » en faveur de la réforme électorale[2].

En étant rapporté à l'idée de réforme électorale, le suffrage universel est justifié à partir des effets qu'il est supposé produire, plus que par ce qui le constitue philosophiquement. C'est parce qu'elle est censée mettre fin à la corruption et à l'inflation des dépenses publiques que la réforme électorale rencontre un si large écho. Ce n'est pas seulement parce qu'elle se propose de supprimer une scandaleuse inégalité juridique. Les catégories avec lesquelles on appréhende l'élargissement du suffrage au service d'une meilleure représentation ne manquent d'ailleurs pas d'une certaine ambiguïté. C'est en termes de représentation de classe que l'on voit pratiquement le progrès représentatif. On retourne de fait à une vision ancienne de l'intérêt général comme addition des différentes catégories d'intérêts qui composent la société. L'élargissement du suffrage est compris comme l'accès de nouvelles couches sociales à la représentation politique. Cette approche l'emporte souvent sur la vision individualiste de l'universalisation du suffrage. De multiples textes en témoignent. On a déjà cité la *Pétition d'un prolétaire à la Chambre des députés* de Charles Béranger. Il faudrait surtout mentionner l'important article de Jean Reynaud, l'ami de Pierre Leroux, « De la nécessité d'une représentation spéciale pour les prolétaires », publié en 1832 dans l'*Encyclopédie nouvelle*. « On ne saurait atteindre la vérité qu'en classant par groupes homogènes les intérêts de même nature, écrit-il, et en donnant à chacun son droit et son organe ; car chacun représente sa part de l'intérêt social, chacun a sa légitimité et chacun doit avoir aussi sa garantie[3]. » La demande de représentation, on le comprend là, ne se confond pas avec un simple droit individuel. En même temps qu'elle exprime une revendication d'inclusion sociale, elle traduit aussi la force du sentiment d'appartenance de classe. Pendant toutes ces

1. Outre les *Mémoires* de Berryer et de Villèle, voir sur les rapports des légitimistes à la réforme électorale A. d'ADHÉMAR, *Du parti légitimiste en France et de sa crise actuelle*, Paris, 1843.

2. Aussi connue sous le titre de « Manuel réformiste », cette « Déclaration » mise au point par *La Gazette de France* et *La Quotidienne* fut imprimée à 1 million d'exemplaires.

3. L'article est reproduit en appendice à P. LEROUX, *Trois Discours sur la situation actuelle de la société et l'esprit humain*, in *Œuvres de Pierre Leroux*, Paris, 1850, t. I.

années, il y a d'ailleurs tout un problème d'adéquation entre la langue du travail, qui appréhende le social à partir des catégories collectives du métier, et les fondements individualistes du système politique. C'est pourquoi l'enjeu, pour toute une partie du peuple, est presque plus d'être représenté par un prolétaire qui soit l'un des siens que de disposer en soi du droit de suffrage. Dans un de ses tout premiers numéros, *L'Atelier* de Buchez et Corbon consacre un article à la réforme électorale qui va aussi dans ce sens. « Je commence à voir, dit l'auteur, que si nous nommions tous nos députés, il y aurait des ouvriers à la Chambre, et en grand nombre même ; qu'alors, sortis de nos rangs, ils soutiendraient nos intérêts [1]. » Tillier développe un raisonnement analogue. La pétition qui circule au printemps 1840 dans les rangs de la garde nationale appelle aussi à la réforme au nom d'un impératif de représentation, beaucoup plus que du seul principe d'égalité : « La loi actuelle, insiste-t-elle, n'attribue pas le droit électoral à un nombre de citoyens assez considérable pour que les intérêts des électeurs soient confondus avec ceux de la société. »

C'est à ce moment que se forme une équivoque fondamentale sur la nature et l'objet de l'extension du droit de suffrage. Vingt ans plus tard, le *Manifeste des soixante* et la célébration de l'universalisme abstrait par les républicains continueront à en indiquer les deux pôles antagoniques : intégration par le social prolongée par la représentation collective d'un côté, inclusion directement politique de l'individu dans l'universalité de l'autre. On retrouve là une équivoque fondamentale qui traverse la politique française. D'un côté, la culture politique conduit à l'universalisme abstrait, mais de l'autre le mouvement social garde toutes ses adhérences avec une approche plus sociologique de l'insertion sociale. Lorsque le suffrage est appréhendé comme un *droit* individuel, un symbole d'appartenance, c'est l'idée de suffrage universel qui s'impose. Lorsqu'il est considéré du point de vue de la *représentation* à partir de la dénonciation des inégalités dans ce domaine, l'approche en termes de réforme électorale exprime mieux le sens de la demande de suffrage comme demande de classe. Même lorsqu'ils opposent 33 millions de prolétaires à 200 000 privilégiés, bien des républicains se figurent un face à face entre deux groupes plus que l'exclusion d'une masse d'individus.

1. *L'Atelier*, n° 2, octobre 1840, p. 11.

Au-delà même de cette ambiguïté sur la nature du droit de suffrage, le mouvement pour la réforme électorale agrège en outre des projets fort différents. Il regroupe sous un même étendard toute une gamme d'approches, des plus modestes aux plus radicales. On peut schématiquement distinguer quatre cercles concentriques :

— *Les libéraux ouverts*. Ils sont bien représentés par Rémusat ou Duvergier de Hauranne. Ils se détachent de Guizot en 1840, au moment où ce dernier se raidit dans un immobilisme de plus en plus intransigeant. Ils se bornent à réclamer un léger abaissement du cens[1].

— *La gauche dynastique*, qui est rassemblée autour d'Odilon Barrot. Tout en vitupérant le caractère trop restreint du suffrage, elle ne suggère qu'une extension limitée à certaines catégories de population : la seconde liste du Jury, les officiers de la garde nationale, les magistrats et les juges de paix, les conseillers municipaux, les membres des chambres de commerce, des conseils de manufactures, des prud'hommes, les élèves de l'École polytechnique, soit, d'après leur estimation, moins de 200 000 nouveaux électeurs[2].

— *La masse républicaine*. Elle s'identifie avec les termes de la pétition de la garde nationale et se reconnaît dans le comité présidé par Laffite. Mais un certain flou subsiste, puisqu'on ne précise pas toujours si les membres de la réserve doivent être inclus dans l'électorat (la différence est considérable). Elle ne dit rien non plus quant aux domestiques qui sont légalement exclus du service de la garde nationale. Si certains républicains mettent ces imprécisions et ces prudences sur le compte des impératifs tactiques (le but prioritaire, insiste-t-on, est de persuader les électeurs censitaires des bienfaits d'une réforme, car ce sont eux qui en décident en fin de compte, et pas de mobiliser les citoyens passifs), elles renvoient également au flottement théorique de toute une partie de l'opinion républicaine.

— *Les socialistes et républicains d'extrême gauche*, qui privilégient la revendication de suffrage universel sur celle de réforme électorale. On les retrouve au *Bon Sens*, au *Journal du peuple*, à *La Revue du progrès* (Louis Blanc). Ils sont souvent sceptiques sur la possibi-

---

1. Cf. Pr. Duvergier de Hauranne, *De la réforme parlementaire et de la réforme électorale*, Paris, 1847.
2. Voir les calculs et les précisions donnés dans la brochure du Comité des députés de la gauche, *Projet de réforme électorale*, Paris, 12 septembre 1839.

lité d'un changement législatif et critiquent la réduction de l'élargissement électoral à la sphère des gardes nationaux. C'est pourquoi ils restent longtemps à l'écart du mouvement pétitionnaire et ne le rejoignent qu'au début de 1840. Les groupes ouvriers les plus actifs se situent sur cette position et se sentent naturellement distants d'un mouvement réformiste conduit par la garde nationale et la petite bourgeoisie.

À ces quatre cercles, il conviendrait naturellement d'ajouter les milieux légitimistes qui demandent à la fois le droit de vote « pour tous les Français qui contribuent aux charges publiques » et le retour du scrutin à deux degrés. Dans tous ces milieux, une même imprécision domine. On est frappé de constater combien peu on se préoccupe de clarifier les programmes et de discuter sur le fond les différences, même en mai 1840, au plus fort du mouvement. On voit par exemple des républicains qui défendent encore à cette époque le principe du suffrage à deux degrés sans que cela suscite de fortes réactions. Certains se fondent sur des considérations techniques, estimant matériellement impossible l'expression directe de plusieurs millions d'électeurs[1]. Mais d'autres sont plus ambigus. Chapuys-Montlaville, qui est fort actif dans les milieux réformateurs, renoue avec les équivoques révolutionnaires en estimant que le suffrage indirect présente « à la fois les avantages de l'élection faite par la puissance du nombre, et ceux de l'élection faite par l'autorité de l'intelligence »[2]. Si la revendication de suffrage universel renvoie à une symbolique très forte de l'appartenance sociale, elle reste institutionnellement encore imprécise[3]. Bien peu, en 1840, pensent au fond que l'heure du suffrage universel soit encore venue.

---

1. Claude Tillier avoue sur ce point sa perplexité. À la question « Le suffrage universel, comment le recueillera-t-on ? N'y a-t-il point ici une impossibilité physique ? », il répond : « Avec le suffrage à deux degrés, le suffrage universel serait facile à mettre en pratique » (Cl. TILLIER, *Lettres au système [...]*, in *Pamphlets (1840-1844)*, p. 89). Les rédacteurs de *L'Atelier* disaient la même chose (cf. l'article « De la souveraineté du peuple », *L'Atelier*, avril 1842, pp. 58-59).

2. CHAPUYS-MONTLAVILLE, *Réforme électorale. Le principe et l'application*, Paris, 1841, p. 75.

3. La pétition qui part de la garde nationale demande en conclusion que tout garde national soit électeur, « sans entrer dans les détails d'une organisation complète », comme si ces problèmes d'organisation et de délimitation précise du droit de suffrage étaient secondaires.

Le sacrement de l'unité sociale

Le 5 mars 1848, un décret du gouvernement provisoire institue le suffrage universel direct. Tous les hommes de plus de vingt et un ans sont désormais appelés à élire leurs députés, sans aucune restriction de capacité ou de cens. Un nom symbolise l'accomplissement de cette révolution : celui de Ledru-Rollin. Dès le 22 février, *La Réforme*, qu'il inspirait, réclamait en même temps le départ de Guizot et le vote universel. Pour tous ses contemporains, il fut le véritable fondateur du suffrage universel. Louis Blanc, Crémieux et Victor Hugo le rappelleront sur sa tombe[1]. Pendant toutes les années 1840, il s'était fait l'infatigable apôtre de la souveraineté du peuple, multipliant les brochures, les appels au pétitionnement et le dépôt de projets de loi, alors même que le régime de Juillet semblait avoir désarmé ses critiques et trouvé sa stabilité. Ledru-Rollin a incarné toute une génération d'hommes de progrès pour lesquels l'idéal républicain se confondait avec le suffrage universel, représentant cette « arche sainte de la démocratie » dont Louis Blanc, Ferry et Gambetta seront aussi les chantres.

En poussant le gouvernement provisoire à proclamer sans tarder le suffrage universel, Ledru-Rollin ne fait que prolonger son combat antérieur. Il n'y a là rien de surprenant de sa part. Plus inattendue en revanche est l'approbation générale qui salue la décision. Tous les doutes, les réticences, les objections sont brutalement évacués. Alors même qu'il n'était considéré que comme une perspective à long terme par un grand nombre de ses partisans, le suffrage universel s'impose soudain avec la force de l'évidence. Chargé par Ledru-Rollin de préparer le décret établissant le nouveau régime du droit de vote, Cormenin souleva seulement la question de l'opportunité du vote des domestiques et des militaires. Mais ses hésitations furent balayées presque sans discussion par les membres du gouvernement provisoire[2]. Les objections techniques à la

---

1. Voir leurs discours prononcés le 24 février 1878, reproduits dans le tome II des *Discours politiques et écrits divers* de LEDRU-ROLLIN.
2. Voir sur ce point les informations données par P. BASTID dans *Un juriste pamphlétaire, Cormenin, précurseur et constituant de 1848*, Paris, 1948, et le récit de GARNIER-PAGÈS dans son *Histoire de 1848*, éd. illustrée, Paris, s.d., t. II, pp. 2-4. Consulter aussi la mise au point récente d'Alain GARRIGOU, « Le brouillon du suffrage universel. Archéologie du décret du 5 mars 1848 », *Genèses*, n° 6, décembre 1991.

possibilité de dépouiller rapidement des millions de bulletins sur lesquels figuraient plusieurs noms — le principe du scrutin de liste avait été retenu — furent également vite levées. Saisie du problème, l'Académie des sciences avait d'abord multiplié les mises en garde, calculant par exemple que le dépouillement du scrutin parisien exigeait au moins 354 journées pleines en suivant des formes ordinaires! Mais elle s'était ensuite ravisée, faisant taire ses inquiétudes méthodologiques [1]. Dans l'opinion, pas une voix ne s'élève pour protester ou s'inquiéter. Aucune interrogation n'émerge. Les prudences et les critiques s'effacent comme par miracle. Il n'est plus question de réforme : le principe du suffrage universel s'impose immédiatement dans sa simplicité et sa radicalité. L'approbation et l'enthousiasme sont eux aussi universels. Personne ne songe même à discuter ou à commenter les modalités d'exercice du nouveau droit. On ne conteste ni le scrutin de liste par départements, ni l'abandon du ballottage, ni le vote des soldats. Ces procédures apparaissent comme de simples détails, noyés dans l'épaisseur de l'événement. Partout domine instinctivement le sentiment que quelque chose de grand vient de s'opérer. Tout le monde parle avec lyrisme et émotion du suffrage universel : les curés de campagne et les évêques, les petits bourgeois des villes et les grands propriétaires fonciers, les journalistes et les savants, les conservateurs et les traditionalistes [2]. Comment

---

1. L'Académie des sciences avait entendu le 3 avril 1848 un rapport de Cauchy sur les moyens proposés par les auteurs de divers mémoires pour la solution des difficultés que présentaient le dépouillement et le recensement des votes dans les nouvelles élections. Après avoir souligné les obstacles techniques qui apparaissaient, le rapport notait laconiquement : «Doit-on conclure qu'il est impossible d'imprimer à l'opération électorale le caractère mathématique essentiel à toute opération qui a quelque importance? [...] Nous ne le pensons pas» (*Comptes rendus hebdomadaires des séances de l'Académie des sciences*, t. XXVI, Paris, 1848, p. 400).

2. Sur la réception de l'avènement du suffrage universel, on trouve beaucoup d'échos dans les monographies locales consacrées à 1848. Parmi la masse des monographies consultées, on retiendra surtout pour cette question les ouvrages suivants : M. AGULHON, *La République au village*, Paris, Éd. du Seuil, 1979 (2e éd.); A. CHARLES, *La Révolution de 1848 et la Seconde République à Bordeaux et dans le département de la Gironde*, Bordeaux, 1945; E. DAGNAN, *Le Gers sous la Seconde République*, Auch, 1928-1929, 2 vol.; Fr. DUTACQ, *Histoire politique de Lyon pendant la Révolution de 1848 (25 février-15 juillet)*, Paris, 1910; J. GODECHOT et alii, *La Révolution de 1848 à Toulouse et dans la Haute-Garonne*, Toulouse, 1948; R. LACOUR, *La Révolution de 1848 dans le Beaujolais et la campagne lyonnaise*, Lyon, numéro spécial de l'*Album du Crocodile*, 1954-1955; G. ROCAL, *1848 en Dordogne*, Paris, 1934, 2 vol.; F. RUDE et alii, *La Révolution de 1848 dans le département de l'Isère*, Grenoble, 1949; Ph. VIGIER, *La Seconde République dans la région alpine, étude politique et sociale*, Paris, P.U.F., 1963, 2 vol., et *La Vie quotidienne en province et à Paris pendant les journées de 1848*, Paris, Hachette, 1982.

comprendre cette étonnante conversion et ce brutal revirement ?
Bien des historiens ont décrit cet *esprit de 1848*, extraordinairement lyrique et optimiste, singulier métissage d'utopies républicaines et de sentiments chrétiens. Mais cela a généralement été pour
le circonscrire en le resserrant dans le cadre de circonstances exceptionnelles, soulignant avec une sorte de soulagement la reprise
« normale » du cours de l'histoire à partir du mois de mai, lorsque
les conflits politiques et sociaux s'aiguisent sous la pression de la
conjoncture économique. Bien loin de constituer une sorte de
parenthèse dans l'histoire de la démocratie française, les mois de
mars et d'avril 1848 en révèlent au contraire certains des traits les
plus profonds.

Le *Bulletin de la République,* journal officieux du gouvernement
provisoire, rédigé par Ledru-Rollin avec l'aide de George Sand,
donne bien le ton de l'enthousiasme général et permet de
comprendre le sens de l'avènement du suffrage universel pour les
contemporains. « La République ouvre au peuple une ère nouvelle.
Jusqu'ici déshérité des droits politiques, le peuple, le peuple des
campagnes surtout, ne comptait pas dans la nation », lit-on dans
l'éditorial du premier numéro [1]. Le suffrage universel n'est pas
tant appréhendé comme une technique du pouvoir populaire que
comme une sorte de sacrement de l'unité sociale. La Déclaration
du gouvernement provisoire du 19 mars 1848 l'exprime très clairement. « La loi électorale provisoire que nous avons faite est la
plus large qui, chez aucun peuple de la terre, ait jamais convoqué
le peuple à l'exercice du suprême droit de l'homme, sa propre souveraineté, dit-elle. L'élection appartient à tous sans exception. *À
dater de cette loi, il n'y a plus de prolétaire en France* [2]. » Cette dernière expression est extraordinaire. Elle montre que la question
du suffrage était bien fondamentalement liée à celle de la division
sociale. Le suffrage universel est compris comme un rite de passage, un cérémonial de l'inclusion. À l'approche des premières élections, *Le Bulletin de la République* note ainsi : « La République, qui
n'exclut aucun de ses fils, vous appelle tous à la vie politique ; *c'est*

---

1. Daté du 13 mars 1848.
2. *Le Bulletin de la République,* n° 4, 19 mars 1848. Déclaration rédigée par Lamartine. Flaubert écrit de son côté dans *L'Éducation sentimentale* : « Après l'abolition de
l'esclavage, l'abolition du prolétariat. On avait eu l'âge de la haine, allait commencer
l'âge de l'amour » (Paris, Gallimard, « Folio », 1978, p. 331).

pour vous comme une naissance nouvelle, un baptême, une régéné-
ration[1].»

Pendant deux mois, à Paris comme en province, de nombreuses
fêtes célèbrent la nouvelle unité sociale et des arbres de la liberté
sont partout plantés. On ne dispose malheureusement pas d'une
bonne synthèse sur toutes ces cérémonies et fêtes nationales sous
la seconde République qui permette d'en dresser un bilan équivalant à celui de Mona Ozouf pour les fêtes de la Révolution[2]. Mais
les récits que l'on trouve dans les principales monographies locales ainsi que l'iconographie facilement accessible permettent d'en
cerner quelques grands traits, notamment leur religiosité diffuse.
Dans tous les cas, on voit bien que l'essentiel réside dans la célébration de l'unité sociale. De nombreuses gravures mettent en scène
des allégories de la fraternité, rassemblant ouvriers, paysans et intellectuels, ou montrent des défilés qui réunissent dans une même
procession tous les métiers et toutes les conditions. Dans certains
cas, on assiste même à d'extraordinaires gestes. À Millery, dans
la campagne lyonnaise, on voit ainsi des bourgeois servir à table
les paysans, en signe de fraternité, lors d'un banquet démocratique[3]. À Avignon, les portefaix de deux groupes ennemis se par-
donnent et s'embrassent solennellement à l'occasion d'une
cérémonie organisée par le comité républicain local[4]. Le 20 avril,
une grande fête de la fraternité couronne ce mouvement en regrou-
pant à Paris près d'un million de personnes. Jamais une réunion
de cette sorte n'avait été organisée depuis la fête de la Fédération
en 1790. George Sand en fera un récit d'un lyrisme débridé dans
La Cause du peuple, partageant un enthousiasme généralisé. Un
rapide sondage dans la presse parisienne en témoigne. *La Réforme*
parle de «baptême de la liberté». *Le Siècle* célèbre l'unanimité qui
régnait. *Le National* se réjouit des centaines de milliers de voix
qui se fondaient dans un même cri, manifestant «qu'il n'y avait
plus de division d'aucune espèce dans la grande famille française».

1. *Le Bulletin de la République*, n° 9, 30 mars 1848.
2. À noter, cependant, une brève synthèse : G. VAUTHIER, «Cérémonies et fêtes
nationales sous la Seconde République», *La Révolution de 1848*, t. XVIII, juin-juillet-
août 1921.
3. Rapporté par R. LACOUR, *La Révolution de 1848 dans le Beaujolais [...]*, 2ᵉ partie,
p. 36.
4. Rapporté par Ph. VIGIER, *La Seconde République dans la région alpine [...]*, t. I,
p. 199.

Même l'austère *Constitutionnel* sait trouver des mots chaleureux pour dire une «véritable joie de famille».

Cette journée du 20 avril a su manifester de façon très forte le sentiment que la division sociale avait été surmontée par le suffrage universel, que l'unité était retrouvée. Bien loin d'être reçu comme une condition du pluralisme, permettant l'expression des différences professionnelles ou de la diversité des intérêts sociaux, l'avènement du suffrage universel a été compris en France comme un symbole de la concorde nationale et de l'entrée dans une nouvelle ère de la politique. Ledru-Rollin l'a écrit dans *Le Bulletin de la République*, en des termes étonnants qu'il vaut la peine de rapporter. «Toutes les forces vives de cet être multiple qu'on appelle le peuple, note-t-il, ont comparu le 20 avril sur la scène de l'histoire pour annoncer au monde que la solution de tous les problèmes de la politique ne pèse pas plus qu'un grain de sable dans sa main puissante. La science politique est trouvée maintenant. Elle ne s'est pas révélée à un seul, elle s'est révélée à tous, le jour où la République a proclamé le principe de la souveraineté de tous. Cette science politique sera désormais d'une application grande et simple. Il ne s'agira que de convoquer le peuple par grandes masses, le souverain tout entier, et d'invoquer le consentement unanime, dans ces questions où la conscience populaire parle avec tant d'éloquence et d'ensemble par acclamation[1].» Il est facile de se gausser de telles illusions. Depuis Marx, il n'a pas manqué de témoins extérieurs ou d'historiens pour parler avec mépris ou condescendance de ces élans sentimentaux et de ces aspirations fusionnelles. Sur le fond, il est facile et tentant de partager leur jugement. Mais il faut pourtant s'en défier. Loin de traduire une illusion lyrique passagère ou un simple débordement de bons sentiments, les formules d'un Ledru-Rollin explicitent au contraire quelque chose de très profond et de tout à fait structurant dans la culture politique française. Elles expriment, à leur façon romantique et utopique, l'illibéralisme principiel de la démocratie française. L'aspiration à l'unité repose sur une assimilation du pluralisme à la division. Dès le mois de mai 1848, les difficultés économiques et les affrontements politiques ôtent certes toute consistance sensible à ce thème. Mais l'esprit de 1848 n'en conserve pas moins son caractère de révélateur. Pendant une courte période et dans

1. *Le Bulletin de la République*, n° 19, 22 avril 1848.

son langage propre, il a incarné la dimension de *république utopique* qui sous-tend la démocratie française dès lors qu'elle se pense dans un contexte postrévolutionnaire. Les premières élections au suffrage universel, qui ont lieu le 23 avril 1848, illustrent avec éclat une telle conception, dans laquelle l'objet du vote est plus de célébrer l'unité sociale que d'exercer un acte précis de souveraineté ou d'arbitrer entre des points de vue opposés.

Hasard du calendrier, le jour des élections tombe le dimanche de Pâques. La coïncidence suscite une foule d'images et de métaphores. Crémieux, membre du gouvernement provisoire, parle du «jour de régénération sociale», et partout on associe la résurrection du Christ à celle du peuple, dans les homélies comme dans les déclarations politiques. L'avènement du suffrage universel s'en trouve renforcé dans sa dimension sacramentelle. Lamartine le rappelle en des mots qui sont ceux de ses contemporains. «L'aube du salut, écrit-il, se leva sur la France avec le jour des élections générales. Ce fut le jour de Pâques, époque de solennité pieuse, choisi par le gouvernement provisoire pour que les travaux du peuple ne lui donnassent ni distraction, ni prétexte de se soustraire à l'accomplissement de son devoir de peuple, et pour que la pensée religieuse qui plane sur l'esprit humain dans ces jours consacrés à la commémoration d'un grand culte, pénétrât dans la pensée publique et donnât à la liberté la sainteté d'une religion[1].» Le déroulement même des élections contribue à accentuer ce caractère de religiosité. Le vote ayant été fixé au chef-lieu de canton, les électeurs des villages se rendent en effet très souvent ensemble aux urnes, formant de grands cortèges qui sillonnent les campagnes[2]. Bien des témoins ont décrit ces processions laïques précédées par des tambours et des drapeaux, et menées par les maires, accompagnés dans certains cas par les curés. Tocqueville en a donné une description classique dans une page célèbre de ses *Souvenirs*. Fait significatif, les images de l'époque représentent souvent à cette occasion l'urne électorale placée sur une sorte d'autel flanqué de symboles républicains, comme si elle devait figurer l'équivalent politique du reposoir sacré, signe de la présence invisible mais active

---

1. LAMARTINE, *Histoire de la Révolution de 1848*, Paris, 1849, t. II, p. 346.

2. Outre les monographies déjà citées, on pourra aussi consulter : «Les élections à la Constituante de 1848 dans le Loiret», *La Révolution de 1848*, t. II, 1905-1906, et Ph. VIGIER et G. ARGENTON, «Les élections dans l'Isère sous la Seconde République», in F. RUDE et alii, *La Révolution de 1848 dans le département de l'Isère*.

du peuple uni sous les espèces du bulletin de vote. De nombreux voyageurs étrangers en seront frappés[1]. Le calme et le bon ordre qui règnent lors de ces premières élections ne font que souligner cette dimension d'unanimité que l'on associe au suffrage universel. Au lendemain du scrutin, les journaux mentionnent que tout s'est passé tranquillement et sans heurts. « Ce premier essai de suffrage universel, note *La Réforme* le 24 avril, s'est fait partout avec une facilité extrême, on peut même dire avec la plus grande régularité. » Le suffrage universel s'en trouve du même coup pratiquement légitimé. « Cette épreuve est concluante, lit-on dans *Le Bulletin de la République*, et s'il pouvait rester encore dans quelques esprits timorés des doutes sur l'application facile et entière du suffrage universel, ces doutes sont levés par l'admirable spectacle dont Paris vient d'être témoin[2]. » Près de 7 millions d'électeurs s'étaient rendus aux urnes le 23 avril, soit 83,5 % des électeurs inscrits[3]. La participation électorale avait battu tous les records.

Les images de communion sociale qui sont liées à l'entrée des masses dans la vie politique se prolongent dans l'association du suffrage universel à l'idée de paix sociale. Une fameuse gravure de l'époque représente un ouvrier qui tient un bulletin de vote dans une main et un fusil dans l'autre. En glissant le premier dans une urne, il repousse le second. « Ça c'est pour l'ennemi de dehors », précise la légende en se référant au fusil ; « pour le dedans, voici comment l'on combat loyalement les adversaires », spécifie-t-elle en désignant le bulletin. L'idée que l'inclusion de tous dans la vie politique grâce à l'élargissement du droit de vote va supprimer les ferments révolutionnaires est alors largement partagée. Ce thème apparaît d'ailleurs de façon très précoce, dès les débuts de la monarchie de Juillet. Un proche de Lamennais, Charles de Coux, employait déjà cet argument en 1831 pour justifier une réforme électorale. « Ceux qui refusent aux classes ouvrières le droit de suffrage, écrivait-il, répondent au pays des désordres où elles se laissent entraîner. Privées de ce droit, elles ne peuvent faire acte de

---

1. Voir par exemple les témoignages rassemblés par G. DE BERTIER DE SAUVIGNY, *La Révolution parisienne de 1848 vue par les Américains*, Paris, Comité des travaux historiques de la Ville de Paris, 1984, et les souvenirs du marquis DE NORMANBY, alors ambassadeur de Grande-Bretagne, *Une année de Révolution, d'après un journal tenu à Paris en 1848*, Paris, 1858, 2 vol.

2. *Le Bulletin de la République*, n° 20, 25 avril 1848.

3. 6 867 072 votants pour 8 220 664 électeurs inscrits.

présence dans la cité qu'en y pénétrant de vive force, comme le torrent qui dévaste, l'incendie qui consume. Avec ce droit, elles y auront leur domicile, quelque chose à perdre, si ce domicile est violé, leurs foyers à défendre, des pénates à invoquer[1].» Au plus fort de la campagne de 1839-1840, les républicains reprennent en permanence cette arithmétique de la conflictualité. Ils sont certains que le vote universel est le seul moyen de terminer véritablement la Révolution. La pétition du comité central de Paris pour la session de 1841 se conclut par exemple sur ce thème : «Le suffrage universel, loin d'affaiblir les garanties de tranquillité, aura au contraire pour effet certain de clore à jamais l'ère des révolutions[2].» Ledru-Rollin, Armand Marrast, Étienne Arago, Lamennais célèbrent tous dans ces années le suffrage «éminemment pacificateur». Envisagé de cette façon, le suffrage universel a une indéniable dimension utopique : il symbolise l'avènement d'une société sans extérieur, pleinement homogène, et constitue une sorte d'aboutissement de l'histoire. Il fait coïncider les divisions sociales avec les frontières géographiques, érigeant l'étranger en figure désormais unique de l'extériorité. Mais il a aussi une fonction d'ordre cathartique, il est un moyen pratique de transformation du champ politique. Au début des années 1870, les pères fondateurs de la troisième République reprendront la démonstration pour défendre le suffrage universel et dénoncer les menaces que ferait planer sa remise en cause. Marx, on le sait, a férocement dénoncé cette «généreuse ivresse de fraternité» du printemps 1848, traitant avec mépris Lamartine, qui avait dit du gouvernement provisoire qu'il suspendait «le malentendu terrible qui existe entre les différentes classes»[3]. Mais il ne suffit pas de voir dans cette critique un simple signe de son aversion pour le modérantisme. Marx est un de ceux qui ont alors le mieux compris que le caractère spécifique de la démocratie française trouvait son expression dans cette dénégation du conflit et de la division. Il a parfaitement marqué sur ce point la différence avec l'expérience politique anglaise. «Le suffrage universel qui fut en 1848, une formule de *fraternisation*

1. Charles DE COUX, «Du cens électoral dans l'intérêt des classes ouvrières», *L'Avenir*, 6 avril 1831, p. 1. De Coux est l'un des fondateurs du courant de l'économie politique chrétienne.
2. Publiée sous le titre *Réforme électorale, municipale, départementale et communale*, Paris, 1840, p. 39.
3. Voir son ouvrage *Les Luttes de classes en France, 1848-1851.*

générale, écrit-il, est en Angleterre un *cri de guerre*. En France, le
contenu immédiat de la Révolution, c'était le suffrage universel ;
en Angleterre, le contenu immédiat du suffrage universel, c'était
la révolution [1]. » C'était bien montrer la particularité du rapport
entre le politique et le social dans la politique française. La sphère
politique y joue un rôle d'institution et de mise en forme du social.
Elle n'a pas seulement pour fonction, comme en Angleterre ou
aux États-Unis, de garantir les libertés et de réguler la vie collective.

Comment aller plus avant dans l'analyse de cette singularité que
nous avons rencontrée depuis la période révolutionnaire ?
Comment comprendre le curieux amalgame d'aspiration à l'unanimité et de formalisme égalitaire qui s'opère en France autour
de l'idée de suffrage universel ? Ce qui est ici en cause, c'est la
manière dont le pluralisme est appréhendé. Tout conflit est perçu
comme une menace contre l'unité sociale dès lors qu'on ne sait
le rapporter qu'à une division radicale, celle du vieux et du neuf,
de l'Ancien Régime et de la Révolution. À moins de renvoyer à
la coupure originelle, le pluralisme n'est pas pensable. On ne le
rapporte qu'à la catégorie du malentendu ou à celle du pur affrontement d'ambitions personnelles. Le conflit de classe lui-même reste
d'une certaine façon pensé à partir du clivage révolutionnaire,
l'affrontement entre la république et la monarchie tendant en permanence à le recouvrir, au XIXᵉ siècle. D'où l'oscillation permanente entre le fantasme du consensus et la menace de la guerre
civile qui structure au XIXᵉ siècle la vie politique. Il n'y a guère
de place pour la démocratie pluraliste des intérêts dans ce cadre,
comme il n'y a guère de place pour la méthode réformiste. Le suffrage universel n'est pas du tout considéré comme l'instrument
politique d'un débat pluriel. On n'attend pas des élections qu'elles
procèdent à des arbitrages ou à des choix, dès lors du moins que
l'on pense la Révolution terminée et l'Ancien Régime définitivement aboli. On n'attend pas non plus d'elles qu'elles traduisent
dans la sphère politique la diversité sociale. En 1848, on comprend
plutôt l'acte électoral comme un geste d'adhésion, une manifestation symbolique d'appartenance à la collectivité. Le 23 avril, il n'y
a pas de coupure entre l'arrivée des groupes au chef-lieu de canton et le vote de chaque individu. Le suffrage est alors en puissance d'une nature équivalente à celle qu'il revêt dans les pays

----

1. Article paru le 8 juin 1855 dans le *Neue Oder Zeitung*.

contemporains à parti unique[1]. Même si les faits rendent rapidement à l'expression populaire sa dimension d'arbitrage[2], l'utopie d'un *suffrage-communion* continuera de constituer un horizon indépassable de la représentation française du politique. Les rapports entre la démocratie « formelle » et la démocratie « réelle » revêtent pour cette même raison un caractère très particulier en France. Au-delà de l'articulation toujours difficile du droit et du fait, de la coïncidence toujours impure des bonnes intentions et des intérêts — qui constituent l'espace normal du champ de la démocratie —, le formalisme démocratique y joue en effet un rôle plus central et plus ambigu. La démocratie formelle constitue en France, plus que nulle part ailleurs, *l'horizon* de la démocratie réelle. Elle n'en est pas seulement *l'origine*, le fondement juridique. La démocratie française est en permanence aspirée vers l'abstraction comme forme achevée de l'idéal politique : celui d'une société sans classes, sans conflits de personnes, sans malentendus, débarrassée de toutes les adhérences du passé, éternellement consacrée à célébrer son unité. C'est pour ces mêmes motifs que la notion de concurrence économique est vivement rejetée. On lui oppose des modèles de régulation fondés sur l'organisation collective et la coopération centralisée. Un même fil antilibéral — au sens philosophique précis de rejet du pluralisme — court ainsi à travers les différents domaines de la culture française. Critique des partis politiques, dénonciation de la concurrence économique, suspicion vis-à-vis des divisions sociales sont les trois faces d'une même vision du politique. L'esprit du printemps 1848 reste en ce sens fidèle à celui du jacobinisme : il n'en est que la version mièvre et apaisée.

La connivence entre l'Église catholique et l'esprit républicain du printemps 1848 trouve là aussi son origine. Le clergé bénit les arbres de la liberté et célèbre la mémoire des victimes des journées de février parce qu'il se sent en plein accord avec l'aspiration à l'unanimité et à l'union qui s'exprime dans la société. L'Église n'accepte ainsi, paradoxalement, dans la République naissante que ce qu'elle a de plus archaïque et de plus utopique en même temps : son illibéralisme radical. Parallèlement, républicains et socialistes

---

1. Sur le sens des élections dans ces pays, voir G. HERMET, A. ROUQUIÉ, J. LINZ, *Des élections pas comme les autres*, Paris, Presses de la F.N.S.P., 1978, et R. LOMME, « Le rôle des élections en Europe de l'Est », *Problèmes politiques et sociaux*, n° 596, 1988.

2. Dès 1849, les élections opposent ainsi deux partis avec des programmes bien tranchés.

font de Jésus-Christ le « premier républicain » ou le « frère de tous les prolétaires », en raison d'une ambiguïté exactement symétrique. Toute l'iconographie de la période le montre abondamment [1]. Le rejet du protestantisme par tous les écrivains sociaux de l'époque s'explique également de cette manière. Cabet ou Pierre Leroux, Buchez ou Louis Blanc partagent à cet égard le même point de vue. Ils détestent le caractère individualiste et rationaliste du protestantisme et voient dans l'esprit catholique, au sens large, la matrice religieuse du socialisme et de la république modernes.

En 1848, la « république utopique » n'a duré qu'un printemps. Mais on ne peut la juger à cette aune fugitive. Elle a en effet exprimé, avec autant de candeur que de ferveur, un des traits les plus profonds de la culture politique française : l'aspiration à l'unité et au consensus dans une transfiguration politique du lien social. Avec elle s'achève un deuxième cycle historique : celui de l'exploration des réponses possibles à l'équation révolutionnaire. L'Empire, la monarchie de Juillet et les premiers mois de la seconde République ont incarné, à l'état presque pur d'idéaux types, trois modalités d'existence de la citoyenneté moderne dans ses rapports avec la souveraineté, donnant à l'histoire politique française ses trois grandes bornes. Après le temps du programme et celui des expériences allait venir l'heure des compromis et des accomplissements.

---

1. Voir sur ce point essentiel la synthèse de P. PIERRARD, *1848... Les Pauvres, l'Évangile et la Révolution*, et les travaux de E. BERENSON, *Populist Religion and Left-Wing Politics in France, 1830-1852*, Princeton University Press, 1984, ainsi que son récent article « A new religion of the left : christianity and social radicalism in France, 1815-1848 », in *The French Revolution and the Creation of Modern Political Culture*, vol. III (Fr. FURET et M. OZOUF éd.) : *The Transformation of Political Culture, 1789-1848*, Oxford, Pergamon Press, 1989.

TROISIÈME PARTIE

Le temps
de la consolidation

I. LE POUVOIR DU DERNIER MOT
II. L'ÉDUCATION DE LA DÉMOCRATIE
III. LE TRAVAIL DE L'UNIVERSALISATION

I

LE POUVOIR DU DERNIER MOT

Le temps de la réaction
Le sphinx et la menace
Le catalogue des nostalgies
Le temps de la résignation
Le pouvoir du dernier mot

Le temps de la réaction

Au printemps 1848, les conservateurs accueillent l'avènement du suffrage universel comme un coup de tonnerre. Mais leurs craintes premières sont vite dissipées. Ce n'est pas le suffrage-souveraineté qui est proclamé le 5 mars 1848, mais plutôt le suffrage-égalité, symbole de l'intégration sociale et couronnement d'une société d'égaux. En termes proprement politiques, les conservateurs n'ont pas eu à se plaindre de la révolution des droits politiques. L'Assemblée élue au printemps fait la part belle aux éléments les plus modérés et approuve sans états d'âme la répression de l'insurrection de juin. Plus tard, à l'automne, les élections municipales et les élections départementales voient triompher les candidats du parti de l'ordre. Dans les départements bretons, les légitimistes décuplent même leurs forces par rapport à la période censitaire! Le résultat des élections locales conduit la masse des notables à mettre en sourdine la vieille prévention contre la force du nombre. Si beaucoup restent philosophiquement circonspects, ils n'en cessent pas moins de voir une menace dans la pratique du suffrage universel. «Avons-nous donc tant à nous plaindre du suffrage universel, puisqu'il fournit à nos principes de si sages défenseurs?» demande alors *La Revue des Deux Mondes*, en résumant bien l'état d'esprit de la bourgeoisie [1]. Pendant toute l'année 1848, presque aucune voix ne s'élève ainsi à droite pour contester le nouvel exercice de la souveraineté. Montalembert fait alors figure d'exception lorsqu'il brise ce consen-

1. «Chronique de la quinzaine» du 30 septembre 1848, p. 169.

sus en estimant que « le suffrage universel n'est pas une digue suffisante pour arrêter les nouvelles irruptions révolutionnaires »[1].
Sa mise en garde provoque significativement une certaine gêne chez
beaucoup de ses amis, comme si elle avait un aspect presque incon-
gru. L'élection de Louis-Napoléon Bonaparte, le 10 décembre, ne
fait que renforcer cette sérénité du parti de l'ordre. Toutes les hésitations antérieures sont oubliées lorsque les hommes de Février
— Cavaignac, Lamartine et Ledru-Rollin — sont répudiés avec éclat
par le scrutin populaire. *L'Opinion publique* écrit alors : « Il nous
conduit bien : ne nous défions pas du vote universel[2]. » Le suffrage universel, note de son côté *L'Assemblée nationale*, le grand
journal légitimiste, est devenu « un exercice intelligent [...], l'arme
de défense contre ses inventeurs et l'arme du salut »[3]. Il y a certes un côté « divine surprise » pour les conservateurs dans ces résultats, et ils sont encore loin de passer de ce constat de satisfaction
à une vraie conversion politique et philosophique au principe de
la souveraineté du peuple. Mais les *a priori* sont au moins levés.
Le suffrage populaire a cessé d'être identifié à des images de désordre et de radicalisme. À cette époque, même le vieux chancelier
Pasquier avoue sa confiance dans le rôle conservateur du suffrage
universel : « C'est le fléau qui a été le salut, dit-il à Victor Hugo.
Notre unique crainte il y a un an, notre unique espérance
aujourd'hui[4]. »

Le parti de l'ordre se trouve conforté dans son attitude par la
déception et la perplexité symétrique des républicains et des socialistes. « Les inventeurs, les promoteurs de cette théorie, devenue
maintenant une réalité, raille *La Revue des Deux Mondes*, sont obligés
de redoubler de foi, car elle tourne trop rudement contre eux pour
ne pas décourager une confiance qui ne serait qu'ordinaire [...].

---

1. *L'Assemblée nationale* du 19 septembre 1848, cité par R. BALLAND, « De l'organisation à la restriction du suffrage universel en France (1848-1850) », in *Réaction et suffrage universel en France et en Allemagne (1848-1850)*, in *Bibliothèque de la Révolution
de 1848*, t. XXII, Paris, 1963, p. 81.
2. *L'Opinion publique* du 22 décembre 1848, cité par A.-J. TUDESQ, *L'Élection présidentielle de Louis-Napoléon Bonaparte, 10 décembre 1848*, Paris, Armand Colin, 1965,
p. 226.
3. *L'Assemblée nationale* du 3 janvier 1849, cité par R. BALLAND, « De l'organisation
à la restriction [...] », in *Réaction et suffrage universel [...]*, p. 91.
4. Rapporté par Victor Hugo à la date de février 1849 dans *Choses vues*, Paris, Gallimard, « Folio », 1972, t. III, p. 125.

Le National, qui attribuait bénévolement au suffrage une si merveilleuse efficacité, en est réduit désormais à faire bonne mine à mauvais jeu[1].» Dès l'automne 1848, bien des républicains de progrès ont en effet du mal à cacher leur désarroi. «Le suffrage universel! il est une énigme et contient un mystère», note par exemple avec amertume Lamartine dans ses *Mémoires politiques*[2]. Après les élections locales, *La République* constate avec tristesse : «Nous ne saurions aujourd'hui espérer conquérir le pouvoir par le suffrage universel [...]. Nous savons très bien, en effet, que notre force n'est pas dans le nombre[3].» Proudhon, quant à lui, emploie un ton beaucoup plus virulent dans *Le Représentant du peuple* puis dans *Le Peuple*. Le suffrage universel, répète-t-il dans une série d'articles indignés, est une «mystification», il a «menti au peuple». «Le peuple, écrit-il après l'élection de Louis-Napoléon, a parlé comme un homme ivre[4].» C'est à ce moment que bon nombre de républicains commencent significativement à proclamer que «la république est au-dessus du suffrage universel», pour conjurer le spectre d'un retour à la monarchie appuyé par le peuple[5]. Tous les éléments se conjuguent ainsi en 1848 pour rassurer les conservateurs et désamorcer leurs suspicions antérieures. C'est pourquoi le vote d'une loi électorale, le 15 mars 1849, s'opère sans difficulté. Le nouveau texte ne fait que préciser et organiser le principe de l'universalité du suffrage proclamé le 5 mars 1848. Aucune voix ne s'élève à droite pour tenter un retour en arrière. Le résultat des élections de la nouvelle Assemblée législative, le 13 mai 1849, prolonge cet état de grâce. Les républicains modérés, qui dominaient l'Assemblée constituante, sont en effet éliminés au profit des candidats de la nouvelle coalition de droite qui obtient près des deux tiers

1. «Chronique de la quinzaine» du 30 septembre 1848, p. 168.
2. Après les élections de mai 1849, il écrira : «Le résultat des élections est de nature à faire tomber la plume de la main. Les bons citoyens sont tentés de s'envelopper la tête de leur manteau et de désespérer du peuple» (*Le Conseiller du peuple*, t. I, p. 89).
3. *La République* du 20 novembre 1848, cité par A.-J. TUDESQ, *L'Élection présidentielle de Louis-Napoléon Bonaparte [...]*, pp. 118-119.
4. Voir tous ses articles de l'année 1848, repris dans *Mélanges, articles de journaux, 1848-1852*, t. I, in *Œuvres complètes de P. J. Proudhon*, Paris, 1868, vol. XVII.
5. «Cette formule, note Eugène Spuller, le parti républicain tout entier a dû l'adopter sous peine de souscrire à sa propre déchéance» (E. SPULLER, *Histoire parlementaire de la seconde République*, Paris, 1891, p. 19). Le programme du comité démocrate-socialiste de Paris adopté au cours du banquet du 24 février 1849 notait dans son premier article que «la République est placée au-dessus du droit des majorités». Voir sur ce point les développements du chapitre suivant.

des sièges. Même si les démocrates-socialistes occupent un quart des sièges, le parti de l'ordre a toutes les raisons de se sentir rassuré. Après les troubles du 13 juin 1849, les démocs-socs sont par ailleurs sévèrement réprimés, des lois sur la presse et les clubs donnant au gouvernement de nouvelles armes. La République conservatrice est alors triomphante, et elle culmine au début de 1850 avec le vote de la loi Falloux[1].

Le sentiment des conservateurs vis-à-vis du suffrage universel va cependant brutalement se modifier au début de l'année 1850. La victoire de candidats montagnards connus — de Flotte, Vidal et Hippolyte Carnot — lors d'élections partielles, le 10 mars 1850, provoque un véritable choc à droite. L'élection d'Eugène Sue à Paris, le 28 avril 1850, à l'occasion d'un autre scrutin partiel, transforme cette inquiétude en véritable panique. Le suffrage universel en retrouve subitement son caractère inquiétant. Dès le 1er mai, *Le Journal des débats* note que « ce n'est pas par des élections pareilles que la République s'affirmera et que le suffrage universel se justifiera », en souhaitant que ce dernier soit dorénavant « ordonné et régularisé ». *L'Opinion publique* parle quant à elle avec emphase des 128 000 voix sur le nom d'Eugène Sue qui « ont poussé un blasphème qui retentira dans le monde entier »[2]. Le même jour, se met en place une commission de dix-sept membres, qu'on appellera les Burgraves, chargée de proposer une réforme de la loi électorale[3]. *La Revue des Deux Mondes* commentera avec ironie ce revirement de l'opinion de droite. « À considérer le tempérament d'une notable portion du parti modéré, écrit-elle, nous pouvons penser que, si, au lieu d'être vaincus dans le scrutin du 28 avril, nous eussions été vainqueurs, beaucoup de personnes auraient été d'avis que le suffrage universel avait du bon[4]. » L'attitude des conservateurs face au suffrage universel apparaissait en effet rétrospectivement singulièrement ambiguë. Leur adhésion avait-elle été purement circonstancielle ? *La Revue des Deux Mondes* traduit bien

1. Sur cette période, voir A. LEBEY, *Louis-Napoléon Bonaparte et le ministère Odilon Barrot, 1849*, Paris, 1912.
2. *L'Opinion publique*, 1er mai 1850.
3. Sur l'élaboration de la loi de 1850, voir le long article de R. BALLAND, « De l'organisation à la restriction [...] », in *Réaction et suffrage universel [...]*, ainsi que la thèse d'Henri LAFERRIÈRE, *La Loi du 31 mai 1850*, Paris, 1910, et les articles de P. RAPHAËL, « La loi du 31 mai 1850 », *Revue d'histoire moderne et contemporaine*, t. XIII et XIV, 1909-1910.
4. « Chronique de la quinzaine » du 14 mai 1850, p. 761.

sur ce point le flottement des positions du parti de l'ordre, oscillant entre une critique théorique et un simple impératif tactique, pour appréhender la réforme du suffrage. « Nous ne voulons pas, y lit-on, la révolution socialiste que le suffrage universel était destiné à nous donner. Nous devons donc modifier l'organisation de ce suffrage; mais nous ne devons pas oublier non plus que, quoique organisé pour produire la révolution socialiste, le suffrage universel ne l'a pas produite, et qu'il a valu mieux que ses auteurs. C'est précisément pour cela que la réforme électorale a pour but, non pas de détruire le suffrage universel, mais seulement d'en changer l'organisation[1]. » Thiers ne s'embarrassera pas de telles subtilités lors du débat à la Chambre. « Je ne m'étais pas converti au suffrage universel, dira-t-il lapidairement ; car si, depuis deux ans, je me suis résigné à beaucoup de choses, je ne me suis converti à aucune[2]. » L'enchevêtrement de l'histoire sociale et de l'histoire intellectuelle qui structure la question du suffrage se simplifie brutalement en mai 1850. Toutes les précautions et les prudences s'effacent, les arguments juridiques et les positions philosophiques cèdent le pas devant les pures données de la lutte sociale et politique.

La manière dont Thiers et Montalembert interviennent à l'Assemblée traduit bien leur perception des enjeux de la réforme à opérer. Thiers expose sans ménagement son point de vue : le maintien de la domination de classe est à ses yeux au-dessus de l'expression du suffrage. « Il y a un socialisme impossible », dit-il, car il conduirait à « perdre la France et à perdre toute société »[3]. Montalembert tient le même langage. Le suffrage universel, explique-t-il crûment, doit être modifié s'il doit aboutir au socialisme[4]. Mais comment opérer ce retour en arrière ? La Constitution ne laisse guère de marge de manœuvre. Il est par exemple impossible et impensable de rétablir un cens. L'idée dans l'air est plutôt celle d'« organisation du suffrage universel ». *L'Assemblée nationale* la lance en janvier 1850. Le remède, explique le journal monarchiste, n'est « ni dans l'abolition du suffrage universel, ni dans sa restric-

1. « Chronique de la quinzaine » du 14 mai 1850, p. 763.
2. *Compte rendu des séances de l'Assemblée nationale législative*, séance du 24 mai 1850, t. VIII, p. 149.
3. *Ibid.*, p. 152.
4. Voir son discours du 22 mai 1850 (*Compte rendu [...]*, t. VIII).

tion, mais dans son organisation régulière» [1]. Les moyens suggérés? Ils renvoient aux vieilles propositions légitimistes : suffrage à deux degrés, vote à la commune. Mais c'est Lamartine qui contribue paradoxalement le plus efficacement à diffuser le mot d'ordre d'organisation du suffrage, avec la publication de son ouvrage *Le Passé, le présent, l'avenir de la République*, au début de 1850, la deuxième partie du livre étant consacrée à des réflexions autour de ce thème. C'est en républicain que Lamartine s'interroge sur le suffrage universel, «sphinx terrible des temps modernes, dont personne ne connaît l'oracle, et dont l'oracle est la vie ou la mort des nations» [2]. «Il y a danger pour le pays, écrit-il, à jouer tous les trois ou quatre ans à cette loterie de sa souveraineté, sans s'être assuré d'avance qu'il ne tirera pas l'aveuglement, la démence et la violence de l'urne [3].» Pour atteindre cet objectif, l'abandon du scrutin de liste lui semble prioritaire, et il espère qu'un jour viendra où il sera possible d'instaurer une élection à deux degrés. Formulées dans le cadre d'une réflexion de long terme sur l'avenir de la république, ces idées ont surtout été reprises et utilisées par la droite, au grand dam de leur auteur, pour plaider en faveur de l'urgence d'une réforme. Mais la Constitution ne permet pas de revenir au suffrage indirect, ce que Thiers est le premier à déplorer [4]. La marge de manœuvre est donc inévitablement restreinte.

La seule variable constitutionnellement utilisable est celle du domicile. Le parti de l'ordre concentre donc tous ses espoirs dans sa manipulation. Le domicile est tout à coup considéré comme la plus indiscutable des garanties politiques et morales. Pour en justifier les mérites, les conservateurs de 1850 retrouvent les arguments jadis employés pour célébrer le citoyen propriétaire. *La Patrie* écrit ainsi qu'il s'agit de rendre «le gouvernement de la France aux véritables citoyens, à ceux qui sont attachés d'une manière stable au sol qu'ils fécondent et à la cité qu'ils peuplent» et parle de réduire à 3 millions et demi le nombre des élec-

---

1. *L'Assemblée nationale*, 22 janvier 1850, cité par R. BALLAND, «De l'organisation à la restriction [...]», in *Réaction et suffrage universel [...]*, p. 116.
2. A. DE LAMARTINE, *Le Passé, le présent, l'avenir de la République*, Paris, 1850, p. 187.
3. ID., *ibid.*, p. 188.
4. «Il y a une manière de corriger [...] une grande partie des inconvénients du suffrage universel, c'est le suffrage à deux degrés, qui rétablit la hiérarchie des intelligences», dit-il le 24 mai 1850 (*Compte rendu [...]*, t. VIII, p. 153).

teurs[1]. C'est soustraire près du tiers des inscrits et revenir *grosso modo* à la ligne de partage tracée en 1791 entre les citoyens actifs et les citoyens passifs[2]. À l'Assemblée, Thiers laisse éclater son mépris et sa haine à l'égard des classes instables, renouant avec le ton de Saint-Marc Girardin stigmatisant la menace que les «Barbares» font planer sur la société. «Nous avons exclu, dit-il, cette classe d'hommes dont on ne peut saisir le domicile nulle part : c'est cette classe qu'on a déjà nommée, celle des vagabonds [...]. Ce sont ces hommes qui forment non pas le fond, mais la partie dangereuse des grandes populations agglomérées; ce sont ces hommes qui méritent ce titre, l'un des plus flétris de l'histoire, le titre de multitude [...] la vile multitude qui a perdu toutes les républiques[3].» Les républicains reprocheront pendant vingt ans à Thiers ce hautain langage de classe. Au-delà de sa brutalité, il est révélateur de la difficulté que ressent la société française au milieu du XIXᵉ siècle pour penser la citoyenneté comme un espace réel d'inclusion. Les peurs sociales et les calculs politiques gouvernent encore en maîtres. L'idée d'intégration politique des classes populaires n'apparaît pas encore clairement. De nombreux bourgeois pensent toujours, comme les Lumières du XVIIIᵉ, qu'une partie du peuple n'est pas vraiment dans la société.

La loi du 31 mai 1850 impose finalement une condition de trois ans de domicile pour obtenir le droit de suffrage, en même temps qu'un certain nombre d'incapacités sont étendues[4]. Ce n'est pas le retour au suffrage censitaire, mais ce n'est plus le suffrage universel. On invente la «capacité domiciliaire», selon l'expression de Cavaignac. Les républicains parlent alors de 3 millions et demi de personnes subitement exclues du droit de suffrage. Le chiffre réel est légèrement inférieur à 3 millions, ce qui représentait environ 30 % des inscrits (ils étaient 9 millions et demi en 1849). Le

1. *La Patrie* du 3 mai 1850, cité par R. BALLAND, «De l'organisation à la restriction [...]», in *Réaction et suffrage universel [...]*, p. 137.
2. Thiers se réfère d'ailleurs explicitement à 1791 dans son discours.
3. Thiers, discours du 24 mai 1850 (*Compte rendu [...]*, t. VIII, p. 156).
4. Les personnes condamnées pour outrages ou violences aux dépositaires de l'autorité se voient privées du droit de suffrage, ainsi que celles condamnées pour des délits prévus par la loi sur les attroupements et la loi sur les clubs, ou celles condamnées pour vagabondage ou mendicité. Les conditions de preuve du domicile pouvaient en outre créer des difficultés pour l'inscription des domestiques, des journaliers ou même des fils de famille.

recul est de toute façon énorme. Il est particulièrement sensible dans les grandes villes, là où la mobilité est forte et où les conditions de logement sont instables, bien des ouvriers vivant par exemple à cette époque dans des garnis. Si des départements comme les Hautes-Alpes, la Moselle ou l'Yonne perdent moins de 15 % des inscrits, le nombre d'électeurs radiés approche les 60 % à Paris. C'est essentiellement la classe ouvrière urbaine, celle que visait Thiers, qui se trouve ainsi écartée. Complètement liée au contexte de réaction politique et de fantasme social qui l'avait vue naître, la loi de restriction du suffrage reste intellectuellement flottante, sorte de compromis bâtard entre des objectifs sociologiques et politiques parfaitement clairs et des principes laissés dans le vague. Les conservateurs ont soigneusement évité de porter le débat sur le plan philosophique et juridique. Ils ont surtout cherché à « ruser » avec le suffrage universel. *La Revue des Deux Mondes* fait d'ailleurs remarquer que la loi ne constitue que le premier pas d'une remise en cause qui devrait nécessairement être plus large. « Nous faisons par la loi ce que nous pouvons faire par la loi, disait-elle ; nous ferons le reste par la révision[1]. » L'idée de révision constitutionnelle est en effet dans l'air et bien des conservateurs espèrent trouver de cette manière une façon d'effacer toute une partie des acquis de 1848.

L'indignation contre la loi est extrêmement vive. Un vaste mouvement de pétitionnement mobilise l'opinion démocratique et de multiples manifestations traduisent la colère des démocs-socs et de la grande majorité des républicains[2]. Louis-Napoléon, qui a couvert l'opération, sent rapidement le parti qu'il peut tirer de ce mécontentement. Il veut demander à l'automne le retrait de la loi. Dans un message lu à l'Assemblée, il propose de rétablir le suffrage universel, feignant de s'étonner du nombre de personnes

---

1. « Chronique de la quinzaine » du 31 mai 1850, p. 952.
2. On trouve beaucoup de matériaux intéressants à ce sujet dans les « Pétitions et protestations contre le projet de loi restrictif du suffrage universel de 1850 » conservées aux Archives nationales (C 2300 à C 2314). Après le vote de la loi, on assiste à une nouvelle campagne de pétitionnement qui s'étire jusqu'à l'automne 1851 (cf. Archives nationales : C 2317 à C 2323). Au Cabinet des estampes de la Bibliothèque nationale, la collection de Vinck renferme par ailleurs de nombreuses gravures sur ce sujet (voir en particulier les numéros 15.943 à 15.962 du tome VII, 2, du catalogue). Voir aussi la monographie de R. HUARD, « La défense du suffrage universel sous la seconde République : les réactions de l'opinion gardoise et le pétitionnement contre la loi du 31 mai 1850 (1850-1851) », *Annales du Midi*, t. LXXXIII, juillet-septembre 1971.

exclues des droits politiques. «La loi du 31 mai a dépassé le but qu'on pouvait atteindre», disait-il, en notant que «cette immense exclusion a servi de prétexte au parti anarchique qui couvre ses détestables desseins de l'apparence d'un droit ravi à reconquérir»[1]. Dès le lendemain du coup d'État, le suffrage universel est rétabli et la loi électorale du 15 mars 1849 remise en vigueur. L'histoire du suffrage universel comme conquête sociale et moyen politique de l'intégration était-elle dorénavant terminée? S'il ne devait plus y avoir de retour en arrière dans le droit, bon nombre de conservateurs et même de libéraux sont pourtant loin d'être convertis. On le voit bien au début des années 1870, lorsque resurgissent toutes les nostalgies réactionnaires dans une France meurtrie et désemparée par la défaite. La révolution de la citoyenneté est encore loin d'être accomplie dans toutes les têtes.

Le sphinx et la menace

Le désastre de 1870 laisse la France en état de choc. La sévérité de la déroute militaire n'est pas seule en cause. La défaite des armes renvoie plus radicalement la France à une interrogation sur ses institutions et ses valeurs. Sa culture politique et son identité semblent tout à coup atteintes par la victoire allemande. Quelques mois après Sedan, l'éclatement de la Commune ravive ces inquiétudes en faisant resurgir la vieille question de la fin de la Révolution française. En deux ans, une énorme floraison de livres et de brochures témoigne de ce désarroi[2]. Pour plusieurs générations d'intellectuels et d'hommes politiques, c'est le temps des bilans, le moment d'un vaste examen de conscience national. «Malaise», «épreuves», «échecs», «folies» : les mêmes mots reviennent sans cesse pour décrire le climat des années 1870. Dans les milieux libéraux et conservateurs (légitimistes ou orléanistes), comme chez les lettrés bourgeois du *Correspondant*[3] ou de *La Revue des Deux*

---

1. Message lu à l'Assemblée le 4 novembre 1851 par M. de Thorigny, ministre de l'Intérieur, cité par J. CLÈRE, *Histoire du suffrage universel*, Paris, 1873, p. 101.
2. Cf. Cl. DIGEON, *La Crise allemande de la pensée française, 1871-1914*, Paris, P.U.F., 1959. Voir également A. BELLESSORT, *Les Intellectuels et l'avènement de la troisième République*, Paris, 1931, et M. MOHRT, *Les Intellectuels devant la défaite de 1870*, Paris, 1942.
3. Revue des libéraux catholiques, fondée en 1829. De 1871 à 1876, *Le Correspondant* joue un grand rôle intellectuel. Il représente la droite modérée : Camille de Meaux

Mondes, le pessimisme et la perplexité sont dominants. En 1871 comme en 1814, toutes les équivoques de la culture politique française remontent à la surface. Les peurs sociales et les perplexités philosophiques se conjuguent pour alimenter les nostalgies légitimistes comme les incertitudes libérales. Elles se nouent autour de la question du suffrage universel.

Pour la grande majorité des conservateurs et des libéraux, le suffrage universel est mis en accusation de la façon la plus abrupte. Il devient le bouc émissaire qui catalyse toutes les angoisses et les répulsions des lendemains de la défaite. À l'automne 1870, George Sand signale déjà dans son *Journal d'un voyageur pendant la guerre* « un grand mépris, une sorte de haine douloureuse, une protestation que je vois grandir contre le suffrage universel »[1]. On voit resurgir en quelques mois, et de façon omniprésente, toute une critique du suffrage universel qui semblait dépassée depuis 1848. Dans *La Réforme intellectuelle et morale*, Renan n'a pas de mots assez rudes pour stigmatiser ce qu'il appelle la « démocratie mal entendue ». Il retrouve les accents du Guizot de 1847 pour dénoncer en des formules toutes plus brutales les unes que les autres le caractère « essentiellement borné » du suffrage universel. « Le suffrage universel, écrit-il, ne comprend pas la nécessité de la science, la supériorité du noble et du savant [...]. Il est incontestable que, s'il fallait s'en tenir à un moyen de sélection unique, la naissance vaudrait mieux que l'élection. Le hasard de la naissance est moindre que le hasard du scrutin [...]. La nomination des pouvoirs sociaux au suffrage universel direct est la machine politique la plus grossière qui ait jamais été employée[2]. » Le procès du suffrage universel est alors instruit dans une foule de livres et de bro-

---

(le gendre de Montalembert), Charles de Lacombe, Albert de Broglie. Moins libéral que *La Revue des Deux Mondes*, *Le Correspondant* donne alors le ton des sentiments de la majorité de l'Assemblée nationale. Voir C. A. GIMPL, *The Correspondant and the Founding of the French Third Republic*, Washington DC, The Catholic university of America Press, 1959, et J. PRADON, « L'École du *Correspondant* », *Revue d'histoire politique et constitutionnelle*, t. V, avril-juin 1955.

1. G. SAND, *Journal d'un voyageur pendant la guerre*, Paris, 1871, p. 168 (journal en date du 5 novembre 1870).

2. E. RENAN, *La Réforme intellectuelle et morale*, in *Œuvres complètes d'Ernest Renan*, Paris, Calmann-Lévy, t. I, 1947, pp. 360 et 385. Sur ces thèmes, voir également ses *Dialogues philosophiques*, qui développent l'opposition entre les idéaux de la démocratie, qualifiée d'« erreur théologique par excellence » (p. 609), et la nécessité d'une société régie par la science (cf. p. 608).

chures[1], comme dans les colonnes du *Correspondant* ou de *La Revue des Deux Mondes*[2]. La critique déborde d'ailleurs le cadre de la discussion politique habituelle. Il y a une véritable haine contre le suffrage universel qui se manifeste pendant cette période, et la violence des termes dans lesquels certains auteurs s'expriment en privé est stupéfiante. On a souvent cité à ce propos les lettres que Flaubert écrit à George Sand à l'automne 1871 et dans lesquelles il vocifère contre le suffrage universel, « véritable honte de l'esprit humain »[3]. Mais Renan est aussi virulent et va beaucoup plus loin en privé que dans *La Réforme intellectuelle et morale*. Près de vingt ans plus tard, Paul Bourget rappellera dans *Le Disciple* (1889) la centralité de cette dénonciation pour toute une partie de sa génération.

Trois grands thèmes se superposent, au début des années 1870, dans la question du suffrage : la place des élites dans la société et leur mode de sélection, la nature de la démocratie, les formes de l'État. Ils n'ont rien de neuf pris séparément : chacun de ces thèmes traverse la culture politique française depuis 1789. Mais ils rentrent en phase en 1870 : ils se radicalisent et se nouent en même temps.

1. Outre les ouvrages de Castellane, de Guadet, de Foulon-Ménard, de Lachaume, de Petit, de Saint-Pé, de Taine qui seront cités plus loin, on pourra plus particulièrement consulter, de façon sélective, au sein d'une énorme production : E. NAVILLE, *La Réforme électorale en France*, Paris, 1871, et P. RIBOT, *Du suffrage universel et de la souveraineté du peuple*, Paris, 1874.

2. On retiendra tout particulièrement deux grandes séries d'articles parus dans *Le Correspondant* : « Le suffrage universel », par DUPONT-WHITE (quatre articles publiés entre le 10 mars 1872 et le 25 novembre 1872) ; « La souveraineté du nombre et le gouvernement libre. La loi électorale », par J. PAIXHANS (quatre articles publiés du 25 décembre 1873 au 10 février 1874). Voir aussi, plus tardivement, « Le suffrage universel et la représentation des intérêts » de Ch. DE LACOMBE, *Le Correspondant* du 25 novembre 1876 (article très représentatif). Pour la période 1871-1875, la « Quinzaine politique » du *Correspondant* et la « Chronique de la quinzaine » de *La Revue des Deux Mondes* constituent également des sources très précieuses pour comprendre les débats autour du suffrage universel.

3. Lettre du 8 septembre 1871, in G. FLAUBERT, *Correspondance*, Lausanne, Éd. Rencontre, 1965, t. XIV, p. 130. (Voir aussi ses lettres du 29 avril, du 6 et du 14 septembre, du 4 octobre 1871.) Sur Flaubert, ainsi que Renan et Taine, face au suffrage universel, on trouvera de bons commentaires dans A. COMPAGNON, *La Troisième République des Lettres, de Flaubert à Proust*, Paris, Éd. du Seuil, 1983 ; R. POZZI, « La critica al suffragio universale nel pensiero politico francese del secondo ottocento », *Annali della Facoltà di Scienze Politiche*, Universita di Perugia, t. XIX, 1982-1983 ; L. FAYOLLE, « L'aristocratie, le suffrage universel et la décentralisation dans l'œuvre de Taine », in R. PELLOUX (éd.), *Libéralisme, traditionalisme, décentralisation*, Paris, Armand Colin, 1952.

Le déficit de commandement pendant l'offensive de 1870 ravive d'abord la difficulté française de penser l'élite et de sortir de l'oscillation entre la perspective aristocratique et censitaire, et l'éloge inconditionnel de la volonté générale. On cherche à trouver une voie nouvelle et à contrebalancer la force du nombre. «Notre salut, écrit par exemple Flaubert, n'est maintenant que dans une *aristocratie légitime*, j'entends par là une majorité qui se composera d'autre chose que de chiffres[1].» Dans *La Réforme intellectuelle et morale*, Renan adopte un point de vue analogue. «La France, écrit-il, s'est trompée sur la forme que peut prendre la conscience d'un peuple. Son suffrage universel est comme un tas de sable, sans cohésion ni rapport fixe entre les atomes. On ne construit pas une maison avec cela. La conscience d'une nation réside dans la partie éclairée de la nation, laquelle entraîne et commande le reste. La civilisation à l'origine a été une œuvre aristocratique, l'œuvre d'un tout petit nombre (nobles et prêtres), qui l'ont imposée par ce que les démocrates appellent force et imposture; la conservation de la civilisation est une œuvre aristocratique aussi[2].» La critique du suffrage universel catalyse également pendant ces années charnières toutes les interrogations sur la démocratie moderne : quel est le champ de la politique (soumis au règne du nombre) par rapport à celui de la gestion (où règnent les capacités)? Comment concilier libéralisme et démocratie, et éliminer la menace du césarisme? Dans un très pénétrant article publié dans *Le Correspondant*, Dupont-White résume bien le sens de ces interrogations libérales. «Un vice terrible de la démocratie, écrit-il, est de ressembler à la théocratie. La démocratie croit à elle-même, c'est-à-dire au nombre, comme la théocratie croit à son Dieu [...]. Il faut que le nombre soit d'un côté et le gouvernement de l'autre; cette division est aussi capitale que celle du spirituel et du temporel[3].» Derrière la question du suffrage revient également celle de l'organisation des pouvoirs et du rôle des communes comme structures naturelles de la vie collective. On reproche alors au suffrage universel d'engendrer un rapport trop abstrait à la politique, l'aspirant pres-

---

1. Lettre à George Sand du 29 avril 1871, in G. FLAUBERT, *Correspondance*, t. XIV, p. 68.
2. RENAN, *La Réforme intellectuelle et morale*, in *Œuvres complètes*, t. I, p. 371.
3. DUPONT-WHITE, «Le suffrage universel» (1er article), *Le Correspondant*, 10 mars 1872, p. 871.

que naturellement vers la seule gestion de l'État, et on cherche à trouver des formes différenciées de participation.

La question du suffrage universel est donc en quelque sorte *surinvestie* pendant cette période. Elle tire sa centralité de ce fait. Tout se passe en 1870 comme si un siècle d'interrogations sur la démocratie française se croisaient et se simplifiaient, donnant un caractère passionné aux débats sur le suffrage, paradoxalement beaucoup plus vifs en 1871-1872 qu'ils ne l'étaient en 1847-1848 ou même sous la Restauration.

En 1871, le suffrage universel reste par ailleurs une institution neuve et n'a pas encore pris sa véritable indépendance. De 1848 à 1851, il a en effet tout juste fait ses premières armes. Les élections de 1848, et de 1849 surtout, avaient exprimé des refus et des anxiétés plutôt que des choix positifs. Sous le second Empire, un certain apprentissage s'était indéniablement fait. Mais les élections restaient largement contrôlées par l'Administration, qui désignait des candidats officiels. Le suffrage universel n'avait existé qu'encadré et canalisé, il n'avait pas vraiment été maître de lui-même[1]. Le corset dans lequel il était enserré ne s'était que légèrement détendu en 1863[2]. À partir de cette date, la vie politique avait certes changé de nature. On sentait de nouveau que les élections pouvaient reprendre un sens[3]. Mais tout restait fragile et indécis. Il n'en va plus de

1. Cf. J. Rohr, *La Candidature officielle sous le Second Empire (1852-1870)*, mémoire de D.E.S. de science politique, Paris, Faculté de droit et des sciences économiques, octobre 1963 (consultable à la bibliothèque Cujas).
2. Voir par exemple les réflexions de Louis de Carné dans « Le suffrage universel et la dictature ». « Pour nous, écrit-il, l'expérience commence à peine [...]. De 1848 à 1863, le suffrage universel a fonctionné dans des conditions exceptionnelles qui n'ont pu manquer de modifier sa physionomie véritable » (*Le Correspondant*, 25 juillet 1865, p. 697).
3. D'où toute une première floraison de brochures ou d'articles sur le suffrage. Leur ton est à l'interrogation et à la mesure. C'est la perplexité qui domine. Outre l'article de Louis de Carné, « Le suffrage universel et la dictature », voir, également dans *Le Correspondant*, « La diplomatie du suffrage universel » (25 janvier 1863) et « Les candidatures officielles ; leurs dangers » (10 avril 1868), par Albert de Broglie, ainsi que deux articles de L. de Gaillard : « La candidature officielle en France » (25 décembre 1863) et « Le suffrage universel et les partis » (25 juillet 1869). Dans *La Revue des Deux Mondes*, cinq articles sont particulièrement intéressants : « Les élections de 1863 », par Charles de Rémusat (15 juillet 1863) ; « Les lois et les mœurs électorales en France », par A. Lefèvre-Pontalis (1er décembre 1863) ; « Du suffrage universel, à propos d'un livre de M. Stuart-Mill », par le duc d'Ayen (1er juillet 1863) ; « La démocratie et le suffrage universel », par E. Duvergier de Hauranne (1er et 15 avril 1868) ; « Le suffrage universel dans l'avenir et le droit de représentation des minorités », par E. Aubry-Vitet (15 mai 1870).

même en 1871. Le suffrage universel est désormais vraiment livré à lui-même. Si rien ne change en théorie, c'est donc pratiquement une ère nouvelle qui s'ouvre. Cette nouveauté, bien des libéraux et des conservateurs l'ont ressentie comme une menace, grossissant du même coup son caractère et dramatisant les enjeux de cette période. La France, il est vrai, était alors en avance sur les autres nations. En 1871, le suffrage universel est encore loin d'être institutionnalisé en Europe. L'Italie ne compte alors que 500 000 électeurs et le second Reform Bill anglais de 1867, qui fait passer le nombre d'électeurs de 800 000 à 2 millions et demi, a été considéré outre-Manche comme un véritable saut dans l'inconnu. Le suffrage universel masculin a certes été introduit en Allemagne, mais il ne fonctionne qu'au niveau du Reich, le suffrage demeurant restreint pour les élections dans les Länder. Aux États-Unis, même, subsistent bien des restrictions de fait dans de nombreux États, qu'il s'agisse de conditions censitaires ou de tests d'alphabétisation.

Après la chute du second Empire, le suffrage universel retrouve une dimension énigmatique. Le caractère inattendu des résultats électoraux contribue à en faire une puissance de surprise. Le 8 février 1871, le pays élit une Assemblée peuplée de légitimistes, renvoyant sur les bancs de la nouvelle Chambre plus de représentants des grandes familles que n'en avait jamais compté la monarchie de Juillet, mais dès l'été 1871 les élections partielles inversent cette tendance, et cinquante départements écrasent ces notables sous des votes républicains. Dans les milieux libéraux et légitimistes, la crainte de l'inconnu l'emporte pour cela sur toute autre considération. Ce n'est pas tant un vote de classe ou un vote politique que l'on redoute qu'un résultat imprévisible. « Nous avons devant nous quelque chose d'inouï et de souverain, écrit Dupont-White en 1872. Peut-on prévoir les effets d'une force encore ignorée d'elle-même, qui a une telle carrière devant elle, et des souvenirs, des rancunes d'un tel souffle[1]. » De 1871 à 1874, les surprises que réservent certaines élections partielles ne font que renforcer cette perception du suffrage universel comme une puissance mystérieuse et incontrôlable, véritable sphinx des temps modernes. C'est tout particulièrement le cas au printemps 1874. Le chroniqueur du *Correspondant* donne alors libre cours à sa morosité, dans des termes

1. Dupont-White, « Le suffrage universel » (1er article), *Le Correspondant*, 10 mars 1872, p. 857.

représentatifs d'un état d'esprit dominant dans les milieux conservateurs. «Le suffrage universel, écrit-il, est une puissance étrangement mystérieuse, dont les actes, au regard des plus sagaces eux-mêmes, sont non moins obscurs que les volontés [...]. On forme des conjectures pour deviner les secrets de sa préférence; on veut tirer de cette incertitude des enseignements précis et sûrs; on prétend, parmi tant de causes variables, parmi tant d'apparences changeantes ou de prétextes illusoires, découvrir la loi qui présidait à l'événement; on abuse des chiffres, on leur donne une valeur nouvelle : on indique les moyens infaillibles qu'il était bon d'employer ou qu'il convient de réserver pour l'avenir : ce n'est, dans le jugement des partis, que commentaires ingénieux, complaisantes erreurs, regrets inutiles, vaines consolations ou reproches violents. Et que sait-on, au juste, au milieu de tous ces doutes et de ces contradictions? Que sait-on en toute certitude de la double élection du 1er mars, si ce n'est que le suffrage universel y a deux fois trompé la prévision du public[1]?» On redoute au premier chef l'*incertitude*, qui semble alors indissociable du régime démocratique. Celle-ci apparaît d'une certaine façon presque plus menaçante dans son essence que dans les résultats auxquels elle peut conduire. En ce même printemps, l'élection surprise, dans la Nièvre, du baron de Bourgoing, un ancien écuyer de l'empereur, cristallise ces appréhensions, et le retournement de la population rurale qu'il traduit ébranle les conservateurs comme les républicains.

Cette perception du caractère énigmatique du suffrage universel trouve son prolongement dans le langage. Dans bien des cas, il est utilisé comme un substantif. «Le suffrage universel a parlé», «Le suffrage s'est prononcé», «Le suffrage a repoussé», «Le suffrage a rappelé» : ces expressions se retrouvent fréquemment dans les commentaires électoraux de la période. Comme si le mot «suffrage universel» ne désignait pas tant une procédure qu'une force vivante, presque une personne anonyme. Dans la littérature républicaine, «suffrage universel» est même souvent employé comme synonyme de «peuple» (c'est en particulier très frappant dans la langue de Gambetta). L'assimilation du suffrage universel à une figure masquée et souveraine à la fois[2] renvoie à l'universalisme

1. A. BOUCHER, «Quinzaine politique», *Le Correspondant* du 10 mars 1874.
2. Cf. L. DE GAILLARD, «Le suffrage universel et les partis», *Le Correspondant* du 25 juillet 1869 : «Société, gouvernement et partis, personne n'aime à se voir sous la

abstrait de la culture politique française. Le suffrage apparaît comme une figure indéfinissable et insaisissable. Il n'y a rien de tel en Angleterre ou en Allemagne, où l'on sent toujours la présence des classes et des intérêts dans la procédure électorale.

Le développement dans ces années d'un effort de connaissance statistique appliqué à la matière électorale trouve là sa raison d'être. Pour réduire l'incertitude du suffrage et donner figure à ses mouvements, on a très tôt cherché en France à développer la statistique électorale[1]. On attendait d'elle qu'elle puisse compenser dans l'ordre de la connaissance l'opacité engendrée par l'universalisme abstrait de la culture politique française, et réduire ainsi la puissance mystérieuse du suffrage. Les premiers travaux de cette sorte sont publiés sous le second Empire, lorsque des républicains cherchent à comprendre leur difficulté à effectuer une percée électorale. F. Herold publie ainsi dans *Le Siècle* du 7 décembre 1863 une étude pour analyser la contradiction entre le vote des villes et celui des campagnes[2]. Au début des années 1870, certains journaux essaient d'objectiver le débat sur le suffrage universel. En janvier 1874, Anatole Dunoyer publie un essai de «Statistique du suffrage universel» dans *La Revue politique et littéraire*[3]. «Sachons qui nous sommes et ce que nous sommes», se fixe-t-il comme but. La même année, l'économiste Léonce de Lavergne, un homme du centre droit, anime une discussion à la Société d'économie politique sur le suffrage universel et la propriété en esquissant une sociologie économique de l'électorat[4]. Derrière le nombre, on essaie ainsi de repérer les classes; on tente de saisir des régularités derrière l'évolution des différents partis[5]. Il faudra ce travail

main d'un juge anonyme, tout-puissant, irresponsable et transitoire. On veut bien croire et on ne cesse de répéter que ce juge, c'est le pays : mais au fond chacun se dit que de son vrai nom il s'appelle l'inconnu.»

1. Le terme de «statistique électorale» semble avoir été employé pour la première fois en 1848 (cf. A.-J. TUDESQ, *L'Élection présidentielle de Louis-Napoléon Bonarparte [...]*, qui signale un article paru sous ce titre le 17 décembre 1848 dans *Le Mémorial bordelais*).

2. Repris in F. HEROLD, *Le Vote des villes, Étude de statistique électorale*, Paris, 1864. Remarquant que le vote contre les candidats officiels était surtout marqué dans les villes de plus de 40000 habitants, l'auteur note que «plus le suffrage universel est libre et éclairé, plus les résultats électoraux sont favorables à la démocratie libérale» (p. 16).

3. *La Revue politique et littéraire* (la «Revue bleue») du 3 janvier 1874, pp. 641-643.

4. Cf. la lettre de Léonce DE LAVERGNE publiée à l'automne 1874 dans *Le Journal des économistes* et reproduite dans *Le Temps* du 4 décembre 1874.

5. Les essais de «statistique électorale» de cette période restent encore très frustes. Il faut attendre Henri AVENEL, *Comment vote la France. Dix-huit Ans de suffrage uni-*

d'analyse pour que le suffrage produise pleinement ses effets inté-
grateurs, en restituant au rituel politique sa densité sociologique.

Le catalogue des nostalgies

Les élections à l'Assemblée nationale du 8 février 1871 ont été
organisées sur la base de la loi électorale du 15 mars 1849 : suffrage universel masculin pour les adultes de vingt et un ans, scrutin de liste départemental avec vote au chef-lieu de canton. On
a voulu rompre avec la pratique du scrutin uninominal d'arrondissement du second Empire, qui restait lié dans les mémoires à
la pratique des candidatures officielles. Le gouvernement provisoire a aussi jugé impossible un retour à la loi électorale du 30 mai
1850. Les républicains sont satisfaits de cette situation : le suffrage
universel se trouve confirmé et le scrutin de liste est à leurs yeux
la condition d'un vote politique dégagé de l'influence des notables locaux. Si le décret de convocation du 29 janvier 1871 a par
essence un caractère provisoire, les républicains ne sont donc pas
pressés de légiférer sur la question électorale [1]. Dans le cadre de
la préparation des lois constitutionnelles, qui constituent pour les
républicains le problème essentiel, Dufaure, un homme du centre
gauche, proche de Thiers, a cependant présenté le 19 mai 1873 un
projet de loi électorale politique. Sans remettre en cause le principe du suffrage universel, ni toucher à l'âge des vingt et un ans,
il prévoit cependant quelques restrictions conduisant à une sorte
de moyen terme entre la loi du 15 mars 1849 et celle du 30 mai
1850 : condition de domicile portée à deux ans, élargissement des
cas d'incapacité et de privation du droit électoral [2]. Ces propo-

---

versel (1876-1893), Paris, 1894, pour que cette statistique électorale progresse significativement. C'est véritablement le texte qui fonde la sociologie électorale.

1. La « Semaine politique » de *La Revue politique et littéraire* du 16 mai 1874 résume
bien le point de vue républicain : « Nous sommes en république, nous désirons y rester ; la loi électorale actuelle, au besoin, nous suffirait parfaitement [...]. La gauche a
demandé la loi sur la transmission des pouvoirs et celle sur la seconde Chambre. Quant
à la loi électorale, elle ne la demande nullement ; elle l'accepte, elle la subit, mais à son
jour et à son heure, quand tout le reste sera réglé » (pp. 1077-1078).

2. Outre les restrictions usuelles concernant l'incapacité des faillis et des condamnés, le projet Dufaure refusait le droit de suffrage aux individus admis dans les hospices, hôpitaux ou autres établissements d'assistance publique ainsi qu'aux individus
condamnés pour vagabondage et mendicité.

sitions apparaissent beaucoup trop avancées à la majorité de l'Assemblée, et Thiers doit se retirer le 24 mai. Pour les libéraux de droite et les légitimistes, la question électorale est la clef de tout. L'élection de Barodet, un républicain radical soutenu par Gambetta, à Paris, le 28 avril 1873, conforte leurs appréhensions. Qu'un radical inconnu puisse être élu avec quarante-cinq mille voix d'avance sur Rémusat, pourtant soutenu par des républicains modérés comme Littré, ébranle profondément la droite. La droite et le centre droit se radicalisent à cette occasion, et le suffrage universel est au premier rang des accusés. On se croit soudain revenu au printemps 1850. Il n'est question que de chercher à «refouler la démocratie», à «repousser le nombre», à «conjurer le péril social». Les perplexités philosophiques et la crainte du césarisme se doublent ainsi au printemps 1873 d'une véritable hystérie politique. Mais comment conjurer les menaces que l'on affirme si pressantes? La droite est dans une position délicate. La perspective de la fusion monarchiste reste en effet encore ouverte, et il est donc important d'ajourner toute discussion d'ordre constitutionnel. Débattre de la seconde Chambre ou de l'organisation des pouvoirs publics apparaît prématuré tant que la question du régime n'est pas tranchée. La législation électorale n'en prend que plus d'importance, presque mécaniquement. Le chroniqueur politique de *La Revue des Deux Mondes* écrit ainsi, après la chute de Thiers : «Si l'on veut faire une œuvre réellement, essentiellement conservatrice, qu'on se mette à élaborer une loi électorale[1].»

Une nouvelle commission d'examen des lois constitutionnelles, dite commission des Trente, est élue par l'Assemblée le 4 décembre 1873. Elle est dominée par les légitimistes et se consacre en priorité à la discussion d'une loi électorale politique[2]. Le but? Il est ouvertement de «réagir contre la loi du nombre», comme le dit

---

1. Charles DE MAZADE, «Chronique politique» du 14 juin 1873, *La Revue des Deux Mondes*, 1873, t. IV, p. 962.
2. La «commission relative à l'examen des lois constitutionnelles», dite commission des Trente, fut élue par l'Assemblée le 4 décembre 1873. Les travaux de cette commission constituent une source fondamentale pour l'histoire politique des débuts de la troisième République. Les procès-verbaux des réunions de cette commission ont été conservés aux Archives nationales dans trois registres (C* II 611-612-613), qui n'ont jamais fait l'objet d'une étude systématique (réunions de décembre 1873 à mai 1875).

explicitement Batbie, rapporteur de la commission[1]. Il est sur la même longueur d'onde que le duc de Broglie, qui avait lâché, à sa manière élégante et dédaigneuse : « Le suffrage universel n'a pas le sens de la vue ; il n'a que le sens du toucher[2]. » Mais comment épurer ce suffrage universel que l'on redoute et éloigner ces « nomades », ces « incapables » et ces « malfaiteurs » que l'on croit voir rôder autour des urnes ? Faut-il revenir à une forme de suffrage censitaire ? Beaucoup de conservateurs le pensent peut-être au fond d'eux-mêmes. Mais aucun n'ose le dire tout haut[3]. On sent bien combien serait explosif un retour en arrière trop brutal. Mais on est aussi dubitatif sur le fond. Les réflexions des membres de base de la commission des Trente, dans les premières séances, sont sur ce point d'autant plus intéressantes qu'elles sont formulées avec la liberté de ton qu'autorise ce cadre. « Il serait dangereux, dit ainsi l'un d'entre eux, Tallon, de porter atteinte au suffrage universel qui est entré dans nos mœurs. Le pays y tient. En le mutilant, on soulèverait des passions et on s'attirerait de cruels mécomptes. C'est un système faux de le fonder sur les capacités et sur la fortune. La capacité est difficile à établir. Si elle réside dans le bon sens et la raison, on voit des gens illettrés qui en ont plus que des bacheliers. Il serait dangereux de la baser sur des diplômes ; tous les ambitieux et les déclassés en sont généralement munis. Quant à la fortune, ce n'est pas la représentation exacte des intérêts[4]. » On sent déjà qu'il y a quelque chose de désormais incontournable dans les formes que peut prendre la démocratie française. « Le droit de suffrage est une fonction, ce n'est pas un droit absolu, explique

1. Les interventions des premières séances de la commission constituent un véritable florilège des critiques adressées par les conservateurs au suffrage universel. Elles sont exprimées d'autant plus franchement que les délibérations sont normalement secrètes. Combier considère comme « un funeste cadeau le suffrage universel qui contient dans son sein tant d'éléments faciles à exciter et à séduire » ; Chesnelong dénonce « le nombre oppresseur » ; Tailhant estime que « le suffrage universel n'a été qu'un péril et un mensonge » ; Cézanne fixe comme but de « briser la tyrannie du nombre » ; Lucien Brun note que « le suffrage universel est un fait d'une égalité brutale qui constitue une inégalité flagrante ».
2. Cité par G. HANOTAUX, *Histoire de la France contemporaine*, Paris, s.d., t. II, p. 467.
3. Le premier président Gilardin, qui publie dans *La Gazette des tribunaux* deux articles qui feront sensation (29 et 30 décembre 1873), est une des seules personnes à réclamer publiquement le retour à un système censitaire.
4. Quatrième séance, 17 décembre 1873 (les interventions à la commission des Trente sont citées ici d'après les procès-verbaux manuscrits).

ainsi Grivart. Mais on ne peut ni le mutiler, ni le supprimer, seulement l'organiser. Si l'Assemblée le modifiait dans son essence, elle soulèverait une résistance redoutable dans le pays. L'institution du suffrage universel est un malheur sans doute, mais elle existe depuis plus de vingt ans. Elle a poussé des racines profondes dans le pays [...]. Le suffrage restreint n'offrirait peut-être pas plus de garanties. Il faut donc conserver le suffrage universel, mais il faut le corriger, le tempérer et lui donner un contrepoids [1]. »

Comment « aménager » alors le suffrage universel sans le nier ? La marge de manœuvre est étroite. On se contente parfois de jouer sur les mots. Certains parlent de « suffrage universel n'outrageant plus la raison » [2], et les légitimistes ont pris l'habitude de s'abriter derrière la notion quelque peu sibylline de « suffrage universel honnêtement pratiqué » [3]. Pour corriger le suffrage universel et l'améliorer, la minorité libérale de la commission estime que l'on peut se contenter des garanties de l'âge et du domicile, celles de capacité et de fortune n'apparaissant plus utilisables. Mais la majorité légitimiste trouve ces précautions insuffisantes. Elle souhaite inscrire le suffrage dans une philosophie de la représentation des intérêts et voit dans la restauration d'un suffrage à deux degrés la correction nécessaire du suffrage universel.

Pendant l'hiver 1873-1874, la commission des Trente procède à une véritable revue de toutes les techniques électorales imaginables. Le suffrage à deux degrés ? L'idée est fortement défendue dans la commission par Antoine Lefèvre-Pontalis. Les deux degrés permettent de canaliser le suffrage et de diriger le corps électoral sans le contraindre formellement. Plusieurs ouvrages parus en 1871-1872 avaient déjà vanté les mérites de la formule : *Du suffrage universel et de la manière de voter* (1872), d'Hippolyte Taine ; *Du suffrage universel et de son application d'après un mode nouveau* (1871), de Joseph Guadet ; *Fonctions de l'État* (1871), de Joseph Foulon-Ménard ; *Essai sur l'organisation du suffrage universel en France*

---

1. Septième séance, 24 décembre 1873.
2. L'expression est de J. FOULON-MÉNARD, *Fonctions de l'État. Quelles sont leurs limites ? Quelle est leur nature ? dans la société moderne*, Nantes, 1871. L'auteur publie en annexe un projet de loi — « Suffrage universel n'outrageant plus la raison » — proposant un vote à deux degrés et l'instauration d'un vote plural. Renan citera avec beaucoup d'éloges l'ouvrage.
3. L'expression est employée dans le *Manifeste* du comte DE CHAMBORD du 5 juillet 1871. Elle revient sans cesse dans la bouche des membres de la commission des Trente.

(1872), du marquis de Castellane. Les arguments des partisans du vote indirect ne varient pas. La masse des électeurs, disent-ils, est encore ignorante, incapable d'apprécier la valeur des candidats ; mais cette masse est tout à fait à même de distinguer les hommes les plus intelligents et les plus capables qui composeront un corps électoral éclairé. On ne sort pas du théorème de Montesquieu, élégamment reformulé par Tocqueville au milieu du siècle. Et ce sont toujours les mêmes métaphores du filtrage et de l'épuration que l'on emploie pour vanter les mérites du suffrage à deux degrés. Mais vingt-cinq ans d'expérience du suffrage universel direct donnent aussi de nouveaux arguments. « Pour la sincérité et le respect de l'élection, note Lefèvre-Pontalis, il faut éloigner et exclure le plus possible le nombre. Il faut surtout prévenir les entraînements des réunions électorales où la foule se laisse entraîner par des discours souvent vides de sens. Aujourd'hui, le suffrage universel est falsifié : ce sont des délégués qui s'arrogent le droit de diriger les élections. En dehors d'eux, ce ne pourrait être que le gouvernement, et nous ne voulons pas revenir aux abus de la candidature officielle [1]. » Ces rapides remarques attirent l'attention. Elles suggèrent en effet un embryon de réflexion sociologique sur l'organisation de la démocratie. C'est en ce début des années 1870 que certains adversaires du suffrage universel direct sont amenés à développer une réflexion tout à fait originale pour les besoins de leur démonstration. Pour défendre le vote indirect, ils essaient de montrer qu'en vingt-cinq ans il n'y a jamais eu de suffrage direct « pur » et que des procédures formelles (le système des candidatures officielles sous le second Empire) ou informelles (les comités électoraux) ont toujours organisé de fait les candidatures et constitué un échelon intermédiaire entre l'élu et l'électeur. Dans cette perspective, le suffrage à deux degrés est un instrument de moralisation, d'autonomisation, et de démocratisation même, des choix électoraux. Il offre une alternative à l'encadrement de la vie politique par les partis ou le gouvernement : c'est un moyen équitable et transparent d'épurer le nombre, estiment ses partisans. On notera de façon significative que d'autres membres de la commission des Trente, Pradié et le vicomte de Meaux, suggéraient comme substitution possible au vote indirect la formation légale de comités préparatoires aux élections. Composés de notables et de pro-

---

1. Vingt et unième séance, 2 février 1874.

priétaires, ces comités auraient eu pour fonction d'enregistrer les candidats, d'entendre leur profession de foi, d'organiser les débats, de formuler des recommandations et de veiller à la sincérité des élections[1].

Cette modernisation de l'argumentation en faveur du suffrage à deux degrés ne doit cependant pas tromper. Elle est périphérique dans la vision des légitimistes de la commission. Le suffrage indirect reste inscrit dans une vision nostalgique des rapports entre le bon peuple et ses élites naturelles. «Quand l'usine, le château, le presbytère auront fait leur devoir, dit l'un d'entre eux, le paysan, l'ouvrier, le nombre en un mot, suivra et les imitera[2].» Le monde légitimiste reste encore accroché à cette image du châtelain paternaliste, et il ne comprend la démocratie politique moderne que comme une actualisation et un prolongement des rapports sociaux traditionnels. Toute une tradition folkloriste de droite qui cherche à faire revivre les coutumes d'un peuple simple, enraciné dans son terroir, fidèle à ses vieilles traditions, déférent vis-à-vis de ses maîtres, qui acceptent en retour de se comporter en guides et en bienfaiteurs, se retrouve dans cette sensibilité. Cette vision sociologique du suffrage indirect distingue d'ailleurs logiquement les élections locales et les élections politiques. Si les secondes sont nécessairement à deux degrés, beaucoup conçoivent que les premières puissent s'effectuer directement, l'électeur étant dans ce cas proche de ses intérêts, ayant une connaissance personnelle des personnes à élire. Pour les légitimistes, on l'a dit, le vote à deux degrés est lié à une vision archaïque du rapport entre le peuple et les notables. D'où l'équivoque, en 1871 comme en 1817 déjà, de leur acceptation du suffrage universel. Lorsque le comte de Chambord fait référence dans son *Manifeste* du 5 juillet 1871 au «suffrage universel honnêtement pratiqué», il ne rejoint aucunement Gambetta. Dans une adresse à ses électeurs, Gabriel de Belcastel, un légitimiste membre de la commission des Trente, écrit : «Dans le manifeste du "Roi", l'expression suffrage universel doit être comprise dans un sens qui écarte les périls[3].» Pour écarter ces «périls», les légitimistes des années 1870 cherchent majoritairement à corriger

---

1. Voir les suggestions du vicomte de Meaux formulées dans la sixième séance, le 22 décembre 1873.

2. Waddington, septième séance, 24 décembre 1873.

3. G. DE BELCASTEL, *À mes électeurs. Cinq Ans de vie politique, votes principaux, propositions, lettres et discours*, Toulouse, 1876, p. 35.

le suffrage universel dans la perspective d'une représentation des intérêts.

Le suffrage universel, estiment ces messieurs, est une puissance menaçante car il est aveugle, indéterminé. C'est l'addition mécanique des individus que l'on redoute, le pêle-mêle informe des opinions et des volontés que l'on voit porteur de tyrannie et sujet à toutes les manipulations. L'idée de décentralisation a pour cette raison le vent en poupe, au début des années 1870. Une commission de réforme dans ce domaine, présidée par Odilon Barrot, avait d'ailleurs été mise en place dès le printemps 1870[1]. Décentraliser, pense-t-on, permettra de construire de véritables communautés, éloignant ainsi le spectre de la masse indifférenciée, construisant la nation de façon organique en autre chose que ce « tas de sable » dénoncé par Renan[2] ou que cette « espèce de bouillie gélatineuse » vomie par Gobineau[3]. On souhaite exorciser les mêmes spectres en réorganisant le droit de suffrage. Le but, expliquent les Trente, est de « contrôler les forces sociales », d'« organiser la représentation des intérêts sociaux ». Comment ? En mettant d'abord en place un système de vote dit « plural », pour donner une densité qualitative au bulletin de vote. Combier et Belcastel souhaitent par exemple attribuer des voix supplémentaires aux hommes mariés et pères de famille. Le marquis d'Andelarre renoue avec la vieille idée de la loi du double vote en suggérant d'accorder des votes additionnels en proportion de la contribution foncière. D'autres, enfin, proposent de donner des voix spécifiques aux titulaires de certaines professions ou de certains diplômes. Le vote plural — certains parlent aussi de vote « composite » ou de vote « numérique »[4] — autorise chaque électeur à déposer autant de bulletins qu'il a de

1. Cf. B. Basdevant-Gaudemet, *La Commission de Décentralisation de 1870*, Paris, P.U.F., 1973.
2. « Un tas de sable n'est pas une nation ; or le suffrage universel n'admet que le tas de sable, sans cohésion, ni rapports fixes, entre les atomes » (lettre à Berthelot du 26 février 1871).
3. A. de Gobineau, *La Troisième République française et ce qu'elle vaut*, Paris, 1907, p. 108.
4. Voir J.-B. Lachaume, dont le titre de l'ouvrage est tout un programme : *Le Suffrage universel rationalisé ou suffrage universel transformé en suffrage censitaire, sans cesser d'être universel, autrement dit suffrage composite*, Paris, 1867 (rééd. Mâcon, 1878). « Le vote numérique est le remède suprême », écrit de son côté Édouard Petit. « Il ne prive personne du droit de voter, et il rehausse les intelligences » (É. Petit, *Quelques Mots sur la pratique du suffrage universel*, Paris, 1873, pp. 7 et 8).

suffrages inscrits sur sa carte. Ainsi, dans la même maison, le domestique célibataire exprimerait un seul suffrage tandis que le maître marié, père de famille, docteur en médecine et contribuable aurait jusqu'à dix voix[1].

À côté de ce vote plural, on souhaite aussi mettre en place un système de représentation des intérêts pour conjurer le nombre. L'idée est dans l'air du temps, et elle séduit dans des cercles qui dépassent largement ceux du légitimisme, trouvant même depuis le *Manifeste des Soixante* un solide écho dans les milieux ouvriers. Fustel de Coulanges, l'historien de *La Cité antique*, développe aussi cette thèse. « Il n'y a pas assez d'unité dans la population française pour qu'on puisse exiger qu'elle ait les mêmes députés et la même opinion, explique-t-il. La société moderne est composée d'éléments très complexes. Nous ne sommes pas un peuple ; nous sommes dix ou quinze peuples qui vivons sur le même territoire, qui nous mêlons, mais qui différons d'intérêts, d'habitudes, de manière de penser, et même de langage. N'est-il pas naturel et juste que chacun de nous choisisse ceux qui devront dans l'assemblée commune représenter nos intérêts et soutenir nos droits [...]. La source du mal n'est pas le suffrage universel ; car le suffrage restreint, plusieurs fois essayé, n'a pas montré plus d'intelligence politique. Le mal est que nous nous préoccupons à l'excès de théories pures et d'abstractions et que, restreint ou universel, le suffrage s'égare toujours du côté des chimères. Le remède consiste à le ramener du côté des intérêts[2]. » Pour contrebalancer le nombre et représenter les intérêts, certains pensent surtout à la mise en place d'une seconde Chambre. C'est le point de vue des libéraux ou des républicains conservateurs. Étienne Vacherot, l'auteur de *La Démocratie*, qui représente avec Laboulaye l'aile gauche de la commission des Trente, note : « Nous voulons tous la constitution d'une deuxième chambre. C'est là qu'il faut placer le correctif du suffrage universel et la représentation des intérêts et des éléments conservateurs de la société[3]. » Mais les légitimistes veulent aller plus loin et souhaitent que la Chambre des députés elle-même soit élue sur la base

1. Ce système de vote plural a fonctionné un moment en Belgique ; cf. E. VILLEY, *Législation électorale comparée des principaux pays d'Europe*, Paris, 1900, pp. 95-99.

2. Lettre de 1871 au directeur de *La Revue des Deux Mondes*, publiée dans Fr. HARTOG, *Le XIXᵉ siècle et l'histoire. Le Cas Fustel de Coulanges*, Paris, P.U.F., 1988, pp. 276 et 280.

3. Quatrième séance, 12 décembre 1873.

des intérêts et des professions. Plusieurs se réfèrent par exemple directement à la loi prussienne alors en vigueur et proposent de diviser, au niveau de la commune, les électeurs en trois catégories correspondant chacune à un tiers du contingent des contributions directes de répartition. Le premier tiers, composé des plus imposés, n'aurait ainsi qu'un petit nombre d'électeurs mais le même nombre de représentants que le dernier tiers, composé de toute la masse des petits contribuables, et même de ceux qui ne paient rien. Une masse de projets suggèrent des variantes professionnelles de cette représentation de classe. Dans *Du suffrage universel et de son application d'après un mode nouveau* (1871), Guadet propose de partager la population en cinq classes ayant un même nombre de représentants : les propriétaires; les cultivateurs; les industriels et commerçants; les ouvriers; les professions libérales, fonctionnaires et employés civils. Le marquis de Franclieu propose de son côté, dans *Le Vote universel honnêtement pratiqué*[1], trois représentations spéciales pour les intérêts (industrie, commerce, main-d'œuvre) et deux pour la science (religieuse et profane).

Suffrage à deux degrés, vote plural, représentation des intérêts : tous ces modes d'encadrement du suffrage universel qui sont mis en avant à la commission des Trente composent un véritable répertoire des nostalgies politiques françaises. Les légitimistes sont alors en plein rêve. Les libéraux de *La Revue des Deux Mondes* ne manquent pas de s'en gausser. La revue note, dans sa première livraison de 1874 : «Des législateurs qui ont probablement des loisirs, ouvrent à Versailles une académie où, sous prétexte de lois organiques, ils se livrent à l'étude de toutes les théories connues et inconnues du droit constitutionnel[2].» «La Commission est évidemment le jouet d'une illusion, y lit-on un mois plus tard, elle se méprend, elle n'a pas été créée pour se livrer à ces études de fantaisie[3].» Six mois après, ces mêmes hommes voteront pourtant une loi électorale établissant un suffrage universel sans restrictions. Comment comprendre ce revirement? La victoire du suffrage universel ne procède pas seulement d'une conquête : elle

---

1. Tarbes, 1874. Franclieu sera le principal orateur d'opposition dans la discussion finale de la loi électorale politique (novembre 1875).
2. «Chronique de la quinzaine» du 31 décembre 1873 (*La Revue des Deux Mondes*, 1874, t. I, p. 221).
3. «Chronique de la quinzaine» du 15 février 1874, t. I, p. 951.

apparaît à bien des égards comme le résultat d'une résignation, l'effondrement d'une résistance ; elle résulte d'un forfait plus que d'un combat.

Le temps de la résignation

En mars 1874, Léon Batbie présente les conclusions de la commission des Trente sur le projet de loi électorale[1]. Toutes les propositions débattues pendant plusieurs mois ont été curieusement écartées. Il n'est plus question de suffrage à deux degrés ou de représentation des intérêts. Le rapport se limite à suggérer toute une série de restrictions pour l'obtention de la qualité d'électeur : limite d'âge fixée à vingt-cinq ans, durée de domicile fixée à trois ans (six mois pour les personnes nées dans la commune) assortie d'un mode de preuve relativement contraignant, conditions assez strictes d'éligibilité (âge de trente ans, obligation d'avoir été cinq ans contribuable dans la commune). Il substitue en outre le scrutin d'arrondissement au scrutin de liste. On retrouvait au fond l'esprit de la loi du 31 mai 1850, et il n'y avait plus trace d'une conception vraiment alternative du suffrage et de la représentation. Comment s'est opéré cet abandon de principes auxquels les légitimistes tenaient tant ? Les termes dans lesquels Batbie s'explique sur ce point dans son rapport sont très intéressants, car ils permettent de saisir la nature du mouvement qui a conduit à l'acceptation raisonnée du suffrage universel par une Assemblée conservatrice. Le suffrage plural ? « Ce ne sont pas les difficultés pratiques qui l'ont fait écarter [...]. Ce qui nous a arrêtés, c'est que les effets de cette innovation sont loin d'être sûrs », explique-t-il[2]. Les deux degrés ? « C'est aussi l'incertitude des résultats qui nous a décidés à n'admettre comme correctifs ni l'élection à deux degrés, ni l'inscription au rôle de l'une des quatre contributions directes. » La fixation d'un cens d'éligibilité ? « Le cens d'éligibilité ne ferait qu'imposer une gêne aux candidats sans modifier l'esprit de l'élection. » La représentation des intérêts à la prussienne ? « Il n'y a pas

1. Ce rapport est reproduit dans les *Annales de l'Assemblée nationale*, t. XXX, 21 février-28 mars 1874, annexe n° 2320, pp. 202-217.
2. *Annales de l'Assemblée nationale*, t. XXX, p. 203. Toutes les citations qui suivent sont extraites de ce même rapport.

de distinctions à faire entre la grande et la moyenne propriété, ni entre la moyenne et la petite. Leur régime est le même, à tous les degrés.» L'adjonction des plus imposés? «La majorité de la Commission a craint que, dans un corps électoral composé d'éléments divers, l'antagonisme ne fût systématique. Autant vaudrait rétablir le cens pour tous les électeurs.» La fixation d'un modeste cens, alors? «La Commission a abandonné ce projet par crainte de heurter le sentiment le plus vif et le plus ombrageux parmi nous, l'égalité [...]. La Commission a craint aussi que l'esprit ne fût ni assez large ni assez sûr pour qu'il y eût un avantage certain à le substituer au suffrage universel.» Cette cascade d'hésitations et d'aveux naïvement formulés montre bien que c'est de façon uniquement négative que des restrictions plus fondamentales n'ont pas été adoptées. «C'est avant tout un monument d'ingénuité, dira *Le Temps* en commentant ce rapport. Il était impossible d'accuser avec plus de candeur le singulier état d'esprit dans lequel notre prétendu parti conservateur est tombé [...]. D'un bout à l'autre de ce travail, la préoccupation constamment visible et dominante de M. Batbie est d'excuser la Commission de ne pas avoir osé davantage. La Commission propose quelque chose comme le rétablissement de la loi du 31 mai, en demandant pardon de n'avoir pu mieux faire [1].» Ce rapport Batbie a la particularité de ne satisfaire personne. Les républicains s'indignent naturellement de tout l'arsenal de précautions dont il entoure la qualité d'électeur, les libéraux restent sceptiques sur l'efficacité des mesures proposées [2], et les éléments les plus conservateurs de l'Assemblée se sentent frustrés. Batbie en était d'ailleurs conscient. Il note dans sa conclusion : «Nous n'ignorons pas que notre projet ne donnera satisfaction ni à ceux qui n'admettent aucune restriction au suffrage, ni à ceux qui croyaient le moment propice pour modifier profondément une institution qu'un coup de révolution avait introduite dans nos

---

1. *Le Temps* du 28 mars 1874, p. 1.
2. Voir la «Chronique de la quinzaine» du 30 mars 1874 dans *La Revue des Deux Mondes*, qui note : «Il faudrait prendre garde : avec ce luxe de formalités poussées jusqu'à la minutie, on agit quelquefois très aveuglément, on ne sait pas qui on élimine, on croit n'exclure que des électeurs qui seraient dangereux, et on exclut ceux à qui on donnerait un double vote, si on le pouvait» (1874, t. II., p. 481). Une bonne introduction à la compréhension de l'approche libérale médiane peut aussi être trouvée dans les travaux de la Conférence Tocqueville, qui étudie à plusieurs reprises les projets de législation électorale (en 1868, 1873, 1874).

lois[1]. » Comment donc interpréter ce rapport ? Peut-on dire avec
de Broglie qu'il avait maintenu le suffrage universel « avec de très
légères et de très raisonnables restrictions »[2] ? Ou faut-il y voir,
comme Gambetta, une « entreprise dirigée contre le suffrage universel »[3] ? Les deux interprétations sont possibles. Par rapport à
la loi de 1849, et même aux prudences de la proposition Dufaure
de 1873, le recul est certes considérable. Mais on ne retourne pas
pour autant à un système censitaire, et les nostalgies légitimistes
n'ont pas été prises en compte sur le fond. Le caractère équivoque
du rapport Batbie tient à l'idée même de garantie sur laquelle il
prétend reposer. Le sens pratique de certaines restrictions est très
clair. C'est le cas par exemple de la règle des cinq ans d'inscription sur le registre des contributions d'une commune pour être
éligible : elle vise directement les journalistes et les publicistes républicains qui se présentaient dans des zones rurales ou des villes
moyennes. Mais l'âge et le domicile ? C'est un spectre et un fantasme que l'on veut exorciser, mais on ne désigne aucune population précise que l'on pourrait considérer comme dangereuse.
L'arsenal de précautions énoncé par Batbie a finalement plus pour
fonction d'exorciser le malaise de la droite que de proposer de véritables garanties. Si les libéraux du *Temps* ou de *La Revue des Deux
Mondes* commencent à le comprendre, la grande majorité des conservateurs n'en est pas encore là. Elle a encore besoin de s'accrocher
à ce qu'elle imagine être d'ingénieuses combinaisons[4]. Mais, avec
le premier recul de la commission des Trente, c'est pourtant la
confirmation du suffrage universel qui est déjà en marche. Au fur
et à mesure que la pertinence des restrictions s'effondre, se découvre le fait massif qu'il n'y a pas de troisième voie possible entre
l'idéal censitaire et capacitaire authentique et l'acceptation de la
formule simple : un vote, un homme. Les républicains tentent de

1. *Annales de l'Assemblée nationale*, t. XXX, p. 207.
2. Albert de Broglie, cité le 31 mars 1874 dans *La République française*.
3. Le 4 juin 1874, dans la première discussion à l'Assemblée du projet de loi électorale politique (*Annales de l'Assemblée nationale*, t. XXXI, p. 305).
4. Le marquis de Castellane sera le seul orateur à les dénoncer d'un point de vue
réactionnaire. « Au lieu de réagir contre le principe de la souveraineté du nombre, dit-
il, la commission a cherché à s'en accommoder [...]. De là une série de précautions,
utiles sans doute, mais que le public pourrait bien considérer comme tracassières. De
là aussi, une suite de petits pièges, malicieusement tendus au suffrage universel, dans
l'espoir que l'ingénu y tombera sans s'en apercevoir » (discours du 3 juin 1874, *Annales
de l'Assemblée nationale*, t. XXXI, p. 269).

l'exprimer à leur façon lorsqu'ils disent qu'«on ne ruse pas avec le suffrage universel», qu'il faut l'accepter ou le refuser en bloc.

Même si elles n'ont plus de fondements intellectuels solides, les réticences des conservateurs ne s'effacent pourtant pas immédiatement. Elles ne seront d'ailleurs jamais tout à fait ouvertement levées. C'est seulement de façon *circonstancielle* que le suffrage universel est finalement consacré. Il faut pour cela le détour par la discussion et le vote d'une loi électorale municipale, à l'été 1874. C'est à cette occasion que le tournant irréversible s'opère. Un premier rapport est déposé le 21 juillet 1873, et un rapport complémentaire est présenté par Chabrol le 7 mars 1874[1], au moment où la commission des Trente termine de son côté ses travaux. Comme Batbie, Chabrol veut «corriger les défauts de la loi du nombre», «protéger les idées conservatrices». Mais la commission de Décentralisation, dans laquelle le point de vue légitimiste est dominant, est plus conséquente. C'est une véritable charte communale, profondément cohérente, qu'elle présente. Le projet de législation électorale municipale qui lui est associé ne se limite pas aux demi-mesures avancées par la commission des Trente. S'il admet le droit de vote pour tous, sans condition de cens, avec une clause de domicile (trois ans, et six mois pour les personnes nées dans la commune) et d'âge (vingt-cinq ans), il reprend surtout à son compte quelques points fondamentaux de la vision anti-individualiste du légitimisme : représentation des intérêts avec l'adjonction aux conseillers élus des contribuables les plus imposés ; représentation des minorités garantie par un système de vote accumulé[2] ; vote plural, avec l'institution d'un double vote pour les électeurs mariés[3]. La commission de Décentralisation estime ainsi mettre en place un système en rupture philosophique avec la loi du nombre. Elle ne se contente pas d'épurer ou de filtrer le suffrage, elle entend l'asseoir sur des bases nouvelles en contre-

---

1. Le premier rapport est reproduit dans les *Annales de l'Assemblée nationale*, t. XIX, annexe n° 1913, pp. 143 *sq.* ; le rapport complémentaire de Chabrol est reproduit dans les *Annales de l'Assemblée nationale*, t. XXX, annexe n° 2268, pp. 71 *sq.* (Une seconde commission de décentralisation, conduite par Ernoul, avait commencé ses travaux dès 1871.)

2. La commission s'était référée à ce propos à la législation de l'Illinois.

3. Pernolet, qui fut l'un des plus ardents propagandistes de la représentation proportionnelle, proposait même que les pères de famille ayant plus de deux enfants disposent de trois voix.

balançant sérieusement le principe du vote individuel et en cherchant à complexifier les formes de la représentation. C'est pour cette raison que la discussion de ce projet à l'Assemblée est particulièrement intéressante. Les républicains sentent que la discussion sera décisive. « Personne ne saurait s'y tromper, note ainsi *La République française* du 3 juin 1874. Jamais, depuis le 31 mai 1850, aucune assemblée française n'eut à se prononcer sur un sujet si grave et si dangereux. » La franchise du projet radicalise en effet les termes du débat.

La question du domicile n'est guère discutée. Les républicains admettent eux-mêmes que, dans des élections locales, ceux qui ne sont pas nés dans la commune doivent faire preuve d'une insertion réelle constatée par l'inscription sur le rôle des contributions depuis une certaine durée. Les légitimistes acceptent de leur côté de limiter à un an cette condition [1]. De la même façon, la réduction de vingt-cinq à vingt et un ans de l'âge requis est concédée. Les dispositions essentielles du projet de loi résident ailleurs, pour Chabrol : elles consistent dans les mesures visant à représenter les intérêts sociaux (et donc à dépasser le simple vote individualiste). L'adjonction des plus imposés est pour cette raison au cœur du système proposé. C'est à ce propos qu'est livrée la bataille décisive. « Le projet de la Commission, argumentera Jules Ferry, est contraire à la notion même sur laquelle repose l'État moderne. L'État moderne repose tout entier sur la conception de l'intérêt général qui fait plier devant lui tous les intérêts particuliers. C'est là ce qui distingue l'État moderne de l'État féodal [...]. Votre projet est conçu en dehors de cette notion essentielle du droit moderne ; il est, je crois, le seul exemple, depuis quatre-vingts ans, d'une conception différente [2]. » C'est le fond du problème. Mais certains conservateurs ne sont pas prêts à trancher aussi clairement les choses même s'ils ne partagent pas la vision de Chabrol. Un amendement

---

1. La condition de domicile fixée par la loi électorale municipale a pour conséquence paradoxale de faire en sorte que, après le vote de la loi électorale politique du 30 novembre 1875, l'électorat municipal est plus restreint que l'électorat politique. C'est la loi du 5 avril 1884 qui procédera à l'unification des deux listes électorales. Les listes arrêtées au 31 mars 1884 donnaient 10 062 425 électeurs municipaux et 10 204 228 électeurs politiques, soit 141 803 électeurs qui ne jouissaient que du droit électoral politique (indication donnée par L. MORGAND, *La Loi municipale, Commentaire de la loi du 5 avril 1884*, Paris, 1887-1888, t. I, p. 121).

2. J. Ferry, discours du 17 juin 1874, *Annales de l'Assemblée nationale*, t. XXXII, p. 250.

déposé par Bardoux, un proche de Léon Say et du duc de Broglie, leur permet de trouver une issue commode. En proposant d'en revenir à la loi de 1837 qui organisait l'intervention des plus imposés mais les limitait à des cas précis d'emprunts et d'impositions extraordinaires[1], Bardoux donne l'occasion à toute une partie de la droite de reconnaître un certain poids à la propriété sans s'engager dans la perspective audacieuse de Chabrol. Le rapporteur ne s'y trompe d'ailleurs pas, puisqu'il estime, après le vote de l'amendement, que son projet est dénaturé, et il se retire. « Les garanties offertes aux intérêts conservateurs par l'intervention des plus imposés avaient seules déterminé la majorité de la Commission à étendre, pour les autres parties du projet, les libertés municipales », dit-il[2]. La minorité reprend le projet, et c'est donc une loi d'élection municipale très ouverte qui fut votée le 7 juillet 1874 par la droite. Les républicains votent contre, mais ils sont finalement rassurés. Dès le 3 juillet, après le rejet des vingt-cinq ans, *La République française* applaudit d'ailleurs en notant : « Le suffrage universel est sauvé. Il demeure la loi fondamentale de la société française. *C'est une conquête définitive.* »

À partir de ce moment, les propositions de la commission des Trente en matière de loi électorale politique ne peuvent plus avoir aucun sens. La commission en prend acte et donne sa démission. Le suffrage universel politique est ainsi consacré par prétérition au cours de la discussion sur l'électorat communal. Un an plus tard, lorsqu'un nouveau projet de loi électorale politique est soumis à l'Assemblée[3], le rapporteur, le républicain Marcère, peut dire sans soulever de réactions : « Le principe de la souveraineté du peuple et le principe du suffrage universel sont arrivés dans ce pays à l'état de dogme politique[4]. » Le nouveau projet de loi

1. La loi du 18 juillet 1837 prévoyait que, dans les cas de fusion ou de séparation des communes, de levée de contributions extraordinaires et de décision d'emprunts, les plus imposés étaient appelés à délibérer avec le conseil municipal, en nombre égal à celui des membres en exercice.
2. 19 juin 1874, *Annales de l'Assemblée nationale*, t. XXXII, p. 278.
3. Après le retrait de Batbie, une nouvelle commission des Lois constitutionnelles avait été nommée. Comprenant un beaucoup plus petit nombre de légitimistes et ayant intégré nombre de républicains en son sein (Ferry, Simon, Schérer, entre autres), la commission conclut ses travaux par un rapport qui est présenté le 22 juillet 1875 par Ricard et Marcère. La discussion finale à l'Assemblée, qui aboutit au vote de la loi électorale politique du 30 novembre, a lieu du 8 au 30 novembre 1875.
4. 8 novembre 1875, *Annales de l'Assemblée nationale*, t. XLII, p. 38.

garantissant un droit de vote sans restrictions est voté presque sans débat. La seule discussion d'importance concerne le mode de scrutin. La droite ne livre pas bataille : seuls 85 députés sur 591 votants font opposition. Que de chemin parcouru depuis 1871 ! *La République française* exulte : « Le suffrage universel, institution fondamentale, n'est plus attaqué, n'est plus mis en discussion [...]. Rappelons-nous ce que l'on disait, ce que l'on écrivait, il y a deux ou trois ans au nom de la majorité conservatrice. On en voulait au suffrage universel, on attaquait la loi du nombre, on méditait de nous ramener à la représentation des intérêts[1]. » La droite s'est résignée, même si elle ne s'est pas convertie.

Le souvenir des conditions dans lesquelles Louis-Napoléon Bonaparte s'était présenté en sauveur du suffrage universel a joué un rôle non négligeable dans cette résignation. Intervenant devant la commission des Trente, Thiers fait sensation en reconnaissant que la loi du 31 mai 1850 avait été une erreur. « Après les élections de MM. de Flotte et Eugène Sue, raconte-t-il, on fut saisi d'une terreur très grande et je fus l'un des auteurs les plus engagés dans la préparation et dans la discussion de la loi du 31 mai. J'étais de bonne foi, et j'ai dit alors une parole — "La vile multitude" — qui a soulevé bien des orages et qui est restée dans la mémoire de mes contemporains. Le 2 décembre vint m'apprendre que nous avions mis des armes bien redoutables dans les mains d'un homme qui voulait tenter de grandes aventures. Cela m'a fait faire de grandes réflexions. Il y a toujours un danger à mettre des armes aux mains de ceux qui peuvent se présenter au pays en annonçant qu'ils vont rétablir le suffrage universel[2]. » Bien des libéraux du centre droit sont d'accord avec cette analyse. C'est pourquoi, dès 1871, *Le Temps* et *La Revue des Deux Mondes* s'étaient montrés relativement prudents. Tout en partageant sur le fond les inquiétudes des légitimistes, ces publications n'avaient pas cru possible une remise en cause réelle du suffrage universel[3]. Les catholiques du *Corres-*

---

1. *La République française* du 11 novembre 1875, p. 1.
2. Cité par J. CLÈRE, *Histoire du suffrage universel*, Paris, 1873, p. 103.
3. Les positions défendues dans le journal *Le Temps* sont très représentatives à cet égard. Dans le chapeau de présentation du premier article de Taine sur le suffrage (sa brochure *Du suffrage universel et de la manière de voter* fut d'abord publiée sous forme de trois articles dans les numéros des 2, 3 et 4 décembre 1871), le journal prévient : « Nous ne voyons rien à reprendre à la critique si judicieuse et si pénétrante de M. Taine ; le suffrage universel est plein de défauts ; mais il faut le supporter, il faut vivre avec lui tel qu'il existe actuellement. En droit électoral, ce qui est une fois concédé ne peut

pondant ont cherché plus longtemps à contourner cette contrainte, rêvant d'un système qui concilierait la garantie du droit de vote avec un mode de représentation aux effets automatiquement conservateurs. Mais ils sont contraints de revenir sur terre dans les débats de l'été 1874.

Si la droite se résigne, elle n'en reste pas moins amère. *Le Correspondant* note après le vote de la loi du 30 novembre 1875 : «La loi électorale est votée. Elle n'aura rien ou presque rien ôté à la brutale force du suffrage universel. Ainsi subsiste, dans notre Troisième République, une domination, celle du nombre et de l'ignorance[1].» Le suffrage universel s'impose ainsi comme un simple *fait social*. «Ne faisons pas de philosophie, écrit le comte de Champagny dans *Le Correspondant*. Le suffrage universel n'est pas pour nous un dogme; c'est un fait qui est bien loin d'être général en ce monde, un fait qui ne sera pas éternel. Mais, en attendant, il faut vivre avec[2].» Légitimistes et catholiques libéraux rejoignent ainsi dans la résignation raisonnée les libéraux du *Temps* ou de la *Revue des Deux Mondes*. Une page de l'histoire politique française est du même coup tournée. Il n'y aura désormais plus aucune force politique pour réclamer la remise en cause du suffrage universel. Mais c'est un triomphe modeste et fragile, sans véritables bases philosophiques. On ne reconnaît pas tant en lui l'expression du droit et de la justice que la puissance de l'inéluctable. De ce déficit originaire, la démocratie française reste secrètement marquée.

Le pouvoir du dernier mot

Les conservateurs redoutent le suffrage universel en même temps qu'ils se savent condamnés à composer avec lui. «Irrésistible», tel est en dernier ressort son caractère à leurs yeux. Les analyses et

---

être ni repris, ni modifié. Toute restriction, toute modification, créerait un risque révolutionnaire, et serait plus dangereuse que les dangers qu'elle serait censée conjurer» (*Le Temps*, 2 décembre 1871, p. 1). Critiquant, deux ans plus tard, les positions de Dupont-White présentées dans *Le Correspondant*, le journal dit encore : «Il ne s'agit plus de délibérer *en principe* sur le suffrage universel. Nous ne sommes pas en 1848. Le suffrage populaire existe. La question n'est pas tant de savoir, s'il est bon ou mauvais, dangereux ou salutaire, mais si les amis de la liberté l'abandonneront aux partisans de la dictature et aux révolutionnaires» (*Le Temps*, 28 juillet 1873, p. 1).
1. *Le Correspondant*, 10 décembre 1875, p. 1051.
2. *Le Correspondant*, 25 mai 1873, p. 667.

les réactions de la droite tournent autour de cette idée d'irrésistibilité. Elle excuse tout, elle explique tout, elle résume tout : les
prudences et les compromis, les déceptions et les consentements,
les aveuglements et les résignations. L'invocation de l'irrésistibilité permet de dénigrer intellectuellement le suffrage universel tout
en l'acceptant pratiquement. Mais comment la comprendre ? Elle
recouvre deux significations très différentes qui ne sont jamais clairement articulées. Elle oscille entre la référence à un héritage et
l'évocation d'un avenir obligé. On se voit bien contraint de tenir
compte du premier alors que l'on discerne mal le second. Pour
la majorité de l'Assemblée de 1871, le suffrage universel n'est même
qu'un héritage inattendu. On veut se persuader que le suffrage universel, instauré en 1848, n'a été qu'un accident dans la législation
française et qu'il ne tient par aucun lien aux traditions nationales.
Il n'y a donc pas d'implication philosophique dans son acceptation. On le reconnaît seulement comme un fait purement circonstanciel, lié au caractère exceptionnel et brutal des événements de
février 1848, on voit en lui le fruit d'un hasard, que le temps a
ensuite changé en nécessité.

On constate à cette occasion que l'interprétation de la révolution de 1848 est fondamentale pour les libéraux et les conservateurs de la seconde moitié du XIXᵉ siècle. Il est important pour eux
de la cantonner dans un statut événementiel, de souligner son impré-
visibilité pour établir qu'elle n'avait pas de nécessité rapportée à
une histoire de longue durée de la politique française. « Les événements de février sont tombés sur la France comme un coup de
foudre, rappelle par exemple Victor de Broglie. Ils ont pris au
dépourvu ceux qui les ont faits au moins autant que ceux qui les
ont subis[1]. » Le suffrage universel n'a pas d'histoire, d'une certaine façon. « Il s'est introduit tout d'un coup et à l'improviste »,
argumente le vicomte de Meaux en juin 1874, dans la première
discussion de la loi électorale politique[2]. On peut ainsi lui dénier
toute légitimité philosophique tout en l'acceptant comme un fait.
Pour les conservateurs, le caractère brutal de l'avènement du suffrage universel a aussi créé une perturbation durable : il a conduit

---

1. Victor DE BROGLIE, *Vues sur le gouvernement de la France*, Paris, 1870, p. XLII (publication posthume d'un texte qui n'avait circulé qu'à un très petit nombre d'exemplaires
lithographiés en 1860).
2. 4 juin 1874, *Annales de l'Assemblée nationale*, t. XXXI, p. 290.

à radicaliser les termes du changement politique. Le vicomte de Meaux l'explique avec des formules qui retiennent l'attention. Comparant la France aux autres grandes démocraties, il montre comment ces dernières ont eu une approche pragmatique et gradualiste de l'extension du suffrage. En Allemagne, aux États-Unis ou en Grande-Bretagne, souligne-t-il, « le législateur peut étendre et étend en effet le droit de suffrage. Peu à peu, selon que la condition du peuple s'élève, il multiplie le nombre des électeurs. Il approche du suffrage universel, il s'en approche, mais sans l'atteindre jamais. Enviable situation des législateurs étrangers ! souligne-t-il. Pour eux, réformer le suffrage c'est l'élargir ; pour nous au contraire, placés dans une condition moins heureuse, le réformer, c'est inévitablement l'épurer » [1]. La France resterait donc marquée de façon profonde par l'accident de 1848 : en empêchant pour l'avenir toute approche gradualiste du suffrage, ce dernier l'aurait condamnée à osciller entre les dangers de la réaction et les illusions de la démocratie radicale. Cette question sera plusieurs fois reprise par des publicistes libéraux ou républicains modérés dans le dernier tiers du XIXᵉ siècle. Elle alimente par exemple toute l'œuvre de Boutmy sur la comparaison entre la France et l'Angleterre [2].

La spécificité française est perçue assez clairement du point de vue de la *méthode politique* (le radicalisme contre le gradualisme pour simplifier), mais on n'en analyse jamais la raison de fond, du fait de cette perception circonstancielle de 1848. On ne comprend pas que ce qui rend le gradualisme très difficile, c'est toute la conception française de la représentation et de la citoyenneté. Si le droit de suffrage est relié à la représentation de groupes et de classes, il y a une flexibilité presque infinie dans son histoire et celle-ci peut, à certains égards, n'être terminée que très tardivement, comme le suggère l'exemple anglais [3] : le réformisme est

1. *Annales de l'Assemblée nationale*, t. XXXI, p. 291.
2. Voir tout particulièrement *Le Développement de la Constitution et de la société politique en Angleterre*, Paris, 1887, et *Essais d'une psychologie politique du peuple anglais au XIXᵉ siècle*, Paris, 1922.
3. Le suffrage universel masculin n'est pas encore vraiment acquis après le Reform Bill de 1884. Le vote plural ne fut ainsi supprimé qu'en 1945, en Grande-Bretagne (ce système permettait à un électeur de voter dans toutes les circonscriptions dans lesquelles il remplissait les conditions requises de propriété, de domicile ou d'emploi ; Joseph Chamberlain pouvait ainsi voter dans sept endroits !). Il fallut même attendre 1948 pour que l'individualisme politique soit juridiquement achevé par l'abolition des circonscriptions universitaires (les universités de Cambridge et d'Oxford disposaient jusqu'à cette date de représentants spéciaux au Parlement).

dans ce cas le moyen naturel de changement politique. Dans le cas français, la conception abstraite de la citoyenneté rend au contraire le réformisme très difficile : le contenu graduel des réformes y renvoie en effet à des règles formelles, et non pas à des populations concrètes. Dans l'Angleterre de 1866-1867, quand on parle de réduction du cens, ce sont des catégories bien précises de salariés ou de locataires qui sont visées, la traduction sociologique des réformes est immédiate. Rien de tel en France. Derrière l'énoncé de réformes, on ne voit que la règle. Or celle-ci ne peut avoir sens en elle-même : le tout ou le rien seuls peuvent être argumentés philosophiquement. La réforme, elle, ne peut être défendue que sociologiquement et pragmatiquement. Dans cette référence à 1848 comme à un pur accident, les hommes de 1870 touchent donc à un point central de la démocratie française, mais sans se montrer capables de l'approfondir et d'en saisir toute la portée.

À l'inverse des légitimistes et des publicistes les plus conservateurs, les libéraux modérés ne se contentent pas d'appréhender le suffrage universel comme un héritage, un accident avec lequel il faudrait composer. Ils reconnaissent que la démocratie se développe selon un processus inéluctable et inexorable. Mais les raisons de ce mouvement leur restent en même temps assez opaques. Dans les célèbres premières pages de *La Démocratie en Amérique*, Tocqueville ne sait que l'appréhender comme « une révolution irrésistible », un « fait providentiel »[1]. Certains publicistes libéraux suggèrent pourtant une réponse : contrairement au travail infini de l'égalité des conditions, le suffrage universel met une borne claire à la démocratie politique. Il l'achève d'une certaine façon en introduisant dans la vie politique le « pouvoir du dernier mot »[2]. C'est une force de recours et une puissance d'arbitrage souveraine qui permet de clore les discussions et de trancher les conflits. « L'unique mérite du suffrage universel, explique Victor de Broglie dans ses *Vues sur le gouvernement de la France*, c'est d'être placé sur l'extrême limite qui sépare le droit pur et simple de la force pure et simple. Par-delà le suffrage universel, les radicaux, les démagogues n'ont rien à réclamer en fait d'extension des droits politiques.

---

1. Prévost-Paradol note de son côté : « La tendance d'une société démocratique est d'accorder tôt ou tard le droit de suffrage à tous les citoyens qui la composent » (PRÉVOST-PARADOL, *La France nouvelle* [1868], Paris, Garnier, 1981, p. 173).
2. L'expression est employée par E. D'EICHTAL dans *Souveraineté du peuple et gouvernement*, Paris, 1895.

[...] En se résignant au suffrage universel, on ne court donc aucun risque d'être forcé dans ce dernier retranchement par les attaques de la tribune ou de la presse. Voilà l'avantage, il est réel, mais c'est le seul[1]. » Cette vision du suffrage universel comme institution limite a été fondamentale pour toute une génération libérale. Elle est aussi centrale pour Prévost-Paradol[2] que pour Charles de Rémusat[3]. À l'intersection d'une philosophie de la légitimité et d'une banale constatation politique, elle peut donner sens à la notion d'irrésistibilité. Pourtant, elle n'est jamais complètement approfondie par ces auteurs, comme si sa justification pratique suffisait à en dire le sens. À partir de cette période, l'ambition de penser théoriquement le suffrage universel, comme Guizot avait, par exemple, autrefois théorisé le citoyen capacitaire, s'efface en conséquence. À droite, c'est désormais une « sagesse d'impuissance » qui domine, pour reprendre la jolie formule d'Étienne Vacherot[4]. « On est convenu entre soi », note Antonin Rondelet, un catholique conservateur, en parlant de ses pairs, « de ne pas trop appuyer le pied sur ce parquet vermoulu où repose l'édifice, dans la crainte qu'il ne s'y fasse des trous et que l'ébranlement ne se communique. La religion du suffrage universel, comme le paganisme aux derniers temps de l'empire romain conserve encore ses fidèles qui en profitent, mais je ne lui vois plus de croyants qui le défendent »[5]. C'est pour cette raison que la bourgeoisie libérale va désormais largement déserter le champ de la réflexion politique et intellectuelle : elle ne sait plus entretenir qu'un rapport immédiatement pratique à la sphère politique.

L'idéologie bourgeoise en tant qu'elle consacre la coupure entre le discours privé et le discours public, la théorie et la pratique naît

1. Victor DE BROGLIE, *Vues sur le gouvernement de la France*, p. 28.
2. « Le suffrage universel, écrit-il, a cet avantage qu'on ne peut rien inventer ni proposer au-delà pour séduire l'imagination populaire, et que les agitateurs ne peuvent revendiquer aucun moyen plus radical de connaître et de satisfaire la volonté du plus grand nombre. Le suffrage universel est donc, à ce point de vue, un recours pour l'ordre matériel et la paix publique, avantage considérable chez les nations fatiguées par les révolutions et avides de repos » (PRÉVOST-PARADOL, *La France nouvelle*, p. 174).
3. Voir son très intéressant article sur le suffrage universel, « Les élections de 1863 », *La Revue des Deux Mondes* du 15 juillet 1863.
4. É. VACHEROT, « La situation politique et les lois constitutionnelles », *La Revue des Deux Mondes*, 1er décembre 1874, p. 591.
5. A. RONDELET, *Les Limites du suffrage universel*, Paris, 1871, p. 7.

dans ce mouvement [1]. En étant accepté comme inéluctable, le suffrage universel modifie en effet du même coup les conditions du débat public. Il devient désormais impossible d'interroger les fondements de la démocratie ou de paraître soupçonner le bien-fondé de l'égalité politique. La dissociation de la réalité sociale et de sa représentation symbolique conduit paradoxalement à instaurer cette dernière en une sorte de vérité de granit, infiniment capable de critiquer la réalité, mais jamais susceptible d'être au moins interrogée par elle. La politique rentre ainsi dans une ère nouvelle avec la confirmation du suffrage universel. La démocratie devient une culture politique d'un type radicalement inédit dans lequel la liberté illimitée de la discussion et le conformisme imposé des valeurs composent un singulier alliage. C'est également en ce sens que l'on peut considérer le suffrage universel comme le *pouvoir du dernier mot* : il instaure une nouvelle frontière dans le discours politique, en deçà de laquelle il n'est plus possible de dire les choses.

S'il marque bien un certain type de clôture historique de la politique classique, l'avènement du suffrage universel marque aussi une clôture sociologique, nous l'avons déjà souligné. Avec lui s'achève en effet le sentiment de l'émiettement, consubstantiel à la société individualiste. Il reconstruit une norme d'ordre et d'appartenance. Il met surtout un terme au sentiment d'exclusion, comme les hommes de 1848 l'ont si fortement ressenti. Cette clôture n'est certes que symbolique. Mais le suffrage universel en tire par là même sa force et sa capacité d'évocation, en transformant la manière dont la société appréhende désormais ses divisions. C'est en ce sens aussi que l'avènement du suffrage universel peut inaugurer l'ère de la politique postrévolutionnaire. Il est frappant de constater que les républicains ont constamment mis en avant cet argument pour tenter de persuader les conservateurs d'accepter le suffrage universel. Dans les années 1830 et 1840, nous l'avons déjà signalé, le

1. Voir les remarques très significatives dans leur naïveté de D.R.D. SAINT-PÉ : «Là où l'on peut parler tout bas, en s'expliquant loin du public et loin de l'ouvrier, [...] il n'y a personne qui ne pense et ne dise comme moi, que le suffrage universel est tout à la fois le mystère le plus obscur et l'aventure la plus redoutable. Mais, sitôt que le rideau se lève, et que le public est là, les professions de foi passent tout à coup du noir au blanc; le suffrage universel devient alors ce qu'il y a de plus naturel, de plus simple, de plus excellent, la merveilleuse panacée qu'on attendait, un instrument de paix, de progrès, d'ordre, infaillible et incomparable» (*Les Ouvriers et le suffrage universel. Études sociales et politiques*, Paris, 1870, pp. 112-113).

thème du suffrage universel est articulé avec celui de la paix sociale. L'argument est encore plus central ensuite, lorsque les conservateurs tentent de faire machine arrière, en 1850 et au début des années 1870. Lors de la discussion de la loi du 31 mai 1850, Victor Hugo l'a martelé en de célèbres formules. Le suffrage universel, tente-t-il d'expliquer, déplace la frontière de la violence sociale. «Le côté profond, efficace, politique, du suffrage universel, dit-il, fut d'aller chercher dans les régions douloureuses de la société, l'être courbé sous le poids des négations sociales, l'être froissé qui, jusqu'alors, n'avait eu d'autre espoir que la révolte et de lui apporter l'espérance sous une autre forme et de lui dire : Vote! Ne te bats plus! [...] Le suffrage universel, en donnant à ceux qui souffrent un bulletin leur ôte le fusil. En leur donnant la puissance, il leur donne le calme[1].» «Supprimer à un citoyen son droit de suffrage, c'est lui rendre son droit d'insurrection», écrit alors dans le même sens Proudhon dans *La Voix du peuple*[2]. Au début des années 1870, cet argument reste au centre du discours républicain. «Le suffrage universel, note en 1871 George Sand, est la soupape de sûreté sans laquelle vous n'aurez plus qu'explosions de guerre civile[3].» Louis Blanc dit de son côté qu'il est «le principe sauveur qui coupe court aux insurrections et aux émeutes»[4]. On pourrait multiplier à l'infini, tant elles sont nombreuses, les citations de cette nature dans les écrits et les discours républicains. Ainsi présenté, le suffrage universel apparaît essentiellement comme un moyen d'ordre et de stabilité. En se glissant dans une rhétorique de la conserva-

---

1. V. Hugo, discours du 18 mai 1850, *Compte rendu des séances de l'Assemblée nationale législative*, t. VIII, p. 73. Dans *Les Misérables*, il écrit que le suffrage universel «dissout l'émeute dans son principe», qu'il conduit à «l'évanouissement des guerres [...] de la guerre des rues comme de la guerre des frontières». (Voir sur ce point les bonnes remarques de R. Journet et G. Robert, *Le Mythe du peuple dans les Misérables*, Paris, Éd. sociales, 1964.)

2. 4 mai 1850. L'argument est aussi omniprésent dans les nombreuses pétitions qui sont déposées sur le bureau de l'Assemblée. Des habitants de Falaise supplient les députés «d'épargner à la France de nouvelles convulsions», tandis qu'une pétition de l'Aisne avertit : «C'est l'insurrection permanente légitimée contre les lois de la nation [...]. C'est la guerre civile à l'ordre du jour.» Le journal *La Civilisation*, de Toulouse, note, en des formules que l'on retrouve ailleurs, que le projet de loi «sépare les citoyens en deux castes», qu'«il jette la division entre les ouvriers et les patrons [...] sème de nouveaux germes d'antagonismes entre les deux forces qui concourent à la production» (Archives nationales : C 2300).

3. «Réponse à une amie» (Nohant, octobre 1871), *Le Temps*, 14 novembre 1871.

4. Discours prononcé le 24 février 1878, in L. Blanc, *Discours politiques (1847-1881)*, Paris, 1882, p. 299.

tion sociale, l'argumentation républicaine ne manifeste pourtant pas seulement une habileté tactique. Elle exprime de façon très profonde que, pour les républicains eux-mêmes, la justification dernière du suffrage universel réside dans la clôture du champ politique à laquelle il procède. Le conservatisme exprime en effet à leurs yeux le caractère normal de la vie politique dans une société postrévolutionnaire. La forme même de l'argumentation républicaine donne ainsi la clef véritable de leur philosophe de la politique. C'est peut-être chez Gambetta, homme par excellence de tribune et de joutes parlementaires, qu'on sent le plus fortement cette dimension. De 1871 à 1875, il n'a cessé de présenter le parti républicain en «véritable parti de conservation». Après la dissolution de la Chambre des députés, qui résolvait la crise du 16 mai 1877 en consacrant la fonction d'arbitrage de l'électorat, Gambetta donne son expression la plus fameuse à cette approche. «Je ne présente pas la défense du suffrage universel pour les républicains, pour les démocrates purs, dit-il dans un grand discours au cirque du Château-d'Eau. Je parle pour ceux qui, parmi les conservateurs, ont quelque souci de la stabilité, quelque souci de la légalité, quelque souci de la modération pratiquée avec persévérance dans la vie publique. Je leur dis, à ceux-là : comment ne voyez-vous pas qu'avec le suffrage universel, si on le laisse librement fonctionner, si on respecte, quand il s'est prononcé, son indépendance et l'autorité de ses décisions, comment ne voyez-vous pas, dis-je, que vous avez là un moyen de terminer pacifiquement tous les conflits, de dénouer toutes les crises, et que, si le suffrage universel fonctionne dans la plénitude de sa souveraineté, *il n'y a plus de révolution possible*, parce qu'il n'y a plus de révolution à tenter, plus de coup d'État à redouter quand la France a parlé[1]?» Plus de révolution possible? L'agitation sociale des années 1880 n'allait pas tarder à rendre fragile ce pronostic et à troubler profondément la seconde génération des fondateurs de la République. Un certain type de révolution était pourtant bien achevé. L'égalité des droits politiques était définitivement acquise. Mais elle ne l'était que comme fondement du pouvoir du dernier mot. C'est le suffrage-appartenance que l'on accepte et c'est au suffrage-souveraineté que l'on se résigne, faute de pouvoir désormais les distinguer et les dissocier, comme au temps du suffrage indirect.

---

1. Discours du 9 octobre 1877, in *Discours et plaidoyers politiques de M. Gambetta*, Paris, t. VII, 1882, pp. 282-283.

II

L'ÉDUCATION
DE LA DÉMOCRATIE

La foi et les œuvres
L'éducation de la démocratie
Refaire une tête de peuple
L'ambiguïté socialiste

La foi et les œuvres

« Le suffrage universel, disait Louis Blanc en novembre 1848, est comme l'arc de triomphe par où passeront un à un tous les principes sauveurs[1]. » Gambetta retrouve presque les mêmes mots à la fin du second Empire : « Le suffrage universel est l'arche sainte [de la démocratie], c'est de ce principe du suffrage universel qu'il faut désormais faire découler toute la politique. Il faut que, nous aussi, nous ayons un code politique, et que ce code politique soit intitulé : *De la politique tirée du suffrage universel*[2]. » Il ne serait pas difficile de constituer un florilège de textes montrant que le suffrage universel constitue l'horizon indépassable de l'idée républicaine. « Le suffrage universel, résumait Jules Ferry, est désormais pour la France La Loi des Lois. Il est une sorte de constitution vivante et progressive. Il règne[3]. » La foi républicaine, pourtant, fut mise à rude épreuve. En décembre 1848, après l'élection de Louis-Napoléon Bonaparte, puis tout au long du second Empire et après le triomphe légitimiste de février 1871 enfin, nombreux furent ceux qui doutèrent de l'opportunité du suffrage universel, sinon de son principe. Même s'ils ne cessent de le considérer comme un droit, les répu-

1. Cité par E. DE GIRARDIN, *L'Ornière. Questions de l'année 1869*, Paris, 1871, p. 403.
2. Discours sur le plébiscite du 5 avril 1870, in *Discours et plaidoyers politiques de M. Gambetta*, Paris, t. I, 1881, p. 223.
3. Article du *Temps*, publié le 8 mai 1869, à la veille des élections législatives.

blicains reconnaissent alors tacitement ou à mots couverts que le suffrage est aussi une fonction[1].

Le suffrage universel est proclamé arche sainte, principe définitif et incontournable de légitimation, en même temps que l'on appréhende ses limites et ses difficultés comme principe de gouvernement. Cette dissymétrie n'est guère réfléchie et elle est à peine formulée. Les républicains redoutent de l'aborder de front. Du même coup, ils se retranchent comme les conservateurs derrière une vision historique pour masquer cette fêlure et en conjurer le risque de questionnement. Dans un pamphlet qu'il rédige pour les élections de 1863, Jules Ferry adopte dès cette époque la thématique de l'irréversibilité. «Le suffrage universel, écrit-il, n'est pas seulement une institution sacrée et souveraine, c'est toute une politique et presque un symbole. Il n'est pas seulement le fait, le Droit, le Juste, *il est aussi l'inévitable*. Il est tout le présent, il est tout l'avenir. Le suffrage universel est l'honneur des multitudes, le gage des déshérités, la réconciliation des classes, la vie légale pour tous. C'est en lui seul qu'il faut désormais vivre, espérer et croire. Même ennemi, il faut l'aimer[2].» Cette page est significative de la confusion entre l'approche philosophique et la vision historique que l'on trouve chez les pères fondateurs. L'histoire leur sert aussi à l'occasion de béquille philosophique. C'est par là qu'ils se rattachent en profondeur à l'idée positiviste beaucoup plus qu'ils ne se réfèrent aux philosophes des Lumières. L'adhésion au positivisme leur permet d'appréhender comme inévitable et salutaire ce qui peut encore sembler momentanément problématique, elle gomme leurs doutes et recouvre leurs perplexités. L'inévitable qui est pour les conservateurs la marque d'une fatalité est aux yeux des républicains le signe d'une réconciliation, la forme d'un soulagement. Si l'écart politique entre la crispation capacitaire et censitaire des conservateurs et la foi égalitaire des républicains est considérable, leur soumission symétrique au mouvement de l'histoire finit insensiblement par le combler à la fin du XIXe siècle.

---

1. Dans la première délibération sur le projet de loi électorale politique, Louis Blanc le dit même ouvertement : «Qu'est-ce que le suffrage universel? Nous répondons que c'est à la fois une fonction, un droit et un devoir. Une fonction parce que c'est un acte dont le caractère est social en même temps qu'individuel» (séance du 4 juin 1874, *Annales de l'Assemblée nationale*, t. XXXI, p. 297).

2. J. FERRY, *La Lutte électorale en 1863*, in *Discours et opinions de Jules Ferry*, Paris, 1893, t. I, p. 92.

Il est d'autant plus réduit que l'argumentation républicaine fait fortement usage, dans les années 1870, du thème de l'irrésistibilité du suffrage universel, pour réduire les résistances des conservateurs. Les arguments que l'on peut qualifier de tactiques se superposent au credo philosophique, jusqu'à en devenir indiscernables.

Les manières de représenter le suffrage universel dans l'imagerie populaire traduisent de leur côté une indéniable mutation de la foi républicaine au cours du xixᵉ siècle. En l'espace de trente ans, on passe de la croyance en l'avènement d'un monde nouveau au simple culte de la puissance du peuple souverain. En 1848, le suffrage universel est principalement associé à des allégories de fraternité et d'unité. Il est le plus souvent simplement figuré par une urne électorale, vers laquelle convergent des foules composées des diverses classes de la société, autel sur lequel se célèbre le sacrement de la communion sociale. Les images renvoient toutes au suffrage comme procédure et exaltent la nouvelle égalité des droits politiques. On ne retrouve plus ces allégories à partir des années 1870. Le suffrage devient de plus en plus communément représenté par un lion : il est identifié à une puissance, constitue un fait d'évidence, une forme d'intimidation et de stabilité à la fois. Il renvoie moins à une procédure politique qu'à un fait historique. La foi se dissimule silencieusement derrière les œuvres.

Une question essentielle doit alors être posée : *les républicains sont-ils philosophiquement vraiment des démocrates ?* Entendons-la bien. Il ne s'agit pas seulement de jauger la sincérité ou la ferveur du sentiment républicain. Il est clair que les républicains sont des croyants, ils sont *religieusement* des démocrates, si l'on veut, même si leur foi est parfois vacillante. Mais il faut aller plus loin, et voir si la pensée républicaine se fonde aussi sur la considération d'une *supériorité épistémologique* de la démocratie, celle-ci étant considérée comme un moyen positif d'institution et de régulation de l'ordre politique. Il n'est pas facile de répondre simplement à la question ainsi explicitée. Le doute secret qui travaille en profondeur la foi des pères fondateurs ne procède pas seulement d'une déception devant l'ingratitude des masses, il plonge aussi ses racines dans un indéniable dualisme philosophique de la pensée républicaine. La pensée républicaine doit autant aux physiocrates ou à Diderot qu'à Rousseau. D'un côté, les grands thèmes des Lumières et l'appel au pouvoir de la raison ; de l'autre, la célébration de la communion sociale et l'appel à la participation politique. La culture politique républicaine est ainsi traversée par la tension constituante de l'expérience révolutionnaire. Chez les pères fondateurs de la troisième République, cette tension reste très perceptible. Comme leurs aînés des années 1830 de *La Revue républicaine*, ils se démarquent certes de l'«école conventionnelle» pour se ranger assez naturellement du côté de l'«école américaine»[1], mais cela ne suffit pas à réduire la contradiction entre le principe d'égalité politique et l'exigence de rationalité. D'autant moins que le poids du comtisme dans la culture républicaine ravive cette contradiction à partir du second Empire.

Pour Auguste Comte, on le sait, les idées de 1789 étaient purement «métaphysiques», et le principe de la souveraineté du peuple n'avait à ses yeux aucun fondement rationnel. Ses successeurs, tout en étant d'ardents républicains, restent critiques vis-à-vis de l'idée de souveraineté du peuple et adoptent une attitude très réservée sur le suffrage universel, et cela quelle que soit l'école positiviste dont ils se réclament[2]. Littré est longtemps hostile au suffrage universel; il ne commence à l'accepter que vers la fin du second Empire, reconnaissant que l'usage l'avait de fait sanctionné. Mais il reste immergé dans une vision capacitaire de la politique. À la fin des années 1870, il continue de considérer comme malfaisant le suffrage direct[3] et il souhaite que «l'aristocratie tienne une part considérable dans les démocraties»[4]. Le cas de Sémérie est encore plus caractéristique. Le fondateur de *La Politique positive*

1. L'opposition entre une «école conventionnelle» et une «école américaine» au sein de l'idéal républicain est formulée pour la première fois dans *La Revue républicaine* en 1834 (cf. «Revue politique», t. I, pp. 150-151). L'école conventionnelle renvoie pour les auteurs à la démocratie directe et à l'idéal d'égalité économique, tandis que l'école américaine est fondée sur le principe individualiste, le gouvernement représentatif et la seule égalité politique (le suffrage universel). Sous le second Empire, Hippolyte Carnot et Édouard Laboulaye reprendront la distinction en se posant en chefs de file de l'école américaine, cherchant ainsi à tracer une ligne de démarcation entre l'idéal républicain (américain) et le projet socialiste (conventionnel).
2. On sait qu'il faut distinguer la tendance de la *Revue de philosophie positive*, autour de Littré, Robin et Wyrouboff, et celle de Pierre Laffitte, Robinet, Audiffrend et Sémérie, regroupée autour de la revue *La Politique positive*.
3. Dans un article de 1879, «De la durée de la République», il écrit encore: «Le suffrage universel a deux voies, la voie directe et la voie indirecte: la voie directe est malfaisante, elle le mène aux imprévoyances, aux inhabiletés, aux injustes nivellements, et dans la compétition pour l'existence entre les nations, expose le peuple qui s'y abandonne aux catastrophes» (repris in É. LITTRÉ, *De l'établissement de la Troisième République*, Paris, 1880, pp. 520-521).
4. ID., *ibid.*, p. 517.

ne se contente pas, en effet, d'aspirer comme Littré à une République conservatrice. Il est beaucoup plus à gauche. Sympathisant de la Commune, il soutient en 1873 Barodet, alors que Littré se range derrière Rémusat. Laïc intransigeant, il dénonce avec vigueur dès 1872 Jules Ferry et les « républicains de gouvernement ». Plus à gauche politiquement que Littré, est-il alors philosophiquement un défenseur plus ardent de la souveraineté du peuple? Au contraire. Il attaque le suffrage universel avec une beaucoup plus grande violence. Dans le « prospectus » annonçant le lancement de la revue *La Politique positive*, il parle de l'« absurde théorie de la souveraineté populaire, d'après laquelle un vote en vaut un autre, sans distinction d'intelligence, de moralité ou de civisme »[1].
« C'est par son déplorable attachement à la métaphysique de Rousseau, note-t-il encore, que la France révolutionnaire, et son avant-garde républicaine investie de l'initiative régénérative, marque le pas dans la boue depuis quatre-vingt-trois ans [...]. On convoque jusque dans le fond des villages les plus arriérés les paysans les plus abruptes *[sic]*, et alors les hommes qui ont renversé l'Empire se mettent à genoux devant ceux qui l'ont soutenu ; les républicains devant les bonapartistes. Ils appellent cela, dans leurs dévotions, *se prosterner devant la majesté du peuple* [...]. Et voilà comment, depuis 1848 surtout, la France appartient aux plus purs réactionnaires[2]. » Le rationalisme positiviste se mêle chez lui d'accents blanquistes pour dénoncer la malfaisance du suffrage universel, en tant qu'il est l'expression de volontés arbitraires et autonomes. Même si c'est en des termes moins virulents, tous les positivistes des années 1870 critiquent également la métaphysique révolutionnaire. Ferry et Gambetta font-ils exception? Ou leur positivisme est-il à ce point singulier qu'il se dissocie sur ce sujet essentiel des principaux élèves du maître[3]?

---

1. *La Politique positive. Revue occidentale*, prospectus, avril 1872, p. 2.
2. *Ibid.* Voir également, dans la même veine, deux brochures d'Eugène SÉMÉRIE : *Fondation d'un club positiviste*, Paris, 4 novembre 1870, et *La République et le Peuple souverain*, Paris, avril 1871. Voir aussi un article du 28 novembre 1872 (« Avec leur adoration de la théorie de Rousseau, qui identifie toujours le droit avec le nombre, les démocrates passent leur vie à charger les fusils qui doivent les tuer », « Le parti des ducs et la République », *La Politique positive*, t. I, p. 253) et le texte critiquant Ferry, « Les Républicains de gouvernement » (*ibid.*, t. I, pp. 260 *sq.*).
3. Sur cette question décisive, voir tout particulièrement P. BARRAL, « Le positivisme de Comte et de Ferry », *Romantisme*, n° 21-22, 1978 (numéro spécial *Le[s] Positivisme[s]*) ; L. LEGRAND, *L'Influence du positivisme dans l'œuvre scolaire de Jules Ferry*, Paris, Marcel

Le flottement philosophique des républicains, les chefs de file des écoles positives mis à part, est d'autant plus difficile à analyser qu'il reste dans l'ordre du non-dit, comme s'il peinait à trouver un mode d'expression avouable. Mais on peut essayer de l'appréhender à partir d'un thème majeur : le rapport « hiérarchique » de la république au suffrage universel. Dans la pensée républicaine des années 1870-1880, deux propositions apparemment contradictoires coexistent en effet : d'un côté le suffrage universel est identifié à la république et de l'autre on affirme que la république est au-dessus du suffrage universel. La différence de contexte explique certes partiellement cette contradiction. C'est au début de 1873, alors que les légitimistes mènent campagne pour réformer le droit de vote, que Gambetta dit : « On ne comprend pas la République sans le suffrage universel : ce sont deux termes indivisiblement liés l'un à l'autre, et livrer le suffrage universel, c'est livrer la République[1]. » Et c'est surtout au début des années 1880, au moment où se discute la révision partielle des lois constitutionnelles, que se voit développé le second thème (le projet présenté par Jules Ferry le 4 août 1884 stipulant que « la forme républicaine du gouvernement ne peut faire l'objet d'une proposition de révision »). De façon manifeste ou latente, les deux affirmations voisinent cependant dans cette période de fondation de la troisième République. Comment comprendre cette dualité ? Il faut tout simplement reconnaître que le suffrage universel n'a pas le même sens dans chaque cas.

L'assimilation du suffrage universel à la république renvoie à la considération du suffrage comme principe ultime de légitimation, et pas au suffrage comme procédure électorale, et moins encore comme mode de gouvernement. Le suffrage universel s'identifie à la république dans la mesure où il définit un mode de légitimation radicalement antagonique à celui de la monarchie : c'est la volonté générale contre le recours à l'histoire, à la tradition, ou *a fortiori* au droit divin. L'opposition monarchie-république n'est pas comprise en France comme un problème historique ou consti-

---

Rivière, 1961 ; C. NICOLET, *L'Idée républicaine en France*, Paris, Gallimard, 1982 ; J. EROS, « The positivist generation of french republicanism », *Sociological Review*, III, 1955, pp. 255-277. On peut s'abstenir de consulter les ouvrages, souvent cités mais pauvrement documentés et faibles dans l'analyse, de D. G. Charlton sur l'histoire du positivisme.

1. Discours à l'Assemblée nationale du 28 février 1873, in *Discours et plaidoyers politiques de M. Gambetta*, t. III, 1881, p. 286.

tutionnel. Elle a une dimension philosophique : la république est l'antimonarchie radicale. On le sent bien quand Gambetta parle de «paroles tirées du suffrage universel» ou lorsque Jaurès dit, vers 1900, que «le suffrage universel a fait du peuple une assemblée de Rois»[1]. Le suffrage universel est dans cette mesure au centre de la culture politique républicaine. Mais il l'est en tant qu'expression de la souveraineté du peuple, en tant que fondement philosophique de la République. Il ne s'agit pas vraiment du suffrage-droit ou du suffrage-procédure. Au début des années 1870, quand la question du régime politique constitue un enjeu central qui inclut et résume tous les autres aux yeux des républicains, le suffrage universel est pour eux complètement encastré dans l'idée républicaine. D'où d'ailleurs leur méfiance instinctive face aux libéraux orléanistes qui proclamaient que la question du régime était secondaire par rapport à la nature de la démocratie qui allait être mise en place. Prévost-Paradol et de Broglie avaient déjà développé cette approche sous le second Empire. L'essentiel, expliquait par exemple Prévost-Paradol dans *La France nouvelle* (1868), est de définir la nature du gouvernement démocratique et libéral, une «démocratie monarchique» étant pour lui équivalente à une «démocratie républicaine». Plutôt partisan d'une monarchie constitutionnelle, il reconnaissait cependant que ce sont seulement des «difficultés d'imagination ou d'opinion» qui rendent précaire en France l'établissement d'une forme républicaine de gouvernement. «Ces difficultés *d'opinion* ou *d'imagination*, écrivait-il, n'existent pas pour les hommes éclairés qui conçoivent sans peine l'idée d'une république bien organisée[2].» Thiers agira bien dans cette perspective. Mais c'était admettre qu'il était possible de dissocier la question du régime et celle du mode de suffrage. Falloux dit par exemple en 1870 : «Si l'on me rendait la monarchie, la plus monarchique du monde par ailleurs, avec le suffrage direct universel et illimité,

---

1. Cité in E. D'EICHTAL, *Souveraineté du peuple et gouvernement*, p. 2.
2. PRÉVOST-PARADOL, *La France nouvelle* (1868), Paris, Garnier, 1981, p. 199 (c'est l'auteur qui souligne). Voir également Victor DE BROGLIE : «Il n'y a pas quant au fond même [...] deux gouvernements possibles dans le même temps et le même pays. Une république qui touche à la monarchie constitutionnelle, une monarchie constitutionnelle qui touche à la république et qui n'en diffère que par la constitution et la permanence du pouvoir exécutif, c'est la seule alternative qui reste aux amis de la liberté» (*Vues sur le gouvernement de la France*, p. LXXXII). Mêmes accents encore chez E. CARO dans *Les Jours d'épreuve, 1870-1871*, Paris, 1872 (cf. l'article «La vraie et la fausse démocratie»), ou chez É. LABOULAYE dans ses *Questions constitutionnelles* de 1872.

ou la république avec le suffrage universel contenu et guidé par les influences normales de tout pays civilisé, je croirais l'ordre plus en sûreté sous cette république-là que sous la monarchie [1]. » Au début des années 1870, *La Revue des Deux Mondes* lance dans cet esprit la notion de « république conservatrice », qui connaît rapidement un grand succès. Un de ses chantres, Ernest Duvergier de Hauranne, essaie de persuader les libéraux que le choix d'une forme de gouvernement n'est pas d'ordre théorique, mais que c'est un problème presque purement historique [2]. Même s'ils bénéficient tactiquement de cette attitude, les républicains se sentent viscéralement en désaccord avec ses présupposés philosophiques. Dissocier la question du suffrage de celle du régime revient en effet pour eux à admettre implicitement que la monarchie peut être symétriquement compatible avec le suffrage universel, ce qui sort complètement de leur champ intellectuel. Plus encore, c'est reconnaître que le mode de suffrage n'est qu'un élément parmi d'autres d'une conception de la démocratie, ce qu'ils ne peuvent accepter. Chez les républicains, la démocratie n'est paradoxalement jamais pensée en elle-même : elle reste toujours référée à la négation de la monarchie, et elle s'identifie simplement à sa dénonciation. Elle est en ce sens à leurs yeux une religion plus encore qu'un régime.

La force de l'opposition république-monarchie conduit ainsi à transformer complètement les termes du débat politique et de la réflexion philosophique sur la démocratie en France. Les républicains ont plus visé à instaurer un régime qui serait l'envers radical de la monarchie qu'à penser la construction démocratique de façon autonome. La politique française moderne n'a pour cette raison qu'un fondement *par défaut*. S'ils font du suffrage universel l'arche sainte de la république, les pères fondateurs le maintiennent paradoxalement à distance de la vie politique concrète. C'est pourquoi ils peuvent identifier la république au suffrage universel et considérer en même temps que la république est au-dessus de lui. Le suffrage-procédure, qui renvoie à une théorie de la pratique démocratique, est moins important que le suffrage-principe, qui symbolise l'antimonarchie. D'où le sentiment étrange que laisse la discussion du 11 août 1884 sur la révi-

---

1. Cité par D. HALÉVY, *La Fin des notables*, Paris, André Sauret, 1972, t. I, p. 134.
2. Voir son article « La République et les conservateurs » paru le 1er août 1872 dans *La Revue des Deux Mondes* (repris dans *La République conservatrice*, Paris, 1873).

sion constitutionnelle[1]. Pour conjurer une dernière fois le spectre d'un retour de la monarchie, ils en arrivent à placer le principe républicain au-dessus de la volonté populaire, contredisant
Gambetta, qui affirmait le 5 avril 1870, dans son grand discours
sur le plébiscite, que « le suffrage universel ne se limite ni dans
le temps ni dans l'espace »[2], ou Alfred Naquet écrivant en 1873 :
« Seule la République crée un système mobile[3]. » Ils reconnaissent
ainsi ouvertement que le suffrage universel a une limite : l'horizon de la république. Qu'il est donc l'incarnation d'un *principe*
de souveraineté, sans jamais pouvoir prétendre à effectuer n'importe
quel *acte* de souveraineté, la légitimité ne pouvant en dernier ressort appartenir qu'à la véritable raison, incarnée dans l'institution
républicaine fondée sur la négation d'un passé métaphysique et
théocratique. Par là, les pères fondateurs renouent avec l'esprit positiviste et manifestent le caractère secrètement équivoque de leur
conception du suffrage universel.

Pour réduire cette tension, ils ont besoin en permanence d'en
circonscrire le caractère historique, en se protégeant derrière le
thème de l'immaturité du peuple, ou, le plus souvent, d'en limiter sociologiquement la portée en faisant le procès du monde paysan. La critique de l'immaturité du peuple d'abord. Elle joue un
rôle fondamental dans la pensée républicaine. Elle permet de
combler l'écart entre la pratique du vote et les comportements
escomptés. Après l'élection de Louis-Napoléon Bonaparte à la présidence de la République, George Sand tente par exemple de rationaliser en ces termes sa déception. « Le souverain collectif, l'être
nouveau a manqué de prudence et d'habileté, écrit-elle. *Il est jeune,
l'enfant-roi* ; il a les travers de son âge. Il est téméraire, romanes-
que, impatient. Il ne supporte pas les corrections injustes et cruel-
les. Dans sa colère, il brise ses liens et ses jouets. Naïf et crédule,
il se fie au premier venu[4]. » Le suffrage universel, dit-elle aussi,

---

1. Cf. *Révisions constitutionnelles, 11 août 1884* (volume séparé des *Annales de la Chambre des députés*).
2. *Discours et plaidoyers politiques de M. Gambetta*, t. I, p. 225.
3. A. NAQUET, *La République radicale*, Paris, 1873, p. 11. Ce sont naturellement
les bonapartistes et la droite qui reprennent ces thèmes dans le débat du 11 août
1884.
4. G. SAND, « À propos de l'élection de Louis Bonaparte à la présidence de la République » (texte daté du 21 décembre 1848), in *Questions politiques et sociales*, Paris, 1879,
p. 291.

est «un géant sans intelligence encore»[1]. L'adverbe «encore» corrige la sévérité du jugement. En étant historicisés, les manques du peuple sont compensés par l'évocation de leur futur rachat. Nombreux sont les républicains qui expliquent de cette façon ce qu'elle appelle «un acte imprévu de souveraineté populaire»[2]. Mais deux conclusions différentes peuvent être tirées de cette analyse : soit mettre toute son espérance dans l'éducation politique du peuple, soit, plus radicalement, en conclure au caractère prématuré de l'introduction du suffrage universel.

La question est clairement posée au printemps 1848, lorsque Blanqui et Cabet font campagne pour l'ajournement des élections[3]. Les termes de l'adresse qu'ils font circuler à cette occasion dans Paris méritent d'être rappelés tant ils sont caractéristiques : «Nous demandons l'ajournement des élections de la garde nationale et de l'Assemblée constituante. Ces élections seraient dérisoires. À Paris, un très petit nombre d'ouvriers sont inscrits sur les listes électorales. L'urne ne recruterait que les suffrages de la bourgeoisie. Dans les villes, la classe des travailleurs, façonnés au joug par de longues années de compression et de misère, ne prendrait aucune part au scrutin, ou bien elle y serait conduite par ses maîtres comme un bétail aveugle. Dans les campagnes, toutes les influences sont aux mains des aristocrates [...]. Notre âme s'indigne à la pensée que les oppresseurs puissent ainsi recueillir les bénéfices de leur crime [...]. Le peuple ne sait pas, il faut qu'il sache. Ce n'est pas l'œuvre d'un jour ou d'un mois [...]. Il faut que la lumière pénètre dans les derniers hameaux de la République. Il faut que les travailleurs redressent leurs fronts courbés par la servitude. Les élections, si elles s'accomplissent, seront réactionnaires [...]. Que votre prudence épargne à la France un si grand péril. Laissez le pays naître à la République; à cette heure, il est encore emprisonné dans

---

1. G. SAND, *Journal d'un voyageur pendant la guerre*, p. 168 (journal en date du 5 novembre 1870).

2. In *Questions politiques et sociales*, p. 295 : «Quant à nous, poursuit-elle, il nous faut examiner sérieusement cet acte imprévu de souveraineté populaire, et ne pas nous laisser surprendre par le dégoût et le découragement. C'est bientôt fait de dire que le peuple est fou, que le paysan est bête.» Victor Hugo opposait de son côté la foule et le peuple, dans le prologue de son *Année terrible*, en notant laconiquement : «Le peuple est en haut et la foule est en bas.»

3. Louis BLANC avait également fortement plaidé pour reculer la date du scrutin, «le plus loin possible», comme il le dit dans ses *Pages d'histoire de la Révolution de février 1848*, Paris, 1850.

l'étouffante enveloppe de la monarchie [1].» La critique de gauche du suffrage universel trouve dans ce texte une de ses premières expressions canoniques. Elle rejoint d'une certaine façon la vision capacitaire-positiviste [2], ne s'en distinguant que par la conception sous-jacente de l'immaturité : plus « politique » d'un côté, plus « philosophique » ou « technique » de l'autre. Mais dans les deux cas l'acquisition d'un certain type de savoir apparaît comme un préalable à l'exercice du suffrage. Cette approche est restée minoritaire chez les républicains. La majorité d'entre eux, même si elle reconnaît que le droit de suffrage avait été introduit de manière peut-être trop brutale, estime en effet qu'un retour en arrière et une suspension temporaire de ce droit n'est pas possible. D'où la centralité chez eux, nous le verrons, du thème de l'éducation de la démocratie comme processus compensateur et correcteur de l'immaturité du peuple. Mais il leur fallait pourtant aussi rendre compte de leurs déceptions politiques immédiates, tout en pouvant continuer à proclamer leur foi dans le suffrage universel. La focalisation de leurs désillusions sur le monde paysan joue cette fonction. Elle permet de donner une interprétation sociologique à un problème fondamental concernant la nature même de la démocratie.

L'avènement du suffrage universel, il est vrai, modifie brutalement le centre de gravité de la vie politique. Avant 1848, la vie politique était concentrée dans les villes, et à Paris surtout, quoique la population française fût aux trois quarts rurale. Tout change avec le décret du 5 mars 1848. Si les mouvements d'opinion, les initiatives et le théâtre de la vie politique restent urbains, la décision appartient désormais aux campagnes. Les républicains prennent vite conscience de l'importance de ce glissement. « Le Peuple de Paris, dit Félix Pyat aux paysans, ce grand artiste en révolutions, vous a débarrassés des rois, vous a faits libres et citoyens ; il vous a conquis le suffrage universel. Ah ! Gardez-le bien ! La République est dans vos mains, vous êtes les plus nombreux, vous êtes 24 millions sur 35. Vous êtes les plus forts [...]. Que la blouse grise s'entende avec la blouse bleue [3].» On sait la déception des répu-

---

1. Adresse reproduite le 15 mars 1848 en première page du *Bulletin de la République* (n° 2). Sur le problème du report des élections au printemps 1848, voir M. DOMMANGET, *Les Idées politiques et sociales d'Auguste Blanqui*, Paris, 1957.
2. Sémérie, notons-le, fera l'éloge de Blanqui.
3. F. PYAT, *Aux paysans de la France*, toast aux paysans porté au banquet du 24 février 1849, s.l.n.d., p. 1.

blicains après l'élection de Louis-Napoléon Bonaparte. Comme Marx, ils n'auront pas de mots assez durs pour stigmatiser les masses rurales et l'espèce de coup d'État légal par lequel elles ont renversé le gouvernement existant. Mais c'est d'un véritable abattement qu'il faut parler après le 2 Décembre. Leur amertume à l'encontre du monde paysan retentira ensuite tout au long du second Empire. Le vote paysan catalyse alors le non-dit antérieur sur le suffrage universel, il polarise toutes les critiques naguère adressées au peuple en général. Dans un texte de combat, *La Lutte électorale en 1863*, Jules Ferry a ainsi des mots extrêmement durs et méprisants pour la France des campagnes soumise à l'Empire, décrivant le paysan comme un être superstitieux, naïf et inculte, étranger à toute compréhension politique, passivement soumis. Les doctrinaires tenaient vingt ans auparavant un langage analogue pour justifier en général le cens.

En concentrant leurs rancœurs et leurs incertitudes sur la figure du paysan, les républicains peuvent rester fidèles à leur credo démocratique tout en manifestant leur scepticisme sur les capacités du peuple. Ils peuvent en effet présupposer qu'il y a *deux peuples*, celui des villes et celui des campagnes. Eugène Tenot, qui sera l'auteur des ouvrages sur l'histoire du coup d'État, résume de façon très intéressante le point de vue républicain, dans une brochure de 1865, *Le Suffrage universel et les Paysans*. « En 1848, écrit-il, il existait sur le sol de la France comme deux peuples juxtaposés. L'un brûlant de l'esprit nouveau, l'autre attardé d'un siècle. Et c'est à ce dernier que la loi du nombre imposait la charge de fonder la liberté. Murés dans leur ignorance, intellectuellement étrangers au reste de la nation, toutes les idées grandes ou généreuses du siècle avaient passé au-dessus d'eux sans les émouvoir [1]. » Le paysan cumule à ses yeux tous les obstacles à une participation politique effective : ignorance, état d'isolement, attachement à la vieille idée du souverain, maître absolu, autocrate. Après 1870, les républicains continueront de penser en ces termes. « Comment organiser une nation où le paysan ne comprend pas et domine la situation par le nombre ? » demande par exemple George Sand [2], quelques mois avant

---

1. E. TENOT, *Le Suffrage universel et les Paysans*, Paris, 1865, p. 13.
2. G. SAND, *Journal d'un voyageur pendant la guerre*, p. 25 (journal en date du 24 septembre 1870). En 1848, elle pensait déjà dans ces termes. Voir sa lettre du 9 mars 1848 à l'historien Henri Martin : « La population rustique [...] n'a point d'initiative, *elle ne sait pas*. C'est la motte de terre qui attend un rayon de soleil pour devenir féconde » (G. SAND, *Correspondance*, Paris, Garnier, 1971, t. VIII, p. 332).

que ne soit élue la «Chambre rurale». Au moment du plébiscite de 1870, beaucoup de démocrates radicaux fulminaient contre les paysans mal dégrossis, qui représentaient le nombre, en les opposant aux citoyens éclairés des villes, qui représentaient la lucidité politique. Certains d'entre eux retrouvaient même des mots classiquement employés à droite pour dire que les voix devaient se peser et non se compter mécaniquement[1]. Sémérie parle de son côté avec mépris de «paganocratie»[2]. Les républicains emploient les mêmes expressions que Taine ou Renan pour parler des masses rurales[3]. Edgar Quinet est bien isolé pour voir l'âme de la Révolution se trouver sous le fils de chouan. La dénonciation du paysan comme être brut et grossier, sans autonomie intellectuelle et politique, reste une constante de la littérature républicaine jusqu'au début des années 1880, et *La Terre*, de Zola, en traduit bien l'état d'esprit dominant[4]. Si un anticapitalisme diffus rapproche parfois culturellement les républicains des valeurs du monde rural, qui symbolise l'enracinement dans la petite propriété et la

1. Voir ce que rapporte P. DE LA GORCE, dans *Histoire du Second Empire*, Paris, 1903, t. VI, p. 116.

2. E. SÉMÉRIE, *La République et le Peuple souverain*. «Le peuple souverain, écrit-il, c'est le paysan, et le suffrage universel conduit à la paganocratie» (p. 19). Et encore : « Le paysan est à peine né à la vie civique. Il ne comprend rien aux immenses questions humaines qui passionnent, agitent et soulèvent les villes [...]. La distinction entre les villes et les campagnes, qui est à la politique ce que la distinction entre le cerveau et l'estomac est à la médecine, s'impose donc aujourd'hui, même aux égalitaires, après les avoir beaucoup fait rire» (pp. 17 et 15). Sémérie écrit en même temps qu'«un nouvel athéisme est devenu nécessaire, c'est celui qui s'adresse au dieu *Majorité*» (p. 7).

3. Taine note ainsi dans un article du 5 décembre 1871 que «l'ignorance et la crédulité des populations rurales sont étonnantes [...]. Toute la journée, le paysan est aux champs et le travail agricole cloue la pensée de l'homme à la terre» (repris dans H. TAINE, *Du suffrage universel et de la manière de voter*, Paris, 1872, p. 25). Renan dit de son côté, en septembre 1870 : «J'aime mieux les paysans à qui l'on donne des coups de pieds dans le cul que des paysans comme les nôtres dont le suffrage universel a fait nos maîtres. Des paysans, quoi? L'élément inférieur de la civilisation, qui nous ont imposé, nous ont fait subir vingt ans ce gouvernement!» (E. et J. DE GONCOURT, *Journal. Mémoires de la vie littéraire, 1864-1878*, Paris, 1956, t. II, p. 595). Républicains, libéraux et conservateurs se retrouvaient pour rendre les paysans responsables de l'Empire. Dans cet optique, voir également un ouvrage curieux : D.R.D. SAINT-PÉ, *Les Paysans et le Suffrage universel, Études sociales et politiques*, Paris, 1869.

4. *La Terre* est publié en 1888. Le roman couvre surtout la fin du second Empire. Sur ce texte très dur, voir F. BOISSIN, *Le Paysan dans le roman contemporain*, Paris, 1888, et G. ROBERT, *La Terre d'Émile Zola. Étude historique et critique*, Paris, 1952. Dans les années 1870, Jules GUESDE est l'un des rares auteurs à présenter les paysans de façon progressiste, en suggérant qu'ils nourrissaient de sourdes sympathies à l'égard de la Commune (cf. son *Livre rouge de la justice rurale*, publié en 1871).

résistance à la déshumanisation industrielle, ce sont les déceptions électorales qui dominent politiquement. Ce mépris ne cesse en fait que lorsque la République peut à son tour s'appuyer sur le paysan, comme l'Empire l'avait fait. Jules Ferry dit alors triomphalement : « Nous avons conquis le suffrage universel des campagnes ; gardons-le bien, ne l'inquiétons pas, ne le lassons pas. [...] C'est pour notre société une base solide et pour la République une assise en granit [1]. » Le renversement du vote métamorphosait d'un seul coup l'arriération en profonde sagesse.

Le simple constat de cette brutale inversion de la question paysanne par les républicains montre que la réalité était beaucoup plus complexe que ce qu'ils suggéraient. Les travaux historiques permettent d'ailleurs maintenant d'avoir une vue assez précise de leur comportement politique [2]. Même si des divergences d'interprétation sur le rapport des paysans à la vie politique subsistent, l'hypothèse de rationalité relative de leur comportement électoral, qui avait été suggérée de manière très fine dans deux ouvrages anciens [3], paraît plutôt confirmée. La dénonciation du vote paysan a donc surtout une fonction rituelle chez les républicains. Elle a pour but de conjurer une interrogation, celle des rapports entre la capacité et le droit de vote, en la polarisant sociologiquement, manifestant que pour s'exprimer de façon dissimulée la question du suffrage universel n'en reste pas moins secrètement problématique. La façon dont Gambetta a symétriquement célébré les

1. Discours du 30 août 1885 à Bordeaux, in *Discours et opinions de Jules Ferry*, t. VII, pp. 41-42. Ce discours sera vivement critiqué par de nombreux républicains, qui trouveront trop optimiste la confiance dans le vote des campagnes.

2. Sur cette question, l'article d'E. BERENSON, « Politics and the french peasantry : the debate continues », *Social History*, vol. XII, n° 2, mai 1987, fait très utilement le point sur les travaux et les débats depuis les années 1960. On notera que, symptomatiquement, les républicains du XIXe siècle avaient minimisé la résistance paysanne au coup d'État du 2 Décembre, que les historiens contemporains mettent en lumière (cf. principalement T. W. MARGADANT, *French Peasants in Revolt. The Insurrection of 1851*, Princeton University Press, 1979).

3. Cf. A. THABAULT, *1848-1914, l'Ascension d'un peuple. Mon village, ses hommes, ses routes, ses écoles*, Paris, 1944, et J.-J. WEISS, *Combat constitutionnel 1868-1886*, Paris, 1893 (voir notamment les pages 103-111, tout à fait remarquables, dans lesquelles l'auteur montre que le paysan a la particularité de « faire de la politique réelle, fondée sur les intérêts tangibles, les habitudes et les mœurs », à l'inverse des autres catégories qui font « de la politique de sentiment, ou de la politique de mode » ; l'auteur analyse précisément sur cette base la politique de Napoléon III à l'égard des paysans. Loin d'être stupide, le comportement politique des paysans est au contraire à ses yeux rationnel et se révèle très efficace).

fameuses « couches nouvelles » va d'ailleurs dans le même sens. La République et la démocratie s'enracinent pour lui dans une sociologie. « Maintenant, dit-il en 1870, nous savons ce qu'est le suffrage universel, nous savons que le suffrage universel c'est nous, que le suffrage universel ne peut avoir de droits, d'intérêts, d'aspirations, de colères qui ne soient les nôtres ; car nous sommes le peuple et il est le peuple [1]. » Si le nouveau régime se confond avec l'avènement et le triomphe d'une classe — « Nous ferons à la fois une République et une société », disait encore Gambetta [2] —, il n'y a de fait plus rien de problématique ou d'ambigu. Mais parce qu'ils ne vont pas vraiment au bout de cette logique, que reprendront les léninistes, les républicains restent conscients d'une fracture qui subsiste entre la foi et les œuvres, la théorie et la pratique. C'est pour la réduire et la mettre à distance qu'ils mettent l'idée d'éducation de la démocratie au centre de leur action politique.

L'éducation de la démocratie

« Le suffrage universel a ses contradictions intimes, ses "antinomies", qui sont autant d'énigmes que la démocratie doit résoudre [...]. Toutes ces contradictions reviennent à l'antinomie fondamentale du *droit* de suffrage, accordé à tous, et de la *capacité*, qui n'appartient réellement qu'à un certain nombre [...]. Réconcilier la supériorité numérique avec la supériorité intellectuelle, voilà la "quadrature du cercle" de la démocratie [3]. » Lorsque Alfred Fouillée écrit ces lignes, en 1884, le suffrage universel est complètement entré dans les mœurs et plus personne ne songe à le remettre directement en cause. Il n'en reste pas moins encore perçu comme une puissance mystérieuse et imprévisible, voire menaçante, jusque dans les rangs républicains. Les termes dans lesquels Fouillée s'exprime en témoignent. Il n'a rien d'un écrivain marginal ou d'un libéral mélancolique. Dès les années 1880, il commence à s'imposer comme un des penseurs officieux de la troisième République. Le philo-

---

1. Discours du 19 avril 1870 au banquet de la jeunesse, in *Discours et plaidoyers politiques de M. Gambetta*, t. I, p. 253.
2. Discours du 25 septembre 1872, *ibid.*, t. III, p. 87.
3. A. FOUILLÉE, « La philosophie du suffrage universel », *La Revue des Deux Mondes*, 1ᵉʳ septembre 1884, pp. 104-119.

sophe des idées-forces et le père intellectuel du solidarisme a su capter l'attention de Challemel-Lacour et de Gambetta, avant d'être le grand inspirateur de Léon Bourgeois. Renouvier l'admire, en même temps que Taine et Renan. Fouillée est tout à fait représentatif de la seconde génération républicaine, celle qui succède aux pères fondateurs, dont la tâche pratique est de construire l'État républicain, après que la république eut définitivement triomphé comme régime. Pour toute cette génération, l'enracinement et la consolidation de la république passent par une action prioritaire : l'éducation de la démocratie. C'est de cette manière qu'elle espère pouvoir résoudre la quadrature du cercle définie par Fouillée. D'où la centralité du rôle de l'instruction publique à ses yeux. « Démocratie, c'est démopédie » : ces mots de Proudhon résument un des objectifs centraux des républicains après 1880. Une floraison d'ouvrages reprend ce thème. Léon Bourgeois publie ainsi en 1897 *L'Éducation de la démocratie française*, dans lequel il appelle ses amis à consacrer à l'« institution du citoyen » l'énergie et l'attention qui présidaient autrefois à l'institution du prince. Eugène Spuller donne aussi de son côté une *Éducation de la démocratie* (1892) ; Joseph Reinach, *L'Éducation politique. Histoire d'un idéal* (1896) ; Félix Pécaut, *L'Éducation publique de la vie nationale* (1897) ; Jules Payot, *L'Éducation de la démocratie* (1895). Paul Bert, Ferdinand Buisson, Charles Secrétan, Mme Coignet publient également des réflexions ou des manifestes aux titres voisins, suivis par une foule d'auteurs plus anonymes. Ils ont tous médité, transis d'émotion, la *Prière sur l'Acropole* — « Démocratie [...] apprends-nous à extraire le diamant des foules impures [1] » —, soucieux d'être les artisans efficaces de l'avènement de la déesse Raison. Leur programme reste celui fixé par Gambetta en 1871 : « Il faut se retourner vers les ignorants et les déshérités, et faire du suffrage universel, qui est la force par le nombre, le pouvoir éclairé par la raison. Il faut achever la Révolution [2]. »

La ferveur démopédique va durer plus de vingt ans, des années 1880 à 1900. En 1908, un grand concours national ouvert par *Le Matin* prouve l'actualité rémanente du thème en posant la ques-

---

1. E. RENAN, *Prière sur l'Acropole* (1876), in *Œuvres complètes d'Ernest Renan*, Paris, Calmann-Lévy, t. II, 1948, p. 757.
2. Discours du 26 juin 1871, in *Discours et plaidoyers politiques de M. Gambetta*, Paris, t. II, 1881, p. 21.

tion du « programme minimum des connaissances intellectuelles nécessaires pour former un citoyen conscient de ses droits et de ses devoirs »[1]. Un jury prestigieux rassemble à cette occasion la fine fleur de la République politique et intellectuelle : Léon Bourgeois, Ferdinand Buisson et Paul Doumer y côtoient Aulard, Lavisse et Anatole France. Des milliers d'essais et de dissertations sont envoyés. Les réponses proviennent de tous les coins de la France, de toutes les professions, depuis le professeur en Sorbonne jusqu'au simple soldat. Près de quatre cents prix sont décernés, et les dix meilleurs mémoires furent rassemblés dans un recueil, inévitablement intitulé *L'Éducation de la démocratie*. Cette vaste littérature apparaît extraordinairement homogène. Les mêmes préoccupations, les mêmes hantises sont exprimées dans des formules très voisines, aussi vagues que répétitives. On trouve décliné sur tous les modes et sur tous les tons l'appel à lier le droit de suffrage et le devoir d'instruction. Les républicains de la fin du XIXe n'innovent d'ailleurs guère en enfourchant ce cheval de bataille. Ils ne font pour une large part que prolonger un grand thème révolutionnaire. Mais leur manière d'aborder le problème de l'éducation de la démocratie présente pourtant des traits spécifiques.

Pendant la Révolution, l'impératif pédagogique est essentiellement lié au rêve de former un *homme nouveau*, adéquat à la Cité régénérée que l'on entend édifier. « Il faut faire des Français un peuple nouveau » : ce mot d'ordre de Rabaut Saint-Étienne[2] devient à partir de 1792 le leitmotiv des grands plans d'éducation nationale que présentent après lui Lepeletier, Romme et Barère[3]. L'homme nouveau qu'ils appellent tous de leurs vœux ne connaît pas l'égoïsme, il est totalement dévoué à la volonté générale, identifiant complètement son existence au bonheur de la collectivité.

1. Concours national ouvert par *Le Matin* (cf. l'ouvrage *L'Éducation de la démocratie. Mémoires primés au concours*, Paris, s.d.).

2. RABAUT SAINT-ÉTIENNE, *Projet d'éducation nationale* (21 décembre 1792), reproduit in B. BACZKO, *Une éducation pour la démocratie, textes et projets de l'époque révolutionnaire*, Paris, Garnier, 1982, p. 298.

3. Cf. M. OZOUF, *L'Homme régénéré. Essais sur la Révolution française*, Paris, Gallimard, 1989, et *L'École de la France. Essais sur la révolution, l'utopie et l'enseignement*, Paris, Gallimard, 1984 ; D. JULIA, *Les Trois Couleurs du tableau noir, la Révolution*, Paris, Belin, 1981 ; B. BACZKO, « Former l'homme nouveau. Utopie et pédagogie pendant la Révolution française », *Libre*, 8, Payot, Paris, 1980. Consulter également J. R. VIGNERY, *The French Revolution and the Schools. Educational Policies of the Mountain, 1792-1794*, Madison, 1965.

L'éducation a pour but de corriger la nature humaine afin de la rendre conforme à cette ambition. «Considérant à quel point l'espèce humaine est dégradée par le vice de notre ancien système social, écrit ainsi Lepeletier, je me suis convaincu de la nécessité d'opérer une entière régénération, et si je peux m'exprimer ainsi, de créer un nouveau peuple[1].» Création artificielle d'une nouvelle nature qui résolve en elle-même le problème du rapport de l'individu à la collectivité : les hommes de la Révolution ont une vision presque botanique de l'éducation. Le pédagogue est à leurs yeux une sorte de *jardinier de la nature humaine.* Pour eux, l'unité sociale et l'adéquation du privé et du public ne sont pas le produit de l'identité naturelle des intérêts, comme chez Smith, ou de leur identité artificielle, comme chez Bentham; elles ne résultent pas d'un contrat ou du gouvernement de la raison : elles proviennent d'une *recréation de la nature*, nature parfaite, débarrassée de toutes les anomalies de la nature «naturelle». Le problème des rapports du nombre et de la raison est ainsi à la fois naturalisé et historicisé. Si divorce il y a, on ne le comprend que comme un héritage, résultant de la corruption des hommes par l'absolutisme. La contradiction principale n'est pas pour eux celle du nombre et de la raison; elle réside dans la corruption morale léguée par l'Ancien Régime. Les dispositifs éducatifs ont donc pour double objectif d'effacer les traces de cette aliénation historique et de former une humanité conforme à son essence. D'où la centralité de l'appel à la vertu beaucoup plus qu'à la raison. Dans son *Travail sur l'éducation publique*, Mirabeau a formulé ce programme en des termes devenus classiques : «Vous chercherez, écrit-il, le moyen d'élever promptement les âmes au niveau de votre Constitution, et de *combler l'intervalle immense* qu'elle a mis tout à coup entre l'état des choses et celui des habitudes. Ce moyen n'est autre qu'un bon système d'éducation publique : par lui votre édifice devient éternel[2].» C'est pour cette raison, d'ailleurs, qu'on attend de l'organisation des fêtes révolutionnaires qu'elles prolongent ce travail de l'éducation. L'objectif est dans les deux domaines de gouverner les imaginations et de refaçonner l'esprit humain, menant

---

1. Son rapport est présenté à la Convention le 13 juillet 1793. Il est reproduit in ROBESPIERRE, *Textes choisis*, Paris, Éd. sociales, 1973, t. II, (ici p. 159).

2. MIRABEAU, *Travail sur l'éducation publique*, in B. BACZKO, *Une éducation pour la démocratie [...]*, pp. 72-73.

à une réconciliation pratique de Descartes et de Condillac. « Il faut pour ainsi dire recréer le peuple qu'on veut rendre à la liberté » : Billaud-Varenne, en écrivant ces mots en 1794[1], faisait directement écho au célèbre avertissement de Rousseau, pour lequel « celui qui ose entreprendre d'instituer un peuple doit se sentir en état de changer, pour ainsi dire, la nature humaine »[2].

En 1880, les républicains attendent certes toujours de l'entreprise éducative qu'elle façonne un esprit national et discipline les mœurs. Edgar Quinet en avait souligné dès 1849 la centralité dans son ouvrage *L'Enseignement du peuple*, qui a exercé une profonde influence sur deux générations (la République et la démocratie ne pouvaient durer à ses yeux que si elles réussissaient à créer l'équivalent d'une religion nationale). Les républicains espèrent aussi que la diffusion d'une morale laïque permettra de réduire l'influence politique de l'Église[3]. Mais on ne saurait confondre un tel programme d'éducation morale et civique avec l'idée de régénération de la période révolutionnaire. Le projet républicain, en outre, n'est pas seulement de lier l'entreprise pédagogique à la construction de la nation. Il est aussi très directement de *former des acteurs politiques conscients*. Les héritiers des pères fondateurs sont sur ce point beaucoup plus proches de Concordet que de Lepeletier ou de Mirabeau, qui, par-delà leurs profondes différences, rêvent d'abord de changer le cœur des hommes. Pour Condorcet, on le sait, l'instruction des intelligences était aussi importante que l'éducation des mœurs et la formation des habitudes[4]. L'instruction est à ses yeux un moyen essentiel pour réduire l'écart entre la logique du suffrage et les impératifs de la raison. C'est par l'instruction que les assemblées spontanément tumultuaires et irréfléchies peuvent

1. Rapport du 20 avril 1794 sur « La théorie du gouvernement démocratique », *Moniteur*, t. XX, p. 263.
2. ROUSSEAU, *Du contrat social*, livre II, chap. VII.
3. Voir la bonne mise au point récente de Ph. STOCK-MORTON, *Moral Education for a Secular Society. The Development of « Morale Laïque » in 19th Century France*, Albany, Suny, 1988.
4. Voir sur ce point C. KINTZLER, *Condorcet, l'instruction publique et la naissance du citoyen*, Paris, Le Sycomore, 1984 ; Fr. VIAL, *Condorcet et l'éducation démocratique*, Paris, 1906 (réédité par Slatkine), ainsi que B. BACZKO, *Une éducation pour la démocratie [...]*, et D. JULIA, *Les Trois Couleurs du tableau noir, la Révolution*. On se reportera également à O. GRÉARD, *La Législation de l'instruction primaire de 1789 à nos jours*, Paris, s.d., t. I, *1789-1833*, et à A. SICARD, *L'Éducation morale et civique avant et pendant la Révolution (1700-1808)*, Paris, 1884.

progressivement se transformer en cénacles paisibles. Il présente dans cette perspective, le 20 avril 1792, son *Rapport sur l'organisation générale de l'instruction publique* devant l'Assemblée. L'école, explique-t-il, doit fonder les vertus publiques sur la raison et non pas sur l'enthousiasme : Condorcet marque là très fortement la spécificité de son approche. La démocratie repose d'abord pour lui sur l'*égalité en raison* des hommes[1], et non sur la fusion des sentiments. D'où son insistance sur la diffusion des connaissances comme condition de l'indépendance. La tension entre le libéralisme et la démocratie doit être réduite puis dissoute par l'accroissement de la liberté, progressivement confondue avec la raison. L'égalité ne prend d'ailleurs sens pour lui que dans le mouvement de diffusion des lumières. «Il ne peut y avoir d'égalité, écrit-il en 1793, si tous ne peuvent acquérir des idées justes sur les objets dont la connaissance est nécessaire à la conduite de leur vie. L'égalité de la stupidité n'en est pas une, parce qu'il n'en existe point entre les fourbes et les dupes, et que toute société qui n'est pas éclairée par des philosophes est trompée par des charlatans[2].» Condorcet attend donc de l'instruction non seulement qu'elle tempère dans l'immédiat les errements toujours possibles de la souveraineté du nombre, mais qu'elle donne à terme son sens véritable au droit de suffrage égal pour tous : devenir l'expression de la raison universelle, réalisant ainsi le progrès de l'esprit humain. Les républicains des années 1880 se retrouvent complètement dans cette approche que les événements révolutionnaires puis le fait censitaire avaient mise entre parenthèses. Léon Bourgeois, Ferdinand Buisson, Alfred Fouillée et leurs pairs rêvent d'établir une nation de sujets politiques autonomes et rationnels. C'est ce qui explique l'énorme influence de Kant dans les milieux républicains. Le philosophe de Königsberg devient dès les années 1860, à partir du moment où Jules Barni s'attache à la diffusion systématique de ses œuvres, le philosophe auquel

1. «Tant qu'il y aura des hommes qui n'obéiront pas à leur raison seule, qui recevront leurs opinions d'une opinion étrangère, écrit-il en 1792 dans son *Rapport sur l'organisation générale de l'instruction publique*, en vain toutes les chaînes auraient été brisées, en vain ces opinions de commande seraient d'utiles vérités; le genre humain n'en resterait pas moins partagé en deux classes : celle des hommes qui raisonnent, et celle des hommes qui croient, celle des maîtres et celle des esclaves» (in B. BACZKO, *Une éducation pour la démocratie [...]*, p. 185).
2. Prospectus du *Journal d'instruction sociale*, 1793, pp. 9-10.

s'adosse la tradition républicaine française pour penser la réconciliation du nombre et de la raison[1].

Un homme et une institution symbolisent l'ambition pédagogique républicaine dans la seconde moitié du XIXᵉ siècle : Jean
Macé et la Ligue française de l'enseignement[2]. Né en 1815, Jean
Macé fait le lien entre les deux générations qui ont édifié la République. Par son approche et sa sensibilité, il incarne parfaitement
ce que fut l'esprit républicain dans la France du XIXᵉ siècle. Fils
d'ouvrier, né à Paris, il fut chargé de cours d'histoire et répétiteur
dans les années 1840. Politiquement, il est alors relativement
modéré. En janvier 1848, il publie par exemple des *Lettres d'un
garde national à son voisin* dans lesquelles il exprime son adhésion
avec les objectifs du mouvement des années 1840, en revendiquant
l'extension du droit de suffrage aux seuls gardes nationaux[3]. Le
5 mars 1848, l'avènement du suffrage universel le surprend : « Le
suffrage universel nous est arrivé sans crier gare — et Dieu nous
est témoin que nous ne l'avions pas demandé », écrira-t-il plus
tard[4]. C'est à ce moment qu'il ressent l'urgence d'organiser
« l'éducation du maître inculte », selon ses propres termes[5]. Toute
sa vie s'organisera désormais autour de cet objectif. Lorsque l'Imagerie Pellerin, d'Épinal, lui consacre un placard, après son décès,
elle accompagne les illustrations de sa vocation première d'une
légende qui résume très bien le roman de la République : « Parce
qu'ils sont sans instruction, les hommes qui ont fait la révolution
de 1848 élisent comme Président de la République un ambitieux,
Louis-Napoléon Bonaparte. Un jeune professeur, Jean Macé assiste

1. Cf. M. VALLOIS, *La Formation de l'influence kantienne en France*, Paris, s.d. (1924),
et J.-L. FABIANI, *Les Philosophes de la République*, Paris, Éd. de Minuit, 1988. Pour la
première réception de Kant en France, se reporter à Fr. AZOUVI et D. BOUREL, *De
Königsberg à Paris. La Réception de Kant en France (1788-1804)*, Paris, Vrin, 1991.
2. Sur Jean Macé et l'histoire de la Ligue de l'enseignement, se reporter principalement à K. AUSPITZ, *The Radical Bourgeoisie. The Ligue de l'enseignement and the Origins of the Third Republic, 1866-1885*, Cambridge University Press, 1982, et à J. MACÉ,
La Ligue de l'enseignement à Beblenheim, 1862-1870, Paris, 1890 (reproduit de nombreux
documents intéressants sur les origines de la Ligue). Voir aussi A. DESSOYE, *Jean Macé
et la fondation de la Ligue de l'enseignement*, Paris, 1883, et É. PETIT, *Jean Macé, sa vie
et son œuvre*, Paris, s.d.
3. Ses écrits du début de l'année 1848 ont été repris in J. MACÉ, *L'Avènement du suffrage universel, janvier-février 1848*, Paris, 1879.
4. Article dans *L'Industriel alsacien*, décembre 1861, repris in J. MACÉ, *La Ligue de
l'enseignement à Beblenheim [...]*, p. 36.
5. *Ibid.*, p. 5.

avec tristesse à cet événement. Il comprend que les Français ont besoin d'être instruits pour apprendre à bien choisir leurs représentants[1]. » C'est pendant la seconde République que Macé fait ses premières armes d'instructeur populaire et d'organisateur. Il contribue à *La Vraie République*, le journal de Thoré, auquel collaborent Barbès, Pierre Leroux et George Sand. Au printemps 1849, il devient secrétaire de Solidarité républicaine, le comité mis en place par le parti démocratique pour les élections législatives. De l'automne 1849 à juin 1850, il dirige le bureau de la Propagande socialiste, qui diffuse dans les provinces reculées la presse socialiste et républicaine. Après le 2 Décembre, il quitte Paris et les menaces de répression pour se retirer dans une petite ville d'Alsace, à Beblenheim, où il enseigne dans un modeste pensionnat. Il écrit alors toute une série d'ouvrages d'éducation populaire dont certains, comme l'*Histoire d'une bouchée de pain* (1861), connaîtront une diffusion considérable. C'est dans ces années que prend corps l'idée de créer une société d'instruction populaire. En décembre 1861, il publie dans *L'Industriel alsacien* des « Lettres d'un paysan d'Alsace à un sénateur sur l'instruction obligatoire ». « L'ignorance du peuple est maintenant un danger public. Auparavant, c'était seulement une honte », y écrit-il[2]. La création d'une Ligue de l'enseignement en Belgique l'incite à cristalliser ses propres projets. « La marée montante du suffrage universel, que rien n'arrêtera désormais, écrit-il dans *L'Opinion nationale* du 25 octobre 1866, détermine en ce moment aussi bien dans les États qu'elle menace que dans ceux qu'elle a déjà envahis, un mouvement irrésistible d'enseignement populaire[3]. » La Ligue française de l'enseignement est fondée le mois suivant. En 1870, à la veille de la guerre, elle regroupe dix-huit mille adhérents. La Ligue, écrit quelques années plus tard Eugène Spuller, « est le résumé, le résultat, l'aboutissement de tout ce que le parti républicain pense depuis cent ans en matière d'éducation »[4].

Les efforts de Jean Macé prennent leur plein essor après la chute

1. Placard illustré, « Un grand ami des enfants : Jean Macé », s.d.
2. Lettres reprises in J. Macé, *La Ligue de l'enseignement à Beblenheim [...]*, p. 30.
3. ID., *ibid.*, p. 204.
4. E. Spuller, « Histoire de la Ligue de l'enseignement », in *Éducation de la démocratie*, Paris, 1892, p. 190.

du second Empire. Dans une série de petites brochures[1], il résume son programme : préparer les enfants à leur « métier d'électeur » et « former des électeurs sachant tous raisonner ». « Allons ! Jacques Bonhomme, mon ami, lance-t-il, puisque tu te dis roi et que tu veux la république, allons ! Apprends ton métier de roi et de républicain[2]. » Macé retrouve là le programme et parfois même les formules de Condorcet pour dire la nécessaire fusion du nombre et de la raison. Adossée aux réseaux de la francmaçonnerie, dont Jean Macé était membre, la Ligue connaît une formidable expansion, fédérant un grand nombre d'associations locales. Un seul chiffre suffit à résumer son influence : le tiers des députés y adhéraient en 1885.

L'éducation de la démocratie est alors au cœur de l'action républicaine. Elle a pour but de faire coïncider le droit et le fait, d'accorder les mœurs aux conquêtes politiques. Former des électeurs conscients et rationnels ne suffit cependant pas. Pour faire entrer la politique dans l'âge de la raison, les républicains sentent qu'il faut aussi la débanaliser, la séparer de la sphère ordinaire des besoins et des habitudes, pour lui donner de la gravité, comme si l'exercice de la raison présupposait une certaine solennité. Les premiers manuels d'instruction civique insisteront sur cette dimension, allant jusqu'à donner un caractère quasi sacramentel à l'acte électoral. « Quand je vais voter, je suis très ému », fait dire Eugène Lavisse à l'un de ses personnages dans un manuel d'instruction civique adopté dans les écoles communales[3]. Le vote doit tendre à être une pure expression de la conscience et de la raison des individus. Paul Bert a formulé cet impératif dans des termes particulièrement éloquents. « Surtout et avant tout, écrit-il, il faut inspirer à l'enfant un respect quasi religieux pour ce grand acte du vote qui, jusqu'à présent, est par tant de personnes encore traité si légèrement [...]. Il faut que cela devienne chez lui comme une sorte d'instinct acquis, si bien que lorsque ce jeune citoyen s'approchera de la simple boîte en bois blanc déposée sur la table de vote, il éprouve quelque chose de cette émotion que ressentent les croyants lorsqu'ils s'approchent

---

1. J. Macé, *Les Idées de Jean-François*, Paris, 1872-1873, 8 vol.

2. J. Macé, *Les Idées de Jean-François*, t. VII : *Jacques Bonhomme à ses députés. La France à Jacques Bonhomme*, Paris, 1873, p. 45.

3. P. Laloi (pseudonyme d'E. Lavisse), *La Première année d'instruction civique*, Paris, 1881 (3e éd.), p. 145.

de l'autel[1].» Ces formules étonnantes ne doivent pas être comprises comme l'expression idéologique d'une dénégation naïve ou perverse des rapports de force et des conflits d'intérêts. La pensée républicaine ne peut pas être appréhendée comme simplement opposée à la lutte des classes, pas plus qu'elle ne s'ordonne seulement autour de la préoccupation de mettre en place un ersatz laïc de religion. Elle s'organise aussi à partir d'autres urgences. La question centrale est, pour elle, de penser les rapports de la raison et de la démocratie. C'est ce que veut dire Paul Bert : la démocratie ne peut devenir rationnelle que si les individus expriment leur vote dans le silence des passions, satisfaisant ainsi à la condition mise par Diderot et Rousseau à l'expression de la volonté générale.

Si le suffrage universel ne prend sens qu'exercé par une population suffisamment instruite, le problème de l'instruction obligatoire se trouve automatiquement mis à l'ordre du jour. En 1871, le cercle parisien de la Ligue lance à cet effet le Mouvement national du sou contre l'ignorance. Il recueillera en 1872 plus d'un million de signatures. Jean Macé dit alors : «Je sais un article premier à mettre en tête de la loi électorale qu'il nous faudrait. Il instituerait l'instruction obligatoire[2].» La subordination du droit de vote à un niveau suffisant d'instruction n'était cependant pas une question nouvelle. Elle avait déjà été posée en Thermidor. L'article 16 de la Constitution de l'an III avait proposé une solution claire : «Les jeunes gens ne peuvent être inscrits sur le registre civique, s'ils ne prouvent qu'ils savent lire et écrire, et exercer une profession mécanique [...]. Cet article n'aura d'exécution qu'à compter de l'an XII de la République.» Ainsi formulé, l'article ne retirait pas le droit de vote aux illettrés qui l'exerçaient déjà, et il laissait un délai de neuf ans aux adolescents pour se préparer à leur devoir d'instruction[3]. L'exercice d'une profession mécanique renvoyait surtout à un critère d'inclusion sociale : on voulait signifier par là que le droit de vote était la conséquence d'une implication dans la société, de la capacité à en être un membre utile. Il ne s'agissait donc pas d'une mesure restrictive, visant à instaurer un quelconque

---

1. P. BERT, *De l'éducation civique. Conférence faite au palais du Trocadéro le 6 août 1882*, Paris, 1882, p. 15.

2. J. MACÉ, *Les Idées de Jean-François*, t. IV: *La Vérité du suffrage universel. Avant, pendant et après*, Paris, 1872, p. 53.

3. Initialement fixé à six ans, ce délai avait été allongé après la discussion à la Convention.

cens caché. Il en va de même pour la condition «culturelle» mise à l'exercice du droit de suffrage. Elle ne s'inscrit pas dans une logique d'élimination ou de soustraction de certaines catégories sociales, même s'il se trouve un conventionnel pour redouter la mise en place d'une «véritable aristocratie des sciences»[1]. Après les errements de la Terreur, l'objectif est simplement de garantir les libertés par l'instauration d'un gouvernement rationnel. Seuls le despotisme ou l'anarchie se nourrissent de l'ignorance, plaident Daunou et Boissy d'Anglas. Dans son *Rapport sur l'instruction publique*, présenté en brumaire de l'an IV[2], Daunou entend prolonger les dispositifs constitutionnels par une vigoureuse action de diffusion de l'instruction publique. L'objectif est par là très clairement de réconcilier la Révolution avec le Siècle des lumières, en même temps que les Français avec eux-mêmes : «C'est aux lettres qu'il est réservé de finir la révolution qu'elles ont commencé», commente-t-il[3]. Supprimée en l'an VIII, la disposition prévue par la Constitution de l'an III n'avait plus de raison d'être avec l'avènement du régime censitaire. Dans les années 1830 et 1840, les républicains avaient d'autres préoccupations en tête. Ils devaient combattre pour abolir le cens avant de songer aux conditions d'un exercice raisonnable de la souveraineté[4]. Ce n'est donc logiquement qu'après 1848, avec l'avènement du suffrage universel, que le rapport entre le droit de suffrage et le niveau d'instruction est de nouveau envisagé.

En février 1849, Édouard Charton dépose à l'Assemblée un amendement au projet de loi électorale alors en discussion pour conditionner le droit de vote au fait de savoir lire et écrire[5]. Le personnage est intéressant. Ancien prédicateur saint-simonien,

---

1. Charles Lacroix, discussion du 24 messidor an III, (*Moniteur*, t. XXV, p. 227).
2. Reproduit in B. Baczko, *Une éducation pour la démocratie [...]*.
3. In B. Baczko, *Une éducation pour la démocratie [...]*, p. 513.
4. Seul Charles-Antoine Teste reprend à ma connaissance l'idée. Dans son *Projet de Constitution républicaine* publié à Paris en 1833, l'ami de Buonarotti et de Voyer d'Argenson écrit : «Le principe fondamental de l'égalité voulant que tout homme appartenant au pays et jouissant de l'usage de la raison soit citoyen et fasse partie du peuple, il ne s'agissait plus que de savoir à quels signes on reconnaîtrait que l'homme était en pleine possession de la faculté de raisonner, et appartenait réellement au pays» (p. 11). L'article 8 de son projet répond à la première condition : «Dans... ans, aucun natif ne sera admis à prêter serment et ne pourra exercer les droits de citoyen, s'il ne justifie pas d'avoir reçu l'éducation nationale» (p. 46).
5. Projet déposé le 15 février 1849. Cf. *Procès verbaux de l'Assemblée nationale*, Paris, 1849, t. VIII (discussion pp. 84-87).

auteur d'un *Dictionnaire des professions* largement diffusé, il avait été appelé après février 1848 par Hippolyte Carnot au poste de secrétaire général du ministère de l'Instruction publique. C'est donc un républicain de gauche, qui reprend les arguments de Daunou en l'an III. Son amendement est repoussé par une conjonction des voix de l'extrême gauche, qui trouve le projet porteur de menaces restrictives ultérieures, et de la droite, qui ne voit dans la disposition envisagée par Charton qu'une tentative d'écarter les influences rurales [1]. Pour beaucoup, il apparaît en outre compliqué de mettre en place une procédure simple permettant de prouver que l'on sait lire et écrire. Ces différents obstacles suffisent à empêcher la diffusion de l'idée. Pourtant, elle fait toujours souterrainement son chemin. En 1851, dans ses réflexions sur l'organisation du suffrage universel, Lamartine la reprend. « L'instruction élémentaire, écrit-il dans *Le Passé, le présent, l'avenir de la République*, est le *cens spiritualiste* du citoyen. Savoir lire et écrire, c'est savoir comprendre. La lumière fait partie de la moralité, l'intelligence est le *cautionnement* de l'électeur souverain [2]. » Sous le second Empire, estimant que le pouvoir impérial se fonde en dernier ressort sur le soutien des masses ignorantes, les républicains et les libéraux évoquent à de nombreuses reprises la question toujours ouverte. À l'approche des législatives de 1863, Jules Favre prend à son tour parti pour tendre à ne conférer le droit de vote qu'à ceux qui savent lire et écrire [3]. « Avant de décréter le suffrage universel, note de son côté Eugène Spuller, il semble que l'on aurait dû commencer par décréter l'instruction universelle [4]. » Louis Blanc, d'Alton-Shée et George Sand vont aussi dans le même sens [5].

1. « C'est parmi les électeurs des campagnes que la loi qui exigerait qu'on sût lire et écrire ferait les plus grands vides », note quelques années plus tard RÉMUSAT, qui avoue pour cette raison ses réticences à l'adoption d'une telle mesure (« Les élections de 1863 », *La Revue des Deux Mondes*, 15 juillet 1863, p. 264).
2. A. DE LAMARTINE, *Le Passé, le présent, l'avenir de la République*, pp. 247-248 (souligné par lui). Mais Lamartine s'opposait à toute « exclusion rétroactive » de la masse du peuple.
3. Cité par P. DE LA GORCE, *Histoire du Second Empire*, t. IV, p. 209.
4. E. SPULLER, *Histoire parlementaire de la seconde République*, p. 20.
5. « Nous n'avons pas compris, dès le principe, ce qu'il y avait de terrible et de colossal dans le suffrage universel, écrit cette dernière en 1870. Pour mon compte, c'est avec regret que je l'ai vu s'établir en 1848 sans la condition obligatoire de l'instruction gratuite » (G. SAND, *Journal d'un voyageur pendant la guerre*, p. 163 ; journal en date du 5 novembre 1870).

Si tous les républicains sont d'accord pour lier l'instruction publique au suffrage universel, l'ordre des priorités reste cependant indéterminé : faut-il conditionner le droit de suffrage au fait d'être instruit, quitte à fixer, comme en l'an III, un délai d'application ? Ou bien à l'inverse commencer par rendre l'instruction obligatoire, de telle sorte que le problème tende à être réglé dans les faits ? Beaucoup hésitent et oscillent entre les deux positions, qui peuvent en fait renvoyer à des philosophies très différentes du suffrage, droit ou fonction. En 1865, Jules Simon est le premier à poser le problème de l'obligation scolaire dans son rapport au suffrage universel[1]. Mais en 1871 il suggère dans l'autre sens que ce soit l'obtention du certificat d'études primaires qui conditionne l'inscription sur les listes électorales[2]. Les républicains ont fini par opter pour l'obligation scolaire. Plusieurs éléments ont pesé dans ce sens. Les réticences des conservateurs rendent d'abord difficile, au début des années 1870, l'adoption d'une condition culturelle de suffrage (comme en 1849 ou dans les années 1860, les conservateurs redoutaient surtout un brutal renversement du rapport entre le vote des campagnes et le vote des villes). L'absence d'instruction, ensuite, ne paraît pas pouvoir être automatiquement imputée aux personnes concernées. Ce sont les parents et non les enfants qui sont les vrais responsables, dit-on[3]. « En retranchant du nombre des électeurs des hommes que la société a laissés croupir dans l'ignorance, notait plus largement Alfred Naquet, on les rendrait responsables d'un crime qui n'est pas le leur[4]. » D'une

---

1. Voir son discours du 8 avril 1865, repris in *La Politique radicale*, Paris, 1868. Pour une perspective comparative concernant tant les débats que les législations sur le rapport entre instruction et droit de vote au XIX⁰ siècle, voir la thèse de E. A. POULOPOULO, *Le Vote des illettrés*, Paris, 1923.
2. Projet présenté de concert avec Thiers le 15 décembre 1871. Reproduit in *Annales de l'Assemblée nationale*, Paris, 1872, t. VI, annexe n° 714. Avant eux, Herold puis Keratry avaient déjà déposé des projets de loi dans la même direction (en 1869 pour le premier, en janvier 1870 pour le second; tous les deux proposaient de n'inscrire sur les listes électorales que les individus sachant lire et écrire, une période de transition étant prévue avant que la mesure ne s'applique).
3. Jules Ferry, Gambetta, Jules Simon et les principaux républicains proposaient pour cette raison, dans un projet de loi sur l'instruction gratuite et obligatoire présenté le 21 février 1870 (*Annales du Sénat et du Corps législatif*, session de 1870, t. II, p. 40), de priver d'éligibilité aux fonctions communales les parents qui n'auraient pas fait remplir par leurs enfants le devoir scolaire.
4. A. NAQUET, *La République radicale*, p. 172 (voir tout son chapitre « De l'instruction primaire »).

manière plus diffuse, les républicains répugnent à adopter une mesure qui aurait pu paraître susceptible de remettre en cause un droit acquis. Ils refusent pour la même raison de tourner la question par l'introduction du bulletin de vote autographe.

Au temps de la monarchie censitaire, les électeurs devaient obligatoirement écrire eux-mêmes le nom du député à élire sur la table du bureau de vote, avant de plier leur bulletin. Mais en 1848, l'introduction de bulletins imprimés et préparés à l'avance avait été autorisée, pour des raisons techniques tenant au scrutin départemental de liste (il y aurait eu beaucoup de noms à inscrire) et à l'introduction d'une masse de nouveaux électeurs dont beaucoup étaient illettrés. Les distributions partisanes de bulletins à l'entrée des bureaux étaient fréquentes, mais tout le monde y trouvait son compte[1]. C'est sous le second Empire que certains libéraux voient dans le retour obligatoire au bulletin autographe un moyen de limiter le poids des candidatures officielles et d'écarter subrepticement du scrutin les paysans illettrés, qui votaient en masse pour le pouvoir impérial. Prévost-Paradol et Ferdinand de Lasteyrie militent en ce sens[2]. « L'excessive condescendance dont on fit preuve d'abord envers les illettrés, n'a plus actuellement la même raison d'être, écrivait ce dernier. Disons-le franchement, lorsque, depuis plus de vingt ans, le suffrage universel est devenu la loi politique du pays, ceux qui ne jugent pas à propos d'apprendre seulement à assembler les quelques lettres qui composent un nom propre, ne seront pas dignes d'exercer leurs droits de citoyens[3]. » Les républicains ne reprennent pas l'idée, n'y voyant qu'un palliatif, d'une efficacité techniquement discutable[4]. Ont-ils pour autant rompu avec toute approche capacitaire du droit de suffrage ? Certes pas. La prolongation même du débat sur le lien à établir entre l'instruction et le droit de suffrage témoigne de leur perplexité rémanente.

---

1. Voir sur ces questions les ouvrages curieux et bien documentés d'Alexandre PILENCO, *Les Mœurs électorales en France. Régime censitaire*, Paris, 1928, et *Les Mœurs du suffrage universel en France (1848-1928)*, Paris, 1930.

2. Cf. PRÉVOST-PARADOL, *La France nouvelle* (voir le chapitre I du livre II, « Du droit de suffrage »), et F. DE LASTEYRIE, *Le Paysan. Ce qu'il est, ce qu'il devrait être. Petite Étude morale et politique*, Paris, 1869.

3. F. DE LASTEYRIE, *Le Paysan*, p. 115.

4. Lamartine n'avait pas été suivi lorsqu'il avait écrit en 1850 que « l'obligation de savoir lire et écrire, l'injonction d'écrire soi-même son billet, est au nombre de ces garanties morales que la loi future pourra prescrire » (LAMARTINE, *Le Passé, le présent, l'avenir de la République*, p. 247).

En 1881, lors du premier congrès national de la Ligue française de l'enseignement, Jean Macé le manifeste très clairement. La condition nécessaire du suffrage universel, c'est l'instruction universelle, rappelle-t-il. «Quand un peuple a laissé le premier venir avant l'autre, conclut-il, il demeure en perdition jusqu'à ce qu'il lui ait donné son complément[1].» Gambetta le reprend vertement sur ce point. «En vous entendant, lui répond-il, il me semblait que vous alliez peut-être dépasser la légitime mesure, car le suffrage universel est un droit avant d'être l'exercice légal et régulier de la raison cultivée [...] et il ne faudrait pas laisser dire un seul instant que son principe ou sa valeur peuvent dépendre de l'état intellectuel de tout un peuple, car cet état intellectuel, nul n'est en possession de le mesurer[2].» La frontière entre l'instruction-condition et l'instruction-accompagnement est pourtant singulièrement difficile à tracer. D'où la célébration de la loi du 22 octobre 1882, qui permet dans les faits de ne plus avoir à se prononcer sur le fond. On peut en effet *présupposer* l'avènement d'une universalisation de la diffusion de la raison dès lors que l'instruction est obligatoire. Cette présupposition est la clef du problème théorique que les républicains ont à résoudre.

Avec l'instauration d'une scolarité gratuite et obligatoire, la démopédie est juridiquement instituée. Pour cette raison, 1882 n'est pas seulement une date dans l'histoire de l'instruction publique, achevant l'entreprise commencée en 1833 par la loi Guizot. Elle marque d'une pierre blanche l'histoire de la démocratie française. En permettant de penser la réconciliation du nombre et de la raison, elle aide la philosophie politique républicaine à trouver sa cohérence. Le temps de la démocratie est désormais accordé à celui de l'histoire. Il n'y a plus de retard à combler, ou de prématurité à supporter. En 1882, la conquête de 1848 s'accorde définitivement à la raison républicaine. 1848, 1882 : les deux dates prennent immé-

---

1. Discours de J. Macé, 21 avril 1881, reproduit in *Discours et plaidoyers politiques de M. Gambetta*, t. IX, 1883, p. 188. En 1885, Jean Macé n'avait toujours pas changé d'avis. «Cela est triste à dire, disait-il, mais le suffrage universel est venu trop tôt chez nous : c'est un enfant qui est arrivé avant terme. Avant d'avoir le suffrage universel, il aurait fallu avoir trente ans d'instruction obligatoire. Eh bien, nous avons eu trente-trois ans de suffrage universel avant d'avoir l'instruction obligatoire [...]. C'est cette éducation du suffrage universel qu'il nous faut faire» (J. MACÉ, *Bulletin de la Ligue française de l'enseignement*, n° 31, juin et août 1885, p. 197).

2. Réponse de Gambetta à Jean Macé le 21 avril 1881, in *Discours et plaidoyers politiques de M. Gambetta*, t. IX, pp. 199-200.

diatement une même importance symbolique, incarnant les deux pôles du droit et de la capacité, qui structurent la tension démocratique, permettant d'en confondre les principes et les effets.

Le suffrage universel est-il désormais accepté sans arrière-pensée aucune par la seconde génération républicaine ? Il a en tout cas trouvé sa consécration historique et sa justification théorique. L'exigence de l'instruction comme *préalable* à l'exercice du droit n'en subsiste cependant pas moins chez certains. En 1884, Alfred Fouillée vante par exemple le système belge des examens électoraux, souhaitant qu'il soit un jour appliqué à la France [1]. Pour tous, elle restait en tout cas un problème pratique. C'est *après* 1882, que les républicains se montrent les plus acharnés à faire passer dans les mœurs ce que la loi avait prescrit. Mais la machine scolaire ne connaît pas à ce moment de véritable révolution, la loi ne faisant que prolonger et consacrer l'œuvre déjà entamée par les Guizot, Duruy et Simon. C'est d'abord la prise de conscience de la mission de l'instruction publique qui progresse. C'est la raison pour laquelle les républicains se sont mobilisés encore plus fortement que par le passé pour prolonger le travail de l'école par un effort militant. C'est après 1882 que la Ligue de l'enseignement connaît son âge d'or, couvrant la France des cercles qu'elle fédère. Les initiatives sont d'ailleurs très diverses. À côté de la Ligue, de nombreuses associations d'instruction populaire se développent : l'Association philotechnique, la Société Franklin, Les Amis de l'instruction et bien d'autres [2]. On fonde des cours d'adultes, on lance

---

1. Dans son article sur « La philosophie du suffrage universel », *La Revue des Deux Mondes*, 1er septembre 1884, pp. 124-125. La loi électorale belge du 24 août 1883 avait institué un système de capacité intellectuelle. Un jury faisait passer aux candidats un examen électoral comprenant des questions simple sur la morale, l'histoire et la géographie de la Belgique, les institutions, la lecture, l'écriture, le calcul. Les titulaires de certains diplômes et les membres de certaines professions en étaient exemptés. Il faut signaler qu'une condition de cens subsistait alors dans la législation belge et que le passage de l'examen électoral permettait de s'en abstraire (les censitaires étant à l'inverse dispensés de l'examen politique).

2. On trouvera des indications utiles dans P. MARIE, « La bibliothèque des Amis de l'instruction du IIIe arrondissement », in P. NORA (éd.), *Les Lieux de mémoire*, t. I, *La République*, Paris, Gallimard, 1984, et dans *Lectures et lecteurs du XIXe siècle : la bibliothèque des Amis de l'instruction*, actes du colloque du 10 novembre 1984, Paris, Bibliothèque des Amis de l'instruction du IIIe arrondissement, 1985. Sur l'histoire de la Société Franklin de 1860 à 1899, voir les deux mémoires de C. AUDE et D. PASSION (E.N.S.B., Villeurbane, 1977 et 1978).

des collections de livres à bon marché[1], on édite des manuels électoraux[2], on crée des bibliothèques municipales ou régimentaires, on organise partout des conférences scientifiques, littéraires et morales. Les républicains des années 1880 et 1890 reprennent alors le mot d'ordre de Michelet, qui lançait après 1848 : «Il ne faut pas que la République soit extérieure, à la surface; il faut qu'elle entre et pénètre[3].» Toute leur énergie est mobilisée par cette tâche. «Les républicains, écrit Eugène Spuller, ont foi dans la démocratie et dans la liberté, mais ils n'ont garde de croire que la formule réalisée du "peuple souverain" soit une panacée, ni que le suffrage universel, par une vertu magique, prévienne ou répare tous les maux [...] ils savent que le gouvernement démocratique vaut juste ce que vaut le peuple, et ils travaillent à l'instruction du peuple[4].» Cette énorme entreprise démopédique ne se limite pas à la formation des intelligences. On veut que les citoyens soient aussi de bons soldats et de vaillants patriotes. «Il faut mettre partout, à côté de l'instituteur, le gymnaste et le militaire», disait déjà Gambetta en 1871[5]. Les sociétés de tir et de gymnastique se développent ainsi parallèlement aux sociétés d'instruction populaire[6]. Au congrès de 1882 de la Ligue — dont la devise proclamait fièrement «Pour la Patrie, par le livre et par l'épée» —, le sénateur Eustache George parle par exemple de la nécessité de

---

1. Voir principalement la fameuse «Bibliothèque nationale» lancée en 1863 par Victor Poupin ainsi que la «Bibliothèque démocratique», qui prospère à partir de 1877.

2. L'étude des manuels électoraux est particulièrement intéressante à mener dans la perspective d'une histoire du suffrage universel. Ils visent à leur manière à une éducation de la démocratie. Ce sont souvent de véritables petits traités d'éducation morale et politique. Le premier manuel électoral est publié en 1817 (*Manuel électoral à l'usage de MM. les électeurs des départements de la France*, Paris). Voir la collection de manuels rassemblée à la Bibliothèque nationale sous la cote Le⁸.

3. Cité par E. SPULLER, *Éducation de la démocratie*, p. 130.

4. ID., *ibid.*, p. 140.

5. Discours du 26 juin 1871, in *Discours et plaidoyers politiques de M. Gambetta*, t. II, p. 23.

6. Voir sur ce point P. ARNAUD (éd.), *Les Athlètes de la République, Gymnastique, sport et idéologie républicaine, 1870-1914*, Toulouse, Privat, 1987 (voir tout particulièrement la contribution de B. MACCARIO, «Gymnastique, sport et éducation populaire. Le combat de la Ligue de l'enseignement»); A. EHRENBERG, *Le Corps militaire. Politique et pédagogie en démocratie*, Paris, Aubier, 1983; P. CHAMBAT, «La gymnastique, sport de la République?», *Esprit*, avril 1987; B. LECOQ, «Les sociétés de gymnastique et de tir dans la France républicaine (1870-1914)», *Revue historique*, n° 559, 1986; J. THIBAULT, *Sport et éducation civique, 1870-1970*, Paris, Vrin, 1972.

combler le grand intervalle entre l'école et le régiment [1]. La République a ainsi rêvé d'être une démopédie intégrale. L'éducation républicaine n'est pas seulement une prothèse de la nature ou de la raison, elle vise plus largement à constituer le principe actif d'une résolution de toutes les apories de la démocratie moderne, inlassablement occupée à former les intelligences et à remettre en forme le lien social.

Refaire une tête de peuple

« Si le suffrage universel suppose, en bas, des hommes capables de choisir, il suppose surtout, en haut, des hommes dignes d'être choisis », note Alfred Fouillée en conclusion de ses réflexions sur le suffrage [2]. C'est presque par nécessité logique que les républicains sont amenés à se préoccuper de la constitution d'élites nouvelles, indispensables à l'équilibre d'une démocratie encore immature [3]. « Il n'y a qu'une certaine partie de la démocratie qui ait la passion et le souci des choses et des actes des hommes publics, dit par exemple Gambetta. C'est donc à ces hommes plus avisés et plus éclairés qu'il appartient, dans une certaine mesure, librement, sans pression, de se faire les instituteurs, les éducateurs, les guides de leurs frères moins avancés du suffrage universel, de ceux qui ont moins de loisirs et de lumières [4]. » Dans leurs romans nationaux et populaires, Erckmann-Chatrian illustrent de façon très sensible cette vision républicaine de l'accompagnement des masses par des notables d'un type nouveau, attentifs et modestes. Comme un grand nombre de responsables républicains, ils souhaitent qu'une bourgeoisie renouvelée, sérieuse et cultivée, puisse fournir au peuple ses « véritables sénateurs » [5]. Nous sommes loin, ici, des accents de Renan ou de Taine. Les élites ne sont pour Ferry

1. Voir son rapport « L'éducation gymnastique et militaire », *Bulletin de la Ligue française de l'enseignement*, nº 10, 1er avril 1882, pp. 73-76.
2. « La philosophie du suffrage universel », *La Revue des Deux Mondes*, 1er septembre 1884, p. 129.
3. Voir les travaux de Ch. CHARLES, *Les Élites de la République, 1880-1900*, Paris, Fayard, 1987, et *Naissance des « intellectuels », 1880-1900*, Paris, Éd. de Minuit, 1990.
4. Discours du 26 septembre 1872 à Grenoble, in *Discours et plaidoyers politiques de M. Gambetta*, t. III, pp. 110-111.
5. Voir à ce propos les remarques très justes de J.-P. RIOUX, *Erckmann et Chatrian ou le Trait d'union*, Paris, Gallimard, 1989, p. 117.

et Gambetta que les «frères aînés» du peuple, selon une expression de ce dernier, et non ses maîtres distants. Mais les préoccupations sont pourtant voisines : on pense que la démocratie a besoin d'être guidée et que la société française doit réinventer l'équivalent d'une nouvelle aristocratie. Dans un essai publié en 1888, *L'Éducation de la bourgeoisie sous la République*, un publiciste républicain, Édouard Maneuvrier, présente sur ce thème une synthèse qui rencontre à la fois l'assentiment de ses amis et des conservateurs éclairés. L'éducation de la démocratie et ce qu'il appelle la «régénération des systèmes d'éducation aristocratique» ne sont à ses yeux que deux volets complémentaires d'une même entreprise. Sa conclusion traduit bien l'état d'esprit de la période : «On a dit aux misérables : "il n'y a plus de paradis ; ou plutôt, votre paradis est ici-bas, à vous de le conquérir". En même temps, on les a armés : on leur a donné des droits redoutables, qu'ils ne sont pas encore capables de comprendre et d'exercer. Le péril est donc grand. Selon nous, il n'y a qu'un moyen de le conjurer : élevons-le bien, élevons mieux ces enfants qui seront nos maîtres. À cette armée de la démocratie, préparons des chefs respectés et respectables. Qu'ils ne tiennent leurs grades, ni de la faveur, ni de la naissance, ni de la fortune, mais du mérite[1]. » C'est sur cette base que l'école républicaine s'est fondée et développée.

Comment atteindre un tel but ? Dans *La République radicale*, Alfred Naquet retrouvait des accents montagnards pour appeler l'État à créer de véritables pépinières humaines, du sein desquelles on pourrait extraire les hommes les plus capables. C'était déjà affirmer le principe de la sélection des meilleurs par la promotion de tous. Mais comment concevoir de tels réservoirs de capacités ? Toute l'entreprise s'articule autour d'un mot d'ordre : *créer l'université française*. À l'aube des années 1870, celle-ci n'existe pas vraiment encore. L'enseignement supérieur se limite pratiquement aux Grandes Écoles d'ingénieurs, à l'École normale supérieure et aux facultés professionnelles (droit, médecine, pharmacie). En 1875, les facultés de lettres de la France entière ne comptent que 238 étudiants, et celles de sciences 293[2] ! Cette situation apparaît

---

1. É. Maneuvrier, *L'Éducation de la bourgeoisie sous la République*, Paris, 1888, p. 384.
2. Chiffres cités par G. Weisz, *The Emergence of Modern Universities in France, 1863-1914*, Princeton University Press, 1983, p. 22. Cet ouvrage constitue la meilleure étude sur ce sujet.

catastrophique aux yeux de beaucoup. Non pas que la France manque alors de filières pour former les cadres de l'industrie ou de l'État, ainsi que les professions libérales. La faiblesse de l'université est considérée comme inquiétante pour d'autres raisons. Elle symbolise d'abord l'infériorité française face à la puissance de l'université allemande. «C'est l'université de Berlin, qui a triomphé à Sadowa», résumait Boutmy en une formule qui deviendra rapidement un cliché [1]. Dans le vide universitaire, on voit surtout la cause de la faible cohésion des élites. Là encore, les républicains de progrès et les conservateurs éclairés procèdent à la même analyse. En se proposant de créer une véritable université française, ils veulent doter la France d'une *classe politique et intellectuelle*, bref former des généralistes. Le propre de l'université, explique Louis Liard, qui sera le grand maître d'œuvre de la réforme de 1896, est de produire des spécialistes subordonnés à une culture générale [2]. D'où la nécessité à ses yeux d'attirer d'excellents étudiants et de prendre garde à ce que les Grandes Écoles, dont la vocation est technique, n'absorbent pas les meilleurs éléments. À travers la recréation de l'université, on veut aussi concentrer les futures élites. Dans un esprit analogue, mais avec des ambitions institutionnelles plus limitées, Émile Boutmy parle de «créer l'élite qui, de proche en proche, donnera le ton à toute la nation». «Refaire une tête de peuple, tout nous ramène à cela», écrit-il [3]. Pour cela, il souhaite créer une faculté libre d'enseignement supérieur. Prenant ses distances avec le modèle des écoles spéciales, il cherche à mettre sur pied un enseignement complémentaire qui prépare «le citoyen éclairé, juge compétent des questions politiques, capable de les discuter solidement et de diriger l'opinion» [4]. Sciences-Po, on le sait, allait être fondé sur

1. É. Boutmy et E. Vinet, *Quelques Idées sur la création d'une faculté libre d'enseignement supérieur. Lettres et programme*, Paris, 1871, p. 5. Voir également E. Lavisse, *La Fondation de l'université de Berlin : à propos de la réforme de l'enseignement supérieur en France*, Paris, 1876.

2. Cf. L. Liard, *L'Enseignement supérieur en France, 1789-1893*, Paris, 1894, t. II, pp. 355-357.

3. É. Boutmy et E. Vinet, *Quelques Idées sur la création d'une faculté libre d'enseignement supérieur*, p. 6.

4. Id., *ibid.* On notera cependant que, si les buts de Boutmy sont les mêmes que les buts de ceux qui veulent créer l'université française, de nombreux républicains critiqueront l'École libre des sciences politiques, la trouvant trop marquée par l'origine sociale des élèves (voir sur ce point A. Bellessort, *Les Intellectuels et l'avènement de la Troisième République*, Paris, 1931, pp. 72-73).

cette base ¹. Avec une ambition institutionnelle plus large, ce sont les mêmes objectifs que poursuivent tous les partisans d'une réforme universitaire.

En 1878, les projets réformateurs se cristallisent autour de la création d'une Société de l'enseignement supérieur. Parmi les vingt-quatre fondateurs, on retrouve une pléiade de célébrités. Paul Bert, Marcellin Berthelot, Émile Boutmy, Fustel de Coulanges, Édouard Laboulaye, Ernest Lavisse, Gabriel Monod, Louis Pasteur, Ernest Renan, Hippolyte Taine se retrouvent côte à côte. En termes politiques, le spectre est large. Il témoigne encore une fois du caractère transversal des réflexions et des propositions sur ce thème. Appuyée par des écrivains et soutenue par de grands industriels, la société reprendra les idées directrices de Boutmy sur la nécessité de former des élites généralistes qui pourront légitimer leur prépondérance sociale par la culture qu'elles auront acquise. Boutmy avait exprimé sans détours cet objectif sociologique. « Le privilège n'est plus ; la démocratie ne reculera point, écrivait-il. Contraintes de subir le droit du plus nombreux, les classes qui se nomment elles-mêmes les classes élevées ne peuvent conserver leur hégémonie politique qu'en invoquant le droit du plus capable. Il faut que, derrière l'enceinte croulante de leurs prérogatives et de la tradition, le flot de la démocratie se heurte à un second rempart fait de mérites éclatants et utiles, de supériorités dont le prestige s'impose, de capacités dont on ne puisse pas se priver sans folie ². » Les républicains de progrès auront davantage de prudences de langage. Mais, sur le fond, ils ne pensaient pas autrement ³.

Pour former cette élite dans l'université nouvelle, on croit aux vertus de « la Science », dans une optique positiviste, optimiste et

1. Cf. P. FAVRE, *Naissances de la science politique en France, 1870-1914*, Paris, Fayard, 1989 ; T. R. OSBORNE, *A Grande École for the Grands Corps. The Recruitment and Training of the French Administrative Elite in the Nineteenth Century*, New York, distribué par Columbia University Press, 1983, et P. RAIN, *L'École libre des sciences politiques*, Paris, F.N.S.P., 1963.
2. É. BOUTMY et E. VINET, *Quelques Idées sur la création d'une faculté libre d'enseignement supérieur*, p. 15.
3. Léon Bourgeois estime par exemple que le problème est d'assurer « l'unité des consciences et des volontés », dans un État où « la volonté est entre les mains des délégués de la masse souveraine, et l'idée, elle, est éparse, dispersée dans cette masse immense ». La solution ? Elle réside « dans une organisation puissante de l'enseignement supérieur » (discours prononcé le 11 mars 1892 au Sénat, dans la discussion du projet de loi sur les universités, in L. BOURGEOIS, *L'Éducation de la démocratie française*, Paris, 1897, pp. 54-55).

naïve. On attend de l'enseignement qu'il mette fin aux divisions stériles et crée l'unité autour d'une connaissance objective des hommes et de la société[1]. Louis Liard a remarquablement rappelé dans sa *Théorie des universités* les présupposés de ce scientisme républicain. «Beaucoup, parmi les hommes les plus éclairés du nouveau régime, écrit-il, se disaient que par elle [la science] s'établirait d'abord dans l'élite, puis, par infiltration, dans la masse, cet esprit public, conscient, ferme et cohérent, dont ne peuvent se passer la République et la démocratie[2].» On retrouve là exactement la manière dont les physiocrates appréhendaient la rationalisation sociale, comme processus de diffusion progressive de l'opinion éclairée du haut en bas de la société[3]. À un siècle de distance, les mêmes concepts et les mêmes images reviennent pour exprimer le sacre des capacités. Dans cette approche du rôle des élites, les républicains des années 1880 renouent discrètement avec l'ambition de Guizot de former une élite politique et sociale, non spécialisée. D'où l'accent qui est mis sur la culture générale. Boutmy parle dès 1871 de l'urgence d'organiser une «instruction libérale supérieure»[4]. Alfred Fouillée donnera à cette conception son expression canonique dans un ouvrage au titre suggestif, *Les Études classiques et la Démocratie*. L'enseignement des humanités doit constituer à ses yeux une véritable priorité politique. «Les études libérales, explique-t-il, sont celles qui ont pour but de former une élite éclairée, songeant à l'avenir, préposée à la sauvegarde des grands intérêts intellectuels ou moraux et, en un mot, de l'esprit national. Le principal danger des démocraties, c'est l'excès de la tendance utilitaire[5].» Les vraies élites ne sont donc ni celles de la fortune, ni celles de la naissance, ni même celles du simple mérite. Elles se définissent plutôt par un critère indissociablement moral et intellectuel : l'intérêt pour l'intérêt général et la capacité de penser

1. Renan est le premier à formuler ce programme, dans un article de 1864, «L'instruction supérieure en France» (repris dans le tome I des *Œuvres complètes d'Ernest Renan*). Voir aussi L. Rétat, «Renan et les problèmes de l'enseignement supérieur», *Commentaire*, n° 27, automne 1984. Paul Bert, Gabriel Monod, Ernest Lavisse reprendront dans les années 1880 et 1890 les thèmes et les arguments de Renan.

2. L. Liard, *L'Enseignement supérieur en France*, t. II, p. 344.

3. Cf. M. Ozouf, «Le concept d'opinion publique au XVIIIe siècle», in *L'Homme régénéré. Essais sur la Révolution française*.

4. É. Boutmy et E. Vinet, *Quelques Idées sur la création d'une faculté libre d'enseignement supérieur*, p. 6.

5. A. Fouillée, *Les Études classiques et la Démocratie*, Paris, 1898, p. 1.

à long terme (alors qu'à l'inverse la majeure partie du peuple est composée d'hommes préoccupés de l'intérêt présent et personnel). «Les études classiques, en conclut Fouillée, restent l'unique moyen d'entretenir au sein de la France l'élite d'esprits élevés et désintéressés, par cela même l'atmosphère de moralité supérieure sans laquelle une démocratie se rue à la démagogie[1].»

Dès lors que le suffrage universel est considéré comme une institution irréversible, il faut répondre à d'urgentes questions : Comment gérer les masses ? Comment canaliser leurs passions et leurs intérêts ? Comment éviter que la puissance du peuple ne se dégrade en brutalité de la foule ? Les inquiétudes du début du XIXe siècle sur l'avènement d'une société d'individus sont brutalement réactivées et accentuées avec la montée en puissance du peuple-électeur. On cherche des principes d'ordre compensateur qui permettent à la fois de conjurer la menace conjointe du nombre et de l'atomisation sociale. C'est dans ce contexte, on le sait, que naît la sociologie. Durkheim, Pareto, Tarde, Le Bon répondent tous à la même question. Les pensées racistes ou la phrénologie essaient aussi à leur façon de proposer un principe d'organisation, sur une base biologique. Les mêmes chemins sont alors simultanément explorés dans toutes les démocraties. Mais le cas français présente une particularité à la fin du XIXe siècle. Il y apparaît beaucoup plus difficile qu'ailleurs de mettre en œuvre ce qu'on pourrait appeler une «résolution organique» de la question démocratique. Le poids de l'héritage révolutionnaire reste trop fort pour cela, l'universalisme abstrait continuant de fonder en dernier ressort les représentations dominantes du politique et du social. Les efforts pour aller à contre-courant sont certes non négligeables. Nombreux sont les sociologues ou les juristes qui cherchent à reconstruire une nouvelle culture politique ancrée dans une société plus organisée, que ce soit à droite dans les milieux du catholicisme traditionaliste (pensons à La Tour du Pin ou à Raoul de La Grasserie) ou à gauche dans ceux du syndicalisme révolutionnaire ; dans la perspective néo-corporatiste ou anarchiste. Tous ceux qui s'engagent dans cette voie écrivent une page décisive de l'histoire intellectuelle de la fin du XIXe siècle. Ils restent cependant pratiquement périphériques dans le mouvement d'édification des institutions républicaines. C'est ce qui donne à la construction des élites en France une cen-

---

1. A. FOUILLÉE, *Les Études classiques et la Démocratie*, p. 224.

tralité qu'elle n'a pas dans la plupart des autres pays : elle représente le seul principe d'ordre intellectuellement cohérent avec les
principes révolutionnaires. L'universalisme abstrait et l'impératif
hiérarchique trouvent donc là un terrain de conciliation. Tout
concourt ainsi à mettre la question des élites au cœur de la culture
politique française.

À la société des ordres, des corps ou des classes, la France oppose
la société des capacités. En elles se conjuguent les deux principes
de l'égalité civile et politique et de la hiérarchie des intelligences.
Le système scolaire et universitaire républicain est le grand opérateur de cette conjugaison. D'où le soin avec lequel ses pères fondateurs ont dessiné son architecture. L'école permet en effet de
reformer une hiérarchie de fait, sans pour autant que le principe
égalitaire soit jamais blessé. Les républicains du XIXe siècle pensent, comme les philosophes du XVIIIe siècle, que la distribution
des connaissances doit être exactement adéquate aux besoins de
la société [1]. L'organisation différenciée du cursus scolaire doit
viser à mettre chacun à sa place, permettant à l'égalité politique
de ne pas subvertir l'ordre social. On se méfie autant dans cette
mesure des déclassés que des ignorants. Fouillée l'a exprimé dans
des termes parfaitement clairs. « Il faut instruire chacun le plus pos-
sile, mais non pas tous de la même manière, ni par des méthodes
qui produisent finalement un manque d'adaptation de l'enfant à
sa condition future. Les déclassés ne sont pas les enfants instruits ;
ce sont les enfants mal instruits, pourvus de connaissances abstraites
dont ils ne trouveront pas l'emploi, dépourvus des connaissances
pratiques dont ils auraient eu besoin. C'est ce genre de déclasse-
ment qui est dangereux pour la moralité d'une nation, plus dangereux encore dans une démocratie [2]. » D'où le soin avec lequel
il souhaitait voir organisée la distinction entre le primaire, le
secondaire et le supérieur. Son obsession : éviter que ne se crée
une catégorie d'élites déclassées qui deviendrait le moteur de tous

---

1. Voir sur ce point la bonne mise au point de H. CHISICK, *The Limits of Reform
in the Enlightenment : Attitudes towards the Education of the Lower Classes in
Eighteenth-Century France*, Princeton University Press, 1981. On notera que la plupart
des projets de réforme de l'instruction pendant la Révolution (notamment ceux
de Condorcet, de Talleyrand, de Romme), continuent de lier étroitement les niveaux
d'enseignement aux strictes exigences de l'organisation sociale et de la division du
travail.
2. A. FOUILLÉE, *Les Études classiques et la Démocratie*, p. 62.

les mécontentements[1]. Les conditions de l'ordre social et de l'organisation de la démocratie se superposent ainsi dans la restructuration du système scolaire. Si la constitution des universités modernes, en 1896, en est un élément décisif, les républicains ont ensuite concentré leurs efforts sur la rénovation du secondaire. C'est en effet à ce niveau que se joue quantitativement la production de l'élite, l'université n'étant destinée qu'à en former le haut encadrement[2]. Francisque Vial a parfaitement explicité ces objectifs dans un ouvrage au titre programmatique, *L'Enseignement secondaire et la Démocratie* (1901). Bien au-delà des finalités professionnelles, qu'il relègue complètement au second plan, Vial voit dans les classes moyennes, formées par l'enseignement classique dispensé dans le secondaire, la force morale qui pourra « servir à la démocratie à la fois de frein et de moteur », permettant *dans les faits* « de contrôler et de rectifier les décisions du suffrage universel »[3]. L'enseignement secondaire classique se voit ainsi assigner pour fonction de constituer les classes moyennes en classes conscientes de leur mission civique : guider le peuple. Ce dernier est en effet incapable, seul, d'agir politiquement. « Aussi longtemps que le peuple manquera d'une suffisante culture et des loisirs nécessaires à la pensée, écrit Vial, il restera incapable de comprendre et de défendre les grands intérêts du pays [...]. Il n'a pas le temps de se faire des opinions politiques ; il les reçoit toutes faites ; et les instincts confus, les sourdes aspirations, les désirs vagues qui l'agitent, il faut que d'autres les *pensent* pour lui, les traduisent en idées[4]. » Grâce à

1. « Nous avons assez de bacheliers, écrit-il, assez de "prolétaires intellectuels" ; n'en augmentons pas le nombre de cœur joie » (*ibid.*, p. 163). Fouillée note plus loin : « La démocratie bien entendue ne consiste pas à supprimer et à niveler toutes les différences d'instruction et d'éducation, à rétrécir et à rabaisser les horizons pour tout le monde, à rendre tout le monde peuple. Le peuple n'y gagnerait rien ; son plus grand intérêt est, au contraire, d'avoir quelque chose au-dessus de lui-même où il puisse aspirer et atteindre, une sorte de classe supérieure non fermée, non érigée en caste [...]. Il est dangereux, surtout dans une république, de rendre toute l'éducation primaire et populaire, d'y supprimer la hiérarchie, d'y faire s'évanouir l'élite » (pp. 231-232). On notera que l'angoisse devant le risque de surproduction d'intellectuels et la volonté de faire en sorte que l'éducation mette bien chacun à sa place apparaissent bien avant cette période. Sur ce problème au XVIIIᵉ siècle, voir H. CHISICK, *The Limits of Reform in Enlightenment [...]*.
2. Cf. S. CITRON, « Enseignement secondaire et idéologie élitiste entre 1880 et 1914 », *Le Mouvement social*, n° 96, juillet-septembre 1976. Dans son célèbre ouvrage *La Barrière et le Niveau* (1925), Edmond GOBLOT sera le premier à dénoncer la dimension de classe de cette conception de l'organisation hiérarchisée de l'enseignement.
3. Fr. VIAL, *L'Enseignement secondaire et la Démocratie*, Paris, 1901, p. 61.
4. ID., *ibid.*, p. 64.

leur situation intermédiaire, les classes moyennes peuvent donc aider au gouvernement de la démocratie, car elles sont les mieux placées «pour donner une voix aux confuses aspirations du peuple comme pour comprendre les hautes exigences de l'élite»[1] : elles sont les «institutrices de la démocratie»[2].

Que signifie la démocratie dans de telles limites? Comment comprendre dans ce cadre la souveraineté du peuple et le suffrage universel? L'idéal d'une société d'acteurs rationnels subsiste certes à l'horizon, et la politique d'instruction publique vise à en hâter l'avènement. Mais le rôle que l'on assigne aux élites dans la démocratie n'en reste pas moins ambigu. On leur reconnaît une fonction d'encadrement de l'effort démopédique et de substitut provisoire à la raison populaire, en même temps qu'on leur donne un rôle plus structurel et moins circonstanciel dans la mise en forme d'une société individualiste. La philosophie républicaine de la démocratie apparaît là singulièrement équivoque. En repoussant de fait, avec l'excuse de l'histoire, la souveraineté populaire en pratique, les républicains adoptent une théorie de la démocratie limitée. Ils sont nombreux à appréhender le suffrage universel comme une simple force d'entraînement et de légitimation d'un pouvoir d'initiative qui prend sa source dans les capacités. C'est le point de vue d'un Alfred Fouillée. «Il faut que les classes appelées supérieures soient dignes de ce nom, écrit-il; il faut que le mouvement vienne d'elles et se répande dans l'ensemble; mû et dirigé par elles, le suffrage populaire sera utile par son inertie même : tel le volant d'une machine régularise et multiplie la force du moteur[3].» La démocratie est au mieux un régime de la sanction populaire, dans ce cas. Dans un livre au titre éloquent publié en 1875, *Les Classes dirigeantes*, un publiciste républicain, Charles Bigot, était même allé beaucoup plus loin, en considérant que l'égalité du droit de vote n'était qu'une fiction. «Si le suffrage universel a mis aux mains de tous les citoyens des bulletins qui tombent dans l'urne d'un poids égal, il n'est pas vrai qu'il ait donné à tous une part égale sur les destinées du pays, écrivait-il. Tandis que les uns n'ont à la main qu'un vote, le leur, dont il n'est pas même vrai qu'ils

1. Fr. VIAL, *L'Enseignement secondaire et la Démocratie*, p. 65.
2. ID., *ibid.*, p. 68.
3. A. FOUILLÉE, «La philosophie du suffrage universel», *La Revue des Deux Mondes*, 1er septembre 1884, p. 127.

disposent librement ; les autres, au contraire, comptent, non pas seulement pour leur voix personnelle, mais pour toutes celles qu'ils sont en état de rallier à la leur [...]. Il y a les électeurs dirigés, il y a les électeurs qui dirigent ; et tout suffrage, même direct, revient à un véritable suffrage à deux degrés, où la foule ne fait que ratifier les choix faits par un petit nombre[1]. » Celui qui écrit ces lignes n'est pas un réactionnaire. Il reçoit l'assentiment de ses amis du *Siècle* et de *La République française*. La démocratie se réduit en fait pour lui à un pouvoir négatif, à un droit de veto populaire. Tout en étant pleinement accepté et reconnu, le suffrage universel est cantonné dans un rôle presque subalterne[2]. La république n'est alors que le rationalisme politique plus la légitimation populaire. Les républicains des années 1870-1890 ne sortent guère de ce schéma, comme en témoigne d'un autre côté leur philosophie du parlementarisme.

Si les élites sont appelées comme l'équivalent d'un pouvoir compensateur et régulateur du suffrage universel, comment convient-il de les sélectionner, afin de conjurer la formation d'aristocraties ou de castes ? La question a été fondamentale pour les républicains. Historiquement, la France avait en effet toujours échoué à produire de véritables élites, ne sachant sécréter que des groupes dirigeants clos : échec de la noblesse à symboliser le mérite et à se transformer en classe de service au XVIIIe siècle, échec du cens à exprimer les capacités sous la monarchie de Juillet, échec enfin des légitimistes à construire un modèle de notabilité fondé sur une déférence sociale à l'anglaise[3]. Le rapport peuple-élites s'est toujours dégradé en un rapport d'inégalités statutaires (le privilège) ou de conflit économique (la lutte des classes). Depuis les débuts de la Restauration, ces questions avaient alimenté la réflexion des meilleurs esprits, de Barante à Tocqueville. À la fin du XIXe siècle, les républicains reprennent ces interrogations et tentent de reformuler le programme d'une organisation capacitaire du social.

---

1. Ch. BIGOT, *Les Classes dirigeantes*, Paris, 1875, p. 244.

2. Cette question est au centre des préoccupations de nombreux « sociologues » de la fin du XIXe siècle, qu'il s'agisse des élucubrations d'un IZOULET dans *La Cité moderne* (2e éd., 1895) ou des réflexions beaucoup plus profondes d'un TARDE dans *L'Opinion et la Foule* (1901).

3. Sur ce modèle, voir la somme de D. C. MOORE, *The Politics of Deference. A Study of the Mid-Nineteenth Century English Political System*, Hassocks (Sussex), Harvester Press, 1976.

Les *examens* et les *concours* sont pour cette raison au centre de leur univers. Dans un remarquable article publié en 1837, «De la démocratie aux États-Unis et de la bourgeoisie en France», Louis de Carné avait été le premier à construire l'opposition entre le principe de l'élection, caractéristique à ses yeux de la démocratie américaine, et le système du concours, mieux approprié aux impératifs français. Parlant de ce dernier, il notait : «Il appartient essentiellement à l'Europe et au gouvernement de la bourgeoisie : c'est le droit de l'intelligence légalement reconnu, c'est la concurrence introduite dans le domaine de la pensée[1].» Les républicains prolongent cette approche[2]. Mais comment la concilier avec le principe de l'élection auquel ils souscrivent également ? Ils présupposent tout d'abord que les diplômés de l'enseignement classique fourniront le gros des candidats — d'où leur opposition sur cette base aux candidatures d'ouvriers ou de gens d'instruction élémentaire[3]. Mais c'était bien insuffisant. D'où le conflit qui naît à partir de là entre les élites-notables (élues) et les élites-compétences (issues d'un concours). Il ne devait pratiquement trouver de résolution que plus d'un demi-siècle plus tard, avec la montée en puissance d'une classe politique largement issue de l'E.N.A., opérant ainsi la fusion entre les deux principes de la sélection par concours et par élection. Mais résolution précaire, tant le concours semble dans ce cas propice à la recréation de castes.

L'ambiguïté socialiste

Il faut attendre la fin du XIXᵉ siècle pour que le suffrage universel cesse d'être remis en cause. La plupart des familles politiques

---

1. Article paru en 1837 dans *La Revue des Deux Mondes*, repris dans *Des intérêts nouveaux en Europe depuis la Révolution de 1830*, Paris, 1838, t. I, p. 137. «Peut-être, poursuivait-il, l'avenir verra-t-il l'épreuve scientifique imposée comme condition d'éligibilité aux divers degrés de la hiérarchie, soit politique, soit administrative. Alors la souveraineté nationale trouverait toujours une limite hors d'elle.»

2. Voir par exemple les développements de Jean-Baptiste GODIN, le réformateur social, dans son livre *Le Gouvernement, ce qu'il a été, ce qu'il doit être*, Paris, 1883. (Dans son chapitre «Du mérite et de la capacité», il suggère de lier systématiquement les procédures du concours et de l'élection, comme deux moments d'un même processus de sélection.)

3. Il ne s'agit donc pas seulement d'une opposition de classe. On peut discuter sur ce point l'article bien documenté de M. OFFERLÉ, «Illégitimité et légitimation du personnel politique ouvrier en France avant 1914», *Annales E.S.C.*, juillet-août 1984.

finissent alors par l'accepter, pour des raisons d'ailleurs contradictoires. Les conservateurs s'y résignent parce qu'ils reconnaissent en lui une puissance de clôture et un gage de pacification sociale. Les derniers héritiers du bonapartisme et la nouvelle extrême droite populiste et antiparlementaire le célèbrent de leur côté en tant qu'instrument d'affirmation de l'instinct des masses, seule force susceptible à leurs yeux de remettre dans le droit chemin un pays égaré par des élites corrompues et des intellectuels abscons[1]. Les républicains ont quant à eux surmonté leurs doutes secrets en lançant la grande croisade démopédique. Ceux qui croient à la puissance régénératrice des masses et ceux qui se méfient encore du nombre, les dévots, comme les agnostiques ou les athées en souveraineté du peuple : tous acceptent désormais la force commandante sortie des urnes, la décision procédant de l'arithmétique populaire.

Les socialistes aussi se rallient au suffrage universel, après l'avoir durement dénoncé. L'évolution d'un Jules Guesde est tout à fait représentative de leur conversion progressive. Dans les années 1870, ce dernier fustigeait le mensonge électoral. « À l'époque du cens, écrivait-il en 1873 dans *L'Almanach du peuple*, la bourgeoisie était un état-major sans armée. Le suffrage universel lui a fourni cette arme électorale dont elle avait besoin pour se maintenir au pouvoir. » En 1880, cette hostilité est dépassée. Le *Programme du parti ouvrier*, qu'il rédige alors avec Marx, note que le suffrage universel, d'instrument de duperie qu'il était, peut devenir un moyen d'émancipation[2]. Ce revirement est confirmé au début des années 1890, lorsque les premiers succès électoraux commencent à se manifester. Après Panama et les victoires municipales de 1892, Guesde parle avec lyrisme d'« emmancher le suffrage universel comme un balai libérateur »[3]. Le socialisme se comprend à cette époque comme la simple radicalisation de l'idée républicaine, aussi donne-t-il une place centrale à l'institution du suffrage

---

1. On trouvera un bon exemple de cette approche dans le recueil de Maurice BARRÈS, *Scènes et doctrines du nationalisme*, Paris, 1925, 2 vol.

2. Cf. « Le programme du parti ouvrier », in J. GUESDE, *Textes choisis, 1867-1882*, Paris, Éd. sociales, 1970, p. 117.

3. J. GUESDE, « Révision sociale », *Le Socialiste*, 1ᵉʳ janvier 1893. Sur l'attitude de Jules Guesde et de ses amis vis-à-vis du suffrage universel, on trouvera des éléments intéressants dans Cl. WILLARD, *Le Mouvement socialiste en France (1893-1905) : les guesdistes*, Paris, Éd. sociales, 1965.

universel[1]. C'est d'ailleurs ce qui permet d'expliquer en 1888 l'ambiguïté des socialistes face à la montée du boulangisme : leur confiance dans le choix des masses les empêche de comprendre la véritable signification du phénomène. Les socialistes des années 1890 retrouvent les accents du Gambetta du début des années 1870 pour célébrer le rôle fondateur du suffrage universel. « Le suffrage universel, lit-on dans *La Revue socialiste*, est la source mère d'où dérivent tous nos pouvoirs publics [...]. En dehors du suffrage universel, nous ne pouvons concevoir que le despotisme absolu ou l'anarchie[2]. »

Les socialistes se présentent alors comme les partisans radicaux du suffrage universel, ceux qui en souhaitent la réalisation absolue, au-delà des prudences et des dernières réticences républicaines. Il faut l'appeler « à la plénitude de la vie et de l'action », proclame Jaurès dans un article programmatique de *La Revue de Paris*[3] : assurer la vraie liberté du vote par la garantie technique de son secret ; en élargir complètement la sphère en mettant fin aux exclusions rémanentes[4] ; en étendre la portée en instituant la pratique du droit d'initiative et du référendum. Il ne s'agit pas ici de résumer, même brièvement, l'histoire politique et intellectuelle du socialisme français. Mais au moins peut-on souligner que le combat socialiste des années 1890 se donne pour horizon la réalisation du mouvement de la Révolution française et l'accomplissement de l'idée démocratique. Même le programme économique du Parti ouvrier français est inscrit dans cette perspective. L'appropriation collective des moyens de production, par exemple, n'est pas principalement justifiée par des arguments d'ordre « économique » (réappropriation de la plus-value, destruction du système capitaliste,

1. « De tous les partis qui se réclament de la République, écrivait Guesde en 1898, il n'en est qu'un seul qui soit réellement, complètement républicain, parce que seul il veut et seul il pourra faire la véritable République, la République totale. C'est le parti socialiste, le parti ouvrier » (J. GUESDE, « République et socialisme », *Le Socialiste*, 4 septembre 1898).

2. H. AIMEL, « Le suffrage universel et la révolution sociale », *La Revue socialiste*, vol. XV, 1892, p. 567. « Le suffrage universel, poursuit-il, c'est l'âme même du régime démocratique. C'est le fondement nécessaire, inévitable, des institutions socialistes de demain » (p. 588).

3. J. JAURÈS, « Vues politiques », *La Revue de Paris*, 1er avril 1898, p. 580.

4. Jaurès note : « Il faudra adoucir les conditions de domicile qui excluent, en fait, du droit de suffrage la partie flottante du prolétariat » *(ibid.)*. Jaurès, comme Guesde, est par ailleurs favorable au suffrage des femmes.

etc.) : elle est essentiellement rattachée aux principes de 1789 et de 1793. Il s'agit de « républicaniser la propriété comme le tiers état a, au moins en partie, républicanisé le pouvoir », selon une célèbre formule de Jules Guesde[1]. Les socialistes reprochent pour l'essentiel aux républicains de n'être pas allés jusqu'au bout de leur entreprise : le socialisme est la réalisation de la république à leurs yeux, et nullement un idéal qui en différerait en son essence. C'est dans cet esprit qu'ils pensent à cette époque le perfectionnement du suffrage universel.

Dans les années 1890, les socialistes se font d'abord les apôtres de la démocratie directe et du référendum, entendant donner de cette manière toute sa force à la souveraineté du peuple. Ils retournent aux projets de la seconde République et célèbrent l'expression directe des électeurs[2]. À leur instigation, des référendums municipaux sont organisés. En 1888, la commune de Cluny innove ainsi en demandant pour la première fois aux électeurs d'approuver un emprunt pour construire une caserne et installer un service des eaux[3]. Au lieu d'attendre que l'éducation des masses soit

1. « République et socialisme », *Le Socialiste* du 4 septembre 1898. Sur le socialisme français comme prolongement des idées et du mouvement de la Révolution française, davantage que comme produit de l'industrialisation et de la lutte des classes, voir les analyses de T. JUDT, *Le Marxisme et la gauche française, 1830-1891*, Paris, Hachette, 1987, et de M. PERROT, « On the formation of the french working class », in I. KATZNELSON et A. ZOLBERG, *Working-Class Formation. Nineteenth Century Patterns in Western Europe and the United States*, Princeton University Press, 1986.
2. Voir les brochures des fouriéristes : V. CONSIDERANT, *La Solution ou le Gouvernement direct du peuple*, Paris, décembre 1850, et M. RITTINGHAUSEN, *La Législation directe par le peuple ou la Véritable Démocratie*, Paris, décembre 1850, ainsi que celles de A. LEDRU-ROLLIN, *Du gouvernement direct du peuple*, Paris, 1851, et de É. DE GIRARDIN, *L'Abolition de l'autorité par la simplification du gouvernement*, Paris, 1851. Les trois premiers textes seront très souvent cités dans la littérature socialiste des années 1890. On peut aussi se reporter à la réponse que leur avait adressée Louis BLANC dans *Du gouvernement direct du peuple par lui-même*, Paris, 1851 (repris dans le tome I des *Questions d'aujourd'hui et de demain*, Paris, 1873).
3. Sur l'idée de démocratie directe dans le socialisme des années 1890 et sur ces expériences de référendums municipaux, voir : I. BULLOCK et S. REYNOLDS, « Direct legislation and socialism : how british and french socialists viewed the referendum in the 1890's », *History Workshop*, n° 24, automne 1987 ; GAVARD, « Les formes nouvelles de la démocratie », *La Nouvelle Revue*, 15 mars 1892 ; A. SARRAUT, *Le Gouvernement direct en France*, Paris, 1899 (thèse très bien documentée). L'idée de démocratie directe est particulièrement présente chez Jean Allemane, Paul Brousse, Benoît Malon et Édouard Vaillant (se reporter à leurs œuvres ainsi qu'à deux articles publiés dans le vol. IX de *La Revue socialiste* : É. LAVELEYE, « Le référendum », mars 1889, et A. BONTHOUX, « La législation directe », mars 1889).

complètement réalisée pour étendre la démocratie, ils veulent faire de la participation politique elle-même un moyen d'apprentissage. Les socialistes sont aussi au premier rang pour réclamer un assouplissement des conditions d'inscription sur les listes électorales, en particulier au regard de la condition de domicile. Jules Guesde, Rouanet, Viviani et d'autres déposent dans ce but, en 1894, un projet de loi «tendant à assurer l'universalité du suffrage dit universel», dans lequel ils demandent que l'exercice des droits électoraux politiques ne soit plus subordonné au domicile[1]. «Les *nomades du travail*, écrivent-ils dans leur projet, ne sauraient continuer à être traités en étrangers. Ils ne sauraient être maintenus à l'état de parias dans une patrie qui est doublement la leur puisque ce sont eux, dans ces allées et venues auxquelles est suspendue leur mort politique, qui font sa richesse et sa gloire[2].» Il est frappant de voir que les socialistes se réfèrent explicitement dans leur démarche à l'action des républicains flétrissant, en mai 1850, le durcissement de la condition de domicile et la mise en place du «cens domiciliaire». Il est également significatif de constater que ce sont les députés du parti de Jules Guesde qui réclament en 1898 la nomination d'une «commission du Suffrage universel» chargée de proposer à la Chambre des mesures pour assurer la liberté et la sincérité du vote[3]. Ils se font alors les champions du «libre exercice du suffrage universel», comme le dit à la tribune Alexandre Zevaès, dans un discours qu'on pourrait croire prononcé par Gambetta, lorsque ce dernier appelait de ses vœux, à la fin du second Empire, la mise en place d'un vote libéré de toute tutelle et de toute

1. Proposition de loi tendant à assurer l'universalité du suffrage dit universel, Chambre des députés, *Annexe au procès-verbal de la séance du 30 janvier 1894, Impressions*, n° 337. On notera que, comme les républicains de 1874, ils admettaient que la condition de domicile puisse être plus rigoureuse pour les élections municipales, parlant en cette matière de la légitimité d'un «stage domicilial». Le projet notait : «Qu'on me refuse le droit d'intervenir dans l'administration d'une localité, ville ou village, à laquelle je n'appartiens pas, que je ne fais que traverser, que je n'habite que d'hier et que je n'habiterai plus demain : cela s'explique [...]. Pourquoi déciderai-je et comment d'intérêts qui ne sont pas les miens et que j'ignore?» (p. 2). Parce qu'elle est plus abstraite, la citoyenneté politique doit donc être plus ouverte : on retrouve là un paradoxe que nous avons déjà souligné.

2. *Ibid.*, p. 3.

3. Projet présenté et adopté le 4 juillet 1898 (cf. *Annales de la Chambre des députés, débats parlementaires, session ordinaire de 1898*, t. II, pp. 300-301). (Une nouvelle commission, portant le même titre, fut de nouveau nommée sur la proposition des socialistes en 1902.)

contrainte. Au tournant du xixe siècle, les socialistes ont encore été au premier rang de ceux qui militaient pour la mise en place de techniques électorales tendant à assurer le secret et la liberté du vote : distribution de bulletins imprimés, installation de « cabines d'isolement », organisation rigoureuse des bureaux de vote [1]. Loin de critiquer le suffrage universel comme une simple liberté formelle, ils font au contraire de l'avènement du pur individu-électeur la condition de réalisation de l'idéal démocratique. C'est dans le sacre définitif de l'électeur autonome, et non dans son dépassement, qu'ils voient le signe de la transfiguration de la république en socialisme.

La république du suffrage universel s'impose en cette fin de siècle. Elle constitue l'horizon désormais incontournable de la politique française. L'inauguration en 1899 de la célèbre statue *Le Triomphe de la République*, place de la République à Paris, est l'occasion d'une impressionnante manifestation populaire qui la consacre symboliquement. Il y a certes encore des débats virulents et des oppositions radicales sur la nature du régime qui convient à la France. Mais ceux-là même qui vouent aux gémonies le parlementarisme se font les champions de l'appel au peuple et se présentent comme les seuls pratiquants authentiques de la religion du suffrage universel, lorsqu'ils opposent la santé et le bon sens des masses populaires à la corruption et à l'intellectualisme des élites. Le suffrage universel est ainsi paradoxalement consolidé par l'appui de l'extrême droite. Reconnu comme principe de légitimation politique, le suffrage universel n'a-t-il désormais plus d'ennemis affichés ?

Le suffrage universel ne fait-il vraiment plus l'objet d'aucune contestation à l'aube du xxe siècle ? Force est de constater que la foi des socialistes dans ses vertus est en fait restée bien vacillante. Elle culmine au début des années 1890, quand leurs espérances électorales sont encore fortes. « Le suffrage universel, écrit Paul Lafargue en 1892, va devenir une arme terrible, maintenant que les ouvriers commencent à connaître son maniement [2]. » Les élections muni-

---

1. Voir les deux propositions de loi socialistes déposées le 23 juin 1902 : la première « tendant à assurer le secret et la liberté du vote », la seconde « tendant à assurer la sincérité des opérations électorales » (Chambre des députés, *Annexes au procès-verbal de la séance du 23 juin 1902, Impressions*, n°s 113 et 114).
2. Lettre à Jules Guesde du 14 novembre 1892, citée in Cl. WILLARD, *Le Mouvement socialiste en France [...]*, p. 71.

cipales et cantonales de 1892, puis les élections législatives de 1893 voient en effet une spectaculaire progression des candidats socialistes. Mais l'enthousiasme provoqué par ces succès est éphémère. C'est pourquoi on ne peut en rester aux textes de cette période pour appréhender l'essence du sentiment socialiste. Le scepticisme refait vite surface lorsque les désillusions électorales commencent à peser et qu'il devient clair que le suffrage universel, même libéré et protégé, ne sera pas l'arc de triomphe que l'on escomptait. À ce changement de climat s'ajoutent surtout des facteurs plus fondamentaux. Deux éléments se mêlent à la fin du XIXᵉ siècle pour expliquer le retour de la défiance socialiste vis-à-vis des élections. Philosophiquement, il apparaît d'abord vite patent que les socialistes entretiennent un rapport plus complexe aux valeurs républicaines que celui qui était mis en avant dans les années 1880. En même temps qu'ils voient toujours dans le socialisme la réalisation de la république, ils sont loin de partager la foi dans les vertus de l'enseignement d'un Jules Ferry et parviennent difficilement à concilier leur vision de la lutte des classes et leur programme économique avec les idéaux universalistes de la culture républicaine [1]. Ils professent aussi philosophiquement un rationalisme plus matérialiste et plus sceptique qui les distingue des pères fondateurs. C'est pourquoi le gros de la troupe renoue facilement avec les vieilles préventions blanquistes envers les masses, soupçonnées d'avoir encore dans la tête les idées de l'adversaire. Politiquement, les socialistes continuent d'autre part à s'inscrire dans une perspective révolutionnaire de la conquête du pouvoir. Leur attitude face aux élections reste commandée par des considérations tactiques. Ces deux raisons expliquent que le socialisme ne se voie pas durablement identifié au suffrage universel. En témoigne le maintien très tardif de la formule « par le bulletin ou le fusil » dans les textes de congrès. Le point de vue socialiste n'est cependant pas monolithique, comme le prouve l'opposition entre Guesde et Jaurès [2]. Le premier accentue à partir du milieu des années 1890 la prise de distance vis-à-vis de la thématique républicaine, alors que

---

1. Sur la difficulté des socialistes à se distinguer des valeurs et des partis républicains, voir A. Bergounioux et G. Grunberg, *Le Long Remords du pouvoir. Le Parti socialiste français, 1905-1992*, Paris, Fayard, 1992.

2. Cf. P. Birnbaum, « La question des élections dans la pensée socialiste », in *Critique des pratiques politiques*, Paris, Galilée, 1978.

le second a davantage su formuler les principes socialistes dans le prolongement des catégories républicaines. « Le suffrage universel, malgré ses incertitudes, malgré ses erreurs et ses surprises, c'est la lumière, le plein jour. En lui toute force est obligée de s'exprimer, toute conscience est obligée de se livrer. Les ruses n'y peuvent réussir qu'une heure : l'évolution légale laisse à tous les partis, à toutes les classes, le temps de réparer leurs fautes, de déjouer les manœuvres, de dissiper les mensonges » : Jaurès, qui s'exprime en ces termes en 1904 [1], est beaucoup plus proche de Gambetta que de Guesde. Mais ce sont les guesdistes et non lui qui l'ont emporté dans le socialisme français. Les préventions socialistes vis-à-vis du suffrage universel ont ainsi été philosophiquement et politiquement plus fortes que les hésitations qui avaient marqué le camp républicain. La critique du caractère individualiste du droit de suffrage telle qu'elle avait classiquement été formulée par Proudhon [2], en retrouvant par ailleurs de nouveaux avocats — que ce soit chez les militants du syndicalisme révolutionnaire, comme Pouget ou Griffuelhes, ou chez les intellectuels qui s'exprimaient dans *Le Mouvement socialiste* d'Hubert Lagardelle [3] —, n'a fait que renforcer cette hostilité première en la nourrissant d'arguments supplémentaires.

Au tournant du siècle, s'amorce ainsi un second moment de scepticisme pour les hommes de gauche, identique à celui que les républicains avaient connu en 1848-1849. Les résultats électoraux décevants ont joué un rôle majeur chez certains socialistes. Pour d'autres, c'est l'affaire Dreyfus qui a compté. Charles Péguy ou Clemenceau noteront par exemple à cette occasion, avec un certain désarroi, que le suffrage universel n'avait pas mis en place un régime meilleur que les autres. Dans *Contre la justice*, Clemenceau, l'intransigeant champion de l'égalité politique, laissera percer sa rancœur. Le peuple, qui était « tout blancheur de colombe », se mue soudain à ses yeux en nouveau « tyran collectif ». Dans un

---

1. J. JAURÈS, « Le socialisme et le radicalisme en 1885 », introduction aux *Discours parlementaires*, Paris, 1904, t. I, p. 96.
2. Sur la critique organiciste du suffrage universel chez PROUDHON voir ses textes rassemblés dans les *Mélanges, articles de journaux 1848-1852*, t. I, Paris, 1868, ainsi que son « testament politique », *De la capacité politique des classes ouvrières*, Paris, 1865.
3. Émile Pouget vilipendait avec mépris les « votards » et reprochait au suffrage universel de donner le pouvoir aux « inconscients » et aux « tardigrades » dans ses articles du *Père peinard* comme dans ses brochures.

article qu'il donne à *La Revue blanche*, Péguy, qui est alors un fervent socialiste, avoue aussi son trouble et son malaise, et finit par en appeler au rationalisme de Renan contre les errements de la volonté du nombre [1]. Quand le principe du suffrage universel est accepté, c'est, de nouveau, avec plus de résignation ou de perplexité que d'enthousiasme. Le congrès de Tours et l'avènement du P.C.F. accentueront encore cette distance de la gauche par rapport au suffrage universel, le retour de l'idée révolutionnaire après 1917 redonnant un lustre nouveau à la critique de la volonté générale d'un peuple considéré comme aliéné. Pendant près d'un siècle, la Révolution allait de fait être placée au-dessus du suffrage universel — comme l'avait été autrefois la république — par toute une partie de la gauche socialiste ou communiste, Mai 1968 redonnant un dernier et ultime élan à cette appréhension du nombre. En 1969, Alain Krivine pouvait ainsi encore intituler un livre *La Farce électorale*, tandis que Jean-Paul Sartre dénonçait dans *Les Temps modernes* : « Élections, pièges à cons [2]. » C'est seulement en 1976, à son XXIIe congrès, que le P.C.F. a fini par reconnaître du bout des lèvres, en multipliant les précautions de langage, qu'on ne pouvait pas faire le bonheur du peuple sans lui, et encore moins contre lui. C'est donc seulement de la fin des années 1970 que date en France la pleine reconnaissance, sans arrière-pensées, du principe du suffrage universel. Il a fallu pour cela que l'idée de révolution s'efface définitivement de l'horizon de la culture politique française.

1. Cf. Ch. PÉGUY, « Le ravage et la réparation », *La Revue blanche*, 15 novembre 1899 (repris dans le tome I des *Œuvres en prose complètes*, Paris, Gallimard, « Bibl. de la Pléiade », 1987). Voir aussi son article « De la raison » dans ses *Cahiers* (4e cahier de la 3e série, 5 décembre 1901).

2. *Les Temps modernes*, janvier 1973.

III

LE TRAVAIL DE L'UNIVERSALISATION

L'avènement de la femme-individu
L'individu absolu
Les frontières de la cité

L'avènement de la femme-individu

Seuls les hommes votaient, dans la République du suffrage universel. On a dit la part des préjugés, des circonstances et des représentations sociales dans l'exclusion politique des femmes en 1789. Mais comment expliquer qu'un siècle sépare la reconnaissance du suffrage masculin (1848) et celle du suffrage féminin (1944), alors que ce décalage est partout ailleurs beaucoup plus réduit ? Comment expliquer aussi que les droits politiques de la femme aient été reconnus en France beaucoup plus tardivement que dans bien des pays à l'héritage démocratique incertain ou à la sensibilité féministe improbable, qu'il s'agisse par exemple de l'Inde (1921), des Philippines (1937) ou de la Turquie (1934), pour ne pas parler, bien sûr, du cas des grandes démocraties libérales ? Précocité et retard en même temps : l'histoire de la démocratie française recèle sur ces deux points une énigme.

Trois facteurs sont généralement mis en avant pour expliquer le « retard » du suffrage des femmes : le poids culturel du catholicisme, les craintes politiques des républicains, le blocage institutionnel du Sénat. Le poids du catholicisme serait déterminant, serine-t-on surtout. Il expliquerait à la fois la faiblesse du mouvement suffragiste et la force des résistances[1]. La faiblesse du mouvement suffragiste ? Elle est indéniable. La France n'a pas connu

---

1. Voir l'explication que donne André LECLÈRE, dans un des rares ouvrages consacrés à analyser la spécificité française, *Le Vote des femmes en France. Les Causes de l'attitude particulière à notre pays*, Paris, 1929.

de suffragettes aussi déterminées et organisées que celles de Grande-Bretagne ou des États-Unis; les suffragettes n'ont jamais réussi à constituer en France un véritable mouvement social. Mais le catholicisme en est-il responsable? On ne voit guère que le protestantisme soit *a priori* beaucoup plus favorable à l'émancipation de la femme, les encourageant davantage à réclamer leurs droits. Plusieurs pays catholiques accordent d'ailleurs assez tôt le droit de suffrage aux femmes : la Pologne (1918), la Belgique (1920), l'Irlande (1922), entre autres. Rien ne prouve donc l'influence particulière du facteur religieux, et aucune corrélation sérieuse ne peut être établie dans ce domaine. Les explications de l'historien tendent beaucoup plus facilement à redoubler les discours des acteurs sur ce point. La référence à la prégnance du catholicisme s'inscrit dans une rhétorique de justification, et pas dans une logique de démonstration. C'est le grand argument que les républicains, radicaux et modérés, mettent en avant pour légitimer la mise à l'écart des femmes. Nous ne rejetons pas la femme, disent-ils, nous voulons seulement combattre l'influence néfaste et rétrograde que les prêtres ont sur elle. Michelet avait donné le ton dès 1845, dans *Du prêtre, de la femme, de la famille*. Un demi-siècle plus tard, Alfred Fouillée résume dans des termes proches les craintes républicaines. «Il y a déjà tant d'incompétences qui s'occupent de politique, écrit-il, que je ne verrais pas sans inquiétude les femmes se jeter dans la mêlée des partis. Dans les pays catholiques, le vote de la plupart des femmes serait celui de leurs confesseurs, qui recevraient eux-mêmes le mot d'ordre de Rome. Au lieu de contribuer au progrès, il amènerait, je crois, un recul. Attendons; la question me semble prématurée[1].» Même ceux qui considèrent le droit de suffrage comme un droit naturel bloquent toute proposition de réforme pour ce motif.

Pendant près d'un demi-siècle, le Sénat symbolise institutionnellement la résistance républicaine, assimilant le vote des femmes à la menace de la prise du pouvoir par les partis cléricaux. Cette dimension d'ordre tactique n'est guère contestable. Elle est d'ailleurs perceptible à droite également. Il y a un suffragisme catholique et conservateur qui ne fait qu'inverser le raisonnement des

---

1. A. FOUILLÉE, *La Revue*, 1er juillet 1910, pp. 454-455 (réponse à la question «Les femmes françaises doivent-elles voter?», posée par *La Revue* à un ensemble d'écrivains, d'universitaires et d'hommes politiques).

républicains. Après la Révolution d'octobre 1917, toute une partie de l'extrême droite se prononce ainsi tactiquement en faveur du vote des femmes, y voyant comme Charles Maurras « le grain de sable capable de stopper la formidable machine collectiviste »[1]. Mais ces calculs et ces réticences suffisent-ils à expliquer le retard français? On peut en douter. Dans bien d'autres pays, y compris protestants, la gauche redoutait les conséquences politiques du suffrage féminin, sans pour autant opérer un blocage aussi déterminé que celui des radicaux en France. On ne peut donc pas se contenter d'invoquer, comme Théodore Zeldin, les « préjugés radicaux et provinciaux »[2]. Pas plus qu'on ne peut se satisfaire de la simple référence aux agendas politiques, pour souligner par exemple que la S.F.I.O. avait mis au second plan la revendication féministe, pour faire de la représentation proportionnelle son principal cheval de bataille dans les années charnières 1906-1910[3]. Ces interprétations sont trop commodes. Elles réussissent le tour de force d'expulser la question du vote des femmes de leur propre histoire. Les préjugés et les calculs pèsent certes fort lourd dans cette affaire, mais la France n'en a pas le monopole.

On voudrait avancer ici une autre interprétation, moins circonstancielle, permettant d'expliquer la spécificité française : le vote des femmes est acquis de façon plus précoce aux États-Unis, en Grande-Bretagne, et dans bien d'autres pays, pour des raisons qui tiennent aux fondements philosophiques et politiques du droit de suffrage. Dans l'approche utilitariste de la démocratie qui domine dans les pays anglo-saxons, les femmes conquièrent des droits politiques en raison de leur spécificité. On considère qu'elles introduisent dans la sphère politique des préoccupations et une expertise propre. C'est donc en tant que membres d'un groupe, représentant des intérêts particuliers, que les femmes sont admises à voter. Le vote des femmes s'inscrit là dans une perspective de la représentation des spécificités : c'est *en tant que femmes*, et non en tant qu'individus, qu'elles sont appelées aux urnes. En France, le droit

1. Cité dans S. C. Hause et A. R. Kenney, *Women's Suffrage and Social Politics in the French Third Republic*, Princeton Universty Press, 1984, p. 218.
2. Th. Zeldin, *Histoire des passions françaises, 1848-1945*, t. I : *Ambition et Amour*, Paris, Recherches, 1978, p. 418.
3. Cf. Ch. Sowerwine, *Les Femmes et le socialisme, un siècle d'histoire*, Paris, Presses de la F.N.S.P., 1978, pp. 122-125 (« La S.F.I.O. et la politique des droits des femmes »), et *Sisters or Citizens? Women and Socialism in France since 1876*, Cambridge, 1982.

de suffrage a d'autres racines, il est dérivé du principe d'égalité politique entre individus. L'universalisme à la française constitue dans ce cas un obstacle au suffrage féminin : la femme est privée du droit de vote en raison de sa particularité, parce qu'elle n'est pas un vrai individu abstrait, qu'elle reste trop marquée par les déterminations de son sexe. Tout en pouvant être très proches, les représentations du rôle de la femme dans la famille et dans la société induisent ainsi des effets rigoureusement inverses en France et dans la plupart des autres pays. En France, les préjugés fonctionnent négativement : ils empêchent la femme d'être perçue comme un individu social, la renvoyant en permanence à son rôle domestique, qui l'isole et l'enferme dans un rapport aux hommes de type naturel. Dans les pays où règne une approche utilitariste de la démocratie, les préjugés sur la nature féminine contribuent au contraire à instaurer les femmes en groupe social bien distinct, qui peut prétendre à s'intégrer dans la sphère politique en raison même de sa fonction sociale propre.

Le véritable obstacle au suffrage des femmes en France réside ainsi dans la difficulté qu'il y a à considérer la femme comme un individu. Si cette résistance est déjà très sensible pendant la période révolutionnaire, elle apparaît encore plus visiblement au XIXe siècle. On la voit bien se manifester dans les années 1840 chez les partisans les plus résolus de la réforme électorale. Claude Tillier, qui est un des avocats les plus éloquents du suffrage universel, et dont les *Lettres au système sur la réforme électorale* (1841) résument l'esprit du combat républicain, s'oppose par exemple violemment à l'idée de suffrage féminin. Il mêle de façon très significative dans son pamphlet les arguments les plus réactionnaires et les plus usés à des considérations plus profondes. D'un côté le catalogue des idées reçues : «les femmes sont des enfants qu'il faut éloigner du pêle-mêle de nos assemblées», «les femmes ne sont pas faites comme nous», «la bouche des femmes est faite pour sourire et non discuter»[1]. De l'autre, une inquiétude radicale sur l'avènement d'une société d'individus. «Si vous accordez des droits politiques aux femmes, écrit-il, il faudra leur accorder des droits civils, et, par extension, en accorder aux enfants. Alors, chaque ménage sera un petit

---

1. Cl. TILLIER, *Lettres au système sur la réforme électorale*, in *Pamphlets (1840-1844)*, éd. critique par Marius Gerin, Paris et Nevers, 1906, p. 99. «Qui a jamais vu une idée politique se loger sous un bonnet de gaze ?» demande-t-il en conclusion.

état constitutionnel où le menu du dîner sera voté à la majorité des voix[1].» Tillier manifeste là en des termes extraordinairement clairs le fondement ultime de la résistance au suffrage des femmes : la crainte d'un individualisme radical. Derrière l'affirmation de la distinction des rôles entre les sexes, c'est la mise en place d'une limitation du processus d'individualisation qui est visée. L'apologie de la famille et du mariage trouve là son ressort le plus secret et le plus puissant au xixe siècle, bien au-delà des seules pesanteurs moralisatrices et traditionalistes. La grande majorité des républicains et des socialistes ne se distinguent guère sur ce point des conservateurs. Le *Dictionnaire politique* de Garnier-Pagès, qui est très représentatif de la pensée républicaine des années 1840, s'oppose pour cette raison, que l'on peut qualifier de sociologique, au vote des femmes. Le mariage, explique Élias Regnault, n'est pas seulement un lien contractuel entre deux individus, il crée «un être humain nouveau». La femme perd en quelque sorte son individualité dans ce processus, fondant sa pensée et sa volonté dans celles de l'époux, qui joue le rôle d'*organe représentatif* du couple. «Ceux qui n'admettraient pas cette théorie du mariage, conclut logiquement Regnault, n'auraient rien à répondre aux réclamations de la femme le jour où elle viendrait demander sa part dans l'exercice des droits politiques[2].» Le vote de la femme est perçu comme un péril pour la paix des ménages. On craint qu'il ne conduise à introduire la division politique au sein de la famille, menaçant son unité. Le dissentiment politique dans le couple est au fond assimilé à une forme d'adultère[3]. La vieille défiance française vis-à-vis du pluralisme se trouve ainsi redoublée dans la peur de voir l'épouse exprimer une opinion distincte de celle du mari.

En 1848, un petit mouvement se manifeste en faveur du suffrage des femmes. Eugénie Niboyet, Jeanne Deroin, Louise Colet, Adèle Esquiros lancent *La Voix des femmes*, puis *L'Opinion des femmes*,

---

1. Cl. Tillier, *Lettres au système [...]*, p. 100.
2. É. Regnault, article «Mariage», *Dictionnaire politique* (préfacé par Garnier-Pagès), Paris, 1842, p. 570.
3. «À consulter le sens véritable du mariage, écrit ainsi Regnault, la femme qui a une autre volonté que son mari, le mari qui a une autre volonté que sa femme, commet un adultère moral» *(ibid.)*. Proudhon va dans le même sens : «Supposer que la femme puisse exprimer dans l'assemblée du peuple un vote contraire à celui du mari ; c'est les supposer en désaccord et préparer leur divorce» (Proudhon, *La Pornocratie ou les Femmes dans les temps modernes*, Paris, 1875, p. 59).

pour faire campagne sur ce thème[1]. Elles sont conscientes du caractère presque philosophique des obstacles à la participation des femmes à la politique. Dans un remarquable article publié dans *L'Opinion des femmes*, Claire Bazard souligne que le vrai problème réside dans le fait que l'on ne sait pas « dans quelle famille de l'ordre de la nature » il convient de ranger la femme. « Le classement exact de la femme éprouve quelques difficultés, souligne-t-elle [...]. Ne voulant émanciper la femme ni comme être humain, ni comme chat, chien, tigre, lion, serpent (animaux malfaisants ou domestiques), le législateur en a fait une chose qui tient à la fois de *l'humanité* pour ceux qui l'adorent, du règne *animal* pour ceux qui la font servile, du règne *végétal* pour celui qui la croit sans âme, du règne *minéral* pour celui qui la brise[2]. » C'était voir juste et comprendre par avance que la cause était perdue. George Sand raillera sévèrement ces revendications, prématurées à ses yeux tant que l'égalité des droits civils n'aurait pas été proclamée[3]. Dans *Le Bulletin de la République*, elle qualifie de « réclamations personnelles » et de « tentatives à caractère aristocratique » la demande des suffragettes, donnant la priorité au combat général pour faire reculer la misère et l'ignorance[4]. Même les socialistes les plus radicaux se montrent réservés. Cabet élude la question, disant évasivement : « La question est délicate ; elle est complexe et très difficile[5]. » Victor Considerant est alors le seul à plaider ouvertement la cause des femmes[6].

---

1. Cf. É. THOMAS, *Les Femmes en 1848*, Paris, 1948. On trouvera également des références dans la synthèse de M. ALBISTUR et D. ARMOGATHE, *Histoire du féminisme français du Moyen Âge à nos jours*, Paris, Des Femmes, 1977.

2. Claire B. (BAZARD), « De la difficulté de définir la femme », *L'Opinion des femmes*, n° 2 (mars 1849), p. 2.

3. Voir sa lettre aux membres du Comité central (Paris, mi-avril 1848), dans laquelle elle expose avec vigueur pourquoi, en 1848, le temps n'est pas venu pour la femme de réclamer les droits politiques, in *Correspondance de George Sand*, Paris, Garnier, 1971, t. VIII, pp. 400-408.

4. Voir l'éditorial du *Bulletin de la République*, n° 12, 6 avril 1848.

5. *Société fraternelle centrale. Sixième Discours du citoyen Cabet. Séance du 19 mars* (1848), s.l.n.d., p. 14.

6. Voir les procès-verbaux du comité de Constitution, séance du 12 juin 1848 : « Monsieur Considérant dit que dans une constitution où l'on admet le droit de vote pour les mendiants, les domestiques, il est inconséquent et injuste de ne pas l'admettre pour les femmes » (procès-verbaux reproduits — en français — in P. CRAVERI, *Genesi di una costituzione, libertà e socialismo nel dibattito costituzionale del 1848 in Francia*, Naples, Guida editori, 1985, p. 192).

Dans la première moitié du XIXᵉ siècle, les partisans les plus déterminés de l'affranchissement politique de la femme sont les saint-simoniens. Les raisons de leur attitude sont instructives. L'émancipation de la femme aliénée exprime pour eux, au même titre que celle du prolétaire, l'avènement de la société nouvelle, ces deux figures symbolisant la prégnance du vieux dans le neuf [1]. « C'est par l'affranchissement complet des femmes que sera signalée l'ère saint-simonienne », annonçait Prosper Enfantin en 1829 [2], célébrant la « Femme-Messie ». Pour libérer la femme, les saint-simoniens procédaient à une critique radicale du mariage, songeant même un instant à imposer le célibat à leurs membres. Toute cette partie de leur doctrine fut absolument incomprise par leurs contemporains, qui n'y voyaient que la pointe avancée des fantasmes de la secte retirée sur les hauteurs de Ménilmontant. Lorsqu'ils plaidaient pour le soulagement du prolétaire ou le lancement de grands travaux, Enfantin et ses amis attiraient à eux toute une partie des jeunes élites. Mais leur célébration de la femme semblait bizarre, contribuant d'ailleurs à précipiter prématurément l'éclatement de leur mouvement. Philosophiquement, Enfantin avait pourtant eu l'intuition très forte de la nature de l'individualisme moderne, développant la formule que Saint-Simon aurait prononcée en mourant · « L'homme et la femme, voilà l'individu social [3]. » La critique du mariage et du foyer traditionnel ne faisait que prolonger chez lui le sacre de l'individu moderne, dont la femme représentait le double négatif. Claire Démar concluait dans cet esprit son fameux *Appel d'une femme au peuple sur l'affranchissement de la femme* (1833). « Il faut, écrivait-elle, que la femme prenne enfin son droit de possession, son droit d'élection, son droit d'adhésion libre et sponta-

---

1. Sur ce point, voir M. T. BULCIOLU, *L'École saint-simonienne et la femme. Notes et documents pour une histoire du rôle de la femme dans la société saint-simonienne, 1828-1833*, Pise, Goliardica, 1980 (contient un intéressant choix de textes) ; J. D'IVRAY, *L'Aventure saint-simonienne et les femmes*, Paris, 1930 ; M. THIBERT, *Le Féminisme dans le socialisme français de 1830 à 1850*, Paris, 1926.

2. Lettre de Prosper Enfantin à Charles Duvergier, reproduite in M. T. BULCIOLU, *L'École saint-simonienne et la femme*, p. 54. Enfantin note dans un autre texte : « Dieu m'a donné mission d'appeler le prolétaire et la femme à une destinée nouvelle ; de faire entrer dans la sainte famille humaine tous ceux qui jusqu'ici en ont été exclus, ou seulement y ont été traités comme mineurs » (p. 87). Cf. aussi E. A. CASAUBON, *Le Nouveau Contrat social ou Place à la femme*, Paris, 1834.

3. Cité par M. T. BULCIOLU, *L'École saint-simonienne et la femme*, p. 10. Cette formule sera constamment reprise dans les textes saint-simoniens.

née, non seulement dans le gouvernement de la famille, mais dans le gouvernement de la cité et du royaume[1]. » Cette approche saint-simonienne est parfaitement cohérente avec les principes de l'universalisme à la française. Ce n'est qu'en raison de son extraordinaire avance sur l'état des esprits qu'elle fut rejetée, et non parce qu'elle était contradictoire avec les fondements de la culture politique révolutionnaire. La revendication politique n'occupait, en outre, qu'une place secondaire dans l'esprit des disciples de l'auteur du *Nouveau Christianisme*, qui mettaient d'abord en avant l'émancipation civile et économique.

Les féministes des années 1880 ne reprennent pas les thèmes saint-simoniens[2]. Par souci de modération, mais aussi pour des raisons de fond. Elles n'identifient pas l'émancipation de la femme à l'universalisation de l'autonomie individuelle. Le féminisme français de la fin du XIXe siècle n'est pas monolithique, en outre. Au début de la troisième République, Léon Richer et Maria Deraismes incarnent par exemple une aile modérée qui met principalement l'accent sur la conquête des droits civils et ne se soucie guère du droit de vote. Un nom résume cependant le combat politique des femmes de 1880 à 1914, celui d'Hubertine Auclert[3]. Ses écrits illustrent parfaitement les ambiguïtés et les limites du suffragisme en France. Elle oscille en permanence entre une approche universaliste et une appréhension utilitariste du vote des femmes. Côté universaliste, elle minimise la différence sexuelle et la circonscrit à la procréation. Dans un article publié en 1882 dans *La Citoyenne*, elle récuse vigoureusement en ce sens la notion de sphère des femmes. « Ce que les hommes font, écrit-elle, les femmes doivent aussi pouvoir le faire. De même que les hommes qui en ont le goût peuvent envahir la cuisine, les femmes doivent pouvoir s'occuper de politique,

1. Reproduit in M. T. BULCIOLU, *L'École saint-simonienne et la femme*, p. 195. Voir aussi la récente réédition : Cl. DÉMAR, *L'Affranchissement des femmes*, textes réunis par V. Pelosse, Paris, Payot, 1976.
2. Sur cette période, voir : S. C. HAUSE et A. R. KENNEY, *Women's Suffrage and Social Politics in the French Third Republic* (l'ouvrage le plus complet sur le sujet) ; L. KLEJMAN et F. ROCHEFORT, *L'Égalité en marche. Le Féminisme sous la troisième République*, Paris, Presses de la F.N.S.P., 1989 ; P. K. BIDELMAN : *Pariahs Stand up! : the Founding of the Liberal Feminist Movement in France, 1858-1889*, Westport (Conn.), Greenwood Press, 1982 ; S. GRINBERG, *Historique du mouvement suffragiste depuis 1848*, Paris, 1926.
3. Voir S. C. HAUSE, *Hubertine Auclert, The French Suffragette*, New Haven, Yale University Press, 1987.

voter, légiférer [...]. Il n'y aura de bonheur pour l'humanité, que dans l'égalité des droits pour tous et l'équitable répartition des fonctions entre tous les hommes et femmes *indifféremment*[1].» Dans son argumentation en faveur de la réforme du droit de suffrage, elle développe cependant principalement des thèmes utilitaristes, soulignant que les femmes peuvent apporter quelque chose de spécifique dans la politique. Elle insiste ainsi à de nombreuses reprises sur l'effet de moralisation sociale qui pourrait découler du vote des femmes et sur les conséquences positives pour les finances publiques de l'introduction de sains principes d'administration domestique. Le *Programme électoral des femmes* qu'elle affiche à Paris à plusieurs reprises dans les années 1880 va jusqu'à proposer de substituer à « l'État minotaure » un « État maternel » assurant par sa prévoyante sollicitude sécurité et travail aux valides, assistance aux enfants, aux vieillards, aux malades et aux infirmes[2].

L'approche utilitariste a indéniablement marqué le féminisme français. Le vote des femmes, disait-on, permettrait d'entreprendre de grandes réformes sociales et de garantir la paix. « Nous sommes persuadés que lorsqu'il y aura des femmes dans les parlements de tous les États, c'en sera fait de la guerre », lance par exemple Maria Vérone, la première femme à plaider en cour d'assises[3]. Sur une photographie des années 1920, on voit un groupe de suffragettes brandissant des pancartes aux slogans très caractéristiques. Ils disent les raisons pour lesquelles la femme doit voter : « Pour supprimer les taudis », « Pour combattre l'alcoolisme », « Pour protéger l'enfance », « Pour lutter contre l'immoralité », « Pour rendre la vie moins chère », « Pour défendre la famille », « Pour empêcher la guerre »[4]. Joseph Barthélemy, qui est l'un des plus ardents défenseurs de la cause des femmes dans les années 1920,

---

1. *La Citoyenne*, 19 février 1882, dans H. AUCLERT, *La Citoyenne. Articles de 1881-1891*, Paris, Syros, 1982, pp. 85-86.
2. Publié pour la première fois dans *Le Rappel* du 15 août 1885.
3. M. VÉRONE, *Pourquoi les femmes veulent voter*, Paris, 1923, p. 15. On peut noter que sur la première page de chaque numéro de *La Citoyenne*, le journal d'Hubertine Auclert, un dessin montrait un homme et une femme glissant chacun un bulletin dans une urne électorale. On lisait : « guerre » sur le premier et « paix » sur le second. Au-dessus de l'urne, un écriteau notait : « La paix du monde, l'harmonie de la société existeront seulement lorsque, comprises dans le suffrage, les femmes aideront aux hommes à faire les lois. »
4. Cartes postales éditées par la Société pour l'amélioration du sort de la femme et la revendication de ses droits (collection de la bibliothèque Marguerite-Durand).

met aussi en avant leurs «intérêts spéciaux» et leurs «qualités particulières» pour justifier que le droit de vote leur soit accordé. La femme, explique-t-il, doit pouvoir faire valoir politiquement ses préoccupations de mère et de travailleuse, au même titre qu'elle le fait en formant des syndicats. Parce qu'elles ont une sensibilité différente de celle des hommes, elles apportent quelque chose de neuf dans la vie politique : en donnant la priorité aux questions concrètes intéressant la vie et la moralité de la famille, elles limitent les effets de la pure politique partisane[1].

Une telle approche morale et pratique du suffrage des femmes explique que ses partisans se soient largement recrutés dans les milieux catholiques et modérés. Pour ceux-là, le vote des femmes ne procède pas d'un droit naturel, il correspond seulement à une fonction sociale. L'Union française pour le suffrage des femmes, première ligue nationale spécifiquement suffragiste à s'organiser, en 1909, se constitue sur cette base[2]. Un puissant mouvement catholique se développe également autour de ces thèmes[3]. Ses principaux porte-parole, Marie Maugeret et Jeanne Chenu, ont converti beaucoup plus de femmes au suffragisme que tous les autres groupes féministes réunis. L'émancipation de la femme se confond pour elles avec la défense de l'Église, de la famille et de la patrie. Raoul de La Grasserie, le grand juriste catholique de l'époque, inscrit le combat pour le vote des femmes dans la perspective d'une reconstruction générale des fondements de la démocratie, la représentation des intérêts se substituant aux principes individualistes (l'«intérêt de sexe» ne faisant que s'ajouter aux autres catégories d'intérêts professionnels, locaux, etc.)[4]. En concurrence avec cette

1. Cf. J. BARTHÉLEMY, *Le Vote des femmes*, Paris, 1920 (ouvrage important et représentatif).
2. Voir, par exemple, l'*Appel aux électeurs* publié par l'Union à l'occasion des élections municipales de 1925. C'est pour une meilleure prise en charge de la sauvegarde de l'enfance, de l'amélioration des hôpitaux, de la construction des habitations à bon marché, de la propreté des rues que les militantes plaident pour l'obtention du droit de vote.
3. Cf. S. C. HAUSE et A. R. KENNEY, «The development of the catholic women's suffrage movement in France, 1896-1922», *The Catholic Historical Review*, janvier 1981 (très bonne synthèse), et A. M. SOHN, «Les femmes catholiques et la vie publique : l'exemple de la Ligue patriotique des Françaises», in *Stratégie des femmes* (ouvrage coll.), Paris, Tierce, 1984.
4. Cf. R. DE LA GRASSERIE, «De l'admission des femmes au suffrage politique», *La Revue féministe*, 1896 (étude composée d'une série de six articles publiés entre le 15 février et le 15 septembre).

conception de la prise en compte des intérêts féminins, l'idée de *suffrage familial* est aussi très populaire dans les milieux catholiques. C'est une autre façon de lier le vote à la structure sociale et de repousser la philosophie politique individualiste. Lamartine en avait évoqué dès 1848 la possibilité. « Un jour viendra, avait-il dit, où le père de famille aura autant de voix qu'il y a de vieillards, de femmes et d'enfants à son foyer, car dans une société mieux faite, ce n'est pas l'individu, c'est la famille qui est l'unité permanente [1]. » Cette appréhension du suffrage familial, imprégnée des principes bonaldiens, est largement répandue dans les milieux catholiques (l'abbé Lemire dépose en 1911 un projet de loi en ce sens [2]) et elle entre en conflit avec l'idée de suffrage féminin. Mais les considérations tactiques tendent à privilégier le vote des femmes par rapport au vote familial, ce dernier accentuant mécaniquement les effets du suffrage masculin, alors que le vote des femmes paraît au contraire susceptible de le contrebalancer. La force de ce suffragisme catholique permet en tout cas d'expliquer une bonne part des réticences républicaines. Dans son ambiguïté même, le suffragisme français se trouve en continuel déphasage avec la sensibilité républicaine moyenne. Comme mouvement pour l'égalité des droits politiques, fondé sur la considération du droit de suffrage comme droit naturel, il est trop en avance sur les mentalités. Dans sa dimension, dominante, d'appel à la reconnaissance de la spécificité de la contribution politique des femmes, il apparaît chargé de relents corporatistes et donc contraire à l'universalisme républicain.

La faiblesse du suffragisme français est très largement liée à ce chassé-croisé entre les principes, les arguments et les mentalités. Aux États-Unis et en Grande-Bretagne, à l'inverse, la force du mouvement en faveur du suffrage des femmes tient à l'unité et à la simplicité de l'argumentation qu'il déploie et de la philosophie qui le fonde. Il n'y a rien de tel en France, où les références les plus opposées nourrissent à certains moments des positions identiques.

1. Cité in J. Landrieu, *Le Vote familial*, Lille, 1923, p. 13 (l'ouvrage présente bien tous les débats et les propositions de la fin du XIXe et du début du XXe siècle sur ce point). Voir également A. Toulemon, *Le Suffrage familial ou suffrage universel intégral. Le Vote des femmes*, Paris, 1933. Pour une courte synthèse, voir A. Béjin, « L'idée du vote familial en France de 1850 à 1950 », *Population et Avenir*, septembre-octobre 1990.
2. Cf. J.-M. Mayeur, *Un prêtre démocrate, l'abbé Lemire (1853-1928)*, Paris, Casterman, 1968.

À tel point que les débats s'y mènent souvent à front renversé, des hommes favorables à une large émancipation civile de la femme trouvant inopportun qu'elle accède aux urnes, alors que des misogynes de la plus vulgaire espèce n'y sont pas toujours opposés. Alexandre Dumas fils représente de façon presque caricaturale ces derniers. Dans un pamphlet rageur publié en 1872, il s'en était pris aux « femministes » [1] *(sic)*, n'hésitant pas à lancer à la femme : « Tu es purement animale, tu es la guenon du Pays de Nod, tu es la femelle de Caïn [2]. » Quelques années plus tard, il se montre pourtant partisan de leur accorder le droit de vote dans *Les femmes qui tuent, les femmes qui votent* [3]. S'était-il converti entre-temps à la cause des femmes ? Pas du tout. Les arguments qu'il met en avant ne reposent nullement sur l'idée d'égalité entre les hommes et les femmes [4]. Ils ne sont que circonstanciels (il faut éviter que la France puisse donner l'impression qu'elle prend du retard sur les États-Unis en matière de libertés) ou classiquement utilitaristes (il faut représenter les intérêts particuliers : « Il doit y avoir, à la Chambre, des députés des femmes de France », conclut-il). Sa misogynie n'en a pas pour autant disparu. La position de Dumas est presque trop outrée pour être tout à fait représentative. Elle témoigne cependant à sa façon des ambiguïtés qui ont pu s'installer en France autour de la question du vote des femmes. Aucun front des partisans de la réforme ne peut s'organiser tant sont ouvertement contradictoires les motivations, les arguments et les arrière-pensées.

Le retard hexagonal en matière de droit des femmes tient beaucoup plus à ces raisons de fond qu'à des considérations tactiques. Symétriquement, les succès remportés par les suffragettes anglaises ou américaines, pour ne citer qu'elles, s'expliquent par les causes de l'échec français. Dans ces pays, l'intégration politique des

1. Le terme de « féminisme », forgé en 1837 par Fourier, n'est pas encore d'usage courant.

2. Alexandre Dumas fils, *L'Homme-Femme*, Paris, 1872, p. 176. L'ouvrage avait rencontré un vif succès, connaissant quarante-trois éditions successives.

3. Publié en 1880. Le titre faisait allusion, à contre-sens, au fameux article 324 du Code pénal, qui notait que le meurtre commis par l'époux sur son épouse surprise en flagrant délit d'adultère est « excusable » (la réciproque n'est pas vraie).

4. C'est ce que lui reproche Émile DE GIRARDIN dans *L'Égale de l'homme. Lettre à M. Alexandre Dumas fils*, Paris, 1881. En 1872, Girardin avait déjà répliqué au premier pamphlet de Dumas dans *L'Homme et la Femme ; l'homme suzerain, la femme vassale*, puis dans *L'Égale de son fils* (les cinq textes publiés par les deux auteurs entre 1872 et 1881 rendent bien compte de l'état des débats de l'époque).

femmes s'est en effet inscrite dans la logique dominante de représentation des intérêts, elle n'introduisait donc pas de rupture philosophique. Dans son célèbre livre *L'Assujettissement des femmes*,
publié dès 1869, John Stuart Mill développe par exemple longuement tous les avantages que la société pourrait retirer de l'affranchissement des femmes. Deux ans plus tôt, il avait déjà déposé un
projet de loi en ce sens. Dans l'introduction du discours qu'il prononce à cette occasion devant la Chambre des communes, il note
ouvertement : «Je ne pense pas que le droit de vote, pas plus
qu'aucune autre fonction publique, est un droit abstrait [...]. Mon
argument est purement utilitaire [*expediency*][1].» Mill ne conteste
aucunement que la femme soit identifiée à l'espace domestique.
Il part au contraire de cet état de fait pour souligner l'utilité de
leur participation à la vie politique. Les grandes figures du féminisme anglais, comme Mrs. Fawcett ou Mrs. Pankhurst, tiendront
le même langage[2]. C'est la différence des femmes par rapport aux
hommes en tant que sexe *(gender)* et non leur équivalence en tant
qu'individus qui fonde à leurs yeux la revendication suffragiste.
«Si les hommes et les femmes se ressemblaient complètement, écrit
Mrs. Fawcett, nous serions adéquatement représentées par les hommes; mais comme nous sommes différentes, notre spécificité n'est
pas représentée dans le système actuel[3].» Le titre de la brochure
dans laquelle elle défend cette thèse — *Home and Politics* — résume
d'ailleurs à lui seul tout son programme : l'objectif est d'importer
dans la sphère politique les problèmes et les valeurs de la sphère
domestique. «En conclusion, souligne-t-elle à la fin de son texte,

---

1. J. S. MILL, «The admission of women to the electoral franchise», 20 mai 1867,
in *Public and Parliamentary Speeches*, vol. I (*Collected Works*, vol. XXVIII), Toronto,
University of Toronto Press, 1988, p. 152.

2. Mrs. FAWCETT écrit ainsi dans *The Woman Question in Europe* : «Le droit de suffrage n'a pas été réclamé par les femmes anglaises comme un droit abstrait et inaliéna-
ble, il a été revendiqué sur une base d'opportunité» (Londres, 1884, p. 4). Sur la conquête
du suffrage par les femmes en Grande-Bretagne, voir quelques bonnes synthèses récentes : R. FULFORD, *Votes for Women, the Story of a Struggle*, Londres, Faber and Faber,
1967; A. ROSEN, *Rise up, Women! The Militancy Campaign of the Women's Social and
Political Union (1903-1914)*, Londres, Routledge and Kegan Paul, 1974; C. ROVER,
Women's Suffrage and Party Politics in Britain, 1866-1914, Londres, Routledge and Kegan
Paul, 1967; S. HOLTON, *Feminism and Democraty. Women's Suffrage and Reform Politics in Britain, 1900-1918*, Cambridge University Press, 1986.

3. M. G. FAWCETT, *Home and Politics* (vers 1890). Le texte est reproduit dans l'excellent recueil édité par J. LEWIS, *Before the Vote Was Won : Arguments for and against
Women's Suffrage, 1864-1896*, Londres, Routledge and Kegan Paul, 1987 (ici p. 419).

je plaide pour l'extension du droit de suffrage aux femmes parce que je veux renforcer la vraie féminité dans la femme, et parce que je veux que la dimension féminine et domestique des choses pèse et compte davantage dans les affaires publiques[1]. » Allant jusqu'au bout de l'argument, Helen Taylor, dont la mère épousa John Stuart Mill, défend le vote des femmes en tant qu'elles représentent une *classe*. « Le principe de la représentation de classe, note-t-elle, est éminemment favorable aux intérêts des femmes qui, considérées comme une classe, constituent la classe la plus nombreuse du pays[2]. » Les suffragettes américaines développent exactement les mêmes thèmes, mettant en avant l'*expediency argument* et soulignant ce que les femmes peuvent apporter de neuf dans la gestion publique[3]. En Allemagne, la Deutsche Vereinigung für Frauenstimmrecht tient aussi le même langage[4].

Dans ces différents pays, les féministes vont beaucoup plus loin qu'en France. Elles n'ont ni les ambiguïtés d'une Hubertine Auclert, qui reste encore partiellement imprégnée d'universalisme abstrait, ni les prudences des catholiques. Leur approche du droit de suffrage est en outre totalement cohérente avec la nouvelle appréhension de l'État moderne qui se manifeste à la fin du xixe siècle. En Angleterre, en Allemagne, aux États-Unis, comme dans la plupart des autres pays développés, le mouvement pour le suffrage des femmes est indexé sur les transformations de l'action publique, qui prend de plus en plus en compte les problèmes d'éduca-

---

1. In J. LEWIS, *Before the Vote Was Won [...]*, p. 423. Voir aussi sur ce point un autre article de Mrs. FAWCETT (1909) intitulé *Men are Men and Women are Women* (reproduit dans le même recueil) et la brochure de Mary STOPES, *The Spheres of «Man» in relation to that of «Woman» in the Constitution*.

2. H. TAYLOR, *The Claim of Englishwomen to the Suffrage Constitutionnaly Considered*, in J. LEWIS, *How the Vote Was Won [...]*, p. 25.

3. Sur l'histoire du suffrage des femmes aux États-Unis, on retiendra particulièrement : E. C. STANTON, S. B. ANTHONY, M. J. GAGE, *History of Women Suffrage*, New York, Arno Press, 1969, 6 vol. (reproduction de l'éd. de 1881-1920), ouvrage qui reste fondamental et contient de nombreux documents ; E. FLEXNER, *Century of Struggle : the Woman's Right Movement in the United States*, Cambridge (Mass.), The Belknap Press, 1959 ; D. MORGAN, *Suffragists and Democrats. The Politics of Woman Suffrage in America*, Michigan State University Press, 1972. Les monographies consacrées au problème dans les différents États sont souvent décevantes. Sur les idées du mouvement suffragiste, le meilleur ouvrage est celui de A. S. KRADITOR, *The Ideas of the Woman Suffrage Movement, 1890-1920*, New York, Columbia University Press, 1965.

4. Cf. R. J. EVANS, *The Feminist Movement in Germany, 1894-1933*, Londres et Beverly Hills, Sage Publ., 1976.

tion, d'hygiène, de logement, de santé, de tempérance à partir de la fin du XIXᵉ siècle. Les nouveaux secteurs d'intervention de l'État correspondent en effet dans bien des cas à ce qui est reconnu comme relevant de la sphère des femmes. Droit de vote des femmes et réformisme social vont de pair lorsque la distance entre le domestique et le politique se réduit. Dans cette perspective, une féministe américaine définit le gouvernement moderne comme «une tâche ménagère à très grande échelle»[1]. L'objectif, en d'autres termes, est plus de «féminiser la démocratie» que de démocratiser la féminité, en étendant aux femmes le droit de suffrage[2]. Certaines féministes vont même jusqu'à appeler de leurs vœux l'avènement d'un nouvel *État maternel*, forme d'État social développé qui succéderait au simple État souverain. En Allemagne, dans les années 1880, le mouvement féministe pousse dans cet esprit ses membres à s'engager dans des associations charitables de secours aux pauvres ou d'aide aux aveugles et aux malades, pour rendre manifeste la part que les femmes prennent à l'action sociale. Le rôle joué par les femmes pendant la guerre de 1914-1918 couronnera cette démarche et permettra dans tous les pays de renforcer l'image de la femme patriote, associée à l'avènement du nouvel État-providence, chargée d'une irremplaçable fonction d'ordre public.

Il y a certes des éléments tactiques qui rentrent aussi en ligne de compte dans les pays anglo-saxons. Mais, là encore, ils jouent positivement pour appuyer les revendications féministes. Les suffragettes américaines n'hésitent pas, par exemple, à agiter le spectre du vote des Noirs et des nouveaux immigrants pour se poser en puissance de contrepoids. Aux États-Unis, le vote des femmes est fréquemment présenté par ses avocats comme un moyen de contrebalancer le vote étranger et de maintenir la prédominance blanche. Le suffragisme n'est pas lié dans ce cas à l'idée de suffrage universel; il se formule même souvent dans le cadre d'une rhétorique inégalitaire, privilégiant l'inclusion dans la vie politique des «femmes éduquées» et acceptant le système des *literacy tests*[3]. En Grande-Bretagne, l'inclusion politique des femmes est

---

1. *Government is only housekeeping on the broadest scale* (Frances WILLARD, citée par A. S. KRADITOR, *The Ideas of the Woman Suffrage Movement [...]*, p. 68).
2. Voir l'excellent chapitre «Feminising Democracy» in S. HOLTON, *Feminism and Democracy*.
3. Voir par exemple les positions très tranchées sur ce point de Mrs. Stanton.

aussi présentée, à partir de la réforme électorale de 1884, comme un moyen de limiter les conséquences jugées hasardeuses de l'accroissement du nombre d'électeurs. Le suffrage des femmes est ainsi appréhendé comme une puissance d'équilibre, et non comme une menace.

La conception utilitariste du suffrage féminin s'accommode très bien d'une politique des petits pas. Si l'exercice du vote repose sur la représentation des intérêts, on peut en effet différencier ceux-ci et adopter une *stratégie progressive* de la conquête du suffrage. L'exemple anglais est particulièrement significatif à cet égard. Si les femmes ne furent autorisées qu'en 1918 à voter pour les élections politiques nationales, elles purent participer dès 1869 aux élections municipales (dès lors, évidemment, qu'elles satisfaisaient aux conditions de cens en vigueur). Avant d'être insérées dans la sphère politique, elles avaient par ailleurs été préalablement intégrées à des niveaux intermédiaires — administratifs ou professionnels — de l'organisation sociale. En 1870, elles étaient ainsi électeurs et éligibles aux *school boards* (comités scolaires), et en 1875 elles pouvaient voter pour la nomination des Boards of Guardians (conseils de l'Assistance publique), deux institutions qui jouaient un rôle très important dans la vie anglaise. De nombreux pays connurent une progressivité analogue[1]. Aux États-Unis, l'État du Kentucky donne dès 1838 le suffrage scolaire aux veuves ayant des enfants d'âge scolaire. En 1869, le Wyoming, qui n'est alors qu'un simple territoire, accorde l'égalité politique aux femmes, et le Colorado est en 1893 le premier État à franchir le même pas (les femmes se virent reconnaître le droit de vote au niveau fédéral en 1920). Un grand nombre de pays européens ouvrent le suffrage municipal aux femmes assez tôt au XIXᵉ siècle (Bohême, 1861 ; Suède, 1862 ; Russie, 1864 ; etc.[2]), mais n'admettent que quelques dizaines d'années plus tard ces dernières à participer aux élections parlementaires. Toute une série d'étapes et de transitions ont ainsi été ménagées sur la voie du suffrage féminin.

Le retard français s'explique pour une bonne part par l'échec des stratégies gradualistes comparables à celles qui ont réussi dans

1. Bonne synthèse sur cette question dans l'ouvrage très bien documenté de L. Franck, *Essai sur la condition politique de la femme*, Paris, 1892.
2. Dans ces derniers cas, le suffrage féminin est soumis aux conditions de cens qui prévalaient pour les hommes.

les pays que nous venons d'évoquer. Cet échec n'est pas dû à un maximalisme du mouvement féministe. Au début du siècle, Hubertine Auclert avait au contraire fini par accepter, par souci d'efficacité, de limiter les revendications de son mouvement aux veuves et aux célibataires. «Nous admettrions, au pis aller, écrivait-elle, que pendant qu'elle est dans le mariage, la femme soit, comme l'homme pendant qu'il est sous les drapeaux, privée du droit de voter[1].» À partir de 1900, plusieurs projets de loi reprennent par ailleurs l'idée d'un droit de suffrage «non intégral». En 1900, Viviani propose d'admettre les femmes mariées à participer au suffrage municipal[2]. Gautret puis Dussaussoy vont dans le même sens en 1901 et 1906. En 1909, surtout, Ferdinand Buisson publie un volumineux rapport à la Chambre des députés qui fait date[3]. Lui aussi plaide pour la séparation du vote politique et du vote municipal. Cette modération ne profita pourtant aucunement à la cause des femmes. Pourquoi? La raison en est simple : l'obstacle au suffrage des femmes a été beaucoup plus philosophique que politique. Au-delà des réticences conjoncturelles et partisanes, le suffrage limité à la sphère municipale ne correspond pas à une approche alternative de la citoyenneté dans le cadre des principes français. Si le fait de voter n'est dérivé ni d'un principe de capacité — qui peut varier selon la nature des élections — ni d'une logique de la représentation des intérêts — qui admet elle aussi des niveaux différenciés d'intervention —, la distinction entre le droit de vote politique et le droit de vote local n'a pas de sens. La citoyenneté ne se fractionne pas dans le droit public français. Entre l'espace politique global et les sphères particulières de la société civile, il n'y a place pour aucune forme d'espace public. Aux États-Unis et en Grande-Bretagne, il est frappant de constater que les notions de vote professionnel et de vote politique se sont fortement interpénétrées, le problème du droit de vote municipal se posant dans

---

1. H. AUCLERT, *Le Vote des femmes*, Paris, 1908, p. 40.

2. Logiquement, Viviani aurait dû proposer que ce soient les veuves et les célibataires qui votent, mais il jugeait qu'elles étaient plus influencées par les prêtres que les femmes mariées. Hubertine Auclert se sentit du même coup stupidement prise à contrepied par cette proposition.

3. Ferdinand BUISSON, *Rapport fait au nom de la Commission du suffrage universel chargée d'examiner la proposition de loi tendant à accorder le droit de vote aux femmes*, Paris, Chambre des députés, 1909 (contient de très nombreuses et intéressantes annexes documentaires, non reproduites dans la réédition du rapport sous forme de livre en 1911).

les mêmes termes que celui de la nomination des *school boards*. En France, les questions ont été séparées. La reconnaissance des droits de la femme en tant que travailleuse ne s'est pas heurtée à de trop gros obstacles. En 1903, les femmes peuvent ainsi se porter candidates au Conseil supérieur du travail et participer aux conseils de prud'hommes. Dès 1898, elles pouvaient intervenir dans la formation des tribunaux de commerce, et elles seront admises en 1908 à voter dans tous les scrutins consulaires[1]. Le retard français n'est donc pas dû à un antiféminisme plus marqué qu'ailleurs. Il procède plutôt d'une conception aussi restrictive qu'exigeante de l'individu-citoyen.

En 1919, les choses semblent cependant un moment proches de se débloquer. Le dévouement des femmes à l'arrière du front a créé une sorte de dette patriotique et sociale à leur égard[2]. Des députés traditionalistes comme Barrès lancent même l'idée de « suffrage des morts », suggérant que le droit de vote des soldats morts pour la France soit transmis à leurs veuves. À la Chambre des députés, la commission du Suffrage universel rouvre le dossier et propose en 1919 de donner le droit de vote pour les seules élections municipales à toutes les femmes de plus de trente ans. À la surprise générale, la Chambre des députés va plus loin et accorde, par 329 voix contre 95, le droit de vote aux femmes sans autres restrictions que celles s'appliquant aux hommes. Cette ouverture n'aura cependant pas de suite, le Sénat bloquant ensuite obstinément le dossier[3]. Le renversement d'attitude de la Chambre des députés procédait-il d'un souci tactique ou d'un soudain accès de générosité ? Le « coup de théâtre » de 1919 n'est pas facile à analyser. Certains contemporains ont voulu y voir une simple manœuvre, le vote d'un projet maximaliste entraînant le rejet sans appel du Sénat. Quel que soit le rôle des calculs ou des hasards, le vote des femmes allait être repoussé aux lendemains de la Seconde Guerre

1. Bonne documentation sur ce point dans le rapport de Buisson, dans L. FRANCK, *Essai sur la condition politique de la femme,* et dans J. DE MASSIA DE RANCHIN, *Extension à la femme du droit de suffrage en matière communale,* Perpignan, 1912.
2. Cf. S. C. HAUSE, « Women who rallied the tricolor : the effects of World War I and the French women's suffrage movement », *Proceedings of the Western Society for French History,* s.l., vol. VI, 1979 (se trouve à la bibliothèque Marguerite-Durand).
3. Voir le mémoire de Virginia COX, *Le Mouvement pour le suffrage féminin pendant l'entre-deux-guerres,* Université de Paris-X - Nanterre, 1982 (se trouve à la bibliothèque Marguerite-Durand).

mondiale. La pression des organisations féministes, il est vrai, était alors beaucoup plus faible que dans la plupart des autres pays. Ce n'est pas étonnant. En France, les femmes n'ont jamais formé un véritable mouvement social. L'idée d'émancipation de la femme-individu est beaucoup moins mobilisatrice que celle de conquête de pouvoirs par un groupe social. C'est aussi ce qui explique que le féminisme ait été beaucoup plus violent dans les pays anglo-saxons : il s'y est comporté comme n'importe quel autre mouvement revendicatif. La modération et la faiblesse du féminisme français tiennent à l'inverse au caractère plus intime qu'y revêt l'émancipation du deuxième sexe. Celle-ci renvoie à une lente évolution de la structure familiale, qui se joue à chaque fois individuellement ; elle ne s'apparente pas à une lutte sociale [1].

Le retard français s'explique enfin par une sorte de réaction compensatrice à la précocité de la conquête du suffrage masculin. Les débats sur le vote des femmes font resurgir à la fin du XIXe siècle tout le non-dit et le refoulé des interrogations de la première moitié du siècle sur le suffrage universel. Les relents d'approche capacitaire se mêlent aux doutes sur l'autonomie de la volonté, pour faire revivre sous les espèces féminines le vieux thème de la prématurité du suffrage. On voit ainsi Clemenceau affirmer dans le même mouvement que le droit de vote est un droit naturel mais que les femmes sont insuffisamment éduquées et qu'elles constituent des proies trop faciles à manipuler. Beaucoup de républicains tiennent le même langage. La République de cette époque a deux visages, comme Janus : ultra-démocratique d'un côté, hérissée de crispations conservatrices de l'autre. L'appréhension « tactique » du suffrage des femmes lui permet d'en montrer un seul. En octobre 1919, Bérard présente au Sénat son célèbre rapport sur les raisons qui s'opposent au suffrage des femmes. En quatorze points, il fait la synthèse d'un siècle d'arguments réactionnaires. Mais la brutalité de son texte dissimule mal que c'est indirectement le suffrage universel dans son ensemble qui est frappé de suspicion rétrospective. Lorsque Bérard note par exemple que « le suffrage des femmes serait un formidable saut dans l'inconnu qui pourrait entraîner l'élection d'un nouveau Bonaparte, comme le suffrage universel l'avait fait en 1848, et mener ensuite à un

---

1. Cf. S. C. Hause, « The limits of suffragist behavior : legalism and militancy in France, 1876-1922 », *The American Historical Review*, vol. LXXXVI, n° 4, octobre 1981.

nouveau Sedan » [1], il ne fait que reprendre les réserves libérales du siècle précédent. Les réticences primitives resurgissent en force, exprimées avec d'autant plus de franchise qu'elles se drapent dignement cette fois-ci dans la défense des principes républicains. Les socialistes eux-mêmes restent étonnamment flous sur le sujet, mêlant l'enthousiasme de principe aux réserves qualifiées de circonstancielles. Aux États-Unis et en Grande-Bretagne, c'est le phénomène inverse qui se produit. Le vote des femmes, nous l'avons déjà souligné, apparaît là comme un moyen de limiter les défauts du suffrage universel ou de conjurer certains de ses dangers.

Le 21 avril 1944, une ordonnance du gouvernement provisoire d'Alger accorde sans aucune restriction le droit de vote et d'éligibilité à toutes les femmes, en vue des élections prévues dans les communes libérées. La société politique française s'est-elle intellectuellement convertie, acceptant soudainement ce qui avait auparavant fait l'objet de si profondes réticences? On ne peut le croire. En 1944, comme en 1848, puis en 1875, c'est le sentiment de l'irréversible qui tranche et met fin aux débats. Le suffrage universel triomphe une seconde fois comme un fait social, sans avoir vraiment été pleinement rationalisé philosophiquement. La loi enregistre la transformation sociale et culturelle du rôle de la femme dans la société beaucoup plus qu'elle n'accompagne une révolution de la culture politique.

L'individu absolu

Le mouvement le plus visible et le plus massif d'universalisation du droit de suffrage s'est opéré avec l'inclusion politique des femmes. Mais cette émancipation ne peut pas être séparée du processus historique beaucoup plus large qui tend à ériger chaque être humain en sujet politique souverain. Loin de marquer un point final, l'extension du suffrage aux femmes ne constitue qu'un épisode, certes décisif, de l'autonomisation générale du social, c'est-à-dire de la constitution de tous les individus en sujets politiques et juridiques autonomes. Au XIXe siècle, cette histoire a aussi été celle de l'arrachement des domestiques et des indigents à la dépen-

---

1. A. BÉRARD, *Rapport fait au nom de la commission chargée d'examiner la proposition de loi adoptée par la Chambre des députés*, Paris, Sénat, 1919.

dance de la famille et à l'économie de la dette, dans lesquelles ils étaient respectivement englués. Pour être plus marginale et moins spectaculaire, elle n'en est pas moins symptomatique des résistances qui se sont manifestées pour universaliser la figure de l'individu autonome.

Les domestiques d'abord. Leur intégration dans la sphère politique est très tardive. Pendant la monarchie censitaire, les préventions révolutionnaires à leur égard n'ont pas cessé. Un arrêt de la Cour de cassation en date du 14 août 1837 confirme ainsi formellement que les domestiques ne peuvent toujours pas être électeurs (malgré le cens, la question avait été concrètement posée pour les élections municipales). Comme tous les Français âgés de vingt à soixante ans, les domestiques font alors partie de la garde nationale, mais ils ne sont cependant pas portés sur les contrôles du service ordinaire. Si un publiciste peut écrire en 1837 « Aujourd'hui, la domesticité n'est plus une condition, mais une profession »[1], force est de reconnaître qu'il ne s'agissait pas encore d'une profession comme les autres. Au moment où le capitalisme prend son essor, la figure du domestique continue à troubler les visions trop simples du politique et du social. Les traditionalistes exaltent le temps mythique d'une domesticité heureuse, assimilée à la famille de ses maîtres, et dénoncent justement le domestique qui ne serait qu'un travailleur comme les autres, un « serf de passage » au même titre que les nouveaux prolétaires que produit l'industrie[2]. D'un autre côté, chez les saint-simoniens, on rêve, à l'aube de ces années 1830, d'une simplification de l'ordre économique qui mette fin à la dépendance directe, liant tous les travailleurs dans une même interaction *impersonnelle* de la division du travail. Dans ses *Lettres à un vieil ami sur les domestiques*, Gustave d'Eichtal, le disciple de Saint-Simon, appelle significativement de ses vœux la transformation des nombreuses industries qui, selon son extraordinaire formule, « flottent encore, pour ainsi dire, suspendues entre la *ville* et la *maison* »[3]. Or le domestique incarne précisément cet

---

1. M. MITTRE, *Des domestiques en France, dans leurs rapports avec l'économie sociale, le bonheur domestique, les lois civiles, criminelles et de police*, Paris, 1837.

2. Voir sur ce point Fr. PÉRENNÈS, *De la domesticité avant et depuis 1789*, Paris, septembre 1844. Voir également les remarques de l'abbé GRÉGOIRE, *De la domesticité chez les peuples anciens et modernes*, Paris, 1814.

3. G. D'EICHTAL, *Deuxième Lettre à un vieil ami sur les domestiques*, Paris, s.d., p. 4 (se trouve dans *Publications saint-simoniennes (1830-1836). Extraits de l'Organisateur,*

entre-deux. C'est pourquoi il est urgent d'effacer sa figure et de
le transformer en travailleur ordinaire («Il faut placer le domestique dans les mêmes conditions que les autres travailleurs», écrit-
il). Il n'y a pas de place pour lui dans le monde moderne : entre
la famille et la société civile, il ne doit rien y avoir. Le domestique
représentait une figure équivoque, «un être à part dans la société»,
une trace du vieux dans le neuf, qu'il s'agit de supprimer.

Après 1848, s'ils deviennent des citoyens de plein droit [1], les
domestiques n'en restent pas moins inéligibles aux conseils municipaux, en même temps qu'exclus de la composition du Jury. La
loi du 21 novembre 1872 prolonge cette dernière exclusion, tandis que la loi municipale de 1884 maintient leur inéligibilité. Toute
une série d'arrêts du Conseil d'État en confirment le sens au début
du xxᵉ siècle, reprécisant la frontière entre la domesticité et le
salariat, comme le législateur de 1790 avait jadis déjà été amené
à le faire. Il faut attendre aussi tard que 1930 pour que cette restriction soit levée et que les domestiques deviennent complètement
des citoyens comme les autres [2]. La question de la domesticité
dans ses rapports aux droits politiques n'a été d'une certaine façon
résolue qu'en *s'usant* et en s'estompant progressivement, du double fait du déclin quantitatif global de la population concernée et
de la féminisation du milieu [3]. Si l'idée de l'individu s'impose à
l'aube du monde moderne, son avènement pratique reste rythmé
par l'avancée du capitalisme et la généralisation du salariat qui

---

1829-1831, s.l.n.d. Il faut aussi lier cette réflexion des années 1830 sur la domesticité
aux débats sur les rapports de l'esclavage et du travail salarié libre qui occupent alors
les économistes (voir par exemple les travaux de Charles Dunoyer ou de Villeneuve-
Bargemont).

1. La question reste cependant encore indirectement ouverte. En 1874, au moment
de la discussion de la loi électorale municipale, le rapporteur Chabrol propose ainsi
de ne pas inscrire d'office les serviteurs et les fils de famille sur les listes électorales,
leur enjoignant de faire une démarche particulière, montrant par cette petite mesqui-
nerie procédurale qu'il considérait encore les domestiques à la lisière de la citoyenneté
(voir sa présentation du 30 juin 1874 et la discussion d'un amendement sur les domestiques le 4 juillet 1874, *Annales de l'Assemblée nationale*, t. XXXII, pp. 506 et 584-587.

2. Loi du 8 janvier 1930.

3. Cf. T. M. Mc Bride, *The Domestic Revolution. The Modernisation of Household
Service in England and France (1820-1920)*, Londres, 1976, ainsi que P. Guiral et
G. Thuillier, *La Vie quotidienne des domestiques en France au xixᵉ siècle*, Paris, Hachette,
1978. En 1800, les domestiques hommes représentaient 50 % du total des domestiques,
en 1851, 32 % et en 1901, 17 % seulement. Dans le même temps, le nombre de domestiques relatif à la population était divisé par 3 (voir la thèse de M. Cuisenier, *Les Domestiques en France*, Paris, 1912, qui est très bien documentée).

l'accompagne, en même temps qu'indexé sur la lente désagréga-
tion de la famille traditionnelle. Pour que la femme vote, il a aussi
fallu que l'épouse cesse de se confondre avec la servante.

La reconnaissance des droits politiques des indigents est également
très tardive. Au temps de la Révolution, la dépendance vis-à-vis des
subsides publics apparaissait naturellement incompatible avec l'exercice du droit de vote. Pendant la période censitaire, le problème n'avait
même plus lieu d'être abordé. Mais il était revenu à la surface après
1848. En 1851, certains conservateurs reposent ainsi la question de
savoir si le droit de suffrage est compatible avec le fait de recevoir
une aide d'un bureau de bienfaisance. Plus tard, dans le projet de
loi électorale qu'il présente en 1873, Dufaure envisage de priver de
droits politiques les individus admis dans les hospices. Si l'indigence
et la dépendance vis-à-vis des secours publics ne sont finalement pas
retenus comme motifs de restriction du droit de suffrage, il reste
longtemps une trace de cette prévention dans la législation. La loi
municipale du 5 avril 1884 prévoit en effet que les individus « qui
sont secourus par les bureaux de bienfaisance » ne peuvent être élus
conseillers municipaux (article 32) [1]. Le législateur avait estimé que
les personnes dans cette situation ne présentaient pas les conditions
d'indépendance nécessaires à l'exercice de fonctions électives. Législa-
lation d'arrière-garde, simple vestige d'une vieille hantise d'écarter
de la citoyenneté les individus dépendants ? Il faut pourtant attendre un siècle pour qu'un texte de loi abroge, en 1975, cet article [2].
Ironie de l'histoire, cette abrogation est purement circonstancielle
et philosophiquement paradoxale. Elle est en effet insérée dans les
« Dispositions tendant à favoriser la vie sociale des personnes handi-
capées » d'une grande loi générale d'orientation en faveur des han-
dicapés. Le législateur n'a en fait pas vraiment songé à réintégrer
l'exclu, l'homme dépendant, dans la communauté des éligibles. Il
a surtout voulu satisfaire un groupe de pression efficace et favoriser
son insertion sociale. C'est la suppression d'une discrimination envers
une minorité qui l'a motivé, beaucoup plus que la volonté de considérer l'homme économiquement dépendant comme un individu libre,
sujet politique à part entière.

---

1. Le nombre de personnes concernées était loin d'être négligeable. En 1883, on recensait ainsi 1 405 500 indigents assistés par les bureaux de bienfaisance (statistique donnée
par J. BARDOUX, *Vagabonds et mendiants devant la loi*, p. 41).
2. Loi du 30 juin 1975.

Les réticences tardives à considérer comme des citoyens ordinaires les domestiques et les indigents soulignent le caractère simultanément invincible et problématique de l'universalisation du citoyen, comme si les perplexités philosophiques finissaient par s'incarner dans quelques catégories résiduelles. Si une partie de cette histoire est désormais close, elle reste cependant encore pour une part *devant* nous. Deux figures symbolisent aujourd'hui l'inaccomplissement du grand mouvement de diffusion des droits politiques : celles de l'enfant et du fou. Tout au long de l'histoire du suffrage universel, elles ont exprimé ce qui apparaissait comme la limite radicale de l'extension des droits politiques. Dans ces deux figures s'incarnent en effet à l'état presque pur la dépendance et l'incapacité à juger, c'est-à-dire à se comporter comme un acteur rationnel. Dans l'enfant et le fou, les catégories sociales se superposent aussi exactement qu'il est possible à la négation des concepts structurants de la citoyenneté moderne.

Considérons l'aliéné mental. En lui s'abîment en même temps la négation de la rationalité et la forme la plus absolue de dépendance : l'étrangeté à soi-même. Le fou est en dehors du lien politique, parce qu'il est lui-même une vivante dissociation. Peut-on imaginer qu'il possède le droit de suffrage comme n'importe quel individu, c'est-à-dire comme tous les sujets autonomes et rationnels ? La question se pose dans des termes différents selon qu'on appréhende l'aliénation mentale en tant que catégorie clinique ou qu'on fait abstraction de cette donnée pour ne regarder que le statut juridique (interdiction ou curatelle) des personnes concernées. La loi française ne connaît que la situation juridique, ramenant par là le cas de l'aliéné mental, quand il est interdit, à celui du mineur. En matière de droit de vote, l'aliénation mentale n'est donc pas prise en considération. Les données cliniques sont en quelque sorte absorbées et effacées par le critère juridique de la capacité civile : l'inégalité politique est déplacée et refoulée dans la sphère des droits civils. Il n'en va pas de même aux États-Unis. L'aliénation y entretient des rapports beaucoup plus complexes aux droits politiques, variables selon les États. Si dix-huit États lient, comme en France, l'incapacité électorale à l'incapacité civile, il y a trois États qui privent spécifiquement de droit de vote les personnes internées dans une institution psychiatrique et vingt et un États qui écartent des droits politiques les personnes atteintes de troubles mentaux[1]. Le travail de l'universalisation est pour cette raison plus visible et plus sensible qu'en France. Lorsque c'est le fou, et pas seulement l'interdit, qui est exclu de la sphère politique, le problème de son intégration met en jeu la définition même du droit de suffrage. Dans l'aliéné mental, ce n'est en effet qu'à l'individu radicalement abstrait que l'on peut accorder un droit politique, l'homme concerné ne pouvant plus être appréhendé à partir de quelque *qualification* que ce soit (autonomie ou rationalité). Le mouvement pour l'émancipation politique des aliénés mentaux qui commence à émerger aux États-Unis revêt pour cela une importance philosophique considérable, qui ne peut pas avoir d'équivalent en France[2].

Pour prendre une juste mesure de la révolution qui s'amorce aux États-Unis sur ce terrain, il faut rappeler l'importance historique qu'a eue dans ce pays l'idée de « qualité de population » dans la construction démocratique. Après 1870, lorsque les discriminations raciales en matière de suffrage furent légalement abolies, de nombreux États du Sud multiplièrent les ruses pour continuer à écarter les Noirs (mise en place de *literacy tests, grandfather clauses*, etc.). Mais au-delà de ces manœuvres, et de la crainte de voir l'Amérique anglo-saxonne submergée par des flots d'immigrants, qui a suscité de puissants mouvements comme celui des Know nothing, il y a eu pour des motifs très profonds la conscience que la société reposait en fin de compte sur la qualité des individus, puisqu'il n'y avait rien d'autre, ni traditions ni institutions héritées, sur quoi la démocratie puisse se fonder. C'est pourquoi, bien au-delà de la peur du nombre qui a épisodiquement secoué l'Amérique blanche, les États-Unis ont été une terre de mission pour

---

1. Celles-ci étant appréhendées à partir d'un ensemble extraordinairement hétéroclite et vague de termes : « lunatiques », « fous », « idiots », *non compos mentis*, « imbéciles », « retardés mentaux », « aliénés », « malades mentaux », etc. (les chiffres que nous donnons sont de 1978). On notera que la Constitution canadienne et les Constitutions de la plupart des pays latino-américains contiennent des restrictions cliniques au droit de vote qui sont du même type (sur l'histoire de ces mesures, voir la riche documentation de législation comparée rassemblée dans A. AMIABLE, *De la capacité électorale en France et des restrictions nouvelles à y apporter*, Paris, 1911).

2. Ce mouvement est également en marche au Canada. La Cour fédérale du Canada a en effet jugé inconstitutionnelle une disposition de la loi électorale déniant le droit de vote aux malades mentaux sous curatelle ou aux internés, qu'on qualifie au Canada de « bénéficiaires » (arrêt du 17 octobre 1987). On estime que 50 000 malades mentaux ont pu voter aux élections législatives de 1988 à la suite de cet arrêt.

les eugénistes[1]. L'idée de *safe democracy* y a été très importante. C'est aux États-Unis, plus que dans aucun autre pays, que s'est développée une conception presque hygiéniste de la démocratie. Le goût pour la mesure des quotients intellectuels ou les tests de toute nature participe de la même préoccupation de cerner la qualité de la population que celle qui sous-tend l'interdiction du droit de suffrage aux aliénés mentaux. Cet univers politique est actuellement en train de basculer.

En 1965, le Voting Rights Act a défini les conditions dans lesquelles devait être comprise l'égalité politique, interdisant tous les systèmes comme ceux des *literacy tests* mis en place par les États voulant écarter les Noirs[2]. Le problème du caractère discriminatoire de l'interdiction du droit de vote aux malades mentaux allait du même coup être inévitablement posé, même si dans les faits les restrictions prévues par les textes avaient été fort mal appliquées[3]. Un procès intenté en 1976 en Pennsylvanie par un candidat estimant avoir été battu à cause de l'inscription électorale des résidents d'un hôpital psychiatrique donnait le coup d'envoi au débat[4]. Il reste encore largement ouvert. Mais son issue semble déjà dessinée. Si la liberté des États de définir des qualifications électorales n'est pas remise en cause, un nombre croissant de juristes tendent à admettre que seules les clauses concernant l'âge, la nationalité et la résidence peuvent être considérées comme absolument objectives et non discriminatoires[5]. Le raisonnement est simple. La mise à l'écart des aliénés repose sur le principe selon lequel il

1. Cf. D. J. KEVLES, *In the Name of Eugenics*, Londres, Pelican, 1986. André Siegfried aimait dire, dans les années 1930, qu'il fallait toujours avoir une Bible et un manuel d'eugénique à portée de la main pour comprendre les États-Unis (cf. son livre *Les États-Unis aujourd'hui*, Paris, 1927, qui consacre un chapitre entier à cette question).
2. Les règles du droit de suffrage restent du ressort de chaque État en droit. La loi fédérale ne peut intervenir que si ces règles contreviennent aux principes de base sur la non-discrimination des 14e, 15e et 19e amendements. Voir L. S. FOSTER, *The Voting Rights Act : Consequences and Implications*, New York, Praeger, 1985.
3. La plupart des lois électorales ne prévoyaient aucune procédure précise pour écarter juridiquement les aliénés de l'inscription électorale.
4. Sur ce cas, voir United States Commission on Civil Rights, Pennsylvania Advisory Committee, *The Last Suffrage Frontier : Enfranchising Mental Hospital Residents : a Report*, Washington DC, US Commission on Civil Rights, juin 1978.
5. Voir sur ce point l'excellent article technique « Mental disability and the right to vote », *The Yale Law Journal*, vol. LXXXVIII, n° 8, juillet 1979. Voir aussi B. ENNIS et L. SIEGAL, *The Rights of Mental Patients. The Basic ACLU Guide to a Mental Patient Rights*, New York, An American Civil Liberties Handbook, 1973.

est vital pour la vie démocratique d'avoir des électeurs rationnels. Un État pourrait être libre de l'adopter. Mais aurait-il les moyens de l'appliquer de façon indiscutable? C'est ce que des juristes contestent. L'exclusion des aliénés, expliquent-ils, est soit trop large soit trop étroite. Soit trop large, parce que l'aliénation n'implique pas forcément une égale altération de toutes les facultés; le critère clinique est donc insuffisant. Si l'objectif considéré comme vital est d'éliminer les individus irrationnels, alors l'interdiction devrait d'autre part être étendue beaucoup plus largement, posant du même coup l'insoluble problème de mise en place de tests de compétence qu'il faudrait faire passer à toute la population, pour être équitable. Entre l'égalité politique absolue et la théorie capacitaire rigoureusement entendue, il n'y a pas de solution juridique intermédiaire, en d'autres termes. C'est pourquoi la levée des interdictions électorales touchant les malades mentaux et/ou les personnes internées apparaît à terme inéluctable. À partir de ce moment, l'électeur pourra enfin devenir un homme sans qualités, appréhendé dans sa pure individualité, indépendamment de toute référence aux critères d'autonomie ou de capacité.

Est-ce vraiment la «dernière frontière» de l'élargissement des droits politiques? Rien n'est moins sûr. Tout porte en effet à penser que le critère de l'âge sera lui-même un jour perçu comme discriminatoire. Le mouvement a commencé à s'affirmer par le haut, avec la dénonciation de toutes les normes restrictives en matière d'âge limite (concernant le départ à la retraite, par exemple). Il tendra bientôt à se poser par le bas. Dans certains pays, comme le Brésil, le droit de vote a déjà été abaissé à seize ans. Où s'arrêtera-t-on? La limite de la capacité n'est pas prête de cesser de reculer. Avant même que le droit n'enregistre cette évolution pour la consacrer, on voit actuellement se multiplier les espaces de politique-fiction livrés aux enfants. En 1991, on recensait ainsi en France 540 conseils municipaux d'enfants et 500 autres seraient en préparation[1]. De son côté, le ministère de l'Éducation nationale a suivi les suggestions de la convention des Nations-unies sur les droits de l'enfant, pour accorder des quasi-droits politiques aux lycéens[2]. En même

---

1. Ils sont même regroupés dans un organisme central : l'Association nationale des conseils d'enfants et de jeunes.
2. Le décret du 18 février 1991 leur reconnaît les droits civiques fondamentaux : droit de réunion, d'association, d'expression et de publication. Sur l'ensemble de cette ques-

temps, la capacité juridique civile du mineur, ou du moins sa capacité d'interlocuteur valable, tend dans certains domaines à recevoir un début de reconnaissance. La loi du 22 juillet 1987 impose par exemple au juge des affaires matrimoniales de tenir compte des « sentiments exprimés par les enfants » en matière de divorce [1] (en retenant cependant un seuil d'âge fixé à treize ans). Derrière l'argument, souvent mis en avant, de l'utilité qu'il y a d'élargir à l'univers du politique l'entreprise éducative et pédagogique, c'est en fait une nouvelle et ultime extension de la sphère politique qui se profile, le citoyen se confondant avec l'individu. Le dernier épisode de la conquête du suffrage universel se déroulera sur ce terrain. Si l'*histoire sociale* du suffrage universel est terminée depuis longtemps, son *histoire anthropologique* reste en effet encore ouverte, encastrée dans celle de l'arrachement de l'individu aux dernières déterminations de la nature et de la *domus*. Point ultime d'aboutissement : les deux sens du mot « citoyenneté » concorderont, droit de vote et nationalité étant exactement superposés, les simples membres de la cité, citoyens sans être électeurs, disparaissant. Point n'est besoin pour en arriver là de puissante contestation ou de revendication clairement formulée. L'impérieux travail de l'égalité et la hantise des discriminations en tracent, d'en haut, la voie. La cité ne connaît plus aucune séparation intérieure, seule une frontière la constitue dans sa singularité en la distinguant du monde des étrangers [2].

---

tion, se reporter au dossier juridique et politique « Les droits de l'enfant » publié dans *Problèmes politiques et sociaux*, n° 669, 13 décembre 1991.

1. Il faut rappeler ici que l'article 12 de la nouvelle convention des droits stipule qu'il est nécessaire d'accorder à l'enfant « la possibilité d'être entendu dans toute procédure judiciaire ou administrative l'intéressant, soit directement, soit par l'intermédiaire d'un représentant ». Le Children Act anglais, voté en 1989 et entré en vigueur le 14 octobre 1991, organise et rationalise ces différents droits de l'enfant, lui donnant un statut légal d'individu muni de droits.

2. On a volontairement laissé de côté dans ce récit de l'extension du droit de suffrage la question du droit de vote dans son lien avec l'exercice de certaines fonctions. La question clef dans cette perspective a été celle du suffrage des militaires. La législation les concernant a beaucoup évolué au XIXe siècle (cf. la synthèse de J.-P. CHARNAY, *Société militaire et suffrage politique en France depuis 1789*, Paris, Sevpen, 1964). On sait qu'ils furent écartés des urnes entre 1875 et 1945. Mais il ne s'agissait aucunement d'une exclusion civique. Au-delà même du souci d'éviter pressions et manipulations, le législateur avait surtout pour objectif de séparer radicalement le pouvoir législatif, d'essence électorale, et le pouvoir exécutif, dont les militaires symbolisaient le caractère dépendant. Cette volonté de séparation a ensuite été reportée sur les conditions d'éligibilité : voir les différentes catégories d'*incompatibilités* qui frappent aujourd'hui certains fonctionnaires (articles L 46 *sq.* du Code électoral).

Un ultime clivage subsiste certes encore dans la nation : celui qui distingue les «bons citoyens» des individus qu'une condamnation pénale prive des droits civils et politiques. Mais c'est un clivage qui est en deçà du principe d'égalité. Ceux qui violent gravement la loi se placent eux-mêmes en dehors du contrat social, ils s'excluent de la communauté morale. Dès la période révolutionnaire, le droit de vote a ainsi été lié à la condition de ne pas avoir subi certaines condamnations. Le délit de faillite et de banqueroute a alors symbolisé le type de la faute considérée comme la plus excluante : la rupture de contrat[1]. La liste des sanctions entraînant l'incapacité civique de façon définitive ou temporaire est restée assez floue dans la première moitié du xixe siècle, le contexte de suffrage censitaire relativisant quantitativement la question. Ce sont les lois du 15 mars 1849 puis surtout du 2 février 1852 qui ont strictement codifié les choses pour la première fois, adoptant une conception assez large des exclusions. Depuis cette date, cette législation n'a évolué que lentement jusqu'à nos jours, épousant les modifications des mœurs et du Code pénal ou suivant les variations de la perception du lien social (après la Libération, quarante mille Français accusés de collaboration furent ainsi frappés d'indignité nationale, peine spécialement instituée à cet effet). D'après la loi, des centaines de milliers de personnes devraient ainsi être éloignées des urnes électorales. Le chiffre des radiations est en fait beaucoup plus restreint pour des raisons techniques[2]. Mais l'exclusion politique pour des motifs pénaux n'en subsiste pas moins comme un phénomène quantitativement non négligeable. Fait surprenant, certaines condamnations entraînent une radiation définitive des listes électorales, alors même que la philosophie pénale de nos sociétés reste attachée à l'idée de rachat social et de réinsertion du condamné[3]. Le droit électoral constitue ainsi le

---

1. Voir le célèbre discours de Mirabeau à la Constituante, le 27 octobre 1789. On notera à titre anecdotique que le socialiste Pierre Leroux proposera en 1849 de priver de droit de vote l'homme condamné pour adultère, comme s'il était une sorte de banqueroutier sentimental (cf. A. LE BRAS-CHOPARD, *De l'égalité dans la différence, le socialisme de Pierre Leroux*, Paris, Presses de la F.N.S.P., 1986, p. 18).

2. Voir les indications données dans l'un des très rares articles consacrés à cette question, Ph. ARDANT, «Les exclus», *Pouvoirs*, n° 7, 1978. Pour bien saisir la procédure administrative des radiations, se reporter à l'*Aide-mémoire à l'usage des délégués de l'Administration au sein des commissions administratives chargées de la révision des listes électorales*.

3. Certains juristes américains proposent sur cette base d'assimiler le cas des criminels à celui des malades mentaux, pour réintégrer sans conditions tous les individus

dernier refuge d'une conception morale du contrat social, restée silencieusement fidèle à la peine d'ostracisme, comme le droit pénal l'a longtemps été à celle de relégation [1]. Les criminels peuvent encore dire, comme jadis les citoyens passifs : « Vous nous avez rayés du contrat social. » Ils témoignent à leur façon d'exemple limite que la frontière entre le dedans et le dehors reste malgré tout compliquée par la superposition possible de la figure de l'ennemi social avec celle de l'étranger.

Les frontières de la cité

Le travail de l'universalisation est ambivalent. S'il tend à faire de chaque être humain un électeur, la sphère de la citoyenneté se dilatant au rythme de l'individualisation du social, il s'accompagne parallèlement de l'érection d'une impérieuse frontière : celle de l'identité nationale. Impossible ainsi de séparer en 1848 l'éveil des nationalités et la sourde revendication de souveraineté populaire. Les deux mouvements n'existent qu'entrelacés. Le travail de l'égalité politique ne devient invincible que lorsqu'il s'adosse à une limite qui peut seule désigner un terme consistant. Les credo universalistes sont certes bien portés au XIXᵉ siècle, et les grand-messes des congrès de la paix montrent la vivacité de l'utopie d'un monde réconcilié avec lui-même. Mais ces aspirations restent à l'écart de la revendication d'égalité politique et de diffusion de la citoyenneté : elles expriment banalement le désir d'un paisible concert des nations, mais ne remettent nullement en cause l'identité de ces dernières, pas plus qu'elles ne se prolongent dans l'idée d'un gouvernement démocratique à l'échelle du monde, grâce auquel une humanité citoyenne prendrait directement en charge sa destinée. Il n'y a pas de citoyen représentable, en d'autres termes, si l'étranger n'est pas désigné et circonscrit avec précision. L'ouver-

---

dans l'espace civique. Cf. The Commonwealth of Massachusetts, Legislative Council, *Report Relative to Voting by Prisoners and the Mentally Ill*, 30 décembre 1974. Voir aussi la note « The disenfranchisement of ex-felons : citizenship, criminality and "the purity of the ballot box" », *Harvard Law Review*, avril 1989.

1. La peine de relégation, instituée par la loi du 27 mai 1885, consistait à expulser à vie du territoire métropolitain les délinquants récidivistes. Sur le sens et la portée de cette loi, voir le chapitre que lui consacre Robert Badinter dans *La Prison républicaine*, Paris, Fayard, 1992.

ture du procès d'égalisation se double de la stricte fermeture du critère d'appartenance. Il n'y a là rien de propre à l'histoire française ou occidentale du xixᵉ siècle. C'est une donnée indissociablement logique et anthropologique, qui joue un rôle fondateur dans les représentations politiques de Rome, de la Grèce ancienne ou de Sumer. Aussi ne peut-on séparer une histoire de la citoyenneté d'une appréhension du concept de nationalité.

L'histoire proprement juridique de la notion de nationalité est cependant assez décevante. Dès lors qu'a bien été marquée la distinction entre un concept moderne de nationalité — qui définit un type de lien politique entre un individu et un État — et une vision ancienne de la nationalité comme rapport d'allégeance personnel[1], rien d'obscur n'est à comprendre. Les critères du sol et du sang se combinent pour définir les critères de naturalisation, selon des règles que déterminent aussi bien les données démographiques objectives (qui peuvent par exemple inviter à faciliter l'assimilation des étrangers) que la perception fluctuante de la solidité des fondements de l'identité nationale. L'histoire de la législation dans ce domaine n'apporte pas grand-chose à la compréhension profonde de l'idée de citoyenneté. Elle n'est certes exempte ni de débats ni d'interrogations sur le sens de l'idée de nation, comme fait ethnique ou comme réalité culturelle, mais elle n'est traversée par aucun enjeu philosophique de grande ampleur dans la France du xixᵉ siècle. Les conditions dans lesquelles fut votée la grande loi du 26 juin 1889 le montrent bien[2]. Au temps de la conquête du suffrage universel, la grande question qui a agité les esprits, quant à la nature du rapport entre l'égalité politique et la clôture identitaire, n'a pas été celle des conditions d'acquisition de la nationalité, mais celle du statut civique des « indigènes » dans les colonies. Si les modalités d'acquisition de la nationalité peuvent être variables, elles n'entraînent en effet aucune équivoque quant à l'exercice du droit de vote. Tout est clair juridiquement et philosophiquement : les Français votent, et pas les étrangers, la distinction des uns et des autres s'opérant selon des critères évidents et incontestables

---

1. Voir les ouvrages de base de M. VANEL, *Histoire de la nationalité française d'origine*, Paris, 1945, et de J. BOIZET, *Les Lettres de naturalité sous l'Ancien Régime*, Paris, 1943.
2. Cette loi consacre une conception très ouverte de l'acquisition de la nationalité française par les étrangers.

— le dedans et le dehors de la cité sont nettement séparés. Mais cette claire ordonnance des concepts et des réalités est complètement bouleversée par les situations créées par le fait colonial. Celui-ci a en effet induit des rapports inédits entre la nationalité, la civilité et la citoyenneté. Les indigènes des territoires sous domination française sont juridiquement considérés comme des sujets français, tout en ne bénéficiant d'aucun des droits politiques des citoyens métropolitains et en étant régis dans leur vie privée par des règles propres, souvent fort éloignées de celles du Code civil[1]. Comment caractériser leur situation hybride, qui les assignait politiquement à une sorte de minorat sans fin ? Tout en manifestant beaucoup d'ingéniosité et d'habileté, les juristes ne pourront guère qu'avouer leur foncière perplexité pour résoudre la question.

Ces interrogations inédites sur la citoyenneté n'ont pris leur véritable ampleur qu'à partir de la seconde moitié du XIXᵉ siècle, sous le double effet de l'avènement du suffrage universel et de la forte extension des territoires coloniaux. Pendant la Révolution, la question, en effet, n'avait jamais occupé le devant de la scène. La perspective de l'assimilation pure et simple s'était imposée assez naturellement pour définir le statut des Antilles, de la Guyane et de la Réunion. Plusieurs facteurs avaient milité en ce sens. L'ancienneté du lien à la métropole des territoires concernés, d'abord. Dès le XVIIIᵉ siècle, ces colonies envoyaient à Paris ou à Versailles des délégués pour défendre leurs intérêts auprès des pouvoirs publics et de la Compagnie des Indes. Turgot et Necker avaient ainsi spontanément pensé à la mise en place d'assemblées coloniales en même temps que le mouvement pour la réforme des assemblées provinciales agitait la France. Comparées à la France, qui était alors le pays le plus peuplé d'Europe, ces colonies n'abritaient en outre qu'une faible population. La France était alors un grand pays d'émigration, et elle ne sentait aucune menace démographique extérieure peser sur elle. Sur le plan symbolique, le grand élan de l'an II avait par ailleurs entraîné l'abolition de l'esclavage, permettant ainsi pratiquement à la population de couleur d'accéder à la citoyenneté[2].

1. Pour une première approche, voir la somme de A. GIRAULT, *Principes de colonisation et de législation coloniale*, Paris, 1927, 5 vol., et l'ouvrage de H. SOLUS, *Traité de la condition des indigènes en droit privé*, Paris, 1927.
2. Le décret du 16 pluviôse an II stipulait : «L'esclavage des nègres dans toutes les colonies est aboli ; en conséquence tous les hommes, sans distinction de couleur, domiciliés dans les colonies sont citoyens français et jouiront de tous les droits assurés par

Les conventionnels s'étaient enfin surtout montrés décidés à ne point céder aux velléités séparatistes des planteurs : l'assimilation mettait un point d'arrêt incontournable à ces tentations[1]. La Constitution de l'an III traduisait bien l'état d'esprit assimilationniste en affirmant : « Les colonies françaises sont parties intégrantes de la République » (article 6). Peu de temps après, ces colonies étaient logiquement divisées en départements, leurs identités respectives étaient brisées, comme l'avaient été auparavant celles des provinces. Certaines colonies étaient regroupées pour constituer un seul département, alors que Saint-Domingue, au contraire, en formait sept. L'universalisme racial et territorial triomphait. Triomphe théorique qui n'allait certes pas sans réticences et sans réserves pratiques. Les « nouveaux citoyens » qu'étaient les esclaves émancipés restaient tenus en marge de la vie politique. Leur titre n'avait en outre été décerné qu'à des conditions parfois restrictives : servir dans l'armée ou continuer à travailler dans les cultures, par exemple. Victor Hugues, l'implacable gouverneur de la Guadeloupe, illustre alors bien l'écart qui existe entre la générosité affichée de l'universalisme civique — c'est un robespierriste convaincu — et la réticence pratique à voir une masse jugée incapable accéder au droit de vote. « Il faudrait les supposer bien éclairés pour pouvoir jouir des droits qu'a donnés la Constitution aux citoyens français. Et malheureusement, ils ont à peine franchi les bornes de l'instinct », lâche-t-il ainsi avec scepticisme en 1797[2]. Le rétablissement de l'esclavage sous le Consulat conduit à un grand retour en arrière. Mais les Noirs et les mulâtres de condition libre n'en continuent pas moins de contribuer à la nomination des représentants du peuple, comme n'importe quel autre citoyen de métro-

la Constitution. » Avant ce décret, rien n'empêchait les Noirs libres — mais ils étaient peu nombreux — de voter : le décret du 23 août 1792 avait explicitement prévu que « tous les citoyens libres, de quelque couleur et de quelque état qu'ils soient, à l'exception de ceux qui sont dans l'état de domesticité », pouvaient voter pour former la Convention nationale. On notera cependant que l'Assemblée constituante, très partagée, avait hésité à se prononcer clairement sur ce point au printemps 1791, après de vifs débats (7-14 mai 1791).

1. Boissy d'Anglas est le premier à lancer, en l'an III, cette expression qui devait ensuite résumer la politique française vis-à-vis des colonies : « l'assimilation ».

2. Cité par A. PÉROTIN-DUMON, « Le mal antillais et la Révolution française », *Les Temps modernes*, décembre 1984. Voir aussi, du même auteur, *Être patriote sous les tropiques : la Guadeloupe, la colonisation et la Révolution : 1789-1794*, Basse-Terre, Société d'histoire de la Guadeloupe, 1985. Alejo Carpentier a bien décrit cette ambiguïté de Victor Hugues dans son roman *Le Siècle des Lumières*.

pole. La monarchie de Juillet reste fortement pénétrée de la théorie assimilationniste. Si la Charte coloniale du 24 avril 1833 met en place quelques institutions propres aux colonies (les conseils généraux étant par exemple remplacés par des conseils coloniaux), une autre loi publiée le même jour reconnaît aux indigènes des droits politiques identiques à ceux des Français de métropole. Une disposition prévoyant que les affranchis ne jouiraient des droits politiques qu'au bout de dix ans est même rejetée sans grande discussion. La suprématie politique des Blancs n'est, il est vrai, guère menacée. Ni globalement, évidemment, ni localement : les hommes de couleur libres restent peu nombreux, et ils sont encore moins à pouvoir être électeurs du fait de l'application du régime censitaire.

Tout change après 1848. L'avènement du suffrage universel et l'abolition définitive de l'esclavage modifient brutalement le rapport électoral de la population d'origine métropolitaine aux indigènes. La crainte de voir l'élément indigène en position d'arbitrage politique inquiète subitement les gros planteurs. Le choc est cependant limité dans les anciennes colonies des Antilles ou à la Réunion. Peu de Noirs s'inscrivent en effet sur les listes électorales, et ils sont encore moins nombreux à voter. Les Blancs sont donc loin d'être éliminés, même si un fort courant abstentionniste se développe chez eux de 1850 à 1870, en signe de protestation. Aux élections municipales de 1875 à Fort-de-France, il y a ainsi 11 Blancs élus, face à 16 sang-mêlé et Noirs[1]. Mais la participation électorale des Noirs est notablement plus faible pour les élections législatives. Après la Première Guerre mondiale, on rencontre encore régulièrement des taux d'abstention supérieurs à 60 % en Guadeloupe et en Martinique[2]. Le spectre du nombre a été considérablement amorti par cette indifférence rémanente. Le problème a ainsi pu s'user lentement, dans la durée, l'assimilation définitive de ces territoires à la métropole s'opérant sans heurts avec leur nouvelle départementalisation en 1946[3]. L'héritage révolution-

1. Cité par V. SCHŒLCHER, « Suffrage universel et élections », *Polémique coloniale, 1871-1881*, Paris, 1882, t. I, p. 53. Schœlcher en concluait pour rassurer les métropolitains : « Preuve par chiffres, la plus irréfragable de toutes, que l'élément de race blanche est bien loin d'être écrasé par le nombre. »
2. Indication donnée par A. GIRAULT, *Principes de colonisation et de législation coloniale*, t. II, p. 561.
3. Voir sur ce point V. SABLÉ, *La Transformation des isles d'Amérique en départements français*, Paris, 1955.

naire avait trop pesé sur les plus anciennes colonies pour que leur intégration ne parût pas irrésistible, en définitive, aux plus réticents. Dans ces territoires, la reconnaissance des droits politiques aux Noirs ou aux métis s'est inscrite dans le processus général d'extension du droit de suffrage.

La question s'est posée dans des termes complètement différents pour les colonies formées au xixᵉ siècle. L'élan universaliste de la Révolution française n'avait d'abord jamais interféré avec l'histoire de leur relation avec la métropole. Dans le cas de l'Algérie, comme en Afrique ou au Tonkin, il s'agissait au surplus de pays à la culture civile et religieuse complètement étrangère à celle de l'Occident : les modèles familiaux (polygamie), les formes de propriété, les systèmes de valeurs morales étaient fondés sur des normes radicalement différentes. Quel statut politique pouvait-on alors reconnaître aux indigènes ? La philosophie colonisatrice du second Empire puis, surtout, de la troisième République[1] reconnaissait et respectait leurs différences, acceptant que les indigènes soient régis par leurs règles civiles propres. Mais elle continuait au fond de s'inscrire dans une perspective assimilatrice à long terme, l'approche purement économique et utilitariste du fait colonial étant théoriquement rejetée. Fallait-il donc envisager, même progressivement, de donner aux indigènes des droits politiques identiques à ceux des Français de souche ? Et sinon, comment justifier que des individus puissent être juridiquement des sujets français, possédant tous les attributs de la nationalité, sans pouvoir devenir des citoyens ? La notion même d'universalité du suffrage se trouve interrogée là de manière radicale. C'est pourquoi les perplexités juridiques et politiques vont sur ce point bien au-delà d'un simple rejet social. La question du vote des indigènes ne fait pas que répéter en la déplaçant et en la radicalisant la vieille peur du nombre, faisant resurgir à la fin du xixᵉ siècle et dans la première moitié du xxᵉ siècle les anciens fantômes. Même si cette dimension est restée présente jusqu'au bout, elle ne constitue qu'un aspect des choses. C'est au fond le rapport de la civilité à la citoyenneté qui était vraiment visé, posant la question des limites de l'abstraction universaliste moderne. On le voit aussi bien dans le cas algérien que dans les autres.

---

1. Voir la synthèse, dans une perspective plutôt philo-indigéniste, de Paul LEROY-BEAULIEU, *De la colonisation chez les peuples modernes*, 4ᵉ éd., Paris, 1891.

L'Algérie est la première grande colonie française «postrévolutionnaire». Dès 1836, il est entendu que les indigènes d'Algérie ne sont pas des étrangers. Les tribunaux les considèrent comme des «régnicoles» ou des «sujets français». Cette situation est consacrée dans un texte fondateur, le sénatus-consulte du 14 juillet 1865, qui stipule dans son article 1 : « L'indigène musulman est français ; néanmoins, il continuera à être régi par la loi musulmane [1]. » «Sujets hier, les Algériens sont Français aujourd'hui», déclarait solennellement Delangle dans son rapport, évoquant les «liens formés sur les champs de bataille» [2]. Protégés par la loi au même titre que les nationaux, bénéficiant des mêmes garanties face aux tiers étrangers, les Algériens étaient aussi admissibles aux emplois civils et militaires. Mais ils n'étaient pas reconnus comme des citoyens tant qu'ils continuaient à être gouvernés par leur statut personnel [3]. Pour devenir citoyen, il fallait demander à être naturalisé et accepter d'être régi par les lois civiles de la France. C'était de fait renoncer à faire de l'islam la loi génératrice de toutes les autres. Les demandes de naturalisation furent logiquement peu nombreuses : trois cent soixante et onze musulmans algériens seulement furent naturalisés de 1865 à 1875. Le texte de 1865, notons-le, mettait sur un pied d'égalité israélites et musulmans, établissant une symétrie rigoureuse entre les deux situations. Mais, dès 1870, le célèbre décret Crémieux réglait globalement la situation des Juifs d'Afrique du Nord en leur reconnaissant collectivement la citoyenneté française. Crémieux et Gueydon avaient pourtant aussi un moment envisagé la naturalisation collective des indigènes musulmans. Ils y avaient cependant rapidement renoncé, redoutant qu'elle n'entraîne l'avènement d'une «République arabe» qui sonnerait le glas de la domination française. L'intégration civique des Juifs et celle des Arabes se posaient certes en des termes quantitativement très différents. Dans le premier cas, il s'agissait d'une mino-

---

1. J.-B. DUVERGIER, *Collection complète des lois, décrets, ordonnances, règlements, avis du Conseil d'État* (abrégé par la suite en DUVERGIER), 1865, p. 405. Pour une approche générale de la question, voir la thèse de Ch.-R. AGERON, *Les Algériens musulmans et la France (1871-1919)*, Paris, P.U.F., 1968, 2 vol. (voir notamment le chapitre XIII, «L'assimilation civique des musulmans, le problème de la naturalisation et de la représentation politique», dans le tome I).

2. Rapport reproduit in DUVERGIER, 1865, pp. 405-415.

3. Le décret du 27 décembre 1866 sur la représentation municipale des étrangers et des musulmans leur assurait cependant une certaine représentation élue dans les conseils municipaux (un autre décret, du 7 avril 1884, se montrait plus restrictif).

rité, alors que la population arabe était largement majoritaire. Le terme même d'intégration n'avait pas le même sens et n'entraînait pas les mêmes conséquences à court terme dans les deux cas. Mais c'était aussi admettre de fait une différence de «capacité laïque» entre l'islam et le judaïsme. Pouvait-on alors considérer que le critère de civilité était supérieur au critère de nationalité pour décider de l'exercice des droits de citoyen, et considérer l'islam comme une religion différente en son essence du judaïsme ou du christianisme? Mais ne fallait-il pas reconnaître d'un autre côté que l'enracinement de la présence française supposait que l'on puisse à terme remplacer dans la main des musulmans le fusil par le bulletin de vote, leur permettant de s'intégrer pacifiquement et définitivement dans la nation française? La perspective à long terme de l'assimilation restait de fait toujours présente, ne serait-ce que pour des raisons pratiques. Mais elle apparaissait prématurée à beaucoup. Paradoxalement, c'est à droite que l'on se montrait le plus ouvert. L'économiste libéral Paul Leroy-Beaulieu présidait ainsi une Société française pour la protection des Indigènes des colonies qui militait activement pour l'attribution des droits électoraux aux Algériens musulmans. Conservateurs et monarchistes opposaient volontiers le bon peuple musulman, fidèle à sa croyance, aux cupides colons «républicains et athées», retrouvant à cette occasion des accents proches de ceux avec lesquels ils avaient autrefois célébré le bon sens paysan et dénoncé le cynisme des élites progressistes. Les républicains, quant à eux, restaient écartelés entre leur idéal universaliste de principe et leurs réticences pratiques, n'exprimant jamais au fond la difficulté théorique à laquelle conduisait leur philosophie colonialiste.

Il faut attendre les lendemains de la Première Guerre mondiale pour que les choses avancent. Saluant l'importance des contingents d'appelés ou d'engagés volontaires constitués de musulmans algériens[1], les parlementaires français votent le 4 février 1919 une loi facilitant l'accession des indigènes de l'Algérie aux droits politiques. On présuppose ainsi que l'engagement du soldat compense l'écart de civilité créé par l'islam. Pour la première fois, on admet en effet que des indigènes se voient dotés des mêmes droits politiques que les autres Français tout en restant largement attachés à leurs règles civiles et religieuses traditionnelles. Mais on leur impose

---

1. Voir le rapport de Steeg au Sénat (reproduit in DUVERGIER, 1919, pp. 61-62).

en contrepartie de satisfaire à un certain nombre de conditions économiques, sociales ou intellectuelles qui renvoient à une logique censitaire ou capacitaire. Outre le fait qu'ils doivent être monogames ou célibataires, les « indigènes algériens » — comme on les appelle encore — doivent en effet remplir l'une des six conditions suivantes : avoir servi dans l'armée ; savoir lire et écrire en français ; être propriétaire ou fermier d'un bien rural, ou propriétaire d'un immeuble urbain, ou encore être inscrit au rôle des patentes ; être titulaire d'une fonction publique ; avoir été investi d'un mandat public électif ; être titulaire d'une décoration française. La qualité de citoyen français n'en est pas pour autant accordée automatiquement : elle doit faire l'objet d'une demande expresse. Peu d'Algériens cherchent à bénéficier de la loi, comme après l'adoption du texte de 1865. C'est pourquoi, quelques années plus tard, en janvier 1937, Maurice Viollette, ministre d'État socialiste, un farouche partisan d'une politique d'assimilation qui connaissait bien l'Algérie pour y avoir été gouverneur général de 1925 à 1927, annonce l'intention du gouvernement d'accorder à certaines catégories d'Algériens la citoyenneté française, sans contrepartie, procédure de renonciation ou demande expresse formulée à titre individuel. C'est surtout l'Algérien-citoyen soldat qui était visé[1]. Vingt mille personnes environ auraient été concernées. Dans un entretien qu'il accorde au *Populaire*, Viollette déclare : « La réforme que nous voulons réaliser se préoccupe essentiellement de recueillir toutes les élites musulmanes au fur et à mesure qu'elles se forment et de les insérer à la nation française [...]. Il ne s'agit pas de donner le droit de vote à la masse des indigènes algériens. On ne peut accorder cette prérogative que progressivement : ces pauvres gens sont en immense majorité encore tellement dans la misère que, pour eux, un bulletin de vote ne signifierait rien : il serait à la disposition du premier agitateur venu [...]. Ce serait une aventure folle que de jeter ainsi au moins deux millions d'hommes non préparés dans des luttes électorales[2]. » Même un avocat de la cause indigène aussi chaleureux que Viollette retrouvait ainsi pres-

---

1. Le communiqué du Conseil des ministres évoque le cas des officiers et sous-officiers, de certaines catégories de fonctionnaires, des commandeurs de la Légion d'honneur et de certains titulaires de la croix de guerre.

2. *Le Populaire*, jeudi 7 janvier 1937. Sur Viollette, voir Fr. GASPARD, *Maurice Viollette. Homme politique, éditorialiste*, Pontoise, Édijac, 1986 (le discours cité n'est pas repris dans ce recueil).

que spontanément les accents et les expressions de ceux que le suf-frage universel effrayait dans les années 1840. C'était estimer que la spécificité algérienne ne tenait pas tant à des variables religieu-ses ou culturelles dérivées de l'islam[1] qu'à une sorte d'archaïsme global qui renvoyait ces populations dans un âge prédémocrati-que. Pour Viollette l'indigène algérien n'était qu'une sorte de paysan du Moyen Âge qu'il fallait conduire peu à peu au Siècle des lumiè-res[2]. Il y a bien pour lui une échelle universelle sur laquelle vien-nent se placer Français et indigènes, Juifs, musulmans ou chrétiens, les uns et les autres ne se différenciant collectivement que par leur degré de civilisation. Sa proposition ne sera cependant pas discutée.

Viollette était très logiquement hostile à la création d'un col-lège indigène spécifique, estimant que «ce serait organiser la guerre civile entre deux idéologies». C'est pourtant dans cette direction qu'ira le législateur à la Libération. Le 7 mars 1944, une ordon-nance du gouvernement provisoire accorde à titre personnel la citoyenneté française à toute une série d'Algériens : fonctionnai-res, détenteurs d'un diplôme supérieur ou d'un brevet, chefs tra-ditionnels, membres des chambres de commerce et d'agriculture ou conseillers prud'homaux, titulaires d'une décoration[3]. Il est explicitement prévu que ces nouveaux citoyens puissent continuer à être régis par leurs droits et coutumes en ce qui concerne leur statut personnel et leurs biens[4] (ils pouvaient par exemple rester polygames). La loi électorale du 5 octobre 1946 prend appui sur ce texte pour diviser en deux collèges les électeurs algériens. Dans le premier se trouvent les citoyens français non musulmans et les citoyens musulmans à titre personnel définis par l'ordonnance de 1944. Dans le second sont rangés tous les autres Français musul-mans, chacun des deux collèges élisant un même nombre de députés. On était ainsi arrivé à une solution bâtarde qui mêlait

---

1. Il rapprochait ainsi le cas des musulmans de celui des Juifs, notant : «Le statut personnel des musulmans, c'est à peu de chose près celui des juifs il y a 60 ans» (*Le Populaire*, 7 janvier 1937).
2. C'était déjà l'approche de Victor Schœlcher. Il justifiait la nécessité de l'assimila-tion politique des colonies à la mère patrie, et donc le vote des indigènes, en notant : «Les hommes de race européenne n'ont plus le privilège de l'éducation, de la richesse, des talents» (V. Schœlcher, *De la représentation directe des colonies au parlement*, Paris, 1875, p. 4).
3. Ordonnance du 7 mars 1944 relative au statut des Français musulmans d'Algérie, *Journal officiel* (Alger) du 18 mars 1944.
4. Ordonnance du 23 novembre 1944.

assimilation élitaire et citoyenneté secondaire de masse. Les années 1950 allaient brutalement démontrer que cet équilibre était impossible et que, dès lors que la simple domination d'un territoire était écartée, la voie de l'assimilation ne pouvait exister autrement que sous les espèces de son revers et de sa conséquence ultime : la possible sécession d'une population reconnue complètement souveraine. Les juristes seront sur ce point plus clairvoyants que les responsables politiques. Dès le début du siècle, le *Recueil de législation, de doctrine et de jurisprudence coloniales* publiait des mises en garde à l'intention des pouvoirs publics, pour souligner l'impossibilité de définir juridiquement des situations intermédiaires, compromis bâtards de nationalité entière et de citoyenneté partielle, et l'incohérence des textes législatifs. Le drame algérien, de ce point de vue, a d'abord été nourri d'illusions historiques et de naïvetés culturelles, élancées au-dessus d'un grand vide juridique et théorique, avant d'être le résultat de simples erreurs politiques. L'important n'était pas tant dans l'intelligence de la gestion des événements que dans la compréhension de leur inéluctable point d'arrivée.

Il y a sur ce point une spécificité du processus de la décolonisation en Algérie. Il s'est heurté plus que partout ailleurs, qu'il s'agisse des colonies des autres pays ou des autres colonies françaises, à une sorte de grand aveuglement théorique. C'est à propos du cas algérien que les contradictions de l'universalisme jacobin appliqué au fait colonial sont apparues de la façon la plus éclatante. L'idée d'une citoyenneté sans civilité y a montré ses limites. Même si elle restait attachée à la glaise des contraintes, des petits arrangements et des demi-mensonges, l'idée colonisatrice s'est toujours adossée en France à la vision d'une possible pure citoyenneté, détachée de toute modalité propre du vivre ensemble, point d'aboutissement indissociablement lointain et radieux du progrès de l'égalité entre les hommes, menant à la «consanguinité philosophique» qu'évoquait Lamourette en 1792. Il y a cette illusion et cet espoir dans l'idée coloniale à la française appliquée à l'Algérie : construire une nation d'un genre nouveau, qui efface les barrières ethniques ou culturelles, pour inventer une fraternité d'un type inédit, point extrême d'aboutissement de l'universalisme abstrait.

Le point de bifurcation a été trouvé plus tôt, et moins dramatiquement, dans les autres territoires. Dès 1848, cependant, l'idée assimilatrice avait aussi été appliquée au continent africain. En 1848, au Sénégal, tous les hommes de couleur âgés de plus de vingt et un ans avaient reçu le droit de vote[1]. La colonie était, il est vrai, fort restreinte : elle ne comptait que quelques milliers d'habitants. Mais les personnes concernées, contrairement à la population des Antilles, n'étaient pas régies par les règles du droit civil français, et la plupart d'entre elles étaient de religion musulmane. Arago et Schœlcher n'avaient pourtant rien révolutionné, en prenant cette mesure. Elle n'avait d'ailleurs soulevé à l'époque aucune critique et aucun commentaire, semblant aussi banale que logique. Dans l'esprit des hommes de 1848, le Sénégal était en effet considéré de la même façon que les Antilles. C'était une vieille colonie — en 1789, les habitants de Saint-Louis avaient envoyé un cahier à l'Assemblée constituante, et des indigènes libres avaient combattu contre les Anglais dans les milices locales — et l'on se préoccupait alors fort peu de l'islam. Les progrès de l'expansion coloniale à la fin du XIXe siècle rendront plus problématique cet héritage. Si personne ne contestait la légalité de la mesure prise en 1848, on s'inquiétait de l'exemple qu'elle pouvait constituer pour d'autres territoires. À la question : le statut politique des indigènes du Sénégal constitue-t-il un modèle d'avenir ou une exception ? les juristes et les hommes politiques donnaient à l'unisson la seconde réponse. Arthur Girault, le grand spécialiste des problèmes coloniaux, parlera de «privilège singulier et irrationnel». Le législateur cherchera ailleurs à limiter les effets de cette citoyenneté indigène en la circonscrivant aux seuls habitants de certaines communes de la colonie[2]. Pendant toute la troisième République,

---

1. Ordonnance du 27 avril 1848. Victor Schœlcher avait écrit dans son rapport préparatoire : «Les colonies régénérées rentrent dans la grande famille.» «La République n'entend plus faire de distinction dans la famille humaine», avait-il également expliqué (cf. V. SCHŒLCHER, *Esclavage et colonisation*, textes choisis et annotés par É. Tersen, Paris, 1948, pp. 145-152). Voir P. DARESTE, «Le droit électoral des indigènes au Sénégal», *Recueil de législation, de doctrine et de jurisprudence coloniales*, mai 1910, et V. CHAZELAS, «Les droits électoraux des indigènes au Sénégal et la Révolution de 1848», *La Révolution de 1848*, t. XXV, décembre 1928-janvier 1929.
2. Loi du 5 avril 1884 précisant que seuls les indigènes habitant quatre communes du Sénégal (Saint-Louis, Gorée, Dakar, Rufisque) sont électeurs. Le législateur s'était fondé sur le fait que les anciens droits du temps de la monarchie ne visaient que ces communes. Plusieurs recours devant le Conseil d'État confirmeront ces droits des indigènes sénégalais, qui seront explicitement réaffirmés par la loi du 29 septembre 1916 (dont le préambule insistait sur le dévouement à la patrie des indigènes combattant sous le drapeau français, les fameux «tirailleurs sénégalais»). On soulignera encore que

le droit politique est en effet associé au droit civil, leur découplage apparaissant comme une anomalie et une monstruosité. On considérait donc que seuls pouvaient accéder à la citoyenneté, c'est-à-dire au droit de vote, les Français indigènes qui auraient accepté la condition civile du droit métropolitain. Mais ce n'était qu'un point de vue théorique. Au XIXe siècle, il n'y avait en effet aucune procédure de naturalisation ouverte aux indigènes des colonies[1]. Ceux-ci n'étaient pas considérés comme des étrangers, mais ils ne pouvaient pas non plus devenir des Français à part entière. La possibilité pour les indigènes d'Indochine ou d'Afrique d'accéder à la qualité de citoyen français ne fut accordée qu'au début du XXe siècle[2]. Les procédures étaient assez restrictives (même si elles furent ensuite un peu assouplies pour les indigènes ayant combattu dans les rangs français pendant la Première Guerre mondiale) et impliquaient une démarche volontariste. D'où le faible impact de ces législations nouvelles : pour l'année 1925, on ne comptera que trente-six naturalisations accordées pour l'ensemble des indigènes d'Afrique, de Cochinchine et du Tonkin ! On n'en continuait pas moins à vanter la générosité française et la grande communauté que formaient la métropole et ses colonies.

Il fallait bouger après la Libération. Le statu quo était devenu irréaliste, mais personne ne souhaitait non plus engager les colonies d'Afrique et d'Indochine dans une voie similaire à celle de l'Algérie. Les pères fondateurs de la quatrième République crurent trouver la solution à travers le concept d'Union française. L'article 80 de la Constitution du 27 octobre 1946 accordait à tous les habitants des colonies la qualité de « citoyen de l'Union française ». On désignait ainsi un nouveau type de citoyenneté, distinct de la citoyenneté française ou des éventuelles citoyennetés locales, qui mettait donc fin nominalement à l'exclusion civique des indigènes. Mais personne ne sut donner un contenu juridique fort à cette notion et répondre aux questions qu'elle soulevait : comment penser une telle citoyenneté qui ne correspond à aucune

---

plusieurs juristes importants critiqueront la « hâte regrettable » avec laquelle cette dernière loi de confirmation fut votée.

1. Voir sur ce point les développements de D. Amis, « La condition juridique des indigènes dans l'Afrique occidentale française », *Recueil de législation, de doctrine et de jurisprudence coloniales*, juin et juillet 1910.

2. En 1913 pour l'Indochine (mais certaines possibilités existaient néanmoins auparavant), en 1912 pour les ressortissants de l'A.E.F. et de l'A.O.F.

nationalité? comment éviter de la considérer comme un système fédéral, le seul qui puisse admettre une pluralité de citoyennetés et de nationalités[1]? Les préoccupations politiques qui avaient conduit à lancer l'idée d'Union française avaient accouché d'une notion de citoyenneté purement formelle[2]. Il faudra attendre 1956 pour que les choses soient éclaircies par une loi cadre, dite loi Defferre[3]. L'objectif était d'apaiser les tensions et les revendications que l'on sentait monter. Le rapporteur à la Chambre des députés, Alduy, note : « Ce n'est plus l'Islam seul qui est une caisse de résonance, c'est bien l'ensemble des pays sous-développés[4]. » Le gouvernement entend prendre les devants et propose deux mesures radicales : l'institution du suffrage universel et le collège unique. C'est une révolution, autant théorique que politique. Mais elle s'accompagne de l'acceptation d'une évolution vers l'indépendance, ou du moins vers des formes de simple association, des colonies. La reconnaissance de la citoyenneté pour les indigènes va ainsi de pair avec l'abandon de l'idée assimilationniste. C'est un député M.R.P., Pierre-Henri Teitgen, qui le dit le plus clairement à la tribune. « Quand ce texte sera voté, souligne-t-il, la France aura définitivement rompu, en matière d'outre-mer, avec la politique d'assimilation qui est sa politique traditionnelle depuis la Convention[5]. » La France avait-elle alors cessé de craindre de devenir « la colonie de ses colonies », selon une célèbre formule d'Édouard Herriot ? La hantise de la population d'origine métropolitaine de se voir submergée par la masse indigène avait-elle disparu ? Certes pas. Mais on commence à penser, dans les années 1950, que la seule

---

1. Cf. P. Lampué, « La citoyenneté de l'Union française », *Revue juridique et politique de l'Union française*, juillet-septembre 1950, et Fr. Borella, *L'Évolution juridique et politique de l'Union française depuis 1946*, Paris, 1958.
2. On pourrait ici faire le parallèle avec l'acte britannique de 1948 instituant une citoyenneté du Commonwealth. On notera que le British Nationality Act de 1981 distingue toujours des *british citizens, british dependent territories citizens, british overseas citizens, british subjects, british protected persons*. Cf. A. Dummett et A. Nicol, *Subjects, Citizens, Aliens and Others : Nationality and Immigration Law*, Londres, Weidenfeld and Nicolson, 1990, et Godinec, « L'évolution de la notion de citoyenneté dans la communauté des nations britanniques » et « Le statut commun et les citoyennetés locales dans l'Empire britannique, le British Nationality Bill de 1948 », *Revue juridique et politique de l'Union française*, 1947 et 1948.
3. Loi du 23 juin 1956.
4. *Journal officiel. Débats parlementaires. Chambre des députés*, session ordinaire de 1955-1956, séance du 16 mars 1956, annexe n° 1242, p. 823.
5. *Ibid.*, séance du 20 mars 1956, p. 1072.

protection contre le nombre réside au fond dans sa mise à distance radicale. Estimait-on désormais que les croyances, les traditions, le mode de vie, bref tout ce qui constitue la civilité, pouvaient tracer d'infranchissables barrières entre les hommes, les empêchant d'appartenir à la même cité? La spécificité de l'islam ou celle des mœurs indigènes n'apparaît pas comme l'obstacle déterminant, dans les années 1950. La foi dans le travail de laïcisation de l'histoire et dans le bouleversement des mœurs par la modernisation industrielle reste alors inébranlable. L'obstacle majeur sur la voie de l'assimilation est beaucoup plus trivialement économique. Un député l'exprime crûment dans le débat de 1956 : « Il faut avoir le courage de dire ce que nous ne sommes pas décidés à donner : l'assimilation des niveaux de vie [1]. » C'est dire que le nœud de la question résidait dans le refus d'une redistribution économique et sociale.

Nous touchons là au plus profond de l'idée de citoyenneté. Au-delà de la simple proximité que traduisent les mœurs communes, l'histoire partagée et le territoire habité de concert — tout ce que l'idée de nationalité vise à exprimer de façon synthétique —, la citoyenneté renvoie à une vision plus exigeante du vivre ensemble, au-delà même du combat côte à côte, face à un même ennemi : *la cité est en dernier ressort un espace de redistribution accepté*. Le lien social dans lequel la citoyenneté prend sa source n'est pas seulement celui de l'universalisme, en son abstraction généreuse. Il est aussi celui de la communauté de partage et de redistribution. Le citoyen moderne est indissociablement membre d'un État-providence et membre d'une nation. C'est là que passe l'irréductible frontière de la citoyenneté [2]. Elle traverse l'intérieur même de la nation quand celle-ci ne s'est pas encore dotée d'un État redistributeur, elle sépare ensuite les différentes formations redistributives. L'histoire des débats sur le suffrage des indigènes en apporte la plus éclatante démonstration. La conquête du suffrage universel ne s'achève qu'avec la clôture reconnue de la cité.

1. P.-H. Teitgen, *Journal officiel. Débats parlementaires. Chambre des députés*, séance du 20 mars 1956, p. 1073. On peut souligner que Pierre Mendès France était fort réservé vis-à-vis d'une éventuelle politique d'intégration en Algérie pour ce même motif économique (cf. sa lettre du 7 février 1956, in P. MENDÈS FRANCE, *Œuvres complètes*, Paris, Gallimard, 1987, t. IV, pp. 162-163).

2. On peut rappeler que les Indiens des États-Unis durent attendre 1924 pour disposer du droit de vote et que les aborigènes australiens n'accéderont à la citoyenneté politique que dans les années 1960.

Les interrogations sur la condition politique des indigènes dans les colonies ont montré qu'on ne pouvait pas envisager la nationalité coupée de l'idée de citoyenneté. Est-il possible, à l'inverse, d'imaginer des formes de citoyenneté détachées du critère de nationalité ? Existe-t-il une nouvelle frontière de la citoyenneté fondée sur cette dissociation ? C'est ce qu'estiment de fait les partisans de l'attribution du droit de vote local aux immigrés ayant séjourné en France depuis un certain temps. Entre l'étranger de passage et le national, ils définissent une catégorie intermédiaire d'implication sociale, fondée sur le travail et la résidence, qui justifie à leurs yeux la reconnaissance de droits civiques spécifiques. Dans ses « 110 propositions » présentées en 1981, François Mitterrand promettait dans cet esprit d'accorder aux immigrés le droit de vote aux élections municipales après cinq ans de présence sur le territoire français. Plusieurs pays européens se sont engagés dans cette voie depuis le début des années 1970[1] : l'Irlande (1973), la Suède (1975), le Danemark (1981), les Pays-Bas (1986). L'idée est généreuse, et elle n'est pas sans fondements. Ses promoteurs mettent en avant le caractère intégrateur du droit de suffrage, espérant implicitement que les immigrés sortent de leur marginalité selon un processus équivalent à celui qui avait permis au xixe siècle à la classe ouvrière d'entrer pleinement dans la nation. Ils soulignent également que les immigrés paient des impôts et qu'ils ont le droit de s'exprimer sur les réalisations et les projets des communes dans lesquelles ils séjournent. La population concernée par cette suggestion n'est pas négligeable, soulignons-le, puisque les deux tiers des étrangers habitant en France y résident depuis plus de dix ans (80 % de leurs enfants sont nés dans l'Hexagone).

Le projet d'accorder un droit de vote local aux immigrés durablement établis sur le territoire procède de louables intentions. On l'a parfois jugé irrecevable pour des motifs d'ordre constitutionnel, l'attribution du droit de vote local à des citoyens de nationalité étrangère faisant indirectement participer ceux-ci à la désignation d'une partie des représentants du peuple, les sénateurs étant élus par l'intermédiaire des élus locaux. L'argument, qui s'appuie sur

1. Cf. W. R. Brubaker, *Immigration and the Politics of Citizenship in Europe and North America*, New York, University Press of America, 1989, et Z. Layton-Henry (éd.), *The Political Rights of Migrant Workers in Western Europe*, Londres, Sage, 1991 (voir principalement le chapitre de J. Rath, « Voting rights »).

une interprétation littérale de l'article 3 de la Constitution, ne manque pas de force juridique. Mais là n'est pas l'essentiel. Le problème ne réside pas non plus dans le simple constat du caractère prématuré d'une mesure qui serait trop en avance sur l'état des mœurs. C'est un motif plus philosophique qui conduit à interroger le principe d'un tel droit de suffrage : l'impossibilité de récuser la catégorie d'étranger. Fonder un droit de vote, même limité, sur des critères de pure civilité y conduit directement. Cela reviendrait à vider de tout contenu l'idée de nationalité, puisque l'on pense le social dans son immédiateté, détaché de toute inscription culturelle et de toute histoire, purement replié sur la sphère de l'interaction quotidienne entre les hommes. C'est nier du même coup l'existence d'une *société politique* distincte en son essence de la société civile, surtout si cette dernière est appréhendée sur un mode « différentialiste » (c'est-à-dire comme simple juxtaposition d'individus et de groupes culturellement hétérogènes). Plus aucun principe d'unité et d'identité collective ne peut alors être formulé : le social et le local deviennent des catégories terriblement abstraites, dont l'ouverture n'est paradoxalement plus du tout un gage d'insertion mais fonctionne au contraire comme une gigantesque machine à créer de l'indifférence entre les hommes, risquant par contrecoup de provoquer des réflexes pervers de crispation identitaire. Distinguer une « citoyenneté locale » et une « citoyenneté nationale » revient à nier la notion même de citoyenneté dans sa complexité historique et politique[1]. Cela conduirait du même coup à instituer un face à face dangereux entre d'un côté une nation qui tendrait mécaniquement à se replier sur une identité aussi indiscutable que restrictive, fortement différenciatrice, ethniquement ou culturellement, et de l'autre une société civile qui serait pour l'individu un lieu d'indifférenciation absolue. Il n'y a pas de citoyen démocratique possible si la figure de l'étranger est niée, si l'étran-

---

1. Voir sur ce point les bonnes remarques de P. A. TAGUIEFF et P. WEIL, « Immigration, fait national et citoyenneté », *Esprit*, mai 1990, et J. LECA, *Nationalité et citoyenneté dans l'Europe des immigrations*, document rédigé pour la fondation Agnelli, 1990. Sur le rapport citoyenneté-nationalité, outre les ouvrages historiques précédemment cités, on consultera principalement : D. SCHNAPPER, *La France de l'intégration. Sociologie de la nation en 1990*, Paris, Gallimard, 1990 ; *Être Français aujourd'hui*, Paris, U.G.E. 10/18, 2 vol., 1988 (rapport au Premier ministre de la commission de la Nationalité présidée par Marceau Long) ; D. COLAS, É. EMERI, J. ZYLBERBERG (éd.), *Citoyenneté et nationalité. Perspectives en France et au Québec*, Paris, P.U.F., 1991.

ger n'est pas pensé *politiquement*, dans son extériorité vis-à-vis de la cité. Sinon, ce dernier ne sera reconnu que de la façon la plus sauvage, sous les espèces du clan, de l'ethnie ou de la race, dessinant en creux le visage le plus primitif de l'idée de nation. Au rebours de cette illusion, il n'y a que deux façons de concevoir positivement la nécessaire intégration des étrangers résidant dans une société : *l'assimilation politique dans la nation*, par le biais de la naturalisation, avec ce qu'elle suppose comme inscription dans une histoire et dans une culture politique, et *l'insertion économique et sociale dans la société civile*. Il n'y a pas de troisième voie possible.

La citoyenneté, comme la nationalité, ne se partage pas. Mais la *civilité* ne se discute pas non plus : elle procède de la simple reconnaissance de l'inscription de l'individu dans une interaction économique ou sur un territoire. On peut se demander à ce point si le projet d'accorder le droit de vote local aux immigrés ne provient pas d'une double désillusion sur les capacités d'intégration de l'insertion civile comme de l'assimilation politique. Il est en effet frappant de constater que les pays qui ont mis en œuvre ce droit sont parmi les moins assimilationnistes, comme s'il s'agissait pour eux d'exorciser leur mauvaise conscience ou d'offrir une compensation à la rigidité de leurs règles de naturalisation. À l'inverse, aux États-Unis, le pays occidental indéniablement le plus assimilationniste, puisqu'il suffit d'y résider et d'y travailler depuis trois ans pour acquérir la nationalité, l'idée de droit de vote local accordé aux immigrés apparaît vide de sens. Ce droit désigne au fond plus un problème qu'il ne constitue une solution. Le langage même le laisse d'ailleurs aisément deviner. On parle de « vote immigré », et non de « vote étranger », comme si l'immigré était une catégorie plus sociale que juridique, ou comme s'il désignait un être hybride, composé juridique improbable d'étranger et de national. Avec l'idée de droit de vote, c'est en fait un déficit de civilité que l'on veut combler. Ne sachant pas comment résoudre des problèmes de logement, de travail, d'aménagement de l'espace urbain, on en appelle à une forme d'intégration censée transfigurer ces difficultés. Dans le cas français, la perspective s'inscrit en outre dans un trait historique essentiel de la culture politique : la tendance permanente de la sphère politique à absorber celle du social. Mais, en poursuivant cette tendance jusqu'au bout, l'idée de citoyenneté locale pour les étrangers en souligne en retour les limites et les contradictions.

La perspective pour 1995 d'une «citoyenneté européenne», telle qu'elle a été adoptée par le traité de Maastricht en décembre 1991, conduit-elle par un autre biais à une division de la citoyenneté de même nature que celle qui résulterait de l'attribution du droit de vote aux immigrés pour les élections locales? Ce n'est pas le cas, à l'évidence, pour ce qui concerne la définition d'une nouvelle *citoyenneté de l'Union*[1]. Celle-ci n'absorbe nullement, en effet, les citoyennetés nationales. Elle se superpose simplement à elles, témoignant de la complexité juridique de l'ensemble politique d'un genre inédit — ni vraie fédération ni super-État-nation — qui est en train de s'édifier à partir de la Communauté des douze. La citoyenneté de l'Union est une citoyenneté séparée de l'idée de nation, mais elle correspond à un niveau théorique d'expression de la souveraineté d'un «peuple européen», puisqu'elle s'incarne dans le droit de suffrage pour l'élection d'un parlement européen et qu'elle coïncide aussi avec l'édification d'un espace juridique structuré par des réglementations et des cours de justice propres. La reconnaissance d'une citoyenneté de l'Union ne ferait là que contribuer à combler le fossé qui s'est creusé entre le formidable transfert de souveraineté qui s'est déjà opéré en faveur de Bruxelles et l'absence de légitimation populaire correspondante. Elle permettrait de combler ce qu'on appelle habituellement le déficit démocratique de l'Europe. Sans rentrer ici dans le débat des formes à donner à cette action de rééquilibrage (développement d'une «citoyenneté européenne» ou simple renforcement des contrôles politiques nationaux), on peut en tout cas comprendre que la pluralisation de l'idée de citoyenneté renvoie à la complexification des formes de la souveraineté qui marque le développement de la construction européenne.

Tout autre est le sens de l'octroi du droit de vote et d'éligibilité pour les élections municipales aux nationaux des pays de la Communauté dans le lieu de leur résidence effective, même s'ils ne sont pas ressortissants du pays concerné[2]. Si elle crée un niveau d'identité supranational, l'Union européenne ne conduit pas automatiquement à la mise en place d'institutions communau-

---

1. Sur l'idée de citoyenneté européenne, voir J.-M. FERRY, *Les Puissances de l'expérience*, vol. II : *Les Ordres de la connaissance*, Paris, Cerf, 1991.
2. Également décidée à Maastricht, cette mesure avait déjà été acceptée dans son principe en 1989 par 80 % des députés au parlement européen.

taires au niveau infranational. Le sens de la mesure est cohérent avec la *conception civile* de l'administration municipale qui prévaut culturellement dans l'Europe anglo-saxonne et l'Europe du Nord. Par sa nature « prépolitique », le vote municipal peut dans ces pays être dissocié de l'exercice de la citoyenneté politique. La langue même traduit parfois cette différence. En allemand, la notion de « citadaineté » (le *Stadtsbürger*) ne s'est pas confondue historiquement avec celle de citoyenneté (le *Staatsbürger*)[1]. Le droit de vote local n'y a donc pas la même portée qu'en France. La chaîne politique de la citoyenneté est continue en France, de l'échelon local à la nation tout entière. Dans cette conception unitaire de la citoyenneté, la modification des règles de nationalité pour l'inscription sur les listes électorales municipales n'aurait de sens qu'en étant conçue comme une première étape dans la réalisation d'une citoyenneté européenne pleine et entière, qui mènerait à des droits de suffrage uniquement déterminés par le critère de résidence, même si l'Union restait culturellement comprise comme un ensemble de nations conservant leurs identités culturelles. Il ne serait pas possible d'en rester à l'ouverture du seul vote municipal aux résidents européens. Il faudrait logiquement étendre peu à peu cette mesure aux autres élections politiques (conseil général, conseil régional, parlement). L'universalisme à la française ne peut envisager la citoyenneté que sous la forme d'un bloc. Au-delà de la nécessaire réforme constitutionnelle qu'implique sur ce point l'accord de Maastricht, il ne trouve sens en France que dans la perspective la plus exigeante, et la plus problématique : celle de la réalisation d'un véritable espace fédéral.

---

1. On ne doit d'ailleurs pas oublier que l'accord de Maastricht prévoit *en même temps* une citoyenneté européenne pour les élections locales et une stricte maîtrise de chaque pays sur les conditions d'accès à la nationalité. Cette « citoyenneté » n'est donc pas liée à la perspective d'une nationalité européenne.

CONCLUSION

Un universalisme singulier

À partir de quel moment le suffrage universel constitue-t-il un acquis irréversible ? À quelle date peut-on estimer close l'histoire de sa conquête ? Il est moins simple qu'il y paraît de répondre à cette question. Plusieurs histoires se superposent en effet, chacune avec sa temporalité propre. Nous en avons croisé trois. La première est juridique et institutionnelle, la deuxième est d'ordre épistémologique, tandis que la troisième est culturelle. Les bornes de l'histoire juridique et institutionnelle sont les plus faciles à fixer. Mais encore faut-il pour cela distinguer les deux registres qui la composent. D'un côté le suffrage comme enjeu social, objet d'une lutte pour l'intégration et pour la reconnaissance. Cette partie de l'histoire n'est pas celle d'une conquête linéaire. Le suffrage universel est en effet acquis dans son principe au point de départ, pendant la Révolution, puis sérieusement contesté ensuite. L'histoire s'arrête avec la fin des remises en cause et des retours en arrière : en 1848 d'abord, avec la clôture de la période censitaire et la reformulation, exempte des ambiguïtés révolutionnaires, du principe d'universalité ; le 2 décembre 1851 d'une certaine manière, quand est abrogée la loi scélérate du 31 mai 1850 ; le 30 novembre 1875, enfin, lorsque l'adoption de la loi sur l'élection des députés consolide définitivement les acquis, marquant ainsi une sorte de confirmation solennelle du suffrage universel. Mais l'histoire juridique du suffrage s'inscrit aussi dans une perspective d'ordre anthropologique : celle de la réalisation d'une société d'individus. Elle commence au xviiie siècle, quand les corps cessent d'être pris pour base de la représentation politique, et trouve un point d'orgue en 1944, avec l'accès des femmes aux urnes. C'est une histoire qui est loin d'être terminée, nous l'avons souligné, indexée qu'elle est sur le grand processus d'individualisation du social. Sa pleine réalisation reste encore devant nous, liée à l'avènement du règne de l'homme sans qualité, pur individu sans âge ni sexe, sans autre caractéristique que d'être un être vivant. Histoire qui peut même, au-delà de l'entrée dans la sphère civique de l'enfant et du fou, emprunter des sentiers périlleux, encore insoupçonnés et inexplorés, comme ceux d'une représentation de la nature ou du monde animal, afin d'harmoniser en politique tous les intérêts des différentes catégories du vivant, chacune d'entre elles devenant appréhendée comme ayant des droits propres[1].

L'histoire épistémologique est celle de la reconnaissance de la validité du suffrage universel comme procédure optimale de prise de décision et de choix des hommes. Elle oscille entre deux pôles : la question des rapports du nombre et de la raison, et celle de la légitimité. Au-delà du théorème premier de Montesquieu sur la capacité des hommes à choisir ceux qui les gouvernent, une pierre blanche la marque : la loi de 1882 sur l'instruction obligatoire, qui permet d'envisager que chaque citoyen devienne un électeur rationnel et conscient de ses responsabilités. Mais elle reste encore ouverte. Par-delà la simple résignation de quelques nostalgiques à l'exercice de la souveraineté du peuple ou le consensus sur le suffrage comme procédure de légitimation, instaurant un pouvoir du dernier mot, subsiste en effet encore un doute aussi enfoui que réel sur la capacité du nombre à faire les meilleurs choix. Ce n'est certes plus en opposant comme jadis les masses et l'élite que s'exprime cette suspicion. Elle se donne dorénavant dans de nouvelles catégories, ou du moins avec de nouveaux mots, lorsque l'homme de la rue s'oppose par exemple à l'univers des « cons » pour manifester son scepticisme démocratique, lorsque la clairvoyance de personnages d'exception est célébrée en étant opposée à la frilosité, à la cécité, voire à la lâcheté du grand nombre, lorsque est déplorée l'arriération ou l'aliénation de certaines couches de la population, ou encore lorsque se manifestent des réactions embarrassées sur les bornes de ce qui est référendable.

L'histoire culturelle du suffrage universel, enfin, se confond avec celle des pratiques électorales. Elle s'achève lorsqu'on peut estimer que le suffrage universel est entré dans les mœurs. À quel

1. Voir sur ce point les tendances de la *deep ecology* aux États-Unis.

moment est-ce accompli ? Bien des éléments peuvent rentrer en ligne de compte pour donner une réponse. Celui du temps d'abord. Dans les années 1860, on entend par exemple souvent dire que le suffrage est une institution trop neuve pour être vraiment comprise. Dans les années 1870, il reste appréhendé comme une puissance mystérieuse et imprévisible. C'est seulement au début du XXᵉ siècle, à cet égard, que le suffrage universel est banalisé. Le critère des techniques électorales est aussi déterminant pour apprécier l'entrée du suffrage universel dans les mœurs. Il faut que la fraude soit empêchée, que les techniques du vote soient maîtrisées, que la liberté de choix de l'électeur soit garantie. L'histoire culturelle est ici complètement encastrée dans une histoire matérielle.

Il est surprenant de constater à quel point ces trois histoires sont dissociées et décalées en France. Superposées, elles ne déroulent pas de fil régulier et montrent seulement un extraordinaire enchevêtrement d'audace et d'archaïsme, d'avances et de retards, se dissociant et se rapprochant parfois avec fracas, à la manière de lourdes plaques architectoniques qui travailleraient les profondeurs du politique. Cette situation contraste avec la relative unité et le caractère progressif qu'a revêtu l'histoire du suffrage universel dans la plupart des autres pays démocratiques. On a déjà largement exposé les raisons du décalage entre le caractère très précoce de la conquête du suffrage-intégration sociale et le retard pris pour donner aux femmes le droit de vote. Mais il est aussi d'autres surprenants écarts qu'il faut évoquer en conclusion. Entre l'histoire juridique et l'histoire matérielle d'abord. Près de trois quarts de siècle s'écoulent entre 1848 et la garantie formelle de la liberté du suffrage par la mise en place de l'isoloir, alors que cinq ans seulement séparent en Grande-Bretagne le grand Reform Bill de 1867 et l'adoption du vote secret par le Ballot Act (1872).

Ce livre est consacré à l'histoire intellectuelle du droit de suffrage, et non aux techniques et aux pratiques électorales. D'autres chercheurs ont commencé à explorer ces objets également passionnants [1], sur lesquels nous savons encore trop peu de chose :

---

1. Outre les ouvrages anecdotiques déjà cités d'Alexandre Pilenco, voir les travaux plus récents de Jean-Yves Coppolani sur l'Empire, de Patrice Gueniffey sur la Révolution et de Jean Rohr sur le second Empire que nous avons mentionnés dans le corps du texte. Il faudra aussi se référer à l'ouvrage annoncé pour 1992 aux Éditions Calmann-Lévy d'Alain GARRIGOU, *Le Vote ou la vertu. Comment les Français sont devenus électeurs (1848-1914)*.

l'organisation matérielle du vote (bureaux, bulletins, urnes, dépouillement), la tenue des listes électorales, les modes de présentation des candidatures, la typologie des fraudes[1]. La forme des bulletins et des enveloppes, l'existence des isoloirs ont ainsi fait l'objet de débats étrangement passionnés. Proposé pour la première fois dès l'an III, l'isoloir n'est adopté qu'en 1913[2] en France. Le mode d'impression des bulletins, le format et les caractéristiques techniques des enveloppes ont occupé des centaines d'heures les assemblées parlementaires. Si l'interrogation sur les modalités d'une « bonne représentation » (scrutin de liste, proportionnelle, etc.) accapare une bonne part des discussions concernant le droit de vote à la fin du XIXᵉ siècle, les pesanteurs et les sourdes réticentes qui marquent, y compris dans les rangs républicains, la mise en place des modalités techniques modernes de l'exercice du droit de suffrage doivent aussi retenir l'attention. Au moment où le principe du vote universel n'est plus remis en cause, elles témoignent des perplexités rémanentes chez ceux-là même qui en avaient été les premiers apôtres. Cet écart entre l'histoire technique et l'histoire politique du suffrage universel est particulièrement notable dans le cas français. On constate en effet dans la plupart des autres pays démocratiques que l'isoloir et les bulletins imprimés sont adoptés à peu près en même temps que l'élargissement au grand nombre du droit de vote[3]. On l'a déjà mentionné pour le cas de la Grande-Bretagne. Mais c'est aussi vrai pour l'Allemagne, la Bel-

---

1. Les témoignages des préfets seraient précieux à cet égard, mais ils restent exceptionnels. Voir cependant le récent ouvrage de l'un d'entre eux, Charles RICKARD, *Vérités sur les élections*, Paris, Jean-Paul Gisserot, 1991. Une source fondamentale à explorer serait celle du contentieux électoral, que ce soit à travers les anciennes procédures de vérification des pouvoirs par les Assemblées ou les interventions actuelles du Conseil d'État et du Conseil constitutionnel. Voir, pour une première approche, J.-P. CHARNAY, *Le Contrôle de la régularité des élections parlementaires*, Paris, L.G.D.J., 1964.

2. Cf. Jacques-Vincent DELACROIX, *Le Spectateur français pendant le gouvernement révolutionnaire*, Paris, an III : « Chaque citoyen, auquel on remettra un semblable bulletin (normalisé), passera dans une chambre particulière divisée en plusieurs cases, où il écrira sans être vu » (p. 237). Sur l'histoire de l'isoloir en France, voir A. GARRIGOU, « Le secret de l'isoloir », *Actes de la recherche en sciences sociales*, mars 1988.

3. Cf. J. H. WIGMORE, *The Australian Ballot as Embodied in the Legislation of Various Countries*, Boston, 1899 (le système de vote avec isoloir est appelé *australian ballot* dans les pays de langue anglaise, car c'est dans l'État de South Australia qu'il fut adopté pour la première fois, en 1857). Voir aussi E. C. EVANS, *A History of the Australian Ballot System in the United States*, University of Chicago Press, 1917, et B. L. KINZER, *The Ballot Question in Nineteenth Century English Politics*, New York, Garland Publishing, 1982.

gique, les États-Unis, la Norvège. Là encore, on peut constater que la précocité de la conquête démocratique en France a été discrètement compensée, contrebalancée par d'extraordinaires ambiguïtés et de mesquines précautions. Les seuls pays dans lesquels un décalage historique analogue à celui du cas français peut être constaté sont ceux du continent latino-américain. Sur ce continent, le suffrage universel a parfois été décrété assez tôt au xixᵉ siècle, mais une véritable institutionnalisation de la fraude électorale y a singulièrement limité le sens de cet élan démocratique. La référence à l'exemple français, officiellement revendiquée dans plusieurs de ces pays, ne manque pas de laisser perplexe : comme si la célébration de l'universalisme à la française devait aussi aller de pair avec l'adoption hypertrophiée de ses pathologies et de ses équivoques.

Entre l'institution du suffrage universel, en 1848, et son acceptation vraiment générale et définitive, plus d'un siècle s'est écoulé. Ce retard a ceci d'exceptionnel qu'il ne s'explique aucunement par des éléments d'histoire sociale. Ou alors, il faudrait faire de l'histoire sociale à l'envers : c'est en effet paradoxalement à gauche, et non pas à droite, on l'a montré, que les réticences ou les critiques ont été les plus tardives. Le fond du problème ? Il réside dans la prégnance du rationalisme politique et dans la tension qui le tient à distance de l'idée de souveraineté de la volonté générale. Le projet d'éducation de la démocratie a permis de la réduire ou de la dissimuler, mais il ne l'a pas supprimée. La méfiance envers le nombre a des racines intellectuelles bien plus que sociales, peut-on dire. La tension structurante de la culture politique française rend très difficile la formulation d'une *théorie positive* de la démocratie. La démocratie peut être célébrée comme une contrainte ou une utopie, mais elle n'est jamais appréhendée comme une forme supérieure d'organisation politique ou comme une technique de gouvernement meilleure que les autres. Elle ne peut être défendue que sur la base d'arguments sociologiques (la pacification sociale), historiques (l'irréversibilité des acquis) ou téléologiques (la réalisation de la société idéale). Il y a en France un problème spécifique d'*épistémologie de la démocratie*. Dès lors que le bon gouvernement ne peut procéder que de la raison, il est en effet difficile de faire de la souveraineté du nombre une condition du progrès politique. Alain est bien isolé, dans la tradition politique française, pour penser que le règne du bon sens constitue un idéal et pour appeler le pouvoir à se mettre à l'école des « opinions naïves des pauvres gens » [1]. C'est pourquoi, au-delà de l'entreprise démopédique, le culte de la science tend en permanence à recouvrir le champ du politique. À droite, il se manifeste surtout sous les espèces de l'idée technocratique, tandis qu'il s'est longtemps affirmé à gauche à travers les concepts de science prolétarienne ou de parti-guide des masses, rationalisme et utopie allant de pair. Dès les lendemains de la Première Guerre mondiale, on voit s'épanouir la première comme réponse aux interrogations sur la démocratie [2], tandis que les seconds trouveront dans le marxisme-léninisme leur systématisation [3]. Dans les deux cas, une même vision pédagogique de l'action politique triomphe, expliquant d'ailleurs la connivence trouble qui a longtemps marqué les rapports de la technocratie d'État et du monde communiste. « Dès qu'un parti quelconque se trouve le maître du gouvernement en France, disait prémonitoirement Montalembert, il ne traite pas la France comme une victime ou une conquête ; il la traite volontiers comme une écolière. Il se constitue le pédagogue du pays ; il le met en tutelle ; il se croit investi du droit de lui apprendre ce qu'il doit vouloir, savoir et faire [4]. » C'était bien comprendre les choses.

La démocratie française, telle que l'éclaire l'histoire intellectuelle du suffrage universel, trouve là sa spécificité et la racine de son ambiguïté. Les avatars de l'institution du Jury le confirment d'ailleurs symétriquement. Les deux figures du juré et de l'électeur sont en effet indissociables dans l'histoire des gouvernements représentatifs. Un même rapport du nombre et de la compétence est en

---

1. ALAIN, « Le suffrage universel et le bon sens », article du 17 juin 1914, repris dans *Éléments d'une doctrine radicale*, Paris, 1925, p. 130. (Voir également l'article « Suffrage universel » du 30 mars 1901, *ibid.*, pp. 127-128.)

2. Quelques ouvrages sont particulièrement représentatifs de cette approche : J. BARTHÉLEMY, *Le Problème de la compétence dans la démocratie*, Paris, 1918 ; G. DEHERME, *Les Forces à régler : le nombre et l'opinion publique*, Paris, 1919 ; H. CHARDON, *L'Organisation de la République pour la paix*, Paris, 1927 (dans lequel il distingue « deux forces dans la démocratie » : « Une force politique basée sur le suffrage du nombre [...] une force permanente d'action ou force administrative, constituée par la sélection d'une élite », p. 1).

3. Anatole France donnait le ton dès 1900 en notant que « l'ouvrier et le savant tendent à se rapprocher, à se confondre » (A. FRANCE, « Science et prolétariat », *Le Mouvement socialiste*, t. IV, n° 47, 1er décembre 1900, p. 646). C'est la première fois qu'était exprimée en France une version d'extrême gauche des thèmes de Renan.

4. Discours du 17 février 1849 à l'Assemblée nationale, dans la seconde délibération sur le projet de loi électorale (*Compte rendu des séances de l'Assemblée nationale législative*, t. VIII, p. 137).

jeu dans chacun des cas. Pendant la Révolution, on l'a souligné, les constituants ont traité parallèlement les deux questions du droit de vote et du jury populaire. Dans la plupart des pays démocratiques, les deux histoires ont également été inséparables[1]. Dans la première moitié du XIXe siècle, le juré sert en France de référence pour délimiter la sphère du droit de vote. Pendant la monarchie de Juillet, les libéraux réformistes s'appuient sur la loi du Jury de 1827 pour donner un contenu à l'idée de capacité politique[2]. À l'inverse, la critique des effets pervers induits par le jugement par jury utilise des arguments identiques à ceux qui sont mis en avant pour limiter l'extension du suffrage[3]. Mais tout change après 1848 : la législation concernant le Jury se met à accuser un retard par rapport à celle du droit de vote. La loi du 7 août 1848 exclut ainsi de la fonction de juré les domestiques ainsi que les individus ne sachant pas lire et écrire. Un texte du 4 juin 1853 ajoutait à ces exclusions une dispense automatique pour les personnes vivant d'un travail journalier[4]. Ces restrictions subsisteront plus d'un siècle, puisqu'il faudra attendre 1978 pour qu'elles soient définitivement levées[5]. Parallèlement, on constatera, à partir de la fin du XIXe siècle, une tendance très nette à la correctionnalisation de nombreux délits, restreignant ainsi le champ d'intervention des jurys populaires par rapport à celui des magistrats professionnels. Des juristes comme Gabriel de Tarde ou Raoul de La Grasserie se feront les défenseurs de ce mouvement, souhaitant explicitement

---

1. Tocqueville note fort justement à ce propos : «Le système du jury, tel qu'on l'entend en Amérique, me paraît une conséquence aussi directe et aussi extrême de la souveraineté du peuple que le vote universel [...]. Le jury forme la partie de la nation chargée d'assurer l'exécution des lois, comme les Chambres sont la partie de la nation chargée de faire les lois ; et pour que la société soit gouvernée d'une manière fixe et uniforme, il est nécessaire que la liste des jurés s'étende ou se resserre avec celle des électeurs», (TOCQUEVILLE, *De la démocratie en Amérique*, Paris, Gallimard, 1961, t. I, pp. 284-285).

2. Loi du 2 mai 1827 sur l'organisation du Jury.

3. Sur cette critique, dans la première moitié du XIXe siècle, on trouvera de nombreux éléments dans É. CLAVERIE, «De la difficulté de faire un citoyen : les "acquittements scandaleux" du jury dans la France provinciale du début du XIXe siècle», *Études rurales*, n° 95-96, juillet-décembre 1984 ; Ch. CLAUSS, *Le Jury sous le Consulat et le premier Empire*, Paris, 1905 ; A. ESMEIN, *Histoire de la procédure criminelle en France*, Paris, 1882 ; J.-B. SELVES, *Résultat de l'expérience contre le jury français*, Paris, 1808.

4. Exclusions et dispenses confirmées par la grande loi du 24 novembre 1872.

5. Dans le cadre de la loi du 28 juillet 1978 sur la réforme de la procédure pénale.

voir l'expert scientifique se substituer au juré[1]. On ne peut pas développer ici l'histoire du Jury. Mais il faut souligner avec force à quel point les juristes de la troisième République ont souhaité étouffer, ou du moins sévèrement restreindre, l'institution, comme s'il s'agissait d'exorciser l'avènement du pouvoir du nombre en le circonscrivant à une sphère de plus en plus réduite[2]. Là encore, la spécificité française est très forte.

Le rationalisme politique à la française repose sur la certitude que l'intérêt général, en tant qu'il incarne la « vérité » de la société, ne peut être déduit des intérêts particuliers, intérêts que le suffrage individuel a spontanément tendance à exprimer. Le droit de suffrage ne procède donc pas en France de la construction de l'intérêt général : il participe essentiellement d'une symbolique de l'appartenance sociale et d'une forme de réappropriation collective de l'ancien pouvoir royal. Il en va tout différemment en Angleterre. Le droit de suffrage y renvoie d'abord à un impératif de représentation des intérêts particuliers, l'intérêt général en étant le simple composé. Chaque individu étant supposé être le meilleur juge de son propre intérêt, son vote contribue à la formation de l'intérêt général et donc au bon fonctionnement de la société. On voit ici que s'opposent *deux modèles épistémologiques du politique*. Dans le cas anglais, le droit de suffrage est adossé de façon cohérente à une théorie de la connaissance (l'empirisme du sens commun) et à une conception de l'intérêt général (composé des intérêts particuliers). La démocratie, même la plus radicale, peut ainsi avoir un fondement de type utilitariste. John Cartwright, qui est le premier publiciste anglais à se prononcer explicitement en

---

1. Cf. R. DE LA GRASSERIE, *Des origines, de l'évolution et de l'avenir du Jury*, Paris, 1897, et G. DE TARDE, *La Philosophie pénale*, Paris, 1890 (chapitre « Le jugement » ; voir également le chapitre « Le suffrage dit universel » de ses *Études pénales et sociales*, Paris, 1892). La meilleure synthèse sur le passage du juré à l'expert est celle de Samuel STERN, *Le Jury technique (esquisse d'une justice pénale rationnelle)*, Paris, 1925.

2. Cette restriction de la sphère d'intervention du Jury pour « compenser » l'avènement du suffrage universel est pourtant paradoxale. Du point de vue rationaliste, le Jury est en effet plus « défendable » que le suffrage universel. Le propre de la justice est en effet de démêler des conjectures, des situations équivoques et incertaines. Lorsque rien n'est « évident », la pluralité de voix est le seul guide. Le Mercier de La Rivière acceptait pour cette raison le système du Jury, alors qu'il n'accordait aucune place à la volonté et à l'opinion dans l'action politique et gouvernementale (« Le plus grand nombre étant la seule ressource que nous puissions employer pour nous guider au défaut de l'évidence », note-t-il dans *L'Ordre essentiel et naturel des sociétés politiques* à propos des faits de justice ; in E. DAIRE [éd.], *Physiocrates*, Paris, 1846, t. II, p. 622).

faveur du suffrage universel dans son pamphlet de 1776, *Take your Choice*, souligne ainsi que chaque individu doit voter car il est le seul à savoir ce qu'il y a de plus avantageux pour lui. Des conservateurs pourront, de la même façon, accepter que les ouvriers accèdent sur une base de corps au droit de suffrage parce qu'ils reconnaissent qu'ils sont les seuls à pouvoir exprimer adéquatement leurs intérêts de classe. John Stuart Mill a mis ce point au centre de son argumentation pour l'élargissement du droit de suffrage, notant en 1866, lors de la discussion du premier projet de réforme, que la réforme électorale était légitimée par le fait que « chaque classe connaît des choses qui ne sont pas connues des autres gens et chaque classe a des intérêts plus ou moins spécifiques »[1]. À l'opposé, la démocratie française ne peut pas plonger ses racines dans le rationalisme des Lumières et la conception hypostasiée de l'intérêt général que met en avant la Révolution[2]. D'où aussi la forme brutale et saccadée de son histoire, qui contraste avec le caractère progressif et régulier de l'extension du suffrage en Angleterre.

La tension du nombre et de la raison est enfin d'autant plus vive en France qu'est forte la tendance à confondre suffrage universel et gouvernement de la multitude. Le suffrage universel est de fait toujours implicitement appréhendé comme un mode d'exercice du pouvoir, plus que comme un système de désignation des dirigeants, un mode de légitimation ou une puissance ultime d'arbitrage. La notion de pouvoir exécutif ayant toujours été impensée dans sa spécificité — le pouvoir législatif étant seul pris en compte[3] —, il est du même coup très difficile de distinguer la

1. J. S. Mill, discours aux Communes du 13 avril 1866, *Hansard's Parliamentary Debates*, 3ᵉ série, vol. CLXXXII, col. 1259. C'est ce qui explique que l'extension du suffrage ne résulte pas seulement d'une pression d'en bas, mais qu'il ait aussi une certaine rationalité aux yeux des élites. Voir sur ce point l'article très éclairant de Gertrude HIM-MELFARB, « The politics of democracy : the english Reform Act of 1867 », *The Journal of British Studies*, vol. VI, novembre 1966.

2. C'est aussi ce qui explique, soulignons-le, que les théories du choix rationnel aient si difficilement et si tardivement pénétré les sciences sociales en France. De son côté, Michel Rocard est bien original dans la classe politique pour parler de l'« intelligence confondante » des électeurs (voir son discours prononcé à Joué-lès-Tours le 20 septembre 1990).

3. Je renvoie sur ce point à mon ouvrage *L'État en France, de 1789 à nos jours*, Paris, Éd. du Seuil, 1990. La résistance de la culture politique française à donner sa place et son autonomie au concept de pouvoir exécutif — c'est-à-dire à admettre la dimension décisionniste de la politique — consitue une variable explicative essentielle de l'instabilité constitutionnelle française.

sphère de la compétence technique et celle de l'exercice du pouvoir politique, et de différencier, à l'intérieur même de ce dernier pouvoir, ce qui ressort de l'art politique comme gestion de l'événement et de l'indéterminé, et ce qui relève de la production des règles qui donnent son cadre à l'action. Il y a en France une difficulté très profonde à concevoir le champ politique. Celui-ci a beaucoup de mal à être appréhendé dans sa spécificité : l'invention sociale des normes. Il tend toujours à être platement replié sur l'ordre de la gestion, rendant du même coup difficilement crédible l'idéal d'égalité politique. Si la politique n'est qu'un domaine parmi d'autres de la vie sociale, relevant donc d'un savoir-faire particulier, le suffrage universel n'est en effet qu'utopie ou démagogie. L'égalité politique ne peut pas se fonder sur une impossible équivalence des talents et des capacités, sauf à rêver avec Lénine à des cuisinières expertes en gestion. Elle ne prend sens que si l'on comprend au contraire l'espace du politique comme radicalement irréductible à celui de la gestion ou de la technique, formant le cadre d'une expérience limite dans la vie collective : celle de l'institution et de la mise en forme du lien social. Cette difficulté à reconnaître la spécificité du politique se traduit du même coup par un perpétuel balancement entre l'affirmation de grands principes et leur modulation pratique par un ensemble de petits arrangements discrets. À différentes périodes de l'histoire, c'est par exemple une dualité qui a été très perceptible dans la discussion technique sur le lieu de vote (à la commune, au canton ou au département). En même temps que l'on considère comme sacré le suffrage universel, on s'effraie alternativement de voir l'électeur trop livré à lui-même ou trop soumis à des influences que l'on redoute[1]. Au-delà de la ferveur démopédique, les ambiguïtés de la démocratie française n'ont ainsi pas cessé de produire leurs effets destructeurs et d'empêcher qu'elle puisse elle-même se réfléchir lucidement.

Si l'impératif d'inclusion sociale et le principe d'égalité politique ont été affirmés dès 1789, formant très tôt le cadre d'une *démo-*

---

1. En 1817 puis en 1831, les libéraux avaient ainsi bataillé pour organiser le vote au chef-lieu de département. En 1849, les républicains s'opposent très vivement au vote à la commune. Montalembert aura beau jeu de leur lancer : «C'est tromper le peuple français que de lui promettre le suffrage universel dans la constitution et de le lui retirer dans la loi électorale» (discours du 17 février 1849, *Compte rendu des séances de l'Assemblée nationale législative*, t. VIII, p. 136).

cratie d'intégration, le passage à une *démocratie gouvernante* a toujours été problématique en France. La démocratie, en d'autres termes, a très tôt triomphé comme *religion*, mais elle ne s'est imposée que tardivement comme *régime*. Il a en fait fallu attendre la Constitution de la cinquième République pour remettre en perspective le sens de la souveraineté populaire. Ces questions semblent aujourd'hui ne plus être abordées qu'à travers le prisme des modalités de la représentation, comme s'il s'agissait seulement de chercher la meilleure façon de mettre en œuvre des principes et des objectifs qui seraient définitivement acquis en eux-mêmes. Mais elles restent pourtant présentes, affleurant parfois dans l'événement, le premier acquis de la démocratie d'intégration semblant même à certains égards encore bien fragile. Si l'histoire intellectuelle du suffrage universel est virtuellement terminée, celle de la démocratie n'en est d'une certaine façon qu'à ses premiers balbutiements. C'est peut-être par le biais de ce constat modeste que l'universalisme à la française prend véritablement sens. Si les Français ont inventé l'égalité en 1789, ils ont ensuite davantage établi le catalogue des pathologies et des problèmes de la démocratie moderne que celui des solutions. C'est un singulier universalisme que propose la démocratie française : loin d'incarner un modèle, elle constitue plutôt le répertoire des apories de la modernité politique.

LÉGISLATION
DU DROIT DE SUFFRAGE DEPUIS 1789

1. PÉRIODE PRÉRÉVOLUTIONNAIRE

Règlement électoral du 24 janvier 1789

Définit les conditions de nomination des délégués des trois ordres aux États généraux. L'article 25 en fixe quatre, fort peu restrictives, pour qu'un membre du tiers état soit électeur de premier degré : avoir vingt-cinq ans, être français ou naturalisé, être domicilié au lieu de vote, être compris au rôle des impositions.

2. RÉVOLUTION ET EMPIRE

Décret du 22 décembre 1789

— Les qualités nécessaires pour être citoyen actif sont : 1° d'être Français ou devenu Français ; 2° d'être majeur de vingt-cinq ans accomplis ; 3° d'être domicilié de fait dans le canton, au moins depuis un an ; 4° de payer une contribution directe de la valeur locale de trois journées de travail ; 5° de n'être point dans l'état de domesticité, c'est-à-dire, de serviteur à gages (article 3).
— Aucun Banqueroutier, failli ou débiteur insolvable ne pourra être admis dans les assemblées primaires, ni devenir ou rester membre, soit à l'Assemblée nationale, soit des assemblées administratives, soit des municipalités (article 5).
— Pour être éligible dans les assemblées primaires, il faudra réunir aux qualités de citoyen actif ci-dessus détaillées, la condition de payer une contribution directe plus forte, et qui se monte au moins à la valeur locale de dix journées de travail (article 19).
— Pour être éligible à l'Assemblée nationale, il faudra payer une contribution directe équivalente à la valeur d'un marc d'argent, et, en outre, avoir une propriété foncière quelconque (article 32).

Ce décret, qui fonde la législation électorale révolutionnaire et implique un système à deux degrés, a été modifié à deux reprises sous la Constituante :
— Le décret du 15 janvier 1790 fixe à 20 sous le prix maximal de référence de

la journée de travail, afin d'éviter les disparités locales en matière d'accès au droit de suffrage.

— Le 28 août 1791, la Constituante supprime la condition du marc d'argent (50 journées de travail à 20 sous) pour être éligible à l'Assemblée nationale, mais rend plus difficile l'accès à la position d'électeur (de second degré) : il faut être propriétaire ou usufruitier d'un bien (ou être locataire d'une habitation) évalué à un revenu compris entre 100 et 200 journées de travail, selon la taille de la localité du domicile.

— Ces différentes dispositions sont reprises dans la Constitution du 3 septembre 1791. Elles sont appliquées pour l'élection des représentants à l'Assemblée législative. Les membres des assemblées primaires étaient évalués à 4, 3 millions. Les électeurs de second degré étaient 43 000.

Décret du 11 août 1792

— La distinction des Français en citoyens actifs et non actifs, sera supprimée ; pour être admis dans les assemblées, il suffira d'être Français, âgé de vingt et un ans, domicilié depuis un an, vivant de son revenu ou du produit de son travail, et n'étant pas en état de domesticité (article 2).

— Les conditions d'éligibilité exigées pour les électeurs ou pour les représentants, n'étant pas moins applicables à une Convention nationale, il suffira, pour être éligible comme député ou comme électeur, d'être âgé de vingt-cinq ans, et de réunir les conditions exigées par l'article précédent (article 3).

L'élection de la Convention est organisée sur cette base. La France compte alors près de 7 millions d'électeurs dans les assemblées primaires.

Constitution du 24 juin 1793

— Instauration du vote direct.

— Suppression de tout cens et de toute restriction. Il suffit de résider depuis six mois dans le canton pour voter.

Ces dispositions ne seront jamais appliquées.

Constitution de l'an III

— Cinq conditions sont fixées pour être électeur de premier degré dans les assemblées primaires : être Français, avoir 21 ans, être inscrit sur le registre civique de son canton, demeurer depuis un an sur le territoire de la République, payer une contribution directe, foncière ou personnelle (article 8).

— Il est prévu que les jeunes gens ne pourront être inscrits sur le registre civique « s'ils ne prouvent qu'ils savent lire et écrire, et exercer une profession mécanique (les opérations manuelles de l'agriculture appartiennent aux professions mécaniques). Cet article n'aura d'exécution qu'à compter de l'an XII de la République » (article 16).

— L'exercice des droits de citoyen est suspendu : par l'interdiction judiciaire, par l'état de débiteur failli, par l'état de domestique à gage, attaché au service de la personne ou du ménage [...] (article 13).

— Les électeurs de second degré doivent avoir 25 ans et remplir une condition de propriété identique à celle de 1791. Ces électeurs de second degré sont environ 30 000 (pour plus de 6 millions de membres des assemblées primaires).

Constitution de l'an VIII

— Les conditions de citoyenneté au premier degré restent globalement celles de l'an III (mais il n'est plus nécessaire de payer une contribution quelconque).
— Organisation d'un système fondé sur l'élection successive de listes de confiance (le sénatus-consulte du 16 thermidor an X changera cette procédure et mettra en place une élection à trois degrés avec une condition d'imposition pour l'accès aux assemblées de département).

Décret du 17 janvier 1806

— Toutes les restrictions rémanentes à l'exercice du droit de suffrage dans les assemblées cantonales sont levées. Les domestiques peuvent dorénavant voter.
— Cette ouverture du droit de suffrage resta assez formelle puisque les membres des collèges électoraux départementaux sont nommés à vie (leur pouvoir se limitant en outre à un simple droit de présentation, de candidats). On compte 24 600 membres des collèges électoraux départementaux.

3. RESTAURATION ET MONARCHIE DE JUILLET

La Charte de 1814

— Il faut avoir trente ans et payer 300 francs de contributions pour être électeur.
— Il faut avoir quarante ans et payer 1 000 francs de contributions pour être éligible.

N.B : la Chambre de 1815 est élue par les collèges électoraux de l'Empire.

Loi du 5 février 1817

— Elle instaure le vote direct.
— Les conditions pour être électeur et éligible sont celles de la Charte de 1814.
— On comptait environ 110 000 électeurs sur cette base.

Loi du 29 juin 1820

Cette loi, connue sous le nom de « loi du double vote », maintient les conditions censitaires précédentes, mais elle divise les électeurs en deux catégories de collèges électoraux :
— Les collèges d'arrondissement comprennent les électeurs ordinaires (payant 300 francs de contributions). Ils élisent 258 députés.
— Les collèges départementaux sont composés du quart des électeurs d'arrondissement les plus imposés. Ils élisent 172 députés.

Les 18 000 plus gros contribuables votent ainsi deux fois et élisent seuls les deux cinquièmes de la Chambre.

Loi du 21 mars 1831 (loi électorale municipale)

La loi prévoit deux catégories d'électeurs pour désigner les conseils municipaux :
— Les citoyens de plus de vingt et un ans les plus imposés de la commune :
ils doivent représenter 10 % de la population de la commune dans les communes de moins de 1 000 habitants, ce pourcentage étant ensuite décroissant par paliers dans les grandes communes.
— Les membres de certaines professions ou les titulaires de certains diplômes (la liste suit à peu près celle de la seconde liste du Jury, telle qu'elle avait été instituée par la loi de 1827).

En 1834, on comptait sur cette base 2 872 089 électeurs locaux (2 791 191 électeurs censitaires et 80 898 électeurs adjoints).

Loi du 19 avril 1831 (loi électorale politique)

La loi prévoit deux catégories d'électeurs pour désigner les députés :
— Les hommes de plus de vingt-cinq ans payant un cens de 200 francs.
— Leur sont adjoints les membres et correspondants de l'Institut, ainsi que les officiers des armées de terre et de mer jouissant d'une pension de retraite d'au moins 1 200 francs (les uns et les autres devant payer un demi-cens de contribution directe).

Pour être éligible, il fallait avoir trente ans et payer un cens de 500 francs.

En juillet 1831, on recensait 166 583 électeurs inscrits, les adjonctions ne représentant que quelques centaines de cas. Ce nombre montera à 241 000 en 1847.

4. DE LA SECONDE À LA CINQUIÈME RÉPUBLIQUE

Décret du 5 mars 1848

— Il instaure le suffrage universel pour tous les hommes de plus de vingt et un ans (9,5 millions de personnes peuvent participer aux élections d'avril 1848).
— La loi électorale du 15 mars 1849 précisera dans le détail l'organisation de ce nouveau droit (régime des incapacités légales ; âge de vingt-cinq ans pour être éligible).

Loi du 31 mai 1850

— Elle élargit le cercle des incapacités légales. Elle établit surtout une condition de trois ans de domicile, ce qui conduit à restreindre considérablement le nombre des électeurs. En mars 1850, on comptait 9 618 057 électeurs inscrits ; en 1851, ils n'étaient plus que 6 809 281.
— Le 2 décembre 1851, le jour même du coup d'État, cette loi est abrogée. La loi électorale du 2 février 1852 retourne aux principes définis en 1849.

Loi du 30 novembre 1875

Cette loi organique sur l'élection des députés confirme, après de longs débats, le suffrage universel masculin (la loi électorale municipale du 11 juillet 1874 était déjà allée dans ce sens).

Ordonnance du 21 avril 1944

Le gouvernement provisoire accorde aux femmes le droit de vote et d'éligibilité. Elles votent pour la première fois le 29 avril 1945 aux élections municipales et le 21 octobre 1945 pour l'élection des députés à l'Assemblée générale constituante.

Loi du 5 juillet 1974

Elle fixe à dix-huit ans l'âge de la majorité civile, avançant du même coup de trois ans l'exercice des droits électoraux. Le corps électoral s'accroît alors de près de 2 millions et demi de personnes. On notera que le gouvernement avait souhaité dans un premier temps abaisser l'âge de la majorité électorale tout en maintenant à vingt et un ans l'âge de la majorité civile. Il ne fut pas suivi par le Parlement, qui avait estimé incohérent ce découplage, les responsabilités civiques devant coïncider avec la capacité à l'autonomie morale et matérielle qu'exprime la notion de majorité civile.

SOURCES

1. ARCHIVES

2. DÉBATS PARLEMENTAIRES

3. OUVRAGES ET ARTICLES

4. PÉRIODIQUES

5. ICONOGRAPHIE

6. RÉFÉRENCES GÉNÉRALES ET
OUVRAGES DE DOCUMENTATION

1. ARCHIVES

Notre approche impliquait peu de travail d'archives. Le matériel imprimé contient l'essentiel de la documentation permettant de faire une histoire philosophique et politique du suffrage universel. Trois sources localisées aux Archives nationales nous ont cependant été très utiles pour la compréhension de notre sujet :

— Les Archives Sieyès (Archives nationales : 284 AP). Les notes de lecture, les brouillons et les notes manuscrites de Sieyès constituent un matériau précieux pour analyser le passage du citoyen propriétaire à l'individu-citoyen (voir particulièrement les notes de philosophie, d'économie et de politique antérieures à la Révolution : 284 AP 2 et 3) et pour comprendre le sens de la Constitution de l'an VIII dans ses rapports avec l'esprit de 1789 (284 AP 5, dossier 2).

— Les pétitions concernant le droit de suffrage au milieu du xixe siècle apportent aussi un éclairage très intéressant. Nous avons dépouillé les pétitions pour la réforme électorale du printemps 1840 (C 2169 à C 2175) et celles de l'année 1841 (C 2186 à C 2189). Nous avons aussi dépouillé les pétitions qui sont déposées en mai 1850 pour protester contre le projet de restriction du droit de suffrage (C 2300 à C 2314, les dossiers séparent de manière instructive les « pétitions régulières » des « pétitions injurieuses et menaçantes ») ainsi que celles qui parviennent de juin 1850 à novembre 1851 sur le bureau de l'Assemblée pour demander l'abrogation de la loi du 31 mai (C 2137 à C 2323).

— Les procès-verbaux de la commission des Trente. Élue par l'Assemblée le 4 décembre 1873 pour examiner les projets constitutionnels, elle a consacré de nombreuses séances à l'examen du droit de suffrage. Les procès-verbaux de ses séances constituent un matériau extrêmement riche pour comprendre l'attitude des milieux conservateurs face au suffrage universel au début des années 1870 (trois registres manuscrits : C* II 611-612-613).

2. DÉBATS PARLEMENTAIRES

Ils constituent une source essentielle, la discussion des projets de loi et des pétitions ayant rythmé le débat public sur le droit de suffrage (cf. l'annexe sur la législation du droit de suffrage).

Pour la période révolutionnaire, nous avons utilisé en priorité les *Archives parlementaires de 1787 à 1860. Recueil complet des débats législatifs et politiques des Chambres françaises*, publiées par M. Mavidal et E. Laurent, 1re série, 1787 à 1799, Paris, 1867-1987 (95 vol. parus); abrégé : *A.P.* La publication de ce recueil s'étant arrêtée à juillet 1794, nous nous sommes référé, pour la période postérieure, à la *Réimpression de l'ancien Moniteur*, Paris, 1854, 32 vol. ; abrégé : *Moniteur*. Mais nous avons utilisé ce *Moniteur* pour certains discours de la période révolutionnaire antérieure lorsque le texte des *Archives parlementaires* avait mal été établi, revenant même dans certains cas au texte des brochures publiées par les auteurs eux-mêmes. Référence a parfois aussi été faite à Ph. J. Buchez et P. C. Roux, *Histoire parlementaire de la Révolution française*, Paris, 1834-1838, 40 vol.

Pour la Restauration et la monarchie de Juillet, nous avons pris le texte des *Archives parlementaires*, 2e série, 1800-1860, Paris, 1867-1913. Le dernier volume publié s'arrêtant à juillet 1839, nous avons pris ensuite le texte des *Procès-verbaux de la Chambre des députés* et des *Procès-verbaux de la Chambre des pairs*.

Après 1848, nous avons utilisé le *Compte rendu des séances de l'Assemblée constituante* (1848-1849), le *Compte rendu des séances de l'Assemblée nationale législative* (1849-1851), les *Annales du Sénat et du Corps législatif* (1852-1870), les *Annales de l'Assemblée nationale* (1871-1876), puis les *Annales de la Chambre des députés* et les *Annales du Sénat* (troisième République). Pour la dernière période, nous avons utilisé le texte donné par le *Journal officiel*.

3. OUVRAGES ET ARTICLES

Les ouvrages, articles et correspondances qui nous sont apparus les plus importants et les plus significatifs ont été cités ou signalés dans l'ouvrage. Il n'apparaît donc pas nécessaire d'en donner ici la liste. Si les réflexions et les prises de position des «grands auteurs» ou des hommes politiques les plus notables constituent une source décisive pour comprendre le sens des débats sur le droit de suffrage, la masse des brochures publiées par des auteurs plus obscurs sur la question mérite également d'être prise en compte. Elles nous permettent en effet de prendre le pouls de l'opinion. Nous avons tout particulièrement dépouillé les quelques centaines de brochures publiées à cinq grands moments : la discussion de la loi du 7 février 1817 sur le vote direct ; la critique du suffrage censitaire dans les milieux républicains et socialistes de 1831 à 1834 ; le mouvement pour la réforme électorale en 1839-1840 ; les publications libérales et républicaines de 1863 à 1865, lorsque le jeu politique retrouve une certaine flexibilité, sous le second Empire ; les publications de 1870 à 1875 sur la représentation et le droit de suffrage.

4. PÉRIODIQUES

Nous ne mentionnons ici que les périodiques qui ont été dépouillés systématiquement (en indiquant entre parenthèses les années dépouillées).

Révolution et Empire

Nous n'avons dépouillé systématiquement qu'un petit nombre de publications : *Les Révolutions de Paris* (de Prudhomme, dont les index en fin de volume rendent l'usage très commode, 1789-1791); *Le Journal de la société de 1789* (proche de Condorcet, 1790); *Le Journal d'instruction sociale* (par Condorcet, Sieyès, Duhamel, 1793). Nous avons surtout consulté les extraits de journaux reproduits dans Ph. J. BUCHEZ et P. C. ROUX, *Histoire parlementaire de la Révolution française*, Paris, 1834-1838, 40 vol. Pour la période clef de la fin du Directoire et de l'avènement du Consulat : *Le Mercure, ou Notices historiques et critiques sur les affaires du temps* (dit *Le Mercure britannique*, par Mallet du Pan, 1798-1800); *La Décade philosophique, littéraire et politique* (le journal des idéologues, an VII-an VIII).

Restauration

Archives philosophiques, politiques et littéraires (organe des doctrinaires, 1817-1818); *Le Censeur* (libéral, Ch. Comte et Ch. Dunoyer, 1814-1815); *Le Censeur européen* (reprise du précédent, 1817-1819); *Correspondance politique et administrative* (ultra, dirigée par J. Fiévée, 1814-1819); *Le Conservateur* (ultra modéré, proche de Chateaubriand, 1818-1820); *Le Drapeau blanc* (ultra, dirigé par Martainville, 1819); *Le Globe* (proche des doctrinaires, 1824-1830); *Le Mercure de France* (1817, année où la revue fut dirigée par B. Constant); *La Minerve française* (1818-1820, continuation du précédent); *La Revue française* (inspirée par les doctrinaires, 1828-1830).

Monarchie de Juillet

L'Atelier (journal ouvrier inspiré par Buchez, 1840-1848); *L'Avenir* (Lamennais, 1830-1831); *L'Écho de la fabrique* (1831-1834, le premier journal ouvrier, publié à Lyon); *La Gazette de France* (légitimiste, 1831-1834 et 1840); *Le Globe. Journal de la doctrine saint-simonienne* (1831-1832); *Le Journal des débats politiques et littéraires* (1831-1834); *Le Journal du peuple* (républicain modéré, 1840-1841); *Le National* (républicain, 1831-1834 et 1837-1840); *Le Populaire de 1841* (Cabet, 1841); *La Quotidienne* (légitimiste, 1840); *La Revue des Deux Mondes* (1831-1848); *La Revue du progrès* (Louis Blanc, 1839-1842); *La Revue républicaine* (la première revue théorique républicaine et socialiste, 1834-1835).

1848 et second Empire

Le Bulletin de la République (organe du gouvernement provisoire, 1848); *Le Conseiller du peuple* (Lamartine, 1849-1851); *Le Correspondant* (orléanisme catholique, 1863-1870); *La Démocratie pacifique* (animée par V. Considerant, 1848-1850); *L'École du peuple* (dirigé par Théodore Six, 1860-1861); *Le Nouveau Monde* (Louis Blanc, 1849-1851); *La Philosophie positive* (Littré, Wyrouboff, 1867-1870); *Le Repré-*

sentant du peuple (Proudhon, 1848); *La Revue des Deux Mondes* (1848-1870); *Le Siècle* (libéraux de progrès et républicains, 1863-1864).

Assemblée nationale et troisième République

Bulletin de la Ligue française de l'enseignement (1881-1905); *Les Cahiers de la quinzaine* (1897-1902); *La Citoyenne* (Hubertine Auclert, 1881-1891); *Le Correspondant* (1870-1876); *L'Égalité* (guesdiste, 1877-1883); *Le Journal des femmes* (féminisme militant, 1891-1910); *Le Mouvement socialiste* (tendance anarcho-syndicaliste, antiparlementaire, 1899-1910); *La Philosophie positive* (1870-1883); *La Politique positive. Revue occidentale* (courant positiviste d'Eugène Sémérie, 1872-1873); *Recueil de législation, de doctrine et de jurisprudence coloniales* (1898-1939); *La République française* (gambettiste, 1871-1875); *La Revue féministe* (féminisme modéré, 1895-1897); *La Revue des Deux Mondes* (1870-1914); *La Revue politique et littéraire* (la célèbre « Revue bleue », républicains modérés et libéraux de progrès, 1871-1876); *La Revue socialiste* (dirigée par Benoît Malon, assez œcuménique, 1885-1914); *Le Socialiste* (guesdiste, 1885-1905); *Le Temps* (libéral modéré, 1871-1875).

Nous avons procédé à de larges dépouillements de la presse quotidienne parisienne et provinciale à propos de trois événements : le débat du 16 mai 1840 à la Chambre des députés sur la pétition des deux cent quarante mille pour la réforme électorale; la fête de la Fraternité du 20 avril 1848; les premières élections au suffrage universel direct du 23 avril 1848.

5. ICONOGRAPHIE

L'étude des images du suffrage universel et des symboles qui y sont associés constitue un complément indispensable à l'analyse des textes et des discours. Nous avons trouvé de nombreux documents dans plusieurs collections à vocation générale : la collection de Vinck (très riche sur 1848 et les réactions à la loi du 31 mai 1850, la série Tf (caricatures politiques) et la collection Histoire de France (série Qb 1) du Cabinet des estampes de la Bibliothèque nationale, les fonds du musée Carnavalet et de la Bibliothèque historique de la Ville de Paris. Le catalogue sur vidéodisque coproduit par la Bibliothèque nationale et Pergamon Press, *Images de la Révolution française*, Paris, Bibliothèque nationale, 1990, 3 vol., nous a également été très utile. Nous avons également eu la chance de pouvoir accéder à la très riche collection personnelle de M. Henri George, président du Vieux Papier et de la Société des collectionneurs d'images d'Épinal.

Deux fonds plus spécialisés nous ont également été très utiles : la collection des placards publiés à Metz par la maison Dembour et Gangel (très intéressante sur 1848), les documents rassemblés à la bibliothèque Marguerite-Durant (pour le suffrage des femmes). Pour la période 1880-1900, nous avons particulièrement consulté les placards publiés par Gluck (à Paris), Pellerin (à Épinal) et Marcel Vagné (à Pont-à-Mousson). Outre les collections de gravures et de lithographies de Daumier, nous avons aussi dépouillé quelques périodiques illustrés : *La Caricature* (pour la période 1831-1835); *Le Charivari* (1832-1851); *La Lune* (1865-1868); *L'Éclipse* (1868-1876); *La Lune rousse* (1876-1879).

Quelques ouvrages contenant d'abondantes reproductions de documents ont enfin retenu notre attention : M.-Cl. CHAUDONNERET, *La Figure de la République, le Concours de 1848*, Paris, Éditions de la Réunion des Musées Nationaux, 1987 (voir en particulier les projets de Nègre et de Roehn, qui lient république et suffrage universel) ; P. DUCATEL, *Histoire de la IIIe République à travers l'imagerie populaire et la presse satirique*, Paris, Jean Grassin, 1975-1976, principalement les tomes II, *Naissance de la République (1871-1890)*, et III, *La Belle Époque (1890-1910)* ; Ch. FONTANE, *Un maître de la caricature, André Gill (1840-1885)*, Paris, s.d. (1927), 2 vol. ; H. GEORGE, *L'Imagerie populaire et la politique sous la IIIe République*, Paris, Le Vieux Papier, 1979 ; *Imagerie politique*, Imagerie d'Épinal, t. I (seul paru), 1986.

6. RÉFÉRENCES GÉNÉRALES ET OUVRAGES DE DOCUMENTATION

Les ouvrages et les articles qui nous ont été réellement utiles sont cités dans les notes. Il n'y a donc pas lieu de reprendre une liste qui alourdirait l'ouvrage, et moins encore de noter des références peu intéressantes ou de médiocre qualité. Nous n'avons disposé d'aucun ouvrage d'ensemble sur l'histoire de la législation du droit de suffrage en France. La brochure de Paul BASTID, *L'Avènement du suffrage universel*, Paris, 1848, s'arrête à la loi du 31 mai 1850 et ne présente qu'une approche très restreinte. Le livre de Peter CAMPBELL, *French Electoral Systems and Elections since 1789*, Londres, Faber and Faber, 1965 (2e éd.), ne propose qu'une synthèse rapide et souvent approximative. Le travail récent de Raymond HUARD, *Le Suffrage universel en France, 1848-1946*, Paris, Aubier, 1991, est beaucoup plus développé, mais l'auteur s'est donné des bornes assez discutables et mêle de façon un peu désorganisée la question du droit de suffrage avec celle des procédures électorales. La somme de Jean-Paul CHARNAY, *Le Suffrage politique en France*, Paris, Mouton, 1965, fait de son côté une place assez restreinte à l'histoire. Des ouvrages plus anciens s'avèrent utiles, même s'ils ont l'inconvénient de ne couvrir, par la force des choses, qu'une période limitée. Ils sont généralement dus à des juristes. Citons tout particulièrement : F. CHALLETON, *Cent ans d'élections. Histoire électorale et parlementaire de la France de 1789 à 1890*, Paris, 1891, 3 vol. ; J. CHARBONNIER, *Organisation électorale et représentative de tous les pays civilisés*, 2e éd., Paris, 1883 (qui apporte d'intéressantes données comparatives) ; A. CHANTRE-GRELLET, *Traité des élections*, Paris, 1898, 2 vol. ; E. PIERRE, *Traité de droit politique électoral et parlementaire*, 2e éd., Paris, 1902-1914, 2 vol. ; E. VILLEY, *Législation électorale comparée des principaux pays d'Europe*, Paris, 1900 ; G. D. WEIL, *Les Élections législatives depuis 1789. Histoire de la législation et des mœurs*, Paris, 1895.

INDEX

482

Index

la séparation entre les hommes : l'exclusion, la division du travail, la dissociation du politique et du social.

DEUXIÈME PARTIE
Le répertoire des expériences

I. LA CITOYENNETÉ SANS LA DÉMOCRATIE

I. L'ORDRE CAPACITAIRE

citaire suspendu dans le vide, puissance autoproclamée. L'impossible liberté des modernes en France.

La sagesse d'impuissance de la bourgeoisie. La double clôture historique et sociologique de l'avènement du suffrage universel.

II. L'ÉDUCATION DE LA DÉMOCRATIE

III. LE TRAVAIL DE L'UNIVERSALISATION

490

DU MÊME AUTEUR

Aux Éditions Gallimard

LE MOMENT GUIZOT, Bibliothèque des Sciences humaines, 1984.

BIBLIOTHÈQUE DES HISTOIRES

Volumes publiés

CLAUDE NICOLET : *Le Métier de citoyen dans la Rome républicaine.*
CLAUDE NICOLET : *L'Idée républicaine en France.*
CLAUDE NICOLET : *Rendre à César.*
THOMAS NIPPERDEY : *Réflexions sur l'histoire allemande.*
OUVRAGE COLLECTIF (sous la direction de Jacques Le Goff et Pierre Nora) :
  Faire de l'histoire, I   : Nouveaux problèmes.
  Faire de l'histoire, II : Nouvelles approches.
  Faire de l'histoire, III : Nouveaux objets.
OUVRAGE COLLECTIF (sous la direction de Pierre Nora) : *Essais d'ego-histoire.*
MONA OZOUF : *La Fête révolutionnaire, 1789-1799.*
MONA OZOUF : *L'École de la France.*
MONA OZOUF : *L'Homme régénéré.*
MAURICE PINGUET : *La Mort volontaire au Japon.*
KRZYSZTOF POMIAN : *L'Ordre du temps.*
KRZYSZTOF POMIAN : *Collectionneurs, amateurs et curieux. Paris, Venise : XVIe-XVIIIe siècle.*
ÉDOUARD POMMIER : *L'Art de la Liberté. Doctrines et débats de la Révolution française.*
PIETRO REDONDI : *Galilée hérétique.*
ALAIN REY : *« Révolution » : histoire d'un mot.*
JEAN-CLAUDE SCHMITT : *La Raison des gestes dans l'Occident médiéval.*
JERROLD SEIGEL : *Paris bohème, 1830-1930.*
KEITH THOMAS : *Dans le jardin de la nature.*
H. R. TREVOR-ROPER : *De la Réforme aux Lumières.*
ROBERT VAN GULIK : *La Vie sexuelle dans la Chine ancienne.*
FRANCO VENTURI : *Les Intellectuels, le peuple et la révolution. Histoire du populisme russe au XIXe siècle.*
JEAN-PIERRE VERNANT : *L'Individu, la mort, l'amour.*
NATHAN WACHTEL : *La Vision des vaincus.*
FRANCES A. YATES : *L'Art de la mémoire.*

BIBLIOTHÈQUE ILLUSTRÉE
DES HISTOIRES

Composition Charente Photogravure.
Impression S.E.P.C.
à Saint-Amand (Cher), le 25 septembre 1992.
Dépôt légal : septembre 1992.
Numéro d'imprimeur : 1701.
ISBN 2-07-072745-9. / Imprimé en France.

57309